Enfoques

Curso intermedio de lengua española

Instructor's Annotated Edition

Enfoques

Curso intermedio de lengua española

José A. Blanco

María Isabel García
Boston University

VISTA HIGHER LEARNING

Boston, Massachusetts

Publisher: José A. Blanco

Editorial Director: Denise St. Jean

Director of Operations: Stephen Pekich

Art Director: Linda Jurras

Staff Editors: Armando Brito, Gustavo Cinci, Francisco de la Rosa, Sarah Kenney, Kristen Odlum, Paola Ríos Schaaf, Alicia Spinner

Contributing Writers and Editors: Sharon Alexander, Sabrina Celli, Deborah Coffey, María del Pilar Gaspar, Gabriela Ferland, Martín L. Gaspar, María Rosa Jacks, Virginia Maricochi, Constance Marina, Solivia Márquez, Lourdes Murray, Cristina Pérez, Mark Porter, Mariam Pérez-Roch Rohlfing, Alex Santiago

Senior Designer: Polo Barrera

Design Team: Anne Alvarez, Linde Gee

Illustrator: Pere Virgili

Photographer: Martín Bernetti

Production Team: Mauricio Henao, Kristin Mehring

Printed in the United States of America.

Student Text ISBN 1-59334-150-4
Instructor's Annotated Edition ISBN 1-59334-151-2

Library of Congress Card Number: 2003108288
1 2 3 4 5 6 7 8 9-VH-07 06 05 04 03

Instructor's Annotated Edition

Table of Contents

The ENFOQUES Story

Vista Higher Learning, the publisher of **ENFOQUES**, was founded with one mission: to raise the teaching of Spanish to a higher level. Years of experience working with textbook publishers convinced us that more could be done to offer you superior tools and to give your students a more profound learning experience. Along the way, we questioned everything about the way textbooks support the teaching of introductory and intermediate college Spanish.

In fall 2000, our focus was on introductory college Spanish. The result was **VISTAS: Introducción a la lengua española,** a textbook and coordinated package of ancillaries that looked different and were different. **PANORAMA**, a briefer text based on **VISTAS** followed in fall 2001. In just two years, **VISTAS** and **PANORAMA** became the most widely adopted new introductory college Spanish programs in more than a decade. Building on this success, in January 2003 we published another introductory textbook program titled **AVENTURAS.**

For some time, we have also been working to address a need that many Spanish instructors have expressed to us for alternatives to the standard offerings for intermediate Spanish. Our work has resulted in three new programs, the first of which was **VENTANAS**, a two-volume program for courses that meet over an academic year. Next came **FACETAS**, a brief, one-volume program configured to meet the special needs of one-semester intermediate courses. And now we present **ENFOQUES**, a one-volume intermediate program that, like **VENTANAS**, is meant for courses that meet over an academic year. **ENFOQUES** shares the hallmark user-friendly and video-integrated approach of Vista Higher Learning's other introductory and intermediate programs, yet offers its own content, design, and coordinated print and technology components.

We hope that you and your students enjoy using the **ENFOQUES** program. Please contact us with your questions, comments, and reactions.

Vista Higher Learning
31 St. James Avenue
Boston, MA 02116-4104
TOLLFREE: 800-618-7375
TELEPHONE: 617-426-4910
FAX: 617-426-5215
www.vistahigherlearning.com

Getting to Know ENFOQUES

ENFOQUES is a new intermediate Spanish program designed to provide students with an active and rewarding learning experience to strengthen their language skills and develop their cultural competency. **ENFOQUES** takes an interactive, communicative approach. It focuses on real communication in meaningful contexts that develop and consolidate students' speaking, listening, reading, and writing skills. **ENFOQUES** also stresses cultural competency, since it plays an integral role in language learning and succesful communication.

In light of this, here are just some of the key features of **ENFOQUES**:

- **a unique video program** The **ENFOQUES Sitcom Video** provides engaging input through a specially-shot sitcom video episode for each textbook lesson, and the **ENFOQUES Film Collection Video** provides an authentic contemporary feature film by a Hispanic filmmaker for every odd-numbered lesson.
- **innovative video integration** The sitcom episodes are cohesively integrated with the student textbook in each lesson's four-page **Fotonovela** section and in captioned video stills in the **Estructura** sections. **Videoteca** sections integrate the feature films, offering pre-, while-, and post-viewing activities.
- **recycling of major grammatical structures** The textbook's twelve lessons focus on structures key to basic communication such as expressing past events or situations, talking about the future, and expressing emotions and opinions.
- **communicative practice in every section of every lesson** The two-part practice sequence for every grammar point progresses from directed, meaningful **Práctica** exercises to open-ended, interactive **Comunicación** activities. At the end of each **Estructura** section, **A conversar** and **A escribir** integrate language skills and synthesize the lesson vocabulary and grammar.
- **development of reading skills** Literary and cultural readings in each lesson expose students to a wide range of text types by classical and contemporary male and female writers from virtually all of the 21 Spanish-speaking countries. Each is supported by a full page of pre- and post-reading activities.
- **development of oral and written skills** The **Comunicación, Ampliación, A conversar, A escribir,** and **Atando cabos** sections provide abundant opportunities for students to hone their oral and written communication skills.
- **student-friendly design** A highly-structured, color-coded design based on the elimination of "bad breaks" and spreads of two facing pages makes each lesson easy to navigate.
- **ties to other disciplines** Language learning connects with other disciplines through vibrant works of fine art and famous quotes and **refranes**.

To get the most out of pages IAE-5 - IAE-14 in your **ENFOQUES** Instructor's Annotated Edition, you should familiarize yourself with the front matter to the **ENFOQUES** Student Text, especially the Introduction (p. iii) and the Ancillaries (p. xxvi).

Getting to Know Your *Instructor's Annotated Edition*

The *Instructor's Annotated Edition* (IAE) of **ENFOQUES** includes various teaching resources. For your convenience, answers to all exercises with discrete answers have been overprinted on the student text pages. In addition, marginal annotations were created to complement and support varied teaching styles, to extend the rich contents of the student text, and to save you time in class preparation and course management. The annotations are suggestions; they are not meant to be prescriptive or limiting. Here are some examples of the types of annotations you will find in **ENFOQUES:**

- **Suggestion** Ideas for presenting and implementing individual instructional elements, supplemental grammar information, relevant background and/or cultural information, and activities that link specific grammatical structures with the readings
- **Expansion** Ideas and activities for expanding, varying, and reinforcing individual instructional elements
- **Comprehension Check** Activities for verifying students' comprehension of **Contextos**
- **Variación léxica** Alternate words and expressions used in the Spanish-speaking world or additional information related to specific vocabulary items
- **Teaching Option** Supplemental activities, including games, that practice the language of the lesson section
- **Conexión personal, Contexto cultural, Análisis literario,** and **Estrategia de lectura** Teaching suggestions and expansion activities keyed to the subsections in **Antes de leer**
- **Plan de redacción** Teaching suggestions, additional vocabulary, or background information related to the writing strategy and/or process-oriented plan presented in **A escribir**
- **Synopsis** Summaries in the **Fotonovela** and **Videoteca** sections that recap the video modules
- **National Standards' Icons** Special icons that indicate when a lesson section or subsection is specially related to one or more of the Five Cs of the *Standards for Foreign Language Learning:* Communication, Cultures, Connections, Comparisons, and Communities
- **Instructional Resources** A correlation to student and instructor supplements available to reinforce each lesson section or subsection. The following abbreviations appear in the listings:

WB	Workbook in the Student Activities Manual
LM	Lab Manual in the Student Activities Manual
VM	Video Manual in the Student Activities Manual
IRM	Instructor's Resource Manual
WB/LM/VM Answer Key	Student Activities Manual Answer Key

Please access the ENFOQUES website at www.vistahigherlearning.com for program as well as course and lesson planning information.

ENFOQUES and the *Standards for Foreign Language Learning*

Since 1982, when the *ACTFL Proficiency Guidelines* was first published, that seminal document and its subsequent revisions influenced the teaching of modern languages in the United States. **ENFOQUES** was written with the concerns and philosophy of the *ACTFL Proficiency Guidelines* in mind. It emphasizes an interactive, proficiency-oriented approach to the teaching of language and culture.

The pedagogy behind **ENFOQUES** was also informed from its inception by the *Standards for Foreign Language Learning in the 21st Century.* First published under the auspices of the *National Standards in Foreign Language Education Project*, the Standards are organized into five goal areas, often called the Five Cs: Communication, Cultures, Connections, Comparisons, and Communities.

Since **ENFOQUES** takes a communicative approach to the teaching of Spanish, the Communications goal is an integral part of the student text. For example, the diverse formats (discussion topics, role-plays, interviews, oral presentations, and so forth) in **Comunicación, Ampliación, Después de leer,** and **Videoteca** engage students in communicative exchanges, providing, obtaining, or interpreting information, and expressing feelings, emotions, or opinions. **A conversar** develops students' interpreting skills through problem-solving tasks. **Atando cabos** teaches strategies for effective oral communication and guides students in presenting information, concepts, and ideas to their classmates on a wide range of topics. **A escribir** focuses on written interpersonal communication through various types of practical and creative tasks, such as writing letters, e-mail messages, and brief anecdotes.

The Cultures goal is most evident in the literary and cultural readings, the **Enfoques** sections, the **Videoteca** sections, the **Contexto Cultural** subsections in **Antes de leer**, and the fine arts pieces and quotes on the opening pages of the **Lecturas** sections. It is also evident in the **Apuntes culturales** boxes, **Contextos** paragraphs, and **Fotonovela** sections. All of these sections expose students to multiple facets of practices, products, and perspectives of the Spanish-speaking world. These sections also fulfill the Connections goal because students acquire information and learn to recognize distinctive cultural viewpoints through them. Students can work toward the Connections and Communities goals when they use the **Ayuda para Internet** references in the **Atando cabos** sections and when they access the information or activities on the **ENFOQUES** website. Finally, the **Estructura** sections with their clear, comprehensive explanations, reflect the Comparisons goal. In addition, special Standards' icons appear on the pages of your IAE to call out sections that have a particularly strong relationship with the Standards. You will find many more connections to the Standards as you work with the student textbook and the **ENFOQUES** video-based sections.

General Teaching Considerations

Orienting Students to the Student Textbook

You may want to spend some time orienting students to the **ENFOQUES** textbook on the first day. Have students flip through **Lección 1**. Explain that all lessons are organized in the same manner so they will always know "where they are" in the textbook. Emphasize that all sections are self-contained, occupying either a full page or spreads of two facing pages. Call students' attention to the use of color and/or boxes to highlight important information in charts, word lists, and activities. Also point out how the major sections of each lesson are color-coded for easy navigation: red for **Contextos**, blue for **Fotonovela**, light green for **Enfoques**, purple for **Estructura**, magenta for **Lecturas**, and green for **Videoteca**. Then point out the **Atención** sidebars and explain that these boxes provide useful lexical and grammatical information related to the material they are studying.

Flexible Lesson Organization

To meet the needs of diverse teaching styles, institutions and instructional objectives, **ENFOQUES** has a very flexible lesson organization. You can begin with the lesson opening page and progress sequentially through the lesson. If you do not want to devote class time to teaching grammar or reading the literary and cultural selections, you can assign them for outside study, freeing up class time for other purposes like developing listening, speaking or writing skills and working with the video. Similarly, all **A escribir** activities can be assigned as homework. You might even prefer to skip some sections entirely or use them only periodically, depending on students' interests and time constraints. If you plan on using the **ENFOQUES** Testing Program, however, be aware that the quizzes and exams contain sections based on language presented in the **Contextos, Estructura**, and **Expresiones útiles** of the **Fotonovela** sections.

Identifying Active Vocabulary

All boldfaced words and expressions in the text appearing with the photos and thematic lists in the **Contextos** section are considered active vocabulary. Also, the words and expressions in the **Expresiones útiles** boxes in the **Fotonovela** section, as well as words in charts, word lists and sample sentences in the **Estructura** section are also part of the active vocabulary load. Likewise, all words and expressions in the **Vocabulario** boxes in the **Antes de leer** and **Videoteca** sections are considered active vocabulary. These are the key terms students will need to understand and discuss the reading that follows. Marginal glosses in the readings are not considered active, although you may make them active vocabulary for your course, if you so choose. The glosses provide contextual definitions in English of unfamiliar terms that students cannot guess from context and that are important for meaning. At the end of each lesson, the **Vocabulario** section provides a convenient one-page summary of the items students should know and that may appear on quizzes and exams.

To increase students' lexicon, the Instructor's Annotated Edition provides marginal annotations with information on lexical variations in Spanish, where appropriate. These words and expressions are considered optional and are not tested.

Maintaining a Writing Portfolio

Since students are building their writing skills at this level, you might want to have them maintain a portfolio of the writings they produce so they can periodically review their progress. You might also suggest that they keep a running list of the most common grammatical or spelling errors they make when writing. They can then refer to that list when editing and revising each assignment before handing it in for grading.

Suggestions for Using *Contextos*

Lesson Vocabulary

- Use the paragraphs in **Contextos** as in-class reading comprehension exercises or as homework assignments.
- Introduce the lesson theme by having students describe and discuss the photos or other visuals.
- Introduce the lesson theme by having students brainstorm a list of possible topics, themes, or situations related to the lesson title.
- Introduce the new vocabulary by providing comprehensible input in the form of a description or narration or through the use of tapes, videos, or readings.
- Introduce the new vocabulary using Total Physical Response (TPR).
- Ask questions based on the new vocabulary and photos.

Práctica

- The **Práctica** exercises can be done orally as class, pair, or group activities. They may also be assigned as written homework.

Comunicación

- Insist on the use of Spanish only during these activities. Encourage students to use language creatively.
- Have students form pairs or groups quickly, or assign students to pairs and groups.
- Allow sufficient time for pairs or groups to do the **Comunicación** activities (between five and fifteen minutes, depending on the activity), but do not give them too much time or they may lapse into English and socialize. Always give students a time limit for an activity before they begin.
- Circulate around the room and monitor students to make sure they are on task. Provide guidance as needed and note common errors for future review.
- Remind students to jot down information during pair and group discussion activities so they can refer to them when they report the results to the class.

Suggestions for Using *Fotonovela*

The **Fotonovela** section in the student text and the sitcom episodes of the **ENFOQUES Sitcom Video** were created as interlocking pieces. All photos in the **Fotonovela** section are actual video stills from the corresponding sitcom episode. The printed conversations are shortened versions of the sitcom episode. Both the **Fotonovela** conversations and their expanded video versions represent comprehensible input at the discourse level; they were purposely written to use language from the corresponding lesson's **Contextos** and **Estructura** sections. Thus, as of **Lección 2**, they recycle known language, preview grammar points students will study later in the lesson, and, in keeping with the concept of "i + 1," contain a small amount of unknown language.

Since the **Fotonovela** section in the text and the **ENFOQUES Sitcom Video** are so closely connected, you may use them in different ways. For instance, you can use the **Fotonovela** section as an advance organizer, presenting it before showing the sitcom episode. You can also show the sitcom episode first and follow up with the **Fotonovela** section in the text, or you can show the sitcom episode at the end of the lesson as a culminating activity. You can even use the **Fotonovela** text section as a stand-alone, video-independent section.

You might show the sitcom episodes in class or assign them for viewing outside the classroom. Begin by showing the first one or two episodes in class to familiarize the students with the characters, story line, and style. After that, you could work in class only with the **Fotonovela** section and have students view the remaining sitcom episodes outside of class. For each sitcom episode, there are **Comprensión** and **Ampliación** activities in the **Fotonovela** section of the corresponding textbook lesson and additional activities in the Video Manual section of the Student Activities Manual.

You might also want to use the **ENFOQUES Sitcom Video** in class when working with the **Estructura** sections. You could play the sections of the sitcom that correspond to the video stills in the grammar explanations or show parts of the sitcom and ask students to identify certain grammar points.

Suggestions for Using *Enfoques*

- Before students begin reading the cultural articles featured in **Enfoques**, have them refer to the special lead-in to each reading and go back to **Fotonovela** to find the places where the video characters mention the topic or do something related to the topic.

- Focus students' attention on the photographs and other visual aids, asking questions about them or having students describe them. You could also have them search for more information about the people, places, or things in each photograph on the Internet or in the library.

- Check comprehension of the cultural readings by asking the questions provided for the corresponding **Enfoques** section in the **ENFOQUES** Instructor's Resource Manual.

- Assign the readings for homework and have students create their own questions, multiple choice items, or true/false items for checking comprehension. During the next class, put students in pairs or small groups and have them check each other's comprehension of the readings as you monitor their work.

- Have students work in small groups in order to answer the questions or discuss the observations in the **Coméntalo** box. Ask each group to appoint a spokesperson for each item and have that person report the results of the group to the whole class.

Suggestions for Using *Estructura*

Grammar Explanations

- Explain the grammar in Spanish and try to keep explanations to a minimum, about three to five minutes for each point. Grammar explanations can be assigned as homework so that class time can be devoted to the **Práctica** and **Comunicación** activities.
- Have students locate examples of the grammar points in the **Fotonovela** or **Contextos** sections.

Práctica and *Comunicación*

- The **Práctica** exercises can be done orally as a class or in pairs and groups. They may also be assigned as written homework.
- For suggestions on the **Comunicación** activities, see page IAE-9.

Suggestions for Using *A conversar*

- For suggestions, see **Comunicación**, page IAE-9.

Suggestions for Using *A escribir*

- The **A escribir** activities can be assigned as written homework unless they involve pair or group work. They may also be done orally as class, pair, or group activities.
- Encourage students to be creative in their writing, but remind them to use vocabulary they know, rather than relying on a dictionary.
- Allow class time for peer review of first drafts, and remind students to be tactful in their comments.
- Make a list of frequent errors and review the material with the class or have students correct the errors in groups.
- Explain to students on what basis you will grade their writing. For example, the following rubric could be used or adapted to suit your needs.

Evaluation

Criteria	Scale		Scoring
Appropriate details	1 2 3 4	Excellent	18–20 points
Organization	1 2 3 4	Good	14–17 points
Use of vocabulary	1 2 3 4	Satisfactory	10–13 points
Grammatical accuracy	1 2 3 4	Unsatisfactory	<10 points
Mechanics	1 2 3 4		

Suggestions for Using *Lecturas*

Fine Art Pieces and Quotes

- Have students describe the fine art piece and explain how it relates to the lesson theme. They could also describe the style or technique (realistic, abstract, impressionistic, traditional, etc.) and other elements of the work. Alternatively, you could have students express their opinions of the work.
- Have students discuss the quote and how it relates to the lesson theme and fine art piece. Also ask them whether they agree or disagree with the quote and to explain their answers.
- Have students compare the fine art piece on the first page of **Lecturas** with respect to subject matter, theme, style, use of color, and perspective. This comparison could be extended to include other works of art in the lesson or other lessons.
- For a more detailed list of suggestions for the lesson and section openers, see the **ENFOQUES** Instructor's Resource Manual.

Antes de leer

- The **Antes de leer** can be done orally as class, pair, or group activities. This section may also be assigned as homework.
- Provide additional examples for the **Análisis literario** and **Estrategia de lectura** or ask students to come up with examples.
- Ask students personalized questions using the words and expressions in the **Vocabulario** or have students create sentences with them.

Literary and Cultural Readings

- Talk to students about how to become effective readers in Spanish. Point out the importance of using reading strategies. Encourage them to read every selection more than once. Explain that they should read the entire text through first to gain a general understanding of the plot or main ideas and the theme(s), without stopping to look up words. Then, they should read the text again for a more in-depth understanding of the material, interrelationships, and some details. At this point, they should try to complete the **Después de leer** activities. If they have difficulty completing an activity, suggest that they reread the text to find specific information that will help them complete the activity.
- Discourage students from translating the readings into English and relying on a dictionary. Tell them that reading directly in the language will help them grasp the meaning better and improve their ability to discuss the reading in Spanish.
- Always ask students how the reading relates to the lesson theme, and have them summarize the reading orally or in writing as appropriate.

Después de leer

- The **Después de leer** activities can be assigned as written homework unless they involve pair or group work. They may also be done orally as class, pair, or group activities. For example, **Escribir** activities may be done in class as pair or group compositions.
- Insist on the use of Spanish only during these activities. Encourage students to use language creatively.
- Have students form pairs or groups quickly, or assign students to pairs and groups. Allow sufficient time for pairs or groups to do the activities (between five and fifteen minutes, depending on the activity), but do not give them too much time or they may lapse into English and socialize. Always give students a time limit for an activity before they begin.
- Circulate around the room and monitor students to make sure they are on task. Provide guidance as needed and note common errors for future review.
- Remind students to jot down information during the pair activities and group discussions. Have students report the results of these activities to the class.
- If you wish to evaluate students' performance in speaking activities like role-plays or interviews, you could assign grades of 0–3: 3 = well done, 2 = satisfactory, 1 = needs improvement, and 0 = no credit or absence.

Suggestions for Using *Atando cabos*

- Allow sufficient class time for oral presentations. Also, encourage students to be creative and to use visuals in their presentations. For variety, you could ask them to videotape their presentations.
- Have each group create a comprehension exercise (true/false statements, questions, matching, or fill-in-the-blank sentences) to give the class after their presentation.
- Explain to students on what basis you will grade their presentations. For example, the following rubric could be used or adapted to suit your needs.

Evaluation

Criteria	Scale		Scoring
Appropriate details	1 2 3 4	Excellent	26–28 points
Organization	1 2 3 4	Good	21–25 points
Control of vocabulary	1 2 3 4	Satisfactory	16–20 points
Grammatical accuracy	1 2 3 4	Unsatisfactory	<15 points
Mechanics	1 2 3 4		
Fluency/Pronunciation	1 2 3 4		
Level of interest/Use of visuals	1 2 3 4		

Suggestions for Using *Videoteca*

The **Videoteca** sections in Lessons 1, 3, 5, 7, 9, and 11 of the student text and the six films of the **ENFOQUES Film Collection Video** were created as interlocking pieces. Like each lesson's video sitcom episode, the short feature films provide comprehensible input at the discourse level and offer rich and unique opportunities to build students' listening skills and cultural awareness. The **Videoteca** sections provide activities specially created to help students have successful viewing experiences.

Depending on your teaching preferences and school facilities, you might show the films in class or assign them for viewing outside the classroom. You could begin by showing the first one in class to teach students how to approach viewing a film and listening to natural speech. After that, you could work in class only with the **Videoteca** section and have students view the remaining films outside of class. No matter which approach you choose, students have the support they need to view the films independently and process them in a meaningful way.

For each film, there are **Antes de ver...** (pre-viewing), **Mientras ves...** (while-viewing), and **Después de ver...** (post-viewing) activities, as well as vocabulary support, in the **Videoteca** section of the corresponding textbook lesson. In addition, the photos in **Videoteca** provide students with helpful visual references since they are actual video stills from the corresponding film. Here are some strategies for viewing the films in class:

- Tell students that they are not expected to understand every word as they watch the film. Emphasize that they should concentrate on listening for the gist of what is being said. Point out that background settings and nonverbal communication such as gestures and facial expressions also provide visual clues that can help them understand what is happening.
- Before showing the film, preview the vocabulary and have students complete the **Antes de ver...** section. Then have them read through the **Mientras ves...** activities.
- Play the film first without sound, telling students to focus on the visual images. Then have them speculate about the storyline, the characters, and their actions. Show the film again and have them complete the **Mientras ves...** and **Después de ver...** activities.
- If students have difficulty understanding the film, replay one or more key segments. Alternatively, you could pause the film at key points or two-minute intervals, and ask students to recap what they saw.
- Allow students to take notes during the film if they wish, although you should point out that it is difficult to listen and write at the same time and they might miss some key information.
- Consider showing the first part of a film in one class and the second part in the next class. You could then have students speculate about what will happen in the second half and how the film will end.

Enfoques

Curso intermedio de lengua española

José A. Blanco

María Isabel García
Boston University

VISTA
HIGHER LEARNING

Boston, Massachusetts

Publisher: José A. Blanco

Editorial Director: Denise St. Jean

Director of Operations: Stephen Pekich

Art Director: Linda Jurras

Staff Editors: Armando Brito, Gustavo Cinci, Francisco de la Rosa, Sarah Kenney, Kristen Odlum, Paola Ríos Schaaf, Alicia Spinner

Contributing Writers and Editors: Sharon Alexander, Sabrina Celli, Deborah Coffey, María del Pilar Gaspar, Gabriela Ferland, Martín L. Gaspar, María Rosa Jacks, Virginia Maricochi, Constance Marina, Solivia Márquez, Lourdes Murray, Cristina Pérez, Mark Porter, Mariam Pérez-Roch Rohlfing, Alex Santiago

Senior Designer: Polo Barrera

Design Team: Anne Alvarez, Linde Gee

Illustrator: Pere Virgili

Photographer: Martín Bernetti

Production Team: Mauricio Henao, Kristin Mehring

Printed in the United States of America.

Student Text ISBN 1-59334-150-4
Instructor's Annotated Edition ISBN 1-59334-151-2

Library of Congress Control Number: 2003108288

1 2 3 4 5 6 7 8 9-VH-07 06 05 04 03

Introduction

Bienvenido a ENFOQUES, a new intermediate Spanish program designed to provide you with an active and rewarding learning experience as you continue to strengthen your language skills and develop your cultural competency.

Here are some of the features you will encounter in **ENFOQUES:**

- An emphasis on authentic language and practical vocabulary for you to use in communicating in real-life situations
- Clear, comprehensive grammar explanations that graphically highlight important concepts you need to learn
- Abundant guided and communicative activities that will help you develop confidence in your ability to communicate in Spanish
- Two video-based sections—one directly connected to the **ENFOQUES Sitcom Video** and one related to the **ENFOQUES Film Collection Video**
- Literary and cultural readings in each lesson that recognize and celebrate the diversity of the Spanish-speaking world and its people
- Ongoing development of your reading, writing, and listening skills
- Consistent integration of important cultural concepts and insights into the daily lives of native Spanish speakers
- A complete set of print and technology ancillaries to make learning Spanish easier for you

In addition, **ENFOQUES** incorporates features unique to textbooks published by Vista Higher Learning that distinguish them from other college-level intermediate Spanish textbooks:

- A visually dramatic and more cohesive manner of integrating video with the student textbook
- On-the-spot student annotations to highlight important grammatical and lexical information
- A wealth of full-color photos, illustrations, realia, charts, and graphs to help you learn
- A unique, highly structured, easy-to-navigate interior design and lesson organization

ENFOQUES has twelve lessons, each organized exactly the same way. Lessons 1, 3, 5, 7, 9, and 11 also contain an additional **Videoteca** section. To familiarize yourself with the textbook's organization and features, turn to page x and take the **ENFOQUES**-at-a-glance tour.

Table of Contents

Table of Contents

Table of Contents

CONTEXTOS | FOTONOVELA | ENFOQUES

LECCIÓN 9
La cultura popular y los medios de comunicación

LECCIÓN 10
La literatura y el arte

LECCIÓN 11
La tecnología y la ciencia

LECCIÓN 12
La historia y la civilización

ESTRUCTURA	LECTURAS	VIDEOTECA
9.1 Infinitives . . . . .358 **9.2** Present perfect subjunctive . . . . .362 **9.3** Prepositions I . . . . . . .366 **9.4** Expressing choice and negation 370	**Cuento:** *Tiempo libre* de Guillermo Samperio . . . .375 **Perfil:** Carmen Maura, actriz. . 379	**Cortometraje:** *El milagro* . . .386
10.1 The future perfect and conditional perfect . . . .400 **10.2** The past perfect subjunctive . . . . .404 **10.3** **Si** clauses with compound tenses . . . .406 **10.4** How to say *to become* 408	**Cuento:** *Continuidad de los parques* de Julio Cortázar . . . . 413 **Perfil:** Wifredo Lam, pintor. . . 417	
11.1 Diminutives and augmentatives . . . . . . .436 **11.2** **Pedir/preguntar** and **conocer/saber** . . . . . .438 **11.3** Prepositions II: **de**, **desde**, **en** 440	**Cuento:** *Primer encuentro* de Álvaro Menen Desleal . . 447 **Perfil:** Jeff Bezos, empresario 451	**Cortometraje:** *Lluvia* 456
12.1 Prepositions III: **entre**, **hasta**, **sin** . . . . .470 **12.2** Summary of the indicative . . . . .472 **12.3** Summary of the subjunctive 476	**Cuento:** *El prócer* de Cristina Peri Rossi . . . . 485 **Perfil:** Malintzin, figura histórica. 497	

CONTEXTOS

introduces the lesson theme and vocabulary in meaningful contexts and practices it in diverse formats and engaging contexts.

Photos Dynamic, full-color photos visually illustrate each context and help you understand the written text.

Vocabulary Relevant theme-related vocabulary appears in context in boldfaced type. Easy-to-study thematic lists present additional useful vocabulary.

Práctica This set of guided exercises uses a variety of formats to reinforce the new vocabulary.

Comunicación These open-ended activities have you use the words and expressions creatively in interesting and entertaining ways as you interact with a partner, a small group, or the entire class.

Student Sidebars These marginal notes highlight useful lexical and other linguistic information.

FOTONOVELA

is a fun-filled situational comedy based on the everyday lives and adventures of a magazine staff.

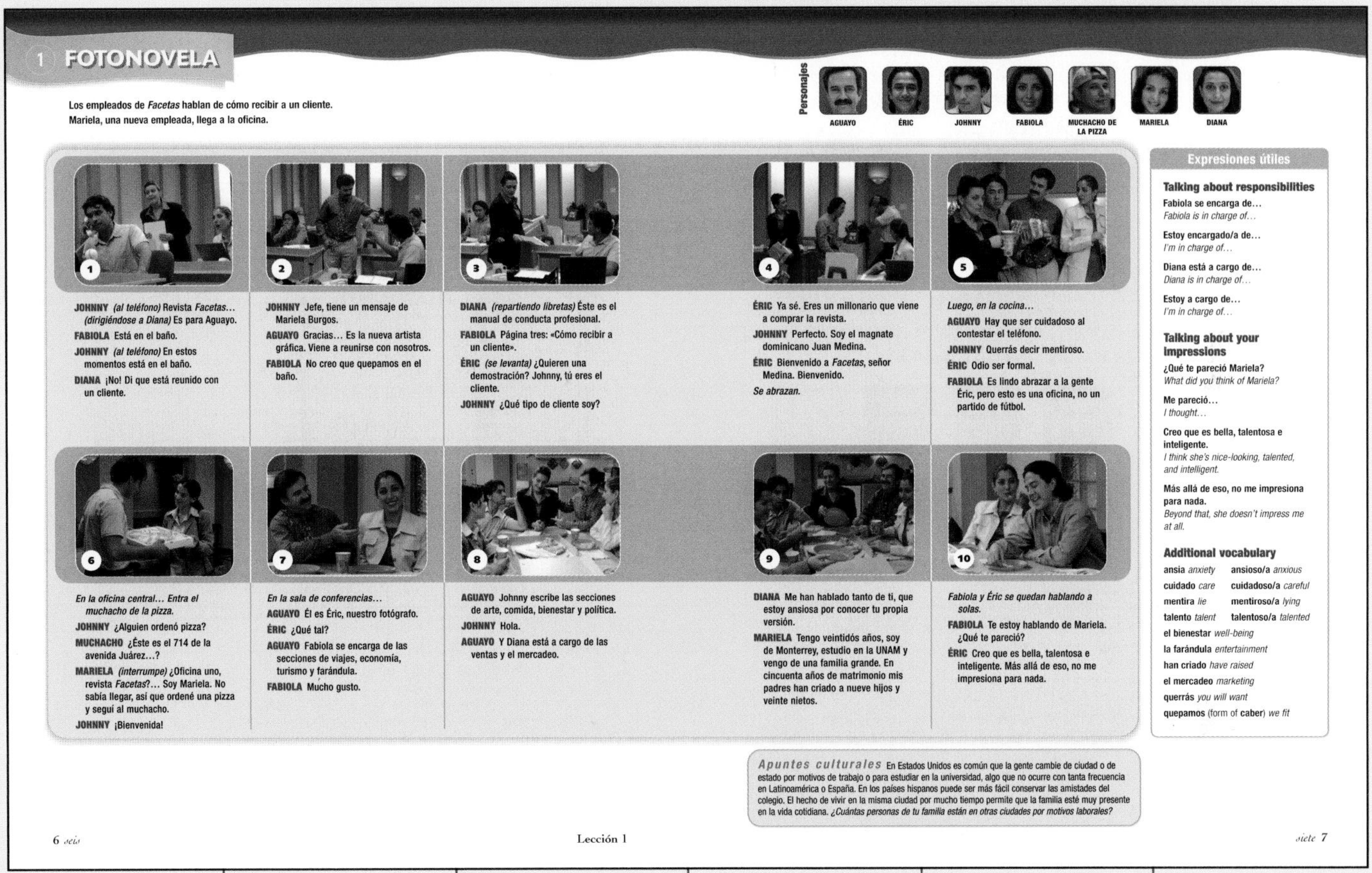

1 FOTONOVELA

Los empleados de *Facetas* hablan de cómo recibir a un cliente. Mariela, una nueva empleada, llega a la oficina.

Personajes: AGUAYO, ÉRIC, JOHNNY, FABIOLA, MUCHACHO DE LA PIZZA, MARIELA, DIANA

1
JOHNNY *(al teléfono)* Revista *Facetas*... *(dirigiéndose a Diana)* Es para Aguayo.
FABIOLA Está en el baño.
JOHNNY *(al teléfono)* En estos momentos está en el baño.
DIANA ¡No! Di que está reunido con un cliente.

2
JOHNNY Jefe, tiene un mensaje de Mariela Burgos.
AGUAYO Gracias... Es la nueva artista gráfica. Viene a reunirse con nosotros.
FABIOLA No creo que quepamos en el baño.

3
DIANA *(repartiendo libretas)* Éste es el manual de conducta profesional.
FABIOLA Página tres: «Cómo recibir a un cliente».
ÉRIC *(se levanta)* ¿Quieren una demostración? Johnny, tú eres el cliente.
JOHNNY ¿Qué tipo de cliente soy?

4
ÉRIC Ya sé. Eres un millonario que viene a comprar la revista.
JOHNNY Perfecto. Soy el magnate dominicano Juan Medina.
ÉRIC Bienvenido a *Facetas*, señor Medina. Bienvenido.
Se abrazan.

5
Luego, en la cocina...
AGUAYO Hay que ser cuidadoso al contestar el teléfono.
JOHNNY Querrás decir mentiroso.
ÉRIC Odio ser formal.
FABIOLA Es lindo abrazar a la gente Éric, pero esto es una oficina, no un partido de fútbol.

6
En la oficina central... Entra el muchacho de la pizza.
JOHNNY ¿Alguien ordenó pizza?
MUCHACHO ¿Éste es el 714 de la avenida Juárez...?
MARIELA *(interrumpe)* ¿Oficina uno, revista *Facetas*?... Soy Mariela. No sabía llegar, así que ordené una pizza y seguí al muchacho.
JOHNNY ¡Bienvenida!

7
En la sala de conferencias...
AGUAYO Él es Éric, nuestro fotógrafo.
ÉRIC ¿Qué tal?
AGUAYO Fabiola se encarga de las secciones de viajes, economía, turismo y farándula.
FABIOLA Mucho gusto.

8
AGUAYO Johnny escribe las secciones de arte, comida, bienestar y política.
JOHNNY Hola.
AGUAYO Y Diana está a cargo de las ventas y el mercadeo.

9
DIANA Me han hablado tanto de ti, que estoy ansiosa por conocer tu propia versión.
MARIELA Tengo veintidós años, soy de Monterrey, estudio en la UNAM y vengo de una familia grande. En cincuenta años de matrimonio mis padres han criado a nueve hijos y veinte nietos.

10
Fabiola y Éric se quedan hablando a solas.
FABIOLA Te estoy hablando de Mariela. ¿Qué te pareció?
ÉRIC Creo que es bella, talentosa e inteligente. Más allá de eso, no me impresiona para nada.

Expresiones útiles

Talking about responsibilities
Fabiola se encarga de... *Fabiola is in charge of...*
Estoy encargado/a de... *I'm in charge of...*
Diana está a cargo de... *Diana is in charge of...*
Estoy a cargo de... *I'm in charge of...*

Talking about your impressions
¿Qué te pareció Mariela? *What did you think of Mariela?*
Me pareció... *I thought...*
Creo que es bella, talentosa e inteligente. *I think she's nice-looking, talented, and intelligent.*
Más allá de eso, no me impresiona para nada. *Beyond that, she doesn't impress me at all.*

Additional vocabulary
ansia *anxiety* — **ansioso/a** *anxious*
cuidado *care* — **cuidadoso/a** *careful*
mentira *lie* — **mentiroso/a** *lying*
talento *talent* — **talentoso/a** *talented*
el bienestar *well-being*
la farándula *entertainment*
han criado *have raised*
el mercadeo *marketing*
querrás *you will want*
quepamos (form of **caber**) *we fit*

Apuntes culturales En Estados Unidos es común que la gente cambie de ciudad o de estado por motivos de trabajo o para estudiar en la universidad, algo que no ocurre con tanta frecuencia en Latinoamérica o España. En los países hispanos puede ser más fácil conservar las amistades del colegio. El hecho de vivir en la misma ciudad por mucho tiempo permite que la familia esté muy presente en la vida cotidiana. *¿Cuántas personas de tu familia están en otras ciudades por motivos laborales?*

6 *seis* — Lección 1 — *siete* 7

Personajes The photo-based conversations take place among a cast of recurring characters—six people who work for a magazine called *Facetas* in Mexico City.

Sitcom Video The **Fotonovela** episodes appear in the textbook's video program. To learn more about the video, turn to page xxiv in this at-a-glance tour.

Conversations The engaging conversations incorporate vocabulary from the **Contextos** section and preview grammar structures you will study in the **Estructura** section in a comprehensible context.

Apuntes culturales A short paragraph provides important cultural information related to the **Fotonovela**.

Expresiones útiles New, active words and expressions are organized by language or grammatical function, so you can concentrate on using them for real-life, practical purposes.

Comprensión & Ampliación

reinforce and expand upon the Fotonovela.

Comprensión

(1) **La trama** Primero, indica con una **X** los hechos *(events)* que no ocurrieron en este episodio. Después, indica con números el orden en el que ocurrieron los restantes *(the remaining ones)*.

_______ a. Diana llega con el manual de conducta profesional.
_______ b. Éric ordena una pizza con anchoas.
_______ c. Mariela deja un mensaje para Aguayo.
_______ d. Un muchacho llega a la oficina con una pizza.
_______ e. Aguayo presenta a Mariela al grupo.
_______ f. Fabiola le pregunta a Éric su opinión sobre Mariela.
_______ g. Johnny contesta el teléfono.
_______ h. Mariela llega a la oficina.
_______ i. Aguayo paga la pizza.
_______ j. Éric y Johnny practican la forma correcta de recibir a un cliente.

(2) **¿Quién lo haría?** ¿Quién estaría a cargo de las siguientes actividades?

1. Sacar fotos para la revista.
2. Escribir un artículo sobre un concierto de música pop.
3. Hablar con las personas que quieren poner anuncios *(ads)* en la revista.
4. Escribir un artículo sobre las pirámides de Egipto.
5. Entrevistar a un ministro del gobierno mexicano para hablar de la inflación.
6. Escribir un artículo sobre la corrupción política.
7. Escribir la reseña *(review)* de un nuevo restaurante.
8. Preparar dibujos para los artículos de la revista.
9. Conseguir más lectores *(readers)*.
10. Seleccionar al personal *(staff)*.

Ampliación

(3) **¿Los signos del zodiaco indican algo?** ¿Qué signo del zodiaco asociarías con los miembros del equipo de *Facetas* que ya conociste? ¿Por qué? Además, ¿corresponde tu personalidad con la descripción de tu horóscopo? Explica tu respuesta.

Aries 21 marzo – 19 abril agresivo/a, extrovertido/a, dinámico/a, directo/a	**Libra** 23 septiembre – 22 octubre objetivo/a, justo/a, diplomático/a, materialista
Tauro 20 abril – 20 mayo obstinado/a, trabajador(a), persistente, conservador(a)	**Escorpión** 23 octubre – 21 noviembre autoritario/a, decidido/a, competitivo/a, trabajador(a)
Géminis 21 mayo – 21 junio imaginativo/a, expresivo/a, impetuoso/a, estudioso/a	**Sagitario** 22 noviembre – 21 diciembre intelectual, agresivo/a, impaciente, optimista
Cáncer 22 junio – 22 julio cariñoso/a, sentimental, generoso/a, paciente	**Capricornio** 22 diciembre – 19 enero realista, disciplinado/a, responsable, serio/a
Leo 23 julio – 22 agosto ambicioso/a, egoísta, decidido/a, valiente	**Acuario** 20 enero – 18 febrero independiente, sociable, temperamental, innovador(a)
Virgo 23 agosto – 22 septiembre modesto/a, ordenado/a, práctico/a, reservado/a	**Piscis** 19 febrero – 20 marzo misterioso/a, idealista, tímido/a, artístico/a

(4) **Preguntas** En parejas, contesten las siguientes preguntas.

1. ¿Qué te parecen los empleados de la revista *Facetas*? ¿Cómo son?
2. ¿De qué está encargado cada empleado? En tu opinión, ¿cuál de ellos tiene más responsabilidad? Explica tu respuesta.
3. ¿Te gustaría trabajar con los empleados de *Facetas*? Razona tu respuesta.
4. ¿Crees que a Mariela le va a gustar su nuevo trabajo? ¿Por qué?
5. ¿Cuál es la dirección de *Facetas*? ¿Cuál es la dirección de tu casa?
6. ¿Te gustaría trabajar para una revista? ¿Para qué tipo de revista te gustaría trabajar?

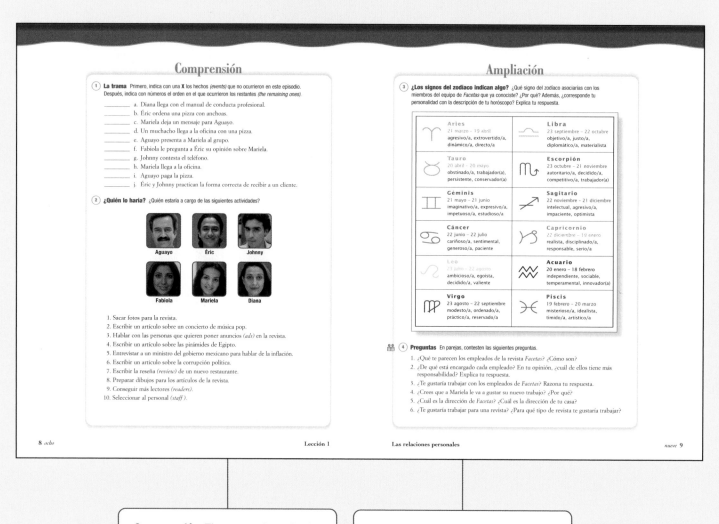

Comprensión These exercises check your basic understanding of the **Fotonovela** conversations.

Ampliación Communicative activities take a step further, asking you to apply or react to the content in a personalized way.

ENFOQUES

explores cultural topics introduced in Fotonovela.

1 ENFOQUES

México D.F., una megametrópolis

Paseo de la Reforma

El Zócalo

Ruinas aztecas en el D.F.

Las oficinas de *Facetas* se encuentran en la capital de México, conocida como México D.F. (Distrito Federal). A continuación, vas a aprender por qué esta ciudad es una de las más importantes del mundo hispanohablante.

México D.F. es una verdadera megametrópolis. Hoy en día, es considerada la ciudad más grande de toda América Latina y una de las más grandes del mundo. Es la cuarta ciudad más populosa después de Tokio, Seúl y Nueva York. La ciudad atrae a miles de inmigrantes y turistas por ser el centro cultural, político y económico de México.

México D.F. fue construida sobre la antigua Tenochtitlán, capital del imperio azteca, la cual fue fundada en 1325 sobre un islote. En 1521, los conquistadores españoles al mando de Hernán Cortés, destruyeron esta majestuosa ciudad y fundaron lo que hoy es la moderna capital del país.

En el centro de la ciudad está la llamada Plaza de la Constitución, conocida también como El Zócalo. Durante el período azteca El Zócalo era el corazón de la ciudad, y hoy día aún sigue siéndolo. Alrededor de El Zócalo, se encuentran la Catedral Metropolitana y el Palacio Nacional, actual sede del gobierno mexicano. Es aquí donde tienen lugar las mayores celebraciones nacionales y los desfiles militares importantes.

El centro histórico de la ciudad, ubicado en los alrededores de El Zócalo, es un microcosmo de arte, monumentos, tiendas y magníficos restaurantes, bares y cantinas. La variada comida tradicional mexicana es servida en las fondas. Y si tienes ganas de ir de compras, ¡no te pierdas los centros comerciales y las boutiques!

Ciudades más grandes del mundo*	
1. Tokio (Japón)	34,5
2. Nueva York (EE.UU)	21,4
3. Seúl (Corea)	20,3
4. México D.F. (México)	19,6
5. Bombay (India)	19,0
6. São Paulo (Brasil)	18,5

*Población en millones de habitantes

Revistas para todos los gustos

Facetas, la revista para la cual trabajan los personajes de la Fotonovela, es una revista ficticia publicada en la Ciudad de México. En la vida real, sin embargo, existen revistas de todo tipo en los países de habla española.

¿Te interesan las revistas serias o prefieres relajarte hojeando una revista divertida? La oferta de revistas en español comprende desde las más generales, hasta las más especializadas. Incluso, muchas de las revistas que se publican en los Estados Unidos, como *Time*, *Newsweek* y *Vogue*, tienen versiones en español. A continuación vas a conocer algunas revistas importantes de Latinoamérica y España.

el islote	islet
alrededor	around
la sede	headquarters
el desfile	parade
ubicado	located
la fonda	restaurant
hojear	page through
el chisme	gossip
presunto	alleged
renunciar	to give up

Si te gustan los chismes y estar al día con los últimos romances de tus estrellas favoritas, *Hola* es tu revista. Se publica en España, y se especializa en la farándula nacional e internacional. Aquí puedes leer sobre quién acompañó a tu actor/actriz preferido/a en esa ocasión especial, cómo iba vestida Penélope Cruz, o criticar a la presunta novia del príncipe Felipe.

Semana es una excelente revista colombiana de interés general, muy parecida a *Time* y *Newsweek*. En ella se publican excelentes artículos sobre política interna e internacional, economía, cultura y opinión. En su versión *on-line*, la sección titulada "Conexión Colombia" sirve para que los colombianos en el exterior se mantengan en contacto con su país.

Si, por el contrario, quieres enterarte de la actualidad socio-político-económica sin renunciar a sonreír y a divertirte, aquí tienes una original revista peruana. Con su estilo polémico, sarcástico e irónico, *Caretas* ataca la corrupción y denuncia abusos.

Coméntalo

Reúnete con varios compañeros/as de clase y conversa sobre los siguientes temas.

1. ¿Les gustaría visitar México D.F.? ¿Por qué?
2. ¿Qué cosas les gustaría hacer mientras están de visita en México D.F.?
3. ¿Conoces alguna revista en español? Comparte tu experiencia leyendo esta revista con tus compañeros/as.
4. ¿Cuál de las tres revistas que se describen te parece que es la más interesante? Explica por qué.

10 diez — Lección 1 — Las relaciones personales — once 11

Enfoques Readings expand on cultural concepts presented in the **Fotonovela**.

Coméntalo Short boxes in **Enfoques** allow students to react to the cultural content.

ESTRUCTURA

uses graphic design to facilitate learning Spanish grammar.

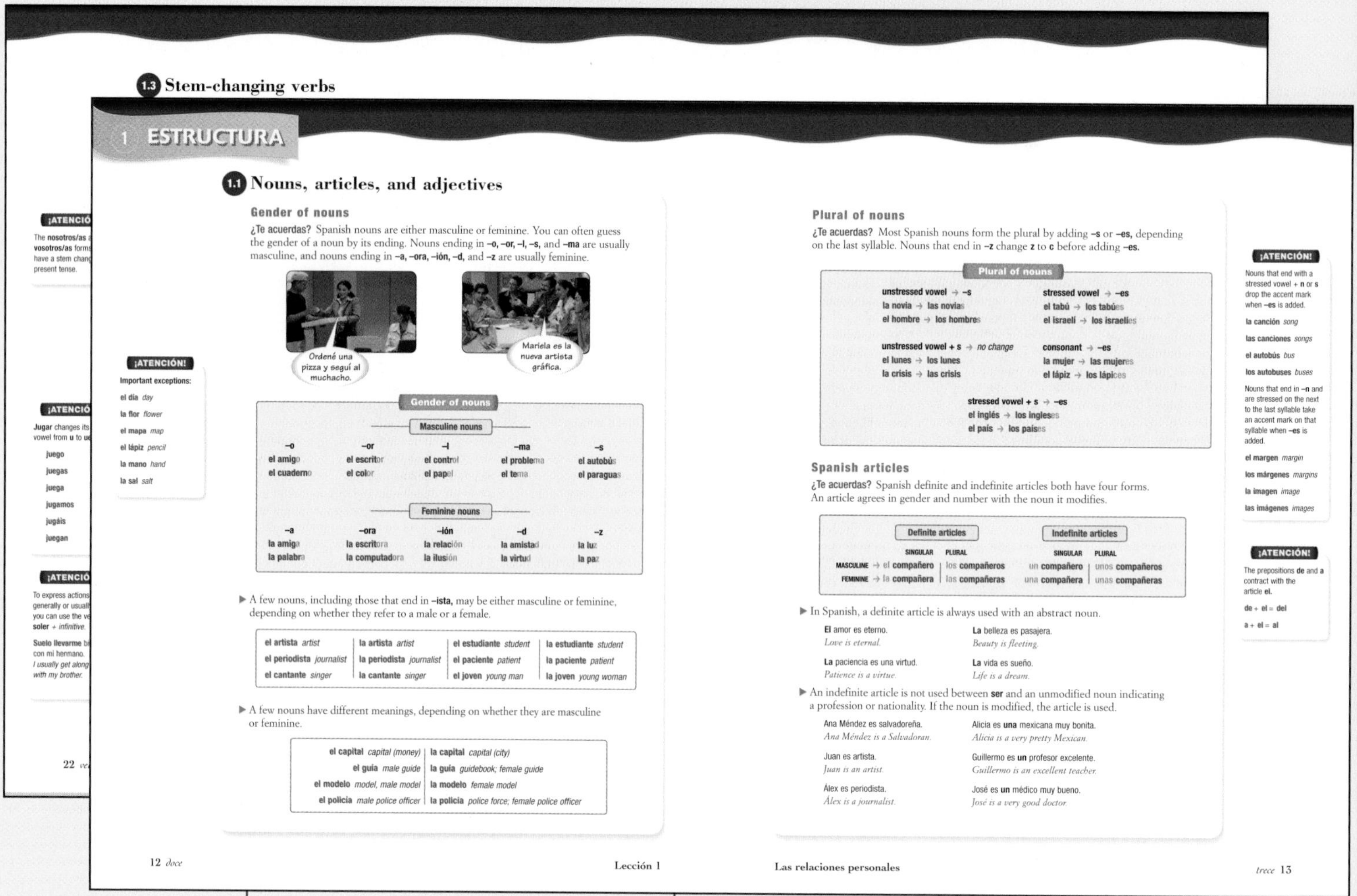
1.3 Stem-changing verbs

1 ESTRUCTURA

1.1 Nouns, articles, and adjectives

Gender of nouns

¿Te acuerdas? Spanish nouns are either masculine or feminine. You can often guess the gender of a noun by its ending. Nouns ending in **–o, –or, –l, –s,** and **–ma** are usually masculine, and nouns ending in **–a, –ora, –ión, –d,** and **–z** are usually feminine.

Ordené una pizza y seguí al muchacho.
Mariela es la nueva artista gráfica.

Gender of nouns

Masculine nouns

–o	–or	–l	–ma	–s
el amigo	el escritor	el control	el problema	el autobús
el cuaderno	el color	el papel	el tema	el paraguas

Feminine nouns

–a	–ora	–ión	–d	–z
la amiga	la escritora	la relación	la amistad	la luz
la palabra	la computadora	la ilusión	la virtud	la paz

▶ A few nouns, including those that end in **–ista,** may be either masculine or feminine, depending on whether they refer to a male or a female.

el artista *artist*	la artista *artist*	el estudiante *student*	la estudiante *student*
el periodista *journalist*	la periodista *journalist*	el paciente *patient*	la paciente *patient*
el cantante *singer*	la cantante *singer*	el joven *young man*	la joven *young woman*

▶ A few nouns have different meanings, depending on whether they are masculine or feminine.

el capital *capital (money)*	la capital *capital (city)*
el guía *male guide*	la guía *guidebook; female guide*
el modelo *model, male model*	la modelo *female model*
el policía *male police officer*	la policía *police force; female police officer*

¡ATENCIÓN!
Important exceptions:
el día *day*
la flor *flower*
el mapa *map*
el lápiz *pencil*
la mano *hand*
la sal *salt*

Plural of nouns

¿Te acuerdas? Most Spanish nouns form the plural by adding **–s** or **–es,** depending on the last syllable. Nouns that end in **–z** change **z** to **c** before adding **–es.**

Plural of nouns

unstressed vowel → –s
la novia → las novias
el hombre → los hombres

stressed vowel → –es
el tabú → los tabúes
el israelí → los israelíes

unstressed vowel + s → *no change*
el lunes → los lunes
la crisis → las crisis

consonant → –es
la mujer → las mujeres
el lápiz → los lápices

stressed vowel + s → –es
el inglés → los ingleses
el país → los países

Spanish articles

¿Te acuerdas? Spanish definite and indefinite articles both have four forms. An article agrees in gender and number with the noun it modifies.

	Definite articles: SINGULAR	PLURAL	Indefinite articles: SINGULAR	PLURAL
MASCULINE	el compañero	los compañeros	un compañero	unos compañeros
FEMININE	la compañera	las compañeras	una compañera	unas compañeras

▶ In Spanish, a definite article is always used with an abstract noun.

El amor es eterno. *Love is eternal.*
La belleza es pasajera. *Beauty is fleeting.*
La paciencia es una virtud. *Patience is a virtue.*
La vida es sueño. *Life is a dream.*

▶ An indefinite article is not used between **ser** and an unmodified noun indicating a profession or nationality. If the noun is modified, the article is used.

Ana Méndez es salvadoreña. *Ana Méndez is a Salvadoran.*
Alicia es **una** mexicana muy bonita. *Alicia is a very pretty Mexican.*
Juan es artista. *Juan is an artist.*
Guillermo es **un** profesor excelente. *Guillermo is an excellent teacher.*
Alex es periodista. *Alex is a journalist.*
José es **un** médico muy bueno. *José is a very good doctor.*

¡ATENCIÓN!
Nouns that end with a stressed vowel + **n** or **s** drop the accent mark when **–es** is added.
la canción *song*
las canciones *songs*
el autobús *bus*
los autobuses *buses*
Nouns that end in **–n** and are stressed on the next to the last syllable take an accent mark on that syllable when **–es** is added.
el margen *margin*
los márgenes *margins*
la imagen *image*
las imágenes *images*

¡ATENCIÓN!
The prepositions **de** and **a** contract with the article **el.**
de + el = del
a + el = al

12 *doce* Lección 1 Las relaciones personales *trece* 13

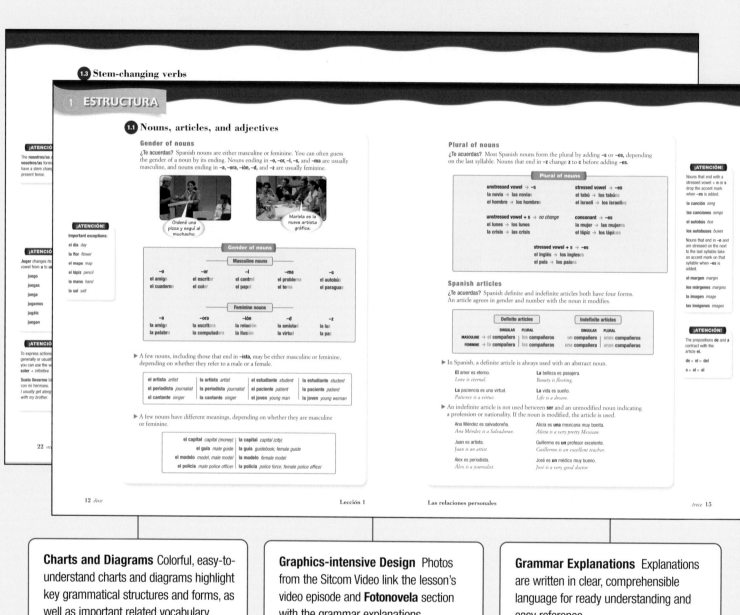

Charts and Diagrams Colorful, easy-to-understand charts and diagrams highlight key grammatical structures and forms, as well as important related vocabulary.

Graphics-intensive Design Photos from the Sitcom Video link the lesson's video episode and **Fotonovela** section with the grammar explanations.

Grammar Explanations Explanations are written in clear, comprehensible language for ready understanding and easy reference.

Student Sidebars This feature calls attention to important grammar points related to the information you are studying.

ESTRUCTURA

provides activities for controlled practice and communication.

Práctica

1 **¿Qué hacen tus amigos?** En parejas, túrnense *(take turns)* para hacerse las siguientes preguntas. Sigan el modelo.

MODELO Marcelo: despertarse a las 6:30 de la mañana / dormir hasta las 9:00

—¿Se despierta Marcelo a las 6:30 de la mañana?

—¡Qué va! *(Are you kidding!)* Marcelo duerme hasta las nueve.

1. Consuelo: jugar al tenis con Daniel / preferir pasar la tarde charlando
2. Felipe: acostarse a las 3 de la mañana / tener clase de química a las 8 de la mañana
3. Jorge y Begoña: querer ir a la playa / pensar ver un documental sobre Ibiza
4. Dolores: probar la paella valenciana / no querer probar ningún plato con mariscos
5. Fermín y Ana: volver de España mañana / pensar quedarse una semana más

2 **Tengo gripe** Completa el recado (*message*) que Omar dejó en el contestador automático de Gabriela y Alan. Usa los verbos indicados.

Soy Omar. No ___puedo___ (poder) almorzar con ustedes. Estoy enfermo con gripe. Me ___siento___ (sentir) muy cansado. Tampoco ___quiero___ (querer) contagiarles. ¿___Quieren___ (querer) ustedes salir a almorzar el próximo domingo? ¿O ___prefieren___ (preferir) otro día? Llámenme y díganme qué ___sugieren___ (sugerir). Seguro que ___vuelvo___ (volver) a sentirme mejor pronto… *(se oye un acceso de tos)* ¡Si no me ___muero___ (morir) antes! Y ahora, voy a ver si ___consigo___ (conseguir) dormir un poco. Chau.

3 **¿Hablamos?** Completa esta conversación conjugando algunos de los verbos de la lista.

acordar	confesar	sentir
almorzar	poder	subir
bailar	preferir	sugerir

LAURA Rafael, necesito hablar contigo para decirte algo importante.

RAFAEL ¿Ahora? Lo ___siento___, pero no tengo tiempo. ¿De qué quieres hablar?

LAURA Mira, ___prefiero___ hablar contigo más tarde. Te ___confieso___ que ahora estoy un poco nerviosa. Nosotros ___podemos___ almorzar juntos.

RAFAEL Bueno, pero te ___sugiero___ que seas puntual, no quiero perder el tiempo. ¿Dónde ___almorzamos___? Ya sabes que no me gusta la comida que preparas.

LAURA ¡Qué antipático eres! Ahora me ___acuerdo___ por qué no me gustas. No te preocupes por la comida. No la vas a probar ni hoy ni nunca.

24 *veinticuatro* Lección 1

Comunicación

4 **Discusión matrimonial** Trabajen en parejas para representar una discusión matrimonial. Preparen la discusión con las frases de la lista.

no acordarse de los cumpleaños
ya no sentir lo mismo de antes
preferir estar con los amigos
querer discutir todos los días
contar mentiras siempre
dormir en el sofá

5 **¿Qué sabes de tus compañeros?**

A. En parejas, háganse preguntas usando los verbos de la lista. Pueden hablar de los temas sugeridos o de otros.

MODELO

sentirse: inseguro/a —¿Hay alguna situación en la que siempre te sientes inseguro?

—Sí, siempre me siento inseguro cuando tengo que hablar en público.

—¿Por qué te sientes inseguro?

—Soy un poco tímido.

- sentirse: inseguro/a, solo/a, bien, feliz, deprimido/a, seguro/a
- recomendar: alguna película / algún grupo musical / algún libro / algún restaurante
- pensar: realizar este año algún proyecto / algún viaje / alguna compra grande
- acordarse: de cuando aprendiste a nadar / del primer beso / de tus bisabuelos
- soñar con: tener / hacer / evitar / una persona / algo especial

B. Ahora comparte con la clase todo lo que aprendiste sobre tu compañero/a.

Las relaciones personales *veinticinco* 25

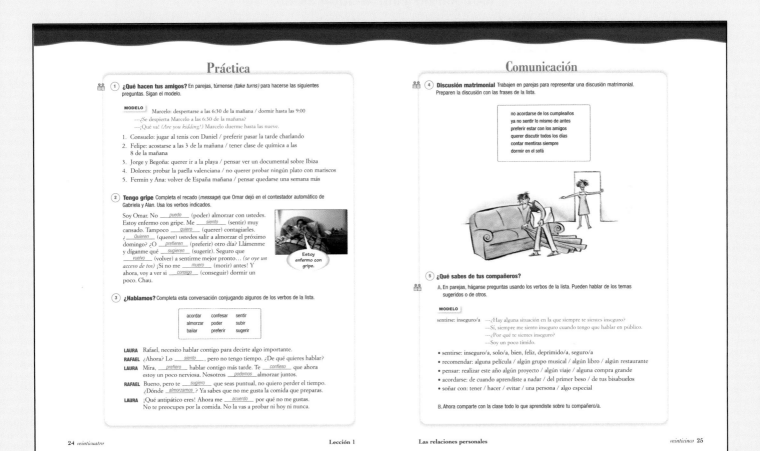

Práctica The first set of activities provides a wide range of directed exercises in contexts that combine current and previously learned vocabulary with the grammar point you are studying.

Comunicación The second set of activities prompts creative expression using the lesson's grammar and vocabulary. These activities take place with a partner, in small groups, or with the entire class.

A conversar

develops your oral communication skills, and A escribir focuses on your writing skills.

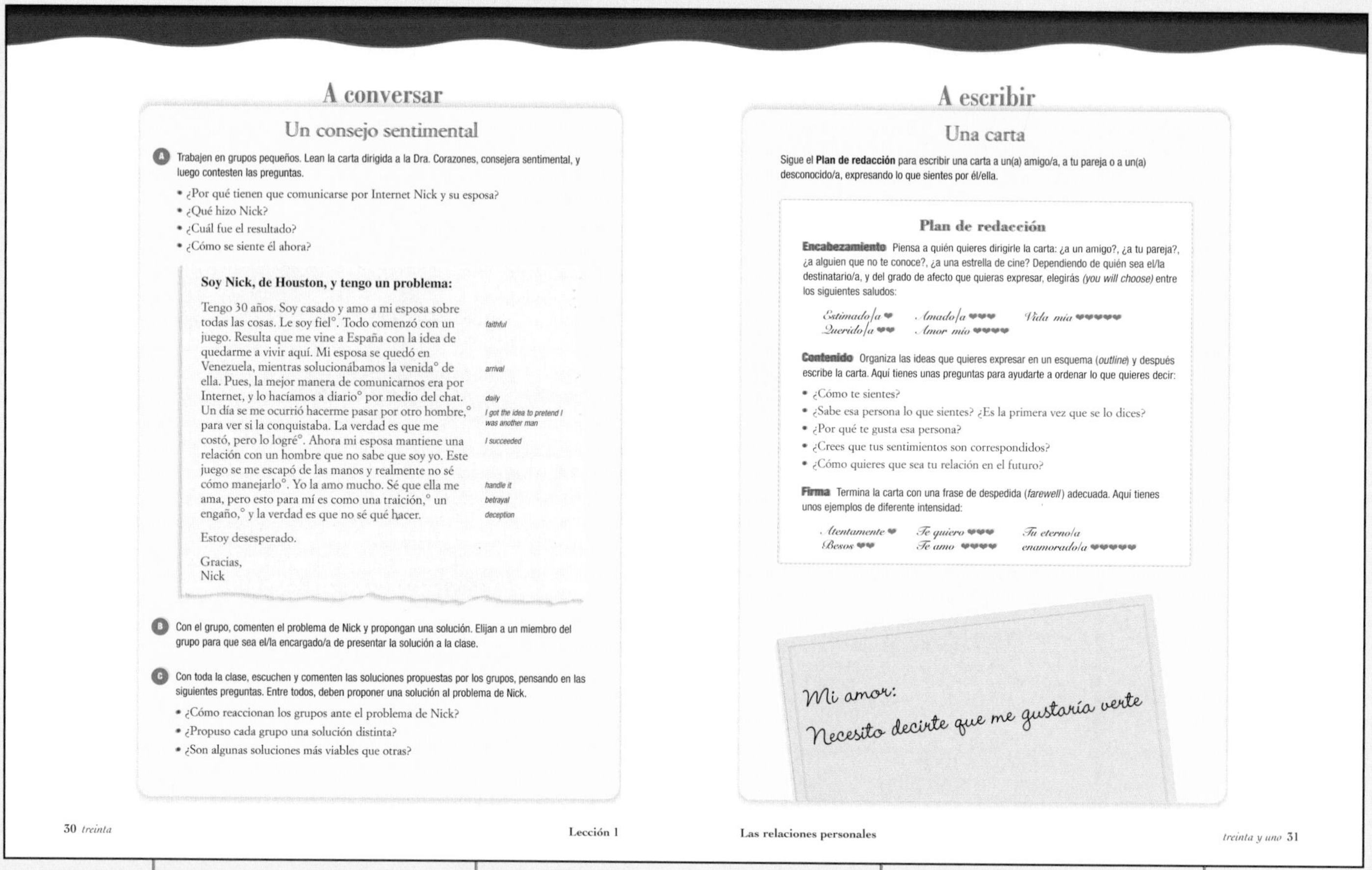

A conversar

Un consejo sentimental

A Trabajen en grupos pequeños. Lean la carta dirigida a la Dra. Corazones, consejera sentimental, y luego contesten las preguntas.

- ¿Por qué tienen que comunicarse por Internet Nick y su esposa?
- ¿Qué hizo Nick?
- ¿Cuál fue el resultado?
- ¿Cómo se siente él ahora?

Soy Nick, de Houston, y tengo un problema:

Tengo 30 años. Soy casado y amo a mi esposa sobre todas las cosas. Le soy fiel° (*faithful*). Todo comenzó con un juego. Resulta que me vine a España con la idea de quedarme a vivir aquí. Mi esposa se quedó en Venezuela, mientras solucionábamos la venida° (*arrival*) de ella. Pues, la mejor manera de comunicarnos era por Internet, y lo hacíamos a diario° (*daily*) por medio del chat. Un día se me ocurrió hacerme pasar por otro hombre,° (*I got the idea to pretend I was another man*) para ver si la conquistaba. La verdad es que me costó, pero lo logré° (*I succeeded*). Ahora mi esposa mantiene una relación con un hombre que no sabe que soy yo. Este juego se me escapó de las manos y realmente no sé cómo manejarlo° (*handle it*). Yo la amo mucho. Sé que ella me ama, pero esto para mí es como una traición,° (*betrayal*) un engaño,° (*deception*) y la verdad es que no sé qué hacer.

Estoy desesperado.

Gracias,
Nick

B Con el grupo, comenten el problema de Nick y propongan una solución. Elijan a un miembro del grupo para que sea el/la encargado/a de presentar la solución a la clase.

C Con toda la clase, escuchen y comenten las soluciones propuestas por los grupos, pensando en las siguientes preguntas. Entre todos, deben proponer una solución al problema de Nick.

- ¿Cómo reaccionan los grupos ante el problema de Nick?
- ¿Propuso cada grupo una solución distinta?
- ¿Son algunas soluciones más viables que otras?

30 *treinta* Lección 1

A escribir

Una carta

Sigue el **Plan de redacción** para escribir una carta a un(a) amigo/a, a tu pareja o a un(a) desconocido/a, expresando lo que sientes por él/ella.

Plan de redacción

Encabezamiento Piensa a quién quieres dirigirle la carta: ¿a un amigo?, ¿a tu pareja?, ¿a alguien que no te conoce?, ¿a una estrella de cine? Dependiendo de quién sea el/la destinatario/a, y del grado de afecto que quieras expresar, elegirás *(you will choose)* entre los siguientes saludos:

Estimado/a ♥ *Amado/a* ♥♥♥ *Vida mía* ♥♥♥♥♥
Querido/a ♥♥ *Amor mío* ♥♥♥♥

Contenido Organiza las ideas que quieres expresar en un esquema (*outline*) y después escribe la carta. Aquí tienes unas preguntas para ayudarte a ordenar lo que quieres decir:

- ¿Cómo te sientes?
- ¿Sabe esa persona lo que sientes? ¿Es la primera vez que se lo dices?
- ¿Por qué te gusta esa persona?
- ¿Crees que tus sentimientos son correspondidos?
- ¿Cómo quieres que sea tu relación en el futuro?

Firma Termina la carta con una frase de despedida (*farewell*) adecuada. Aquí tienes unos ejemplos de diferente intensidad:

Atentamente ♥ *Te quiero* ♥♥♥ *Tu eterno/a*
Besos ♥♥ *Te amo* ♥♥♥♥ *enamorado/a* ♥♥♥♥♥

Mi amor:
Necesito decirte que me gustaría verte

Las relaciones personales *treinta y uno* 31

A conversar Step-by-step tasks and problem-solving situations engage you in discussion in pairs, small groups, or with the entire class.

Thematic Readings and Realia These texts serve as both springboards for discussion and frameworks to help you use language creatively.

Writing Activity The section provides an engaging, real-life writing task—letters, e-mails, anecdotes, etc.—spun off from the themes and ideas of the lesson.

Plan de redacción Specialized instructions guide you step-by-step through the writing process.

The opening page to LECTURAS introduces the first part of each lesson in a visually dramatic way.

1 LECTURAS

Los enamorados, 1923.
Pablo Picasso. España.

La única fuerza y la única verdad que hay en esta vida es el amor.
— José Martí

32 *treinta y dos* Lección 1

Fine Art A fine art piece by a Spanish-speaking artist illustrates an aspect of the lesson's theme and exposes you to a broad spectrum of works created by male and female artists from different areas of the Spanish-speaking world.

Quotation Quotations by Spanish speakers from around the world and across the ages provide thought-provoking insights into the lesson's theme.

The first reading in LECTURAS is a literary selection that expands on the lesson's theme while using its vocabulary and grammatical structures.

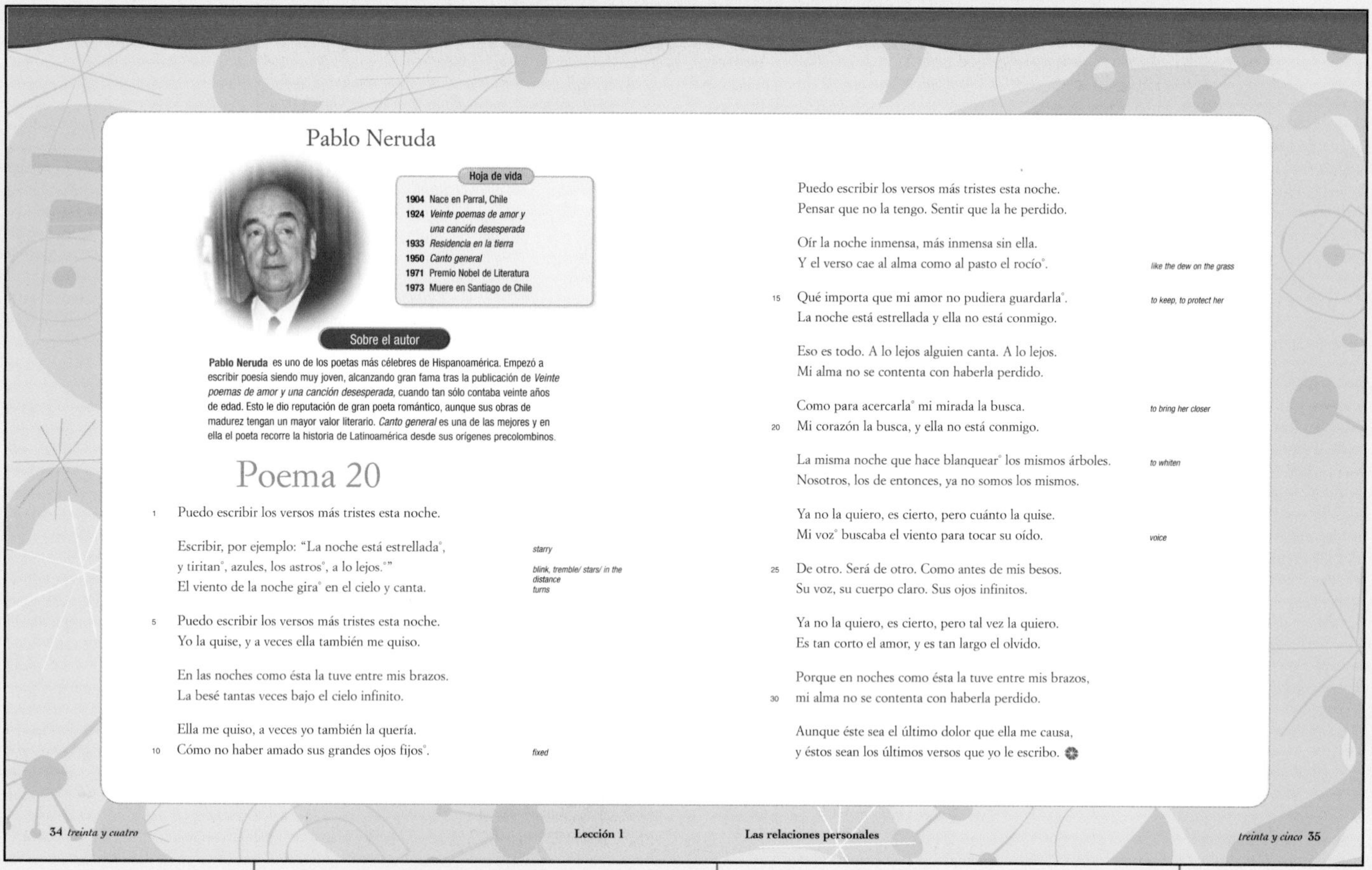

Pablo Neruda

Hoja de vida

1904 Nace en Parral, Chile
1924 *Veinte poemas de amor y una canción desesperada*
1933 *Residencia en la tierra*
1950 *Canto general*
1971 Premio Nobel de Literatura
1973 Muere en Santiago de Chile

Sobre el autor

Pablo Neruda es uno de los poetas más célebres de Hispanoamérica. Empezó a escribir poesía siendo muy joven, alcanzando gran fama tras la publicación de *Veinte poemas de amor y una canción desesperada*, cuando tan sólo contaba veinte años de edad. Esto le dio reputación de gran poeta romántico, aunque sus obras de madurez tengan un mayor valor literario. *Canto general* es una de las mejores y en ella el poeta recorre la historia de Latinoamérica desde sus orígenes precolombinos.

Poema 20

Puedo escribir los versos más tristes esta noche.

Escribir, por ejemplo: "La noche está estrellada°, — *starry*
y tiritan°, azules, los astros°, a lo lejos°." — *blink, tremble/ stars/ in the distance*
El viento de la noche gira° en el cielo y canta. — *turns*

Puedo escribir los versos más tristes esta noche.
Yo la quise, y a veces ella también me quiso.

En las noches como ésta la tuve entre mis brazos.
La besé tantas veces bajo el cielo infinito.

Ella me quiso, a veces yo también la quería.
Cómo no haber amado sus grandes ojos fijos°. — *fixed*

Puedo escribir los versos más tristes esta noche.
Pensar que no la tengo. Sentir que la he perdido.

Oír la noche inmensa, más inmensa sin ella.
Y el verso cae al alma como al pasto el rocío°. — *like the dew on the grass*

Qué importa que mi amor no pudiera guardarla°. — *to keep, to protect her*
La noche está estrellada y ella no está conmigo.

Eso es todo. A lo lejos alguien canta. A lo lejos.
Mi alma no se contenta con haberla perdido.

Como para acercarla° mi mirada la busca. — *to bring her closer*
Mi corazón la busca, y ella no está conmigo.

La misma noche que hace blanquear° los mismos árboles. — *to whiten*
Nosotros, los de entonces, ya no somos los mismos.

Ya no la quiero, es cierto, pero cuánto la quise.
Mi voz° buscaba el viento para tocar su oído. — *voice*

De otro. Será de otro. Como antes de mis besos.
Su voz, su cuerpo claro. Sus ojos infinitos.

Ya no la quiero, es cierto, pero tal vez la quiero.
Es tan corto el amor, y es tan largo el olvido.

Porque en noches como ésta la tuve entre mis brazos,
mi alma no se contenta con haberla perdido.

Aunque éste sea el último dolor que ella me causa,
y éstos sean los últimos versos que yo le escribo.

34 *treinta y cuatro* — Lección 1 — Las relaciones personales — *treinta y cinco* 35

Hoja de vida A short box highlights biographical information about the authors.

Sobre el autor This biographical paragraph focuses your attention on important information about the authors and their works.

Open Design The type size, open space, numbered lines, and marginal glosses were specially designed to make the readings inviting and highly accessible to you.

The second reading in LECTURAS presents a profile of a notable Spanish speaker whose accomplishments are connected to the lesson's theme.

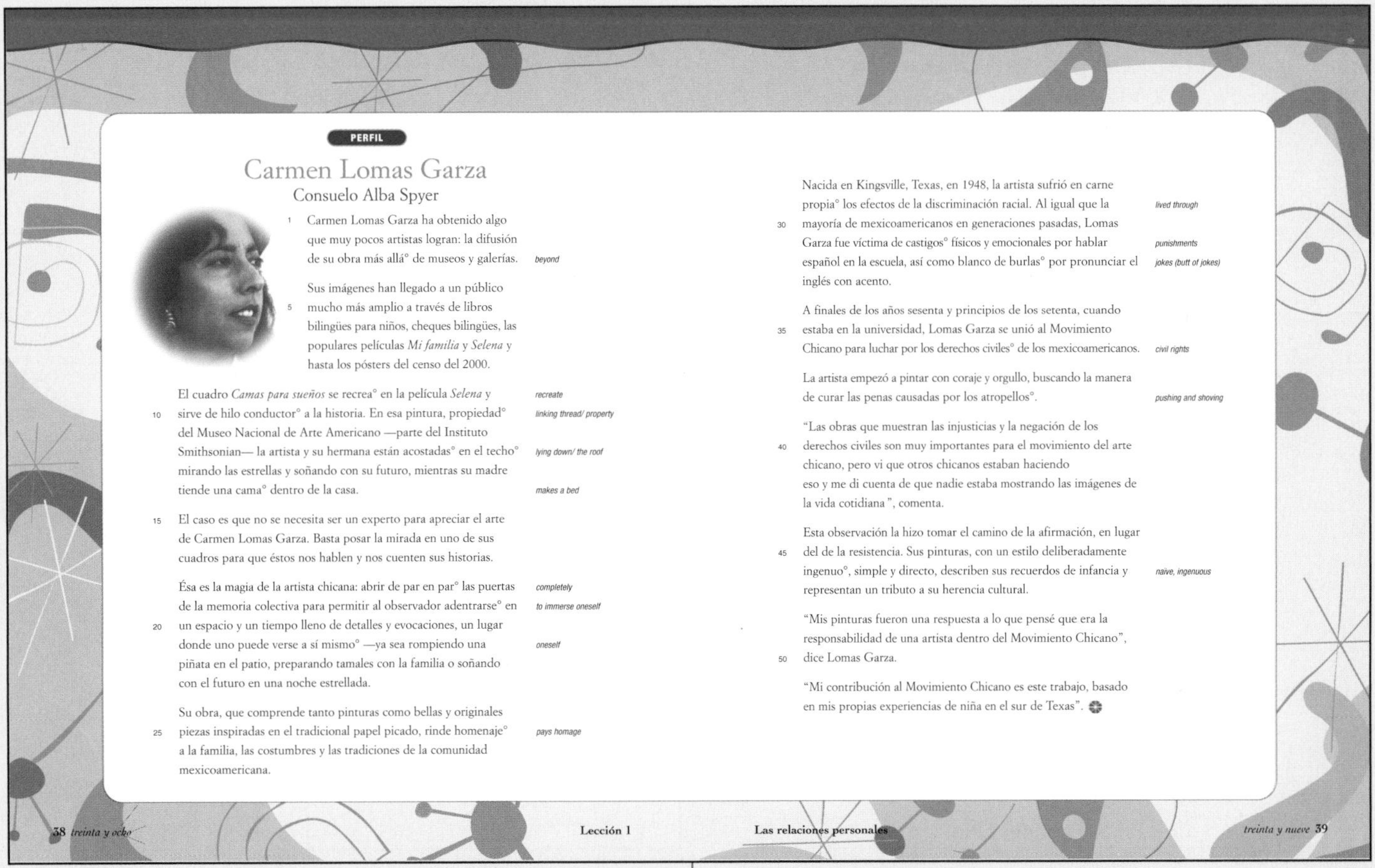

PERFIL

Carmen Lomas Garza

Consuelo Alba Spyer

Carmen Lomas Garza ha obtenido algo que muy pocos artistas logran: la difusión de su obra más allá° de museos y galerías. *beyond*

Sus imágenes han llegado a un público mucho más amplio a través de libros bilingües para niños, cheques bilingües, las populares películas *Mi familia* y *Selena* y hasta los pósters del censo del 2000.

El cuadro *Camas para sueños* se recrea° en la película *Selena* y sirve de hilo conductor° a la historia. En esa pintura, propiedad° del Museo Nacional de Arte Americano —parte del Instituto Smithsonian— la artista y su hermana están acostadas° en el techo° mirando las estrellas y soñando con su futuro, mientras su madre tiende una cama° dentro de la casa. *recreate* / *linking thread/ property* / *lying down/ the roof* / *makes a bed*

El caso es que no se necesita ser un experto para apreciar el arte de Carmen Lomas Garza. Basta posar la mirada en uno de sus cuadros para que éstos nos hablen y nos cuenten sus historias.

Ésa es la magia de la artista chicana: abrir de par en par° las puertas de la memoria colectiva para permitir al observador adentrarse° en un espacio y un tiempo lleno de detalles y evocaciones, un lugar donde uno puede verse a sí mismo° —ya sea rompiendo una piñata en el patio, preparando tamales con la familia o soñando con el futuro en una noche estrellada. *completely* / *to immerse oneself* / *oneself*

Su obra, que comprende tanto pinturas como bellas y originales piezas inspiradas en el tradicional papel picado, rinde homenaje° a la familia, las costumbres y las tradiciones de la comunidad mexicoamericana. *pays homage*

Nacida en Kingsville, Texas, en 1948, la artista sufrió en carne propia° los efectos de la discriminación racial. Al igual que la mayoría de mexicoamericanos en generaciones pasadas, Lomas Garza fue víctima de castigos° físicos y emocionales por hablar español en la escuela, así como blanco de burlas° por pronunciar el inglés con acento. *lived through* / *punishments* / *jokes (butt of jokes)*

A finales de los años sesenta y principios de los setenta, cuando estaba en la universidad, Lomas Garza se unió al Movimiento Chicano para luchar por los derechos civiles° de los mexicoamericanos. *civil rights*

La artista empezó a pintar con coraje y orgullo, buscando la manera de curar las penas causadas por los atropellos°. *pushing and shoving*

"Las obras que muestran las injusticias y la negación de los derechos civiles son muy importantes para el movimiento del arte chicano, pero vi que otros chicanos estaban haciendo eso y me di cuenta de que nadie estaba mostrando las imágenes de la vida cotidiana", comenta.

Esta observación la hizo tomar el camino de la afirmación, en lugar de la resistencia. Sus pinturas, con un estilo deliberadamente ingenuo°, simple y directo, describen sus recuerdos de infancia y representan un tributo a su herencia cultural. *naive, ingenuous*

"Mis pinturas fueron una respuesta a lo que pensé que era la responsabilidad de una artista dentro del Movimiento Chicano", dice Lomas Garza.

"Mi contribución al Movimiento Chicano es este trabajo, basado en mis propias experiencias de niña en el sur de Texas".

38 treinta y ocho   Lección 1   Las relaciones personales   treinta y nueve 39

Open Design The same open interior design used with the first selection, including numbered lines and marginal glosses, helps make the **Perfil** readings accessible to you.

Antes de leer and Después de leer

provide in-depth pre- and post-reading support for each selection in Lecturas.

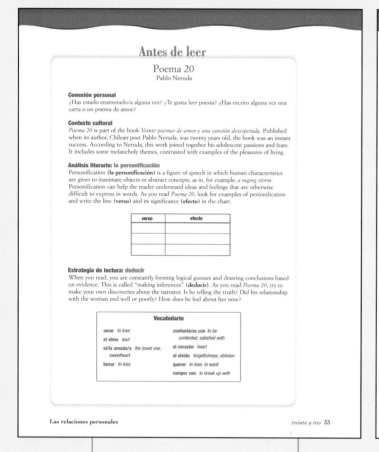

Antes de leer

Poema 20
Pablo Neruda

Conexión personal
¿Has estado enamorado/a alguna vez? ¿Te gusta leer poesía? ¿Has escrito alguna vez una carta o un poema de amor?

Contexto cultural
Poema 20 is part of the book *Veinte poemas de amor y una canción desesperada*. Published when its author, Chilean poet Pablo Neruda, was twenty years old, the book was an instant success. According to Neruda, this work joined together his adolescent passions and fears. It includes some melancholy themes, contrasted with examples of the pleasures of living.

Análisis literario: la personificación
Personification **(la personificación)** is a figure of speech in which human characteristics are given to inanimate objects or abstract concepts, as in, for example, *a raging storm*. Personification can help the reader understand ideas and feelings that are otherwise difficult to express in words. As you read *Poema 20*, look for examples of personification and write the line **(verso)** and its significance **(efecto)** in the chart.

verso	efecto

Estrategia de lectura: deducir
When you read, you are constantly forming logical guesses and drawing conclusions based on evidence. This is called "making inferences" **(deducir)**. As you read *Poema 20*, try to make your own discoveries about the narrator. Is he telling the truth? Did his relationship with the woman end well or poorly? How does he feel about her now?

Vocabulario

amar *to love*
el alma *soul*
el/la amado/a *the loved one, sweetheart*
besar *to kiss*
contentarse con *to be contented, satisfied with*
el corazón *heart*
el olvido *forgetfulness; oblivion*
querer *to love; to want*
romper con *to break up with*

Las relaciones personales — *treinta y tres* 33

Después de leer

Poema 20
Pablo Neruda

1. **Comprensión** Contesta las siguientes preguntas.
   1. ¿Quién habla en este poema?
   2. ¿De quién habla el poeta?
   3. ¿Cuál es el tema del poema?
   4. ¿Qué momento del día es?
   5. ¿Sigue el poeta enamorado? Da un ejemplo del poema.

2. **Analizar** Lee el poema otra vez para contestar las siguientes preguntas.
   1. ¿Qué personificaciones hay en el poema y qué efecto transmiten? Explica tu respuesta.
   2. ¿Tienen importancia las repeticiones en el poema? Explica por qué.

3. **Interpretar** Contesta las siguientes preguntas.
   1. ¿Cómo se siente el poeta? Da algún ejemplo del poema.
   2. ¿Es importante que sea de noche? Razona tu respuesta.
   3. Explica con tus propias palabras el siguiente verso: "Es tan corto el amor, y es tan largo el olvido".
   4. En un momento dado el poeta afirma: "Yo la quise, y a veces ella también me quiso" y, un poco más adelante, escribe: "Ella me quiso, a veces yo también la quería". Explica el significado de estos versos y su importancia en el poema.

4. **Ampliar** Trabajen en parejas para imaginar cómo es la mujer del poema. Hablen sobre:
   - Su apariencia física
   - Su personalidad
   - Sus aficiones.

5. **Imaginar** En parejas, imaginen la historia de amor entre el poeta y su amada. Preparen un diálogo en el que ellos se despiden para siempre. Inspírense en algunos de los versos del poema.

36 *treinta y seis* — Lección 1

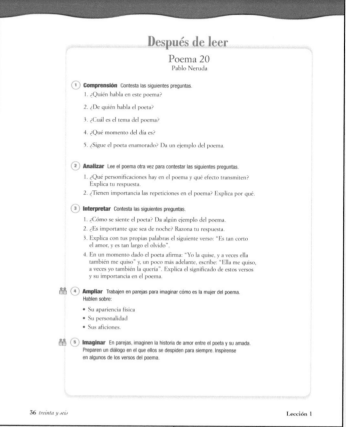

Conexión personal Personalized questions prompt you to think about the theme of the reading as it relates to your own life and experiences.

Contexto cultural Culturally relevant background information about the reading introduces the selection.

Post-reading Activities These exercises check your understanding of key ideas and guide you in analizing, interpreting, and reacting in a personalized way to the reading's content.

Estrategia de lectura A reading strategy for you to apply as you read the selection builds your reading skills.

Vocabulario A vocabulary box lists words and expressions key to the reading.

Análisis literario Explanations of literary techniques give you the support you need to analyze literature in Spanish. This section spotlights a technique central to the reading and contains an activity to help you apply it.

Atando cabos

synthesizes **Lecturas** and further develops your oral communication skills.

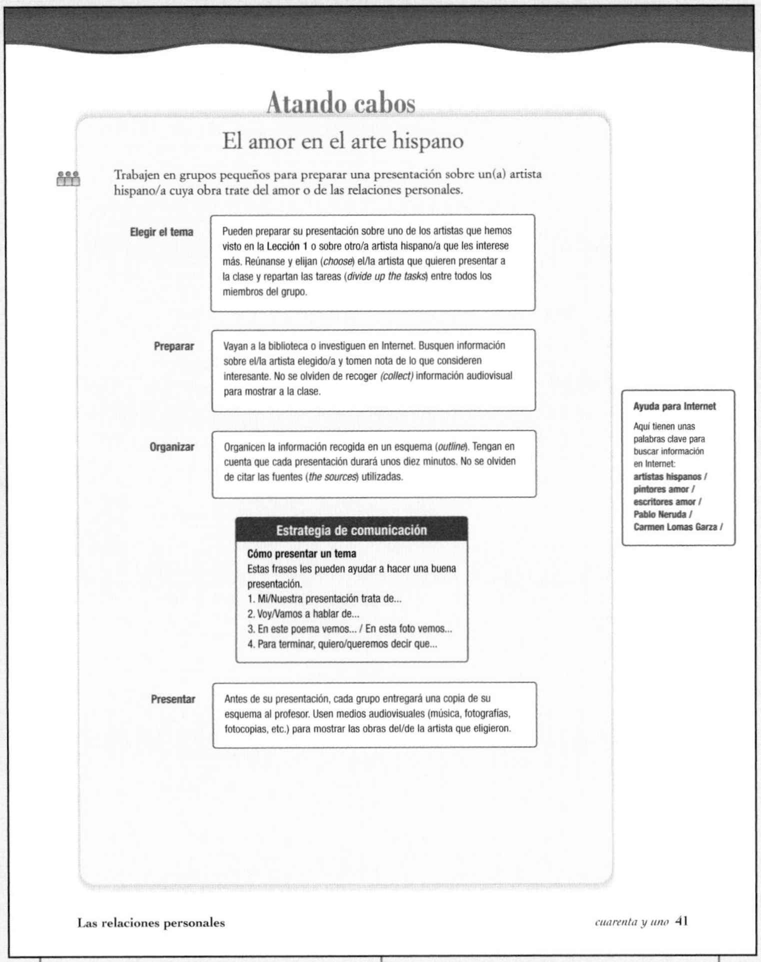

Atando cabos

El amor en el arte hispano

Trabajen en grupos pequeños para preparar una presentación sobre un(a) artista hispano/a cuya obra trate del amor o de las relaciones personales.

Elegir el tema Pueden preparar su presentación sobre uno de los artistas que hemos visto en la **Lección 1** o sobre otro/a artista hispano/a que les interese más. Reúnanse y elijan (*choose*) el/la artista que quieren presentar a la clase y repartan las tareas (*divide up the tasks*) entre todos los miembros del grupo.

Preparar Vayan a la biblioteca o investiguen en Internet. Busquen información sobre el/la artista elegido/a y tomen nota de lo que consideren interesante. No se olviden de recoger *(collect)* información audiovisual para mostrar a la clase.

Organizar Organicen la información recogida en un esquema (*outline*). Tengan en cuenta que cada presentación durará unos diez minutos. No se olviden de citar las fuentes (*the sources*) utilizadas.

Estrategia de comunicación

Cómo presentar un tema

Estas frases les pueden ayudar a hacer una buena presentación.

1. Mi/Nuestra presentación trata de...
2. Voy/Vamos a hablar de...
3. En este poema vemos... / En esta foto vemos...
4. Para terminar, quiero/queremos decir que...

Presentar Antes de su presentación, cada grupo entregará una copia de su esquema al profesor. Usen medios audiovisuales (música, fotografías, fotocopias, etc.) para mostrar las obras del/de la artista que eligieron.

Ayuda para Internet

Aquí tienen unas palabras clave para buscar información en Internet:
artistas hispanos / pintores amor / escritores amor / Pablo Neruda / Carmen Lomas Garza /

Las relaciones personales — *cuarenta y uno* 41

Oral Presentation The section involves you with a small group in researching, preparing, and giving oral presentations on cultural topics and Spanish speakers related to **Lecturas.**

Step-by-step Support A series of steps guides you through the presentation from choosing the topic, to finding the information you need, to organizing your research results, to final advice about how to present your work.

Ayuda para Internet This convenient box provides key words to help you find information related to your oral presentation on the Internet.

Estrategia de comunicación
Speaking-related tips, techniques, and key words and expressions help you improve your oral presentation skills.

VIDEOTECA

appears in every odd-numbered lesson, integrating pre-viewing, while-viewing, and post-viewing activities for a short subject film.

1 VIDEOTECA

Momentos de estación

país Argentina **director** Gustavo Cabaña
duración 7:15 minutos **protagonistas** viajero, cajera

Vocabulario

averiguar *to find out*	**meterse** *to break in (to a conversation)*
la broma *joke*	**el/la protagonista** *main character*
el cortometraje/corto *short film*	**suceder** *to happen*

Antes de ver el corto

(1) **Comentar** Con un(a) compañero/a, intercambia opiniones sobre *Momentos de estación*.

1. La palabra "estación" tiene varios significados. ¿Los recuerdas? ¿Cuáles son las estaciones que conoces?
2. ¿Qué te sugiere el título de este cortometraje?
3. Observa el segundo fotograma e inventa tres rasgos diferentes para la personalidad de cada personaje.
4. En esta filmación, vas a ver diferentes tipos de encuentros. ¿Qué relaciones imaginas que existen entre estos personajes?

Mientras ves el corto

(2) **Ordenar** Con un(a) compañero/a, ordena la siguiente información según aparece en el corto.

____ a. Juan, ¿qué pasa?
____ b. ¿Cómo sabe mi nombre?
____ c. Es que… ni siquiera nos conocemos.
____ d. Perdón que me meta pero, ¿qué le hace pensar que es una broma?
____ e. Ahora no puedo. Estoy trabajando.
____ f. Bailar, abrazarte, besarte…
____ g. Todos van a la capital.
____ h. ¡Cuánto hace que no me dan un beso!

Después de ver el corto

(3) **Escribir** En un párrafo de cuatro o cinco líneas resume la historia que acabas de ver, utilizando el imperfecto y el pretérito. Ten en cuenta:

- Dónde sucede la historia
- Cuándo o en qué momento tiene lugar la historia
- Quiénes son los personajes
- Qué es lo que sucede
- El final de la historia

(4) **Interpretar** En grupos de tres, contesten las siguientes preguntas.

1. ¿Cuál es su intepretación del final de la historia?
2. ¿Cuál creen que es el tema del cortometraje?
3. ¿Creen que *Momentos de estación* puede relacionarse con la idea de *carpe diem (seize the day)*? ¿Conocen otras películas con esta idea?
4. ¿Creen que el corto defiende una mayor espontaneidad en nuestras relaciones cotidianas? ¿Piensan que es mejor ser reservado/a o atrevido/a?

(5) **Imaginar** A continuación tienes el diálogo inicial entre el viajero y la cajera de *Momentos de estación*. Escribe otra versión de este diálogo, dándole un final diferente al que has visto.

VIAJERO Estoy enamorado de usted.
CAJERA ¿Cómo?
VIAJERO Que la amo…
CAJERA No puede ser.
VIAJERO Tenía que decírselo hoy. Es mi último viaje.
CAJERA Esto es una broma.
VIAJERO No, no, ninguna broma, Ana.
CAJERA ¿Cómo sabe mi nombre?
VIAJERO Lo averigüé; no fue difícil.
CAJERA Casi nunca me llaman por mi nombre…
VIAJERO Es un nombre hermoso.

(6) **Actuar** Con un(a) compañero/a, representa una escena en un contexto diferente, en el que uno de ustedes tiene que declararse a un(a) desconocido/a y convencerle de que está locamente enamorado/a de él/ella. Represéntenlo después ante la clase.

42 *cuarenta y dos* Lección 1 Las relaciones personales *cuarenta y tres* 43

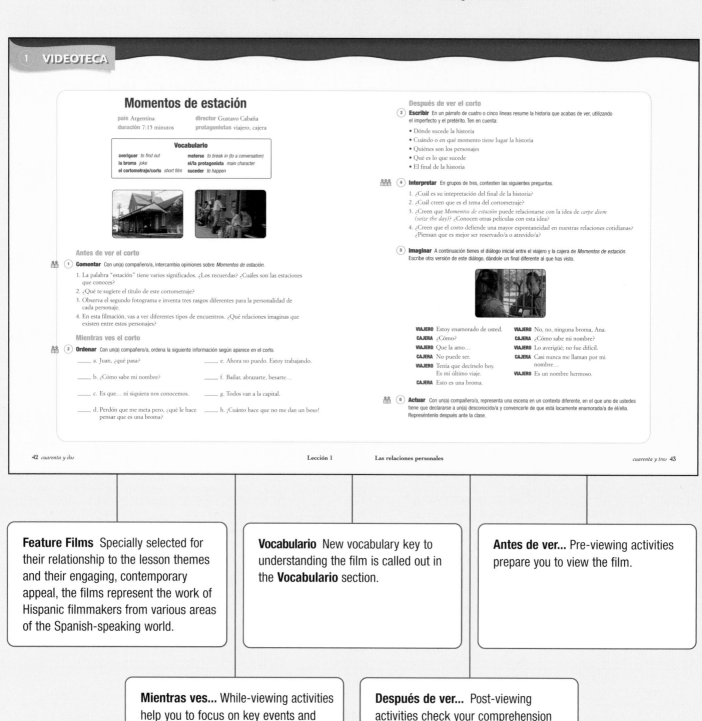

Feature Films Specially selected for their relationship to the lesson themes and their engaging, contemporary appeal, the films represent the work of Hispanic filmmakers from various areas of the Spanish-speaking world.

Vocabulario New vocabulary key to understanding the film is called out in the **Vocabulario** section.

Antes de ver... Pre-viewing activities prepare you to view the film.

Mientras ves... While-viewing activities help you to focus on key events and ideas as you watch the film.

Después de ver... Post-viewing activities check your comprehension and guide you in interpreting the film and reacting to it.

VOCABULARIO

summarizes the active vocabulary in each lesson.

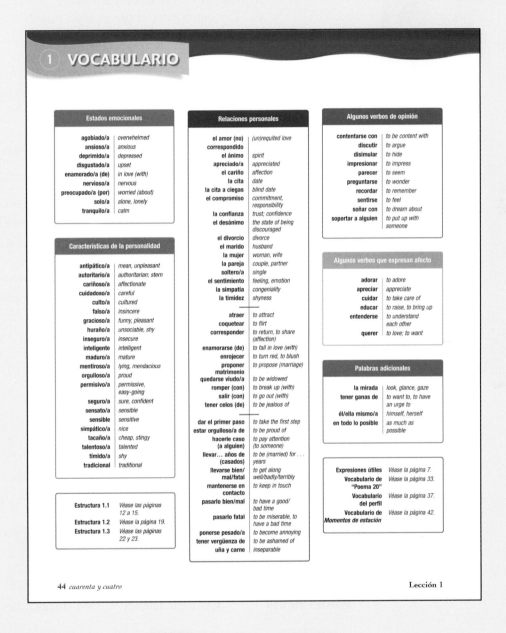

1 VOCABULARIO

Estados emocionales

agobiado/a	*overwhelmed*
ansioso/a	*anxious*
deprimido/a	*depressed*
disgustado/a	*upset*
enamorado/a (de)	*in love (with)*
nervioso/a	*nervous*
preocupado/a (por)	*worried (about)*
solo/a	*alone, lonely*
tranquilo/a	*calm*

Características de la personalidad

antipático/a	*mean, unpleasant*
autoritario/a	*authoritarian; stern*
cariñoso/a	*affectionate*
cuidadoso/a	*careful*
culto/a	*cultured*
falso/a	*insincere*
gracioso/a	*funny, pleasant*
huraño/a	*unsociable, shy*
inseguro/a	*insecure*
inteligente	*intelligent*
maduro/a	*mature*
mentiroso/a	*lying, mendacious*
orgulloso/a	*proud*
permisivo/a	*permissive, easy-going*
seguro/a	*sure, confident*
sensato/a	*sensible*
sensible	*sensitive*
simpático/a	*nice*
tacaño/a	*cheap, stingy*
talentoso/a	*talented*
tímido/a	*shy*
tradicional	*traditional*

Estructura 1.1	*Véase las páginas 12 a 15.*
Estructura 1.2	*Véase la página 19.*
Estructura 1.3	*Véase las páginas 22 y 23.*

Relaciones personales

el amor (no) correspondido	*(un)requited love*
el ánimo	*spirit*
apreciado/a	*appreciated*
el cariño	*affection*
la cita	*date*
la cita a ciegas	*blind date*
el compromiso	*commitment, responsibility*
la confianza	*trust; confidence*
el desánimo	*the state of being discouraged*
el divorcio	*divorce*
el marido	*husband*
la mujer	*woman, wife*
la pareja	*couple, partner*
soltero/a	*single*
el sentimiento	*feeling, emotion*
la simpatía	*congeniality*
la timidez	*shyness*
atraer	*to attract*
coquetear	*to flirt*
corresponder	*to return, to share (affection)*
enamorarse (de)	*to fall in love (with)*
enrojecer	*to turn red, to blush*
proponer matrimonio	*to propose (marriage)*
quedarse viudo/a	*to be widowed*
romper (con)	*to break up (with)*
salir (con)	*to go out (with)*
tener celos (de)	*to be jealous of*
dar el primer paso	*to take the first step*
estar orgulloso/a de	*to be proud of*
hacerle caso (a alguien)	*to pay attention (to someone)*
llevar... años de (casados)	*to be (married) for . . . years*
llevarse bien/mal/fatal	*to get along well/badly/terribly*
mantenerse en contacto	*to keep in touch*
pasarlo bien/mal	*to have a good/bad time*
pasarlo fatal	*to be miserable, to have a bad time*
ponerse pesado/a	*to become annoying*
tener vergüenza de	*to be ashamed of*
uña y carne	*inseparable*

Algunos verbos de opinión

contentarse con	*to be content with*
discutir	*to argue*
disimular	*to hide*
impresionar	*to impress*
parecer	*to seem*
preguntarse	*to wonder*
recordar	*to remember*
sentirse	*to feel*
soñar con	*to dream about*
soportar a alguien	*to put up with someone*

Algunos verbos que expresan afecto

adorar	*to adore*
apreciar	*appreciate*
cuidar	*to take care of*
educar	*to raise, to bring up*
entenderse	*to understand each other*
querer	*to love; to want*

Palabras adicionales

la mirada	*look, glance, gaze*
tener ganas de	*to want to, to have an urge to*
él/ella mismo/a	*himself, herself*
en todo lo posible	*as much as possible*

Expresiones útiles	*Véase la página 7.*
Vocabulario de "Poema 20"	*Véase la página 33.*
Vocabulario del perfil	*Véase la página 37.*
Vocabulario de *Momentos de estación*	*Véase la página 42.*

44 *cuarenta y cuatro* Lección 1

ENFOQUES Sitcom Video

An episode in the format of a situational comedy accompanies each lesson in **ENFOQUES**. These episodes portray the everyday lives and adventures of the owner and five employees of the lifestyle magazine *Revista Facetas* based in Mexico City.

The **Fotonovela** section in each textbook lesson is actually an abbreviated version of the dramatic episode featured in the video. Therefore, each **Fotonovela** section can be done before you see the corresponding video episode, after it, or as a section that stands alone in its own right.

Besides providing entertainment, the video serves as a useful learning tool. As you watch the episodes, you will observe the characters interacting in various situations and using real-world language that reflects the vocabulary and grammar you are studying. In addition, because language learning is an ongoing, cumulative process, you will find that the dramatic segments carefully combine new vocabulary and grammar with previously taught language as the video progresses.

The Cast

Here are the main characters you will meet when you watch the **ENFOQUES** video:

Mariela Burgos

José Raúl Aguayo

Juan (Johnny) Medina

Diana González

Éric Vargas

Fabiola Ledesma

ENFOQUES Film Collection

The **ENFOQUES** Film Collection contains the short subject films by Hispanic filmmakers that are the basis for the pre-, while-, and post-viewing activities in each **Videoteca** section in each odd-numbered lesson. These films offer entertaining and thought-provoking opportunities to build your listening comprehension skills and your cultural knowledge of Spanish speakers and the Spanish-speaking world.

Film Synopses

Lección 1: *Momentos de estación*
Momentos de estación proves that anything can happen at a train station. A commuter purchases his train ticket every day, never once telling the ticket window employee about his feelings for her. He suddenly takes advantage of the moment and tells her ...causing a spiraling effect for those around them.

Lección 3: *Adiós mamá*
In this award-winning short film, a man is grocery shopping alone on an ordinary day when a chance meeting makes him the focus of an elderly woman's existential conflict, with a surprising result.

Lección 5: *La hora de comer*
The gathering of a "traditional" family at the dinner table probes the members' roles and relationships, exploring issues like lack of communication and *machismo*.

Lección 7: *Correo celestial*
In this humorous film, a young man receives a chain letter. If he sends it to twenty-one people within nine days he will have good luck. On the other hand, if he fails to send it within the allotted time period, he will be struck with bad luck. What is his fate?

Lección 9: *El milagro*
The inhabitants of a small village have been invited to participate in a miracle, an extraordinary event that will not happen again for another 1000 years. Margarita, like everyone else, wants to attend, but her husband, Alfonso, thinks that it is all a farce.

Lección 11: *Lluvia*
Three young couples at different stages of their relationships (one has just met; another has been together for a long time, but is having problems; and the other ended the relationship a year earlier but may consider rekindling the flame) find their emotions and viewpoints influenced by a nocturnal meteor shower.

Student Ancillaries

Student Activities Manual

The Student Activities Manual consists of three parts: the Workbook, the Lab Manual, and the Video Manual. The Workbook activities provide additional practice of the vocabulary and grammar for each textbook lesson. The Lab Manual activities for each textbook lesson focus on pronunciation and building your listening comprehension skills in Spanish. The Video Manual includes pre-viewing, while-viewing, and post-viewing activities to help you understand and explore further each module of the **ENFOQUES** Sitcom Video.

Lab Audio Program

The Lab Audio Program contains the recordings to be used in conjunction with the activities of the Lab Manual. It comes in two versions: high-fidelity audio CDs or an audio CD-ROM containing compressed MP3 files that can be played in the CD-ROM drive of your computer.

Sitcom Video

This text-specific video includes twelve dramatic episodes done in the style of a situational comedy that are fully integrated with the lessons in your textbook.

Video & Interactive CD-ROM

Free-of-charge with each copy of **ENFOQUES**, this dual-platform CD-ROM provides useful reference tools and highly interactive, visually captivating multimedia materials and activities. Also included is the complete Sitcom Video with videoscripts and enhanced navigation tools.

Website (vistahigherlearning.com)

The **ENFOQUES** website, accessed through **vistahigherlearning.com,** supports you and your instructor with a wide range of online resources—additional activities, cultural information and links, teaching suggestions, lesson plans, course syllabi, and more—that directly correlate to your textbook and go beyond it.

Instructor Ancillaries

In addition to the student ancillaries, all of which are available to the instructor, the following supplements are also available.

Instructor's Annotated Edition

The Instructor's Annotated Edition (IAE) provides a wealth of information designed to support classroom teaching. The IAE contains answers to exercises overprinted on the page, cultural information, suggestions for implementing and extending student activities, supplemental activities, and cross-references to student and instructor ancillaries.

Instructor's Resource Manual

The Instructor's Resource Manual contains the written transcript of the audio recordings of the Lab Audio Program, the videoscript for the Sitcom Video, the filmscripts for the Film Collection Video, English translations of the **Fotonovela** conversations, additional activities with answers when applicable, and additional teaching suggestions.

Student Activities Manual Answer Key

This component includes answer keys for all workbook, lab, and video activities in the Student Activities Manual with discrete answers.

Testing Program with Audio CD

The Testing Program contains a quiz for each of the textbook's twelve lessons and exams for Lessons 1–3, 4–6, 7–9, and 10–12. All quizzes and exams include sections on listening comprehension, vocabulary, grammar, and communication. Reading sections are also provided. Listening scripts, answer keys, and an audio CD of the listening sections are also included.

Test Files CD-ROM for Windows® and Macintosh®

This CD-ROM contains the quizzes, exams, listening scripts, answer keys, and reading sections of the printed Testing Program as Microsoft Word® files, so instructors can readily customize the tests and exams for their courses.

Film Collection Video

This text-specific video contains the short-subject films by Hispanic filmmakers that are the basis for the pre-, while-, and post-viewing activities in the **Videoteca** section of each odd-numbered lesson in **ENFOQUES**.

Reviewers

Vista Higher Learning expresses its sincere appreciation to the college professors nationwide who, through their review of manuscript and designed pages, helped us and our authors consolidate the concept and contents of **ENFOQUES**. Their insights, ideas, and comments were invaluable to the final product.

R. McKenna Brown
Virginia Commonwealth University

Janan Fallon
Georgia Perimeter College

Thomas P. Finn
Ohio Northern University

Mari Carmen García
Modesto Junior College, CA

Tania E. Garmy
University of Tulsa, OK

Virginia Gibbs
Luther College, IA

Orlando R. Kelm
University of Texas at Austin

Mary Yetta McKelva
Grayson County College, TX

María D. Martínez
University of Southern California

Marwan N. Nahas
Fort Hays State University, KS

Eric Narvaez
Normandale Community College, MN

Marilyn Palatinus
Pellissippi State Technical Community College, TN

Luisa C. Pérez
Emporia State University, KS

Marianne J. Verlinden
College of Charleston, GA

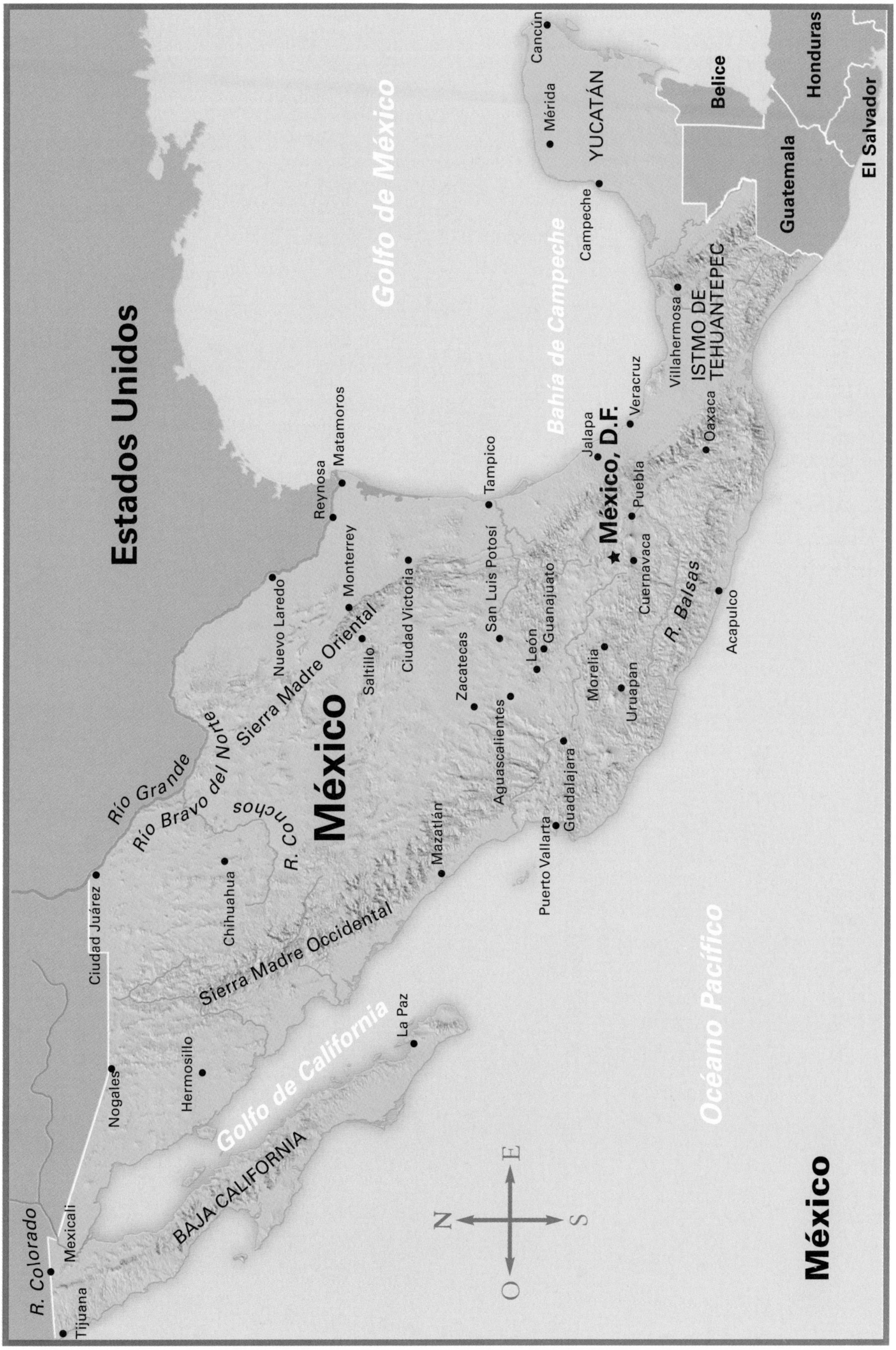

México
Estados Unidos
Golfo de México
Bahía de Campeche
Océano Pacífico
Golfo de California
BAJA CALIFORNIA
YUCATÁN
ISTMO DE TEHUANTEPEC
Belice
Guatemala
Honduras
El Salvador
Sierra Madre Occidental
Sierra Madre Oriental
Río Grande
Río Bravo del Norte
R. Conchos
R. Colorado
R. Balsas
México, D.F.
Tijuana
Mexicali
Nogales
Hermosillo
La Paz
Ciudad Juárez
Chihuahua
Mazatlán
Nuevo Laredo
Monterrey
Saltillo
Reynosa
Matamoros
Ciudad Victoria
Tampico
Zacatecas
San Luis Potosí
Aguascalientes
León
Guanajuato
Guadalajara
Puerto Vallarta
Morelia
Uruapan
Cuernavaca
Puebla
Jalapa
Veracruz
Acapulco
Oaxaca
Villahermosa
Campeche
Mérida
Cancún
N
S
E
O
México

América Central y el Caribe
Estados Unidos
Golfo de México
Océano Atlántico
N
O
E
S
Estrecho de la Florida
Islas Bahamas
Canal de Yucatán
La Habana
Matanzas
Pinar del Río
Cienfuegos
Cuba
Camagüey
Guantánamo
Santiago de Cuba
República Dominicana
Haití
Puerto Príncipe
Santo Domingo
Mayagüez
Puerto Rico
San Juan
Ponce
Jamaica
Kingston
México
Belice
Belmopan
Guatemala
Quetzaltenango
Copán
Ciudad de Guatemala
Honduras
Tegucigalpa
San Salvador
El Salvador
Nicaragua
Managua
Mar Caribe
Islas Vírgenes (E.U.A y R.U.)
Antigua
Antillas Menores
Guadalupe
Dominica
Martinica
Sta. Lucía
San Vicente
Barbados
Granada
Aruba
Bonaire
Curaçao
Isla de Margarita
Puerto España
Trinidad y Tobago
Puntarenas
San José
Limón
Canal de Panamá
Colón
Panamá
Islas de San Blas
Costa Rica
Panamá
Océano Pacífico
Colombia
Venezuela

América del Sur
Mar Caribe
Océano Pacífico
Océano Atlántico
Islas Galápagos
Océano Pacífico
Isla Pinta
Isla Marchena
Isla Genovesa
Isla Isabela
Línea Ecuatorial
ECUADOR
Volcán Darwin
Isla Santiago (San Salvador)
Isla Fernandina
Puerto Ayora
Isla San Cristóbal
Santo Tomás
Isla Santa Cruz
Puerto Barquerizo Moreno
Isla Santa María
Isla Española
Venezuela
Colombia
Ecuador
Perú
Bolivia
Brasil
Paraguay
Chile
Argentina
Uruguay
Guyana
Suriname
Guayana Francesa
Trinidad y Tobago
Barranquilla
Maracaibo
Caracas
Puerto España
Georgetown
Paramaribo
Cayena
Medellín
Bogotá
Cali
Pasto
Quito
Guayaquil
Iquitos
Manaus
Belém
Recife
Salvador
Brasilia
Belo Horizonte
Rio de Janeiro
São Paulo
Santos
Porto Alegre
Lima
Cuzco
Lago Titicaca
Arequipa
La Paz
Sucre
Arica
Iquique
Antofagasta
Salta
Asunción
Córdoba
Rosario
Buenos Aires
Montevideo
Valparaíso
Santiago
Mendoza
Concepción
Bahía Blanca
Puerto Montt
Punta Arenas
R. Orinoco
R. Magdalena
R. Negro
R. Amazonas
R. Madeira
R. Paraguay
R. Paraná
R. Paraná
R. Uruguay
Cordillera de los Andes
Cordillera de los Andes
Estrecho de Magallanes
Islas Malvinas
Tierra del Fuego
N
O
E
S

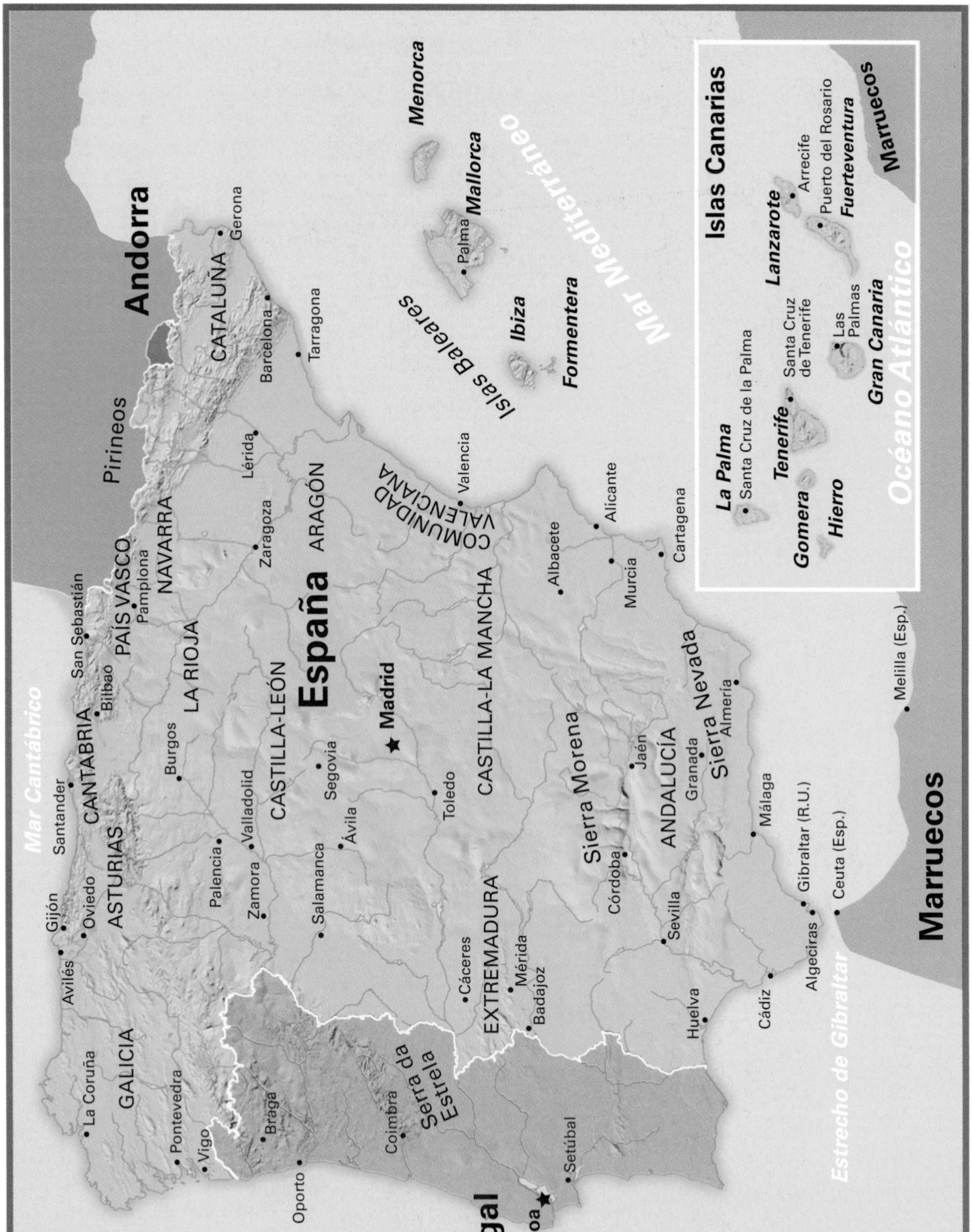

Océano Atlántico
Portugal
Lisboa
Setúbal
Oporto
Coimbra
Serra da Estrela
Braga
Vigo
Pontevedra
La Coruña
GALICIA
Avilés
Gijón
Oviedo
ASTURIAS
Santander
Mar Cantábrico
CANTABRIA
Bilbao
San Sebastián
PAÍS VASCO
Pamplona
NAVARRA
LA RIOJA
Burgos
Palencia
Valladolid
Zamora
Salamanca
Ávila
Segovia
CASTILLA-LEÓN
España
Madrid
Toledo
CASTILLA-LA MANCHA
Cáceres
Mérida
Badajoz
EXTREMADURA
Sierra Morena
Córdoba
Sevilla
Huelva
Cádiz
Algeciras
Gibraltar (R.U.)
Ceuta (Esp.)
Estrecho de Gibraltar
Marruecos
Málaga
Granada
Jaén
ANDALUCÍA
Sierra Nevada
Almería
Melilla (Esp.)
Murcia
Cartagena
Albacete
Alicante
Valencia
COMUNIDAD VALENCIANA
ARAGÓN
Zaragoza
Lérida
Pirineos
Andorra
CATALUÑA
Barcelona
Tarragona
Gerona
Islas Baleares
Ibiza
Formentera
Mallorca
Palma
Menorca
Mar Mediterráneo
Islas Canarias
La Palma
Santa Cruz de la Palma
Tenerife
Santa Cruz de Tenerife
Gomera
Hierro
Gran Canaria
Las Palmas
Lanzarote
Arrecife
Fuerteventura
Puerto del Rosario
Marruecos
Océano Atlántico

Las relaciones personales

1

Communicative Goals

You will expand your ability to...

- describe in the present
- narrate in the present
- express personal relationships

Las relaciones personales

Instructional Resources

WB, LM, CD-ROM, WB/LM/VM Answer Key

Note: WB = Workbook, LM = Lab Manual, VM = Video Manual, and TS/VS = Tapescript/Videoscript.

Suggestion: Have students read the section title and look at the photos. Ask them to describe the people in the photos and guess what the relationship is between them.

Suggestion: Point out that the boldfaced words and expressions in the paragraphs are new active vocabulary as well as the vocabulary in the lists.

Demasiado tímido

Los dos intercambian **miradas** de vez en cuando. Él **se pregunta** si ella está **coqueteando** con él. Él no puede **disimular** su **timidez. Enrojece** cuando ella lo mira. Ella **se pregunta** si él **dará el primer paso** o si **ella misma** tendrá que hacerlo.

Nadie la comprende

No **se entiende** con sus padres. Ellos están muy **preocupados por** ella. Su padre está **disgustado** porque no **soporta** al chico **con** quien **sale**. Quiere que **rompa con** él enseguida.

Comprehension Check: 1. En tu opinión ¿quién va a dar el primer paso, la chica o el chico? Explica. 2. ¿Por qué está el padre disgustado con su hija? (Porque no soporta al chico con quien sale.) 3. ¿Tienen el hombre y la mujer un matrimonio feliz o infeliz? ¿Cómo lo sabes? (Feliz porque llevan más de 50 años de casados y están más enamorados que nunca.) 4. ¿Por qué a veces se siente el padre agobiado? (Porque quiere cuidar bien a su hija, pero tiene muchos compromisos.)

Suggestion: Ask students personalized questions using the new vocabulary.

Inseparables

Llevan más de cincuenta **años de casados** y **se llevan** muy **bien**. Están más **enamorados** que nunca. Se conocieron en **una cita a ciegas** y desde entonces son **uña y carne**. Todavía **recuerdan** la noche en que él **le propuso matrimonio**. Ella tiene miedo de **quedarse viuda**. No sabría qué hacer sin su **pareja**. **Se sentiría** muy **sola**.

Padre divorciado

Después del **divorcio**, vive solo con su hija. A veces **se siente agobiado**. Quiere **cuidar** bien a su hija y **educarla** para que sea feliz, pero tiene muchos **compromisos**. Sus padres **adoran** a su nieta y lo ayudan a **cuidarla en todo lo posible**. Tal vez un día se vuelva a **enamorar**.

Suggestion: Point out character traits that are cognates or have students identify these words in the lists and paragraphs.

Las relaciones personales

(no) hacerle caso a alguien	*(not) to pay attention to someone*
mantenerse en contacto	*to stay in touch*
pasarlo bien/mal/fatal	*to have a good/bad/terrible time*
ponerse pesado/a	*to become tedious*
tener celos de	*to be jealous of*
tener vergüenza de	*to be ashamed/embarrassed of*
la confianza	*confidence*
el marido	*husband*
la mujer	*wife*
soltero/a	*single*

El afecto

apreciar	*to be fond of*
atraer	*to attract*
corresponder	*to be requited*
enamorarse de	*to fall in love with*
querer	*to love; to want*
el amor (no) correspondido	*(un)requited love*
el ánimo	*spirit*
el cariño	*affection*
el desánimo	*the state of being discouraged*
el sentimiento	*feeling, emotion*
la simpatía	*congeniality*
apreciado/a	*appreciated; valued*

La personalidad

antipático/a	*disagreeable, unpleasant*
autoritario/a	*authoritarian, stern*
deprimido/a	*depressed*
falso/a	*insincere*
huraño/a	*unsociable, shy*
inseguro/a	*uncertain, insecure*
nervioso/a	*nervous*
orgulloso/a	*proud*
permisivo/a	*permissive, easy-going*
seguro/a	*sure, secure*
simpático/a	*nice*
tacaño/a	*stingy, cheap*
tradicional	*traditional*
tranquilo/a	*calm*

La opinión

contentarse con	*to be content with*
discutir	*to argue*
estar orgulloso/a de	*to be proud of*
sentirse	*to feel*
soñar con	*to dream about*
tener ganas de	*to feel like*

Práctica

① Ask students to provide sentences with the defined words.

① Give students additional words to define from the vocabulary. Ex: **el marido, el cariño,** and **soltero.**

② To check comprehension, have students identify the twins by asking questions. **Ex: ¿Quién es sincero? (don Paco) ¿Quién es tradicional? (doña Paquita) ¿Quién es irresponsable? (doña Paquita)**

Teaching Option: Ask students to write five adjectives or characteristics that describe the ideal friend or parent. Then, in pairs, have students explain which characteristics the person should have and why they chose those traits.

1 **Definiciones** Indica la palabra que corresponde a cada definición.

a. apreciar
b. cita
c. cuidar
d. deprimido/a
e. distinto/a
f. educar
g. huraño/a
h. pareja
i. timidez

__*b*__ 1. Compromiso entre dos o más personas sobre el lugar, la fecha y la hora en que deberán encontrarse.

__*d*__ 2. Que sufre de depresión, tristeza o desánimo.

__*f*__ 3. Enseñar a una persona o a un animal a comportarse según ciertas normas.

__*e*__ 4. Que no es igual, que tiene otras cualidades o características.

__*h*__ 5. Conjunto formado por dos personas o cosas que se complementan o son semejantes como, por ejemplo, hombre y mujer.

__*a*__ 6. Estimar o reconocer el valor de algo o de alguien.

2 **Contrarios** Don Paco y doña Paquita son gemelos *(twins)*, pero tienen personalidades muy distintas. Aquí tienes algunas descripciones de los gemelos. Completa las descripciones con el adjetivo correspondiente a doña Paquita.

MODELO

Don Paco siempre es muy responsable, pero doña Paquita es...
Don Paco siempre es muy responsable, pero doña Paquita es irresponsable.

1. Don Paco es un hombre sincero, pero doña Paquita es... *falsa.*
2. Don Paco es muy generoso con su dinero, pero doña Paquita es... *tacaña.*
3. No sabes lo sociable que es don Paco, pero doña Paquita es... *huraña.*
4. Don Paco era permisivo con sus hijos, pero doña Paquita era... *autoritaria.*
5. Don Paco siempre ha sido tranquilo, pero doña Paquita es... *nerviosa.*
6. Todos piensan que don Paco es moderno, pero que doña Paquita es... *tradicional.*
7. ¡Qué simpático es don Paco! Pero doña Paquita es tan... *antipática.*

Comunicación

③ ¿Cómo eres?

A. Contesta las preguntas del test.

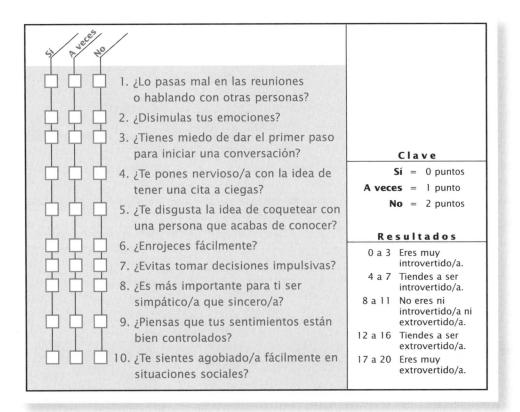

Sí	A veces	No	
☐	☐	☐	1. ¿Lo pasas mal en las reuniones o hablando con otras personas?
☐	☐	☐	2. ¿Disimulas tus emociones?
☐	☐	☐	3. ¿Tienes miedo de dar el primer paso para iniciar una conversación?
☐	☐	☐	4. ¿Te pones nervioso/a con la idea de tener una cita a ciegas?
☐	☐	☐	5. ¿Te disgusta la idea de coquetear con una persona que acabas de conocer?
☐	☐	☐	6. ¿Enrojeces fácilmente?
☐	☐	☐	7. ¿Evitas tomar decisiones impulsivas?
☐	☐	☐	8. ¿Es más importante para ti ser simpático/a que sincero/a?
☐	☐	☐	9. ¿Piensas que tus sentimientos están bien controlados?
☐	☐	☐	10. ¿Te sientes agobiado/a fácilmente en situaciones sociales?

Clave

Sí	=	0 puntos
A veces	=	1 punto
No	=	2 puntos

Resultados

0 a 3	Eres muy introvertido/a.
4 a 7	Tiendes a ser introvertido/a.
8 a 11	No eres ni introvertido/a ni extrovertido/a.
12 a 16	Tiendes a ser extrovertido/a.
17 a 20	Eres muy extrovertido/a.

B. Ahora suma *(add up)* los puntos. ¿Cuál es el resultado del test? ¿Estás de acuerdo? Explica tu respuesta.

④ Problemas y consejos

A. En parejas, lean las siguientes situaciones y elijan una. Tienen que añadir más detalles a la situación que eligieron. ¿Quiénes son los personajes? ¿Cuál es su relación? ¿Dónde se encuentran? ¿Cuánto tiempo llevan juntos? ¿Cuándo se originó el problema?

1. Intercambian miradas. Él se pregunta si ella está coqueteando con él.
2. Quiere mucho a su marido/mujer, pero él/ella es muy pesado/a. Tiene celos de todo el mundo. Él/ella no soporta los celos de su pareja.
3. Hacen una buena pareja, pero él nunca le va a proponer matrimonio.
4. Se conocieron en una cita a ciegas y se llevaron fatal.
5. Se quieren, pero siempre están discutiendo por cualquier cosa.

B. Ahora, cada pareja debe presentar su situación al resto de la clase para que sus compañeros les den un consejo. ¿Tiene solución el problema? ¿Habría *(could there be)* más de una solución?

NATIONAL communication STANDARDS

③ Have students do this exercise in pairs as an interview and report the final results to the class.

③ Have students add at least two of their own questions using the lesson vocabulary, and revise the scoring.

④ If class time is limited, then have students perform their role plays in small groups or have them write their dialogues and hand them in.

④ Have students judge the role plays in categories such as "most realistic," "most original," "funniest" and so on.

1 FOTONOVELA

Los empleados de *Facetas* hablan de cómo recibir a un cliente. Mariela, una nueva empleada, llega a la oficina.

1

JOHNNY *(al teléfono)* Revista *Facetas*... *(dirigiéndose a Diana)* Es para Aguayo.

FABIOLA Está en el baño.

JOHNNY *(al teléfono)* En estos momentos está en el baño.

DIANA ¡No! Di que está reunido con un cliente.

2

JOHNNY Jefe, tiene un mensaje de Mariela Burgos.

AGUAYO Gracias... Es la nueva artista gráfica. Viene a reunirse con nosotros.

FABIOLA No creo que quepamos en el baño.

3

DIANA *(repartiendo libretas)* Éste es el manual de conducta profesional.

FABIOLA Página tres: «Cómo recibir a un cliente».

ÉRIC *(se levanta)* ¿Quieren una demostración? Johnny, tú eres el cliente.

JOHNNY ¿Qué tipo de cliente soy?

6

En la oficina central... Entra el muchacho de la pizza.

JOHNNY ¿Alguien ordenó pizza?

MUCHACHO ¿Éste es el 714 de la avenida Juárez...?

MARIELA *(interrumpe)* ¿Oficina uno, revista *Facetas*?... Soy Mariela. No sabía llegar, así que ordené una pizza y seguí al muchacho.

JOHNNY ¡Bienvenida!

7

En la sala de conferencias...

AGUAYO Él es Éric, nuestro fotógrafo.

ÉRIC ¿Qué tal?

AGUAYO Fabiola se encarga de las secciones de viajes, economía, turismo y farándula.

FABIOLA Mucho gusto.

8

AGUAYO Johnny escribe las secciones de arte, comida, bienestar y política.

JOHNNY Hola.

AGUAYO Y Diana está a cargo de las ventas y el mercadeo.

NATIONAL STANDARDS communication cultures

Instructional Resources
VM, Video, CD-ROM, IRM, WB/LM/VM Answer Key

Video Synopsis:

- The *Facetas* magazine employees discuss appropriate ways of greeting clients.
- Mariela, the new graphic designer, arrives at the office.
- Éric gives Fabiola his impression of Mariela.
- See **IRM** for more details.

Preview:
Have students quickly scan the **Fotonovela** and make a list of the cognates they find. Ask them to predict what this episode is about based on the visuals and the cognates.

Personajes

AGUAYO | ÉRIC | JOHNNY | FABIOLA | MUCHACHO DE LA PIZZA | MARIELA | DIANA

ÉRIC Ya sé. Eres un millonario que viene a comprar la revista.

JOHNNY Perfecto. Soy el magnate dominicano Juan Medina.

ÉRIC Bienvenido a *Facetas*, señor Medina. Bienvenido.

Se abrazan.

Luego, en la cocina...

AGUAYO Hay que ser cuidadoso al contestar el teléfono.

JOHNNY Querrás decir mentiroso.

ÉRIC Odio ser formal.

FABIOLA Es lindo abrazar a la gente Éric, pero esto es una oficina, no un partido de fútbol.

DIANA Me han hablado tanto de ti, que estoy ansiosa por conocer tu propia versión.

MARIELA Tengo veintidós años, soy de Monterrey, estudio en la UNAM y vengo de una familia grande. En cincuenta años de matrimonio mis padres han criado a nueve hijos y veinte nietos.

Fabiola y Éric se quedan hablando a solas.

FABIOLA Te estoy hablando de Mariela. ¿Qué te pareció?

ÉRIC Creo que es bella, talentosa e inteligente. Más allá de eso, no me impresiona para nada.

Expresiones útiles

Talking about responsibilities

Fabiola se encarga de...
Fabiola is in charge of...

Estoy encargado/a de...
I'm in charge of...

Diana está a cargo de...
Diana is in charge of...

Estoy a cargo de...
I'm in charge of...

Talking about your impressions

¿Qué te pareció Mariela?
What did you think of Mariela?

Me pareció...
I thought...

Creo que es bella, talentosa e inteligente.
I think she's nice-looking, talented, and intelligent.

Más allá de eso, no me impresiona para nada.
Beyond that, she doesn't impress me at all.

Additional vocabulary

ansia *anxiety* — **ansioso/a** *anxious*
cuidado *care* — **cuidadoso/a** *careful*
mentira *lie* — **mentiroso/a** *lying*
talento *talent* — **talentoso/a** *talented*
el bienestar *well-being*
la farándula *entertainment*
han criado *have raised*
el mercadeo *marketing*
querrás *you will want*
quepamos (form of **caber**) *we fit*

Suggestion: Point out that words and expressions in **Expresiones útiles** are considered active vocabulary.

Suggestion: Play the first half of this video module and ask the class to describe what they saw and what will happen in the second half. Play the entire video module and have the class summarize the plot.

Apuntes culturales En Estados Unidos es común que la gente cambie de ciudad o de estado por motivos de trabajo o para estudiar en la universidad, algo que no ocurre con tanta frecuencia en Latinoamérica o España. En los países hispanos puede ser más fácil conservar las amistades del colegio. El hecho de vivir en la misma ciudad por mucho tiempo permite que la familia esté muy presente en la vida cotidiana. *¿Cuántas personas de tu familia están en otras ciudades por motivos laborales?*

Comprensión

① Have students invent one or two events that might precede or follow those listed.

1 La trama Primero, indica con una **X** los hechos *(events)* que no ocurrieron en este episodio. Después, indica con números el orden en el que ocurrieron los restantes *(the remaining ones)*.

___3___ a. Diana llega con el manual de conducta profesional.
___X___ b. Éric ordena una pizza con anchoas.
___2___ c. Mariela deja un mensaje para Aguayo.
___5___ d. Un muchacho llega a la oficina con una pizza.
___7___ e. Aguayo presenta a Mariela al grupo.
___8___ f. Fabiola le pregunta a Éric su opinión sobre Mariela.
___1___ g. Johnny contesta el teléfono.
___6___ h. Mariela llega a la oficina.
___X___ i. Aguayo paga la pizza.
___4___ j. Éric y Johnny practican la forma correcta de recibir a un cliente.

② To practice the present tense, tell students to respond in complete sentences.

2 ¿Quién lo haría? ¿Quién estaría a cargo de las siguientes actividades?

Aguayo

Éric

Johnny

Fabiola

Mariela

Diana

1. Sacar fotos para la revista. *Éric*
2. Escribir un artículo sobre un concierto de música pop. *Fabiola*
3. Hablar con las personas que quieren poner anuncios *(ads)* en la revista. *Diana*
4. Escribir un artículo sobre las pirámides de Egipto. *Fabiola*
5. Entrevistar a un ministro del gobierno mexicano para hablar de la inflación. *Fabiola*
6. Escribir un artículo sobre la corrupción política. *Johnny*
7. Escribir la reseña *(review)* de un nuevo restaurante. *Johnny*
8. Preparar dibujos para los artículos de la revista. *Mariela*
9. Conseguir más lectores *(readers)*. *Diana*
10. Seleccionar al personal *(staff)*. *Aguayo*

Ampliación

3 **¿Los signos del zodíaco indican algo?** ¿Qué signo del zodíaco asociarías con los miembros del equipo de *Facetas* que ya conociste? ¿Por qué? Además, ¿corresponde tu personalidad con la descripción de tu horóscopo? Explica tu respuesta.

Aries 21 marzo – 19 abril agresivo/a, extrovertido/a, dinámico/a, directo/a	**Libra** 23 septiembre – 22 octubre objetivo/a, justo/a, diplomático/a, materialista
Tauro 20 abril – 20 mayo obstinado/a, trabajador(a), persistente, conservador(a)	**Escorpión** 23 octubre – 21 noviembre autoritario/a, decidido/a, competitivo/a, trabajador(a)
Géminis 21 mayo – 21 junio imaginativo/a, expresivo/a, impetuoso/a, estudioso/a	**Sagitario** 22 noviembre – 21 diciembre intelectual, agresivo/a, impaciente, optimista
Cáncer 22 junio – 22 julio cariñoso/a, sentimental, generoso/a, paciente	**Capricornio** 22 diciembre – 19 enero realista, disciplinado/a, responsable, serio/a
Leo 23 julio – 22 agosto ambicioso/a, egoísta, decidido/a, valiente	**Acuario** 20 enero – 18 febrero independiente, sociable, temperamental, innovador(a)
Virgo 23 agosto – 22 septiembre modesto/a, ordenado/a, práctico/a, reservado/a	**Piscis** 19 febrero – 20 marzo misterioso/a, idealista, tímido/a, artístico/a

4 **Preguntas** En parejas, contesten las siguientes preguntas.

1. ¿Qué te parecen los empleados de la revista *Facetas*? ¿Cómo son?
2. ¿De qué está encargado cada empleado? En tu opinión, ¿cuál de ellos tiene más responsabilidad? Explica tu respuesta.
3. ¿Te gustaría trabajar con los empleados de *Facetas*? Razona tu respuesta.
4. ¿Crees que a Mariela le va a gustar su nuevo trabajo? ¿Por qué?
5. ¿Cuál es la dirección de *Facetas*? ¿Cuál es la dirección de tu casa?
6. ¿Te gustaría trabajar para una revista? ¿Para qué tipo de revista te gustaría trabajar?

NATIONAL communication STANDARDS

③ Have students look up their horoscopes in Spanish on the Internet. Ask them whether they read their horoscopes every day and if they believe them. Encourage students to explain their answers.

③ Have students guess what the zodiac sign is for some famous people based on their personalities and character traits. Ex. George W. Bush, Shakira, Britney Spears, Tiger Woods, and Ricky Martin. Then have them verify their answers using the Internet or another source.

④ Have students use the Internet to find the names of some popular magazines in the Spanish-speaking world. Tell them to jot down the type of each magazine and where it is published.

Instructional Resource IRM (general teaching suggestion)

NATIONAL comparisons STANDARDS

México D.F., una megametrópolis

Paseo de la Reforma

El Zócalo

Ruinas aztecas en el D.F.

Las oficinas de ***Facetas*** se encuentran en la capital de México, conocida como México D.F. (Distrito Federal). A continuación, vas a aprender por qué esta ciudad es una de las más importantes del mundo hispanohablante.

México D.F. es una verdadera megametrópolis. Hoy en día, es considerada la ciudad más grande de toda América Latina y una de las más grandes del mundo. Es la cuarta ciudad más populosa después de Tokio, Seúl y Nueva York. La ciudad atrae a miles de inmigrantes y turistas por ser el centro cultural, político y económico de México.

Ciudades más grandes del mundo*	
1. Tokio (Japón)	34,5
2. Nueva York (EE.UU)	21,4
3. Seúl (Corea)	20,3
4. México D.F. (México)	19,6
5. Bombay (India)	19,0
6. São Paulo (Brasil)	18,5

*Población en millones de habitantes

México D.F. fue construida sobre la antigua Tenochtitlán, capital del imperio azteca, la cual fue fundada en 1325 sobre un islote. En 1521, los conquistadores españoles al mando de Hernán Cortés, destruyeron esta majestuosa ciudad y fundaron lo que hoy es la moderna capital del país.

En el centro de la ciudad está la llamada Plaza de la Constitución, conocida también como El Zócalo. Durante el período azteca El Zócalo era el corazón de la ciudad, y hoy día aún sigue siéndolo. Alrededor de El Zócalo, se encuentran la Catedral Metropolitana y el Palacio Nacional, actual sede del gobierno mexicano. Es aquí donde tienen lugar las mayores celebraciones nacionales y los desfiles militares importantes.

El centro histórico de la ciudad, ubicado en los alrededores de El Zócalo, es un microcosmo de arte, monumentos, tiendas y magníficos restaurantes, bares y cantinas. La variada comida tradicional mexicana es servida en las fondas. Y si tienes ganas de ir de compras, ¡no te pierdas los centros comerciales y las boutiques!

Revistas para todos los gustos

Facetas, la revista para la cual trabajan los personajes de la **Fotonovela**, es una revista ficticia publicada en la Ciudad de México. En la vida real, sin embargo, existen revistas de todo tipo en los países de habla española.

¿Te interesan las revistas serias o prefieres relajarte hojeando una revista divertida? La oferta de revistas en español comprende desde las más generales, hasta las más especializadas. Incluso, muchas de las revistas que se publican en los Estados Unidos, como *Time, Newsweek* y *Vogue*, tienen versiones en español. A continuación vas a conocer algunas revistas importantes de Latinoamérica y España.

el islote	*islet*
alrededor	*around*
la sede	*seat*
el desfile	*parade*
ubicado	*located*
la fonda	*restaurant*
hojear	*page through*
el chisme	*gossip*
presunto	*alleged*
renunciar	*to give up*

Si te gustan los chismes y estar al día con los últimos romances de tus estrellas favoritas, *Hola* es tu revista. Se publica en España, y se especializa en la farándula nacional e internacional. Aquí puedes leer sobre quién acompañó a tu actor/actriz preferido/a en esa ocasión especial, cómo iba vestida Penélope Cruz, o criticar a la presunta novia del príncipe Felipe.

Semana es una excelente revista colombiana de interés general, muy parecida a *Time* y *Newsweek*. En ella se publican excelentes artículos sobre política interna e internacional, economía, cultura y opinión. En su versión *on-line*, la sección titulada "Conexión Colombia" sirve para que los colombianos en el exterior se mantengan en contacto con su país.

Si, por el contrario, quieres enterarte de la actualidad socio-político-económica sin renunciar a sonreír y a divertirte, aquí tienes una original revista peruana. Con su estilo polémico, sarcástico e irónico, *Caretas* ataca la corrupción y denuncia abusos.

Coméntalo

Reúnete con varios compañeros/as de clase y conversa sobre los siguientes temas.

1. ¿Les gustaría visitar México D.F. ¿Por qué?
2. ¿Qué cosas les gustaría hacer mientras están de visita en México D.F.?
3. ¿Conoces alguna revista en español? Comparte tu experiencia leyendo esta revista con tus compañeros/as.
4. ¿Cuál de las tres revistas que se describen te parece que es la más interesante? Explica por qué.

1.1 Nouns, articles, and adjectives

NATIONAL STANDARDS comparisons

Instructional Resources
WB, LM, CD-ROM, WB/LM/VM Answer Key

Suggestion: Remind students that nouns ending in **–e** can be either masculine or feminine. Ex: **el mensaje, el magnate, la gente.**

¡ATENCIÓN!

Important exceptions:

el día *day*
la flor *flower*
el mapa *map*
el lápiz *pencil*
la mano *hand*
la sal *salt*

Suggestion: Point out that the days of the week, months, and seasons are all masculine, except for **la primavera.**

Gender of nouns

¿Te acuerdas? Spanish nouns are either masculine or feminine. You can often guess the gender of a noun by its ending. Nouns ending in **–o, –or, –l, –s,** and **–ma** are usually masculine, and nouns ending in **–a, –ora, –ión, –d,** and **–z** are usually feminine.

Ordené una pizza y seguí al muchacho.

Mariela es la nueva artista gráfica.

Gender of nouns

Masculine nouns

–o	–or	–l	–ma	–s
el amigo	el escritor	el control	el problema	el autobús
el cuaderno	el color	el papel	el tema	el paraguas

Feminine nouns

–a	–ora	–ión	–d	–z
la amiga	la escritora	la relación	la amistad	la luz
la palabra	la computadora	la ilusión	la virtud	la paz

▶ A few nouns, including those that end in **–ista,** may be either masculine or feminine, depending on whether they refer to a male or a female.

el artista *artist*	**la artista** *artist*	**el estudiante** *student*	**la estudiante** *student*
el periodista *journalist*	**la periodista** *journalist*	**el paciente** *patient*	**la paciente** *patient*
el cantante *singer*	**la cantante** *singer*	**el joven** *young man*	**la joven** *young woman*

▶ A few nouns have different meanings, depending on whether they are masculine or feminine.

el capital *capital (money)*	**la capital** *capital (city)*
el guía *male guide*	**la guía** *guidebook; female guide*
el modelo *model, male model*	**la modelo** *female model*
el policía *male police officer*	**la policía** *police force; female police officer*

Plural of nouns

¿Te acuerdas? Most Spanish nouns form the plural by adding **–s** or **–es,** depending on the last syllable. Nouns that end in **–z** change **z** to **c** before adding **–es.**

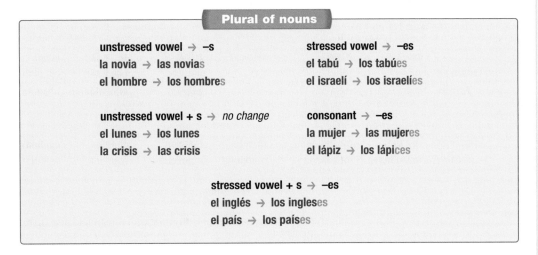

Plural of nouns

unstressed vowel → –s
la novia → las novias
el hombre → los hombres

stressed vowel → –es
el tabú → los tabúes
el israelí → los israelíes

unstressed vowel + s → *no change*
el lunes → los lunes
la crisis → las crisis

consonant → –es
la mujer → las mujeres
el lápiz → los lápices

stressed vowel + s → –es
el inglés → los ingleses
el país → los países

Spanish articles

¿Te acuerdas? Spanish definite and indefinite articles both have four forms. An article agrees in gender and number with the noun it modifies.

	Definite articles		Indefinite articles	
	SINGULAR	PLURAL	SINGULAR	PLURAL
MASCULINE →	el compañero	los compañeros	un compañero	unos compañeros
FEMININE →	la compañera	las compañeras	una compañera	unas compañeras

▶ In Spanish, a definite article is always used with an abstract noun.

El amor es eterno.
Love is eternal.

La belleza es pasajera.
Beauty is fleeting.

La paciencia es una virtud.
Patience is a virtue.

La vida es sueño.
Life is a dream.

▶ An indefinite article is not used between **ser** and an unmodified noun indicating a profession or nationality. If the noun is modified, the article is used.

Ana Méndez es salvadoreña.
Ana Méndez is a Salvadoran.

Alicia es **una** mexicana muy bonita.
Alicia is a very pretty Mexican.

Juan es artista.
Juan is an artist.

Guillermo es **un** profesor excelente.
Guillermo is an excellent teacher.

Álex es periodista.
Álex is a journalist.

José es **un** médico muy bueno.
José is a very good doctor.

¡ATENCIÓN!

Nouns that end with a stressed vowel + **n** or **s** drop the accent mark when **–es** is added.

la canción *song*

las canciones *songs*

el autobús *bus*

los autobuses *buses*

Nouns that end in **–n** and are stressed on the next to the last syllable take an accent mark on that syllable when **–es** is added.

el margen *margin*

los márgenes *margins*

la imagen *image*

las imágenes *images*

¡ATENCIÓN!

The prepositions **de** and **a** contract with the article **el.**

de + el = del

a + el = al

Suggestion: Point out that unlike English, Spanish has only two contractions: **al** and **del**. Remind students that **él** does not contract with **de** because it is a subject pronoun.
Ex: **Diana está encargada del mercadeo. El manual es de él.**

Descriptive adjectives

▶ Most Spanish adjectives agree both in number and gender with the nouns they modify.

Adjectives that agree in number and gender

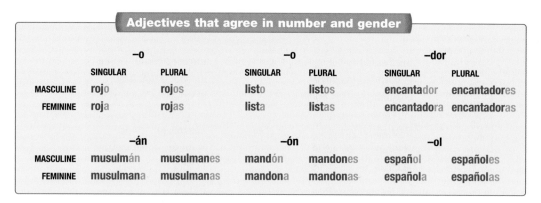

	–o		–o		–dor	
	SINGULAR	PLURAL	SINGULAR	PLURAL	SINGULAR	PLURAL
MASCULINE	rojo	rojos	listo	listos	encantador	encantadores
FEMININE	roja	rojas	lista	listas	encantadora	encantadoras
	–án		–ón		–ol	
MASCULINE	musulmán	musulmanes	mandón	mandones	español	españoles
FEMININE	musulmana	musulmanas	mandona	mandonas	española	españolas

▶ Some adjectives, such as adjectives ending in **–a, –e, –í, –ú,** or a consonant, agree only in number with the nouns they modify.

Adjectives that agree in number only

Masculine & feminine		Masculine & feminine	
SINGULAR	PLURAL	SINGULAR	PLURAL
belga	belgas	hindú	hindúes
inteligente	inteligentes	común	comunes
marroquí	marroquíes	feliz	felices

Position and agreement

▶ Descriptive adjectives generally follow the noun they modify.

las parejas **felices**
the happy couples

los celos **incontrolables**
uncontrollable jealousy

unos amigos **excelentes**
some excellent friends

un libro **apasionante**
a great book

▶ When an adjective modifies two nouns of the same gender, the adjective is plural. When an adjective modifies two nouns, and one of them is masculine, the adjective is masculine plural.

la literatura y la cultura español**as**
Spanish literature and culture

una suegra y un suegro maravillos**os**
a wonderful mother-in-law and father-in-law

la poesía y la pintura argentin**as**
Argentinian poetry and painting

una chica y un chico simpátic**os**
a nice girl and boy

▶ A few adjectives have a shortened form when they precede a masculine singular noun.

bueno → **buen**	**alguno** → **algún**	**primero** → **primer**
malo → **mal**	**ninguno** → **ningún**	**tercero** → **tercer**

Hoy tengo un **mal** día.
Today I am having a bad day.

Ese niño es muy **malo.**
That boy is very bad.

Mi **primer** novio y yo somos amigos todavía.
My first boyfriend and I are still friends.

La familia es lo **primero.**
Family comes first.

▶ Before a singular noun, **grande** changes to **gran**. Its meaning also changes.

Before the noun		After the noun	
la gran ciudad	*the great city*	**la ciudad grande**	*the big city*
el gran libro	*the great book*	**el libro grande**	*the big book*

Es la nueva artista gráfica.

Vengo de una familia grande.

▶ Some adjectives change their meaning depending on their position. When the adjective follows the noun, the meaning is more literal. When it precedes the noun, the meaning is more figurative.

	Before the noun	After the noun
antiguo/a	**mi antiguo novio** *my old/former boyfriend*	**el edificio antiguo** *the ancient building*
cierto/a	**una cierta actitud** *a certain attitude*	**una respuesta cierta** *a right answer*
mismo/a	**el mismo problema** *the same problem*	**el artículo mismo** *the article itself*
nuevo/a	**un nuevo profesor** *a new/different professor*	**un coche nuevo** *a (brand) new car*
pobre	**los pobres estudiantes** *the unfortunate students*	**los estudiantes pobres** *the students who are poor*
viejo/a	**una vieja amiga** *a friend of long-standing*	**un libro viejo** *an old book*

Práctica

① Have students rewrite the dialogue by inserting their own answers to the questions.

1 ¿Qué opinas? Trabajen en parejas para completar los minidiálogos con los artículos apropiados.

1. —Para ti, ¿cuál es *la* cualidad más importante en *las* relaciones de pareja?
   —Para mí, es *la* sinceridad; aunque también son importantes *la* sensibilidad y *la* madurez.

2. —¿Quién es mejor amigo: *un* pesimista o *un* optimista?
   —Pues, *la* verdad es que mis amigos son pesimistas.

3. —¿Crees que *los* jóvenes de hoy tienen *los* mismos sueños que sus padres?
   —Sí, sueñan con *un* mundo mejor. Desean *la* paz internacional y quieren encontrar *una* solución *al* problema *del* desempleo.

4. —¿Qué metas (*goals*) personales te propones alcanzar este año?
   —Las de todo el mundo: conseguir mejores notas que las *del* semestre pasado, llevar *una* vida sana y divertirme con *los* amigos.

② Ask students to create complete sentences with the phrases provided.

2 Cambiar Escribe en plural las palabras que están en singular y en singular las que están en plural.

1. la nueva compañera
   las nuevas compañeras
2. unos buenos amigos
   un buen amigo
3. el joven simpático
   los jóvenes simpáticos
4. unas malas relaciones
   una mala relación
5. la universidad internacional
   las universidades internacionales
6. una comunidad universitaria
   unas comunidades universitarias
7. el profesor alemán
   los profesores alemanes
8. el documental japonés
   los documentales japoneses
9. el árbol genealógico
   los árboles genealógicos
10. unos padres divorciados
    un padre divorciado
11. una pareja ideal
    unas parejas ideales
12. las presiones familiares
    la presión familiar

③ Have students add two adjectives to each list.

③ Ask students personalized questions based on the exercise items. Ex: **¿Buscas un(a) compañero/a tranquilo/a? ¿Ordenado/a? ¿Tienes padres serios? ¿Son alegres? ¿Quieres ver programas más emocionantes? ¿Más dramáticos?**

3 Las opiniones de Marina Completa cada frase con los cuatro adjetivos que la siguen.

1. Marina busca una compañera de cuarto...
   (tranquilo, ordenado, honesto, puntual)
   tranquila, ordenada, honesta y puntual
2. Se lleva bien con las personas...
   (sincero, serio, alegre, trabajador)
   sinceras, serias, alegres y trabajadoras
3. Marina tiene unos padres...
   (guapo, simpático, inteligente, conservador)
   guapos, simpáticos, inteligentes y conservadores
4. Quiere ver programas de televisión más...
   (emocionante, divertido, dramático, didáctico)
   emocionantes, divertidos, dramáticos y didáticos
5. Marina tiene un novio...
   (talentoso, nervioso, artístico, irlandés)
   talentoso, nervioso, artístico e irlandés

Marina

Comunicación

4 **¿Qué buscas en los amigos?**

A. Marca las cinco cualidades que más te gustan de tus amigos y amigas. Luego, ordena las listas, colocando *(placing)* la cualidad más importante en primer lugar y la menos importante en el último.

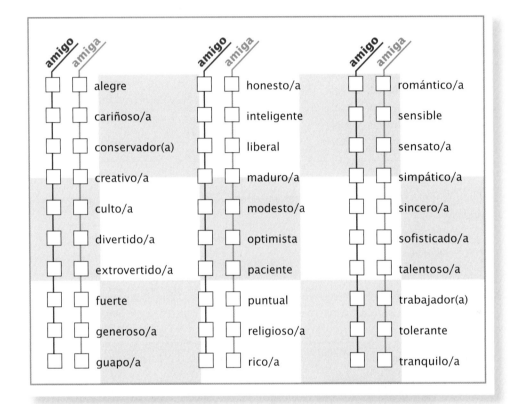

amigo	amiga		amigo	amiga		amigo	amiga	
☐	☐	alegre	☐	☐	honesto/a	☐	☐	romántico/a
☐	☐	cariñoso/a	☐	☐	inteligente	☐	☐	sensible
☐	☐	conservador(a)	☐	☐	liberal	☐	☐	sensato/a
☐	☐	creativo/a	☐	☐	maduro/a	☐	☐	simpático/a
☐	☐	culto/a	☐	☐	modesto/a	☐	☐	sincero/a
☐	☐	divertido/a	☐	☐	optimista	☐	☐	sofisticado/a
☐	☐	extrovertido/a	☐	☐	paciente	☐	☐	talentoso/a
☐	☐	fuerte	☐	☐	puntual	☐	☐	trabajador(a)
☐	☐	generoso/a	☐	☐	religioso/a	☐	☐	tolerante
☐	☐	guapo/a	☐	☐	rico/a	☐	☐	tranquilo/a

B. Ahora, compara tu lista con la de un(a) compañero/a. ¿Eligió *(did he/she choose)* las mismas cualidades que tú? Explícale a tu compañero/a por qué son importantes las cualidades que elegiste.

5 **¿Quién es?** Elige uno/a de los famosos de la lista. Escribe todos los adjetivos que se te ocurran para describir a esa persona. Luego, descríbesela a un(a) compañero/a, sin decir su nombre, para que él/ella adivine *(guess)* de quién hablas.

Antonio Banderas	Salma Hayek	Regis Philbin
George W. Bush	Enrique Iglesias	Sammy Sosa
Penélope Cruz	Jay Leno	Martha Stewart
Gloria Estefan	Ricky Martin	Oprah Winfrey

National communication Standards

④ Do a class tally of students' responses to find out which qualities are considered the most and least important.

¡ATENCIÓN!

cariñoso/a *affectionate*
culto/a *cultured*
maduro/a *mature*
sensato/a *sensible*
sensible *sensitive*

⑤ Bring in pictures of the people listed from magazines or the Internet to help students vizualize.

Another Option: assign this exercise as a writing activity.

1.2 Present tense of regular and irregular verbs

NATIONAL STANDARDS comparisons

Instructional Resources
WB, LM, CD-ROM,
WB/LM/VM Answer Key

Regular *–ar, –er, –ir* verbs

¿Te acuerdas? The present tense of regular verbs is formed by dropping the infinitive ending **–ar, –er,** or **–ir** and adding personal endings.

Present of regular *-ar, -er* and *-ir* verbs

	hablar	beber	vivir
yo	**hablo**	**bebo**	**vivo**
tú	**hablas**	**bebes**	**vives**
él/ella/Ud.	**habla**	**bebe**	**vive**
nosotros/as	**hablamos**	**bebemos**	**vivimos**
vosotros/as	**habláis**	**bebéis**	**vivís**
ellos/ellas/Uds.	**hablan**	**beben**	**viven**

¡ATENCIÓN!

Subject pronouns

singular	plural
yo	nosotros/as
tú	vosotros/as
Ud.	Uds.
él/ella	ellos/ellas

▶ The present tense is used to express actions and situations that are going on at the present time.

Maribel **pone** la mesa.
Maribel is setting the table.

Juan **sirve** el vino.
Juan is serving the wine.

▶ The present tense is also used to describe habitual actions and to express general truths.

Estudio español, contabilidad y estadística.
I study Spanish, accounting, and statistics.

Las telenovelas **son** aburridas.
Soap operas are boring.

▶ The present tense may also be used to describe actions that will take place in the near future.

Salen esta tarde en el vuelo 917.
They are leaving this afternoon on flight 917.

¿**Vamos** al cine el viernes?
Are we going to the movies Friday?

▶ Because context and the verb ending make the subject clear, subject pronouns are normally omitted in Spanish. They are used when one wants to emphasize or clarify the subject.

—¿**Son** de Perú?
Are they from Peru?

—No, **ella** es de Perú, pero **él** es del Chile.
No, she is from Peru, but he is from Chile.

Irregular *yo* forms

¿Te acuerdas? Several important **–er** and **–ir** verbs have irregular **yo** forms in the present tense. Their other present tense forms are regular.

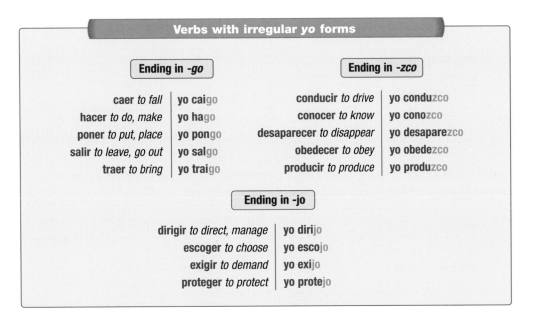

Verbs with irregular *yo* forms

Ending in *-go*

caer *to fall*	**yo caigo**
hacer *to do, make*	**yo hago**
poner *to put, place*	**yo pongo**
salir *to leave, go out*	**yo salgo**
traer *to bring*	**yo traigo**

Ending in *-zco*

conducir *to drive*	**yo conduzco**
conocer *to know*	**yo conozco**
desaparecer *to disappear*	**yo desaparezco**
obedecer *to obey*	**yo obedezco**
producir *to produce*	**yo produzco**

Ending in -jo

dirigir *to direct, manage*	**yo dirijo**
escoger *to choose*	**yo escojo**
exigir *to demand*	**yo exijo**
proteger *to protect*	**yo protejo**

▶ Verbs with endings similar to **conocer**, **hacer**, **poner**, and **traer** also have irregular **yo** forms.

reconocer *to recognize*	**yo reconozco**	**oponer** *to oppose*	**yo opongo**
deshacer *to undo*	**yo deshago**	**proponer** *to propose*	**yo propongo**
rehacer *to re-make, re-do*	**yo rehago**	**suponer** *to suppose*	**yo supongo**
satisfacer *to satisfy*	**yo satisfago**	**atraer** *to attract*	**yo atraigo**
componer *to make up*	**yo compongo**	**contraer** *to contract*	**yo contraigo**
valer *to be worth*	**yo valgo**	**distraer** *to distract*	**yo distraigo**

Irregular verbs

¿Te acuerdas? Other commonly used verbs in Spanish are irregular in the present tense.

dar	**decir**	**estar**	**ir**	**oír**	**ser**	**tener**	**venir**
to give	*to say*	*to be*	*to go*	*to hear*	*to be*	*to have*	*to come*
doy	**digo**	**estoy**	**voy**	**oigo**	**soy**	**tengo**	**vengo**
das	**dices**	**estás**	**vas**	**oyes**	**eres**	**tienes**	**vienes**
da	**dice**	**está**	**va**	**oye**	**es**	**tiene**	**viene**
damos	**decimos**	**estamos**	**vamos**	**oímos**	**somos**	**tenemos**	**venimos**
dais	**decís**	**estáis**	**vais**	**oís**	**sois**	**tenéis**	**venís**
dan	**dicen**	**están**	**van**	**oyen**	**son**	**tienen**	**vienen**

Suggestion: Remind students that there are tables with regular and irregular verb conjugations in the text's appendices for reference.

¡ATENCIÓN!

Some verbs have irregular **yo** forms that do not follow the patterns in the previous charts.

caber *to fit*	**yo quepo**
saber *to know*	**yo sé**
ver *to see*	**yo veo**

Suggestion: Explain to students that verbs ending in **–ger** and **–gir** have the spelling change **–g–** to **–j–** in order to preserve the **g** sound of the infinitive.

Práctica

① Ask students to write their sentences on a sheet of paper and then exchange them with a partner. As a class compare sentences that contain the same elements.

1 ¿Qué hacen los amigos? Escribe cinco oraciones completas usando los sujetos y los verbos de las siguientes columnas.

Sujetos	Verbos
yo	compartir
tú	creer
un(a) buen(a) amigo/a	deber
nosotros/as	desear
los malos amigos	enseñar
	explicar
	prestar

1. ______
2. ______
3. ______
4. ______
5. ______

② Ask students to work in pairs and make a short list of what they and their partner do differently. Have them share their lists with the class and model their sentences after the exercise.

2 ¿Qué hace Raúl? A Raúl le gusta hacer todo diferente. Primero, lee lo que hacen sus amigos, y luego indica lo que él haría. Usa las palabras de la lista.

bajo/a	nunca
barato/a	siempre
bien	ya

MODELO Luisa siempre sale por las noches. Pues yo…
Luisa siempre sale por las noches. Pues yo nunca salgo por las noches.

1. Gilberto siempre conduce muy bien. Pues yo… *Pues yo siempre muy mal.*
2. Ana todavía no conoce a los vecinos. Pues yo… *Pues yo ya conozo a los vecinos.*
3. Felipe casi siempre trae su almuerzo. Pues yo… *Pues yo casi nunca traigo mi almuerzo.*
4. Mis compañeros ven la televisión todas las noches. Pues yo… *Pues yo nunca veo la televisión.*
5. José nunca da buenos consejos. Pues yo… *Pues yo siempre doy buenos consejos.*
6. Mi novia siempre me corrige cuando hablo. Pues yo… *Pues yo nunca la corrijo cuando ella habla.*
7. Los vecinos siempre ponen la radio muy alta. Pues yo… *Pues yo siempre pongo la radio muy baja.*
8. Mi novia siempre escoge los restaurantes más caros. Pues yo…
   Pues yo siempre escojo los restaurantes más baratos.

3 Un apartamento infernal Beto tiene quejas *(complaints)* de su apartamento. Completa sus declaraciones con los siguientes verbos.

caber	**estar**	**ir**	**ser**
dar	**hacer**	**oír**	**tener**

Mi apartamento *está* en el quinto piso. El edificio no *tiene* ascensor y para llegar al apartamento, *tengo* que subir cinco pisos. El apartamento es tan pequeño que mis cosas no *caben* en él. Las paredes *son* muy delgadas. A todas horas *oigo* la radio o la televisión de algún vecino. El apartamento sólo *tiene* una ventana que *da* a la pared de otro edificio y, por eso, el apartamento siempre *está* oscuro. ¡*Voy* a buscar otro apartamento!

Comunicación

④ **¿Qué haces?** En parejas, háganse preguntas basadas en los siguientes temas o en otros que les parezcan interesantes.

1. salir / con amigos todas las noches
2. decir / mentiras
3. obedecer / las señales de tráfico
4. conducir / después de beber bebidas alcohólicas
5. tener / miedo de ser antipático/a con los amigos
6. dar / consejos sobre asuntos / que no conocer bien
7. venir / a clase tarde con frecuencia
8. escoger / el regalo perfecto para el cumpleaños de tu novio/a
9. corregir / los errores en las composiciones de los compañeros
10. traer / un diccionario a la clase de español

④ Encourage students to add at least one topic to the list. Ask them to share their partner's statements with the class.

⑤ **¿Estás de acuerdo?** En parejas, completen las oraciones con los verbos indicados. Luego, comenten si están de acuerdo o no con cada afirmación y por qué.

decir	**sobrevivir**
exigir	**tener**
saber	**valer**
ser	

1. Los buenos amigos siempre _dicen_ la verdad, aunque *(although)* esto nos hace daño a veces.
2. Un buen amigo nunca _exige_ dinero prestado a otro amigo.
3. Los amigos nunca _son_ buenos socios *(partners)* en un negocio.
4. Un buen amigo _vale_ más que un millón de dólares.
5. Se puede _saber_ cómo es una persona por los amigos que _tiene_.
6. Las amistades no _sobreviven_ las separaciones largas.

⑤ Ask each pair to work with another pair to form groups of four. Have them compare their opinions.

⑥ **¿Cómo son tus amigos?**

A. Describe a un(a) buen(a) amigo/a tuyo/a. ¿Cómo es? ¿Está de acuerdo contigo en todo? ¿Siempre se ríe de los chistes que le cuentas? ¿Se divierten ustedes siempre cuando están juntos? ¿Siempre sigue tus consejos? ¿Te miente a veces? ¿Te pide dinero? ¿Ustedes se quieren?

B. Luego, con cinco compañeros, comparte tu descripción. Juntos, escriban una lista con cinco cosas que los buenos amigos hacen con frecuencia y cinco cosas que no hacen casi nunca. ¿Coincidieron los grupos en las acciones que eligieron?

1.3 Stem-changing verbs

¿Te acuerdas? Some verbs change their stressed stem vowel in the present tense. In **–ar** and **–er** verbs, **e** changes to **ie** and **o** changes to **ue**. In a few **–ir** verbs, **e** changes to **i**.

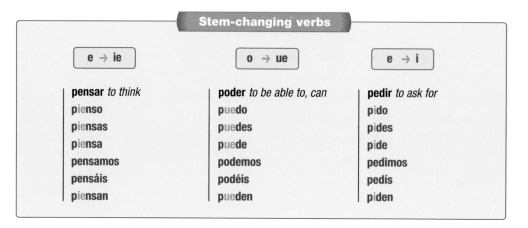

Stem-changing verbs

e → ie	o → ue	e → i
pensar *to think*	**poder** *to be able to, can*	**pedir** *to ask for*
pienso	**puedo**	**pido**
piensas	**puedes**	**pides**
piensa	**puede**	**pide**
pensamos	**podemos**	**pedimos**
pensáis	**podéis**	**pedís**
piensan	**pueden**	**piden**

Verbs like *pensar*	Verbs like *poder*	Verbs like *pedir*
comenzar *to begin*	**acordarse** *to remember*	**despedirse** *to say goodbye*
confesar *to confess*	**acostarse** *to go to bed*	**impedir** *to impede*
defender *to defend*	**almorzar** *to have lunch*	**reír** *to laugh*
despertar *to wake up*	**colgar** *to hang*	**repetir** *to repeat*
divertirse *to have fun*	**contar** *to tell; to count*	**servir** *to serve*
empezar *to begin*	**costar** *to cost*	**sonreír** *to smile*
encender *to light; to turn on*	**dormir** *to sleep*	**vestirse** *to get dressed*
entender *to understand*	**encontrar** *to find*	
negar *to refuse*	**morir** *to die*	
perder *to lose*	**mostrar** *to show*	
preferir *to prefer*	**mover** *to move*	
querer *to want; to love*	**probar** *to try*	
referirse *to refer*	**recordar** *to remember*	
sentarse *to sit*	**resolver** *to solve*	
sentir *to feel; to be sorry*	**soler** *to be in the habit of*	
sugerir *to suggest*	**soñar** *to dream*	
tropezar *to trip*	**volver** *to return*	

Instructional Resources
WB, LM, CD-ROM, WB/LM/VM Answer Key

Suggestion: Review the difference between a verb stem and a verb ending.

¡ATENCIÓN!

The **nosotros/as** and **vosotros/as** forms never have a stem change in the present tense.

Suggestion: Remind students that stem-changing verbs are sometimes called boot verbs. Demonstrate by writing a full conjugation on the board and drawing the boot around the forms with stem changes.

¡ATENCIÓN!

Jugar changes its stem vowel from **u** to **ue.**

juego
juegas
juega
jugamos
jugáis
juegan

¡ATENCIÓN!

To express actions you generally or usually do, you can use the verb **soler** + *infinitive.*

Suelo llevarme bien con mi hermano.
I usually get along well with my brother.

Verbs ending in *–gir, –guir, –uir,* and *–cer*

▶ Verbs ending in **–gir** change **g** to **j** in the **yo** form. Verbs ending in **–cer** change **c** to **z** in the **yo** form.

–gir	–cer	Like *elegir*
elegir *to choose*	**torcer** *to twist*	**corregir** *to correct*
elijo	tuerzo	
eliges	tuerces	
elige	tuerce	
elegimos	torcemos	
elegís	torcéis	
eligen	tuercen	

¡ATENCIÓN!

Seguir, elegir, and verbs like them are **e → i** stem-changing verbs.

Diana corrige a Johnny.

¿Quién elige las películas para los artículos, tú o Aguayo?

▶ Verbs ending in **–guir** drop the **u** after **g** in the **yo** form. Verbs ending in **–uir** add a **y** between the stem vowel and the personal ending when the stem vowel is stressed.

–guir	–uir
seguir *to follow*	**incluir** *to include*
sigo	incluyo
sigues	incluyes
sigue	incluye
seguimos	incluimos
seguís	incluís
siguen	incluyen

Like *seguir*	Like *incluir*
conseguir *to obtain*	**construir** *to construct*
	destruir *to destroy*
	influir *to influence*

Práctica

① Check student work by asking open-ended questions about the information contained in the exercise. Ex: **¿Por qué no se acuesta Felipe tarde? ¿Qué quieren hacer Jorge y Begoña?**

1 **¿Qué hacen tus amigos?** En parejas, túrnense *(take turns)* para hacerse las siguientes preguntas. Sigan el modelo.

MODELO
Marcelo: despertarse a las 6:30 de la mañana / dormir hasta las 9:00
—¿Se despierta Marcelo a las 6:30 de la mañana?
—¡Qué va! *(Are you kidding!)* Marcelo duerme hasta las nueve.

1. Consuelo: jugar al tenis con Daniel / preferir pasar la tarde charlando
2. Felipe: acostarse a las 3 de la mañana / tener clase de química a las 8 de la mañana
3. Jorge y Begoña: querer ir a la playa / pensar ver un documental sobre Ibiza
4. Dolores: probar la paella valenciana / no querer probar ningún plato con mariscos
5. Fermín y Ana: volver de España mañana / pensar quedarse una semana más

② Change the narrative from first-person singular to first-person plural. Begin the narrative: **Soy Omar. Elena y yo no podemos…**

2 **Tengo gripe** Completa el recado (*message*) que Omar dejó en el contestador automático de Gabriela y Alan. Usa los verbos indicados.

Soy Omar. No *puedo* (poder) almorzar con ustedes. Estoy enfermo con gripe. Me *siento* (sentir) muy cansado. Tampoco *quiero* (querer) contagiarles. ¿*Quieren* (querer) ustedes salir a almorzar el próximo domingo? ¿O *prefieren* (preferir) otro día? Llámenme y díganme qué *sugieren* (sugerir). Seguro que *vuelvo* (volver) a sentirme mejor pronto… *(se oye un acceso de tos)* ¡Si no me *muero* (morir) antes! Y ahora, voy a ver si *consigo* (conseguir) dormir un poco. Chau.

③ Give students a few minutes to complete the exercise individually. Then go over the answers as a whole group.

3 **¿Hablamos?** Completa esta conversación conjugando algunos de los verbos de la lista.

acordar	confesar	sentir
almorzar	poder	subir
bailar	preferir	sugerir

LAURA Rafael, necesito hablar contigo para decirte algo importante.
RAFAEL ¿Ahora? Lo *siento*, pero no tengo tiempo. ¿De qué quieres hablar?
LAURA Mira, *prefiero* hablar contigo más tarde. Te *confieso* que ahora estoy un poco nerviosa. Nosotros *podemos* almorzar juntos.
RAFAEL Bueno, pero te *sugiero* que seas puntual, no quiero perder el tiempo. ¿Dónde *almorzamos*? Ya sabes que no me gusta la comida que preparas.
LAURA ¡Qué antipático eres! Ahora me *acuerdo* por qué no me gustas. No te preocupes por la comida. No la vas a probar ni hoy ni nunca.

Comunicación

④ **Discusión matrimonial** Trabajen en parejas para representar una discusión matrimonial. Preparen la discusión con las frases de la lista.

no acordarse de los cumpleaños ya no sentir lo mismo de antes preferir estar con los amigos querer discutir todos los días contar mentiras siempre dormir en el sofá

⑤ **¿Qué sabes de tus compañeros?**

A. En parejas, háganse preguntas usando los verbos de la lista. Pueden hablar de los temas sugeridos o de otros.

MODELO

sentirse: inseguro/a —¿Hay alguna situación en la que siempre te sientes inseguro?
—Sí, siempre me siento inseguro cuando tengo que hablar en público.
—¿Por qué te sientes inseguro?
—Soy un poco tímido.

- sentirse: inseguro/a, solo/a, bien, feliz, deprimido/a, seguro/a
- recomendar: alguna película / algún grupo musical / algún libro / algún restaurante
- pensar: realizar este año algún proyecto / algún viaje / alguna compra grande
- acordarse: de cuando aprendiste a nadar / del primer beso / de tus bisabuelos
- soñar con: tener / hacer / evitar / una persona / algo especial

B. Ahora comparte con la clase todo lo que aprendiste sobre tu compañero/a.

NATIONAL communication STANDARDS

④ Ask for volunteers to give a dramatization of their discussion for the class.

⑤ Introduce the activity by taking a short survey about acquaintances within the class. Ex: **¿A cuántos compañeros conoces de tu clase de español del año pasado? ¿Cuántos compañeros están en otras clases contigo?** etc. Keep a tally on the board.

1.4 Ser and estar

NATIONAL comparisons STANDARDS

Instructional Resources
WB, LM, CD-ROM, WB/LM/VM Answer Key

Suggestion: Ask if students remember the different uses of **ser** and **estar** before going over the grammar explanation.

¿Te acuerdas? **Ser** and **estar** are both translated as *to be*, but they are not interchangeable. **Ser** is used in certain specific cases, **estar** in others.

Uses of *ser*

Nationality and place of origin	**Mi amiga es uruguaya.** **Soy de la Florida.**
Profession or occupation	**El Sr. López es periodista.** **La Sra. López es psiquiatra.**
Characteristics of people, animals, and things	**Los ratones son pequeños.** **El clima de Miami es caluroso.**
Generalizations	**La amistad es importante.** **Las relaciones personales son complejas.**
Possession	**Esta maleta vieja es de mis abuelos.** **La guitarra es del tío Guillermo.**
Material of composition	**El suéter es de pura lana.** **La llave es de metal.**
Time, date, or season	**Son las doce de la mañana.** **¡Ya es otoño!**
Where and when an event takes place	**La fiesta es en el apartamento de Carlos.** **La fiesta es el sábado a las nueve.**

Uses of *estar*

Location or spatial relationships	**La clínica está en la próxima calle.** **El libro de poemas está en la mesa.**
Health	**¿Cómo estás?** **Estoy enfermo.**
Physical states and conditions	**Todas las ventanas están limpias.** **Daniel está muy cansado hoy.**
Emotional states	**¿Marisa está contenta con Javier?** **No, está aburrida.**
Certain weather expressions	**Está nublado.** **Está despejado.**
On-going actions (progressive tenses)	**El pastelero está haciendo un pastel delicioso.** **Paula está escribiendo invitaciones para su boda.**
Results of actions (past participles)	**La ventana está rota.** **La tienda está cerrada.**

Ser and *estar* with adjectives

¿Te acuerdas? Both **ser** and **estar** can be used with many descriptive adjectives, but in each case the meaning is different.

Julio **es alto.**
Julio is tall. (that is, a tall person)

Dolores **es alegre.**
Dolores is cheerful. (that is, a cheerful person)

—¡Ay, qué **alto estás,** Andrés!
How tall you're getting, Andrés!

—¡Uf! El jefe **está alegre** hoy. ¿Qué le pasa?
The boss is cheerful today. What's up?

▶ **Ser** is usually used with adjectives to describe inherent, expected qualities. **Estar** is usually used with adjectives to describe temporary or changeable conditions, or a change in appearance or condition.

▶ Some adjectives have different meanings depending on whether they are used with **ser** or **estar.**

Ser and estar with adjectives

ser + adjectives	**estar** + adjectives
La clase de contabilidad es aburrida. *The accounting class is boring.*	Estoy aburrida **con la clase.** *I am bored with the class.*
Ese chico es listo. *That boy is smart.*	Estoy listo **para todo.** *I'm ready for anything.*
Don Quijote fue loco **y** sabio **al mismo tiempo.** *Don Quijote was mad and wise at the same time.*	¿Estás loco? **¡No podemos hacer eso!** *Are you kidding? We can't do that!*
La actriz es mala. *The actress is bad.*	**La actriz** está mala. *The actress is ill.*
El coche es seguro. *The car is safe.*	**Juana no** está segura **de la noticia.** *Juana isn't sure of the news.*
Los aguacates son verdes. *Avocados are green.*	**Esta banana** está verde. *This banana is not ripe.*
Javier es **muy** vivo. *Javier is very lively.*	**¿Todavía** está vivo **el autor?** *Is the author still living?*
Lourdes es **una mujer muy** guapa. *Lourdes is a very attractive woman.*	**Manuel** está **muy** guapo **hoy.** *Manuel looks great today.*

¡ATENCIÓN!

Estar, not **ser**, is used with **muerto/a.**

Bécquer, el autor de las *Rimas*, está muerto.
Bécquer, the author of Rimas, *is dead.*

Práctica

① Have students interchange the forms of **ser** and **estar** with some of the items in the first column Ex: **La iglesia es grande.** Make up new endings for each entry.

¡ATENCIÓN!

Yucatecan Dishes

el pipián *a dish made with a sauce of toasted ground pumpkin seeds and chiles*

la cochinita pibil *spicy pork stew*

tikin xic *marinated fish dish*

1 **La boda de Emilio y Jimena** Empareja cada frase de la primera columna con la terminación más lógica de la segunda.

1. La boda es *f*
2. La iglesia está *c*
3. El cielo está *h*
4. La madre de Emilio está *e*
5. El padre de Jimena está *b*
6. En mi opinión, las bodas son *g*
7. Todos los invitados están *d*
8. El mariachi que toca en la boda es *a*

a. de la Ciudad de México.
b. deprimido por los gastos.
c. en la avenida Justo Contreras.
d. esperando a que entren la novia *(bride)* y su padre.
e. contenta con la novia.
f. a las tres de la tarde.
g. muy divertidas.
h. totalmente despejado.

② Before asking students to do the activity, initiate a discussion about the picture using **ser** and **estar** to solicit answers from the class regarding the couple shown.

2 **La luna de miel** Completa el párrafo en el que se describe la luna de miel *(honeymoon)* de Jimena y Emilio. Usa formas de **ser** y **estar.**

Emilio y Jimena van a pasar su luna de miel en Cancún. Cancún *es* un lugar precioso. La isla de Cancún *está* cerca de la costa de Yucatán. Hoy día la isla *está* conectada al continente por un puente. El clima *es* tropical. Casi siempre *está* despejado. Jimena *es* entusiasta de la natación y el esquí acuático. Ella *está* dispuesta *(inclined)* a pasar toda la semana en la playa. Emilio, por su parte, *está* interesado en la cultura maya. Quiere visitar las ruinas. En Cancún *es* casi obligatorio que los turistas visiten las ruinas mayas que *están* a unos kilómetros de la isla. A los dos les gustaría probar la comida maya. Cada día van a probar un plato diferente. Algunos de los platos típicos que piensan probar *son* el pipián, la cochinita pibil y el tikin xic. Después de pasar una semana en Cancún, la pareja va a *estar* cansada pero muy contenta.

Comunicación

③ Entrevista

A. En parejas, miren las fotos de las cuatro personalidades latinas y lean las descripciones que las acompañan.

Jennifer López es una actriz y cantante de origen puertorriqueño. Actuó en la película *La familia* y desempeñó el papel principal en la película musical *Selena*. Además de ser talentosa, tiene fama de ser ambiciosa y competitiva.

Enrique Iglesias nació en Madrid pero se crió en Miami. Aunque quería ser cantante desde los 16 años, nunca le confió su ambición a su padre, el cantante Julio Iglesias. Su primer disco tuvo un gran éxito y ha ganado varios premios. Canta tanto en inglés como en español.

El beisbolista dominicano Sammy Sosa se hizo famoso por competir en 1998 con Mark McGuire para superar el récord de bateo. Es uno de los mejores bateadores de las Grandes Ligas. La Fundación Sammy Sosa, establecida por él, ayuda a los niños pobres de la República Dominicana.

Celia Cruz nació en La Habana, Cuba, y ha desarrollado una magnífica carrera musical cantando salsa. Ha llegado a ser conocida como "la reina de la salsa". A pesar de su fama mundial, Celia Cruz es muy humilde. Su mayor deseo es poder regresar a Cuba para visitar la tumba de su madre.

B. Ahora, preparen una entrevista imaginaria con una de estas personalidades. Escriban diez preguntas, usando los verbos **ser** y **estar** al menos cinco veces. Para la entrevista, pueden usar información que no está en las descripciones. Después de responder a todas las preguntas, presenten la entrevista ante la clase, haciendo uno/a el papel de la personalidad y el/la otro/a el del/de la entrevistador(a).

NATIONAL communication STANDARDS

③ Model the activity by conducting an imaginary interview with a different Spanish-speaking artist such as Antonio Banderas or Penélope Cruz. Move from left to right as you assume the two roles.

A conversar

Expansion: Ask students whether or not they read advice columns in newspapers or magazines. Then have them discuss the types of problems people write about in these columns and whether they would follow advice given by a person like Dra. Corazones.

Un consejo sentimental

A Trabajen en grupos pequeños. Lean la carta dirigida a la Dra. Corazones, consejera sentimental, y luego contesten las preguntas.

- ¿Por qué tienen que comunicarse por Internet Nick y su esposa?
- ¿Qué hizo Nick?
- ¿Cuál fue el resultado?
- ¿Cómo se siente él ahora?

Soy Nick, de Houston, y tengo un problema:

Tengo 30 años. Soy casado y amo a mi esposa sobre todas las cosas. Le soy fiel°. Todo comenzó con un juego. Resulta que me vine a España con la idea de quedarme a vivir aquí. Mi esposa se quedó en Venezuela, mientras solucionábamos la venida° de ella. Pues, la mejor manera de comunicarnos era por Internet, y lo hacíamos a diario° por medio del chat. Un día se me ocurrió hacerme pasar por otro hombre,° para ver si la conquistaba. La verdad es que me costó, pero lo logré°. Ahora mi esposa mantiene una relación con un hombre que no sabe que soy yo. Este juego se me escapó de las manos y realmente no sé cómo manejarlo°. Yo la amo mucho. Sé que ella me ama, pero esto para mí es como una traición,° un engaño,° y la verdad es que no sé qué hacer.

fiel: faithful; venida: arrival; a diario: daily; se me ocurrió hacerme pasar por otro hombre: I got the idea to pretend I was another man; lo logré: I succeeded; manejarlo: handle it; traición: betrayal; engaño: deception

Estoy desesperado.

Gracias,
Nick

B Con el grupo, comenten el problema de Nick y propongan una solución. Elijan a un miembro del grupo para que sea el/la encargado/a de presentar la solución a la clase.

C Con toda la clase, escuchen y comenten las soluciones propuestas por los grupos, pensando en las siguientes preguntas. Entre todos, deben proponer una solución al problema de Nick.

- ¿Cómo reaccionan los grupos ante el problema de Nick?
- ¿Propuso cada grupo una solución distinta?
- ¿Son algunas soluciones más viables que otras?

A escribir

Una carta

Sigue el **Plan de redacción** para escribir una carta a un(a) amigo/a, a tu pareja o a un(a) desconocido/a, expresando lo que sientes por él/ella.

Plan de redacción

Encabezamiento Piensa a quién quieres dirigirle la carta: ¿a un amigo?, ¿a tu pareja?, ¿a alguien que no te conoce?, ¿a una estrella de cine? Dependiendo de quién sea el/la destinatario/a, y del grado de afecto que quieras expresar, elegirás *(you will choose)* entre los siguientes saludos:

Estimado/a ❤ *Amado/a* ❤❤❤ *Vida mía* ❤❤❤❤❤
Querido/a ❤❤ *Amor mío* ❤❤❤❤

Contenido Organiza las ideas que quieres expresar en un esquema (*outline*) y después escribe la carta. Aquí tienes unas preguntas para ayudarte a ordenar lo que quieres decir:

- ¿Cómo te sientes?
- ¿Sabe esa persona lo que sientes? ¿Es la primera vez que se lo dices?
- ¿Por qué te gusta esa persona?
- ¿Crees que tus sentimientos son correspondidos?
- ¿Cómo quieres que sea tu relación en el futuro?

Firma Termina la carta con una frase de despedida (*farewell*) adecuada. Aquí tienes unos ejemplos de diferente intensidad:

Atentamente ❤ *Te quiero* ❤❤❤ *Tu eterno/a*
Besos ❤❤ *Te amo* ❤❤❤❤ *enamorado/a* ❤❤❤❤❤

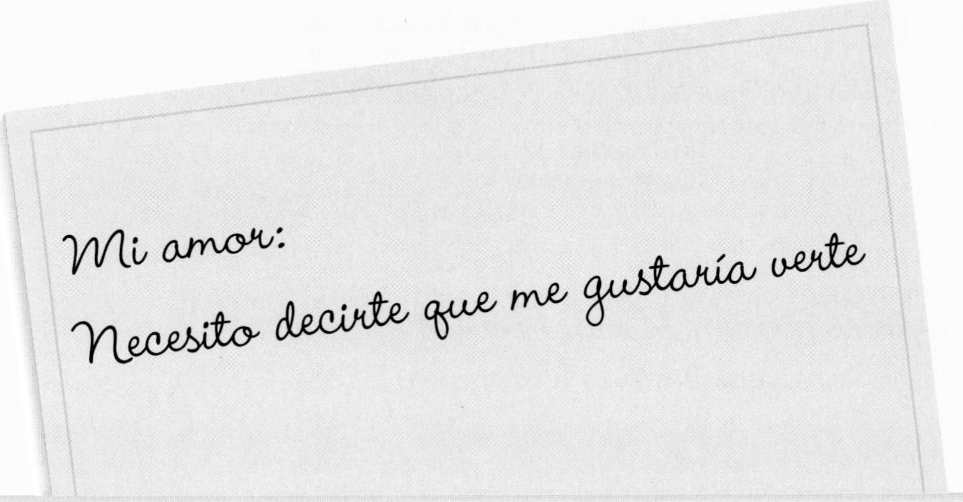

Mi amor:
Necesito decirte que me gustaría verte

Plan de redacción: Explain that **Estimado/a** is the proper address for a business letter and connotes nothing romantic. Some terms of endearment are **mi cielo, cariño, corazón.** Other appropriate closing counterparts for **Estimado/a** might be **Un saludo cordial** or **Un abrazo.**

Los enamorados, 1923.
Pablo Picasso. España.

La única fuerza y la única verdad que hay en esta vida es el amor.

— José Martí

Antes de leer

Poema 20

Pablo Neruda

Conexión personal

¿Has estado enamorado/a alguna vez? ¿Te gusta leer poesía? ¿Has escrito alguna vez una carta o un poema de amor?

Contexto cultural

Poema 20 is part of the book *Veinte poemas de amor y una canción desesperada*. Published when its author, Chilean poet Pablo Neruda, was twenty years old, the book was an instant success. According to Neruda, this work joined together his adolescent passions and fears. It includes some melancholy themes, contrasted with examples of the pleasures of living.

Análisis literario: la personificación

Personification **(la personificación)** is a figure of speech in which human characteristics are given to inanimate objects or abstract concepts, as in, for example, *a raging storm*. Personification can help the reader understand ideas and feelings that are otherwise difficult to express in words. As you read *Poema 20*, look for examples of personification and write the line **(verso)** and its significance **(efecto)** in the chart.

verso	efecto

Estrategia de lectura: deducir

When you read, you are constantly forming logical guesses and drawing conclusions based on evidence. This is called "making inferences" **(deducir)**. As you read *Poema 20*, try to make your own discoveries about the narrator. Is he telling the truth? Did his relationship with the woman end well or poorly? How does he feel about her now?

Vocabulario

amar *to love*
el alma *soul*
el/la amado/a *the loved one, sweetheart*
besar *to kiss*
contentarse con *to be contented, satisfied with*
el corazón *heart*
el olvido *forgetfulness; oblivion*
querer *to love; to want*
romper con *to break up with*

Lecturas opener (previous page):

See the **ENFOQUES** Instructor's Resource Manual for teaching suggestions.

Conexión personal: Students should volunteer answers to these questions. If they cannot or are unwilling to answer these questions about themselves, ask them to talk about people they know, or even about similar situations in films, television, music, etc.

Contexto cultural: Ask students to read and bring in other short poems by Pablo Neruda. Have them work in pairs to compare the poems they found, and ask them to explain how they differ from *Poema 20*.

Análisis literario: Supply other examples of personification with which students might be familiar, such as "the **mouth** of the river was wide" or "the **angry** storm subsided."

Análisis literario: Have students fill in the chart indvidually, then have them work in small groups to compare their responses. Select a few students from different groups to tell the class which lines they included in the chart.

Pablo Neruda

Hoja de vida

1904 Nace en Parral, Chile
1924 *Veinte poemas de amor y una canción desesperada*
1933 *Residencia en la tierra*
1950 *Canto general*
1971 Premio Nobel de Literatura
1973 Muere en Santiago de Chile

Sobre el autor

Pablo Neruda es uno de los poetas más célebres de Hispanoamérica. Empezó a escribir poesía siendo muy joven, alcanzando gran fama tras la publicación de *Veinte poemas de amor y una canción desesperada,* cuando tan sólo contaba veinte años de edad. Esto le dio reputación de gran poeta romántico, aunque sus obras de madurez tengan un mayor valor literario. *Canto general* es una de las mejores y en ella el poeta recorre la historia de Latinoamérica desde sus orígenes precolombinos.

Suggestion: Ask students if they have seen or heard of the 1995 film *Il postino (The Postman),* which was a fictitious account of a relationship between a simple *cartero* and Neruda.

Poema 20

Puedo escribir los versos más tristes esta noche.

Escribir, por ejemplo: "La noche está estrellada°,
y tiritan°, azules, los astros°, a lo lejos.°"
El viento de la noche gira° en el cielo y canta.

Puedo escribir los versos más tristes esta noche.
Yo la quise, y a veces ella también me quiso.

En las noches como ésta la tuve entre mis brazos.
La besé tantas veces bajo el cielo infinito.

Ella me quiso, a veces yo también la quería.
Cómo no haber amado sus grandes ojos fijos°.

starry

blink, tremble/ stars/ in the distance
turns

Suggestion: Give students a few minutes to read the poem aloud to a partner. Remind them that it is not necessary to understand every single word, especially during the first read-through.

fixed

Puedo escribir los versos más tristes esta noche.
Pensar que no la tengo. Sentir que la he perdido.

Oír la noche inmensa, más inmensa sin ella.
Y el verso cae al alma como al pasto el rocío°.

Qué importa que mi amor no pudiera guardarla°.
La noche está estrellada y ella no está conmigo.

Eso es todo. A lo lejos alguien canta. A lo lejos.
Mi alma no se contenta con haberla perdido.

Como para acercarla° mi mirada la busca.
Mi corazón la busca, y ella no está conmigo.

La misma noche que hace blanquear° los mismos árboles.
Nosotros, los de entonces, ya no somos los mismos.

Ya no la quiero, es cierto, pero cuánto la quise.
Mi voz° buscaba el viento para tocar su oído.

De otro. Será de otro. Como antes de mis besos.
Su voz, su cuerpo claro. Sus ojos infinitos.

Ya no la quiero, es cierto, pero tal vez la quiero.
Es tan corto el amor, y es tan largo el olvido.

Porque en noches como ésta la tuve entre mis brazos,
mi alma no se contenta con haberla perdido.

Aunque éste sea el último dolor que ella me causa,
y éstos sean los últimos versos que yo le escribo.

Suggestion: Have students work in groups to summarize the poem's content after lines 10, 20, and 32. Ask each group to share one sentence from their summary. The class can guess to which third of the poem that sentence refers.

like the dew on the grass

to keep, to protect her

Suggestion: Ask students to write a paragraph telling the poem's story. Have students peer edit the paragraphs and read them aloud.

to bring her closer

to whiten

voice

Después de leer

Poema 20

Pablo Neruda

① Have students work in pairs to write two more questions about the poem on a sheet of paper. They should exchange these questions with another pair, who will then mark their answers on the sheet below the questions. After the sheets are returned to the pair that wrote the original questions, they should correct the answers. If any are incorrect, they must inform the students who provided them and suggest correct answers.

③ Ask students to work in small groups to discuss the answers to these questions. One student from each group will be responsible for summarizing the group's ideas for each question for the rest of the class.

④ Ask students to imagine the same characteristics as they apply to the poet.

⑤ Have a few groups of students act out their dialogues in front of the class.

⑤ Give students the option of writing a letter of response from the point of view of the *destinatario* or recipient of the letter. Was it an unrequited love, a fading love, a case of opposites attracting?

1 **Comprensión** Contesta las siguientes preguntas.

1. ¿Quién habla en este poema?
   Un hombre enamorado / Un poeta habla en este poema.
2. ¿De quién habla el poeta?
   El poeta habla de su amada. / El poeta habla de su antigua novia.
3. ¿Cuál es el tema del poema?
   El tema del poema es el amor.
4. ¿Qué momento del día es?
   Es de noche.
5. ¿Sigue el poeta enamorado? Da un ejemplo del poema.
   El poeta no lo sabe. Ejemplo: "Ya no la quiero, es cierto, pero tal vez la quiero."

2 **Analizar** Lee el poema otra vez para contestar las siguientes preguntas.

1. ¿Qué personificaciones hay en el poema y qué efecto transmiten? Explica tu respuesta.
2. ¿Tienen importancia las repeticiones en el poema? Explica por qué.

3 **Interpretar** Contesta las siguientes preguntas.

1. ¿Cómo se siente el poeta? Da algún ejemplo del poema.
2. ¿Es importante que sea de noche? Razona tu respuesta.
3. Explica con tus propias palabras el siguiente verso: "Es tan corto el amor, y es tan largo el olvido".
4. En un momento dado el poeta afirma: "Yo la quise, y a veces ella también me quiso" y, un poco más adelante, escribe: "Ella me quiso, a veces yo también la quería". Explica el significado de estos versos y su importancia en el poema.

4 **Ampliar** Trabajen en parejas para imaginar cómo es la mujer del poema. Hablen sobre:

- Su apariencia física
- Su personalidad
- Sus aficiones.

5 **Imaginar** En parejas, imaginen la historia de amor entre el poeta y su amada. Preparen un diálogo en el que ellos se despiden para siempre. Inspírense en algunos de los versos del poema.

Antes de leer

PERFIL

Carmen Lomas Garza

Conexión personal

¿Hay costumbres que consideras típicas de tu familia? ¿Cuáles son? ¿Por qué son importantes para ti?

Barbacoa para cumpleaños, 1993.
Carmen Lomas Garza.

Contexto cultural

Chicano and *Chicana*, terms which originally had a derogatory meaning, were appropriated in the 1960s and 1970s by Mexican-American activists in the Brown Power movement as an assertion of pride. Chicanos trace their roots back to both Hispanic and Native American cultures. The term is a synonym of Mexican-American (**mexicoamericano**), but connotes a more political stance. Chicano pride expresses itself not only in the movement for political and social change, but also in a fundamental consciousness of many graphic artists, playwrights, poets, and novelists who call themselves Chicanos.

Vocabulario

apreciar *to appreciate*
la costumbre *custom*
la herencia cultural *cultural heritage*
la magia *magic, allure*
la infancia *childhood*
el orgullo *pride*
el recuerdo *memory*
soñar con *to dream about*
la vida cotidiana *everyday life*

Contexto cultural: Ask the class if they are familiar with any well-known Chicanos, such as actors Edward James Olmos and "Cheech Marin," comic troupe Culture Clash, writer Sandra Cisneros *(The House on Mango Street* and *Woman Hollering Creek)*, political activists César Chávez and Dolores Huerta, and boxer/singer Óscar de la Hoya.

PERFIL

Carmen Lomas Garza

Consuelo Alba Spyer

Carmen Lomas Garza ha obtenido algo que muy pocos artistas logran: la difusión de su obra más allá° de museos y galerías.

beyond

Sus imágenes han llegado a un público mucho más amplio a través de libros bilingües para niños, cheques bilingües, las populares películas *Mi familia* y *Selena* y hasta los pósters del censo del 2000.

Suggestion: Ask students to pay attention to the present tense verbs. They should work individually to find examples of regular verbs as well as irregular and stem-changing verbs.

El cuadro *Camas para sueños* se recrea° en la película *Selena* y sirve de hilo conductor° a la historia. En esa pintura, propiedad° del Museo Nacional de Arte Americano —parte del Instituto Smithsonian— la artista y su hermana están acostadas° en el techo° mirando las estrellas y soñando con su futuro, mientras su madre tiende una cama° dentro de la casa.

recreate
linking thread/ property
lying down/ the roof
makes a bed

El caso es que no se necesita ser un experto para apreciar el arte de Carmen Lomas Garza. Basta posar la mirada en uno de sus cuadros para que éstos nos hablen y nos cuenten sus historias.

Ésa es la magia de la artista chicana: abrir de par en par° las puertas de la memoria colectiva para permitir al observador adentrarse° en un espacio y un tiempo lleno de detalles y evocaciones, un lugar donde uno puede verse a sí mismo° —ya sea rompiendo una piñata en el patio, preparando tamales con la familia o soñando con el futuro en una noche estrellada.

completely
to immerse oneself
oneself

Su obra, que comprende tanto pinturas como bellas y originales piezas inspiradas en el tradicional papel picado, rinde homenaje° a la familia, las costumbres y las tradiciones de la comunidad mexicoamericana.

pays homage

Nacida en Kingsville, Texas, en 1948, la artista sufrió en carne propia° los efectos de la discriminación racial. Al igual que la mayoría de mexicoamericanos en generaciones pasadas, Lomas Garza fue víctima de castigos° físicos y emocionales por hablar español en la escuela, así como blanco de burlas° por pronunciar el inglés con acento.

lived through

punishments

jokes (butt of jokes)

A finales de los años sesenta y principios de los setenta, cuando estaba en la universidad, Lomas Garza se unió al Movimiento Chicano para luchar por los derechos civiles° de los mexicoamericanos.

civil rights

La artista empezó a pintar con coraje y orgullo, buscando la manera de curar las penas causadas por los atropellos°.

pushing and shoving

"Las obras que muestran las injusticias y la negación de los derechos civiles son muy importantes para el movimiento del arte chicano, pero vi que otros chicanos estaban haciendo eso y me di cuenta de que nadie estaba mostrando las imágenes de la vida cotidiana", comenta.

Esta observación la hizo tomar el camino de la afirmación, en lugar del de la resistencia. Sus pinturas, con un estilo deliberadamente ingenuo°, simple y directo, describen sus recuerdos de infancia y representan un tributo a su herencia cultural.

naïve, ingenuous

Expansion: Draw attention to the term **mexicoamericana** (cf. line 27) and explain how **mexicanoamericana** is an interchangeable variation. If applicable, ask heritage speakers how they refer to themselves. Do they use Chicano? Hispano? Latino? Why?

"Mis pinturas fueron una respuesta a lo que pensé que era la responsabilidad de una artista dentro del Movimiento Chicano", dice Lomas Garza.

"Mi contribución al Movimiento Chicano es este trabajo, basado en mis propias experiencias de niña en el sur de Texas".

Después de leer

① Ask students to work in pairs to think of two more true/false questions. Each student in the pair should ask his or her question to the rest of the class, who will decide if the answer is **cierto** or **falso**.

⑤ Students can also choose to take on the role of an artist that they like or admire and explain his or her work.

PERFIL

Carmen Lomas Garza

1 Comprensión Después de leer el texto, decide si las siguientes oraciones son **ciertas** o **falsas**. Corrige las frases falsas.

	Cierto	Falso
1. Las imágenes de Lomas Garza no han llegado a un público muy amplio. *Han llegado a un público muy amplio a través de libros y cheques bilingües, de películas y pósters del censo.*	☐	☑
2. En el cuadro *Camas para sueños*, la madre está soñando con su futuro. *La artista y su hermana están soñando con su futuro. / La madre tiende una cama.*	☐	☑
3. La obra de Lomas Garza refleja las costumbres y las tradiciones de la comunidad mexicoamericana.	☑	☐
4. Para curar sus penas, la artista empezó a pintar con coraje y orgullo.	☑	☐
5. Durante los años sesenta y setenta, muchos artistas chicanos mostraban las imágenes de la vida cotidiana. *Nadie mostraba esas imágenes y Lomas Garza decidió hacerlo.*	☐	☑
6. Sus pinturas tienen un estilo deliberadamente complicado y difícil. *Tienen un estilo deliberadamente ingenuo, simple y directo.*	☐	☑

2 Interpretar Contesta las siguientes preguntas con frases completas.

1. ¿Dónde se pueden apreciar algunas de las obras de Lomas Garza?
2. ¿Qué temas se tratan en su obra?
3. Explica brevemente la relación que existe entre la vida personal de la artista y su arte.
4. ¿Te gusta la pintura de Lomas Garza? Explica tu respuesta.

3 Analizar Mira el cuadro de la página 37 y relaciónalo con la siguiente frase: "Su obra… rinde homenaje a la familia, las costumbres y las tradiciones de la comunidad mexicoamericana". ¿Cómo "rinde homenaje" la artista a su comunidad en ese cuadro?

4 Comunicar Trabajen en parejas para preparar una entrevista a Carmen Lomas Garza. Uno/a de ustedes es la artista y el/la otro/a es el/la periodista. Usen el vocabulario que han aprendido en la lectura.

5 Escribir Imagina que eres un(a) artista. Escribe un pequeño párrafo en el que explicas de qué temas trata tu obra y por qué.

Atando cabos

El amor en el arte hispano

Trabajen en grupos pequeños para preparar una presentación sobre un(a) artista hispano/a cuya obra trate del amor o de las relaciones personales.

Elegir el tema

Pueden preparar su presentación sobre uno de los artistas que hemos visto en la **Lección 1** o sobre otro/a artista hispano/a que les interese más. Reúnanse y elijan (*choose*) el/la artista que quieren presentar a la clase y repartan las tareas (*divide up the tasks*) entre todos los miembros del grupo.

Preparar

Vayan a la biblioteca o investiguen en Internet. Busquen información sobre el/la artista elegido/a y tomen nota de lo que consideren interesante. No se olviden de recoger *(collect)* información audiovisual para mostrar a la clase.

Organizar

Organicen la información recogida en un esquema (*outline*). Tengan en cuenta que cada presentación durará unos diez minutos. No se olviden de citar las fuentes (*the sources*) utilizadas.

Estrategia de comunicación

Cómo presentar un tema

Estas frases les pueden ayudar a hacer una buena presentación.

1. Mi/Nuestra presentación trata de...
2. Voy/Vamos a hablar de...
3. En este poema vemos... / En esta foto vemos...
4. Para terminar, quiero/queremos decir que...

Presentar

Antes de su presentación, cada grupo entregará una copia de su esquema al profesor. Usen medios audiovisuales (música, fotografías, fotocopias, etc.) para mostrar las obras del/de la artista que eligieron.

Ayuda para Internet

Aquí tienen unas palabras clave para buscar información en Internet:
artistas hispanos / pintores amor / escritores amor / Pablo Neruda / Carmen Lomas Garza /

Suggestion: Ask students to bring in an example of a work of art about which they feel strongly. Whether they love it or hate it, have them share their picture by describing it to their classmates in small groups. Inform them that they can often find works reprinted on postcards purchased at a bookstore or on the Internet (there are numerous websites for such museums as the Prado and the Louvre).

Instructional Resource IRM (general teaching suggestion)

Cortometraje: *Momentos de estación* (Argentina; 7:15 minutos)
Synopsis: *Momentos de estación* proves that anything can happen at a train station. A commuter purchases his train ticket every day, never once telling the ticket window employee about his feelings for her. He suddenly takes advantage of the moment and tells her …causing a spiraling effect for those around them.

Momentos de estación

país Argentina
duración 7:15 minutos
director Gustavo Cabaña
protagonistas viajero, cajera

Vocabulario

averiguar *to find out*
la broma *joke*
el cortometraje/corto *short film*
meterse *to break in (to a conversation)*
el/la protagonista *main character*
suceder *to happen*

Antes de ver el corto

1 **Comentar** Con un(a) compañero/a, intercambia opiniones sobre *Momentos de estación.*

1. La palabra "estación" tiene varios significados. ¿Los recuerdas? ¿Cuáles son las estaciones que conoces?
2. ¿Qué te sugiere el título de este cortometraje?
3. Observa el segundo fotograma e inventa tres rasgos diferentes para la personalidad de cada personaje.
4. En esta filmación, vas a ver diferentes tipos de encuentros. ¿Qué relaciones imaginas que existen entre estos personajes?

Mientras ves el corto

2 **Ordenar** Con un(a) compañero/a, ordena la siguiente información según aparece en el corto.

__*2*__ a. Juan, ¿qué pasa?
__*1*__ b. ¿Cómo sabe mi nombre?
__*4*__ c. Es que… ni siquiera nos conocemos.
__*3*__ d. Perdón que me meta pero, ¿qué le hace pensar que es una broma?
__*7*__ e. Ahora no puedo. Estoy trabajando.
__*6*__ f. Bailar, abrazarte, besarte…
__*5*__ g. Todos van a la capital.
__*8*__ h. ¡Cuánto hace que no me dan un beso!

Después de ver el corto

3 **Escribir** En un párrafo de cuatro o cinco líneas resume la historia que acabas de ver, utilizando el imperfecto y el pretérito. Ten en cuenta:

- Dónde sucede la historia
- Cuándo o en qué momento tiene lugar la historia
- Quiénes son los personajes
- Qué es lo que sucede
- El final de la historia

4 **Interpretar** En grupos de tres, contesten las siguientes preguntas.

1. ¿Cuál es su intepretación del final de la historia?
2. ¿Cuál creen que es el tema del cortometraje?
3. ¿Creen que *Momentos de estación* puede relacionarse con la idea de *carpe diem (seize the day)*? ¿Conocen otras películas con esta idea?
4. ¿Creen que el corto defiende una mayor espontaneidad en nuestras relaciones cotidianas? ¿Piensan que es mejor ser reservado/a o atrevido/a?

5 **Imaginar** A continuación tienes el diálogo inicial entre el viajero y la cajera de *Momentos de estación*. Escribe otra versión de este diálogo, dándole un final diferente al que has visto.

VIAJERO Estoy enamorado de usted.
CAJERA ¿Cómo?
VIAJERO Que la amo…
CAJERA No puede ser.
VIAJERO Tenía que decírselo hoy. Es mi último viaje.
CAJERA Esto es una broma.
VIAJERO No, no, ninguna broma, Ana.
CAJERA ¿Cómo sabe mi nombre?
VIAJERO Lo averigüé; no fue difícil.
CAJERA Casi nunca me llaman por mi nombre…
VIAJERO Es un nombre hermoso.

6 **Actuar** Con un(a) compañero/a, representa una escena en un contexto diferente, en el que uno de ustedes tiene que declararse a un(a) desconocido/a y convencerle de que está locamente enamorado/a de él/ella. Represéntenlo después ante la clase.

Estados emocionales

agobiado/a	*overwhelmed*
ansioso/a	*anxious*
deprimido/a	*depressed*
disgustado/a	*upset*
enamorado/a (de)	*in love (with)*
nervioso/a	*nervous*
preocupado/a (por)	*worried (about)*
solo/a	*alone, lonely*
tranquilo/a	*calm*

Características de la personalidad

antipático/a	*mean, unpleasant*
autoritario/a	*authoritarian; stern*
cariñoso/a	*affectionate*
cuidadoso/a	*careful*
culto/a	*cultured*
falso/a	*insincere*
gracioso/a	*funny, pleasant*
huraño/a	*unsociable, shy*
inseguro/a	*insecure*
inteligente	*intelligent*
maduro/a	*mature*
mentiroso/a	*lying, mendacious*
orgulloso/a	*proud*
permisivo/a	*permissive, easy-going*
seguro/a	*sure, confident*
sensato/a	*sensible*
sensible	*sensitive*
simpático/a	*nice*
tacaño/a	*cheap, stingy*
talentoso/a	*talented*
tímido/a	*shy*
tradicional	*traditional*

Estructura 1.1	*Véase las páginas 12 a 15.*
Estructura 1.2	*Véase la página 19.*
Estructura 1.3	*Véase las páginas 22 y 23.*

Instructional Resource
Tests

Relaciones personales

el amor (no) correspondido	*(un)requited love*
el ánimo	*spirit*
apreciado/a	*appreciated*
el cariño	*affection*
la cita	*date*
la cita a ciegas	*blind date*
el compromiso	*commitment, responsibility*
la confianza	*trust; confidence*
el desánimo	*the state of being discouraged*
el divorcio	*divorce*
el marido	*husband*
la mujer	*woman, wife*
la pareja	*couple, partner*
soltero/a	*single*
el sentimiento	*feeling, emotion*
la simpatía	*congeniality*
la timidez	*shyness*

atraer	*to attract*
coquetear	*to flirt*
corresponder	*to return, to share (affection)*
enamorarse (de)	*to fall in love (with)*
enrojecer	*to turn red, to blush*
proponer matrimonio	*to propose (marriage)*
quedarse viudo/a	*to be widowed*
romper (con)	*to break up (with)*
salir (con)	*to go out (with)*
tener celos (de)	*to be jealous of*

dar el primer paso	*to take the first step*
estar orgulloso/a de	*to be proud of*
hacerle caso (a alguien)	*to pay attention (to someone)*
llevar... años de (casados)	*to be (married) for . . . years*
llevarse bien/mal/fatal	*to get along well/badly/terribly*
mantenerse en contacto	*to keep in touch*
pasarlo bien/mal	*to have a good/bad time*
pasarlo fatal	*to be miserable, to have a bad time*
ponerse pesado/a	*to become annoying*
tener vergüenza de	*to be ashamed of*
uña y carne	*inseparable*

Algunos verbos de opinión

contentarse con	*to be content with*
discutir	*to argue*
disimular	*to hide*
impresionar	*to impress*
parecer	*to seem*
preguntarse	*to wonder*
recordar	*to remember*
sentirse	*to feel*
soñar con	*to dream about*
soportar a alguien	*to put up with someone*

Algunos verbos que expresan afecto

adorar	*to adore*
apreciar	*appreciate*
cuidar	*to take care of*
educar	*to raise, to bring up*
entenderse	*to understand each other*
querer	*to love; to want*

Palabras adicionales

la mirada	*look, glance, gaze*
tener ganas de	*to want to, to have an urge to*
él/ella mismo/a	*himself, herself*
en todo lo posible	*as much as possible*

Expresiones útiles	*Véase la página 7.*
Vocabulario de "Poema 20"	*Véase la página 33.*
Vocabulario del perfil	*Véase la página 37.*
Vocabulario de *Momentos de estación*	*Véase la página 42.*

Las diversiones

2

Communicative Goals

You will expand your ability to...

- express actions in progress
- avoid redundancy
- describe your daily routine and activities
- express personal likes and dislikes

Las diversiones

Mejor en casa

Finalmente ella decidió no ir al **concierto**. La **entrada** era demasiado cara y su **asiento** estaba muy lejos del **escenario**. Prefiere poner un **disco compacto** y escuchar tranquilamente el **recital** de su **grupo musical** favorito.

Instructional Resources
WB, LM, CD-ROM, WB/LM/VM Answer Key

Suggestion: Ask students to choose the image with which they most identify and explain their choice to a partner. Have a few volunteers tell the class what they heard from their partner.

Comprehension Check: ¿Cierto o falso?
1. La mujer prefiere escuchar los conciertos en el teatro. (falso)
2. Jorge es una persona muy activa. (falso)
3. Roberto es una persona muy popular. (cierto) 4. Micaela tiene mucho interés en los deportes. (falso)

Desde la ventana

Jorge pasa horas enteras viendo el **maratón** desde su ventana. **Le entretiene** ver a los **atletas** corriendo hacia la **meta** uno tras otro. **A él no le gusta** mucho ir al **gimnasio** y hace años que no va al **club deportivo.** Desde su ventana **aprovecha** para practicar **atletismo** sentado en una silla.

Un chico popular

Roberto tiene muchos amigos. En el **bar** todos lo conocen. Nunca paga su **boleto** cuando va a la **discoteca.** Pero hoy está **haciendo cola,** por primera vez en su vida, para entrar al **zoológico** con su hermano pequeño. Van a **disfrutar** juntos de una tarde en el zoológico.

Prefiere el teatro

A Micaela le **aburre** la **Copa del Mundo.** Es lo único que pasan en las **cadenas de televisión.** A su alrededor todos **festejan** cuando su **equipo marca** un **gol.** Todos **gritan** y se quejan del **árbitro.** A ella le parece más **divertido** el **teatro.**

Expansion: Have students work in small groups to write brief definitions for one word in each of the four vocabulary lists. Ask each group to read the definitions and have the class guess the words.

Los deportes

el campeón/ la campeona	*champion*
el/la entrenador(a)	*trainer*
las Olimpiadas	*Olympics*
el torneo	*tournament*
la victoria	*victory*
aplaudir	*to applaud*
empatar	*to tie (games)*
vencer	*to defeat*

Los pasatiempos

la afición	*love, liking, hobby*
el ajedrez	*chess*
la apuesta	*bet*
el canal de televisión	*television channel*
el/la coleccionista	*collector*
el dominó	*dominoes*
la lotería	*lottery*
el ocio	*leisure*
apostar	*to bet*
coleccionar	*to collect*
ser aficionado/a	*to be a fan*

Actividades de recreo

el billar	*pool*
el/la cantante	*singer*
el conjunto (musical)	*(musical) ensemble*
el estreno	*premiere; debut*
la función	*(movie; theater) performance*
el paseo	*stroll*
el picnic	*picnic*
el repertorio	*repertoire*
bailar	*to dance*
brindar	*to toast*
dar un paseo	*to take a stroll/walk*
ir de copas	*to go have a drink*
reunirse	*to get together*
salir (a comer)	*to go out (to eat)*

Lugares de recreo

el boliche	*bowling*
el cine	*movie theater*
el circo	*circus*
el club (nocturno)	*(night) club*
el espectáculo	*show*
la feria	*fair*
el festival	*festival*
el parque de atracciones	*amusement park*
la sala de conciertos	*concert hall*
la taquilla	*box office*

Práctica

① Ask students to name other appropriate activities for the people listed. Ex: **A Susanita también le divierte jugar con sus amigas en el parque.**

1 **A divertirse** A distintas edades a casi todos nos gusta hacer ciertas cosas. ¿Qué crees que les divierte más a estas personas? Hay dos respuestas que no necesitas para completar la actividad.

_g_ 1. Susanita, 11 años	a. Dibujar en las paredes
_c_ 2. José, 70 años	b. Bailar en la discoteca
_e_ 3. Carlos, 45 años	c. Jugar al dominó en la plaza
_b_ 4. Maribel, 21 años	d. Perder las apuestas
_a_ 5. Magdalena, 2 años	e. Salir a comer con su familia
	f. Hacer cola
	g. Ir al parque de atracciones

② Have students compose Elena's responses to each of Miguel's suggestions.

2 **Me gustas** Miguel quiere invitar a Elena a salir. Como él es muy inseguro, supone que ella le dirá que no a todo lo que le proponga. Completa las preguntas de Miguel con las palabras de la lista. Hay dos palabras que no se necesitan para completar la actividad.

aplaudir	cine	entiendo	grupo musical	salir
boliche	coleccionista	función	sala de conciertos	zoológico

1. ¿Quieres ir a jugar al _boliche_?
2. ¿Prefieres ir al _cine_ a ver una película romántica? Hay una _función_ a las 7, otra a las 9 y otra a las 11…
3. ¿Te gustaría ir a la _sala de conciertos_ ? Hoy toca mi _grupo musical_ favorito.
4. ¿O prefieres ir al _zoológico_ a ver cómo dan de comer a los leones?
5. Elena, ¿tú quieres _salir_ conmigo? ¿No? Ya _entiendo_.

③ Have students work in groups of four to develop a list of the five best local attractions. One representative from each group might then write the list on the board.

3 **Lo mejor** En un periódico local ha aparecido una lista con las mejores diversiones de la ciudad. Complétala con las siguientes palabras. Hay dos palabras que no se necesitan para completar la actividad.

apuesta	espectáculo	grupo musical	picnic
billar	gimnasio	parque de atracciones	sala de conciertos

Músculos: Mejor _gimnasio_
Grease on Ice: Mejor _espectáculo_ sobre hielo
Los mariachis de Jalisco: Mejor _grupo musical_ en vivo
Parque Central: Mejor parque para ir de _picnic_
La Gran Montaña Rusa *(roller coaster)*: Mejor _parque de atracciones_
Teatro San Martín: Mejor _sala de conciertos_

Comunicación

4 **Diversiones** Trabajen en parejas.

A. Primero, sin consultar con tu compañero/a, señala las actividades que crees que le gustan.

- ☐ Jugar al ajedrez
- ☐ Practicar deportes en un club
- ☐ Ir al estreno de una película
- ☐ Ver el canal musical en televisión
- ☐ Escuchar música rock
- ☐ Ir de copas
- ☐ Jugar a la lotería
- ☐ Bailar en una discoteca
- ☐ Coleccionar cosas
- ☐ Salir a cenar con los amigos

B. Ahora habla con tu compañero/a para confirmar tus predicciones. Sigue el modelo.

MODELO

—Creo que te gusta jugar al ajedrez.
—Es verdad, juego siempre que puedo. /—Te equivocas, me aburre. ¿Y a ti?

5 **La ciudad ideal** Imagina que puedes vivir en cualquier ciudad: ¿qué cosas te gustaría que tuviera?

A. Primero, indica con una puntuación *(score)* del uno al ocho qué consideras importante y qué no.

_____ Bar _____ Circo _____ Club nocturno _____ Discoteca
_____ Gimnasio _____ Museo _____ Sala de conciertos _____ Zoológico

B. En grupos de cuatro, sumen las puntuaciones. ¿Cuál es el resultado? ¿Por qué creen que se dio ese resultado?

C. Ahora comparen su resultado con el de otros grupos de la clase. ¿Coinciden?

6 **Un día libre** Tienes un día libre y te gustaría aprovecharlo hasta el último minuto.

A. A partir de la información de los recortes *(clippings)* de prensa, planea qué cosas quieres hacer por la mañana, por la tarde y por la noche.

Televisión
8:00 El entrenador Leonardo Picos cuenta sus secretos
11:00 Noticias por la mañana
15:00 Copa del Mundo: Francia-Brasil
18:00 Recital de Maná. En vivo desde Lima.

Circo de los Hermanos Trapecio
Todos los días, 2 espectaculares funciones (2 y 5 p.m.)

Parque de la Ciudad: abierto de 8 a.m. a 8 p.m.

Cine
7 y 9 p.m. El regreso de los zombis
2 y 11 p.m. "Todo sobre mi madre"

Teatro
¡Últimas funciones!
7 p.m. Romeo y Julieta

Club nocturno El Tropezón
Hoy, desde las 9... ¡Salsa en vivo!

Bar La casa latina:
Los mejores tragos de la ciudad.
Abierto hasta las 2.

Gimnasio "En forma"
Abierto de 9 a 23

B. Con otros/as dos compañeros/as, decidan qué actividades podrían hacer juntos.

C. Una vez que hayan planeado su día, cuéntenle al resto de la clase lo que piensan hacer. ¿Va a encontrarse su grupo con algún otro?

NATIONAL communication STANDARDS

④ Ask students at random about their partner's favorite activities.

⑤ Having students work with the same group, ask them to think of three cities that might fulfill the requirements set forth by the class in step A. Compare the answers.

2 FOTONOVELA

Los empleados de *Facetas* hablan de las diversiones. Johnny trata de ayudar a Éric. Mariela habla de sus planes.

JOHNNY ¿Y a ti? ¿Qué te pasa?

ÉRIC Estoy deprimido.

JOHNNY Anímate, es fin de semana.

ÉRIC A veces me siento solo e inútil.

JOHNNY ¿Solo? No, hombre, yo estoy aquí; pero inútil…

ÉRIC No tienes idea de lo que es vivir solo.

JOHNNY No, pero me lo estoy imaginando. El problema de vivir solo es que siempre te toca lavar los platos.

ÉRIC Las chicas piensan que soy aburrido.

JOHNNY No seas pesimista.

ÉRIC Soy un optimista con experiencia. Lo he intentado todo: el cine, la discoteca, el teatro… Nada funciona.

JOHNNY Tienes que contarles chistes. Si las haces reír, ¡boom! Se enamoran.

ÉRIC ¿De veras?

JOHNNY Seguro.

Mariela viene a hablar con ellos.

FABIOLA ¿Conseguiste qué?

MARIELA Los últimos boletos para el concierto de rock de esta noche.

FABIOLA ¿Cómo se llama el grupo?

MARIELA Distorsión.

Luego, en el escritorio de Diana…

ÉRIC Diana, ¿te puedo contar un chiste?

DIANA Estoy algo ocupada.

ÉRIC Es que se lo tengo que contar a una mujer.

DIANA Hay dos mujeres más en la oficina.

ÉRIC Temo que se rían cuando se lo cuente.

DIANA ¡Es un chiste!

ÉRIC Temo que se rían de mí y no del chiste.

DIANA ¿Qué te hace pensar que yo me voy a reír del chiste y no de ti?

ÉRIC No sé. Tú eres una persona seria.

DIANA ¿Y por qué se lo tienes que contar a una mujer?

ÉRIC Es un truco para conquistarlas.

Diana se ríe muchísimo.

NATIONAL communication STANDARDS

Instructional Resources
VM, Video, CD-ROM, IRM, WB/LM/VM Answer Key

Video Synopsis:
- Johnny cheers Éric up by suggesting humor to attract women.
- Mariela is thrilled because she obtained tickets to a rock concert.
- Diana laughs out loud when Éric explains that his joke is meant to attract women.
- Mariela intends to remove the guitarist's shirt at the rock concert.
- Mariela rips open Éric's shirt and scatters buttons all over the floor.
- See IRM for more details.

Preview: Have students predict what will happen based on the video stills.

Personajes

AGUAYO ÉRIC JOHNNY FABIOLA MARIELA DIANA

JOHNNY ¿Te sabes el chiste de la fiesta de puntos? Es un clásico...

Todos están divirtiéndose y pasándola bien. Y entonces entra un asterisco... y todos lo miran asombrados. Y el asterisco les dice: —¿Qué? ¿Nunca han visto un punto despeinado?

Más tarde, Fabiola y Aguayo hablan de Mariela en secreto.

FABIOLA Te lo dije.

AGUAYO ¿Me dijiste qué?

FABIOLA Que no parecía muy normal.

Más tarde...

MARIELA Deséenme suerte.

AGUAYO ¿Suerte? ¿En qué?

MARIELA Esta noche le voy a quitar la camisa al guitarrista de Distorsión.

ÉRIC Si crees que es tan fácil quitarle la camisa a un tipo, ¿por qué no practicas conmigo?

Mariela intenta quitarle la camisa a Éric.

Al final del día, en la cocina...

AGUAYO ¿Alguien quiere café?

JOHNNY ¿Lo hiciste tú o sólo lo estás sirviendo?

AGUAYO Sólo lo estoy sirviendo.

JOHNNY Yo quiero una taza.

ÉRIC Yo quiero una taza.

Expresiones útiles

Talking about whose turn it is

Siempre te toca lavar los platos.
It's always your turn to wash the dishes.

A Johnny le toca hacer el café.
It's Johnny's turn to make coffee.

¿A quién le toca pagar la cuenta?
Whose turn is it to pay the bill?

¿Todavía no me toca?
Is it my turn yet?

Encouraging other people

¡Anímate! *Cheer up! (sing.)*

¡Anímense! *Cheer up! (pl.)*

No seas pesimista.
Don't be pessimistic. (sing.)

No sean pesimistas.
Don't be pessimistic. (pl.)

Wishing someone well

¡Buen fin de semana!
Have a nice weekend!

¡Pásalo bien!
Have a good time! (sing.)

¡Pásenlo bien!
Have a good time! (pl.)

¡Que te diviertas!
Have fun! (sing.)

¡Que se diviertan!
Have fun! (pl.)

Additional vocabulary

chiste *joke* **contar** *to tell*
inútil *useless*

Apuntes culturales La comercialización y el éxito internacional de la salsa, el merengue, el bolero y el tango han hecho que se asocie la música latinoamericana con estos ritmos, pero la música de Latinoamérica es mucho más variada. Además de la música de raíces folklóricas, existe un gran mercado para el pop, el rock, el jazz y la fusión. Algunos grupos famosos que cultivan estos estilos musicales en español son Aterciopelados (Colombia), Soda Stereo (Argentina) y Los Amigos Invisibles (Venezuela). *¿Conoces a algún otro cantante o grupo musical que cante en español?*

Suggestion: Play the entire video and have the class create a plot summary, or have students jot down notes as they watch the video and then create summaries in groups.

Comprensión

① Divide the class into ten pairs or groups and assign one video frame to each group. Groups should write a continuation of the story.

① ¿Cierto o falso? Decide si las siguientes frases son **ciertas** o **falsas**. Corrige las falsas.

Cierto	Falso	
☑	☐	1. Éric está deprimido.
☐	☑	2. Para Johnny el fin de semana es un clásico. *Johnny dijo que el chiste es un clásico.*
☑	☐	3. Éric opina que él es optimista.
☐	☑	4. Diana se ríe del chiste de Éric. *Éric no logra contarle el chiste.*
☑	☐	5. Mariela quiere quitarle la camisa al guitarrista de Distorsión.
☐	☑	6. Mariela quiere quitarle la camisa a Éric. *Él quiere que le quite la camisa.*
☐	☑	7. Aguayo preparó el café. *Sólo lo sirve, no lo preparó él.*
☑	☐	8. Johnny quiere beber café porque no lo preparó Aguayo.

② Model the activity by doing the first sentence as a group. Ask volunteers to explain why choices **a** and **b** are incorrect.

② Seleccionar Selecciona la respuesta que explica de qué hablan Johnny y Éric.

1. ¿Qué te pasa? → ¿Qué te pasa ___*c*___?
   a. a Johnny b. al fin de semana c. a ti
2. Tienes que contarles chistes. → Les tienes que contar chistes ___*b*___.
   a. a los amigos b. a todas las chicas c. a Mariela y Diana
3. Tengo que contárselo a una mujer. → Tengo que contarle a una mujer ___*a*___.
   a. un chiste b. un concierto de rock c. un cuento
4. Temo que se rían cuando se lo cuente. → Temo que ___*b*___ se rían cuando se lo cuente.
   a. Mariela y Aguayo b. las mujeres c. Diana, Fabiola y Mariela
5. No, pero me lo estoy imaginando. → No, pero me estoy imaginando ___*b*___.
   a. el fin de semana b. lo que es vivir solo c. lavar los platos

③ Make open-ended statements about topics covered in the **Fotonovela** and have students finish each one on a piece of paper. Then divide them into gender-specific small groups to generate a new list based on group consensus. Compare the answers. Ex: **Si un hombre hace reír a una chica…**

③ Buscar Busca en la **Fotonovela** las frases que expresan lo opuesto a estas oraciones e indica con cuáles estás de acuerdo. Compara tus respuestas con las de un(a) compañero/a.

1. Si haces reír a las chicas, ellas creen que no eres serio.
   Si las haces reír, ¡boom! Se enamoran.
2. Las chicas piensan que soy divertido.
   Las chicas piensan que soy aburrido.
3. El problema de vivir solo es que nunca te toca lavar los platos.
   El problema de vivir solo es que siempre te toca lavar los platos.
4. Tú sí que sabes lo que es vivir solo.
   No tienes idea de lo que es vivir solo.
5. No tengo nada que hacer.
   Estoy algo ocupada.
6. Soy un pesimista con experiencia.
   Soy un optimista con experiencia.

Ampliación

4 **Consejos** Un amigo le da consejos a Éric para salir con una chica, pero él no acepta ninguno. Lee los consejos y emparéjalos *(match them)* con las respuestas de Éric.

Consejos del amigo

1. ¡Anímate! Tienes que ir con ella a conciertos de rock.
2. Pregúntale si quiere mirar el maratón.
3. Llévala al cine.
4. Invítala al parque de atracciones.
5. Puedes invitarla a bailar.
6. ¿Y si van juntos a un restaurante muy elegante?

Respuestas de Éric

3	a. Siempre me quedo dormido viendo películas.
5	b. No conozco ninguna discoteca.
6	c. Ay, no tengo tanto dinero.
2	d. No me gustan los deportes.
1	e. Va a mirar al guitarrista y no a mí.
4	f. Las alturas *(heights)* me dan miedo.

(4) Ask students to make up different excuses for Éric.

5 **Recomendaciones** En parejas preparen cinco recomendaciones más para Éric y dramaticen la situación: uno/a de ustedes es Éric y el/la otro/a es su amigo/a. Luego intercambien los papeles.

(5) Ask volunteers to perform their role play for the class.

6 **Diálogo** Un estudiante dice que es muy bueno vivir solo, pero otro no está de acuerdo. En parejas, dramaticen el diálogo. Utilicen las palabras y frases de la lista.

MODELO

—Si vives solo, puedes escuchar la música que quieres.
—Lo malo es que, cuando vives solo, tienes menos discos.
—Sí, pero…

comer todo lo que quieres	escuchar música toda la noche
organizar tus horarios	manejar tu propio dinero
lavar los platos	elegir el programa de televisión
pagar todos los impuestos *(taxes)*	cocinar siempre
invitar a amigos	sentirte solo/a
salir y regresar a cualquier hora	cuidarte cuando estás enfermo/a

(6) Write **Vivir solo/a** on the board with two columns titled **Ventajas** and **Desventajas**. Ask students to complete the lists using items not covered in the **Fotonovela**.

7 **Opinar** Trabajen en grupos. Lean las siguientes afirmaciones. Opinen si están de acuerdo o no, y por qué. Si es posible, den ejemplos de personas que conozcan o de algo que les pasó a ustedes.

Las personas tímidas adoran el teatro.
Los tacaños *(cheapskates)* no se divierten.
Los hombres inteligentes no tienen citas a ciegas.
Las chicas antipáticas no practican deportes.
A los adultos no les gustan los parques de atracciones.
Para conquistar una chica es bueno ser gracioso.
Si estás enamorado, te vuelves irresponsable.

(7) Ask the groups to finish each statement in a different way. Ex. **Las personas tímidas no cuentan chistes.**

Instructional Resource IRM (general teaching suggestion)

El nuevo rock latino

Mariela, la joven diseñadora de *Facetas*, tiene boletos para un concierto de su grupo favorito, *Distorsión*. Este grupo musical no existe, pero aquí te presentamos algunos de los más destacados representantes del nuevo rock latino.

En los últimos años, la música latina se ha convertido en un verdadero fenómeno de masas. Son muchos los artistas hispanos que han conseguido un extraordinario éxito en el mercado internacional: Shakira, Alejandra Guzmán, Enrique Iglesias, Ricky Martin y el grupo La Ley, entre otros.

¿Por qué la música latina le gusta tanto al público norteamericano? Lo que está claro es que lo latino está de moda. ¿Quieres saber algo más sobre algunos de estos artistas?

El célebre guitarrista mexicano Carlos Santana triunfó en el festival de Woodstock de 1969 con su estilo original, una fusión entre el rock y los ritmos afrocubanos. Ha obtenido numerosos premios y, en 1998, recibió su estrella en el Camino de la Fama en Hollywood. Su álbum *Supernatural* recibió ocho premios Grammy.

Carlos Santana

el éxito	*success*
el premio	*award*
saltar	*to jump*
grabar	*to record*
el oro	*gold*
desanimarse	*to become discouraged*

Shakira

La joven colombiana Shakira saltó a la fama mundial con el disco *Pies descalzos*. A los 14 años grabó su primer álbum. En 1998 recibió el premio a la mejor artista latina. Su inconfundible voz, su estilo fresco y su vitalidad la han convertido en una estrella internacional.

El grupo mexicano Maná está considerado como la mejor banda de rock latino. El álbum *Falta Amor* recibió diez discos de oro, cinco de platino, dos de doble platino y uno de triple platino. Preocupado por los problemas del planeta, el grupo fundó la organización ecológica *Selva Negra*.

Maná

¿Quién da el primer paso?

¿Amigos o novios?

En este episodio de *Facetas*, Johnny le enseña a Éric cómo conseguir una cita. Aquí tienes algunos consejos para saber cómo comportarte en una situación romántica.

Imagina que estás en un país hispano. Acabas de conocer a una persona interesante y quieres salir con ella. ¿Cómo vas a pedirle una cita? ¿Quién tiene que dar el primer paso? Aquí tienes unos simples consejos.

1. En Hispanoamérica ya no hay reglas fijas para salir con alguien. No se puede dar una regla común, pues, la personalidad y la situación de cada uno determinarán en parte su conducta en una cita. Pero, en general, te podemos aconsejar lo siguiente:
2. Ten en cuenta que el hombre ya no toma siempre la iniciativa. Si eres un hombre, puedes invitar a la muchacha al cine o a cenar a un restaurante, dependiendo de tu situación económica.
3. ¿Bailas bien? Practica, pues es muy común salir a bailar como parte del ritual de conquista.
4. No seas impaciente porque crear una relación afectiva estable requiere su tiempo.
5. Averigua lo que le gusta hacer a esa persona para organizar algo divertido en la próxima cita. Pregúntale: "Oye, ¿qué vas a hacer el sábado? Podríamos ir juntos a ver una película y luego a cenar. ¿Qué te parece?" Así de fácil.
6. Intenta ser natural y espontáneo/a, no trates de ser otra persona. Sé tú mismo/a. La sinceridad siempre impresiona.
7. No te desanimes si la cosa no funciona, otra vez será. Siempre hay ocasiones para conocer nuevas personas y encontrar a tu "media naranja".

Coméntalo

Reúnete con varios compañeros/as de clase y conversa sobre los siguientes temas.

1. ¿Creen que hay alguna diferencia en la forma de conquistar en diferentes culturas? Si creen que sí, ¿en qué consisten?
2. ¿Creen que el hombre debe tomar la iniciativa? ¿Por qué?
3. Últimamente hay muchos músicos y cantantes latinos que están en el mercado norteamericano, ¿pueden nombrar algunos? ¿Les gusta su música?
4. ¿Por qué crees que cada vez se oye más música en español?

2.1 Progressive forms

NATIONAL comparisons STANDARDS

Instructional Resources
WB, LM, CD-ROM
WB/LM/VM Answer Key

The present progressive

¿Te acuerdas? The present progressive narrates an action in progress. It is formed with the present tense of **estar** and the present participle (**el gerundio**) of the main verb.

Éric **está sacando** una foto.
Éric is taking a photo.

Aguayo **está bebiendo** café.
Aguayo is drinking coffee.

Fabiola **está escribiendo** el artículo.
Fabiola is writing the article.

¿Lo hiciste tú?

Sólo lo estoy sirviendo.

Suggestion: Remind students that the present participle in English is [*verb*]+**-ing**.

▶ The present participle of regular **–ar, –er,** and **–ir** verbs is formed as follows:

INFINITIVE	STEM	ENDING	PRESENT PARTICIPLE
bailar	**bail–**	–ando	**bailando**
comer	**com–**	–iendo	**comiendo**
aplaudir	**aplaud–**	–iendo	**aplaudiendo**

▶ Stem-changing verbs that end in **–ir** also change their stem vowel when they form the present participle.

***–ir* stem-changing verbs**

Infinitive	Present Participle
decir	**diciendo**
dormir	**durmiendo**
mentir	**mintiendo**
morir	**muriendo**
pedir	**pidiendo**
sentir	**sintiendo**
sugerir	**sugiriendo**

▶ **Ir, poder, reír, ser,** and **sonreír** have irregular present participles (**yendo, pudiendo, riendo, siendo, sonriendo**). **Ir** and **poder** are seldom used in the present progressive.

Marisa está **sonriendo** todo el rato.
Marisa is smiling all the time.

Maribel está **siendo** muy divertida.
Maribel is being a lot of fun.

Present participles with *-yendo* ending

Infinitive	Stem	Ending	Present Participle
construir	**constru–**	–yendo	**constru**yendo
leer	**le–**	–yendo	**le**yendo
oír	**o–**	–yendo	**o**yendo
traer	**tra–**	–yendo	**tra**yendo

▶ When the stem of an **–er** or **–ir** verb ends in a vowel, the **–i–** of the present participle ending changes to **–y–**, and the participle ending is **–yendo**.

▶ The present progressive with **estar** is used less than its equivalent in English. In Spanish, it emphasizes that an action is *in progress.*

ACTION OVER A PERIOD OF TIME	ACTION IN PROGRESS
Lourdes estudia economía. *Lourdes is studying economics.*	Ahora mismo, Lourdes **está haciendo** cola en el teatro. *Right now, Lourdes is waiting in line at the theater.*

¡ATENCIÓN!

Other tenses may have progressive forms as well. These tenses emphasize that an action was/will be in progress.

PAST (pp. 96-97)
Estuve buscándola toda la tarde.
I was looking for her all afternoon.

FUTURE (pp. 228-229)
Muy pronto estaré terminando el proyecto.
I'll be finishing the project very soon.

Other verbs with the present participle

¿Te acuerdas? Spanish expresses various shades of progressive action by using verbs such as **seguir, ir, venir,** and **andar** with the present participle.

Suggestion: Ask students to identify the two verbs with first-person changes, the irregular verb, and the regular verb of the four listed.

▶ **Seguir** with the present participle expresses the idea of *to keep doing something.*

Emilio **sigue hablando** de sus vacaciones.
Emilio keeps talking about his vacation.

Mercedes **sigue comprando** discos de Shakira.
Mercedes keeps buying Shakira's albums.

▶ **Ir** with the present participle indicates a gradual or repeated process. It often conveys the English idea of *more and more.*

Cada día que pasa **voy disfrutando** más de esta clase.
I'm enjoying this class more and more every day.

Ana y Juan **van acostumbrándose** al horario.
Ana and Juan are getting more and more used to the schedule.

▶ **Venir** with present participle indicates a gradual action that accumulates or increases over time.

Hace años que **viene diciendo** cuánto le gusta el béisbol.
He's been saying how much he likes baseball for years.

Vengo insistiendo en lo mismo desde el principio.
I have been insisting on the same thing from the beginning.

▶ **Andar** with the participle conveys the idea of *going around doing something* or of *always doing something.*

José siempre **anda quejándose** de eso.
José is always complaining about that.

Román **anda buscando** un asiento.
Román wanders around looking for a seat.

Práctica

① Model the activity by having a volunteer complete the first sentence.

① Una conversación telefónica Daniel es nuevo en la ciudad y no sabe cómo llegar al estadio de fútbol. Decide llamar a su ex novia Alicia para que le explique cómo encontrarlo. Completa el diálogo con la forma del gerundio *(present participle)* correspondiente al verbo entre paréntesis.

ALICIA ¿Aló?

DANIEL Hola Alicia, soy Daniel; estoy buscando el estadio de fútbol y necesito que me ayudes… Llevo *caminando* (caminar) más de media hora por el centro y sigo perdido.

ALICIA ¿Dónde estás?

DANIEL No estoy muy seguro, no encuentro el nombre de la calle. Pero estoy *viendo* (ver) un centro comercial a mi izquierda y más allá parece que están *construyendo* (construir) un estadio de fútbol. *Hablando* (hablar) de fútbol, ¿dónde tengo mis tickets? ¡He perdido mis entradas!

ALICIA Madre mía, ¡sigues *siendo* (ser) un desastre…! Algún día te va a pasar algo serio.

DANIEL Siempre andas *pensando* (pensar) lo peor.

ALICIA Y tú siempre estás *olvidándote* (olvidarse) de todo.

DANIEL Ya estamos *discutiendo* (discutir) otra vez.

② Use the present progressive to ask open-ended questions about the pictures. Ex: **¿Cón quién se está casando el Sr. Soto?**

② Organizar un festival El señor Ramírez es un director de espectáculos muy despistado *(absent-minded)*. Ahora quiere organizar un festival, y todos los artistas que quiere contratar están ocupados. Su secretario le está contando lo que hacen en esos momentos. En parejas, dramaticen la situación: el Sr. Ramírez hace preguntas y el secretario responde. En las preguntas y en las respuestas, utilicen formas de gerundio *(present participle)*.

MODELO

Elga Navarro / descansar
—¿Qué está haciendo Elga Navarro?
—Elga Navarro está descansando en una clínica.

1. Juliana Paredes / bailar

4. Héctor Rojas / jugar a las cartas

2. Emilio Soto / casarse
3. Aurora Gris / recoger un premio

Comunicación

3 **Una cita** Trabajen en parejas para concertar *(agree on)* una cita. Aquí tienen sus agendas. Representen una conversación en la que intentan buscar una hora del día en la que pueden verse. Sigan el modelo.

MODELO

ALEXA ¿Nos vemos a las diez de la mañana para desayunar?
GUILLE No puedo, voy a estar durmiendo. ¿Qué te parece a las 12?
ALEXA Es imposible porque …

GUILLE

DOMINGO
10:00 dormir
11:00 dormir
12:00
13:00 almuerzo con Rosa
14:00
15:00 llamar por teléfono a Aurora
16:00
17:00
18:00
19:00 ver película con Ana
20:00
21:00 cenar con Marta
22:00

ALEXA

DOMINGO
10:00
11:00 gimnasio
12:00 biblioteca
13:00
14:00 comer con mamá
15:00
16:00 dormir siesta
17:00
18:00
19:00 hacer un crucigrama
20:00
21:00 ver noticiero
22:00

4 **Excusas** En parejas, tienen que representar una conversación telefónica. Uno/a de ustedes llama al/a la otro/a para invitarlo/a a salir. El plan es muy aburrido, así que tienen que inventarse excusas para no ir.

③ Pair up the students. Each pair will choose a famous person and write a description of his/her plans for the near future. The rest of the class will guess the identity of the person. The pair with the best description wins.

④ Initiate a class discussion about the strangest or funniest excuses the students have ever given or heard. Begin by giving an example of your own.

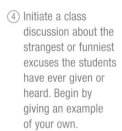

2.2 Object pronouns

Instructional Resources
WB, LM, CD-ROM
WB/LM/VM Answer Key

Suggestion: Briefly review the differences between a direct object and an indirect object.

¿Te acuerdas? Pronouns are words that take the place of nouns. They may be indirect objects or direct objects.

INDIRECT OBJECT

Carla siempre **me** da boletos para el circo.
Carla always gives me tickets to the circus.

DIRECT OBJECT

Ella **los** consigue gratis.
She gets them for free.

Object pronouns

Indirect Object		Direct Object
	SINGULAR	
me		me
te		te
le		lo/la
	PLURAL	
nos		nos
os		os
les		los/las

Position of object pronouns

- In affirmative sentences, object pronouns appear before the conjugated verb. In negative sentences, the pronoun is placed between **no** and the verb.

INDIRECT OBJECT

Pablo no **nos** llama por teléfono.

No **nos** quiere llevar al concierto.

DIRECT OBJECT

Siempre **los** veo en los partidos de fútbol.

Nunca **los** saludo.

- When the verb is an infinitive construction, object pronouns may either be attached to the infinitive or placed before the conjugated verb.

INDIRECT OBJECT

Debes pedir**le** el dinero de la apuesta.

Le debes pedir el dinero de la apuesta.

DIRECT OBJECT

Voy a hacer**lo** enseguida.

Lo voy a hacer enseguida.

- When the verb is progressive, object pronouns may either be attached to the present participle or placed before the conjugated verb.

INDIRECT OBJECT

Está dándo**les** los discos.

Les está dando los discos.

DIRECT OBJECT

Está buscándo**las** por el parque.

Las está buscando por el parque.

Double object pronouns

▶ When both indirect and direct object pronouns are used in a sentence, the indirect object pronoun precedes the direct object pronoun.

Me mandaron **los boletos** por correo urgente.	▶	**Me los** mandaron por correo urgente.
Te exijo **una respuesta** ahora.		**Te la** exijo ahora.

▶ **Le** and **les** change to **se** when they are used with **lo, los, la,** or **las.**

Le da **los libros.**	▶	**Se los** da.
Le enseña **las invitaciones** a Elena.		**Se las** enseña.

Prepositional pronouns

Prepositional pronouns	
mí *me, myself*	**nosotros/as** *us, ourselves*
ti *you, yourself*	**vosotros/as** *you, yourselves*
Ud. *you, yourself*	**Uds.** *you, yourselves*
él *him, it*	**ellos** *them*
ella *her, it*	**ellas** *them*
sí *himself, herself, itself*	**sí** *themselves*

▶ Except for **mí, ti,** and **sí** these pronouns are the same as the subject pronouns.

—Me encanta ir de compras.

—A **mí** también, pero no tengo dinero.

—¡A **mí** no me queda un centavo!

—A **nosotros** nos queda dinero.

▶ When a third person subject refers to himself, herself, or itself, the pronoun **sí** is used. In this case, the adjective **mismo/a** is usually added to clarify the object.

José se lo regala a **él.**
José gave it to him (someone else).

José se lo regala a **sí mismo.**
José gave it to himself.

▶ When **mí**, **ti**, and **sí** are used with **con**, they become **conmigo**, **contigo**, and **consigo**.

¿Quieres ir **conmigo** al museo?
Do you want to go to the museum with me?

Laura siempre lleva su computadora portátil **consigo.**
Laura always brings her laptop with her.

¡ATENCIÓN!

When object pronouns are attached to infinitives, participles, or commands, a written accent is often required to maintain proper word stress.

INFINITIVE
cantármela

PRESENT PARTICIPLE
escribiéndole

COMMAND
acompáñeme

For more information on commands, see pages 188-189.

Práctica

① Model the exercise by going around the room and commenting on different students as in the exercise. Ex: **Siempre veo a Joe en el café estudiantil. Lo veo a él y a su novia.**

① **Dos buenas amigas**

Dos amigas, Rosa y Marina, están en un bar hablando de unos conocidos. Selecciona las personas de la lista que corresponden con el pronombre que está subrayado *(underlined)*.

- a Antoñito
- a Antoñito y Maite
- a Maite
- a mí
- a nosotras
- a ti
- a ustedes

ROSA Siempre <u>lo</u>(1) veo bailando en la discoteca Club 49. — 1. *a Antoñito*

MARINA ¿<u>Te</u>(2) saluda? — 2. *a ti*

ROSA Nunca. Yo creo que no <u>me</u>(3) saluda porque tiene miedo de que se lo diga a su novia. — 3. *a mí*

MARINA ¿Su novia? Hace siglos que no sé nada de ella. Un día de éstos <u>la</u>(4) tengo que llamar. — 4. *a Maite*

ROSA ¿Quieres que <u>los</u>(5) invitemos a ir con nosotras a la fiesta del viernes? — 5. *a Antoñito y Maite*

MARINA Sí. Es una buena idea. A ver qué <u>nos</u>(6) dice Antoñito de su afición a las discotecas. — 6. *a nosotras*

② Pair up the students. Have them write a list of five suggestions they would make about you to future students. Then ask different students to read their suggestions aloud.

② **Una fiesta muy ruidosa** Martín y Luisa han organizado una fiesta muy ruidosa *(noisy)* en su casa y un vecino ha llamado a la policía. El policía les aconseja lo que deben hacer y lo que no, para no tener más problemas. Reescribe los consejos cambiando las palabras subrayadas por los pronombres de complemento directo e indirecto adecuados.

1. Traten amablemente <u>a la policía</u>. *Trátenla amablemente.*
2. Me tienen que enseñar <u>las cédulas de identidad</u>. *Me las tienen que enseñar.*
3. Tienen que pedirle <u>perdón a sus vecinos</u>. *Tienen que pedírselo.*
4. No pueden contratar a un <u>grupo musical</u> sin permiso. *No pueden contratarlo sin permiso.*
5. Tienen que poner <u>la música</u> muy baja. *Tienen que ponerla muy baja.*
6. No pueden organizar <u>fiestas</u> nunca más. *No pueden organizarlas nunca más.*

③ Have the students rewrite the dialogue as a narrative.

③ **Una pareja menos** Completa las frases con una de las siguientes expresiones: **conmigo, contigo, consigo**.

ANTOÑITO Ya estamos otra vez. *Contigo* siempre tengo problemas.

MAITE ¿Qué te crees tú? ¿Que yo siempre me divierto *contigo*?

ANTOÑITO Tú eres la que siempre quiere ir *conmigo* a la discoteca.

MAITE Eso no es verdad. A mí no me gusta salir *contigo*. Ni loca.

ANTOÑITO No te preocupes. Muchas chicas quieren estar *conmigo*. Siempre veo a Rosa en el Club 49. A ella seguro que le gusta.

MAITE ¿A Rosa? A ella no le gusta ni estar *consigo* misma. Es una falsa.

Comunicación

4 **Perspectivas** Quino es un conocidísimo dibujante argentino. En esta historieta nos cuenta algo que les ocurre a un abuelo y a su nieto. En las oraciones aparecen pronombres directos e indirectos. Escribe otra vez esas frases reemplazando estos pronombres por el nombre al que sustituyen. Luego, en parejas, expliquen lo que ocurre en las imágenes. Utilicen pronombres directos e indirectos.

**galloped with tireless spirit through each and every corner of this land…*

5 **Los Simpson** Es fin de semana y la familia Simpson, compuesta por Homero, Marge, Bart, Lisa y Maggie Simpson, está pasando el día en un zoológico. Trabajen en grupos para representar una conversación entre los miembros de la familia. Utilicen la mayor cantidad posible de pronombres.

4 To provide a visual aid, have students underline the object pronouns and draw a line from the pronoun to the person or object it refers to.

5 Make sure each student writes down the conversation. Then circulate the papers from group to group, having the students read each other's conversations.

2.3 Reflexive verbs

Instructional Resources
WB, LM, CD-ROM
WB/LM/VM Answer Key

Suggestion: Remind students that reflexive verbs are much less common in English. Give some examples.

¿Te acuerdas? In a reflexive construction, the subject of the verb both performs and receives the action. In other words, the action of the verb is reflected back to the subject. Reflexive verbs always use reflexive pronouns **(me, te, se, nos, os, se)**.

REFLEXIVE VERB

Elena **se lava** la cara.

VERB

Elena **lava** los platos.

Reflexive verbs

lavarse

to wash (oneself)

yo	**me lavo**
tú	**te lavas**
él/ella/Ud.	**se lava**
nosotros/as	**nos lavamos**
vosotros/as	**os laváis**
ellos/ellas/Uds.	**se lavan**

▶ Many of the verbs used to describe daily routines and personal care in Spanish are reflexive.

acostarse *to go to bed*	**dormirse** *to go to sleep*	**peinarse** *to comb (one's hair)*
afeitarse *to shave*	**ducharse** *to take a shower*	**ponerse** *to put on (clothing)*
bañarse *to take a bath*	**lavarse** *to wash (oneself)*	**secarse** *to dry off*
cepillarse *to brush (one's hair)*	**levantarse** *to get up*	**quitarse** *to take off (clothing)*
despertarse *to wake up*	**maquillarse** *to put on makeup*	**vestirse** *to get dressed*

Jorge **se quita** la camisa.

Raquel **se cepilla** los dientes.

¡ATENCIÓN!

A transitive verb is one that takes a direct object.

Mariela compró dos boletos.
Mariela bought two tickets.

Johnny contó un chiste.
Johnny told a joke.

▶ In Spanish, most transitive verbs can be used as reflexive verbs to indicate that the subject of the verb performs the action to or for himself or herself. When this occurs, the reflexive verbs have different meanings than their non-reflexive counterparts.

Félix divierte a los invitados con sus chistes.
Félix amuses the guests with his jokes.

Ana acuesta a los niños antes de la fiesta.
Ana puts the children to bed before the party.

Félix **se divierte** en la fiesta.
Félix has fun at the party.

Ana siempre **se acuesta** tarde.
Ana always goes to bed late.

▶ Many verbs change meaning when they are used with a reflexive pronoun.

aburrir *to bore*	**aburrirse** *to be bored*
acordar *to agree*	**acordarse (de)** *to remember*
comer *to eat*	**comerse** *to eat up*
dormir *to sleep*	**dormirse** *to fall asleep*
ir *to go*	**irse (de)** *to go away (from)*
llevar *to carry*	**llevarse** *to carry away*
mudar *to change*	**mudarse** *to move (change residence)*
poner *to put*	**ponerse** *to put on (clothing)*
quitar *to take away*	**quitarse** *to take off (clothing)*

▶ Some Spanish verbs and expressions are always reflexive, even though their English equivalents may not be. Many of these are followed by the prepositions **a, de,** and **en.**

acercarse (a) *to approach*	**fijarse (en)** *to take notice (of)*
arrepentirse (de) *to repent (of)*	**morirse (de)** *to die (of)*
atreverse (a) *to dare (to)*	**olvidarse (de)** *to forget (about)*
convertirse (en) *to become*	**preocuparse (de)** *to worry (about)*
darse cuenta (de) *to realize*	**quejarse (de)** *to complain (about)*
enterarse (de) *to find out (about)*	**sorprenderse (de)** *to be surprised (about)*

▶ In the plural, reflexive verbs can express reciprocal actions, that is, actions done *to one another* or *to each other.*

Los dos **se miran** a través del salón de clases.
The two look at each other across the classroom.

Luis y Lola **se saludan** al entrar en el salón.
Luis and Lola greet one another when they enter the classroom.

▶ *To get* or *become* is frequently expressed in Spanish by the reflexive verb **ponerse** + *[adjective].*

¡Vamos a esperar un poco! Me estoy **poniendo nervioso**.
Let's wait a little. I'm getting nervous.

Pilar se **pone muy roja** delante de Carlos.
*Pilar really blushes (**lit.** becomes very red) in front of Carlos.*

¡ATENCIÓN!

When used with infinitives and present participles, reflexive pronouns follow the same rules of placement as object pronouns. For information see pages 60-61.

Práctica

① As a warm-up, ask students about their schedules using reflexive verbs and soliciting time of day. Ex: **Tú y tus compañeros de cuarto, ¿a qué hora se levantan?**

1 **Los lunes por la mañana** Completa el siguiente párrafo sobre lo que hacen Carlos y Elena los lunes por la mañana. Utiliza la forma correcta de estos verbos reflexivos.

acostarse	ducharse	mudarse	secarse
afeitarse	irse	quitarse	vestirse
despertarse	levantarse	romperse	

Los domingos por la noche, Carlos y Elena ___*se acuestan*___ (1) tarde y por la mañana tardan mucho en ___*despertarse*___ (2). Carlos es el que ___*se levanta*___ (3) primero, ___*se quita*___ (4) el pijama y ___*se ducha*___ (5) con agua fría. Después de unos minutos, entra en el cuarto de baño Elena, y Carlos ___*se afeita*___ (6) la barba. Mientras Elena termina de ducharse y de ___*secarse*___ (7) el pelo, Carlos prepara el desayuno. Después los dos van a la habitación, ___*se visten*___ (8) con ropa elegante y ___*se van*___ (9) a sus trabajos.

② Sylvia's grandfather is 113 years old. Have students describe his Saturday schedule.

2 **Todos los sábados**

A. En parejas, describan, según los dibujos, la rutina que sigue Silvia todos los sábados.

A las 9:00 Silvia se levanta.

A las 10:00 se baña.

A las 10:45 se viste.

A las 11:50 se maquilla.

B. Imaginen cómo sigue el sábado de Silvia. Utilicen verbos reflexivos.

Comunicación

③ **¿Y tú?** En parejas, túrnense para hacerse las siguientes preguntas. Contesten con oraciones completas.

1. ¿A qué hora te despiertas normalmente los sábados por la mañana? ¿Por qué?
2. ¿Te duermes en las clases?
3. ¿A qué hora te acuestas normalmente los fines de semana?

4. ¿Qué te pones para salir los fines de semana? ¿Y tus amigos?
5. ¿Cuándo te vistes elegantemente?
6. ¿Te diviertes cuando vas a una discoteca?

7. ¿De qué se quejan tus amigos normalmente?
8. ¿Conoces a alguien que se preocupe constantemente por todo?
9. ¿Te arrepientes a menudo de las cosas que haces?

③ Call on different students to report their partner's responses.

④ **En un café** Imagina que estás en un café y que ves a tu antiguo/a novio/a besándose con alguien a quien no conoces. ¿Qué haces? Trabajen en grupos de tres para representar la escena. Utilicen cuatro verbos de la lista como mínimo.

acercarse	convertirse	olvidarse
acordarse	darse cuenta	preocuparse
arrepentirse	enterarse	quejarse
atreverse	irse	sorprenderse

④ Before doing the activity, review the verbs using TPR. Ask students to respond to your verbal cue. Ex: **acordarse** (students tap the side of their heads remembering).

2.4 *Gustar* and similar verbs

Instructional Resources
WB, LM, CD-ROM
WB/LM/VM Answer Key

Suggestions: Ask for volunteers to give examples of other verbs that follow the pattern of **gustar.**

Using the verb gustar

¿Te acuerdas? The most common way to express likes and dislikes in Spanish is with the verb **gustar.** Many verbs of opinion follow the pattern of **gustar.**

Me encanta el grupo Distorsión.

No me gusta nada la música rock.

▶ Though **gustar** is translated *to like* in English, its literal meaning is *to please.* **Gustar** is normally preceded by an indirect object pronoun indicating *the person who is pleased.* It is followed by a noun indicating *the thing that pleases.*

INDIRECT OBJECT PRONOUN		SUBJECT
Me *I*	**gusta** *like*	**la película.** *the movie. (literally: The movie pleases me.)*
¿Te *Do you*	**gustan** *like*	**los conciertos de rock?** *rock concerts? (literally: Do rock concerts please you?)*

▶ Because *the thing that pleases* is the subject, **gustar** agrees in person and number with it. Most commonly the subject is third person singular or plural.

SINGULAR SUBJECT	PLURAL SUBJECT
Nos gust**a** el fútbol.	Me gust**an** los discos de Fito Páez.
We like soccer.	*I like Fito Páez' albums.*

▶ **Gustar** may be followed by an infinitive. The singular form of **gustar** is used even if there is more than one infinitive.

No **nos gusta llegar** tarde.

Les gusta cantar y **bailar.**

▶ **Me gustaría...** is frequently used to express a softened request.

¿Te gustaría ver esa película?
Would you like to see that movie?

Me gustaría una ensalada, por favor.
I would like a salad, please.

Verbs like *gustar*

Verbs like *gustar*

aburrir *to bore*

caer bien/mal *to (not) get along well with; to (not) suit*

disgustar *to upset*

doler *to hurt; to ache*

encantar *to like very much; to love (inanimate objects)*

faltar *to lack; to need*

fascinar *to fascinate; to love (inanimate objects)*

importar *to be important to; to matter*

interesar *to be interesting to; to interest*

molestar *to bother; to annoy*

preocupar *to worry*

quedar *to be left over; to fit (clothing)*

Me fascina el cine.
I love the movies.

A Felipe **le disgusta** esa situación.
That situation upsets Felipe.

¿**Te molesta** si voy contigo?
Will it bother you if I come along?

Me duele la muela.
My tooth hurts.

▶ The construction **a** + [*prepositional pronoun*] or **a** + [*noun*] can be used to emphasize who is pleased, bothered, etc.

A ella no le gusta bailar, pero **a él** sí.
She doen't like to dance, but he does.

A Felipe le molesta ir de compras.
Shopping bothers Felipe.

▶ **Faltar** and **quedar** express what someone lacks or has left. Also, **quedar** is used to talk about how clothing fits or looks on someone.

Le falta dinero.
He's short of money.

Me faltan dos pesos.
I need two pesos.

Nos quedan cinco libros.
We have five books left.

La falda **te queda** bien.
The skirt fits you well.

¿Qué te hace falta en la vida?
Discoteca Paladio

Práctica

① Name a cartoon character. Have students make comments about his/her likes and dislikes using verbs like **gustar**. (Ex: **Olivia. Le encanta Popeye. Le molesta Bluto.**)

1 Completar Miguel y César son compañeros de cuarto y tienen algunos problemas. Hoy se han reunido para discutirlos. Completa las frases con la forma correcta del verbo entre paréntesis.

MIGUEL Mira, César, *me encanta* (encantar) vivir contigo, pero la verdad es que *me preocupan* (preocupar) algunas cosas.

CÉSAR De acuerdo. A mí también *me disgustan* (disgustar) algunas cosas de ti.

MIGUEL Bueno, para empezar no *me gusta* (gustar) que pongas la música tan alta cuando vienen tus amigos. Tus amigos *me caen* (caer) muy bien pero, a veces, hacen mucho ruido y no me dejan dormir.

CÉSAR Sí claro, lo entiendo. Pues mira, Miguel, a mí *me molesta* (molestar) que no laves los platos después de comer. Además, tampoco bajas la basura.

MIGUEL Es verdad. Pues... vamos a intentar cambiar esas cosas. ¿Te parece?

CÉSAR *Me encanta* (encantar) la idea. Yo bajo la música cuando vengan mis amigos y tú lavas los platos y sacas la basura más a menudo.

② Take a survey of the students' answers and write the results on the board.

2 ¿Qué te gusta? En parejas, pregúntense si les gustan o no las siguientes cosas.

Jennifer López	dormir los fines de semana
salir con tus amigos	la música *house*
las películas de misterio	los discos de Britney Spears
practicar algún deporte	ir a discotecas
Benicio del Toro	las películas extranjeras

③ Compare students' weekday activities with what they would like to do. Ex: **Los lunes tienes clase. ¿Qué te encantaría hacer en vez de ir a clase?** (Note: You may have to review the meaning of **en vez de**.)

3 ¿Qué te gustaría hacer este fin de semana? En parejas, pregúntense si les gustaría hacer las actividades relacionadas con las fotos. Utilicen los verbos **aburrir, disgustar, encantar, fascinar** y **interesar.** Sigan el modelo:

MODELO

—¿Te gustaría ir al parque de atracciones?
—Sí, me encantaría.

1. 

2. 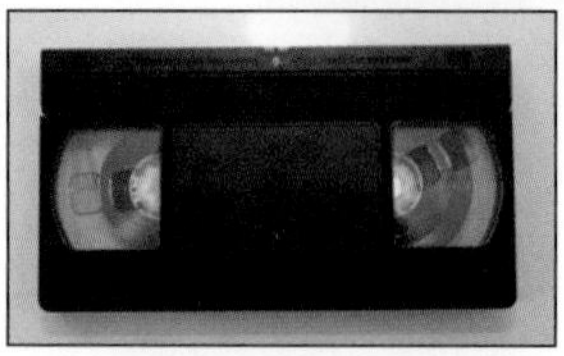

3. 

4. 

5. 

6. 

Comunicación

4 **Extrañas aficiones** Trabajen en grupos pequeños. Miren las ilustraciones e imaginen qué les gusta, interesa o molesta a estas personas.

5 **Preguntar** En parejas, utilicen el modelo para preguntarse, por turnos, sobre los siguientes temas.

MODELO a tu padre / fascinar
—¿Qué crees que le fascina a tu padre?
—Pues, no sé. Creo que le fascina dormir.

1. al presidente / preocupar
2. a tu hermano/a / encantar
3. a ti / gustar hacer los fines de semana
4. a tus padres / gustar
5. a tu profesor(a) de español / disgustar
6. a tu mejor amigo/a / importar
7. a tu novio/a / molestar
8. a tu compañero/a de clase / disgustar

NATIONAL communication STANDARDS

(4) Model the activity by doing the first illustration as a class.

(5) Call on different students to give their partners' response. Ex: **Según tu compañero/a al presidente del gobierno, ¿qué le preocupa?** Then follow up with the same question to another student. **¿Están ustedes de acuerdo?**

Expansion: Ask students to generate a graph with the group's responses. Have one representative of each group present the graph to the class.

A conversar

Tu tiempo libre

A Haz una lista de las actividades que te gusta hacer indicando la frecuencia con que las haces.

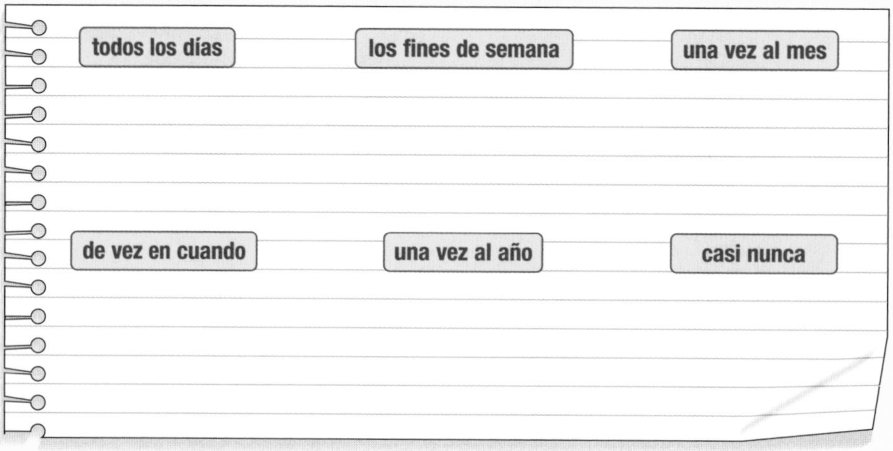

B Ahora, explica cómo disfrutas de tus ratos de ocio normalmente.

- ¿Los pasas relajándote *(relaxing)* o haciendo algo que requiere mucho esfuerzo físico?
- ¿Haces algo útil o algo sólo para divertirte?
- ¿Qué es lo que más te gusta hacer?
- Esta actividad, ¿es fácil o difícil? ¿Por qué?

C En grupos de cuatro, comparen las actividades de las listas. Decidan a qué categoría corresponden.

Categorías

¿Qué tipo de actividad es? un deporte, un pasatiempo, un ejercicio de mejoramiento personal *(self-improvement)*, un proyecto de utilidad

¿En qué forma se participa? como espectador(a), como participante activo/a

¿Cómo es? relajante, agotadora *(strenuous)*, emocionante pero no agotadora

¿Con quién se hace? solo/a, con un compañero/a, con un grupo

¿En qué estación se hace? primavera, verano, otoño, invierno, todo el año

¿Dónde se hace? en casa, en un estadio, al aire libre

D Comenten lo siguiente.

- ¿Qué actividades tienen todos en común? ¿Hay algunas actividades que hace sólo un estudiante?
- ¿Cuál es la actividad más relajante que hace un miembro del grupo? ¿La más agotadora?
- ¿Cuál es la actividad más común? ¿La menos común?
- Respecto a las diversiones, ¿es variado el grupo o tienen todos mucho en común?

A escribir

Un correo electrónico

Sigue el **Plan de redacción** para escribir un correo electrónico sobre los gustos de otras personas. Imagina que tus padres vienen a visitarte a la ciudad y llevas varios días planeando el fin de semana. Estás un poco nervioso/a porque tu novio/a es un desastre y crees que se le van a olvidar todos los planes que has organizado para todos durante el fin de semana. Mándale un correo electrónico a tu novio/a recordándoselo.

Plan de redacción

Un saludo informal Elige uno de los siguientes saludos para encabezar tu correo: **Hola, Qué tal, Qué onda, Cómo te va, Cómo estás...**

Contenido Organiza tus ideas para que no se te olvide nada.

1. Escribe una breve introducción para recordarle a tu novio/a lo que les gusta a tus padres y lo que no. Puedes utilizar las siguientes expresiones: **les gusta, les fascina, les encanta, les aburre, no les gusta, les molesta, les interesa.**
2. Recuérdale que a tu madre le gusta la gente bien vestida y que tiene que arreglarse un poco para la ocasión. Utiliza expresiones como: quitarse el arete *(piercing)* de la nariz, afeitarse, vestirse mejor, peinarse, etc.
3. Dile que se van a encontrar en el restaurante de siempre.

Despedida Elige una de las siguientes despedidas: **Hasta luego, Chao/Chau, Adiós.**

Hola María:
¿Te acuerdas de que mis padres llegan este fin de semana y que tenemos que salir todos juntos? Quería recordarte que mis padres detestan los bares llenos de gente, a ellos les gusta más salir a pasear.>

>
>

Explain that **gustar, fascinar, encantar, aburrir, molestar,** and **interesar** denote different degrees of liking and disliking. Ask students to order them from most positive to most negative, write them on the board, and ask them to add other verbs they may know.

Altamar, 2000.
Graciela Rodo Boulanger. Bolivia.

No está la felicidad en vivir, sino en saber vivir.
— Diego de Saavedra Fajardo

Antes de leer

Idilio

Mario Benedetti

Conexión personal

Lee las siguientes afirmaciones. Señala la casilla *(box)* que corresponda a tu opinión personal.

De acuerdo	En desacuerdo	
☐	☐	1. La televisión entretiene a los niños pequeños.
☐	☐	2. La televisión sirve de niñera *(babysitter)* mientras los padres hacen sus quehaceres.
☐	☐	3. La televisión proporciona un escape de las preocupaciones diarias.
☐	☐	4. Los programas educativos de la televisión son útiles para los niños.

Contexto cultural

Television channels have always been tools for propaganda. Nowadays, satellite systems, global communication networks, state-run broadcasts, and privately-owned channels compete for the attention of viewers. This competition diminishes the power of any one media group to form public opinion; at the same time, it intensifies the struggle for viewership.

Análisis literario: la parábola

A parable **(la parábola)** is a short narrative that illustrates a moral lesson. Parables are an ancient form of literature cultivated as a teaching device, fundamental to many religions. Parables also appear in modern secular literature. Their moral lesson may be explicit, or the reader may need to infer it. What do you think the moral lesson of "Idilio" is?

Estrategia de lectura: propósito del autor

Just as an effective writer knows the audience he or she is addressing, an active reader needs to determine a writer's purpose **(el propósito)** in writing a selection. As you read "Idilio," consider what might have motivated Benedetti to write this modern parable.

Vocabulario

colocar *to place (an object)*
hondo/a *deep*
por primera/última vez *for the first/last time*
redondo/a *round*
señalar *to point to; to signal*

Lecturas opener (previous page):

See the **ENFOQUES** Instructor's Resource Manual for teaching suggestions.

Conexión personal: Ask several students to tell the class what they think about watching TV.

Estrategia de lectura: Ask students to do some research about Benedetti's life and work so that they can make a more informed guess about his motivation.

Mario Benedetti

Hoja de vida

1920 Nace en Tacuarembó, Uruguay
1960 *Montevideanos* (cuentos)
1960 *La tregua* (novela)
1982 *Viento del exilio* (poesía)
1999 Premio Reina Sofía de Poesía Iberoamericana

Sobre el autor

Mario Benedetti sufrió un largo exilio, repartido entre Argentina, Perú, Cuba y España, que dejó una profunda huella *(mark)* en su vida personal y su obra literaria. Su volumen de cuentos *Montevideanos,* de tono costumbrista, le consagró como escritor aunque ha cultivado todos los géneros. Su estilo tiene diferentes matices *(nuances):* cotidiano y existencial en *Poemas de oficina,* o político-social en varias de sus novelas como *La tregua, Gracias por el fuego* o *Primavera con una esquina rota.* La ausencia, el retorno y el recuerdo son algunas de las constantes en la temática del escritor.

Suggestion: Ask students to classify the style or theme of "Idilio."

Suggestion: Ask students to work in pairs to find the reflexive pronouns in "Idilio." Have them explain to the class why the verbs are reflexive. Ask them to find the direct object pronouns, and have them identify the noun to which they refer.

Idilio

La noche en que colocan a Osvaldo (tres años recién cumplidos) por primera vez frente a un televisor (se exhibe un drama británico de hondas resonancias), queda hipnotizado, la boca entreabierta°, los ojos redondos de estupor.

half-opened

La madre lo ve tan entregado al sortilegio° de las imágenes que se va tranquilamente a la cocina. Allí, mientras friega ollas y sartenes°, se olvida del niño.

surrendered to the magic

washes pots and pans

Horas más tarde se acuerda, pero piensa: “Se habrá dormido”. Se seca las manos y va a buscarlo al living.

La pantalla está vacía°, pero Osvaldo se mantiene en la misma postura y con igual mirada extática.

empty, blank

—Vamos. A dormir —conmina° la madre.

orders

—No —dice Osvaldo con determinación.

—¿Ah, no? ¿Se puede saber por qué?

—Estoy esperando.

—¿A quién?

—A ella.

Y señaló el televisor.

—Ah. ¿Quién es ella?

—Ella.

Y Osvaldo vuelve a señalar la pantalla. Luego sonríe, candoroso°, esperanzado, exultante.

innocent, naïve

—Me dijo: “querido”.

Después de leer

Idilio

Mario Benedetti

① Ask students to work in pairs to answer the questions. Have a few pairs summarize the selection based on the correct answers to the questions.

② Have students do an oral survey. Five students ask the class whether watching TV is good, and why or why not. They should draw a three-column table on the board with the headings **Mirar la tele es bueno, Mirar la tele es malo,** and **Sin opinión.** The students should tally the answers and write the reasons given in one or two words. Sample answer: **Pienso que mirar la tele es bueno porque se aprende mucho.** Student writes **educativa** in the **Mirar la tele es bueno** column.

(1) **Comprensión** Contesta las siguientes preguntas utilizando oraciones completas.

1. ¿Cómo se llama el protagonista de esta historia?
   El protagonista se llama Osvaldo.
2. ¿Cómo se queda el niño cuando está por primera vez delante del televisor?
   El niño se queda hipnotizado, con la boca entreabierta y los ojos redondos de estupor.
3. ¿Qué hace la madre mientras Osvaldo mira la televisión?
   La madre va tranquilamente a la cocina y friega (lava) ollas y sartenes.
4. Cuando la madre va a buscarlo horas más tarde, ¿cómo está la pantalla?
   Cuando la madre va a buscarlo horas más tarde, la pantalla está vacía.
5. ¿Qué piensa Osvaldo que le dice la televisión?
   Osvaldo piensa que la televisión le dice "querido".

(2) **Interpretar** Piensa sobre las siguientes preguntas.

1. La madre se olvida por unas horas del hijo. ¿Qué importancia tiene esto en la historia?
2. Según Osvaldo, ¿quién le dijo "querido"? ¿Qué explicación le das a esta situación?
3. ¿Qué crees que intenta decirnos el autor Mario Benedetti al escribir este cuento?
4. ¿Crees que existen personas en la vida moderna que podrían establecer una relación de dependencia con la televisión? ¿Puedes dar algún ejemplo?
5. El cuento también nos hace reflexionar sobre la influencia de la televisión en los niños. Cuando eras niño/a, ¿veías mucha televisión? ¿Crees que los niños de hoy en día ven en exceso la televisión? ¿Por qué?

(3) **Imaginar** En parejas, imaginen que una madre de familia se entrevista con el director de la programación infantil de una importante cadena de televisión. ¿Qué tipo de programas preferiría la madre? ¿Y el director? ¿Por qué? Hablen de los programas de la lista, y de otros que se les ocurran *(others that occur to you).*

	Madre	**Director de programas**
Películas de acción		
Dibujos animados		
Programas educativos		
Deportes		
Videos musicales/Documentales		

(4) **Escribir** Escribe un pequeño párrafo sobre el efecto que tiene la televisión en los adultos y en los niños. Presenta ejemplos para apoyar tu tesis.

Antes de leer

PERFIL

Shakira

Conexión personal
¿Escuchas música latina? Cuando piensas en la música latina, ¿en qué tipo de música piensas? Haz una lista de los estilos de música latina que conoces y/o el nombre de los artistas y grupos musicales latinos con los que estás familiarizado/a.

Contexto cultural
When non-Hispanic Americans think of popular Latin music, mariachi bands, salsa dancers, or flamenco artists probably come to mind. Latin music, however, is much more varied. Some types of music, like **boleros** *(romantic songs)* and **música rock** are universal in the Spanish-speaking world. Some musical forms, on the other hand, are associated with specific countries or regions. How many of the following types of dance music can you match to the country they are associated with? Compare your results with your classmates.

c	1. el tango	a. Spain
d	2. el merengue	b. Cuba
b	3. el chachachá	c. Argentina
e	4. la cumbia	d. The Dominican Republic
a	5. el flamenco	e. Colombia

Vocabulario

el canal de televisión *television channel* **el/la cantante** *singer*

PERFIL

Shakira

Shakira es conocida prácticamente por todos nosotros. Hemos oído sus canciones en el radio, nos ha deleitado° con su presencia en todos los canales de la televisión y, últimamente, podemos verla en los anuncios de Pepsi. Pero, ¿quién es realmente Shakira?

delighted

Esta estrella del rock nació en Barranquilla, una hermosísima ciudad costera° de Colombia. Es hija de madre colombiana y padre de descendencia libanesa y ambas culturas han influido en la joven por igual. Su nombre, Shakira, en árabe significa "mujer llena de gracia" y se puede decir tranquilamente que su nombre no engaña°. Desde muy niña sus dotes° artísticas se hicieron evidentes: escribió su primera canción a los ocho años. Con 13 años ya había firmado un contrato con Sony para grabar un álbum con las canciones que había compuesto hasta entonces. Este disco, *Magia*, la llevó a la fama en su país natal. Una vez terminados los estudios de secundaria, y cuando tan sólo tenía 15 años, grabó° el álbum llamado *Pies descalzos*. Con este disco alcanzó el número uno en las listas, y su éxito le dio proyección internacional a su carrera.

coastal
deceive
talent
recorded

Dueña de un arrollador° carisma, la cantante del momento tiene un estilo tan distintivo que se hace difícil de definir.

overwhelming

El mismo Gabriel García Márquez, tras una entrevista entre los dos colombianos universales, escribió que "la música de Shakira tiene una estampa personal que no se parece a la de nadie más, y ninguna persona de cualquier edad puede cantar y bailar como ella, con esa sensualidad inocente que pareciera ser un invento suyo".

Algo que viene distinguiendo claramente a esta cantante de otros artistas célebres de su edad es el compromiso que adquiere° con sus creaciones. La música para ella es una forma de expresar sus inquietudes y sentimientos. Más de una vez ha declarado que le preocupa tremendamente proteger su creatividad de las presiones económicas. El deseo de componer y cantar una música más personal la ha llevado muchas veces a rechazar° ofertas de las compañías discográficas para hacer una música más comercial. Cuando le preguntan, Shakira no duda en afirmar que su música es la unión de sus pasiones: el rock, la cultura libanesa y la cultura latina.

the commitment that she acquires

to refuse

Ahora esta mujer inteligente y apasionada ha entrado en el mercado norteamericano. El disco en cuestión se llama *Laundry Service* y contiene canciones escritas tanto en inglés como en español. Sólo queda desearle la mejor de las suertes. Se la merece.

Después de leer

PERFIL

Shakira

(1) Ask students to work in small groups to decide which answer contains the main idea of the text. Have them explain their response. The group may propose a different main idea if none of the answers seems appropriate.

(2) Have students work in small groups to compare commercial music with non-commercial music. Ask them to share their observations with the class, as one student draws a table on the board and lists the differences. Ask the class what elements of commercial music are found in Shakira's songs.

(4) Ask students to use progressive forms in the dialogue as much as possible, as well as other grammar points taught in Lesson 2.

1 Comprensión Contesta las siguientes preguntas con oraciones completas.

1. ¿Dónde nació Shakira?
   Shakira nació en Barranquilla, Colombia.
2. ¿Qué significa su nombre en árabe?
   Su nombre significa "mujer llena de gracia".
3. ¿Cuántos años tenía cuando grabó su primer álbum?
   Grabó su primer álbum con la discográfica Sony cuando tenía trece años.
4. ¿Qué dijo Gabriel García Márquez sobre Shakira?
   El escritor dijo que "la música de Shakira tiene una estampa personal que no se parece a la de nadie más".
5. ¿Qué le preocupa tremendamente a Shakira?
   Shakira ha declarado que le preocupa mucho proteger su creatividad de las presiones económicas.
6. Según Shakira, su música es la fusión de varias pasiones. ¿Cuáles son?
   El rock, la cultura libanesa y la cultura latina.

2 Interpretar Contesta las siguientes preguntas utilizando oraciones completas.

1. ¿Conoces algún disco de Shakira? ¿Cuál es el que más te gusta?
2. ¿Qué otros cantantes latinos conoces? ¿Te gustan?
3. ¿Crees que es fácil tener éxito en el mercado discográfico norteamericano?
4. En tu opinión, ¿qué es la música comercial? ¿Crees que la música que se oye hoy día es muy comercial? ¿Puedes mencionar algunos grupos que hacen este tipo de música?

3 Reflexionar La música es muy importante en los países hispanos, y en los últimos años la música latina lo está comenzando a ser también en EE.UU. ¿A qué crees que se debe esto? Explica tu respuesta.

4 Entrevista Trabajen en parejas para preparar una entrevista a un(a) cantante famoso/a. Uno/a de ustedes será el/la cantante y el/la otro/a será el/la periodista. Cuando terminen, tienen que representar la entrevista ante la clase.

Gloria Estefan

Ricky Martin

Shakira

Celia Cruz

Marc Anthony

Atando cabos

La música y el deporte

Trabajen en grupos pequeños para preparar una presentación sobre un cantante o deportista latino famoso.

Elegir el tema

Pueden preparar una presentación sobre Shakira, o pueden elegir un cantante o un deportista famoso que les agrade. Decidan en grupo de quién quieren hablar en su presentación.

Preparar

Investiguen a través de su computadora o en la biblioteca. Una vez que tengan la información necesaria, elijan los puntos más importantes y ayúdense con material auditivo o audiovisual para ofrecer una visión más amplia de lo que quieren comentar en clase.

Organizar

Hagan un esquema *(outline)* que los ayude a clarificar y planear con mayor exactitud su presentación.

Estrategia de comunicación

Cómo expresar opiniones

Las siguientes frases pueden ayudarles a expresarse de forma más adecuada.

1. En el día de hoy, voy/vamos a hablar de...
2. La música latina está consiguiendo en los últimos años...
3. Creo que...
4. Se puede decir...
5. Para finalizar, me/nos gustaría...

Presentar

Unos días antes de su presentación, hablen con el profesor para informarle que van a usar en clase un video, una cinta o un disco compacto. De esta forma, podrán utilizar estos medios para explicar con mayor exactitud el tema que se va a tratar en clase.

Ayuda para Internet

Pueden acceder a la información utilizando las siguientes palabras clave: **música latina / cantantes hispanos / Enrique Iglesias / Luis Miguel / Rosario / fútbol / béisbol / jugadores famosos hispanos / liga / deportes / negocio / baloncesto / básquetbol / tenis**

Suggestion: After all the presentations, ask students to compare the singers and athletes introduced and how these star figures compare with American counterparts.

2 VOCABULARIO

Los deportes y términos afines

el/la árbitro	*referee*
el/la atleta	*athlete*
el atletismo	*track-and-field events*
el campeón/ la campeona	*champion*
el club deportivo	*sports club*
la Copa del Mundo	*World Cup*
el/la entrenador(a)	*trainer*
el equipo	*team*
el gimnasio	*gymnasium*
el maratón	*marathon*
la meta	*finish line*
las Olimpiadas	*Olympics*
el torneo	*tournament*
la victoria	*victory*
empatar	*to tie (games)*
marcar (un gol/ un punto)	*to score (a goal/ a point)*
vencer	*to defeat*

La vida nocturna

el bar	*bar*
el billar	*pool*
el boleto	*admission ticket*
el bullicio	*hurly burly*
el/la cantante	*singer*
el club (nocturno)	*(night) club*
el concierto	*concert*
el conjunto (musical)	*(musical) group, band*
la discoteca	*disco*
el grupo (musical)	*(musical) group*
divertido	*fun*

Instructional Resource
- Tests

La vida social (verbos)

aburrirse	*to be bored*
aplaudir	*to applaud*
aprovechar	*to make good use of; to take advantage of*
atrasar	*to delay*
bailar	*to dance*
brindar	*to make a toast*
disfrutar	*to enjoy*
divertirse	*to have fun; to enjoy oneself*
entretenerse	*to amuse oneself*
estar relacionado/a	*to have good connections*
festejar	*to celebrate*
gritar	*to shout*
gustar	*to like*
hacer cola	*to wait in line*
ir de copas	*to go have a drink*
poner un disco compacto	*to play a CD*
reunirse	*to get together; to gather*
salir (a comer)	*to go out (to eat)*

El teatro

el asiento	*seat*
la entrada	*admission ticket*
el escenario	*scenery; stage*
el espectáculo	*show*
el estreno	*premiere; debut*
la función	*performance (movie; theater)*
teatro	*theater*
el recital	*recital*
el repertorio	*repertoire*
la sala de conciertos	*concert hall*
la taquilla	*box office*

Lugares de diversión

el cine	*movie theater, cinema*
el circo	*circus*
la feria	*fair*
el festival	*festival*
el parque de atracciones	*amusement park*
el zoológico	*zoo*

Los pasatiempos y términos afines

la afición	*love, liking, hobby*
el ajedrez	*chess*
la apuesta	*bet*
el boliche	*bowling*
la cadena de televisión	*television network*
el canal de televisión	*television channel*
el/la coleccionista	*collector*
el dominó	*dominoes*
el horario	*schedule*
la lotería	*lottery*
el ocio	*leisure*
el paseo	*stroll*
el picnic	*picnic*
apostar	*to bet*
coleccionar	*to collect*
dar un paseo	*to take a stroll/walk*
ser aficionado/a	*to be a fan of*

Expresiones útiles	*Véase la página 51.*
Vocabulario de "Idilio"	*Véase la página 75.*
Vocabulario del perfil	*Véase la página 79.*

Estructura 2.2	*Véase la página 61.*
Estructura 2.3	*Véase las páginas 64 y 65.*
Estructura 2.4	*Véase la página 69.*

La vida diaria

3

Communicative Goals

You will expand your ability to...

- narrate in the past
- express completed past actions
- express habitual or ongoing past events and conditions
- describe how, when, and where actions take place

Contextos

páginas 86-89

- La casa y los electrodomésticos
- Las compras
- Acciones y percepciones
- La vida diaria

Fotonovela

páginas 90-93

- *¿Alguien desea ayudar?:* Los empleados de *Facetas* comentan los sucesos en la oficina un lunes típico.

Enfoques

páginas 94-95

- De compras en las tiendas de departamentos
- El almuerzo y sus horarios

Estructura

páginas 96-109

- The preterite tense
- The imperfect tense
- The preterite and the imperfect
- Adverbs

Lecturas

páginas 110-121

- **Cuento:** *Anónimo* de Ester Díaz Llanillo
- **Perfil:** Jorge Ramos, periodista

Videoteca

páginas 122-123

- **Cortometraje:** *Adiós mamá*

La vida diaria

Cálculos

Camila **fue de compras** al **supermercado,** decidida a gastar lo menos posible. Buscó **gangas** y **eligió** productos **baratos**. Para **lograr** gastar poco, esta vez sólo llevó **dinero en efectivo. Dejó** en su casa **la tarjeta de crédito.** Lamentablemente, tampoco trajo la calculadora…

Instructional Resources

WB, LM, CD-ROM, WB/LM/VM Answer Key

Suggestion: Have students look at the pictures and read the text for each. Point out the notebook the woman is holding. Ask students to guess what is she doing.

Suggestion: Ask volunteers to describe the appearance of the young man in the second photo. Have them explain whether his appearance corresponds to the title and why.

Comprehension Check: 1. ¿Dónde está esta chica y qué piensa hacer? (En el supermercado. Va de compras.) 2. ¿Cómo se viste este chico? Expliquen. (No es elegante. No se arregla nunca para salir.) 3. ¿Por qué duerme este hombre? (Está cansado.) ¿Qué tiene en la mano? (Una escoba) ¿Qué hizo con la escoba? (Barrió el piso.) 4. ¿Quién invitó a quién? (Carlos invitó a su novia.) ¿Por qué no come la chica? (Se extrañó de que Carlos cocinara y no se atrevió a comer.)

Suggestion: Personalize the new vocabulary by asking questions such as: **¿Es la limpieza una pesadilla para ti? ¿Barres con escoba o pasas la aspiradora? ¿Cocinas o sales a comer con frecuencia? ¿Eres rebelde y te pones ropa extravagante? Explica.**

El rebelde

De niño le enseñaron a taparse la boca al **bostezar**, a **masticar** con la boca cerrada y a atender su **aseo personal.** A sus padres **les asombra** la ropa que se pone, pues ahora no **se arregla** nunca para salir. **¡Qué pena!** En realidad él se viste así **a propósito.**

La escoba, mi enemiga

Para Juan, **hacer la limpieza** de su **espacioso** apartamento **suele** ser una **pesadilla.** Hoy se dedicó el día entero a **limpiarlo: quitó el polvo** de los **muebles, pasó la aspiradora, barrió** el piso, el **balcón** y la **escalera.** Ahora la pesadilla ha terminado, pero está tan cansado que se ha quedado dormido junto a su enemiga, la **escoba.**

A comer

Carlos invitó a su novia a cenar y decidió **cocinar** un plato especial para ella. Tuvo que **freír** cebollas, **hervir** pescado y **calentar** unos frijoles **congelados.** Cuando su novia llegó y lo vio cocinando por primera vez en tres años, **se extrañó** tanto que no **se atrevió** a comer. Carlos, apenado pero **hambriento,** disfrutó solo de su cena.

Suggestion: Point out to students that most English words ending in **–ty** end in **–dad** in Spanish and that their gender is feminine. Ex: personality → **la personalidad.**

Variación léxica: Point out that the expression **tocar el timbre** translates directly to the English *ring the doorbell* and is used in most Spanish-speaking countries. In some countries, such as Mexico and Spain, **tocar la puerta** or **llamar a la puerta** are more common.

Variación léxica: Point out the following lexical item: **foco** → **ampolleta** *(Chil.);* **bombilla** *(Sp.);* **bombillo** *(Guat. Mex.)*

La casa y los electrodomésticos

el buzón	*mailbox*
el foco	*lightbulb*
el hogar	*home; fireplace*
los quehaceres	*chores*
apagar	*to turn off*
colgar (ue)	*to hang*
encender	*to turn on*
lavar	*to wash*
levantar	*to pick up*
tocar el timbre	*to ring the doorbell*

Las compras

el centro comercial	*mall*
el reembolso	*refund*
el vestidor	*fitting room*
seleccionar	*to select; to pick out*
auténtico/a	*real; genuine*
costoso/a	*costly; expensive*

Acciones y percepciones

el asombro	*amazement; astonishment*
la soledad	*solitude; loneliness*
averiguar	*to find out; to check*
cuidarse	*to take care of oneself*
gozar de algo	*to enjoy something*
asombroso/a	*astonishing*

La vida diaria

el asunto	*matter; topic*
la costumbre	*custom; habit*
el propósito	*purpose*
el ruido	*noise*
cotidiano/a	*everyday*
por casualidad	*by accident; by chance*

Práctica

① Ask students to personalize the sentences by expressing them in the first person present, negative or affirmative.

② Have students identify the following statements as true or false. **1. El hermano pequeño no habla. (falso) 2. El muchacho contesta todas las preguntas. (cierto) 3. El hermano pequeño quiere ayudar. (cierto) 4. El muchacho y su hermano van a freír un juguete. (falso) 5. El cuadro de Picasso es auténtico. (falso)**

③ In pairs, have students create a short dialogue based on the paragraph. Encourage them to use as many words from the list as possible.

③ Have students act their dialogues out for the class.

Teaching Option: Remind students that the ending **–la** in **colgarla, apagarla,** and **masticarla** is a direct object pronoun.

1 Los trabajos de la casa Completa las siguientes oraciones con los verbos de la lista. Hay dos verbos que no se usan.

averiguar	cocinar	extrañar	lavar
barrer	colgarla	pasar	quitar

a. *Barrer* la cocina, el balcón y el pasillo.
b. *Pasar* la aspiradora por el resto de la casa.
c. *Cocinar* los camarones antes de que vengan los invitados.
d. *Quitar* el polvo de los muebles.
e. *Lavar* la ropa que está sobre el sofá y *colgarla* en su lugar.

2 El preguntón Estás cuidando a tu hermano pequeño y él te está haciendo muchas preguntas. Contéstale con frases completas.

1. ¿Puedo comerme este pedazo de papel?
   No, no puedes comerte este pedazo de papel.
2. ¿Es importante el aseo personal?
   Sí, el aseo personal es importante.
3. ¿Las escaleras se barren de abajo para arriba?
   No, las escaleras se barren de arriba para abajo.
4. ¿Puedo freír este juguete para ver qué pasa?
   No, no puedes freír este juguete para ver qué pasa.
5. ¿Te puedo ayudar con los quehaceres de la casa?
   Sí, puedes ayudarme con los quehaceres de la casa.
6. ¿Es auténtico ese cuadro de Picasso colgado en la pared?
   No, no es auténtico ese cuadro de Picasso colgado en la pared.

3 Un día agitado Completa el siguiente párrafo con las palabras de la lista. Hay dos palabras que no se usan.

apagarla
asombro
costumbre
encendí
logré
masticarla
me arreglé
me atreví

Esa mañana me desperté muy tarde. Tomé un poco de café, me comí una tostada casi sin *masticarla* y salí a la calle. Cuando iba para la oficina, empecé a pensar que la cafetera estaba encendida. No *me atreví* a dejarla así, entonces regresé para *apagarla*. Al entrar al apartamento pasé frente a un espejo y noté, con *asombro*, que me había maquillado sólo la mitad *(half)* derecha de la cara. *Me arreglé* muy rápido y, por fin, *logré* salir a la calle, con la extraña sensación de que me estaba olvidando de algo.

Comunicación

4 La rutina diaria

A. Imaginemos cómo era la rutina diaria de estas personas durante el año pasado. En grupos de cuatro, cada uno de ustedes elige <u>uno</u> de los siguientes personajes:

Elia, nació en 1921	**Ana, nació en el año 1982**
Esteban, nació en el año 1940	**Carlos, nació en el año 2000**

B. Ahora imaginen qué cosas hace su personaje en un día cualquiera y cuéntenle a los demás su experiencia. Los que escuchan deben hacer preguntas para obtener más información. Encontrarán palabras y expresiones útiles en el banco de palabras.

MODELO

ESTEBAN: Me levanto muy temprano y voy directamente a jugar al golf.
COMPAÑERO: ¿Y no te aburres?
ESTEBAN: No, me encanta jugar al golf.

acostarse	cepillarse el pelo	leer el periódico
afeitarse	ir en carro	ponerse lentes de contacto
salir al aire libre	ducharse	ir al/a la psicólogo/a
aliviar el estrés	ir al/a la dentista	hacer gimnasia
almorzar	enviar una carta	ir a caballo (to ride a horse)

5 Todos los días

A. Ordena los siguientes placeres cotidianos de acuerdo a cuánto los disfrutas:

_____ ir de compras
_____ arreglarte para salir
_____ comer con mucha hambre
_____ disfrutar de un día de sol
_____ recibir una nueva tarjeta de crédito
_____ ir a dormir estando muy cansado/a

B. Compara tus respuestas con las de tu compañero/a. ¿Qué es lo que más disfrutan?

MODELO

—A mí lo que más me gusta es comer cuando tengo mucha hambre.
—A mí también. ¿Qué sigue en tu lista? Yo prefiero ir de compras.

C. Compartan su respuesta con el resto de la clase. ¿Hay algo que les guste mucho a todos? ¿Cuál es el gran placer cotidiano de la clase?

6 En busca de un compañero de cuarto

Has decidido compartir un apartamento con otra persona. Para llevarte bien con tu futuro/a compañero/a de apartamento, debes decirle qué esperas de él/ella. Ordena los temas que quieres comentar, del más al menos importante.

☐ las fiestas ☐ la tranquilidad ☐ el orden ☐ la limpieza ☐ la música

NATIONAL communication STANDARDS

(4) Have students ask each other their date of birth. You may lead with an example: **Yo nací en 1965, ¿y tú?**

(4) Write the following on the board: **acostarse, afeitarse, almorzar, leer el periódico, ducharse, llegar a la universidad.** Have students use them as they describe their daily routine.

(5) Have students categorize the expressions into **pequeños placeres** and **inconvenientes.** Ask volunteers to give reasons for their choices.

(6) In pairs, have students ask each other what they like to do.

(6) Have students write their dialogues and act them out for the class.
Teaching Option: Review the verb **gustar.** Write the following forms on the board and have students complete the sentences.

1. **Me gusta**
2. **No me gusta**
3. **Me gustan**
4. **¿Te gusta?**

3 FOTONOVELA

Los empleados de *Facetas* comentan los sucesos en la oficina un lunes típico.

FABIOLA Odio los lunes.

DIANA Cuando tengas tres hijos, un marido y una suegra, odiarás los fines de semana.

FABIOLA ¿Discutes a menudo con tu familia?

DIANA Siempre tenemos discusiones, la mitad las ganan mis hijos y mi esposo... Mi suegra gana la otra mitad.

FABIOLA ¿Te ayudan con las tareas del hogar?

DIANA Ayudan, pero casi no hay tiempo para nada. Hoy tengo que ir de compras con la mayor de mis hijas.

FABIOLA ¿Y por qué no va ella sola?

DIANA Hay tres grupos que gastan el dinero ajeno, Fabiola: los políticos, los ladrones y los hijos... Los tres necesitan supervisión.

FABIOLA Tengan cuidado en las tiendas. Hace dos meses andaba de compras, y me robaron la tarjeta de crédito.

DIANA ¿Y fuiste a la policía?

FABIOLA No.

DIANA ¿Lo dices así, tranquilamente? Te van a arruinar.

FABIOLA No creas. El que me la robó la usa menos que yo.

FABIOLA Tengo una agenda muy llena para el almuerzo.

DIANA Yo tengo una reunión con un cliente.

ÉRIC Tengo que... Tengo que ir al banco. Sí. Voy a pedir un préstamo.

JOHNNY Yo tengo que ir al dentista. No voy desde la última vez... Necesito una limpieza.

Aguayo y Mariela se quedan solos.

Diana regresa del almuerzo con unos dulces.

DIANA Les traje unos dulces para premiar su esfuerzo.

AGUAYO Gracias. Los probaría todos, pero estoy a dieta.

DIANA ¡Qué bien! Yo también estoy a dieta.

MARIELA ¡Pero si estás comiendo!

DIANA Sí, pero sin ganas.

Instructional Resources VM, Video, CD-ROM, IRM, WB/LM/VM Answer Key

Video Synopsis:
- Aguayo is full of energy, but Fabiola is exhausted.
- Aguayo is trying to get a vacuum cleaner to work.
- The vacuum cleaner starts running after Mariela kicks it.
- Aguayo tries in vain to recruit everyone to help him vacuum the office.
- Diana brings back pastries, and Fabiola and Johnny fight over the last two.
- Éric finds a mound of dust, stashed there by Mariela, in his desk drawer.
- See IRM for more details.

Personajes

AGUAYO · ÉRIC · JOHNNY · FABIOLA · MARIELA · DIANA

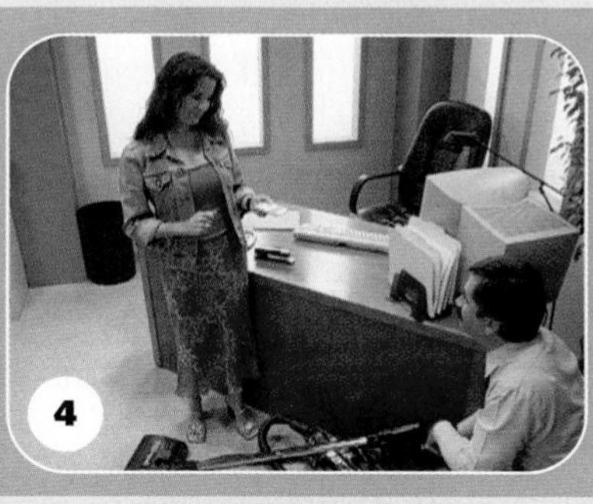

En la oficina de Aguayo...

MARIELA ¿Necesita ayuda?

AGUAYO No logro hacer que funcione.

MARIELA Creo que Diana tiene una pequeña caja de herramientas.

AGUAYO ¡Cierto!

Más tarde, en la cocina...

AGUAYO El señor de la limpieza dejó un recado diciendo que estaba enfermo. Voy a pasar la aspiradora a la hora del almuerzo. Si alguien desea ayudar...

Fabiola y Johnny llegan a la oficina. Mariela está terminando de limpiar.

MARIELA Si gustan, quedan dos dulces en la cocina. Están riquísimos... *(habla para sí misma refiriéndose a la botella de aerosol)* Y no hubiera sido mala idea echarles un poco de esto.

Johnny y Fabiola vuelven de la cocina.

JOHNNY Qué descortés eres, Fabiola. Si yo hubiera llegado primero, te habría dejado el dulce grande a ti.

FABIOLA ¿De qué te quejas, entonces? Tienes lo que querías y yo también.

Expresiones útiles

Agreeing or disagreeing with a prior statement

Lo mismo digo yo. *The same here.*

¡Cierto! *Sure!*

¡Por supuesto! *Of course!*

¡Cómo no! *Of course!*

No creas. *Don't you believe it.*

¡Qué va! *Of course not!*

¡Ni modo! *No way!*

Expressing strong dislikes

¡Odio... ! *I hate...!*

¡No me gusta nada... ! *I don't like . . . at all!*

Detesto... *I detest...*

No soporto... *I can't stand...*

Estoy harto/a de... *I am fed up with...*

Additional vocabulary

ajeno *somebody else's*

andar *to be (doing something), to walk*

caja de herramientas *toolbox*

ladrón/ladrona *thief*

la mitad *half*

premiar *to give a prize*

Apuntes culturales Los horarios de las tiendas, correos y bancos de los países de habla hispana son diferentes a los de los Estados Unidos. Los bancos suelen abrir de las diez de la mañana a las tres de la tarde, y no abren los sábados. Siguiendo la tradición de la siesta, muchas tiendas cierran para el almuerzo, abren a las cuatro o cinco y cierran muy tarde. Con las vacaciones sucede algo curioso. Como todos suelen tomar vacaciones al mismo tiempo, hay meses en que la actividad de todo un país o ciudad disminuye. *En tu opinión ¿qué establecimiento tiene el horario de atención más inapropiado?*

Preview: Ask **¿Quién es?** and have students identify the characters based on the video stills. In small groups, have them scan the captions and discuss each character's attitude, based on their facial expressions. **Suggestion:** Using the **Expresiones útiles**, have students determine who said what.

Comprensión

① Have students write three sentences using the same structure with variations in vocabulary.

② Write the following definitions on the board and have students identify the family member: 1. **la madre de mi esposo** 2. **el prometido de Diana** 3. **los nietos de mi suegra.**
Encourage students to provide other definitions of family members for partners to guess.

③ Have students write five sentences on one of the following: a. **¿Qué haces el fin de semana?** b. **Actividades de la semana.**
Teaching Option: Have students use the Internet to find the different currencies in Spanish-speaking countries and their exchange rates.

1 Relacionar Escribe oraciones que conecten las frases de las dos columnas usando **porque.**

1. Diana odia los fines de semana... *f*	a. está a dieta.
2. Diana quiere ir de compras con su hija... *e*	b. el ladrón usa la tarjeta de crédito menos que ella.
3. Fabiola dice que tengan cuidado en las tiendas... *c*	c. hace dos meses le robaron la tarjeta de crédito.
4. Fabiola no fue a la policía... *b*	d. el señor que limpia está enfermo.
5. Aguayo pasará la aspiradora... *d*	e. no quiere que gaste mucho dinero.
6. Aguayo no prueba los dulces... *a*	f. durante esos días discute mucho con su familia.

2 ¿Cierto o falso? Decide si lo que afirman las siguientes oraciones es **cierto** o **falso**. Corrige las oraciones falsas.

	Cierto	Falso
1. Fabiola tiene tres hijos, un marido y una suegra. *Diana tiene tres hijos, un marido y una suegra.*	☐	☑
2. A Fabiola le robaron la tarjeta de crédito.	☑	☐
3. Éric fue al banco por la mañana. *Éric tiene que ir al banco al mediodía.*	☐	☑
4. Aguayo probará los dulces más tarde. *Aguayo no probará los dulces porque está a dieta.*	☐	☑
5. Aunque está a dieta, Diana prueba los dulces.	☑	☐
6. Mariela echó un poco de aerosol a los dulces. *Mariela no le echó aerosol a los dulces, aunque le hubiera gustado hacerlo.*	☐	☑
7. Diana tiene una caja de herramientas.	☑	☐
8. Johnny le dejó el dulce grande a Fabiola. *Fabiola llegó antes que Johnny y ella eligió el dulce grande.*	☐	☑

3 Seleccionar Selecciona la oración más adecuada para reemplazar lo dicho por los personajes de la **Fotonovela**.

1. Odio los lunes.
   a. No soporto los lunes. *x* b. No detesto los lunes. c. Me gustan los lunes.
2. Tengo una agenda muy llena para el almuerzo.
   a. Tengo un almuerzo. b. Tengo muchas tareas a la hora del almuerzo. *x* c. No tengo mi agenda.
3. Tienes lo que quieres.
   a. Tu deseo se cumplió. *x* b. Tienes razón. c. Te quiero.

Ampliación

4 **Razones falsas** Aguayo les pide a sus compañeros que lo ayuden a limpiar la oficina, pero ellos le dicen que no pueden y le mienten. ¿Qué preguntas puedes hacerles a éstos para descubrir sus mentiras? Escribe las preguntas. Después, en grupos de cinco, dramaticen la situación: uno/a de ustedes es Aguayo y los/las otros/as son los compañeros. Luego, cambien los papeles.

5 **Excusas** En parejas, escriban una excusa cortés y una respuesta descortés para evitar hacer lo que les piden.

MODELO En casa, la madre le pide a la hija: "Tienes que ir al banco a depositar el cheque."
Excusa cortés: "Lo siento, tengo que estudiar para un examen."
Respuesta descortés: "¡Detesto ir al banco! ¡No quiero ir!"

1. En la oficina, un compañero le pide a otro: "Por favor, responde el teléfono".
2. En la clase de español, un compañero le pregunta a otro: "¿Qué significa esa palabra?"
3. En casa, un hermano le pide a su hermana: "¿Llevas mi ropa al lavadero?"
4. En un restaurante, una amiga le pide a otra: "¿Puedes pagar mi café?"
5. En la calle, una persona le pregunta a otra la hora.
6. En la fábrica, un empleado le pide permiso al jefe para salir más temprano.

6 **Opinar** Trabajen en grupos. Discutan sobre las siguientes preguntas. Si es posible, den ejemplos de situaciones de la vida diaria.

1. ¿Debemos dar excusas falsas? ¿Por qué?
2. ¿Es mejor decir la verdad siempre? ¿Por qué?

7 **Acuerdos y desacuerdos** Johnny y Fabiola son amigos. En la columna de Fabiola están algunas respuestas que ella le dio a Johnny en el pasado. En parejas, discutan y escriban en la primera columna qué dijo Johnny probablemente para que Fabiola le contestara así. Comparen sus respuestas con las de otros/as compañeros/as.

Johnny

Fabiola

Johnny	Fabiola
1. ____________	a. —No creas, detesta ir al teatro.
2. ____________	b. —¡Por supuesto! Es el mejor.
3. ____________	c. —¡Cómo no! Lo voy a hacer con mucho gusto.
4. ____________	d. —¡Ni modo! No quiero ir contigo.
5. ____________	e. —Lo mismo digo yo.
6. ____________	f. —¡Qué va! A ella no le gusta.

NATIONAL communication STANDARDS

(4) To practice verb conjugations, ask students to write questions and answers in complete sentences. **Teaching Option:** Have students work in small groups. In each, a volunteer plays the role of an appliance salesperson. The others must ask pertinent questions about the features and performance of each appliance.

(5) In pairs, have students create and act out a phone conversation based on one of these situations. Students should use polite and impolite excuses.

(6) Have volunteers read some of their examples and let the class decide which are the most and least reasonable.

(7) Have students continue working in groups to write another set of sentences that might fit Fabiola's responses. **Variación léxica:** Point out to students that the expression **¡Ni modo!,** becoming popular in this country, is a direct translation of the English "No way!" However, the customary Spanish expression is **¡Ni hablar!.**

Instructional Resource IRM (general teaching suggestion)

NATIONAL cultures STANDARDS

De compras en las tiendas de departamentos

Los empleados de *Facetas* aprovechan la hora del almuerzo para hacer diligencias. Cuando necesitan comprar algo, van a las tiendas de departamentos porque son el mejor sitio para ir de compras cuando tienes poco tiempo.

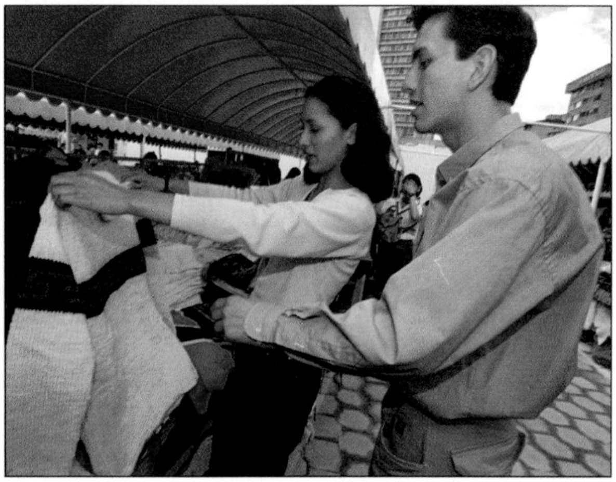

De compras

Si quieres comprar un regalo original, y no tienes una idea clara de lo que buscas ni mucho tiempo a tu disposición, ¿adónde prefieres ir: a una tienda tradicional o a una tienda de departamentos? En éstas últimas, seguramente, encontrarás lo que buscabas.

En los países de habla hispana existen muchas tiendas de departamentos donde puedes encontrar realmente de todo. Además, puedes disfrutar de una excelente comida en un restaurante, planear tus vacaciones en la agencia de viajes e incluso ir a la peluquería y, todo esto, sin salir del edificio.

En general, estos establecimientos siguen el modelo estadounidense. La satisfacción y la fidelidad al cliente son lo primero; el servicio es excelente; la gran oferta de productos y el horario de apertura son más amplios que los de las tiendas tradicionales. El trato entre el cliente y el vendedor es, sin embargo, más impersonal y frío. La gran ventaja para el cliente es la comodidad, porque en un mismo sitio está todo lo que necesita. Al fin y al cabo, hoy día, la prioridad para muchos es el ahorro del tiempo.

Si estás en España, no te pierdas *El Corte Inglés*, el sitio de compras por excelencia, donde puedes pasarte un día entero sin darte cuenta. La atención al cliente es personalizada y el sistema de pago es flexible. En esta tienda de departamentos se venden muchos productos: ropa, comida, computadoras, libros, discos compactos, etc. Cuenta incluso con una fundación privada dedicada a actividades culturales y deportivas.

Si estás de viaje por Hispanoamérica, no dejes de visitar Falabella, la tienda de departamentos más grande de Suramérica, con sucursales en Chile, Argentina y Perú.

la apertura	*opening*
amplio	*wide*
el trato	*relationship*
el ahorro	*saving*
la sucursal	*branch*
la empresa	*company*

Hasta el 31 de octubre.
todas las novedades en menaje
Ahora en El Corte Inglés disfrutará equipando su cocina o su mesa con lo último en menaje. Todo lo que necesita para preparar y servir sus platos favoritos. Las piezas más resistentes. Los diseños más innovadores en baterías de cocina, sartenes, cristalerías, cuberterías... Con unos descuentos que no le sabrán a poco.
HASTA -50%
en mil ofertas de menaje de cocina y mesa
El Corte Inglés

Anuncio de El Corte Inglés

El almuerzo y sus horarios

Almuerzo con los amigos

Los empleados de *Facetas* tienen dos horas para almorzar. Aunque esta costumbre está cambiando, todavía algunas empresas en los países hispanos dan dos o tres horas a sus empleados para el almuerzo.

Los horarios del almuerzo varían de país a país. ¿Crees que puedes almorzar en España a las 12 del mediodía? Seguramente será muy difícil comer en un restaurante a esa hora. Allí el almuerzo se sirve entre la una y las tres de la tarde. En Argentina, Chile, Colombia y México, por otro lado, se almuerza generalmente entre las 12 y las 2 de la tarde.

Por lo general, se puede decir que en el mundo hispano las familias se siguen reuniendo para el almuerzo, pues éste es un buen momento para socializar. En muchos países, por ejemplo, los miembros de las familias suelen vivir cerca y se reúnen los fines de semana para almorzar.

- Aunque la costumbre de dormir una breve siesta se va perdiendo, debido al cambio de horarios de muchas empresas, todavía se mantiene con vigor en muchos países.
- Unos platos españoles que se están haciendo muy populares son las típicas tapas, que consisten en pequeños aperitivos hechos con una gran variedad de ingredientes.
- Un hábito muy común en México consiste en desayunar un café. Aproximadamente a las 11 de la mañana se come una buena ración de tacos. A esta comida se le llama almuerzo. La comida principal se da entre las 2 y las 4 de la tarde.
- El ubicuo pan se sustituye por otros alimentos en muchas regiones hispanas. En Venezuela y Colombia, por ejemplo, muchas veces se reemplaza por las arepas, mientras que en México se acompaña la comida con las tortillas.

Coméntalo

Reúnete con varios compañeros/as de clase y conversa sobre los siguientes temas.

1. ¿Les gusta ir de compras?¿Por qué?
2. ¿Dónde prefieren comprar: en las tiendas tradicionales o en las tiendas de departamentos?
3. ¿Qué comidas típicas de los países hispanos conocen? Hagan una lista y compártanla con la clase.
4. ¿Les gustaría comer todos los días con la familia o los amigos? ¿Por qué?

Instructional Resources
WB, LM, CD-ROM, WB/LM/VM Answer Key

Suggestion: Point out to students that the written accent in the preterite tense is important because it controls pronunciation and meaning.

Suggestion: Remind students that verbs that change the **c** and **g** to **qu** and **gu** do so to maintain the hard **k** and **g** sounds in the infinitive.

Suggestion: Have students conjugate these verbs aloud to practice the semi-consonant **y** sound.

3.1 The preterite tense

¿Te acuerdas? Spanish has two simple tenses to indicate actions in the past: the preterite and the imperfect. The preterite is used to describe actions or states that began or were completed at a definite time in the past.

- The preterite tense of regular verbs is formed by dropping the infinitive ending **(–ar, –er, –ir)** and adding personal endings. The endings of regular **–er** and **–ir** verbs are identical in the preterite tense.

The preterite of regular *–ar*, *–er*, and *–ir* verbs

comprar	vender	abrir
compré	vendí	abrí
compraste	vendiste	abriste
compró	vendió	abrió
compramos	vendimos	abrimos
comprasteis	vendisteis	abristeis
compraron	vendieron	abrieron

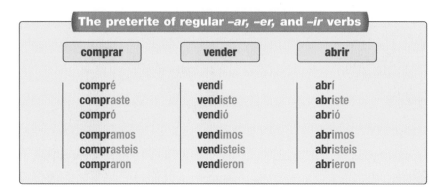

- Verbs that end in **–car, –gar,** and **–zar** have a spelling change in the **yo** form of the preterite. Otherwise they are regular.

buscar	**busc–**	**–qu–**	**yo busqué**
llegar	**lleg–**	**–gu–**	**yo llegué**
empezar	**empez–**	**–c–**	**yo empecé**

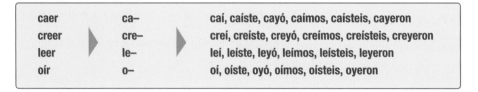

- **Caer, creer, leer,** and **oír** change **–i–** to **–y–** in the **él, ella,** and **usted** forms and in the **ellos, ellas,** and **ustedes** forms of the preterite. They also require a written accent on the **–i–** in all other forms.

caer	**ca–**	**caí, caíste, cayó, caímos, caísteis, cayeron**
creer	**cre–**	**creí, creíste, creyó, creímos, creísteis, creyeron**
leer	**le–**	**leí, leíste, leyó, leímos, leísteis, leyeron**
oír	**o–**	**oí, oíste, oyó, oímos, oísteis, oyeron**

- Verbs with infinitives ending in **–uir** change **–i–** to **–y–** in the **él, ella,** and **usted** forms and in the **ellos, ellas,** and **ustedes** forms of the preterite.

construir	**constru–**	**construí, construiste, construyó, construimos, construisteis, construyeron**
incluir	**inclu–**	**incluí, incluiste, incluyó, incluimos, incluisteis, incluyeron**

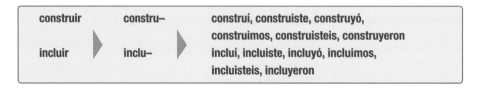

▶ Stem-changing **–ir** verbs also have a stem change in the **él, ella,** and **usted** form and in the **ellos, ellas,** and **ustedes** form of the preterite. Stem changing **–ar** and **–er** verbs are regular.

The preterite of *–ir* stem changing verbs

pedir		dormir	
pedí	pedimos	dormí	dormimos
pediste	pedisteis	dormiste	dormisteis
pidió	pidieron	durmió	durmieron

▶ A number of **–er** and **–ir** verbs have irregular preterite stems. Notice that none of these verbs takes a written accent on the preterite endings.

Preterite of irregular verbs

INFINITIVE	U-STEM	PRETERITE FORMS
andar	**anduv–**	**anduve, anduviste, anduvo, anduvimos, anduvisteis, anduvieron**
estar	**estuv–**	**estuve, estuviste, estuvo, estuvimos, estuvisteis, estuvieron**
haber	**hub–**	**hube, hubiste, hubo, hubimos, hubisteis, hubieron**
poder	**pud–**	**pude, pudiste, pudo, pudimos, pudisteis, pudieron**
poner	**pus–**	**puse, pusiste, puso, pusimos, pusisteis, pusieron**
saber	**sup–**	**supe, supiste, supo, supimos, supisteis, supieron**
tener	**tuv–**	**tuve, tuviste, tuvo, tuvimos, tuvisteis, tuvieron**
INFINITIVE	I-STEM	PRETERITE FORMS
hacer	**hic–**	**hice, hiciste, hizo, hicimos, hicisteis, hicieron**
querer	**quis–**	**quise, quisiste, quiso, quisimos, quisisteis, quisieron**
venir	**vin–**	**vine, viniste, vino, vinimos, vinisteis, vinieron**
INFINITIVE	J-STEM	PRETERITE FORMS
conducir	**conduj–**	**conduje, condujiste, condujo, condujimos, condujisteis, condujeron**
decir	**dij–**	**dije, dijiste, dijo, dijimos, dijisteis, dijeron**
traducir	**traduj–**	**traduje, tradujiste, tradujo, tradujimos, tradujisteis, tradujeron**
traer	**traj–**	**traje, trajiste, trajo, trajimos, trajisteis, trajeron**

▶ Notice that the stem of **decir (dij–)** not only ends in **j,** but the stem vowel **e** changes to **i.** In the **él, ella,** and **usted** form of **hacer (hizo)**, **c** changes to **z** to maintain the pronunciation. Most verbs that end in **–cir** have **j**-stems in the preterite.

¡ATENCIÓN!

–ir stem-changing verbs include:

conseguir
consentir
hervir
morir
preferir
repetir
seguir
sentir
servir

Suggestion: Point out that **conducir, decir, traducir,** and **traer** drop the **i** of the preterite ending in **ellos, ellas,** and **ustedes** forms. Ex: **trajeron** (and not **trajieron).**

¡ATENCIÓN!

Ser, ver, ir, and **dar** also have irregular preterites. The preterite forms of **ser** and **ir** are identical.

ser/ir
fui, fuiste, fue, fuimos, fuisteis, fueron

dar
di, diste, dio, dimos, disteis, dieron

ver
vi, viste, vio, vimos, visteis, vieron

Suggestion: You may wish to ask students to write several sentences to practice the preterite of the verbs **ir** and **ser**.

Práctica

① Students can exchange papers and correct each other's work. They should refer to the verb lists on previous pages.

① Quehaceres Escribe la forma correcta del pretérito de los verbos indicados.

1. El sábado pasado mis compañeros de apartamento y yo *hicimos* (hacer) la limpieza semanal.
2. Jorge *barrió* (barrer) el suelo de la cocina.
3. Yo *pasé* (pasar) la aspiradora por el salón.
4. Mariela y Felisa *quitaron* (quitar) los sillones para limpiarlos y después los *volvieron* (volver) a poner en su lugar.
5. Yo *lavé* (lavar) toda la ropa sucia y la *puse* (poner) en el armario.
6. Nosotros *terminamos* (terminar) con todo en menos de una hora.
7. Luego, Mariela *abrió* (abrir) el refrigerador.
8. Ella *vio* (ver) que no había nada de comer. ¿Cómo *fue* (ser) posible?
9. Felisa *dijo* (decir) que iría al supermercado. Todos nosotros *decidimos* (decidir) acompañarla.
10. Yo *apagué* (apagar) las luces y nos *fuimos* (ir) al mercado.

② Point out this lexical item: **carro** → **auto/automóvil** *(Chil./Arg.)*; **coche** *(Sp.)*.

② Have students select three actions and use them to express what they did **primero, después,** and **al final.**

② ¿Ya lo hiciste? En parejas, imaginen que acaban de volver del supermercado. Uno/a de ustedes hace preguntas un poco impertinentes. El/La otro/a contesta que ya lo hizo.

MODELO
sacar las bolsas del carro
—¿Sacaste las bolsas del carro?
—Sí. Ya saqué las bolsas del carro.

1. traer las bolsas a la cocina
2. poner las latas en el armario
3. poner el helado en el refrigerador
4. abrir el paquete de galletas
5. hervir agua para hacer café
6. poner la cantidad apropiada de café
7. sacar el cartón de leche
8. encontrar el azúcar

③ Point out that **tener que** and **atreverse a** are always followed by an infinitive.

③ ¿Qué hicieron? Combina palabras y frases de cada columna para narrar lo que hicieron las siguientes personas.

yo mi compañero/a de cuarto mis amigos el/la profesor(a) de español mi novio/a	asombrarse de atreverse a conseguir dar decir estar extrañarse de ir pedir tener que	anoche anteayer ayer la semana pasada una vez dos veces

Comunicación

4 La semana pasada Averigua lo que hicieron tus compañeros de clase durante la semana pasada. Pasea por el salón de clases haciéndoles las siguientes preguntas a tus compañeros. Anota el nombre del primero que conteste que sí a las preguntas.

MODELO ir al cine
—¿Fuiste al cine durante la semana pasada?
—Sí, fui al cine y vi la última película de Spielberg.
—No, no fui al cine.

Actividades	Nombre
asistir a un partido de fútbol	________
conseguir una buena nota en una prueba	________
conducir tu carro a la universidad	________
dar un consejo a un(a) amigo/a	________
dormirse en una clase o laboratorio	________
estar enfadado/a con un amigo/a	________
estudiar toda la noche para un examen	________
hacer una tarea dos veces	________
ir a la oficina de un(a) profesor(a)	________
pedir dinero prestado	________
perder algo importante	________
tener que comer en un restaurante cada noche	________
ver tres programas de televisión seguidos	________

5 Una fiesta En parejas, túrnense para comentar la última fiesta que dieron o a la que asistieron.

- cuál fue la ocasión
- cuándo fue
- quiénes fueron y quiénes no pudieron ir
- qué se sirvió
- quién lo preparó
- qué tipo de música había
- qué hicieron los invitados

6 ¿Qué haces en el hogar?

A. Haz una lista de diez quehaceres que hiciste el mes pasado en tu apartamento, casa o residencia.

B. En parejas, túrnense para preguntarse si hicieron los mismos quehaceres.

C. Describan a la clase lo que hizo su compañero/a. Luego, la clase decide quién es el/la más trabajador(a).

NATIONAL communication STANDARDS

4 Have students report their own activities during the past week. They can start by saying **Pues yo...**

5 Ask students what they like to do when hosting a party.

6 Remind students that the days of the week and months of the year are masculine, as are **el día, el mes,** and **el año. La semana,** however, is feminine. When using the past tense, expressions such as **el año pasado, el lunes pasado, la semana pasada** are useful.

3.2 The imperfect tense

Instructional Resources
WB, LM, CD-ROM, WB/LM/VM Answer Key

Suggestion: Point out that since the imperfect often expresses progression in the past, it is not necessary to use the progressive form of the verb. **Hablaba** and **caminaba** is an appropriate translation for *was talking* and *was walking.*

¿Te acuerdas? The imperfect tense in Spanish is used to narrate past events without focusing on their beginning, end, or completion.

El recado decía que él estaba enfermo.

Siempre tenía problemas con la aspiradora.

▶ The imperfect tense of regular verbs is formed by dropping the infinitive ending **(–ar, –er, –ir)** and adding personal endings. **–Ar** verbs take the endings **–aba, –abas, –aba, –ábamos, –abais, –aban. –Er** and **–ir** verbs take **–ía, –ías, –ía, –íamos, –íais, –ían.**

The imperfect of regular *–ar, –er,* and *–ir* verbs

caminar	deber	abrir
caminaba	debía	abría
caminabas	debías	abrías
caminaba	debía	abría
caminábamos	debíamos	abríamos
caminabais	debíais	abríais
caminaban	debían	abrían

¡ATENCIÓN!

The imperfect of **hay** is **había.** There is no plural form.

Había tres cartas en el buzón.
There were three letters in the mailbox.

Sólo había un vestidor en la tienda.
There was only one fitting room in the store.

▶ **Ir, ser,** and **ver** are the only verbs that are irregular in the imperfect.

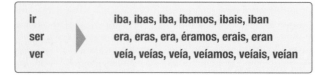

ir	**iba, ibas, iba, íbamos, ibais, iban**
ser	**era, eras, era, éramos, erais, eran**
ver	**veía, veías, veía, veíamos, veíais, veían**

▶ The imperfect tense narrates *what was going on* at a certain time in the past. It often indicates what was happening in the background.

Mi hermana y yo nos llevábamos muy mal, especialmente cuando **íbamos** de compras.
Ella siempre **elegía** las cosas que no me **iban a** gustar…
My sister and I did not get along very well, especially when we went shopping.
She always chose things that I wouldn't like…

Práctica y Comunicación

1 **Antes** En parejas, túrnense *(take turns)* para hacerse preguntas usando las frases. Sigan el modelo.

MODELO levantarse tarde los lunes
—¿Te levantas tarde los lunes?
—Ahora sí, pero antes nunca me levantaba tarde los lunes.
—Ahora no, pero antes siempre me levantaba tarde los lunes.

1. hacer los quehaceres del hogar
2. cocinar para los amigos
3. ir de compras al centro comercial
4. pagar con tarjeta de crédito
5. preocuparse por el futuro

2 **Antes y ahora** En parejas, comparen cómo ha cambiado la vida de Andrés en los últimos años. ¿Cómo era antes? ¿Cómo es ahora?

ANTES

AHORA

3 **¿Y ustedes?**

A. Busca a los/las compañeros/as que hacían estas cosas cuando eran niños/as. Escribe el nombre del/de la primero/a que conteste afirmativamente cada pregunta.

Nombre	¿Qué hacían?
____________	tenía miedo de los monstruos y fantasmas de los cuentos.
____________	lloraba todo el tiempo.
____________	siempre hacía la cama.
____________	era muy travieso/a *(mischievous)*.
____________	rompía los juguetes.
____________	le hacía muchos regalos a sus padres.
____________	comía muchos dulces.

B. Ahora, comparte con la clase los resultados de tu búsqueda.

1 Point out that since the expression **los lunes, los martes,** etc. implies repetition of an action, the imperfect must be used.

2 Encourage students to bring in childhood photos and describe themselves at that time. Have the class ask questions for more details.

3 In one column, write on the board: **ayer, el otro día, todos los domingos, frecuentemente, el verano pasado.** In a second column write: **ir de compras, barrer el apartamento, comer en un restaurante, hacer los quehaceres.** Ask **¿Qué hiciste o qué hacías?** and have students match an expression with an action, and complete the sentence with the preterite or imperfect tense.
Teaching Option: Have students search the Internet for the biography of a popular actor, singer, or athlete and find out what his/her life was like in the past. Have them report the results to the class.

Instructional Resources
WB, LM, CD-ROM,
WB/LM/VM Answer Key

Suggestion: Point out that when refering to a person's age in the past, the imperfect is almost always used.
Ex: **Tenía treinta años cuando llegó a este país.**

3.3 The preterite and the imperfect

¿Te acuerdas? Although the preterite and imperfect both express past actions or states, the two tenses have different uses and, therefore, are not interchangeable.

¿Cómo lograste encender la aspiradora? Antes no funcionaba.

Uses of the preterite

▶ To express actions or states viewed by the speaker as completed.

Compraste los muebles hace un mes.
You bought the furniture a month ago.

Mis amigas **fueron** al centro comercial ayer.
My girlfriends went to the mall yesterday.

▶ To express the beginning or end of a past action.

La telenovela **empezó** a las ocho.
The soap opera began at eight o'clock.

El café **se acabó** enseguida.
The coffee ran out right away.

▶ To narrate a series of past actions.

Me levanté, **limpié** la casa y **fui** al cine.
I got up, cleaned the house, and went to the movies.

Se sentó, **puso** las noticias y **se durmió**.
He sat down, turned on the news, and fell asleep.

Uses of the imperfect

▶ To describe an ongoing past action without reference to beginning or end.

Se acostaba muy temprano.
He went to bed very early.

Juan **tenía** pesadillas constantemente.
Juan constantly had nightmares.

▶ To express habitual past actions.

Me gustaba jugar fútbol los domingos.
I used to like to play soccer on Sundays.

Solían comprar las verduras en el mercado.
They used to shop for vegetables in the market.

▶ To describe mental, physical, and emotional states or conditions.

Sólo **tenía** quince años en aquel entonces.
He was only fifteen years old then.

Estaba tan hambriento que quería comerme un pollo entero.
I was so hungry that I wanted to eat a whole chicken.

▶ To tell time.

Eran las ocho y media de la mañana.
It was eight-thirty a.m.

Era la una en punto.
It was exactly one o'clock.

The preterite and imperfect used together

▶ In narrative in the past, the imperfect narrates *what was going on* or *what was happening in the background*, when it was interrupted by another action, expressed by the preterite.

Mientras **estudiaba sonó** la alarma contra incendios. Me **levanté** de un salto y **miré** el reloj. **Eran** las 11:30. **Salí** corriendo de mi cuarto. En el pasillo **había** más estudiantes. La alarma **seguía** sonando. **Bajamos** las escaleras y, al llegar a la calle, me **di** cuenta de que **hacía** un poco de frío. No **tenía** un suéter. De repente, la alarma **dejó** de sonar. No **había** ningún incendio.

*While I **was studying** the fire alarm **went off**. I **jumped up** and **looked** at the clock. It was 11:30. I **ran out** of my room. In the hall **there were** more students. The alarm **continued** to blare. We **rushed** down the stairs and, when we got to the street, I **realized** that it **was** a little cold. I **didn't have** a sweater. Suddenly, the alarm **stopped**. **There was** no fire.*

Different meanings in the imperfect and preterite

Quise encender la aspiradora, pero no pude.

Supe que el señor que limpia está enfermo.

▶ The verbs **querer, poder, saber,** and **conocer** have different meanings when they are used in the preterite. Notice also the meanings of **no querer** and **no poder** in the preterite.

INFINITIVE	IMPERFECT	PRETERITE
querer	**Quería acompañarte.** *I wanted to come with you.*	**Quise acompañarte.** *I tried to come with you (but failed).* **No quise acompañarte.** *I refused to come with you.*
poder	**Ana podía hacerlo.** *Ana could do it.*	**Ana pudo hacerlo.** *Ana succeeded in doing it.* **Ana no pudo hacerlo.** *Ana could not do it.*
saber	**Ernesto sabía la verdad.** *Ernesto knew the truth.*	**Por fin Ernesto supo la verdad.** *Ernesto finally discovered the truth.*
conocer	**Yo ya conocía a Andrés.** *I already knew Andrés.*	**Yo conocí a Andrés en la fiesta.** *I met Andrés at the party.*

¡ATENCIÓN!

Here are some transitional words useful for clarity when narrating past events.

primero *first*

al principio *in the beginning*

antes (de) *before*

después (de) *after*

mientras *while*

entonces *then*

luego *then, next*

siempre *always*

al final *finally*

la última vez *the last time*

Suggestion: Review the difference between **saber** and **conocer.**

Variación léxica: Point out that **encender** is a synonym of **prender.** For plugging in appliances, **enchufar** is used.

Práctica

① Write several similar sentences on the board. Ex: **María <u>llegar</u> cuando Diana <u>pasar</u> la aspiradora. (llegó/pasaba)**

① Have students select some of the sentences in the activity and insert new verbs or expressions to create new sentences. Ex: **Eran las 3 de la tarde cuando Carlos y Marina salieron de compras.**

② Have students work in pairs to create sentences. Model by asking: **¿Cuándo fue la última vez que...?** and encourage students to use this question.

1 **Interrupciones** Elena y Francisca tenían invitados a cenar y lo estaban preparando todo. Completa las oraciones con el imperfecto o el pretérito.

averiguar	freír	ofrecer	salir
bostezar	haber	pasar	ser
decir	levantar	preparar	terminar
estar	llamar	quitar	tocar

1. ___*Eran*___ las ocho cuando Francisca y Elena se ___*levantaron*___ para preparar todo.
2. Elena ___*pasaba*___ la aspiradora cuando Felipe la ___*llamó*___ preguntando la hora de la cena. Le ___*dijo*___ que ___*era*___ a las diez y media.
3. Francisca ___*preparaba*___ las tapas en la cocina. Todavía ___*era*___ temprano. ___*Bostezó*___ varias veces mientras ___*freía*___ las papas en aceite.
4. Elena ___*quitaba*___ el polvo de los muebles, cuando su madre ___*tocó*___ la puerta. ¡___*Fue*___ una visita sorpresa!
5. Su madre se ___*ofreció*___ a ayudar. Elena ___*dijo*___ que sí.
6. Cuando Francisca ___*terminó*___ de hacer las tapas, ___*averiguó*___ si ___*había*___ suficientes refrescos. No había. Francisca ___*salió*___ al supermercado.
7. Cuando por fin ___*terminaron*___ los preparativos, ya ___*eran*___ las nueve y media. Todo ___*estaba*___ listo.

2 **La última vez** Indica cuándo hiciste por última vez las siguientes cosas. Utiliza algunas de las palabras y frases de la lista. Sigue el modelo.

MODELO llorar viendo una película
—La última vez que lloré viendo una película fue en 1998. La película fue *Gandhi*.

1. escribir un correo electrónico
2. decir una mentira
3. olvidar algo importante
4. perderte en una ciudad
5. perder una llave
6. oír una buena/mala noticia
7. tener una sorpresa desagradable/agradable

ayer	en el año 19..	nunca
anteayer	el mes pasado	cuando estaba de vacaciones
anoche	cuando era niño	

Comunicación

③ Cuatro fechas importantes

A. Escribe cuatro fechas importantes en tu vida. ¿Qué te pasó? ¿Dónde estabas? ¿Con quién?

Fecha	¿Qué pasó?	¿Con quién estabas?	¿Dónde estabas?	¿Qué tiempo hacía?
el 6 de agosto de 1998.	Tuve un accidente de carro.	Estaba con un amigo.	Estábamos en la autopista que va a Cuernavaca.	Llovía mucho.

B. Intercambia tu información con tres compañeros/as. Ellos te van a hacer preguntas sobre lo que pasó.

③ Point out the date on the chart and remind students how to write dates in Spanish (day, month, year). Add that months are not capitalized.

④ La mañana de Herlinda

A. En parejas observen los dibujos.

1.

2.

3.

4.

B. Escriban lo que le pasó a Herlinda. Utilicen el pretérito y el imperfecto en la narración.

C. Con dos parejas más, túrnense para presentar las historias que han escrito. Hagan preguntas a sus compañeros sobre sus historias.

④ Remind students that **hacer** is used to express the weather: **hace, hizo, hacía.**
Teaching Option: Point out that in schedules and official time, the forms **diez cuarenta y cinco, nueve treinta** are used instead of the conversational expressions **once menos cuarto, nueve y media.**

3.4 Adverbs

¿Te acuerdas? Adverbs describe *how*, *when*, and *where* actions take place. They can modify verbs, adjectives, and even other adverbs.

- Many Spanish adverbs are formed by adding the suffix **–mente** to the feminine singular form of an adjective. The **–mente** ending is equivalent to the English ending *–ly.*

ADJECTIVE	FEMININE FORM	SUFFIX	ADVERB
básico	**básica**	**–mente**	**básicamente** *basically*
cuidadoso	**cuidadosa**	**–mente**	**cuidadosamente** *carefully*
enorme	**enorme**	**–mente**	**enormemente** *enormously*
hábil	**hábil**	**–mente**	**hábilmente** *cleverly; skillfully*

- Adverbs generally follow the verbs they modify and precede the adjectives they modify.

Isabel cocina **maravillosamente**.
Isabel cooks wonderfully.

Está **completamente** feliz en su nuevo hogar.
She is completely happy in her new home.

- If two or more adverbs modify the same verb, only the final adverb in the sentence or phrase uses the suffix **–mente.**

Se marchó **lenta** y **silenciosamente**.
He left slowly and silently.

Tocaron el timbre **rápida** e **insistentemente**.
They rang the bell rapidly and insistently.

- The construction **con** + [*noun*] is often used instead of long adverbs that end in **–mente.**

cuidadosamente = con cuidado

frecuentemente = con frecuencia

Common adverbs and adverbial phrases

- **a escondidas** *secretly; clandestinely*
- **a menudo** *frequently; often*
- **a tiempo** *on time*
- **a veces** *sometimes*
- **apenas** *hardly; scarcely*
- **así** *like this; so*
- **bastante** *sufficiently*
- **casi** *almost*
- **de costumbre** *usually*
- **de improviso** *unexpectedly*
- **de vez en cuando** *now and then*
- **en aquel entonces** *at that time*
- **en el acto** *immediately; on the spot*

- The adverbs **poco** and **bien** frecuently modify adjectives. In these cases, **poco** is often the equivalent of the English prefix *un–*, while **bien** conveys the meaning of *well, very, rather* or *quite.*

La situación está **poco** clara.
The situation is unclear.

La cena estuvo **bien** rica.
Dinner was very tasty.

Instructional Resources
WB, LM, CD-ROM, WB/LM/VM Answer Key

¡ATENCIÓN!

If an adjective has a written accent, it is kept when the suffix **–mente** is added. If it doesn't have a written accent, none is added.

Suggestion: Remind students that adjectives that end in **-e** and some adjectives that end in a consonant are both feminine and masculine.

Práctica y Comunicación

1 **Instrucciones para ser feliz** Elige el adjetivo apropiado para cada ocasión y después completa la oración con el adverbio correspondiente a ese adjetivo. Hay dos adjetivos que no se usan.

1. Tienes que amar a tu pareja *enormemente*.
2. Tienes que salir por la noche *frecuentemente*.
3. Debes gastar el dinero *cuidadosamente*.
4. Si le haces daño a alguien, debes pedir perdón *inmediatamente*.
5. Desayuna todas las mañanas *tranquilamente*.

cuidadoso
triste
tranquilo
enorme
frecuente
inmediato
malo

1 Have students provide the corresponding adverbs for the unused adjectives. In pairs, students can continue: one student chooses a new adjective and the partner forms the adverb.

2 **¿Cuántas veces?** Trabajen en parejas. Usen los elementos de las dos columnas para preguntarse con qué frecuencia hacían estas cosas el año pasado.

ACTIVIDAD	FRECUENCIA
limpiar tu habitación	nunca
desayunar sólo café	casi nunca
comer hamburguesas	a veces
hacer un examen sin estudiar	con frecuencia
afeitarte la cabeza	casi siempre
llegar temprano a clase	siempre

2 Have students report on their partner's activities.

Teaching Option: Have students form two teams. Have each student write an adverb on a piece of paper and put it in a bag. Taking turns, students have 30 seconds to pick an adverb, read it, and use it in a sentence. Write the sentences on the board. The team with more correct sentences wins.

Teaching Option: Have students change prepositional phrases to adverbs. Write the following on the board:
1. con tranquilidad
2. con alegría
3. con tristeza
4. con agrado.
Write the following pattern on the board: **con amabilidad → amable → amablemente.**

3 **Conversar** En parejas, tienen que escribir un diálogo inspirado en la ilustración. Ellos se acaban de conocer y quieren saber qué hábitos y gustos tiene el/la otro/a. Utilicen adverbios en su conversación. Cuando hayan terminado, representen la conversación delante de la clase.

A conversar

Expansion: Ask a volunteer to read the first paragraph of the text. Have the class discuss its meaning. **¿Qué quiere decir el autor con "entre locomotoras, piedras y vías"?** Have students locate Clemente, Argentina on the map. Ask them to search the web for information on this part of the world (Patagonia). They should report their findings.

La vida, antes y ahora

A Trabajen en grupos pequeños para leer el texto.

Nací y me crié en Clemente, Argentina. Mi abuelo árabe Elías Chaina llegó a ese lugar a principios de siglo allá por 1910, y se instaló, quizás porque esas piedras y lo desértico de la estepa° patagónica le recordaban a su querido Harajel, allá en el monte libanés. *steppe*

A ese lugar fue llegando gente de muchas partes, de los cuales la mayoría venía siguiendo las vías del ferrocarril°. Así se fueron mezclando° con las familias que habitaban la zona. *railways/integrating*

Y entre locomotoras, piedras y vías se fueron mezclando y formaron el pueblo. Ahí nomás, bien cerquita de las vías del ferrocarril. Todos juntitos.

Vivieron en ese lugar trabajando, luchando° por la vida, criaron° a sus hijos, pensaron en un futuro, soñaron° y albergaron esperanzas°. *struggling/raised* *dreamt/had hopes*

Ésta es una parte de la historia.

La llegada y el desarrollo° del ferrocarril marcaron un momento importante en el crecimiento° y prosperidad en nuestro país. La expansión de sus vías permitió un inmenso progreso en todos los terrenos, fundamentalmente en la comunicación. *development* *growth*

B Con el grupo, contesten las siguientes preguntas.

1. ¿De dónde era el abuelo?
2. ¿Cómo era el pueblo?
3. ¿Qué importancia tuvo el tren para el desarrollo del pueblo?
4. ¿Cómo fue la vida de sus abuelos?

C Con el grupo, completen la siguiente tabla. Tienen que comparar su vida con la vida que vivieron sus abuelos cuando tenían la edad que tienen ustedes ahora.

	Sus Abuelos	Ustedes
Las relaciones sentimentales		
Los fines de semana		
Las comodidades del hogar		
La importancia de la comunicación		
El trabajo fuera de casa		

D Con toda la clase, discutan sobre las siguientes preguntas.

- ¿Qué sociedad es mejor, la de ustedes o la de sus abuelos? ¿Por qué?
- ¿Es importante el amor en el matrimonio? ¿Por qué?
- ¿Era la gente más feliz en el pasado? Razonen sus respuestas.

A escribir

Una anécdota del pasado

Sigue el **Plan de redacción** para contar una anécdota que te haya ocurrido en el pasado. Haz una lista de sucesos divertidos, dramáticos, etc. que te ocurrieron y que rompieron tu rutina diaria. Selecciona el que te parezca más interesante y escribe una composición. Recuerda que debes utilizar el pretérito para las acciones y el imperfecto para las descripciones.

Acciones	Descripciones

Ask students to start their story using the simple five-sentence approach they tried previously, including only the main points. Ask them to add some elements of suspense to each point, and have them provide an alternate ending as well as the real one. When they finish, their partner should determine which is the best ending for the story and explain why.

Plan de redacción

Título Elige un título que capte la atención del lector. Puede ser un título breve, de una palabra, o puede ser una frase. Si prefieres una frase, ésta tiene que sugerir el contenido de tu historia, pero no tiene que dar mucha información.

Presentación Empieza tu composición explicando qué estaba pasando cuando ocurrió el suceso.

- cuándo ocurrió
- dónde estabas
- explica si estabas con alguien o estabas solo/a
- cuenta lo que pasó

Anécdota Cuenta la anécdota. Usa expresiones como las siguientes.

al final	finalmente
al principio	hace un mes
después	luego
entonces	todo empezó

Conclusión Termina tu historia resumiendo muy brevemente qué pasó y lo que sentiste en esa ocasión.

La siesta, 1943.
Antonio Berni. Argentina.

Tras el vivir y el soñar, está lo que más importa: el despertar.

— Antonio Machado

Antes de leer

Anónimo

Esther Díaz Llanillo

Conexión personal

Todos, en alguna ocasión, nos hemos sentido solos. Algunos sociólogos opinan que la soledad es cada vez más frecuente entre los habitantes de las grandes ciudades norteamericanas. ¿Crees que es verdad? ¿Cuándo prefieres estar solo? ¿Cuándo prefieres estar con otras personas?

Prefiero estar solo/a cuando...	Gozo de la compañía de otros cuando...

Contexto cultural

"Anónimo" is set in contemporary Cuba. Shortly after the Cuban Revolution, the Cuban government established a system of neighborhood vigilance committees; these committees were made up of people who received better housing and access to consumer goods, in return for keeping tabs on their neighbors. Can you find any details that suggest this atmosphere in the story?

Análisis literario: el suspenso

An author uses suspense **(el suspenso)** to create tension and excitement for the reader. As you read "Anónimo," note how the preterite contrasts with the imperfect to produce elements of suspense.

Estrategia de lectura: sacar conclusiones

A reader draws conclusions **(sacar conclusiones)** by gathering information and then making an inference. These conclusions may be based on details presented in the text or on the reader's previous inferences. Personal experience, prior knowledge of the author's work or contemporaries, or familiarity with a particular type of literature can also help a reader draw conclusions about the piece he or she is reading.

Vocabulario

adivinar *to guess*	**el peldaño** *step*
la amenaza *menace*	**el/la remitente** *sender*
asombrar *to amaze*	**el sobre** *envelope*
estrecho/a *narrow*	**vigilar** *to watch*

Lecturas opener (previous page):

See the **ENFOQUES** Instructor's Resource Manual for teaching suggestions.

Conexión personal: Ask students to think about elements of our daily lives that promote loneliness. Write their suggestions on the board as they mention them.

Contexto cultural: Ask students to think about times in their lives when they knew someone was keeping tabs on them or on someone they knew. Ask them to come up with reasons that would make people betray others in this manner. Then, see if they can relate the concept of loneliness with that of a society where individuals, entities, or entire governments may keep tabs on the private lives of others.

Análisis literario: Point out that we all tend to add suspense to the stories we tell. Ask pairs of students to come up with a basic story of no more than five lines. Each pair should exchange their story with another pair, and add another five lines, creating as much suspense as possible. Work with them to analyze the elements of suspense they chose.

Esther Díaz Llanillo

Hoja de vida

1934 Nace en La Habana, Cuba
1964 Su obra es publicada en la antología *Nuevos cuentos cubanos*
1998 Publica en la antología *Cubana*
2000 Publica en la antología *Cuentistas cubanas contemporáneas*

Sobre el autor

Esther Díaz Llanillo es colaboradora habitual en muchas revistas especializadas de literatura como *Casa de las Américas* y *Gaceta de Cuba.* Se doctoró en Filosofía y Letras y actualmente trabaja en la biblioteca de la Universidad de La Habana. Sus cuentos aparecen con frecuencia en las antologías de cuentistas cubanas.

Suggestion: Assign each section of the reading to a small group of students and ask them to draw a small cartoon representing the information contained in that section, using only images. Point out that they should focus on the detailed descriptions included in the text to make sure their drawing is accurate. Collect all drawings and hang them visibly on the board. Ask students to come up with alternate stories that would fit the drawings' sequence.

Anónimo

Aquella mañana se levantó temprano y, sin calzarse, casi dormido, avanzó hacia la cocina hambriento.

Era la suya una habitación peculiar; vivía en una buhardilla°, al final de una larga escalera que trepaba por la parte posterior de la casa, como una culebra°, los peldaños eran tan estrechos que uno temía haber sobrepasado las proporciones normales de un ser humano, pues podía resbalar y caerse con suma facilidad; por otra parte, la escalera vibraba sospechosamente a cada paso, y esto, unido a la insegura barandilla de hierro°, hacía pensar que la vida del que se atrevía a utilizarla se hallaba en constante peligro. Como el cartero no compartía estos arrestos°, ni por vocación de su oficio, solía dejarle la correspondencia junto al primer apartamento de la planta baja del edificio, en una cajita de madera incrustada en la pared°.

buhardilla: *attic apartment*
culebra: *snake*
barandilla de hierro: *iron banister*
no compartía estos arrestos: *didn't share his energy*
incrustada en la pared: *set in the wall*

Le gustaba vivir allí, donde nadie lo molestaba, ni ruidos ni personas. No me atrevía a asegurar que aquello pudiera considerarse un hogar en el sentido exacto de la palabra: un cuadrilátero aprisionado entre cuatro paredes; dentro de él, a la izquierda de la puerta, otro cuadrilátero más pequeño hacía de baño en condiciones tan reducidas que nos asombraba que cupiera en él un ser humano. Al final de un rectángulo, con pretensiones de corredor, estaba la sala-cuarto-cocina. De primera intención, lo que se percibía era una hornilla eléctrica° sobre una mesa donde se amontonaban° platos, cubiertos°, un vaso, una taza con lápices, un portarretrato con el asombroso perfil de Michele Morgan° y una fina capa° de polvo de varios días. La cama era a la vez sofá. En las paredes de madera había fotografías de otras actrices, un cartel de propaganda y programas de teatro.

Cuando me dieron aquella noticia de él, traté de reconstruir los hechos colocándome en su lugar; me basé en lo que pude adivinar de él en tan poco tiempo, pues trabajamos juntos en la misma oficina durante cuatro meses, ambos como mecanógrafos°, y no creo que este trabajo nos diera grandes oportunidades de conocernos. Sin embargo, creo poder reconstruir lo que pasó en aquellos días...

Esa mañana se levantó temprano, según dije. Al encender la hornilla para calentar el café le asombró descubrir un pequeño sobre blanco debajo de la puerta. Le extrañó que alguien se hubiera tomado el trabajo de subirlo hasta allí. Cogió el sobre y leyó: "Sr. Juan Ugarte Ruedas", escrito a mano, con una letra temblorosa e irregular. Inmediatamente rompió uno de los extremos y extrajo la carta, que decía con la misma letra del sobre: "Nombre: Juan Ugarte Ruedas. Edad: 34 años. Señas: Una pequeña marca tras la oreja derecha, producto de una caída cuando niño. Gustos: Prefiere leer al acostarse; suele tardar en dormirse imaginando todas las peripecias° de un viaje a Francia que en realidad no puede costear°. Detalle°: Ayer, alrededor de las once p.m., se cortó levemente el índice de la mano derecha tratando de abrir una lata de conservas. Anónimo". Aquello le intrigó. ¿Qué propósito podía perseguir

Expansion: As an extension activity, you may want to have students come up with two or three additional drawings to create a new ending to the story.

hotplate

were piled / silverware

English actress of the 1940s and 1950s

layer

Suggestion: You may want to assign this reading as homework so that slower readers can internalize it before discussing it.

typists

adventures

afford / Detail

quien le mandaba la carta, que por ende° le jugaba la broma de firmarla *Anónimo,* como si ya no fuera evidente que se trataba de un anónimo? Por otra parte, ¿cómo sabía Anónimo todos aquellos detalles de su vida? Su primera preocupación fue averiguar si le había contado a alguien esos detalles; no lo recordaba.

therefore; consequently

En éstas y otras cavilaciones° pasó toda la jornada°, salvo° las horas de oficina y de almuerzo, pues tenía la costumbre de ser reservado con todos, hasta consigo mismo, cuando estaba con los demás. Por la noche, como es lógico, reanudó° estos pensamientos y llegó a la conclusión de que recibiría otro algún día, quizá más pronto de lo que esperaba; tuvo un sueño intranquilo y por primera vez se olvidó de su viaje a Francia antes de dormirse.

musings / day / except

resumed

Al día siguiente, octubre 13, recibió otra carta misteriosa. Como la anterior, venía fechada° y escrita con letra irregular y nerviosa; decía: "Padre: Regino Ugarte, cafetero. Madre: Silvia Ruedas, prostituta. El primero ha muerto; la segunda huyó del hogar cuando usted tenía nueve años y se dio a la mala vida; usted desconoce su paradero° y no le interesa saberlo. Educación: autodidacta° desde los quince años. Preocupaciones: Teme que los demás lean sus pensamientos. Anónimo".

dated

whereabouts

self-taught

Durante varios días estuvo recibiendo comunicaciones de Anónimo que revelaban detalles de su pasado, de su vida cotidiana y de sus procesos mentales que sólo hubiera podido saber él mismo o alguien que tuviera poderes extraordinarios. Esto no le aterraba°, sino el pensar que en realidad aquel hombre estuviera empleando algún procedimiento simple y directo para saberlo; es decir, que lo vigilara constantemente.

terrified

Las cartas de Anónimo empezaron por adivinar sus deseos y luego descubrieron sus preocupaciones, sacaron a relucir su pasado y quizá aventurarían su futuro, lo cual lo intranquilizó. Frases como "ayer no pudo dormir en casi toda la noche", "esta mañana, durante el almuerzo, estuvo a punto de contárselo todo a su amigo, pero se detuvo pensando que él fuera el remitente", "ha decidido usted no abrir más estas cartas, pero no puede dejar de hacerlo, ya ve, ha abierto la de hoy", "su trabajo estuvo deficiente ayer, no cesa de pensar en mí"; eran para sobresaltar a cualquiera°. Finalmente, Anónimo envió en tres cartas seguidas° este mismo mensaje: "Usted teme una amenaza"; al cuarto día lo varió por "la amenaza está al formularse"; y después por "sé que ha dejado de leer mis cartas durante varios días; ésta es la penúltima; por tanto, la leerá; mañana sabrá cuál es la amenaza. Anónimo".

were enough to make anybody jump / in a row

Por último, pensó que no tenía el valor suficiente para leer la última carta, pero el deseo de saber en qué consistía la amenaza y la esperanza de que al saberla podría escapar de ella lo llevaron a abrirla y leyó: "Morirá mañana. Anónimo".

Al finalizar el mensaje llegó a la conclusión de que no le quedaba más remedio que acudir° a la Policía, pues no sabiendo en qué condiciones moriría, ni dónde, ni cuándo, no podría evitar el hecho. Llevó los anónimos a la Estación de Policía y fue cuidadosamente vigilado. Siguió trabajando como si nada hubiera sucedido, y por la noche, a eso de las ocho, llegó a la casa.

to turn to; go to

Sabía que estaba bien protegido, no podía temer nada, salvo la pérdida de su soledad, pero por poco tiempo, hasta que se descubriera al autor de los anónimos; después sería nuevamente independiente y feliz.

Se acostó más tranquilo; tardó un poco en dormirse, quizá planeó otra vez el viaje a Francia. Al día siguiente apareció muerto frente a su cuarto, la puerta abierta, el cuerpo atravesado en el umbral°, un sobre abierto junto a él y una carta ensangrentada en la mano derecha. La única palabra visible era "ya", y después: "Anónimo". Tenía abiertas las venas° del brazo, la sangre había rodado° por los escalones. Nadie la había visto hasta que el vecino de los bajos notó el largo hilillo° rojo bajo sus zapatos.

lying across the threshold
veins
run
stream; thread

Se hicieron múltiples indagaciones° sin resultados positivos. No obstante, por sugerencia mía, se ha comparado la letra de Anónimo con la del muerto: coinciden en sus rasgos° esenciales.

investigations
characteristics

Después de leer

Anónimo
Esther Díaz Llanillo

1. After students finish, ask them to determine which sentences are facts that can be proven by rereading the text, and which reflect opinions (which may also be disguised as facts).

1 Comprensión Decide si las siguientes oraciones son **ciertas** o **falsas**. Corrige las frases falsas.

	Cierto	Falso
1. Juan vivía en la planta baja de una casa grande. *Juan vivía en una buhardilla.*	☐	☑
2. El cartero le llevaba la correspondencia justo a la puerta. *El cartero le dejaba la correspondencia en la planta baja.*	☐	☑
3. Los peldaños eran peligrosos porque eran muy estrechos.	☑	☐
4. En las paredes de su habitación tenía fotos de jugadores de fútbol. *En las paredes había fotos de actrices, un cartel y programas de teatro.*	☐	☑
5. Juan era mecanógrafo.	☑	☐
6. A Juan no le gustaba su casa porque era muy ruidosa. *A Juan le gustaba vivir allí porque nadie le molestaba.*	☐	☑
7. Juan hablaba muy poco con los demás.	☑	☐
8. El protagonista recibió varias cartas anónimas.	☑	☐
9. El narrador de la historia es el padre de Juan. *El narrador es un compañero de trabajo de Juan.*	☐	☑
10. Juan temía que los demás leyeran sus pensamientos.	☑	☐
11. Soñaba todas las noches con comprarse una casita en la playa. *Soñaba con ir de viaje a Francia.*	☐	☑
12. La letra de las cartas no se parecía a la de Juan. *La letra del anónimo coincidía en sus rasgos esenciales con la muerte.*	☐	☑

2. Ask students to read the text looking for clues to the social environment surrounding Juan. Would they have reacted as he did, had they received these letters? What social factors may have contributed to his paranoia? Is this "watchful eye" something that all of us may feel in our lives? If students are familiar with Orwell's *1984* or Huxley's *Brave New World,* you could use those stories to encourage class discussion.

2 Interpretar Contesta las siguientes preguntas.

1. ¿Cómo era la personalidad del protagonista?
2. ¿Con qué soñaba Juan cada noche antes de acostarse?
3. ¿Crees que Juan estaba satisfecho con su vida y su trabajo? ¿Por qué?
4. ¿Cuál es la relación que, al final de la lectura, se sugiere que existe entre Juan y las cartas? ¿Crees que es posible esa relación?

3. Ask students to come up with at least three clues that point to Juan's suicide, and at least three that point to his murder. Ask them to try to work these clues into the text to determine their validity.

3 Deducir Imagina que eres el detective responsable de solucionar este caso junto con dos ayudantes. Cada uno de ustedes tiene una teoría diferente. Trabajen para preparar las diferentes versiones, haciendo una lista con los posibles motivos o razones para ello.

Teoría 1: El protagonista fue asesinado por su compañero de oficina.
Teoría 2: El protagonista se suicidó.
Teoría 3: El protagonista fue asesinado por el cartero.

Motivos: por celos, por dinero, por estar deprimido, por envidia, por equivocación...

Antes de leer

PERFIL

Jorge Ramos

Conexión personal
¿Cómo consigues las noticias del día? ¿Lees regularmente un periódico? ¿Lees las noticias en Internet? ¿Prefieres el noticiero televisivo? Con un(a) compañero/a, comenta tus preferencias y explica tus razones.

Contexto cultural
Univisión Communications, Inc. is the largest Spanish-language television broadcasting network serving Spanish speakers in the United States, owning three different channels and broadcasting to 280 million cable viewers. Programming includes news broadcasts, talk shows, documentaries, and television for children. Soap operas dominate primetime slots throughout the week, while variety shows on the weekend target the family audience and feature comedy sketches and musical performances.

Horario Univisión

7:00 p.m. – 8:00 p.m.	El Gran Final de Salomé (Especial)
8:00 p.m. – 9:00 p.m.	El Juicio de Salomé (Especial)
9:00 p.m. – 10:00 p.m.	Los Metiches
10:00 p.m. – 11:00 p.m.	Ver Para Creer
11:00 p.m. – 11:30 p.m.	Primer Impacto Extra
11:30 p.m. – 12:00 a.m.	Noticiero Univisión – Fin de Semana
12:00 a.m. – 1:00 a.m.	Tras la Verdad
1:00 a.m. – 2:00 a.m.	Los Archivos de Cristina
2:00 a.m. – 3:00 a.m.	Los Archivos de Aquí y Ahora

Vocabulario

el noticiero *news broadcast* **el premio** *prize*

Conexión personal: Ask students to think about their preferred news anchors. Why do they watch these reporters? What do they bring to their work to make it stand out? Ask the class to list adjectives that describe their ideal news anchor or reporter and write them on the board.

Contexto cultural: Ask students if they ever watch television in other languages. If so, ask them to comment on the quality of the programming. Are there any obvious cultural differences between these programs and those of major US networks? Do they think that Univisión is an accurate example of television in Spanish-speaking countries?

PERFIL

Jorge Ramos

Las noticias de todos los días

Desde el 3 de noviembre de 1986, es el conductor titular° del *Noticiero Univisión* en los Estados Unidos. De hecho, es el personaje de la televisión hispana en los Estados Unidos que más tiempo ha estado en el aire de manera ininterrumpida en un mismo programa o noticiero, y es considerado uno de los hispanos más influyentes de Norteamérica *(Hispanic Trends).*

anchor man

Suggestion: Have students evaluate the news anchors at two Spanish-speaking television networks (Univisión and Telemundo are widely available and can be accessed by Internet). Ask them to come up with five different criteria for comparing these anchors.

Jorge Gilberto Ramos Ávalos nació en la Ciudad de México el 16 de marzo de 1958. Es el mayor de cinco hermanos, aunque es el único que decidió emigrar a los Estados Unidos. Está casado con Lisa Bolívar y tiene dos hijos: Paola y Nicolás.

Estudió la carrera de Comunicación en la Universidad Iberoamericana (1977–1981) y se graduó con la tesis *La mujer como figura comunicativa de la publicidad comercial en la televisión mexicana.* Ya en los Estados Unidos, estudió un curso especializado en televisión y periodismo de la Universidad de California en Los Ángeles (UCLA) y más tarde, obtuvo una maestría en relaciones internacionales de la Universidad de Miami.

Se inició en el periodismo casi por casualidad. Formó parte de un reducido° grupo de estudiantes que asistió a un curso de periodismo en las estaciones de radio de México XEW y XEX. Poco después fue productor y escritor del *Noticiario de América Latina,* que enlazaba° las principales estaciones de radio del continente.

small

linked

Dio el paso a la televisión para trabajar como redactor° en el noticiero *Antena Cinco* y luego como investigador y reportero

editor

en el programa *60 Minutos,* ambos de la cadena Televisa. Sin embargo, su estancia° en la televisión mexicana fue corta. Tras un incidente con la censura, decidió irse a vivir a los Estados Unidos y llegó a la ciudad de Los Ángeles en enero de 1983.

stay, tenure

Combinando su tiempo entre la universidad (UCLA) y los oficios de mesero° y cajero, sobrevivió su primer año. El primero de enero de 1984 obtuvo su primer trabajo como reportero en KMEX, la estación afiliada de Univisión en Los Ángeles. En 1985 fue designado para trabajar con el campeón olímpico Felipe "el Tibio" Muñoz* en un noticiero matutino llamado *Primera Edición.*

waiter

Como conductor del *Noticiero Univisión,* Ramos ha cubierto tres guerras (El Salvador, el Golfo Pérsico° y Kosovo), numerosos eventos históricos (la caída del muro de Berlín, el fin del apartheid en Sudáfrica, la desintegración de la Unión Soviética, las elecciones en casi todo el continente, etc.) y ha entrevistado a algunas de las figuras políticas y culturales más importantes de nuestros tiempos (Clinton, Castro, George W. Bush, Carlos Fuentes, Mario Vargas Llosa...).

Persian

Suggestion: Ask students to underline statements that refer to Ramos' personal life and circle ones that refer to his professional life. Have them create two time lines, one reflecting his professional progression and the other his personal path.

Además de su tarea en el *Noticiero Univisión,* que se transmite en los Estados Unidos y en doce países de América Latina, Ramos colabora con dos cadenas internacionales de radio (Caracol en Estados Unidos y ACIR en México), escribe una columna semanal en más de 30 diarios del hemisferio, colabora con análisis y comentarios en Internet (Univision.com) y ha publicado tres libros en Grijalbo: *Detrás de la máscara, Lo que vi* y *La otra cara de América.*

Ha recibido, individualmente o en grupo, siete premios Emmy, el máximo reconocimiento de la televisión en los Estados Unidos. Los dos últimos, que ganó en 1999, fueron los primeros entregados por la Asociación Nacional de Televisión y Artes (N.A.T.A.S.) a un noticiero en español en los Estados Unidos.

* *Felipe Muñoz, conocido como "el Tibio", fue medalla de oro en los 200 metros pecho en los Juegos Olímpicos de México en 1968.*

Después de leer

PERFIL

Jorge Ramos

① Ask students what they know about censorship in the media. Is television in the US censored? Ask them to think about the purposes that censorship may serve. If there are strong differences of opinion, you may want to organize a class debate to discuss the issue of censorship versus freedom of speech.

② After they complete the activity, ask students to come up with three or four additional entries, using the timelines they created earlier. Make sure they balance the personal and professional information throughout the list.

1 Comprensión Contesta las siguientes preguntas con tus propias palabras.

1. ¿De qué trataba la tesis que escribió Jorge Ramos para graduarse de la universidad?
2. ¿Qué trabajos tuvo en la cadena Televisa?
3. ¿Crees que fue difícil su primer año en este país? Explica por qué.
4. Además de trabajar en el *Noticiero Univisión,* ¿qué otras cosas hace Jorge Ramos?
5. ¿Por qué fueron significativos los dos premios Emmy que ganó en 1999?

2 Organizar Ordena en forma cronológica la siguiente información sobre Jorge Ramos.

7 a. Trabajó de mesero y de cajero.
5 b. Fue censurado en la televisión mexicana.
10 c. Ganó dos premios Emmy en 1999.
9 d. Entrevistó al presidente Clinton, entre otros.
8 e. Empezó como conductor titular del *Noticiero Univisión*.
1 f. Nació en la Ciudad de México en 1958.
3 g. Fue productor y escritor del *Noticiario de América Latina.*
4 h. Trabajó como investigador y reportero en el programa *60 Minutos.*
2 i. Se graduó de la Universidad Iberoamericana.
6 j. Vino a los Estados Unidos.

3 Debatir Trabajen en grupos de cuatro personas. Dos de ustedes tienen que defender la posición de un periódico de investigación, serio y muy reconocido; los otros dos defienden la de un periódico sensacionalista, que vende muchísimo. Cada grupo deberá exponer cinco razones para defender el tipo de periódico en el que trabaja y otras cinco para atacar al otro.

Atando cabos

Un día en la historia

Trabajen en grupos pequeños para preparar la presentación sobre un día en la vida de un personaje histórico.

Elegir el tema

Aquí tienen una lista de varios personajes hispanos que pueden investigar: Moctezuma, Sor Juana Inés de la Cruz, Juana la Loca, Zapata, Bolívar. Pueden elegir un personaje que no esté en la lista.

Preparar

En grupo, sigan los siguientes pasos:

1. Elijan un personaje y busquen información sobre él. No olviden anotar el periodo histórico en el que vivió, su nacionalidad, su oficio y otros detalles de importancia.
2. Vayan a la bibioteca o investiguen en Internet. Busquen información sobre el personaje histórico elegido y tomen nota de lo que consideren interesante. No se olviden de recoger *(collect)* información audiovisual para mostrar a la clase.
3. Imagínense un día de la vida cotidiana del personaje elegido, desde que se levantaba por la mañana hasta que se acostaba por la noche, teniendo en cuenta la época en la que vivió. Utilicen el pretérito y el imperfecto para las descripciones.

Organizar

Organicen la información recogida en un esquema *(outline)*. Tengan en cuenta que cada presentación durará 10 minutos. No se olviden de citar las fuentes *(the sources)* que han utilizado.

Estrategia de comunicación

Hablar del pasado

1. Hoy vamos a hablar de...
2. Nació en...
3. A él/ella le gustaba ...
4. Murió en...

Presentar

Antes de su presentación, cada grupo entregará *(will hand in)* una copia de su esquema al profesor. Usen medios audiovisuales (música, fotografías, etc.) para presentar al personaje que eligieron.

Elegir el tema: Allow students to investigate on their own and suggest alternative names for your approval.

Ayuda para Internet

Aquí tienen unas palabras clave para buscar información en Internet:
personajes hispanos / historia América Latina / Bolívar / Sor Juana Inés de la Cruz / Guerra Independencia/ Moctezuma

Organizar: Tell students that each member of the group must give part of the presentation, so that all of them have an opportunity to express themselves in Spanish in front of the class.

Presentar: Assign a time limit for all presentations and explain that all group members should have an equal share in the presentation.

NATIONAL communication cultures connections STANDARDS

Instructional Resource IRM (general teaching suggestion)

Cortometraje: *Adios mamá* (México; 7 minutos) **Synopsis:** In this award-winning short film, a man is grocery shopping alone on an ordinary day when a chance meeting makes him the focus of an elderly woman's existential conflict, with a surprising result.

Adiós mamá

país México — **director** Ariel Gordon
duración 7 minutos — **protagonistas** hombre joven, señora

Vocabulario

afligirse *to get upset*	**parecerse** *to look like*
el choque *crash*	**el timbre** *tone*
la facción *feature*	**titularse** *to graduate*

Antes de ver el corto

1 **Comentar** Trabaja con un(a) compañero/a para intercambiar opiniones sobre *Adiós mamá.*

1. ¿Les gusta hablar con desconocidos en algunas ocasiones? ¿En la calle, en el supermercado, en la cafetería?
2. Según su título, ¿de qué creen que va a tratar el corto?

Mientras ves el corto

2 **Adivinar** Haz una lista de las cualidades que crees que tienen los personajes.

3 **Ordenar** Numera las frases según van apareciendo en la historia.

_6_ a. ¿Podría llamarme mamá y decirme adiós cuando me vaya?
_2_ b. Es tímido y de pocas palabras.
_5_ c. Por favor, no llore.
_1_ d. Se parece a mi hijo.
_3_ e. ¡Y a mí qué!
_4_ f. Murió en un choque.
_8_ g. Son 3.468,20 pesos.
_7_ h. ¡Adiós mamá!

Después de ver el corto

4 Comprensión Contesta las siguientes preguntas.

1. ¿Dónde están los personajes?
   Los personajes están en el supermercado.
2. ¿A quién se parece físicamente el joven?
   El joven se parece al hijo de la señora.
3. ¿Por qué no pudo despedirse la señora de su hijo?
   No pudo despedirse porque su hijo se murió en un accidente.
4. ¿Qué favor le pide la mujer?
   La mujer le pide que le diga adiós.
5. ¿Qué pasa al final?
   Al final, la señora se va sin pagar la cuenta del supermercado.

5 Ampliar En parejas, contesten las siguientes preguntas.

1. ¿Les ha pasado algo parecido alguna vez?
2. Si alguien se les acercara en el supermercado y les pidiera este tipo de favor, ¿qué harían?

6 Escribir Escribe un resumen de unas cinco o seis líneas del corto. Utiliza el pretérito y el imperfecto.

7 Interpretar

A. En parejas, intenten memorizar el siguiente diálogo y luego represéntenlo delante de la clase.

SEÑORA Tiene los mismos ojos de él. ¿Lo puedo tocar?

JOVEN No. No, no, perdón.

SEÑORA Él también diría eso. Es tímido y de pocas palabras como usted.
Sé que no me lo va a creer, pero tienen el mismo timbre de voz.

JOVEN ¿Y a mí qué?

SEÑORA Murió en un choque. El otro conductor iba borracho. Si él viviera, tendría la misma edad que usted. Se habría titulado y probablemente tendría una familia.
Yo sería abuela.

JOVEN Por favor, no llore.

SEÑORA ¿Sabe? Usted es su doble. Dios lo ha mandado.
Bendito sea el Señor que me ha permitido ver de nuevo a mi hijo.

JOVEN No se aflija señora, la vida sigue. Usted tiene que seguir.

SEÑORA ¿Le puedo pedir un favor?

JOVEN Bueno.

SEÑORA Nunca tuve la oportunidad de despedirme de él. Su muerte fue tan repentina.
Al menos podría llamarme mamá y decirme adiós cuando me vaya. Sé que piensa que estoy loca, pero es que necesito sacarme esto de aquí adentro…
¡Adiós querido!

JOVEN ¡Adiós mamá!

B. Ahora, preparen un final diferente para la historia. Después, compártanla con sus compañeros.

3 VOCABULARIO

La vida diaria y términos afines

el aseo personal	*personal care*
el asunto	*matter; topic*
la costumbre	*custom; habit*
el propósito	*purpose*
arreglarse	*to get ready*
cuidarse	*to take care of oneself*
proporcionar	*to provide; to supply*
cotidiano/a	*everyday*

La casa, los electrodomésticos y otros términos afines

el balcón	*balcony*
el buzón	*mailbox*
la escalera	*staircase*
la escoba	*broom*
el foco	*lightbulb*
el hogar	*home; fireplace*
los muebles	*furniture*
los quehaceres	*chores*
apagar	*to turn off*
barrer	*to sweep*
calentar	*to warm up*
cocinar	*to cook*
encender	*to turn on*
freír	*to fry*
hacer la limpieza	*to do the cleaning*
hervir	*to boil*
lavar	*to wash*
limpiar	*to clean*
pasar la aspiradora	*to vacuum*
quitar el polvo	*to dust*
tocar el timbre	*to ring the doorbell*
congelado/a	*frozen*
espacioso/a	*spacious*

Instructional Resource
Tests

Las compras y otros términos afines

el centro comercial	*mall*
el dinero en efectivo	*cash*
la ganga	*bargain*
el reembolso	*refund*
el supermercado	*supermarket*
la tarjeta de crédito	*credit card*
el vestidor	*fitting room*
ir de compras	*to go shopping*
seleccionar	*to select; to pick out*
auténtico/a	*real; genuine*
barato/a	*cheap*
costoso/a	*costly; expensive*

Acciones (verbos)

averiguar	*to find out; to check*
bostezar	*to yawn*
colgar (ue)	*to hang up*
dejar	*to leave (something behind)*
elegir	*to choose*
emprender	*to undertake; to embark on*
levantar	*to pick up*
masticar	*to chew*
soler	*to tend to*

Expresiones adverbiales temporales

a menudo	*frequently; often*
a tiempo	*on time*
a veces	*sometimes*
de vez en cuando	*now and then*
en aquel entonces	*at that time*
en el acto	*immediately; on the spot*

Otros adverbios y expresiones adverbiales

a escondidas	*secretly; clandestinely*
a propósito	*on purpose*
apenas	*hardly; scarcely*
así	*like this; so*
bastante	*sufficiently*
casi	*almost*
de costumbre	*usually*
hábilmente	*skillfully*
de improviso	*unexpectedly*
por casualidad	*by chance*

Percepciones, condiciones y términos afines

el asombro	*amazement; astonishment*
la pesadilla	*nightmare*
el ruido	*noise*
la soledad	*solitude; loneliness*
atreverse	*to dare*
extrañarse de algo	*to be surprised about something*
gozar de algo	*to enjoy something*
lograr	*to attain; to achieve*
asombroso/a	*astonishing*
hambriento/a	*hungry*
¡Qué pena!	*What a pity!*

Expresiones útiles	*Véase la página 91.*
Vocabulario de "Anónimo"	*Véase la página 111.*
Vocabulario del perfil	*Véase la página 117.*
Vocabulario de *Adiós Mamá*	*Véase la página 122.*

Estructura 3.1	*Véase las páginas 96 y 97.*
Estructura 3.3	*Véase la página 103.*
Estructura 3.4	*Véase la página 106.*

Los viajes

4

Communicative Goals

You will expand your ability to…

- express past events and conditions
- make comparisons
- express your attitude toward actions and conditions

Los viajes

Instructional Resources
WB, LM, CD-ROM, WB/LM/VM Answer Key

Note: WB = Workbook, LM = Lab Manual, VM = Video Manual, and TS/VS = Tapescript/Videoscript.

Suggestion: Have students read the section title and look at the photos. Ask them to describe the people in the photos and guess what happened to them in the immediate past.

Suggestion: Remind students that the boldfaced words and expressions in the paragraphs are new active vocabulary as well as the vocabulary in the lists.

Los impuntuales

Unos pasajeros **desembarcaron** para visitar la ciudad, fueron a **dar un paseo** y luego tomaron un taxi para volver al **crucero**. Pero un accidente de **tránsito** los **retrasó**. El capitán está furioso, porque debe esperar a que todos vuelvan a **embarcar** antes de continuar **navegando**. Mientras espera, él **admira** las **olas**, que son mucho más puntuales.

La alegría de llegar

Esperanza se quitó el **cinturón de seguridad** y bajó del avión al terminar un largo **itinerario** para **regresar** a su país. **Extrañaba** a su familia y ellos habían preparado una **bienvenida** especial para ella. Pero Esperanza tropezó con algunos obstáculos: **los auxiliares de vuelo** tardaron en abrir la puerta y **el agente de aduanas** tardó mucho en cobrarle un impuesto. Ahora, finalmente, Esperanza puede festejar su **llegada.**

Comprehension Check: 1) ¿Por qué tardan algunos pasajeros en volver al crucero? 2) ¿Qué tuvo que hacer Esperanza en la aduana? 3) ¿Qué quería hacer Hernán en su viaje? 4) ¿Por qué está Silvina acostada en la recepción del hotel?

Suggestion: Ask students to talk about unusual circumstances they have encountered while traveling.

El aventurero

Milagros quiso convencer a su hijo Hernán de que no es **recomendable** que **se marche** a buscar **aventuras.** Pero Hernán estaba decidido a explorar **peligrosas selvas** tropicales y lugares exóticos. En el último momento Hernán se ha dado cuenta de que su mamá tiene razón: su pasaporte está **vencido.** Le conviene **quedarse.**

A disfrutar

Un **congestionamiento** le impidió llegar a su **destino** a tiempo. Como llegó tan tarde, en el hotel **cancelaron** su reservación. Silvina sabe que, como es **temporada alta,** los hoteles **están llenos** y esta noche no conseguirá un lugar donde **alojarse.** Pero ella no **se queja.** Quiere disfrutar de sus vacaciones y eso hará, aunque esta noche tenga que descansar en un **rincón.**

La seguridad y los accidentes

el aviso	*notice; warning*
el choque	*collision*
las medidas de seguridad	*security measures*
el seguro	*insurance*
ponerse (el cinturón)	*to fasten (the seatbelt)*
quitarse (el cinturón)	*to unfasten (the seatbelt)*
reducir (la velocidad)	*to slow down (speed)*
prohibido/a	*forbidden*

Los viajes

la despedida	*farewell*
el excursionismo	*sightseeing*
la frontera	*frontier*
el horario	*timetable*
las horas de visita	*visiting hours*
el transporte público	*public transportation*
la vuelta	*return (trip)*
comprar boletos	*to buy tickets*
preparar maletas	*to pack suitcases*
recorrer	*to go across; to travel*
reservar	*to reserve*
a bordo	*on board*

Los servicios

el/la camarero/a	*waiter, waitress*
el/la mesero/a	*waiter, waitress*
el piloto	*pilot*
el servicio de habitación	*room service*
los servicios	*facilities*
turístico/a	*tourist(y)*
bien cuidado/a	*well-kept*

Práctica

(1) Ask students to continue the narration by adding a continuing sentence. Ex: 1B.a.) **Un pasajero se enojó con él.**

1 Frases deshechas

A. Conecta las palabras de las columnas para formar estos términos.

1. _c_	congestionamiento	a. público
2. _b_	horas	b. de visita
3. _a_	transporte	c. de tránsito
4. _e_	auxiliar	d. de seguridad
5. _d_	medidas	e. de vuelo

B. Ahora, con los términos que has formado, completa las siguientes oraciones:

a. El _auxiliar de vuelo_ les explicó a los pasajeros cómo ponerse el cinturón de seguridad.

b. Como no le gusta conducir, utiliza el _transporte público_.

c. En los aeropuertos se están tomando nuevas _medidas de seguridad_.

d. Las _horas de visita_ del hospital eran muy estrictas.

e. El agente de policía solucionó el _congestionamiento de tránsito_.

(2) Ask groups of three to write a similar schedule for travel to the moon.

2 Eva Ordena la secuencia de algunas cosas que hace Eva al viajar. Luego, escribe un pequeño párrafo describiendo cómo fue el viaje de Eva.

Ponerse el cinturón

Comprar el boleto

Preparar las maletas

Despedirse

(3) Ask students to brainstorm common complaints of travelers. Write their responses on the board to compare with don David's list later.

3 Quejas Don David se queja de todo. Adonde vaya, siempre escribe algo en los libros de quejas.

A. Completa las siguientes oraciones que escribió.

camarero	habitación	horario	transporte

a. El servicio de _habitación_ es muy malo. Nunca tengo toallas limpias.

b. El _transporte_ público en esta ciudad nunca llega a tiempo.

c. El _horario_ del museo es horrible. Nadie puede ver todas las esculturas.

d. El _camarero_ me trajo el café demasiado caliente.

B. Escribe la letra de la oración que corresponde a los lugares de los que se quejaba.

_a_ Hotel   _b_ Municipalidad   _d_ Restaurante   _c_ Museo

Comunicación

4 Problemas

> 4 Before pairing students, ask for different volunteers to act out the situation while you read the descriptions aloud.

A. En parejas, representen una de estas situaciones. Busquen una solución para el problema. Recuerden que para convencer a la otra persona, deben explicar detalles y dar excusas o razones para hacer algo o impedir que la otra persona haga algo.

Situación 1

ESTUDIANTE 1 Eres un(a) huésped en un hotel que está muy sucio. No te gusta el servicio de habitación y además hace demasiado calor en tu cuarto.

ESTUDIANTE 2 Tu tío te ha dejado a cargo de su hotel. No sabes qué hacer. Además, es temporada alta y como el hotel está lleno tienes mucho que hacer.

Situación 2

ESTUDIANTE 1 Eres un agente del gobierno apostado *(assigned to)* en la frontera. Nadie puede cruzar sin su pasaporte.

ESTUDIANTE 2 Después de viajar por muchas horas, llegas con tu marido/mujer a la frontera. Aunque traes identificación, olvidaste tu pasaporte.

Situación 3

ESTUDIANTE 1 Ibas manejando y has tenido un accidente. Te bajas del carro para hablar con el/la otro/a conductor(a). No tienes los papeles del seguro.

ESTUDIANTE 2 Ibas manejando y has tenido un accidente con otro carro. No llevabas el cinturón de seguridad puesto y te has roto una pierna.

B. ¿Cómo solucionaron la situación? ¿Tuvo que intervenir alguien para ayudarlos? Una vez que consideren que han llegado a una solución, explíquenle al resto de la clase qué decidieron hacer.

5 ¡Bienvenidos!

> 5 Have students write ads for places they have visited.

A. Imagina que trabajas en la Secretaría de Turismo de tu ciudad. Tienes que organizar una visita turística de tres días. Para prepararla, piensa en la siguiente información:

- ¿Quiénes son los turistas?
- ¿A qué aeropuerto/puerto/estación llegan los turistas?
- ¿En qué hotel/pensión se alojan?
- ¿Qué excursiones pueden hacer?
- ¿Hay lugares exóticos para visitar?
- ¿Adónde pueden ir con un guía?
- ¿Pueden navegar en algún mar/río?
- ¿Hay algún museo/parque/edificio para visitar?
- ¿Pueden practicar algún deporte?

B. Ahora imagina que un compañero/a es un/a turista que quiere visitar tu ciudad y te pide información sobre alojamiento y transporte. Con la información que tienes, explícale todo lo que puede hacer en tres días. Luego intercambien los papeles.

Diana le da unos boletos de avión y varios documentos a Fabiola y a Éric.

1

DIANA Aquí están los boletos para Venezuela, la guía de la selva amazónica y los pasaportes... Después les doy la información del hotel.

ÉRIC Gracias.

FABIOLA Gracias.

2

ÉRIC ¿Me dejas ver tu pasaporte?

FABIOLA No me gusta cómo estoy en la foto. Me hicieron esperar tanto que salí con cara de enojo.

ÉRIC No te preocupes... Ésa es la cara que vas a poner cuando estés en la selva.

3

DIANA Es necesario que memoricen esto. A ver, repitan: tenemos que salir por la puerta 12.

FABIOLA, ÉRIC y JOHNNY Tenemos que salir por la puerta 12.

DIANA El autobús del hotel nos va a recoger a las 8:30.

FABIOLA, ÉRIC El autobús del hotel nos va a recoger a las 8:30.

6

ÉRIC Sí, pero en el Amazonas, Fabiola. ¡Amazonas!

MARIELA Es tan arriesgado que van a tener guía turístico y el alojamiento más lujoso de la selva.

ÉRIC Mientras ella escribe su artículo en la seguridad del hotel, yo voy a estar explorando y tomando fotos. Debo estar protegido.

7

Juegan que están en la selva.

JOHNNY *(con la cara pintada)* ¿Cuál es el chiste? Los soldados llevan rayas... Lo he visto en las películas.

ÉRIC Intentémoslo nuevamente.

JOHNNY Esta vez soy un puma que te ataca desde un árbol.

ÉRIC Mejor.

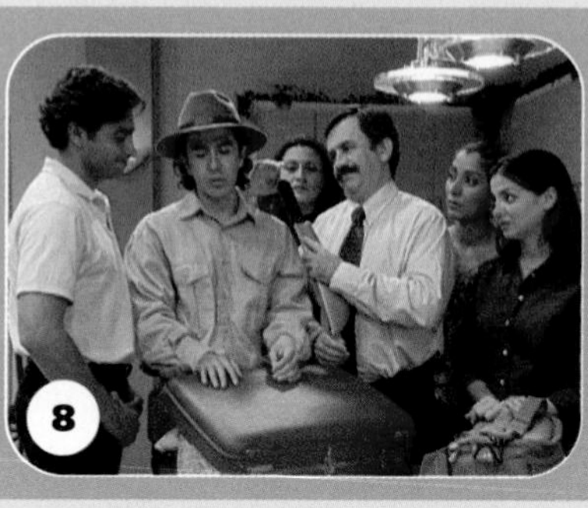

8

Antes de despedirse, Éric guarda cosas en su maleta.

AGUAYO Por la seguridad de todos creo que debes dejar tu machete, Éric.

ÉRIC ¿Por qué debo dejarlo? Es un machete de mentiras.

DIANA Pero te puede traer problemas reales.

AGUAYO Todos en la selva te lo van a agradecer.

NATIONAL STANDARDS communication cultures

Instructional Resources
VM, Video, CD-ROM, IRM, WB/LM/VM Answer Key

Video Synopsis: • Fabiola and Éric compare passports for their trip to Venezuela.
• Éric arrives dressed like Indiana Jones.
• Fabiola reminds Éric that they are traveling to write a story on ecotourism.
• Diana and Aguayo wrap Éric's suitcase in adhesive tape with the passports inside.
• See IRM for more details.

Preview: Have students predict what will happen based on the video stills.
Suggestions: Have students scan the captions for travel-related words and expressions.

Personajes

AGUAYO | ÉRIC | JOHNNY | FABIOLA | MARIELA | DIANA

DIANA ... El último número que deben recordar es cuarenta y ocho dólares con cincuenta centavos.

FABIOLA, ÉRIC Cuarenta y ocho dólares con cincuenta centavos.

JOHNNY Y ese último número, ¿para qué es?

DIANA Es lo que van a tener que pagar por llegar en taxi al hotel si olvidan los dos números primeros.

ÉRIC *(Entra vestido de explorador.)* Fuera, cobardes, la aventura ha comenzado.

MARIELA ¿Quién crees que eres... México Jones?

ÉRIC No. Soy Cocodrilo Éric, el fotógrafo más valiente de la selva. Listo para enfrentar el peligro.

FABIOLA ¿Qué peligro? Vamos a hacer un reportaje sobre ecoturismo... ¡Ecoturismo!

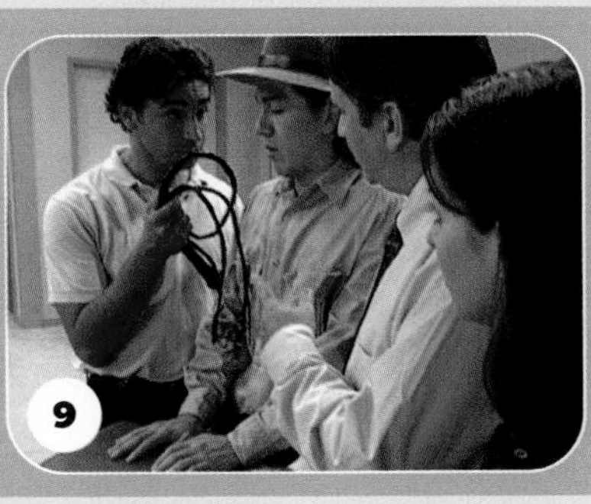

ÉRIC ¿Alguien me puede ayudar a cerrar la maleta?

JOHNNY ¿Qué rayos hay acá dentro?

AGUAYO Es necesario que dejes algunas cosas.

ÉRIC Imposible. Todo lo que llevo es de primerísima necesidad.

JOHNNY ¿Cómo? ¿Esto?

Johnny saca un látigo de la maleta.

Diana cierra la maleta con cinta adhesiva.

DIANA Listo... ¡Buen viaje!

MARIELA Debe ser emocionante conocer nuevas culturas.

AGUAYO Espero que disfruten en Venezuela y que traigan el mejor reportaje que puedan.

JOHNNY Y es importante que no traten de mostrarse ingeniosos, ni cultos; sólo sean ustedes mismos.

Expresiones útiles

Asking permission

¿Me dejas ver tu pasaporte?
Will you let me see your passport? (fam.)

Déjeme ver su pasaporte, por favor.
Let me see your passport, please. (form.)

Con permiso/Perdone que lo moleste (form.) *Excuse me./Pardon me for bothering you.*

Expressing reassurance

No te preocupes. *Don't worry. (fam.)*

No se preocupe usted.
Don't worry. (form.)

Cálmate. (fam.)/Cálmese. (form.)
Calm down.

Expressing obligation

Tendrás que dejar algunas cosas.
You'll have to leave some things behind. (fam.)

Tendrá usted que dejar algunas cosas.
You'll have to leave some things behind. (form.)

Deberás dejar algunas cosas.
You should leave some things behind. (fam.)

Deberá usted dejar algunas cosas.
You should leave some things behind. (form.)

Additional vocabulary

el enojo *anger*	**la raya** *warpaint, stripe*
el centavo *cent*	
enfrentar *to confront*	**lanzar** *to throw*
arriesgado/a *risky*	**lujoso/a** *luxurious*

¿Qué rayos...? *What on earth...?*

Apuntes culturales El ecoturismo está creciendo en América Latina. Se puede elegir entre ayudar a las tortugas marinas en Costa Rica, aprender cómo se vive en el Altiplano de Bolivia o colaborar en la preservación de campos de cactus en Yucatán. Los ecoturistas suelen provenir de Europa y Estados Unidos. Los jóvenes latinoamericanos, acostumbrados al turismo tradicional y al turismo de aventura, están empezando a valorar el respeto al medio ambiente y a las culturas locales. *¿En qué lugares de América Latina te parece que es más necesario el ecoturismo?*

Comprensión

① Ask eight students to each write one sentence in large print on separate paper. Then have them form a human time line with the events. The rest of the class should make suggested changes to the time line.

1 **¿Presente o futuro?** Según la **Fotonovela**, decide si lo que afirman estas oraciones, ocurre **en el presente** u ocurrirá **en el futuro.** Luego completa las oraciones con la forma adecuada del verbo.

	Presente	Futuro
1. Fabiola *pondrá* (poner) cara de enojo en la selva.	☐	☑
2. El autobús los *recogerá* (recoger) a las 8:30.	☐	☑
3. Fabiola y Éric *harán* (hacer) un reportaje sobre el ecoturismo.	☐	☑
4. Fabiola *escribirá* (escribir) su artículo en el hotel.	☐	☑
5. Éric *explorará* (explorar) la selva y *tomará* (tomar) fotos.	☐	☑
6. Aguayo le *dice* (decir) a Éric que deje su machete.	☑	☐
7. Diana *ayuda* (ayudar) a Éric a cerrar la maleta.	☑	☐
8. Johnny y Mariela *despiden* (despedir) a Fabiola y Éric.	☑	☐

② Model the activity by doing the first sentence as a group.

2 **Modificar** Escribe de otra manera las siguientes oraciones. Utiliza expresiones de obligación: **tener que** o **deber.**

1. Tenemos que salir por la puerta 12. *Debemos salir por la puerta 12.*
2. Creo que debes dejar el machete. *Creo que tienes que dejar el machete.*
3. No traten de mostrarse ingeniosos, ni cultos. *No tienen que / deben mostrarse ingeniosos, ni cultos.*
4. Sólo sean ustedes mismos. *Sólo tienen que / deben ser ustedes mismos.*

③ Have students describe other places and situations where these questions/comments might be made.

3 **Preguntas** A continuación hay oraciones que equivalen a comentarios de la **Fotonovela**. Busca la oración de la **Fotonovela** que corresponde con cada uno. Sigue el modelo.

MODELO Oración: Ayúdenme a cerrar la maleta.
Fotonovela: ¿Alguien me puede ayudar a cerrar la maleta?

1. No tengo que dejar el machete. *¿Por qué debo dejarlo?*
2. Déjame ver tu pasaporte. *¿Me dejas ver tu pasaporte?*
3. No entiendo para qué sirve ese número. *Ese último número, ¿para qué es?*
4. Dime qué hay dentro de la maleta. *¿Qué rayos hay acá dentro?*
5. No estoy haciendo una broma. *¿Cuál es el chiste?*
6. Este látigo no es de primera necesidad. *¿Cómo? ¿Esto?*
7. No hay ningún peligro. *¿Qué peligro?*

④ Ask students to describe what people do when they experience the emotions listed in the exercise.

4 **¿Cómo son? ¿Cómo están?** Describe a Éric, Fabiola, Diana y Aguayo usando **ser** y **estar** y los adjetivos de la lista. Luego, comparte tus oraciones con tus compañeros/as.

ansioso/a	gracioso/a	contento/a
tranquilo/a	responsable	nervioso/a
preocupado/a	irresponsable	desordenado/a

Ampliación

5 **El reportaje de Fabiola** Lee la introducción del reportaje de Fabiola. Luego, en parejas, contesten las preguntas por escrito. Compartan sus respuestas con sus compañeros/as.

El ecoturismo en Venezuela

Todos los años, muchas personas viajan a lugares exóticos para conocer paisajes y culturas diferentes. A veces, el contacto de los turistas con las personas del lugar produce buenas relaciones y aprecio. Otras veces, el turismo molesta a las comunidades indígenas y destruye el medio ambiente.

En la selva del Amazonas, al sur de Venezuela, viven 60.000 indígenas. Muchas agencias de viaje han llevado a un número excesivo de turistas a las aldeas indígenas. Algunos turistas han entrado en casas privadas y en lugares sagrados. Por eso, muchos indígenas no quieren compartir su mundo con los de "afuera".

Algunos grupos indígenas trataron de dar una buena solución para ellos mismos y para los turistas. Así nacieron los campamentos de ecoturismo.

1. ¿Para qué van a lugares exóticos miles de turistas?
2. ¿Qué consecuencias positivas y negativas tiene el turismo en lugares exóticos?
3. ¿Quiénes son los responsables de estas consecuencias negativas?
4. ¿Por qué los campamentos de ecoturismo son una solución?

6 **¿Te gusta el ecoturismo?** Para responder a esta pregunta, completa este test. Escribe 2 si tu respuesta es afirmativa, 0 si tu respuesta es negativa y 1 si tu respuesta es "más o menos".

1. ¿Has ido de campamento alguna vez? ___
2. ¿Te gusta dormir en carpa? ___
3. ¿Sabes prender fuego? ___
4. ¿Sabes cocinar? ___
5. ¿Comes comidas exóticas? ___
6. ¿Te gusta caminar mucho? ___
7. ¿Tienes buena salud? ___
8. ¿Puedes estar una semana sin bañarte? ___

RESULTADOS entre 0 y 5 puntos: No intentes hacer ecoturismo.
entre 6 y 11 puntos: Puedes hacer ecoturismo.
entre 12 y 16 puntos: ¿Qué esperas para hacer ecoturismo?

7 **¿Con quién prefieres viajar?** Contesta las siguientes preguntas en una hoja de papel y entrega la hoja al/a la profesor(a). Tú recibirás la hoja de un(a) compañero/a. Lee la hoja y explica a la clase la información. Explica si harías un viaje de ecoturismo con ese/a compañero/a.

1. ¿A qué lugares prefieres viajar?
2. ¿Qué te gusta hacer durante tus vacaciones?
3. ¿En qué transporte prefieres viajar?
4. Escribe cuatro cosas que no soportas y cuatro que te gustan cuando viajas.

NATIONAL communication STANDARDS

⑤ Ask for a volunteer to read the selection aloud for the class.

⑥ Keep a tally of the students' answers on the board. Then ask volunteers for a summary report based on percentages.

Instructional Resource IRM (general teaching suggestion)

Ecoturismo en el Amazonas

Éric y Fabiola van a hacer un reportaje sobre el ecoturismo en la selva amazónica. A continuación encontrarás información sobre la Amazonia y sus ofertas turísticas.

Si te gusta pasar tus vacaciones en contacto con la naturaleza y quieres alejarte de las rutas conocidas en busca de algo distinto, debes considerar una visita al Amazonas.

El río Amazonas, que nace en el Perú y desemboca en Brasil, tiene 6.275 kilómetros de longitud. Este río encuentra a su paso casi seiscientas islas. En este territorio selvático, llamado Amazonia, viven muchas comunidades indígenas.

La selva virgen amazónica es un importante destino para los ecoturistas. Este tipo de turismo ecológico permite conocer, respetar y, en consecuencia proteger los recursos naturales de nuestro planeta. El contacto con las comunidades indígenas contribuye a su desarrollo económico, sin violar su entorno ni destruir su cultura tradicional.

Indígenas del Amazonas

Hay muchas empresas que organizan viajes de ecoturismo. Puedes hacer una excursión sencilla a uno de los extraordinarios parques nacionales; o pasear por la selva para observar las plantas medicinales y la fauna. Además, puedes pescar, participar en la preparación de alimentos, como el queso, descansar en los tranquilos cruceros, visitar alguna isla y bañarte en las limpias aguas de los ríos.

El Amazonas: Un paraíso terrenal

Pero si eres más aventurero y atrevido, puedes construir campamentos en la selva virgen, aprender las nociones de supervivencia y practicar deportes extremos, como la escalada, el paracaidismo y el *rafting*.

Turistas en el Amazonas

alejarse	*to get away*
desembocar	*flows into*
el desarrollo	*development*
el entorno	*environment*
la supervivencia	*survival*
el paracaidismo	*parachuting*
el desnivel	*unevenness*
atravesar	*to cross*
la ciénaga	*swamp*
el junco	*reed*
la embarcación	*vessel*

Algunos medios de transporte en Hispanoamérica

Diana ha contratado un taxi para que recoja a Éric y a Fabiola en el aeropuerto. Hay muchos y muy variados medios de transporte en Hispanoamérica. Aquí puedes leer un poco más sobre ellos.

Cuando estás visitando un país, siempre es interesante recorrer la región usando los mismos medios que los utilizados por los habitantes de la zona. Aunque en los pueblos costeros de la Amazonia y el Caribe es muy común trasladarse en canoas o piraguas, el transporte más económico y popular es el autobús. En las zonas rurales de Colombia son típicas las "chivas", simpáticos autobuses de múltiples colores, sin cristales en las ventanas, con piso y asientos de madera.

Viajando en "chiva"

En las montañas de los Andes, se prefiere la mula al caballo, ya que ésta reacciona con más facilidad ante el peligro que representan los desniveles del terreno. En los Llanos, región que se encuentra entre Colombia y Venezuela, el caballo es más usado porque atraviesa con facilidad las grandes ciénagas de la región.

En el Perú, en el lago Titicaca, se utilizan los barcos hechos exclusivamente de juncos. Se llaman *totoras* y los historiadores han determinado que son un tipo de embarcación muy antigua, que no ha sufrido mayores cambios en su desarrollo desde hace miles de años.

El tren normalmente es lento, pero puede ser divertido porque hay suficiente tiempo para conversar. Si estás en México, coge el tren de Chihuahua a Los Mochis, el único medio de transporte que recorre la Sierra Madre. Es uno de los viajes más espectaculares, por la belleza del paisaje.

Por los lagos y ríos de América del Sur

Coméntalo

Reúnete con varios compañeros/as de clase y conversa sobre los siguientes temas.

1. ¿Les gustaría ir al Amazonas? ¿Por qué?
2. Si fueran a la Amazonia, ¿qué clase de actividades les gustaría realizar?
3. Cuando están de vacaciones, ¿hacen las cosas típicas de los turistas o les gusta adaptarse a las costumbres de los habitantes del lugar?
4. ¿Cuál sería su viaje ideal?

4.1 Past participles and the present and past perfect tenses

Instructional Resources
WB, LM, CD-ROM,
WB/LM/VM Answer Key

Suggestion: Draw a time line on the board to compare and contrast preterite, present perfect, and past perfect tenses.

¿Te acuerdas? Spanish past participles can be used as adjectives or in combination with the verb **haber** to express actions that *have occurred* (the present perfect tense) or *had occurred* (the past perfect tense).

Past participles

▶ Regular past participles are formed by adding **–ado** to the stem of **–ar** verbs and **–ido** to the stem of **–er** and **–ir** verbs.

Ya tengo los documentos arreglados.

Debo estar protegido.

Infinitive	Stem	Suffix	Past Participle
comprar	**compr–**	–ado	**compr**ado
beber	**beb–**	–ido	**beb**ido
recibir	**recib–**	–ido	**recib**ido

▶ The past participles of **–er** and **–ir** verbs whose stems end in **a, e,** or **o,** carry a written accent on the **i** in the **–ido** ending. Those whose stems end in **u** do not.

ca-er → caído **le-er → leído** **o-ír → oído** **constru-ir → construido**

▶ Several verbs have irregular past participles.

abrir	**abierto**	**morir**	**muerto**
cubrir	**cubierto**	**poner**	**puesto**
decir	**dicho**	**resolver**	**resuelto**
descubrir	**descubierto**	**romper**	**roto**
escribir	**escrito**	**ver**	**visto**
hacer	**hecho**	**volver**	**vuelto**

▶ Past participles are frequently used as adjectives. As adjectives, they agree in number and gender with the noun or pronoun they modify.

cerrar → cerrado/a
to close, closed

La agencia ya está **cerrada**.
The agency is already closed.

resolver → resuelto
to solve, solved

El problema del transporte está **resuelto**.
The transportation problem is solved.

The present perfect tense

▶ The present perfect tense is formed with the present of the auxiliary verb **haber** and a past participle. The past participle does not change in form when it is part of the present perfect tense. It only changes in form when used as an adjective.

The present perfect tense

he comprado	**he bebido**	**he recibido**
has comprado	**has bebido**	**has recibido**
ha comprado	**ha bebido**	**ha recibido**
hemos comprado	**hemos bebido**	**hemos recibido**
habéis comprado	**habéis bebido**	**habéis recibido**
han comprado	**han bebido**	**han recibido**

▶ In Spanish, as in English, the present perfect expresses what someone *has done* or what *has occurred*. It generally refers to an action that was very recently completed or to a past time that is seen by the speaker as relatively close to the present.

Susana **ha viajado** a Sevilla tres veces.
Susana has traveled to Seville three times.

¿**Has preparado** las maletas esta tarde?
Have you packed the suitcases this afternoon?

The past perfect tense

▶ The past perfect tense is formed with the imperfect of **haber** and a past participle. As in English, it expresses what someone *had done* or what *had occurred* before another action, event, or state in the past.

The past perfect tense

había viajado	**había perdido**	**había incluido**
habías viajado	**habías perdido**	**habías incluido**
había viajado	**había perdido**	**había incluido**
habíamos viajado	**habíamos perdido**	**habíamos incluido**
habíais viajado	**habíais perdido**	**habíais incluido**
habían viajado	**habían perdido**	**habían incluido**

Ya **había estado** en Guatemala antes, pero **he vuelto** porque me gustó muchísimo.
I had already been to Guatemala before, but I have returned because I liked it a lot.

Cuando lo vi, Enrique ya **había comprado** regalos para todos.
When I saw him, Enrique had already bought gifts for everybody.

¡ATENCIÓN!

To express that something *has just occurred* or that someone *has just done something*, **acabar de** + *infinitive*, not the present perfect, is used.

Acabo de comprar los boletos de ida y vuelta. *I've just bought round-trip tickets.*

Juan y Carla acaban de llegar de su luna de miel por el Caribe. *Juan and Carla have just arrived from their honeymoon in the Caribbean.*

¡ATENCIÓN!

Antes de, nunca, todavía, and **ya** are often used with the past perfect to indicate that one action occurred before another.

Cuando llegué a la estación, el tren ya había salido. *When I arrived at the station, the train had already left.*

Práctica

① Ask volunteers to identify the two irregular participles before students complete the exercise.

1 ¿Participio regular o irregular? Fabiola y Éric acaban de llegar al aeropuerto de Caracas. Completa el diálogo con las formas del participio adecuadas. Nota: hay dos verbos irregulares.

FABIOLA El avión llegó ___*retrasado*___ (retrasar). Tenemos que darnos prisa.

ÉRIC Estoy ___*muerto*___ (morir). Hemos ___*corrido*___ (correr) todo el día.

FABIOLA Entiendo. Yo también estoy ___*cansada*___ (cansar).

ÉRIC Ja, ja. También estoy ___*mareado*___ (marear). Necesito sentarme.

FABIOLA Imposible. Ya te lo he ___*dicho*___ (decir). No tenemos tiempo.

ÉRIC De este sillón no me muevo.

② Model the activity by having the students brainstorm about what they usually write on postcards to friends and family.

2 ¿Cuál es la forma correcta? Fabiola les envía a sus compañeros de trabajo una postal desde la selva amazónica. Completa la postal con los participios correspondientes.

¡Hola amigos!
Éric y yo ya estamos ___*alojados*___ en el Hotel Tropical. Llegamos ayer por la tarde. Estábamos muy ___*cansados*___ y Éric se quedó ___*dormido*___ en la recepción del hotel. Ahora estoy ___*sentada*___ bajo un árbol. Éric está ___*acostado*___ en una hamaca.
Nos espera una semana ___*ocupada*___. Hoy por la tarde, visitaremos una tienda de artesanías que sólo está ___*abierta*___ los fines de semana. Por la noche, iremos a un baile tradicional ___*preparado*___ por los indios waraos.
Un abrazo para todos.
Fabiola.

abrir
acostar
alojar
cansar
dormir
ocupar
preparar
sentar

③ Have students write an electronic response to Éric's email message.

3 ¿Presente perfecto o pasado perfecto? Éric envía un correo electrónico a sus compañeros de trabajo. Selecciona las formas verbales adecuadas y completa las oraciones. Hay dos que no tienes que usar.

habían preparado	he llegado	he visto	había recibido
he decidido	había salido	hemos reducido	ha salido

¿Qué tal, compañeros?
Hace sólo dos días que ___*he llegado*___, y esta mañana ___*he decidido*___ que no quiero regresar. Al principio nos fue mal porque cuando desembarcamos, el autobús ya ___*había salido*___. En el hotel, no ___*habían prepararado*___ nuestras habitaciones, pues el guía no ___*había recibido*___ el mensaje de nuestra llegada. Ayer todo cambió. Hoy ___*he visto*___ lugares muy hermosos. Esto es increíble.
Saludos a todos.
Éric.

Comunicación

4 Historia del mar La siguiente nota de enciclopedia cuenta una famosa historia del mar: la desaparición de toda la tripulación del barco *Marie Celeste*. Completa la nota con los verbos conjugados en presente perfecto o pasado perfecto.

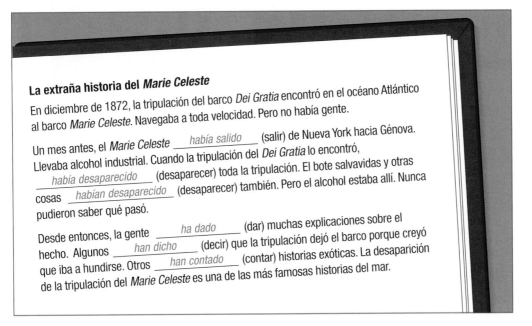

La extraña historia del *Marie Celeste*

En diciembre de 1872, la tripulación del barco *Dei Gratia* encontró en el océano Atlántico al barco *Marie Celeste*. Navegaba a toda velocidad. Pero no había gente.

Un mes antes, el *Marie Celeste* ___*había salido*___ (salir) de Nueva York hacia Génova. Llevaba alcohol industrial. Cuando la tripulación del *Dei Gratia* lo encontró, ___*había desaparecido*___ (desaparecer) toda la tripulación. El bote salvavidas y otras cosas ___*habían desaparecido*___ (desaparecer) también. Pero el alcohol estaba allí. Nunca pudieron saber qué pasó.

Desde entonces, la gente ___*ha dado*___ (dar) muchas explicaciones sobre el hecho. Algunos ___*han dicho*___ (decir) que la tripulación dejó el barco porque creyó que iba a hundirse. Otros ___*han contado*___ (contar) historias exóticas. La desaparición de la tripulación del *Marie Celeste* es una de las más famosas historias del mar.

④ Pair up students and ask them to write sentences about the *Titanic* using the present perfect and past perfect tenses.

5 Ordenar los hechos *(events)* Indica con números el orden de los hechos de la nota de enciclopedia.

___*3*___ El *Marie Celeste* navega a toda velocidad sin tripulación.
___*2*___ La tripulación desaparece.
___*4*___ El *Dei Gratia* encuentra al *Marie Celeste*.
___*5*___ La gente explica la desaparición de la tripulación.
___*1*___ El *Marie Celeste* sale de Nueva York.

⑤ Have students write a newspaper report about the disappearance of the *Marie Celeste* for homework.

6 Un viaje accidentado Éric y Fabiola fueron de excursión en canoa. Fabiola llevó su grabadora. Al día siguiente, Éric escribió un e-mail a sus compañeros y contó, enojado, lo que había pasado. En parejas, lean la grabación de Fabiola. Después escriban el e-mail de Éric. Usen por lo menos dos formas del presente perfecto y dos formas del pasado perfecto.

"... Estamos recorriendo el río Amazonas. Yo estoy en la última canoa. Éric subió a la segunda. Todo es bello, verde, tropical y exótico. Estamos en un lugar de rápidos. Éric no está sentado. Saca fotos. El guía le grita *(shouts)* que se siente. Éric se enoja y se sienta. Ahora Éric se levanta nuevamente. ¡Cuidado! No se cayó, pero la cámara se ensucia. El guía le grita. Éric está enojado. ¡Se cayó al agua! Dos turistas lo ayudan. Pierde su sombrero. Se lo lleva el río. Vamos a la costa. El guía baja a Éric. Tiene que esperar allí. Pasaremos por él cuando estemos de regreso..."

⑥ Ask volunteers to read different sentences from their narratives. Then ask other students to respond as if they were Fabiola.

4.2 Por and para

comparisons

Instructional Resources
WB, LM, CD-ROM, WB/LM/VM Answer Key

Suggestion: Remind students that prepositions are often the most challenging part of learning a second language.

¿Te acuerdas? Spanish has two prepositions that are generally translated as *for*, **por** and **para**. These prepositions are not interchangeable. The following charts explain how each is used.

Tenemos que salir por la puerta 12.

Vamos para el hotel a las 8:30.

***Para* is used to indicate...**

Destination *(toward, in the direction of)*	Salimos **para** la Costa Brava este fin de semana. *We are leaving for the Costa Brava this weekend.*
Deadline or a specific time in the future *(by, for)*	Necesito los pasajes **para** mañana. *I need the tickets by tomorrow.*
Purpose or goal + ***infinitive*** *(in order to)*	Viajamos a Perú **para** visitar las ruinas de Machu Picchu. *We traveled to Peru in order to visit the ruins of Machu Picchu.*
Purpose + ***noun*** *(for, used for)*	Compré una maleta nueva **para** el viaje. *I bought a new suitcase for the trip.*
Recipient *(for)*	El asiento cerca de la ventanilla es **para** ti, Roberto. *The seat by the window is for you, Roberto.*
Comparison with others or opinion *(for, considering)*	**Para** ser tan jóvenes, han viajado mucho. *For being so young, they have traveled a lot.* **Para** mí, una semana de vacaciones es suficiente. *For me, one week of vacation is enough.*
Employment *(for)*	Un amigo mío trabaja **para** esta aerolínea. *A friend of mine works for this airline.*

Expressions with *para*

no estar para bromas *to be in no mood for jokes*
no ser para tanto *to not be so important*
para colmo *to top it off*
para que sepas *just so you know*
para siempre *forever*

Comunicación

4 **Medios de transporte** Comenten en parejas cuáles son los mejores medios de transporte para determinadas ocasiones y por qué. Usen los ejemplos de la lista y sigan el modelo.

MODELO viajar en una ciudad
<u>Para</u> viajar en una ciudad, <u>el mejor medio</u> de transporte es el metro <u>porque</u> es más rápido.

ir de vacaciones	viajar con niños
mirar el paisaje	divertirse
ahorrar dinero	ir lejos
ir a trabajar	hacer ejercicio
leer en el viaje	mudarse de hogar

(4) Preview the exercise by talking about different experiences using the various modes of transportation.

5 **Viaje infernal** ¿Estuviste alguna vez en peligro durante un viaje? ¿Viste un accidente? ¿Perdiste las maletas? ¿Equivocaste el día del viaje? ¿Llegaste tarde? ¿Olvidaste los boletos? ¿Tuviste que esperar mucho en el aeropuerto? ¿Te molestó otro pasajero o el/la auxiliar de vuelo? Cuenta a tus compañeros un viaje con problemas. Primero escribe un plan de lo que vas a contar. En tu relato debes usar por lo menos cinco de las siguientes expresiones.

por casualidad	por lo tanto	para colmo
por eso	por lo menos	para siempre
por fin	por supuesto	no fue para tanto

MODELO

Para empezar, el avión se retrasó y por eso…

(5) After collecting the narratives, read a few aloud without mentioning the author. Ask the rest of the class to guess his/her name.

Instructional Resources
WB, LM, CD-ROM, WB/LM/VM Answer Key

Suggestion: Point out the prefix **super-** to help the students better understand the concept of superlative.

4.3 Comparatives and superlatives

¿Te acuerdas? Spanish and English use comparisons to indicate which of two people or things has a lesser, equal, or greater degree of a quality. Both languages use superlatives to express the highest or lowest degree of a quality.

Comparisons of inequality

▶ With adjectives, adverbs, nouns, and verbs, the following constructions are used to make comparisons of inequality.

más/menos + [*adjective* / *adverb* / *noun*] + **que**

[*verb*] + **más/menos que**

ADJECTIVE

Este hotel es **más elegante que** el otro.
This hotel is more elegant than the other one.

ADVERB

El carro es **menos rápido que** el metro.
The car is less rapid than the subway.

NOUN

Tienes **menos dinero que** yo.
You have less money than I do.

VERB

Mi hermano **viaja más que** yo.
My brother travels more than I do.

¡ATENCIÓN!

Before a number (or equivalent expression), *more/less than* is expressed by **más/menos de.**

Un boleto de ida y vuelta va a costar más de mil dólares. *A round-trip ticket will cost more than a thousand dollars.*

Te consigo una respuesta en menos de media hora. *I'll get you an answer in less than half an hour.*

Comparisons of equality

▶ The following constructions are used to make comparisons of equality.

tan + [*adjective* / *adverb*] + **como**

tanto/a(s) + [*singular noun* / *plural noun*] + **como**

El vuelo de regreso es **tan** largo **como** el de ida.
The return flight is as long as the flight over.

Cuando viajo a la ciudad, tengo **tantas** maletas **como** tú.
When I travel to the city, I have as many suitcases as you.

▶ The following construction is used for comparisons of equality with verbs.

[*verb*] + **tanto como**

Mi amiga Yolanda ha viajado **tanto como** yo.
My friend Yolanda has travelled as much as I have.

Guillermo ha disfrutado **tanto como** yo en sus vacaciones.
Guillermo has enjoyed his vacation as much as I have.

¡ATENCIÓN!

Tan and **tanto** can also be used for emphasis, rather than to compare, with these meanings:

tan *so*

tanto *so much*

tantos/as *so many*

¡Tu viaje es tan largo! *Your trip is so long!*

¡Viajas tanto! *You travel so much!*

¿Siempre traes tantas maletas? *Do you always bring so many suitcases?*

Superlatives

▶ The following construction is used to form superlatives. The noun is preceded by the appropriate definite article, and **de** is the equivalent of *in* or *of*.

el/la/los/las + *noun* + **más/menos** + *adjective* + **de**

Ésta es **la playa más bonita de** la costa argentina.
This is the prettiest beach on the coast of Argentina.

Es **el hotel menos caro del** barrio.
It is the least expensive hotel in the neighborhood.

▶ The noun may also be omitted from a superlative construction.

—Me gustaría comer en un buen restaurante.
—I would like to eat at a good restaurant.

—Las Dos Palmas es **el más elegante de** la ciudad.
—Las Dos Palmas is the most elegant one in the city

Irregular comparatives and superlatives

Irregular comparative and superlative forms

Adjective	Comparative form	Superlative form
bueno/a *good*	**mejor** *better*	**el/la mejor** *best*
malo/a *bad*	**peor** *worse*	**el/la peor** *worst*
grande *big*	**mayor** *bigger*	**el/la mayor** *biggest*
pequeño/a *small*	**menor** *smaller*	**el/la menor** *smallest*
joven *young*	**menor** *younger*	**el/la menor** *youngest*
viejo/a *old*	**mayor** *older*	**el/la mayor** *oldest*

▶ When **bueno** or **malo** refer to a person's character, and not to the quality of a thing, the regular comparative and superlative forms may be used but are less common than the irregular forms.

Estas vacaciones son **mejores** que las últimas.
This vacation is better than the last one.

Isabela es **más buena** con los niños que Carlota.
Isabela is better with the children than Carlota.

▶ When **grande** and **pequeño** refer to size and not age or quality, the regular comparative and superlative forms are used.

Ernesto es **mayor** que yo.
Ernesto is older than I am.

Ése es **más grande** que éste.
That one is bigger than this one.

▶ When **mayor** and **menor** mean older or younger, they follow the noun they modify.

Lucía es mi hermana **menor**.
Lucía is my younger sister.

Hoy hubo un **menor** número de turistas.
Today there was a smaller number of tourists.

¡ATENCIÓN!

Absolute superlatives
The suffix **–ísimo/a** is added to adjectives and adverbs to form the absolute *superlative.* This form is the equivalent of *extremely* or *very* before an adjective or adverb in English.

malo → malísimo
mucha → muchísima
difícil → dificilísimo
fáciles → facilísimos

Adjectives and adverbs with stems ending in **c, g,** or **z,** change spelling to **qu, gu,** and **c** in the absolute superlative.

rico → riquísimo
larga → larguísima
feliz → felicísimo

Adjectives that end in **–n** or **–r** form the absolute by adding **–císimo**.

joven → jovencísimo
trabajador → trabajadorcísimo

¡ATENCIÓN!

Bien and **mal**
The adverbs **bien** and **mal** also have irregular comparatives.

bien *well* **→ mejor** *better*

mal *badly* **→ peor** *worse*

La comida de México es mejor que la de aquí.
The food in Mexico is better than the food here.

Práctica

① As a warm-up, ask students to compare ecotourism with traditional tourism using comparatives and superlatives.

1 Demasiadas deudas Ágata trabaja en una agencia de viajes y su amiga Elena en un hotel. Llena los espacios en blanco utilizando las palabras de la lista.

como	más
que	muchísimas
baratísimos	menos

ELENA Tengo _muchísimas_ deudas. Mi trabajo me gusta pero necesito ganar _más_ dinero.

ÁGATA ¿Por qué no mandas tu currículum a mi empresa? No es tan importante _como_ la tuya, pero paga mejor.

ELENA Sí, la verdad es que tú trabajas _menos_ horas que yo, pero ganas más.

ÁGATA Lo bueno es que a ti los boletos te salen _baratísimos_.

ELENA Ya, pero a ti los hoteles te salen más baratos _que_ a mí.

② Ask students what constitutes their idea of the worst possible trip.

2 El peor viaje de su vida El sábado pasado Rosa y Alberto se fueron de viaje a Puerto Rico pero tuvieron muchos problemas. En esta carta, Rosa nos cuenta lo que les pasó. Completa las frases de la izquierda con las correspondientes de la derecha y pon números para ordenar los hechos de manera cronológica.

MODELO

el sábado pasado mi novio y yo → **hicimos el peor viaje de nuestra vida.**

_1_ Yo me levanté más temprano que Alberto	pero el vuelo fue peor que una pesadilla.
_2_ Para empezar, el avión salió tres horas más tarde de lo previsto	el avión comenzó a moverse muchísimo.
_5_ Finalmente el avión aterrizó sin problemas,	como nosotros, y eso nos puso mucho más nerviosos.
_4_ Los auxiliares de vuelo tenían tanto miedo	y llegué antes que él al aeropuerto.
_3_ Una hora antes de llegar a San Juan	y perdimos la conexión a San Juan.

③ Generate a class account of the worst possible trip using their answers. Have one person begin, then go around the class to extend the story. Write it on the board as you go along.

3 Una anécdota En parejas inventen una historia utilizando las palabras de la lista.

tan	malísimo
mejor que	como
mayor	de los peores

Comunicación

4 El Caribe o Buenos Aires Gabriel y Carmen están planeando su viaje de novios. Gabriel prefiere irse al Caribe y a Carmen le gustaría visitar Buenos Aires.

A. En parejas, decidan qué actividades de la lista corresponden a cada lugar.

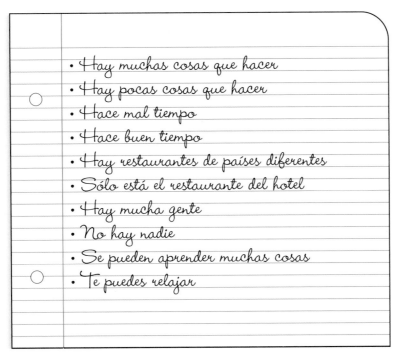

- Hay muchas cosas que hacer
- Hay pocas cosas que hacer
- Hace mal tiempo
- Hace buen tiempo
- Hay restaurantes de países diferentes
- Sólo está el restaurante del hotel
- Hay mucha gente
- No hay nadie
- Se pueden aprender muchas cosas
- Te puedes relajar

B. Después, miren el cuadro y dramaticen un diálogo entre Carmen y Gabriel. Cada uno tiene que dar las razones por las cuales prefieren ir a esos lugares. Utilicen comparativos y superlativos.

Caribe	Buenos Aires

5 Nos vamos de viaje Ustedes también tendrán preferencias a la hora de elegir un destino para sus vacaciones. Primero en parejas y después en grupo, discutan sobre un lugar donde les gustaría ir, justificando sus razones mediante oraciones con superlativos o comparativos.

NATIONAL communication STANDARDS

(4) Ask for volunteers to role play Carmen and Gabriel at the travel agency. The travel agent tries to sell them an ecotour.

(5) Organize groups according to general guidelines such as: adventure, culture, sports, relaxation etc.

Instructional Resources
WB, LM, CD-ROM, WB/LM/VM Answer Key

Suggestion: Remind students that the subjunctive exists in English, but it rarely differs from the indicative. Cite some examples, such as "I wish I were in Dixie."

4.4 Present subjunctive

¿Te acuerdas? The verb forms you have reviewed so far have been in the indicative mood. The indicative is used to state facts and express actions or states the speaker considers to be real or definite. In this lesson you will review the present subjunctive mood. The subjunctive expresses the speaker's attitude toward events, as well as actions or states, that the speaker views as uncertain or hypothetical.

Present subjunctive forms

Infinitive	**hablar**	**comer**	**escribir**
***Yo* form of present tense**	**hablo**	**como**	**escribo**
	hable	**coma**	**escriba**
	hables	**comas**	**escribas**
	hable	**coma**	**escriba**
	hablemos	**comamos**	**escribamos**
	habléis	**comáis**	**escribáis**
	hablen	**coman**	**escriban**

¡ATENCIÓN!

A list of stem-changing verbs can be found on pages 20–21.

▶ Verbs with irregular **yo** forms show that same irregularity *throughout* the forms of the present subjunctive.

Infinitive	*Yo* form	Subjunctive	Infinitive	*Yo* form	Subjunctive
conocer	conozco	conozca	seguir	sigo	siga
decir	digo	diga	tener	tengo	tenga
hacer	hago	haga	traer	traigo	traiga
oír	oigo	oiga	venir	vengo	venga
poner	pongo	ponga	ver	veo	vea

▶ **–Ar** and **–er** verbs that have stem changes in the present tense have the same changes in the present subjunctive. Remember that the **nosotros/as** and **vosotros/as** forms do not change.

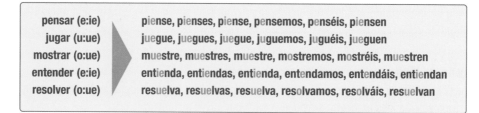

pensar (e:ie)	**piense, pienses, piense, pensemos, penséis, piensen**
jugar (u:ue)	**juegue, juegues, juegue, juguemos, juguéis, jueguen**
mostrar (o:ue)	**muestre, muestres, muestre, mostremos, mostréis, muestren**
entender (e:ie)	**entienda, entiendas, entienda, entendamos, entendáis, entiendan**
resolver (o:ue)	**resuelva, resuelvas, resuelva, resolvamos, resolváis, resuelvan**

- **–Ir** verbs that have stem-changes in the present tense have the same changes in the present subjunctive. In addition, the **nosotros/as** and **vosotros/as** forms undergo a stem-change.

pedir (e:i)	**pida, pidas, pida, pidamos, pidáis, pidan**
sentir (e:ie)	**sienta, sientas, sienta, sintamos, sintáis, sientan**
dormir (o:ue)	**duerma, duermas, duerma, durmamos, durmáis, duerman**

- The following five verbs are irregular in the present subjunctive.

dar	**dé, des, dé, demos, deis, den**
estar	**esté, estés, esté, estemos, estéis, estén**
ir	**vaya, vayas, vaya, vayamos, vayáis, vayan**
saber	**sepa, sepas, sepa, sepamos, sepáis, sepan**
ser	**sea, seas, sea, seamos, seáis, sean**

¡ATENCIÓN!

Verbs whose infinitives end in **–car, –gar,** and **–zar,** undergo spelling changes in the present subjunctive.

sacar: saque, etc.

jugar: juegue, etc.

almorzar: almuerce, etc.

The subjunctive after impersonal expressions

- One of the uses of the subjunctive is in subordinate clauses following impersonal expressions. The subordinating conjunction **que** joins the clauses.

Impersonal expression		Subordinate clause
Es necesario	**que**	**compres** el boleto hoy.

- The following expressions always trigger the subjunctive.

Es bueno *It's good*	**Es mejor** *It's better*
Es importante *It's important*	**Es necesario** *It's necessary*
Es imposible *It's impossible*	**Es una lástima** *It's too bad*
Es malo *It's bad*	**Es urgente** *It's urgent*

Es una lástima que Mariel no vaya con nosotras.
It's too bad that Mariel won't be going with us.

No es tan importante que Horacio devuelva la guía.
It's not so important that Horacio returns the guide.

- Impersonal expressions that indicate certainty trigger the indicative in the subordinate clause. However, when these expressions are negative, expressing doubt about the action or condition in the subordinate clause, they therefore trigger the subjunctive.

Es cierto *It is certain*	**No es cierto** *It is not true*
Es evidente *It is evident*	**No es evidente** *It is not evident*
Es seguro *It is sure*	**No es seguro** *It is not sure*
Es verdad *It is true*	**No es verdad** *It is not true*

Es verdad que tengo sed, pero **no es verdad** que tenga hambre.
It's true that I am thirsty, but it's not true that I'm hungry.

¡ATENCIÓN!

A more complete discussion of the uses of the subjunctive voice can be found in **Lección 5**, pages 176–187.

Práctica

① Warm up for this activity by asking students to complete sentences about house-sitting. Use impersonal expressions to prompt their answers. Ex: **Es necesario …**

② Have students pair up to write a new dialogue between Álvaro and his girlfriend about her birthday, using the subjunctive.

③ Repeat the exercise using **novios** and **novias.**

1 **Pórtate bien** Los padres de Álvaro se van de viaje y le dejan una nota a su hijo con algunas cosas que tiene que hacer. Completa la nota utilizando el presente del subjuntivo de los verbos entre paréntesis.

No te olvides

Sabemos que es imposible que *te acuestes* (acostarse) temprano pero es importante que *te levantes* (levantarse) antes de las 8:00 y que *desayunes* (desayunar) bien. El martes es necesario que *vayas* (ir) a casa de tu tía Julia y le *lleves* (llevar) nuestro regalo. Antes de ir es urgente que *pases* (pasar) a recoger la tarta de cumpleaños que hemos encargado en la pastelería Mallorca.

Y bueno, hijo, es una lástima que no *puedas* (poder) venir con nosotros.

Cuídate mucho.

Tus padres

2 **Demasiado despistado** Ayer fue el cumpleaños de la novia de Álvaro y él se olvidó por completo. Ahora ella está enfadada. Martín y él conversan sobre el tema. Completa el diálogo con el subjuntivo o el indicativo.

MARTÍN Bueno, Álvaro, la verdad es que, a veces, *eres* (ser) demasiado despistado. ¿No crees?

ÁLVARO Ya, bueno, pero no es cierto que yo no la *quiera* (querer).

MARTÍN Si sabes que para ella es importante que *recuerdes* (recordar) su cumpleaños, deberías recordarlo.

ÁLVARO Es una lástima que yo *sea* (ser) tan despistado.

MARTÍN Sí, pero también es cierto que tú la *quieres* (querer) mucho. Es urgente que le *escribas* (escribir) disculpándote y la *invites* (invitar) a cenar.

ÁLVARO Tienes razón. Ahora mismo me voy a casa a escribirle un correo electrónico.

3 En parejas piensen en las obligaciones de los padres para con los hijos y viceversa y llenen el siguiente cuadro con frases impersonales que requieran el subjuntivo.

Las obligaciones de los padres y de los hijos

los padres	los hijos
Es importante que los padres escuchen a sus hijos.	

Comunicación

④ **Roberto está enamorado** Roberto invita a Lucía a cenar en su casa una noche. Ellos se acaban de conocer y son muy diferentes, así que Roberto va a tener que cambiar muchas cosas para gustarle a Lucía. Un amigo común nos ha dado algunas pistas de cómo es Roberto y cómo es el hombre ideal de Lucía. Mira los siguientes dibujos y aconséjale a Roberto qué hacer esa noche. Piensa cómo debe vestirse, qué comida debe preparar, los discos que debe elegir como música de fondo, etc.

MODELO Es importante que te peines bien esa noche.

ROBERTO

HOMBRE IDEAL

④ Before students read the instructions, ask them to write an ad for the personals column as though they were Lucía or Roberto, basing their descriptions on the pictures shown.

⑤ **Pareja ideal** En grupos pequeños piensen en su pareja ideal y comenten cómo debe ser. Escriba cada uno/a de ustedes por lo menos cuatro frases impersonales que requieran el subjuntivo. Usen las frases de la lista.

Es cierto	Es necesario
Es importante	Es urgente
Es mejor	Es verdad

⑤ Have groups exchange descriptions and write advice for one another using the subjunctive. Ex: **Es aconsejable que seas menos exigente.**

⑥ **Buen viaje** Trabajan para una persona muy famosa y tienen que organizar su próximo viaje. Representen un diálogo con el/la agente de viajes en el que le explican las exigencias de la estrella.

MODELO
AGENTE DE VIAJES ¿Cómo desea su habitación?
ESTRELLA Es importantísimo que la habitación esté llena de flores blancas.

⑥ Ask volunteers to perform their role play for the class.

A conversar

Expansion: Ask volunteers to role play a conversation between one of the four protagonists and his/her best friend who is offering advice.

El amor y la distancia

A En parejas, lean las historias. Luego, respondan a las preguntas.

Historia 1

Carla es mexicana y vive en la Ciudad de México. Francisco es uruguayo y vive en Montevideo. Hace dos años, Francisco viajó becado a México para estudiar. Permaneció allí un año. Un mes después de su llegada conoció a Carla en la Universidad Autónoma de México y se enamoraron. Cuando la beca de Francisco finalizó, él regresó a su país. Hoy continúan con su noviazgo por medio de Internet.

¿Por qué Carla y Francisco tienen que usar Internet para continuar con su noviazgo?

Historia 2

Alejandra es una profesora argentina de biología. Hace dos años, se anotó en una lista de correo electrónico sobre ecología. Así comenzó a charlar sobre el tema con un grupo. Al poco tiempo, de ese grupo sólo quedaron ella y Jorge, un profesor español. De la ecología pasaron a hablar de otros temas. Jorge viajó a Buenos Aires. Quería conocerla. Alejandra se enamoró de él. Él le propuso casamiento. Ella aún lo está pensando.
¿Cuáles serán las dudas de Alejandra?

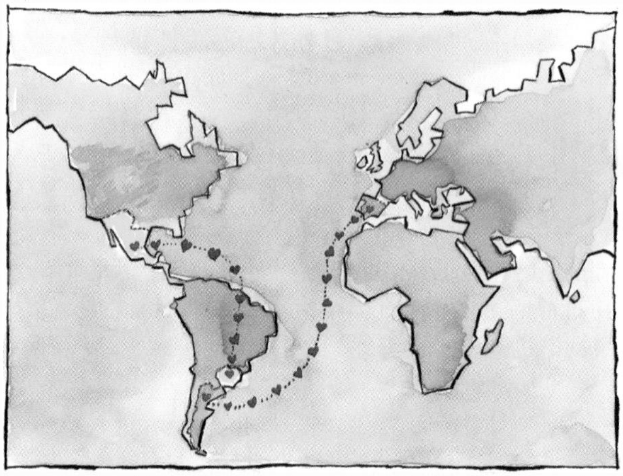

B ¿Alguien conoce una historia del mismo tipo? Cuéntenla a sus compañeros de clase.

C Trabajen ahora en grupos pequeños. Piensen en finales posibles para las dos historias. Luego elijan una historia y compartan el final que escogieron con sus compañeros/as.

D Con toda la clase, discutan sobre los problemas del amor a distancia. Para esto, tengan en cuenta las siguientes preguntas:
¿Es posible mantener una buena relación de amor a distancia?
¿La tecnología favorece el contacto entre la gente? ¿Por qué?
¿Es fácil abandonar tu país? ¿Por qué? ¿Qué debes dejar? ¿Qué puedes ganar?

A escribir

Consejos de viaje

Sigue el **Plan de redacción** para escribir unos consejos de viaje. Imagina que trabajas en una agencia de viajes y tienes que organizar un tour para unos/as amigos/as tuyos/as que van a visitar una ciudad o un país que tú conoces bastante bien. Haz una lista de los lugares y cosas que les recomiendas que hagan. Ten en cuenta la personalidad de tus amigos/as y elige bien qué sitios crees que les van a gustar más.

Destinos					
Lugar	Comida	Clima	Diversiones	Interés cultural	Otros
____________	____________	____________	____________	____________	____________
____________	____________	____________	____________	____________	____________
____________	____________	____________	____________	____________	____________
____________	____________	____________	____________	____________	____________
____________	____________	____________	____________	____________	____________

Have students work in small groups and use the list to write a dialogue between the travel agent and the travelers. Have a few groups role-play the dialogue for the class.

Plan de redacción

Contenido Recuerda que tienes que tener en cuenta el clima que hace en ese lugar, la ropa que deben llevar, el hotel donde pueden alojarse y los espectáculos culturales a los que pueden asistir. También es importante que les recomiendes algún restaurante o alguna comida típica del lugar. No olvides utilizar oraciones de subjuntivo en todas tus recomendaciones. Aquí tienes algunos ejemplos a seguir.

- Es importante que...
- Te/Les recomiendo que...
- Es bueno que…
- Es probable que…
- Es mejor que…
- Es necesario que…

Conclusión Termina la lista de consejos deseándoles a tus amigos/as que tengan un buen viaje.

Etatis XX (Hecho a los 20 años), 1996.
Jacqueline Brito Jorge. Cuba.

El hombre inteligente viaja para enriquecer
después su vida en los días sedentarios,
que son más numerosos.

— Enrique Larreta

Antes de leer

El viaje

Cristina Fernández Cubas

Conexión personal

¿Cuál es el viaje más largo que has hecho? ¿Cuál fue el destino? ¿Cuál fue el punto de partida? ¿Lo pasaste bien? En parejas, túrnense para contarse los detalles más importantes de sus viajes.

Contexto cultural

Cloistered convents and monasteries are closed religious communities of nuns and monks. Cloistered life includes daily work, prayer, reading, meditation, and participation in religious services; additionally, it enforces varying degrees of isolation from the outside world. Formerly, this separation, particularly for convents, was almost absolute.

The population of cloistered religious communities has decreased dramatically in recent years, although the communities themselves are still common throughout Spain. These convents and monasteries usually subsist with the help of the adjacent towns and parishes, in part through donations, and also through providing their own specialty services. Nuns such as *las mínimas* in Sevilla, for example, take in ironing, and *las monjas de la Magdalena* in Granada sell Madeline cakes and *empanadillas.*

Análisis literario: la anécdota

An anecdote **(la anécdota)** is a brief and sometimes amusing account about a person or an event. Anecdotes are told to entertain or to make a larger point. While you read "El viaje," think about the narrator's purpose in recording the anecdote.

Estrategia de lectura: deducir

Making inferences **(deducir)** about a literary piece helps a reader draw conclusions about the author's purpose. A reader makes inferences by guessing or making presumptions on the basis of what he or she has read and/or what is known from experience. As you read "El viaje," what inferences can you make on the basis of the content and what you know or have experienced personally?

Vocabulario

alcanzar *to reach; to achieve; to succeed in*
abadesa *abbess*
barrio *neighborhood*
dar a *to face*
despedirse *to say goodbye*
el marco *frame*
las reglas *rules*
el timbre *doorbell*

Lecturas opener (previous page): cultures

See the **ENFOQUES** Instructor's Resource Manual for teaching suggestions.

Contexto cultural: Survey the class to see what students know about convents and monasteries.

Análisis literario: Ask students to write a brief anecdote describing something that happened on a trip. Ask a few of them to share the anecdote with the class.

Estrategia de lectura: After hearing the anecdotes, ask the class what conclusions they can draw from them and what each student's purpose was for telling that particular anecdote.

Cristina Fernández Cubas

Hoja de vida

1945 Nace en Arenys de Mar, España
1980 *Mi hermana Elba* (cuentos)
1985 *El año de Gracia* (novela)
1990 *El ángulo del horror* (cuentos)
1994 *Con Agatha en Estambul* (cuentos)
2001 *Cosas que ya no existen* (novela)

Sobre el autor

Cristina Fernández Cubas no es una autora muy prolífica. Su obra, hasta el momento, está compuesta por una pieza teatral, cuatro libros de relatos y dos novelas. Desde que publicó su primera novela en 1980, Cristina Fernández Cubas es para muchos una escritora de culto que se mantiene al margen de las estrategias comerciales del mundo editorial y también de las polémicas literarias. Se mueve con comodidad tanto en la novela como en los relatos cortos. La autora admite que ambos géneros tienen para ella algo en común: la intensidad. El cuento "El viaje" fue publicado en la antología *Dos veces cuento* (1998), realizada por José Luis González.

Suggestion: Ask students what Spanish or Latin American authors they have heard of or read.

Suggestion: Based on the information about the author, ask students to guess what type of writer Cristina Fernández Cubas is and what themes are found in her work.

Suggestion: Remind students that they should guess the meaning of new words from their context.

El viaje

Un día la madre de una amiga me contó una curiosa anécdota. Estábamos en su casa, en el barrio antiguo de Palma de Mallorca, y desde el balcón interior, que daba a un pequeño jardín, se alcanzaba a ver la fachada° del vecino convento de clausura°. La madre de mi amiga solía visitar a la abadesa; le llevaba helados para la comunidad y conversaban durante horas a través de la celosía°. Estábamos ya en una época en que las reglas de clausura eran menos

fachada°: façade
clausura°: cloistered convent
celosía°: lattice

estrictas de lo que fueron antaño°, y nada impedía a la abadesa que, si así lo hubiera deseado, interrumpiera en más de una ocasión su encierro° y saliera al mundo. Pero ella se negaba en redondo°. Llevaba casi treinta años entre aquellas cuatro paredes y las llamadas del exterior no le interesaban lo más mínimo. Por eso la señora de la casa creyó que estaba soñando cuando una mañana sonó el timbre y una silueta oscura se dibujó al trasluz° en el marco de la puerta. "Si no le importa", dijo la abadesa tras los saludos de rigor, "me gustaría ver el convento desde fuera". Y después, en el mismo balcón en el que fue narrada la historia se quedó unos minutos en silencio. "Es muy bonito", concluyó. Y, con la misma alegría con la que había llamado a la puerta, se despidió y regresó al convento. Creo que no ha vuelto a salir, pero eso ahora no importa. El viaje de la abadesa me sigue pareciendo, como entonces, uno de los viajes más largos de todos los viajes largos de los que tengo noticias. ❀

years ago

isolation

absolutely refused

outlined in the shadow

Después de leer

El viaje

Cristina Fernández Cubas

① Have students imagine that someone casually asks them what "El viaje" is about, and they must respond in one sentence. Ex: **Se trata de una monja que...** Have several pairs role-play the dialogue.

1 **Comprensión** Contesta las siguientes preguntas.

1. ¿En qué ciudad española ocurre la anécdota?
   La anécdota ocurre en Palma de Mallorca.
2. ¿Quién le había contado la anécdota a la narradora?
   La madre de una amiga le había contado la anécdota.
3. ¿Qué se veía desde el balcón de la madre de su amiga?
   Se veía la fachada de un convento de clausura.
4. ¿Cuántos años llevaba la abadesa sin salir del convento?
   Llevaba casi treinta años sin salir al exterior.
5. ¿Qué decidió hacer la abadesa una mañana?
   Decidió ir a la casa de su amiga.
6. ¿Qué es lo que quería ver la abadesa desde la casa de su amiga?
   Quería ver el convento desde fuera.
7. ¿Cómo pensó la abadesa que era el convento?
   Pensó que era muy bonito.
8. ¿Qué hizo ella después de ver el convento desde el balcón?
   Se despidió y regresó al convento.

② Ask students to place themselves in the role of the nun. Have them write a short paragraph describing the nun's emotions when she saw the convent from outside. Students should read their paragraphs aloud (dramatically, if possible).

2 **Interpretar** Responde a las siguientes preguntas.

1. Según la narradora, la abadesa no sentía ningún interés por salir al exterior. ¿Por qué crees que no le interesaba el mundo exterior?
2. ¿Cuál es, en tu opinión, el viaje de la religiosa?
3. ¿Por qué al final del cuento la narradora piensa que el viaje de la abadesa es uno de los viajes más largos de los que ella ha tenido noticias?
4. ¿Por qué crees que la narradora de este cuento encuentra esta anécdota curiosa?
5. ¿Crees que una persona puede viajar sin moverse de casa?

3 **Analizar** Se suele decir que los viajes ayudan a conocer el mundo y conocerse a uno mismo. En esta lectura hay personas, como la abadesa, que viajan sin necesidad de ir a muchos sitios. En parejas, discutan sobre lo que aprendió la abadesa en ese viaje tan corto.

④ Ask students if they or anyone they know ever went on a trip as short as the nun's. Have them share the experience with the class.

4 **Recordar** ¿Qué aportan los viajes? Describe en un párrafo de unas cuatro o cinco oraciones alguna experiencia que hayas vivido al realizar un viaje. Recuerda que la distancia o la duración del trayecto no es tan importante. Después, comparte tu descripción con los demás compañeros de la clase. Utiliza el presente perfecto y el pluscuamperfecto.

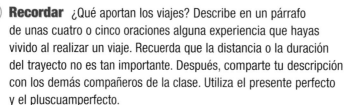

Antes de leer

PERFIL

Catalina de Erauso

Conexión personal
¿Has querido desaparecer alguna vez y empezar tu vida de nuevo en otro sitio como otra persona? ¿Adónde pensaste ir? ¿Qué planeabas hacer en ese nuevo sitio? Escribe un breve párrafo.

Contexto cultural
During the sixteenth and seventeenth centuries, the lives of women were dictated by social convention and law. In general, a woman was in the absolute control of her father until she married, at which point she passed into the absolute control of her husband. Almost all education was denied to women. Because of these restrictions, life in a convent, free of fathers and husbands, was often an attractive alternative.

The convent was the only realm of society where women had the freedom to pursue an intellectual life. Much of the literature written by women during this period comes from nuns, such as Sor Juana Inés de la Cruz (Mexico), Santa Teresa de Ávila (Spain), and Sor María Manuela (Peru). However, for women placed in convents against their will, convents were little better than prisons. As you read the biography of Catalina de Erauso, you will learn about a nun who was in no way typical.

Conexión personal: If the activity is too personal for some students, ask them to write about someone they know or about why some people feel that desire.

Contexto cultural: Ask students what reasons women have today to become nuns as opposed to three or four centuries ago. Ask them to compare how women today receive an education and become writers.

Vocabulario

el acontecimiento *event*
el desafío *challenge*
desconocido/a *stranger, unknown, unfamiliar*
el ejército *army*
el guión *script*
luchar *to fight*
la monja *nun*
el valor *bravery*

PERFIL

Catalina de Erauso: la monja alférez

La historia de Catalina de Erauso, más conocida como la monja alférez°, ha despertado durante los últimos tiempos, y con razón, muchísimo interés. Los acontecimientos extraordinarios que rodearon° su vida hacen que su historia parezca extraída del alocado° guión de una película de aventuras. Aquí les presentamos una breve biografía, quizás mezclada con un poco de leyenda.

alférez second lieutenant
rodearon surrounded
alocado wild, crazy

Catalina de Erauso nació en San Sebastián, España, en 1592. Cuando tenía 4 años de edad, su familia la internó en un convento. La muchacha no podía resistir la vida que su destino le ofrecía y decidió cambiarla radicalmente. Se escapó cuando tenía 15 años de edad. Para no ser reconocida, Catalina se vistió de hombre, vestido que ya nunca abandonó, y se marchó para América, donde se iniciaron sus aventuras. Vivió en Perú por unos años, y en este país se alistó en el ejército°. Como soldado, luchó con valentía° en muchos combates. En 1619 fue a Chile, para luchar en la Guerra de Arauco, y la ascendieron de categoría por su valor, lo que la convirtió en alférez.

she enlisted in the army
bravery

Uno de los hechos más extraordinarios de su vida ocurrió en 1615. En ese año, la joven estaba en Concepción, y allí, accidentalmente, se batió en duelo° con su hermano. Habían pasado muchos años desde la última vez que se vieron y, como Catalina iba vestida de hombre, los hermanos no se reconocieron, y se enfrentaron en desafío°. Catalina le disparó a su hermano, hiriéndolo de muerte°. Cuenta la leyenda que cuando ella lo reconoció, corrió a buscar auxilio, pero ya era demasiado tarde.

she fought a duel
duel
mortally wounding him

Cuando fue herida de gravedad en otro duelo, tuvo que confesar que era una mujer y, entonces, decidió regresar a España. Pasaron algunos años, en los que viajó a Italia. Durante ese tiempo, el rey Felipe IV le dio una pensión° como premio por su valor. Finalmente, Catalina sintió el deseo de volver a América. En 1650, cuando llegó al puerto de Veracruz, México, desapareció y ya nunca más se volvió a saber de ella. Se especula que murió ahogada°, pero hay quien piensa que empezó una nueva vida, esta vez como una desconocida.

pension
drowned

Después de leer

PERFIL

Catalina de Erauso

① After students complete the exercise, ask them which events of the story seem true and which may be legend.

1 Comprensión Decide si las siguientes oraciones son **ciertas** o **falsas.** Corrige las falsas.

	Cierto	Falso
1. La historia de Catalina de Erauso ha despertado mucho interés en los últimos años.	☑	☐
2. Ella nació en Madrid en 1592. *Nació en San Sebastián en 1592.*	☐	☑
3. A los cuatro años ella decidió ser monja y se internó en un convento. *Cuando tenía cuatro años su familia la internó en un convento.*	☐	☑
4. La muchacha no pudo resistir su destino y decidió cambiarlo.	☑	☐
5. Se escapó a los quince años, se vistió de hombre y se fue a vivir al Perú.	☑	☐
6. Allí se alistó en el ejército, pero no era muy valiente. *Allí se apuntó al ejército y por su valentía la nombraron alférez.*	☐	☑
7. En 1615, accidentalmente, se batió en duelo con su hermano y lo mató.	☑	☐
8. Nunca se descubrió que Catalina era mujer. *Cuando fue herida de gravedad tuvo que confesar que era mujer.*	☐	☑
9. En 1650, Catalina de Erauso regresó a América y nunca más se volvió a saber de ella.	☑	☐

② Ask male students if they can understand Catalina de Erauso's behavior and why. Ask female students if they identify with the protagonist and why.

2 Interpretar Contesta las siguientes preguntas.

1. ¿Por qué Catalina de Erauso también es conocida como "la monja alférez"?
2. ¿Qué tiene de extraordinario la vida de Catalina de Erauso? Razona tu respuesta.
3. ¿Qué podía haber hecho Catalina de Erauso de no haberse vestido de hombre?

③ If students do not know what to write, help them explore the differences between Spain and the Americas at the time. Why did Catalina de Erauso choose to return to the latter?

3 Inventar Imagina que es verdad que la monja alférez volvió a América para comenzar una nueva vida. Inventa su historia con un(a) compañero/a, utilizando los tiempos del pasado que conoces: pasado simple, el presente perfecto y el pluscuamperfecto. Menciona los siguientes puntos:

- Las razones por las que ella quiso volver a América
- Qué tipos de trabajos tuvo
- Cómo fue su vida y su muerte

④ To organize their ideas, students can make a list of nouns or adjectives that express the friend's advice, and another with antonyms that express the nun's desires.

4 Entrevistar Trabajen en parejas. Imaginen que uno/a de ustedes es un amigo/a de la monja alférez y le da consejos para que lleve una vida más tranquila.

MODELO
AMIGO/A: Es mejor que vivas en el convento.
MONJA ALFÉREZ: Eso no es verdad. Es necesario que me vaya.

Atando cabos

El viaje de novios

Trabajen en grupos pequeños para preparar una presentación sobre un viaje de novios.

Elegir el tema

Elijan una de estas parejas y preparen una presentación sobre el viaje de luna de miel que han tenido.

a b c d

Preparar

Investiguen en Internet para decidir de qué van a hablar en su presentación. Tengan en cuenta las personalidades de los novios, adónde fueron, qué actividades hicieron y qué lugares visitaron. Una vez que tengan la información necesaria sobre el lugar de destino, elijan los aspectos más interesantes del viaje para la presentación.

Organizar

Escriban un esquema que los ayude a exponer con mayor exactitud su presentación. No olviden utilizar los puntos gramaticales de la lección al menos una vez: los superlativos, el presente perfecto, el pluscuamperfecto, el presente de subjuntivo.

Estrategia de comunicación

Cómo contar un viaje

Las siguientes frases pueden ayudarles a expresarse de forma más adecuada.

1. Hemos decidido que el sitio ideal para ellos…
2. Es importante que…
3. Este lugar fue el mejor porque...
4. Este viaje fue carísimo/aburridísimo/peligrosísimo…
5. Antes de llegar a este lugar, ellos…

Presentar

Utilicen fotografías o folletos publicitarios para ilustrar su presentación. Usen material audiovisual para ofrecer una idea más completa del viaje.

communication connections NATIONAL STANDARDS

Suggestion: To encourage participation during the presentation, ask the class to write questions for the group presenting, or have the group presenting ask the class to predict some aspects of the trips based on the type of couple traveling.

Ayuda para Internet

Pueden intentar acceder a la información utilizando las siguientes palabras clave: **viajes de novios / cruceros / viajes de aventura / España / Argentina / turismo / Ecuador / viajes organizados / Costa Rica / Cuba**

La seguridad y los accidentes

el aviso	*notice; warning*
el choque	*collision*
el cinturón de seguridad	*seatbelt*
el congestionamiento	*traffic jam*
las medidas de seguridad	*security measures*
peligroso/a	*dangerous*
ponerse (el cinturón)	*to fasten (the seatbelt)*
prohibido/a	*forbidden*
reducir (la velocidad)	*to slow down (the speed)*
el seguro	*insurance*
el tránsito	*traffic*
vencido/a	*expired*
vigente	*valid*

Los viajes

a bordo	*on board*
la aventura	*adventure*
el/la aventurero/a	*adventurer*
la bienvenida	*welcome*
el buceo	*scuba-diving*
el crucero	*cruise ship*
la cueva	*cave*
la despedida	*farewell*
el destino	*destination*
el excursionismo	*sightseeing*
la frontera	*frontier*
el horario	*timetable*
las horas de visita	*visiting hours*
la isla	*island*
el itinerario	*itinerary*
la llegada	*arrival*
el manantial	*spring*
las olas	*waves*
el rincón	*corner*
la selva	*jungle*
la temporada alta	*high/busy season*
el transporte público	*public transportation*
la vuelta	*return (trip)*

Verbos relacionados con los viajes

admirar	*to admire*
alojarse	*to stay*
cancelar	*to cancel*
comprar boletos	*to buy tickets*
desembarcar	*to disembark, land*
embarcar	*to board*
estar lleno/a	*to be full*
extrañar a (alguien)	*to miss (someone)*
marcharse	*to leave*
navegar	*to sail, navigate*
preparar maletas	*to pack suitcases*
quedarse	*to stay*
quejarse	*to complain*
recorrer	*to go across; to travel*
regresar	*to return*
reservar	*to reserve*
retrasar	*to delay*

Los servicios

el/la agente de aduanas	*customs agent*
los auxiliares de vuelo	*flight attendants*
el/la camarero/a	*waiter, waitress*
el/la mesero/a	*waiter, waitress*
el piloto	*pilot*
el servicio de habitación	*room service*
los servicios	*facilities*
bien cuidado/a	*well-kept*
recomendable	*advisable*
turístico/a	*tourist(y)*

Expresiones útiles	*Véase la página 131.*
Vocabulario de "El Viaje"	*Véase la página 155.*
Vocabulario del perfil	*Véase la página 159.*

Estructura 4.2	*Véase las páginas 140 y 142.*
Estructura 4.3	*Véase las páginas 144 y 145.*
Estructura 4.4	*Véase las páginas 148 y 149.*

Instructional Resource
Tests

La salud y el bienestar

5

Communicative Goals

You will expand your ability to...

- express will, emotion, doubt, or denial
- express uncertainity and indefiniteness
- convey purpose, condition, and intent
- give orders, advice, and suggestions

La salud y el bienestar

Instructional Resources
- WB
- LM
- CD-ROM
- WB/LM/VM Answer Key

Suggestion: Have students look at the pictures, and ask volunteers to read aloud the header for each one. Ask students to describe the people they see and guess where they are and why.

Suggestion: Have students pronounce the boldfaced words. Remind them these are active vocabulary words, and encourage them to use new vocabulary from the start.

Conciencia tranquila

Susana está preocupada porque ve que su hija Inés **tiene mal aspecto**. Ha **adelgazado** y a ella le parece que su **alimentación** es mala. Cree que le falta **autoestima** y que su **estado de ánimo** no es bueno. Teme que **sufra de anorexia**. Inés dice que **está acostumbrada a** que su madre piense cosas raras. Pero para dejarla tranquila va a **portarse bien** y a **engordar** un poco.

Comprehension Check: 1. ¿Cuál es la relación de estas dos personas? (Son madre e hija.) 2. ¿Por qué no tiene buen aspecto la muchacha? (Su alimentación no es buena.) 3. ¿Qué tipo de vida lleva el hombre de la segunda foto? (No se cuida.) 4. ¿Qué le recomienda el médico? (Le dice que deje de fumar y de trasnochar.) 5. ¿Por qué tiene la mujer esa expresión en la tercera foto? (Está preocupada por el contagio.) 6. ¿Qué le pasó a este hombre? (Se cayó y se lastimó.) 7. ¿Qué tienen estas personas en común? (Todas tienen problemas médicos.)

Teaching Option: Have students do this activity in groups. Have them use new vocabulary to talk about an occasion when they were sick, had an accident, or had to go to the hospital. Provide questions to encourage conversation. Ex: **¿Cuándo te enfermaste? ¿Qué tuviste? ¿Tuvieron que operarte? ¿Te tomaron la tensión? ¿Te mejoraste pronto?**

A cuidarse

El médico le dijo a José que debía **cambiar su estilo de vida**. Debía **dejar de fumar** y de **trasnochar**, comenzar un **régimen** y sobre todo usar el **sentido común** al comer. En lugar de tomar **calmantes** y **aspirinas** para aliviar los síntomas de las enfermedades, le convenía eliminar los **factores de riesgo** para su **salud**. José **permaneció** callado y pensativo: sabía que estaba en **mala forma física**, pero nunca se lo habían dicho.

El contagio

Juana **se puso** mal, tenía **tos** y necesitaba **descansar**. Primero pensó que tenía un **resfriado**, pero como **empeoró** con el paso de las horas, empezó a pensar que tenía una **gripe**. Una semana después continuaba sintiendo este **malestar**, y entonces decidió **consultar a un especialista**. En realidad Juana tiene un **virus** que **se cura** sólo con un **tratamiento** especial. Ahora, mientras **se recupera**, Juana se pregunta cómo se **contagió**.

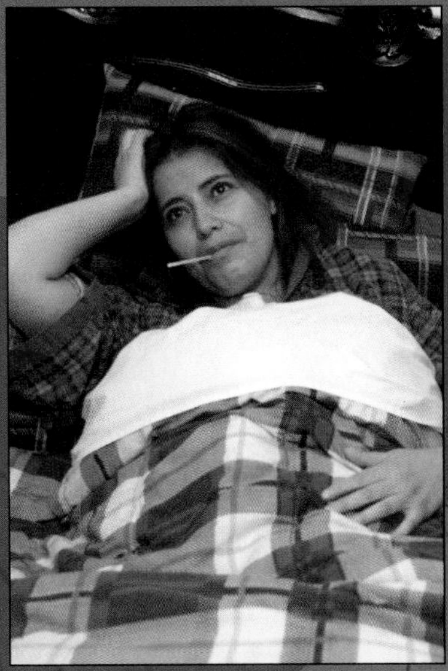

Despertar inesperado

Despertó en la **sala de emergencias** un poco **mareado**, con una **venda** en el brazo izquierdo y la mano **inflamada**. Cuando vino el enfermero a **ponerle una inyección** y darle unas **pastillas**, le preguntó qué había pasado. El enfermero le contó que se había caído en la calle y **se había lastimado**. Entonces Ricardo recordó todo: un anciano se había **hecho daño** en un accidente y, cuando vio al **herido** sangrando, **se desmayó**.

Suggestion: Review the correct position of the reflexive verb and pronoun. Point out that **ponerse** will have the same irregularities as **poner**.

Variación léxica: Point out that **ponerse enfermo** is another way of saying **ponerse malo**, and that **enfermarse** is formed from **enfermo**.

Teaching option: Have students work in pairs. Instruct the first student in each pair to give his/her partner a definition. The second student can guess the word or expression or ask for clues, but is only allowed two guesses.

Las enfermedades

la depresión	*depression*
la enfermedad	*disease/illness*
la obesidad	*obesity*
la respiración	*breathing*
la tensión (alta, baja)	*blood pressure (high, low)*
tener fiebre	*to have a fever*
ponerse malo/a	*to become ill*
toser	*to cough*

La buena salud

mejorar	*to improve*
ponerse bien	*to get well*
relajarse	*to relax*
tener buen aspecto	*to look good*
sano/a	*healthy*

Los cuidados y tratamientos médicos

la cirugía	*surgery*
el/la cirujano/a	*surgeon*
la consulta	*doctor's appointment*
el consultorio	*doctor's office*
el jarabe	*syrup*
la operación	*operation*
los primeros auxilios	*first aid*
la receta	*prescription*
la vacuna	*vaccine*
la venda	*bandage*
prevenir	*to prevent*
tratar	*to treat*

Práctica

① Have students form sentences with the items from both columns. Ask them to begin by naming the subject and then conjugating the verb in the infinitive. Write the following on the board: **Marina se lastimó con un cuchillo y se puso una venda.**

② Organize students into groups and have them make the connections orally. One student will say a word, and another must respond with the associated word. Students should have about five seconds to answer.

③ To add to the dialogue, have students write three sentences with the words not used in the activity.

③ Invite volunteers to act out their dialogues for the class.

Teaching option: Have students decide whether the following are **cierto** or **falso**: **1. A Martín le gusta hacer ejercicio. (falso) 2. Martín no sale de noche. (falso) 3. El doctor le recomienda hacer ejercicio. (cierto) 4. Todo lo que hace Martín es malo para la salud. (cierto)**

1 A curarse Indica qué tiene que hacer una persona a la que le ocurre lo siguiente:

_d_ 1. Se lastimó con un cuchillo.	a. Comenzar un régimen
_e_ 2. Tiene fiebre.	b. Dejar de fumar
_c_ 3. Su estado de ánimo es malo.	c. Hablar con un amigo/a
_f_ 4. Tiene tos.	d. Ponerse una venda
_b_ 5. Sufre de problemas respiratorios.	e. Tomar una medicina
_a_ 6. Está obeso.	f. Tomar un jarabe que le recete el médico

2 Asociaciones Conecta las palabras de la primera columna con las de la segunda.

a. alimentación	_c_ acupuntura
b. cirugía	_e_ callado
c. medicina alternativa	_b_ cortar
d. mejorar	_a_ digestión
e. tímido	_d_ recuperarse

3 Malos hábitos Martín tiene hábitos que no son buenos para su salud. Completa el siguiente diálogo entre Martín y su doctor con las palabras de la lista. Hay cuatro palabras que no tienes que usar.

ánimo	descansar	malestar	sano
dejar de fumar	empeorar	pastillas	trasnochar
deprimido	mala forma física	salud	vacuna

MARTÍN Doctor, a mí me gusta pasar muchas horas viendo la tele.

DOCTOR Si usted no hace ejercicio va a tener una _mala forma física_.

MARTÍN También me gusta salir y acostarme tarde.

DOCTOR No es bueno _trasnochar_ todo el tiempo. Es importante _descansar_.

MARTÍN ¡Pero, doctor! ¿Puedo fumar un poco, por lo menos?

DOCTOR No, don Martín. Usted debe _dejar de fumar_ cuanto antes.

MARTÍN ¡No puede ser, doctor! ¿Todo lo que me gusta hacer es malo para la _salud_? Si hago lo que me dice usted, voy a estar _sano_ pero _deprimido_.

DOCTOR No es así. Si usted mejora su forma física, su estado de _ánimo_ va a mejorar también. Recuerde: "Mente sana en cuerpo sano".

Comunicación

4 Vida sana

A. En parejas, háganse las siguientes preguntas y marquen en la lista las respuestas.

	Siempre	A menudo	De vez en cuando	Nunca
1. ¿Trasnochas más de dos veces por semana?	☐	☐	☐	☐
2. ¿Practicas algún deporte?	☐	☐	☐	☐
3. ¿Fumas?	☐	☐	☐	☐
4. ¿Comes mucha comida frita?	☐	☐	☐	☐
5. ¿Tienes dolores de cabeza?	☐	☐	☐	☐
6. ¿Sales de copas más de dos veces por semana?	☐	☐	☐	☐
7. ¿Desayunas sin prisa?	☐	☐	☐	☐
8. ¿Pasas muchas horas del día sentado/a?	☐	☐	☐	☐
9. ¿Te pones de mal humor con frecuencia?	☐	☐	☐	☐
10. ¿Tienes problemas para dormir?	☐	☐	☐	☐

B. Imagina que eres un médico. ¿Tiene tu compañero/a una vida sana? ¿Qué cosas le recomiendas que haga? Utiliza la conversación entre Martín y su médico (página 162) como modelo.

5 Frases célebres

Muchos personajes han opinado sobre la salud, la medicina y la enfermedad. En parejas, elijan las frases que les parecen más interesantes y expliquen por qué las eligieron.

La salud

"La salud no lo es todo pero sin ella, todo lo demás es nada".
A. Schopenhauer

"El ser humano pasa la primera mitad de su vida arruinando la salud y la otra mitad intentando recuperarla".
Joseph Leonard

"Come poco y cena más poco, que la salud de todo el cuerpo se decide en la oficina del estómago".
Miguel de Cervantes

La medicina

"Antes que al médico, llama a tu amigo".
Pitágoras

"Los médicos no están para curar, sino para recetar y cobrar; curarse o no es cuenta del enfermo".
Molière

"La esperanza es el mejor médico que yo conozco".
Alejandro Dumas, hijo.

La enfermedad

"El peor de todos los males es creer que los males no tienen remedio".
Francisco Cabarrus

"La investigación de las enfermedades ha avanzado tanto que cada vez es más difícil encontrar a alguien que esté completamente sano".
Aldous Huxley

"De noventa enfermedades, cincuenta las produce la culpa y cuarenta la ignorancia".
Anónimo

NATIONAL communication STANDARDS

4 Have students list the answers in two categories: healthy and unhealthy. Each student can then report about his or her partner: **Vive una vida sana** or **Vive la vida loca** and name his/her habits.

4 Using **siempre, a menudo, de vez en cuando**, and **nunca**, have students write four sentences explaining how often they do or do not do certain things. They can use the action words from the activity or provide their own.

5 Ask each student to write, and then read aloud an original sentence about health, medicine, or sickness. The class can judge the sentences in several categories: most original, most realistic, funniest, etc.

5 Write on the board the phrase coined by Pythagoras: **Antes que al médico, llama a tu amigo**, and ask: **¿Qué quiso decir Pitágoras con esto? 1. Un amigo sabe de medicina. 2. Un amigo puede darte un buen consejo. 3. El médico es tu enemigo.** Have students comment on the quote's intention, and allow them to give their own interpretation.

5 FOTONOVELA

Los empleados de *Facetas* se preocupan por mantenerse sanos y en forma.

DIANA ¿Johnny? ¿Qué haces aquí tan temprano?

JOHNNY Madrugué para ir al gimnasio. ¿Nunca haces ejercicio?

DIANA No mucho… A veces me dan ganas de hacer ejercicio, y entonces me acuesto y descanso hasta que se me pasa.

En la cocina…

JOHNNY *(habla con los dulces)* Los recordaré dondequiera que esté. Sé que esto es difícil, pero deben ser fuertes… No pongan esa cara de "cómeme". Por mucho que insistan, los tendré que tirar. Ojalá me puedan olvidar.

FABIOLA ¿Empezaste a ir al gimnasio? Te felicito. Para ponerse en forma hay que trabajar duro.

JOHNNY No es fácil.

FABIOLA No es difícil. Yo no hago ejercicio, pero trato de comer cosas sanas.

JOHNNY Nada de comidas rápidas.

FABIOLA ¡Cómo me gustaría tener tu fuerza de voluntad!

En la cocina…

DON MIGUEL ¡Válgame! Aquí debe haber como mil pesos en dulces. ¡Mmm! Y están buenos.

JOHNNY ¿Qué tal, don Miguel? ¿Cómo le va?

DON MIGUEL *(sonríe sin poder decir nada porque está comiendo)*

JOHNNY ¡Otro que se ha quedado sin voz! ¿Qué es esto? ¿Una epidemia?

FABIOLA ¿Qué compraste?

JOHNNY Comida bien nutritiva y baja en calorías. Juré que jamás volvería a ver un dulce.

FABIOLA ¿Qué es eso?

JOHNNY Esto es tan saludable que con sólo tocar la caja te sientes mejor.

FABIOLA ¿Y sabe bien?

En la oficina de Aguayo…

AGUAYO Mariela, insisto en que veas a un doctor. Vete a casa y no vuelvas hasta que no estés mejor. Te estoy dando un consejo. No pienses en mí como tu jefe.

DIANA Piensa en él como un amigo que siempre tiene razón.

NATIONAL STANDARDS: communication, cultures

Instructional Resources
- VM • Video • CD-ROM • IRM
- WB/LM/VM Answer Key

Video Synopsis:
- Diana and Johnny talk about exercise.
- Johnny and Fabiola discuss diet and exercise.
- Mariela has lost her voice.
- Johnny brings in an assortment of healthy foods.
- A surprised Fabiola finds Johnny eating chocolate.
- See IRM for more details.

Preview: Play the video without sound. Have students describe what they saw.

Personajes

AGUAYO

ÉRIC

JOHNNY

FABIOLA

MARIELA

DIANA

DON MIGUEL

4

En la sala de conferencias...

AGUAYO (*dirigiéndose a Mariela*) Quiero que hagas unos cambios a estos diseños.

DIANA Creemos que son buenos y originales, pero tienen dos problemas.

ÉRIC Los que son buenos no son originales, y los que son originales no son buenos.

AGUAYO ¿Qué crees? (*Mariela no contesta*)

5

Mariela escribe "perdí la voz" en la pizarra.

AGUAYO ¿Perdiste la voz?

DIANA Gracias a Dios... Creí que me había quedado sorda.

AGUAYO Estás enferma. Deberías estar en cama.

ÉRIC Sí, podías haber llamado para decir que no venías.

9

AGUAYO Por cierto, Diana, acompáñame a entregar los diseños ahora mismo. Tengo que volver enseguida. Estoy esperando una llamada muy importante.

DIANA Vamos.

Se van. Suena el teléfono. Mariela se queda horrorizada porque no puede contestarlo.

10

FABIOLA ¿No ibas a mejorar tu alimentación?

JOHNNY Si no puedes hacerlo bien, disfruta haciéndolo mal. Soy feliz.

FABIOLA Los dulces no dan la felicidad, Johnny.

JOHNNY Lo dices porque no has probado la *Chocobomba*.

Expresiones útiles

Giving advice and making recommendations

Insisto en que veas/usted vea a un doctor.
I insist that you go see a doctor.

Te aconsejo que vayas a casa.
I advise you to go home. (fam.)

Le aconsejo que vaya a casa.
I advise you to go home. (form.)

Sugiero que te pongas a dieta.
I suggest you go on a diet. (fam.)

Sugiero que se ponga usted a dieta.
I suggest you go on a diet. (form.)

Asking about tastes

¿Y sabe bien?
And does it taste good?

¿Cómo sabe?
How does it taste?

Sabe a ajo/menta/limón.
It tastes like garlic/mint/lemon.

¿Qué sabor tiene? ¿Chocolate?
What flavor is it? Chocolate?

¡No! ¡Tiene sabor a mango!
No! It's mango flavored!

Tiene un sabor dulce/agrio/amargo/agradable.
It has a sweet/sour/bitter/pleasant taste.

Additional vocabulary

la alimentación *diet*
dondequiera *wherever*
estar bueno/a *to be good (i.e. fresh)*
fuerza de voluntad *willpower*
madrugar *to wake up early*
quedar sordo/a *to go deaf*

Suggestion: Have students scan the photos for words or expressions related to health care, and use this to verify what they saw in the video.
Suggestion: Ask students to summarize what is happening.

Apuntes culturales Muchos hispanos que viven en las ciudades deben comer deprisa y no pueden dedicar mucho tiempo a cocinar. Algunas tiendas de comida rápida ofrecen lo mismo que en el resto del mundo: pizza, sándwiches y hamburguesas. Pero otras ofrecen platos locales. En España hay paellas a domicilio, en Argentina asado y en Perú ceviche. En las plazas hay vendedores de maní tostado, tortillas de maíz, empanadas y manzanas con caramelo. *¿Te gusta la comida rápida?*

Comprensión

1 Have students write four sentences, one per item, that convey the same idea using different words.

2 Write the correct statements on the board. Have students read the ones they corrected and help them verify their answers.
Lexical variation: Point out that in several Latin American countries another word for **tirar** is **botar**. You can add that **botar** literally means to bounce, as in bouncing a ball.

3 **Lexical variation:** Explain that **pastelería** comes from **pastel** and is the most common word for bakery. However, on many bakery signs **confitería** may also appear, which applies to all sorts of candy.
Teaching Option: Fast food is now found all over the world. However, each country may have its own specialties on the basic hamburger and fries menu. Have students search the Internet to find the different fast food businesses in Spanish-speaking countries and have them report their findings.

1 Decirlo con otras palabras Selecciona con una cruz la oración que expresa la misma idea.

JOHNNY Para ponerse en forma hay que trabajar duro.
__*x*__ a. Para mejorar la salud debes hacer mucho ejercicio.
_____ b. Para mejorar el cuerpo hay que descansar.

FABIOLA ¡Cómo me gustaría tener tu fuerza de voluntad!
_____ a. Me interesa tu fuerza física.
__*x*__ b. Me gustaría mucho tener mucha voluntad como tú.

JOHNNY ¡Otro que se ha quedado sin voz!
__*x*__ a. Don Miguel no puede hablar.
_____ b. Don Miguel no puede estar callado.

FABIOLA Los dulces no dan la felicidad.
_____ a. Los dulces nos alegran la vida.
__*x*__ b. En mi vida, los dulces no son importantes.

2 ¿Cierto o falso? Decide si lo que afirman las siguientes oraciones sobre los personajes de la **Fotonovela** es **cierto** o **falso**. Corrige las frases falsas.

	Cierto	Falso
1. Johnny llegó temprano porque madrugó para ir al gimnasio.	☑	☐
2. Cuando Diana va al gimnasio se queda dormida. *Diana no va al gimnasio, se va a dormir cuando tiene ganas de ir al gimnasio.*	☐	☑
3. Los compañeros le insisten a Johnny para que tire los dulces. *Johnny habla con los dulces y se despide de ellos porque los va a tirar.*	☐	☑
4. Los primeros diseños de Mariela son malos.	☑	☐
5. Diana se quedó sorda. *Diana no escuchó a Mariela, porque Mariela se quedó sin voz.*	☐	☑
6. Hay una epidemia en la oficina. *No hay una epidemia en la oficina. Mariela no puede hablar porque está enferma y Don Miguel no puede hablar porque tiene la boca llena de dulces.*	☐	☑
7. Johnny no continuó con su dieta.	☑	☐

3 Buscar Busca en la **Fotonovela** la palabra adecuada para poner un título a cada lista.

dulces	*ejercicios*	*comida rápida*	*comida nutritiva*
chocolates	correr	salchicha	sopa de verduras
caramelos	saltar	hamburguesa	ensalada
pastel de chocolate	caminar	papas fritas	pollo asado
postre	nadar	sándwich	frutas

Ampliación

4 La salud de Mariela Mariela consultó a un especialista de la garganta. Lee las indicaciones del especialista. Después, escríbelas de nuevo usando **Es importante que, Es mejor que, Es necesario que** y **Es urgente que** en lugar de las expresiones subrayadas.

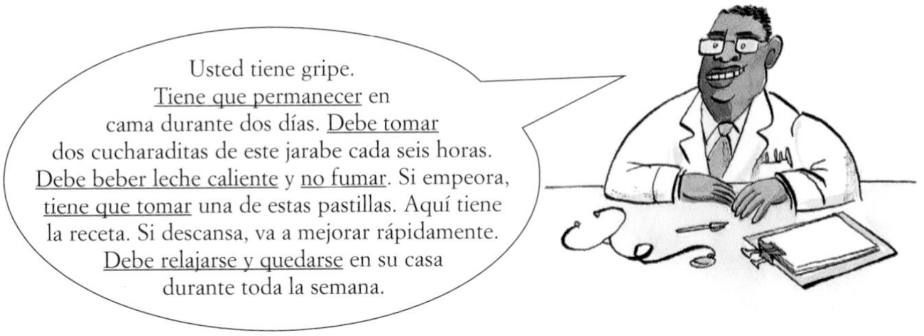

Usted tiene gripe. Tiene que permanecer en cama durante dos días. Debe tomar dos cucharaditas de este jarabe cada seis horas. Debe beber leche caliente y no fumar. Si empeora, tiene que tomar una de estas pastillas. Aquí tiene la receta. Si descansa, va a mejorar rápidamente. Debe relajarse y quedarse en su casa durante toda la semana.

5 Completar La columna de la izquierda describe hechos que provocan el resultado de la columna de la derecha. Completa el cuadro.

Hecho	Resultado
Grité mucho en el recital.	Me quedé sin voz.
Me quedé dormido.	
Me entró agua en los oídos.	
	Se está quedando muy delgado.
Me olvidé el abrigo en casa.	

6 Consejos En parejas, ¿qué consejos le darías a un(a) amigo/a que sufre de...? Dramaticen la situación.

a. obesidad
b. gripe
c. depresión
d. tos
e. dolor de garganta
f. mareos
g. anorexia
h. dolor de cabeza

7 Medicina en otros tiempos
En parejas observen la imagen. Imaginen la historia y contesten las preguntas. Luego cuenten la historia a sus compañeros.

- ¿Qué le pasó al enfermo?
- ¿Qué aspecto tiene?
- ¿Cuáles son los síntomas?
- ¿Cuál es el tratamiento?
- ¿Qué le aconseja el médico?

communication STANDARDS

(4) Before starting, write on the board **Es importante, Es mejor, Es necesario, Es urgente**, and have students complete the phrases with the underlined infinitives. Point out the difference in meaning when you personalize the phrases and introduce **que**.

(5) Have students practice vocabulary by asking and answering questions that may explain the reason of the outcome. Both question and answer will refer to a third person. Ex: **¿Por qué se quedó sin voz? (Porque gritó mucho en el recital.)**

(6) Suggest starting with **tener que** and **deber**.

(6) Have the class decide which presentation is the most realistic and which the most unrealistic.

(7) Have students search the Internet for information on **medicina en otros tiempos**. Have them write three differences in method between today and then. Ask them to share their findings with the class.

Instructional Resource IRM (general teaching suggestion)

NATIONAL cultures STANDARDS

El chocolate, alimento de los dioses

Fruto del árbol del cacao

En este capítulo de la **Fotonovela**, Johnny se quiere poner en forma y para ello ha decidido no comer más dulces. En el siguiente artículo se habla del chocolate, un producto de origen americano.

¿Sabías que el cacao y el chocolate eran desconocidos en Europa hasta la llegada de los españoles a América?

Hoy, el chocolate es una de las delicias más apreciadas por adultos y niños de todo el mundo. El árbol del cacao, originario de las zonas tropicales de Hispanoamérica, es cultivado en México, Venezuela, Ecuador y Colombia.

Existen varias leyendas indígenas sobre el origen divino de este popular alimento. La más famosa cuenta que Quetzalcóatl, dios azteca del viento, le regaló semillas del árbol del cacao a los hombres y, de esa forma, este arbusto creció sobre la tierra. Gracias a su origen divino, existía entre los aztecas la creencia de que su consumo impartía poder y sabiduría.

La historia del chocolate es muy curiosa. Durante su cuarto viaje, Cristóbal Colón se encontró en la costa de Yucatán con una embarcación indígena que transportaba unas semillas que eran utilizadas como monedas. Este fruto también era el ingrediente principal de una misteriosa bebida sagrada, el "tchocolath". Años después, el conquistador Hernán Cortés fue el primero en probar la "bebida de los dioses" en la corte azteca del emperador Moctezuma. La preparaban mezclando el cacao con maíz, vainilla, miel y canela.

De vuelta a España, Cortés elogió sus cualidades, pero la nueva bebida no fue bien recibida por su sabor amargo. Los primeros granos de cacao llegaron al Monasterio de Zaragoza en 1522, junto con la receta para preparar el chocolate. Sólo cuando se le añadió azúcar de caña empezó su rápida propagación dentro del continente europeo.

la semilla	*seed*	**la canela**	*cinnamon*
el arbusto	*bush*	**amargo**	*bitter*
la sabiduría	*wisdom*	**lanzarse**	*to take to something*
la embarcación	*vessel*	**quemar**	*to burn*
la corte	*court*	**el contrincante**	*opponent*

Gracias al cacao existen los sabrosos chocolates

"Lo último" en el gimnasio

Kickboxing

Spinning

En la **Fotonovela**, Johnny ha empezado a ir al gimnasio. A continuación, vas a leer sobre la última moda en los gimnasios de los países hispanos.

En los gimnasios de España y Latinoamérica la última moda es el *spinning* y el *kickboxing*. Siguiendo las tendencias y los gustos de Europa y los Estados Unidos, muchos se han lanzado a la practica de estos dos deportes.

El *spinning* se practica en una bicicleta especial dentro del gimnasio, generalmente con un grupo de practicantes y un/una instructor(a) al frente. Los practicantes pedalean, variando la dificultad del recorrido virtual al ritmo de la música.

La bicicleta que se utiliza para hacer el *spinning* está diseñada para simular el manejo de una bicicleta real. En una clase de *spinning* tienes la impresión de estar practicando ciclismo fuera del gimnasio. Es un método excelente para mantenerte en forma y quemar calorías. Si practicas una hora de *spinning*, quemas más de seiscientas calorías.

El *kickboxing* hoy día causa furor en los gimnasios de España. Es una mezcla entre el karate y el boxeo. Sus practicantes usan guantes de boxeo, y es permitido atacar al contrincante con las piernas.

Este deporte se originó en los Estados Unidos entre los practicantes de las artes marciales. Luego se extendió al Japón y a otros países de Asia. Hoy día, hay ligas de *kickboxing* en casi todos los países y se realizan torneos internacionales, a los que acuden cientos de miles de fanáticos.

Coméntalo

Reúnete con varios compañeros/as de clase y conversa sobre los siguientes temas.

1. ¿Consideran que siguen una dieta equilibrada? ¿Comen muchos dulces? ¿De qué tipo?
2. ¿Conocen otros productos cuyo origen sea americano?
3. ¿Te gustaría practicar el *spinning* o el *kickboxing*? ¿Por qué?
4. ¿Qué tipo de ejercicio o deporte es popular donde tú vives?

5.1 The subjunctive in noun clauses

¿Te acuerdas? The subjunctive is used mainly in multiple clause sentences which express will, influence, emotion, doubt, and denial.

Quiero que hagas unos cambios en estos diseños.

Verbs of will and influence

▶ When the subject of the main clause of a sentence exerts influence or will on the subject of the subordinate clause, the verb in the subordinate clause must be in the subjunctive.

Main clause	Connector	Subordinate clause
↓	↓	↓
Yo **quiero**	que	tú **vayas** al médico.

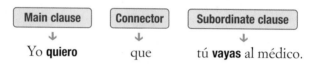

Common verbs of will and influence

aconsejar *to advise*	**insistir (en)** *to insist (on)*	**prohibir** *to prohibit*
desear *to desire*	**mandar** *to order*	**proponer** *to propose*
exigir *to demand*	**necesitar** *to need*	**querer** *to want; to wish*
gustar *to like*	**oponerse a** *to oppose*	**recomendar** *to recommend*
hacer *to make*	**pedir** *to ask for; to request*	**rogar** *to beg; to plead*
importar *to be important*	**preferir** *to prefer*	**sugerir** *to suggest*

Martín quiere que nos **apuntemos** en un gimnasio.
Martín wants us to join a gym.

El médico siempre me recomienda que **deje** de fumar.
The doctor always recommends that I quit smoking.

Necesito que **busques** estas pastillas en la farmacia.
I need you to look for these pills in the pharmacy.

Se oponen a que **salgas** si estás tan enfermo.
They object to your going out if you're so sick.

▶ The infinitive, not the subjunctive, is used with verbs and expressions of will and influence if there is no change in the subject in a sentence.

Yo quiero **ir** al médico esta tarde.
I want to go to the doctor this afternoon.

Felipe necesita **ponerse** a dieta.
Felipe needs to go on a diet.

¿Te gusta **hacer** ejercicio antes de ir al tabajo?
Do you like to exercise before going to work?

Prefiero **tomar** estas medicinas para el dolor.
I prefer to take these medicines for the pain.

¡ATENCIÓN!

A noun clause is a subordinate clause that functions as a noun. In this case it is the direct object of a verb of will, influence, emotion, doubt, or denial.

Instructional Resources
- WB
- LM
- CD-ROM
- WB/LM/VM Answer Key

Suggestion: Remind students that present subjunctive forms are derived from present indicative **yo** forms. Write the following on the board: **vengo** → **venga, vengas, venga,** etc.; **traduzco** → **traduzca, traduzcas, traduzca,** etc. Verbs not ending in **–o** are an exception; cf. **doy** / **dé**; **voy** / **vaya**; **sé** / **sepa**.

¡ATENCIÓN!

Some impersonal expressions are expressions of will or influence.

es necesario

es importante

es urgente

Suggestion: Remind students that impersonal expressions will be followed by the infinitive, unless they are personalized by introducing a subject in the dependent clause.

Verbs of emotion

▶ When the main clause expresses an emotion like hope, fear, joy, pity, or surprise, the verb in the subordinate clause must be in the subjunctive if its subject is different from that of the main clause.

Common verbs and expressions of emotion

alegrarse (de) *to be happy (about)*	**es una pena** *it's a pity*	**sentir** *to be sorry; to regret*
es extraño *it's strange*	**esperar** *to hope; to wish*	**sorprender** *to surprise*
es ridículo *it's ridiculous*	**gustar** *to like; to be pleasing*	**temer** *to fear*
es terrible *it's terrible*	**molestar** *to bother*	**tener miedo (de)** *to be afraid of*

Me sorprende que no **quieras** salir a correr.
I'm surprised you don't want to go jogging.

Me gusta que **tengas** una actitud positiva.
I'm glad you have a positive attitude.

▶ The infinitive, not the subjunctive, is used with verbs and expressions of emotion if there is no change in the subject in a sentence.

Temo **tener** un resfriado.
I am afraid I have a cold.

Alfredo teme no **tener** dinero para viajar.
Alfredo is afraid of not having enough money to travel.

▶ The expression **ojalá (que)** means *I hope* or *I wish* and is always followed by the subjunctive. The use of **que** with **ojalá** is optional.

Ojalá (que) te **recuperes** pronto.
I hope you recover quickly.

Ojalá (que) usted **mejore** pronto.
I hope that you get well soon.

¡ATENCIÓN!

Some impersonal expressions are expressions of emotion.

es bueno

es malo

es mejor

es una lástima

Verbs of doubt or denial

▶ When the main clause implies doubt or uncertainty, the verb in the subordinate clause must be in the subjunctive if its subject is different from that of the main clause.

Common verbs and expressions of doubt or denial

dudar *to doubt*	**es imposible** *it's impossible*
negar *to deny*	**es improbable** *it's improbable*
no creer *not to believe*	**es poco seguro** *it's uncertain*
no es verdad *it's not true*	**(no) es posible** *it's (not) possible*
no estar seguro (de) *not to be sure (of)*	**(no) es probable** *it's (not) probable*

No creo que Mauricio **quiera** consultar a un especialista.
I don't think that Mauricio wants to consult a specialist.

▶ A verb of certainty can frequently become a verb of doubt or denial by adding **no**. In the same way, adding **no** to verbs of doubt or denial makes them affirmative.

No es verdad que Margarita **haya** adelgazado.
It is not true that Margarita has lost weight.

No dudamos que éste **sea** un buen tratamiento.
We do not doubt that this is a good treatment.

¡ATENCIÓN!

Some impersonal expressions are also expressions of uncertainty.

no es evidente

no es seguro

Práctica

① Point out that Spanish contains over 2,000 words of Arabic origin. **Ojalá** is one, and it means **quiera Dios** ("God willing"), expressing a strong desire for something to happen.

① Have students conjugate some of the verbs aloud.

② Have students analyze the sentences as they are given in the activity. Ask them to explain what grammatical changes occur by introducing **Te sugiero que** and **Te aconsejo que** and why.

② Have students mention three things they would recommend to a friend that suffers from depression.

1 **Ojalá** Para muchos el amor es una enfermedad. El cantante Silvio Rodríguez sugiere en esta canción una cura para el amor. Completa la canción conjugando los verbos en el modo adecuado.

Ojalá que las hojas no te ___*toquen*___ (tocar) el cuerpo cuando caigan
para que no las puedas convertir en cristal.
Ojalá que la lluvia ___*deje*___ (dejar) de ser milagro que baja por tu cuerpo.
Ojalá que la luna ___*pueda*___ (poder) salir sin ti.
Ojalá que la tierra no te ___*bese*___ (besar) los pasos.

Ojalá se te ___*acabe*___ (acabar) la mirada constante,
la palabra precisa, la sonrisa perfecta.
Ojalá ___*pase*___ (pasar) algo que te borre de pronto:
una luz cegadora, un disparo de nieve.
Ojalá por lo menos que me ___*lleve*___ (llevar) la muerte,
para no verte tanto, para no verte siempre
en todos los segundos, en todas las visiones:
ojalá que no ___*pueda*___ (poder) tocarte ni en canciones.

2 **Consejos** Estás dándole consejos a un(a) amigo/a tuyo/a. Escribe nuevamente cada consejo reemplazando la orden por una sugerencia. Utiliza **Te sugiero que** o **Te aconsejo que.**

1. Si te duele la cabeza, debes tomar una aspirina.
   Te sugiero que/Te aconsejo que tomes una aspirina.
2. Si te cortaste con el cuchillo, debes ponerte una venda.
   Te sugiero que/Te aconsejo que te pongas una venda.
3. Si tienes tos, debes consultar al médico.
   Te sugiero que/Te aconsejo que consultes al médico.
4. Si estás mareado, debes sentarte un momento.
   Te sugiero que/Te aconsejo que te sientes un momento.
5. Si estás gordo, debes hacer régimen.
   Te sugiero que/Te aconsejo que hagas régimen.
6. Si estás deprimido, debes salir de paseo.
   Te sugiero que/Te aconsejo que salgas de paseo.
7. Si tienes mucha fiebre, debes ir a la sala de urgencias.
   Te sugiero que/Te aconsejo que vayas a la sala de urgencias.
8. Si comes demasiado, debes comenzar un régimen.
   Te sugiero/Te aconsejo que comiences un régimen.cias.
9. Si te sientes cansado, debes descansar.
   Te sugiero/Te aconsejo que descanses.
10. Si tienes problemas con la respiración, debes dejar de fumar.
    Te sugiero/Te aconsejo que dejes de fumar.

Comunicación

3 **El doctor Sánchez responde** Los lectores de esta revista de salud envían sus consultas. El doctor Sánchez les responde. En la columna de la izquierda están las preguntas y, a la derecha, algunas notas del médico para responder a esas preguntas. ¿Qué notas corresponden a las preguntas? Únelas y luego redacta las respuestas utilizando las expresiones de la lista.

Los lectores preguntan. **El Dr. Sánchez responde.**

1. Estimado Dr. Sánchez:
Tengo 55 años y quiero bajar 10 kilos. Mi médico insiste en que mejore mi alimentación. Probé distintos regímenes, pero no funcionaron. ¿Qué puedo hacer? b
Ana J.

2. Querido Dr. Sánchez:
Tengo 38 años y sufro fuertes dolores de espalda *(back)*. Trabajo en una oficina y estoy muchas horas sentada. Después de varios análisis, mi médico dijo que todo está bien en mis huesos *(bones)*. Me recetó unas pastillas para los músculos. Pero no quiero tomar medicamentos. ¿Hay otra solución? c
Isabel M.

3. Dr. Sánchez:
Siempre me duele mucho el estómago. Soy muy nervioso y no puedo dormir. Mi médico me aconseja que trabaje menos. Pero eso es imposible.
Andrés S. a

A. *No comer con prisa.*
Pasear mucho.
No tomar café.
Practicar yoga.

B. *Caminar mucho.*
Practicar natación.
No comer las cuatro "p": papas, pastas, pan y postres.
Tomar dos litros de agua por día.

C. *No permanecer más de dos horas sentada.*
Cincuenta minutos de ejercicio por día.
Adoptar una buena postura al estar sentada.
Elegir una buena cama.
Usar almohada delgada y dura.

le aconsejo que	le sugiero que
le recomiendo que	le propongo que
es necesario que	es improbable que
es importante que	es poco seguro que
es urgente que	no es seguro que

4 **Estilos de vida** En parejas, cada uno elige una de estas dos personalidades. Después, se dan consejos mutuamente para cambiar su estilo de vida. Utilicen el subjuntivo en su conversación.

1. Voy al gimnasio tres veces al día. Lo más importante en mi vida es mi cuerpo.
2. Me gusta salir por las noches. Trasnocho casi todos los días.

3 Have students work in pairs to write a letter to Dr. Sánchez. Have them exchange letters and answer them, adapting as necessary one of Dr. Sánchez's responses.

3 Have volunteers read their letters and answers to the class. After each reading, ask the class: **¿Qué debe hacer** (name of student) **en esta situación?**

NATIONAL STANDARDS comparisons

5.2 The subjunctive in adjective clauses

¡ATENCIÓN!

Adjective clauses are subordinate clauses that modify a noun or pronoun in the main clause of a sentence. That noun or pronoun is called the *antecedent*.

Instructional Resources
- WB
- LM
- CD-ROM
- WB/LM/VM Answer Key

Suggestion: Remind students that one of the main characteristics of the subjunctive is the idea of uncertainty.

¿Te acuerdas? The subjunctive is used in a subordinate clause (adjective clause) that refers to a person, place, or thing that either does not exist or whose existence is uncertain or indefinite.

Busco a alguien que me acompañe a correr a las seis de la mañana.

Lo siento. No conozco a nadie que quiera salir a correr a esas horas.

▶ When the subordinate clause of a sentence refers to a person, place, thing, or idea (its antecedent) that is known to exist, the indicative is used. When the antecedent's existence is uncertain or indefinite, the subjunctive is used.

Antecedent certain = Indicative	Antecedent uncertain = Subjunctive
Necesito **el libro** que **tiene** artículos sobre nutrición. *I need the book that has articles about nutrition.*	Necesito **un libro** que **tenga** artículos sobre nutrición. *I need a book that has articles on nutrition.*
Quiero apuntarme en **el gimnasio** que **está** cerca de mi apartamento. *I want to join the gym that is close to my apartment.*	Quiero apuntarme en **un gimnasio** que **esté** cerca de mi apartamento. *I want to join a gym that is close to my apartment.*
En mi barrio hay **una tienda** que **vende** alimentos naturales. *In my neighborhood, there is a store that sells natural foods.*	En mi barrio no hay **ninguna tienda** que **venda** alimentos naturales. *In my neighborhood, there aren't any stores that sell natural foods.*

▶ When the antecedent of an adjective clause is a negative pronoun **(nadie, ninguno/a)** the verb in the subordinate clause is in the subjunctive.

En mi familia, no hay **nadie** que fume.
In my family, there is nobody who smokes.

¿Un entrenador personal? Aquí no hay **ninguno** que valga la pena.
A personal trainer? There isn't anyone here who is worth it.

No conocemos a **nadie** que sepa la cura.
We don't know anyone who knows the cure.

En mi barrio, no hay **ningún** gimnasio que tenga piscina.
In my neighborhood, there are no gyms that have pools.

- The personal **a** is not used with direct objects that are hypothetical. **Nadie** and **alguien**, however, are always preceded by the personal **a** when they are direct objects.

Antecendent uncertain = Subjunctive	Antecedent certain = Indicative
Busco **un médico** que **hable** inglés. *I'm looking for a doctor who speaks English.*	Conozco a **un médico** que **habla** inglés. *I know a doctor who speaks English.*
No conozco a **nadie** que **vaya** al gimnasio. *I don't know anyone that goes to the gym.*	Acabo de conocer a **alguien** que **dejó** de fumar. *I just met someone who quit smoking.*

- The subjunctive is commonly used in questions with adjective clauses when the speaker is trying to find out information about which he/she is uncertain. If the person who responds knows the information, the indicative is used.

—¿Me recomiendas una clínica que **esté** cerca de aquí?
—Can you recommend a clinic that is near here?

—Claro. A tres cuadras de aquí **queda** una clínica excelente.
—Of course. Three blocks from here there is an excellent clinic.

—¿Puedes enseñarme un ejercicio que me **ayude** a perder peso?
—Can you show me an exercise that will help me lose weight?

—Sí. Este ejercicio te **ayuda** a perder peso y mejorar la forma física.
—Yes. This exercise helps you lose weight and improve your physical fitness.

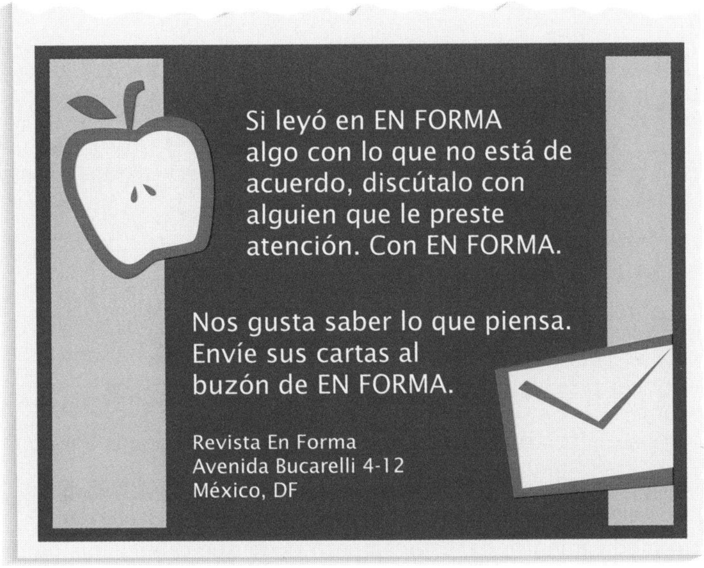

Si leyó en EN FORMA algo con lo que no está de acuerdo, discútalo con alguien que le preste atención. Con EN FORMA.
Nos gusta saber lo que piensa. Envíe sus cartas al buzón de EN FORMA.
Revista En Forma
Avenida Bucarelli 4-12
México, DF

Suggestion: Clarify that negative statements can be certain. The suggestion of uncertainty in the subjunctive comes from the verb in the main clause. Give as an example **buscar**; i.e., the fact that one is looking for something does not mean one will find it.

① Have students work in pairs and exchange papers to correct each other's work. Have them provide three additional items for each column for their partner to write complete sentences.

③ Review **tener que** followed by the infinitive and the use of **que** followed by the subjunctive.

Práctica

① **Buscar** En la columna de la derecha, busca las cláusulas adjetivas que corresponden a las oraciones de la columna de la izquierda.

1. Un niño __*e*__ puede enfermarse del estómago.
2. Alguien __*c*__ puede estar nervioso durante el día.
3. Una mujer __*b*__ no tendrá problemas graves en los huesos.
4. Un anciano __*d*__ tendrá menos problemas del corazón (*heart*).
5. Un adulto __*a*__ va a tener problemas con la respiración.

a. que fume mucho
b. que haga gimnasia
c. que tome mucho café
d. que controle los niveles de de colesterol
e. que come muchos helados
f. que siempre vaya de compras

② **Escribir de otra manera** ¿Tienes problemas para dormir? ¿Qué se puede hacer para prevenir esos problemas? Transforma los consejos de la doctora Odaluna para que contengan cláusulas adjetivas. En la cláusula utiliza el/los verbo(s) que están entre paréntesis.

MODELO Por las noches, debe cenar comida liviana. (ser)
Por las noches, debe cenar comida **que sea** liviana.

1. Por las noches, debe dar un paseo largo. (ser)
Por las noches, debe dar un paseo que sea largo.
2. Antes de ir a dormir, debe tomar un baño bien caliente. (estar)
Antes de ir a dormir, debe tomar un baño que esté bien caliente.
3. Debe dormir en una habitación fresca y silenciosa. (estar)
Debe dormir en una habitación que esté fresca y silenciosa.
4. En la cama, debe tomar un vaso de leche tibia con miel. (estar – tener)
En la cama, debe tomar un vaso de leche que esté tibia y que tenga miel.
5. Antes de acostarse, debe escuchar música suave. (ser)
Antes de acostarse, debe escuchar música que sea suave.
6. Durante el día, debe tomar bebidas sin cafeína. (tener)
Durante el día, debe tomar bebidas que no tengan cafeína.

③ **Unir** Forma una sola oración usando una cláusula adjetiva con el verbo en subjuntivo.

MODELO Quiero hacer un régimen. El régimen tiene que dejarme bien delgada.
Quiero hacer un régimen que me deje bien delgada.

1. Busco una sala de urgencias. La sala de urgencias debe estar cerca.
Busco una sala de urgencias que esté cerca.
2. Quiero conocer un chico. El chico no debe fumar.
Quiero conocer un chico que no fume.
3. Necesito consultar un médico. El médico debe ser especialista en oídos.
Necesito consultar un médico que sea especialista en oídos.
4. Debo comprar un libro. El libro tiene que tener información sobre vacunas.
Debo comprar un libro que tenga información sobre vacunas.
5. Quiero un medicamento. El medicamento tiene que calmar mis dolores de cabeza.
Quiero un medicamento que calme mis dolores de cabeza.
6. Necesito hablar con una persona. La persona tiene que ir al gimnasio todos los días.
Necesito hablar con una persona que vaya al gimnasio todos los días.

Comunicación

4 **¿Qué debe decir Juan?** Selecciona con una cruz la opción correcta para las situaciones. Después, comenten sus elecciones.

1. Juan busca un hospital. No recuerda el nombre. Pero sabe que el hospital está cerca.
   ____ a. Busco un hospital que esté cerca.
   __X__ b. Busco el hospital que está cerca.
2. Juan necesita un nuevo régimen. El médico le dio hoy ese régimen.
   __X__ a. Debo seguir el régimen que me da el médico.
   ____ b. Debo seguir un régimen que me dé el médico.
3. Juan quiere hacer deportes. Tiene problemas de peso. No sabe qué deporte practicar.
   __X__ a. Quiero practicar un deporte que me ayude a perder peso.
   ____ b. Quiero practicar el deporte que me ayuda a perder peso.
4. Juan debe ponerse una inyección. Busca una buena enfermera para que se la ponga, pero no conoce ninguna.
   __X__ a. Busco una enfermera que sea buena para poner inyecciones.
   ____ b. Busco a la enfermera que es buena para poner inyecciones.
5. Juan desea dejar de fumar y le pide a María que le dé el tratamiento que ella usó.
   __X__ a. ¿Me das el tratamiento que ayuda a dejar de fumar?
   ____ b. ¿Me das un tratamiento que ayude a dejar de fumar?

5 **¿Buscas un buen régimen?** En parejas, imaginen que son médicos y que deben entregar a una revista de salud una lista con regímenes que no son buenos. Escriban la lista siguiendo el modelo. Para hacerlo, unan un verbo de la columna izquierda y una expresión de la columna derecha.

MODELO prometer — adelgazar más de dos kilos por semana
Un régimen que prometa adelgazar más de dos kilos por semana.

indicar	tomar muchas vitaminas
aconsejar	comer alimentos "que queman *(burn)* grasas"
sugerir	no comer nada por dos días
obligar a	comer lo que se desee
proponer	tomar remedios para adelgazar
ordenar	beber poco líquido
recomendar	no comer fruta
insistir en	comer muchos dulces

6 **La delgadez** Actualmente, ser súper delgado está de moda. En parejas, imaginen que viven con alguien obsesionado/a por hacer régimen. Hagan una lista de las desventajas, siguiendo el modelo. Luego, compártanla con sus compañeros.

MODELO Vivir con **alguien que cuente** calorías todo el tiempo es muy aburrido.

NATIONAL communication STANDARDS

(4) Have students determine whether these statements are **cierto** or **falso**:
1. Juan no sabe dónde queda el hospital. (falso)
2. Juan piensa seguir un régimen. (cierto)
3. Juan tiene problemas para practicar deportes. (cierto)
4. Juan conoce a muchas enfermeras. (falso)
5. María ya no fuma. (cierto)

(5) Remind students that **–car** and **–gar** verbs have spelling changes to maintain the **–c–** and **–g–** sounds of the infinitive. (**indicar** → **indique**, **obligar** → **obligue**)

(6) Remind students to consult the verb tables at the end of the book when necessary.

(6) Ask students to bring photos of celebrities who are obsessed with being thin, and have them form two teams to debate the issue.

5.3 The subjunctive in adverbial clauses

¿Te acuerdas? In Spanish, adverbial clauses are commonly introduced by conjunctions. Certain conjunctions are always followed by the subjunctive, while others can be followed by the subjunctive or the indicative, depending on the context in which they are used.

¡ATENCIÓN!

Adverbial clauses are subordinate clauses that function like adverbs, modifying verbs, adjectives, or other adverbs. They describe *how*, *why*, *when*, and *where* an action takes place.

No como dulces a menos que sean bajos en calorías.

Pues, aunque odias el chocolate, a mí me encanta.

Instructional Resources
- WB
- LM
- CD-ROM
- WB/LM/VM Answer Key

Suggestion: Point out the presence of **que** in the conjunctions that require the subjunctive. Clarify that following **de** the verb would be an infinitive.

Conjunctions that require the subjunctive

▶ Certain conjunctions are always followed by the subjunctive because they introduce actions or states that are uncertain or have not yet happened. These conjunctions commonly express purpose, condition, or intent.

Conjunctions that require the subjunctive	
a menos que *unless*	**en caso (de) que** *in case*
antes (de) que *before*	**para que** *so that*
con tal (de) que *provided that*	**sin que** *without, unless*

La enfermera siempre repite las instrucciones **para que** queden bien claras.
The nurse always repeats the instructions so that they are very clear.

Pedro no irá al dentista **a menos que** yo lo acompañe.
Pedro will not go to the dentist unless I go with him.

Hay unas vendas en el botiquín **en caso de que** las necesites.
There are bandages in the medicine cabinet in case you need them.

Serviré el desayuno **antes de que** te despiertes.
I'm going to serve breakfast before you wake up.

▶ If there is no change of subject in the sentence, there is no subordinate clause. Instead the prepositions **antes de, con tal de, en caso de, para,** and **sin** are used, followed by the infinitive.

Javier corre cada mañana **para** mantenerse en forma.
Javier jogs every morning to keep in shape.

Ana comió **antes de** ir al cine.
Ana ate before going to the movies.

Conjunctions followed by the subjunctive or the indicative

- Conjunctions of time and concession that introduce subordinate clauses are followed by the subjunctive when the main clause expresses a future action or condition that has not yet occurred.

Conjunctions of time or concession

a pesar de que *despite*	**hasta que** *until*
aunque *although; even if*	**luego que** *as soon as*
cuando *when*	**mientras que** *while*
después (de) que *after*	**siempre que** *as long as*
en cuanto *as soon as*	**tan pronto como** *as soon as*

Cuando la doctora me vea, se va a enojar conmigo.
When the doctor sees me, she is going to be annoyed with me.

Un doctor lo examinará **en cuanto** llegue a la sala de urgencias.
A doctor will examine him as soon as he arrives in the emergency room.

Tendrás el brazo vendado **hasta que** se cure la herida.
You will have your arm bandaged until the wound heals.

Ellos van a recogerlo **tan pronto como** el enfermero les avise.
They will come get him as soon as the nurse informs them.

Después de que termines estos diseños, puedes irte a casa.

- If the action in the main clause habitually happens or has already happened the indicative, *not* the subjunctive, is used in the subordinate clause after the conjunction of time or concession.

El Dr. Mariátegui siempre tiene la misma disculpa **cuando** llega tarde.
Dr. Mariátegui always has the same excuse when he arrives late.

Tuve miedo de las inyecciones **hasta que** cumplí dieciocho años.
I was afraid of shots until I turned eighteen.

Suggestion: Point out that adverbs such as *before* and *after* may be followed by **a gerund**. In Spanish, however, they are used with **de** + [*infinitive*]. Ex: *before getting sick* → **antes de ponerse enfermo**; *after taking the medicine* → **después de tomar la medicina**.

Práctica

① Ask students to rewrite the sentences they selected using **tener que** or **deber** wherever possible. Ex: **Tiene que darle un baño frío.**

1 Decirlo de otra manera Elige la oración que expresa la misma idea.

1. En caso de que tenga fiebre, déle un baño frío.
   - _x_ a. Si tiene fiebre, déle un baño frío.
   - ____ b. Déle un baño frío si no tiene fiebre.
2. Puede recibir visitas hasta que la llevemos a la sala de cirugía.
   - ____ a. Puede recibir visitas si la llevamos a la sala de cirugía.
   - _x_ b. Antes de ir a la sala de cirugía, puede recibir visitas.
3. A menos que tome los medicamentos, la enfermera le va a poner inyecciones.
   - _x_ a. O toma los medicamentos o la enfermera le va a poner inyecciones.
   - ____ b. La enfermera le va a poner inyecciones si toma los medicamentos.
4. Va a superar la anorexia mientras que su familia la apoye.
   - _x_ a. Si su familia la apoya, va a superar la anorexia.
   - ____ b. Va curarse de la anorexia sin que su familia la apoye.
5. Tan pronto como aumente su autoestima, va a mejorar su salud.
   - ____ a. Su salud va a mejorar antes de que aumente su autoestima.
   - _x_ b. Su salud va a mejorar en cuanto aumente su autoestima.

② Have students do this activity in pairs and correct each other's work.

2 ¿Infinitivo o subjuntivo? Completa las oraciones con el verbo en infinitivo o en subjuntivo.

1. a. Va a estar callado con tal de que los médicos lo _dejen_ (dejar) entrar a la sala de operaciones.
   b. Va a estar callado con tal de _entrar_ (entrar) a la sala de operaciones.
2. a. En caso de que le _duela_ (doler) la cabeza, tiene que tomar este medicamento.
   b. En caso de _sentir_ (sentir) dolor de cabeza, tiene que tomar este medicamento.
3. a. María no hace ningún régimen sin _consultar_ (consultar) con un especialista.
   b. María no hace ningún régimen sin que se lo _dé_ (dar) un especialista.
4. a. Juan sigue el tratamiento para _mejorarse_ (mejorarse).
   b. Juan sigue el tratamiento para que _mejore_ (mejorar) su salud.

③ Have students act out the dialogue for the class.

3 Completar Subraya *(underline)* la conjunción adecuada para completar el diálogo.

—¿Qué debo hacer ahora?

—(Cuando – con tal de que) tenga dolor de cabeza, tome dos pastillas de este medicamento.

—¿Y si además tengo vómitos?

—(Antes de que – En caso de que) también tenga vómitos, no tome las pastillas. Debe colocarse solamente paños fríos. Puede tomar un té de tilo (tan pronto como – sin que) deje de vomitar.

—¿Cuándo puedo comenzar a hacer gimnasia?

—No puede comenzar (cuando – hasta que) no termine el tratamiento con los masajes.

Comunicación

4 Pobre Paco Paco quiere mejorar su vida. En parejas, escriban frases sobre los problemas que tiene Paco y cómo resolverlos. Utilicen las expresiones de la lista.

hasta que
cuando
después de que
en cuanto
aunque
luego que
mientras que
siempre que
tan pronto como
a pesar de que

MODELO Cuando Paco deje de fumar, se va a sentir mejor.

NATIONAL communication STANDARDS

④ Ask pairs to form small groups, evaluate all the sentences, and make a final selection to share with the class.

5 Imaginar situaciones En parejas, escriban situaciones en las que sea adecuado decir las siguientes expresiones. Dramaticen una de las situaciones.

1. Se enferma con tal de que la atienda el doctor Fernández.
2. A menos que le compre lo que él pida, se porta mal en la escuela.
3. En cuanto tome un calmante, vamos a poder conversar con ella.
4. Ella hace chistes para que él se tome el jarabe.
5. No soporta que hablen mientras duerme la siesta.

⑤ Have students start by introducing the characters and continue with a possible dialogue.

⑤ Have students act out one of the situations. The class should guess what is happening.

6 Indicaciones para el postoperatorio Federico ha sido operado. Hoy vuelve a su casa. La doctora González le da una serie de indicaciones que resume en un papel. En parejas, lean las indicaciones y dramaticen la situación. Usen cláusulas adverbiales con subjuntivo y las conjunciones de la lista.

siempre que
cuando
en caso de que
para que
a menos que
aunque
a pesar de que

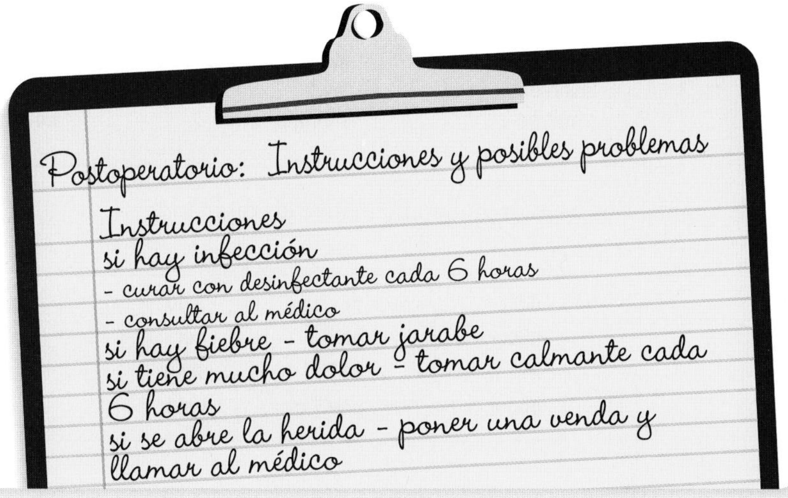

Postoperatorio: Instrucciones y posibles problemas
Instrucciones
si hay infección
- curar con desinfectante cada 6 horas
- consultar al médico
si hay fiebre - tomar jarabe
si tiene mucho dolor - tomar calmante cada 6 horas
si se abre la herida - poner una venda y llamar al médico

⑥ Have students work in pairs to say what Federico has to do. One student asks: **¿Qué tiene que hacer Federico?** and the partner responds. Students should have about five seconds to answer.

Instructional Resources
• WB • LM • CD-ROM
• WB/LM/VM Answer Key

¡ATENCIÓN!

When object and reflexive pronouns are used with affirmative commands, they are always attached to the verb.

When used with negative commands, object and reflexive pronouns appear after **no** and before the verb.

¡ATENCIÓN!

When a pronoun is attached to an affirmative command that has two or more syllables, an accent mark is added to maintain the original stress.

¡ATENCIÓN!

Although **usted** and **ustedes** may be omitted after polite commands, using them is more courteous.

¡ATENCIÓN!

In Latin America, **ustedes** commands serve as the plural of familiar **(tú)** commands.

In Spain the plural of **tú** is **vosotros/as.** The familiar **vosotros/as** command is formed by changing the **–r** of the infinitive to **–d**. If the verb is reflexive, **–r** is dropped and the reflexive pronoun is attached to the verb. The negative form is identical to the **vosotros/as** form of the present subjunctive: **bailar bailad/no bailéis**.

5.4 Commands

¿Te acuerdas? Formal or polite commands are used to give orders or advice to people you address as **usted**, while familar commands are used with people you address as **tú. Nosotros/as** commands are used to give orders or suggestions that include yourself as well as other people.

Formal (*Ud.* and *Uds.*) commands

▶ Formal command forms are identical to the present subjunctive forms for **usted** and **ustedes.**

Formal commands

Infinitive	Affirmative command	Negative command
tomar	tome Ud.	no tome Ud.
	tomen Uds.	no tomen Uds.
volver	vuelva Ud.	no vuelva Ud.
	vuelvan Uds.	no vuelvan Uds.
salir	salga Ud.	no salga Ud.
	salgan Uds.	no salgan Uds.
levantarse	levántese Ud.	no se levante Ud.
	levántense Uds.	no se levanten Uds.
irse	váyase Ud.	no se vaya Ud.
	váyanse Uds.	no se vayan Uds.

Familiar *(tú)* commands

▶ Regular affirmative **tú** commands have the same forms as the **él, ella,** and **usted** forms of the present indicative. Negative **tú** commands have the same forms as the **tú** form of the present subjunctive.

Familiar commands

Infinitive	Affirmative *tú* command	Negative *tú* command
viajar	viaja	no viajes
empezar	empieza	no empieces
pedir	pide	no pidas
lavarse	lávate	no te laves
sentarse	siéntate	no te sientes

▶ Eight verbs have irregular affirmative **tú** commands.

decir	di	salir	sal
hacer	haz	ser	sé
ir	ve	tener	ten
poner	pon	venir	ven

Nosotros/as commands

▶ In Spanish, **nosotros/as** commands correspond to the English *let's* + [*verb*]. Affirmative and negative **nosotros/as** commands are generally identical to the **nosotros/as** forms of the present subjunctive.

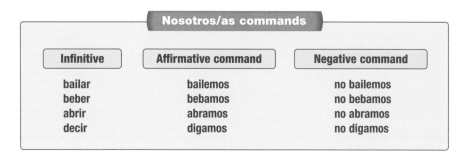

Nosotros/as commands

Infinitive	Affirmative command	Negative command
bailar	bailemos	no bailemos
beber	bebamos	no bebamos
abrir	abramos	no abramos
decir	digamos	no digamos

¡ATENCIÓN!

The **nosotros/as** commands for **ir** and **irse** are **vamos** and **vámonos,** respectively.

The negative commands are regular: **No vayamos.**

▶ When the pronouns **nos** or **se** are attached to an affirmative **nosotros/as** command, the final **s** of the command form is dropped.

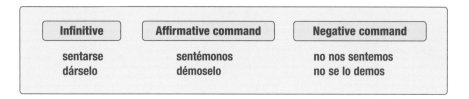

Infinitive	Affirmative command	Negative command
sentarse	sentémonos	no nos sentemos
dárselo	démoselo	no se lo demos

¡ATENCIÓN!

When a pronoun is attached to an affirmative **nosotros/as** command, an accent mark is added to maintain the original stress: **Dejémoslo.**

Indirect *(él, ella, ellos, ellas)* commands

▶ The construction **que** + [*verb*] in the third-person subjunctive can be used to express indirect commands that correspond to the English *let someone do something.*

Que pase el siguiente.
Let the next person pass.

Que lo haga ella.
Let her do it.

▶ If the subject of the indirect command is expressed, it follows the verb.

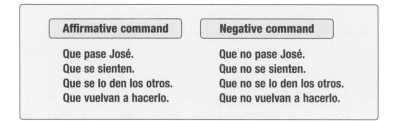

Affirmative command	Negative command
Que pase José.	Que no pase José.
Que se sienten.	Que no se sienten.
Que se lo den los otros.	Que no se lo den los otros.
Que vuelvan a hacerlo.	Que no vuelvan a hacerlo.

Suggestion: Indicate that the **nosotros/as** commands can be expressed with **vamos: Relajémonos.** → **¡Vamos a relajarnos!**

Práctica

① Have students continue the activity in pairs. Ask each student to write two more pieces of advice for his/her partner to change into commands.

② Have volunteers present their own problems or bad habits for the class to give appropriate advice using commands.

③ In small groups, have students create posters advertising a product or medical service with a catchy slogan using commands.

④ Remind students that formal commands are identical to the subjunctive. Have them practice these commands orally before starting the activity.

④ Point out that prefixed verbs are conjugated like the verb stem; cf. **prevenir** and **venir**.

1 Cambiar Cambia estas oraciones para que sean órdenes. Usa el imperativo.

1. Te conviene descansar. *Descansa.*
2. Intenten relajarse. *Relájense.*
3. Es hora de que usted tome su pastilla. *Tome su pastilla.*
4. ¿Podría describir sus síntomas? *Describa sus síntomas.*
5. ¿Y si dejamos de fumar? *Dejemos de fumar.*
6. ¿Podrías consultar con un especialista? *Consulta con un especialista.*
7. Traten de comer bien. *Coman bien.*
8. Le pido que se vaya de mi consultorio. *Váyase de mi consultorio.*

2 El doctor de Felipito Felipito es un niño muy inquieto. A cada rato tiene pequeños accidentes. Su doctor decide explicarle cómo evitarlos y cómo cuidar su salud. Para ello, le muestra unas láminas mientras le indica qué tiene que hacer y qué no debe hacer. Mira los dibujos y escribe las indicaciones del doctor. Usa el imperativo.

3 El cuidado de los dientes Un dentista visita una escuela y le da a un grupo de adolescentes consejos para cuidar sus dientes. Escribe los consejos que dio el dentista. Usa el imperativo formal de la segunda persona del plural.

1. Prevenir las caries *(cavities)*. *Prevengan las caries.*
2. Cepillarse los dientes después de cada comida. *Cepíllense los dientes después de cada comida.*
3. No comer dulces. *No coman dulces.*
4. Poner poco azúcar en el café o el té. *Pongan poco azúcar en el café o el té.*
5. Comer o beber alimentos que tengan calcio. *Coman o beban alimentos que tengan calcio.*
6. Consultar al dentista periódicamente. *Consulten al dentista periódicamente.*

4 El cuidado de los dientes 2 El dentista le da los mismos consejos a un joven que va a su consulta. Cambia las órdenes.

Comunicación

5 **Para vivir 120 años...** ¿Qué consejos le darían a un amigo/a para que viva más y mejor? En parejas, conviertan las frases en consejos. Elijan si deben usar una construcción negativa o una afirmativa. En todos los casos, usen la segunda persona del singular **(tú)** del imperativo.

- Controlar el colesterol. *Controla...*
- Fumar. *No fumes.*
- Consumir muchas comidas fritas. *No consumas muchas comidas fritas.*
- Caminar diariamente. *Camina...*
- Comer muchas grasas. *No comas...*
- Hacer gimnasia. *Haz...*
- Descansar. *Descansa.*
- Tomar mucho café. *No tomes...*
- Vacunarse. *Vacúnate.*
- Hacerse daño ejercitando. *No te hagas...*
- Dormir ocho horas diarias. *Duerme...*
- Consultar al médico. *Consulta...*
- Vivir sin hablar con la gente. *No vivas...*
- Beber mucho alcohol. *No bebas...*
- Consumir pescados. *Consume...*
- Automedicarse. *No te automediques.*
- Practicar un deporte. *Practica...*
- Bañarse diariamente. *Báñate...*
- Respetar las tres comidas diarias. *Respeta las tres...*

6 **Instrucciones ridículas**

A. Para muchos, ir al dentista es ir a la casa del terror. ¿Tienen un amigo/a que cree que el dentista es Drácula? En parejas, completen las instrucciones. Luego pueden regalárselas a ese/a amigo/a. Usen la imaginación, el imperativo y la segunda persona del singular. Finalmente, comparen sus instrucciones con las de sus compañeras/os.

MODELO

Antes de salir de tu casa, date una ducha bien fría. Así ocuparás tu mente en otra cosa. Vístete muy mal. Te van a mirar tanto en la calle que olvidarás que vas al dentista.

1. Cuando entres al consultorio, ___________________. Quizás logres olvidar tu miedo.
2. Si el dentista dice algo sobre tu ridícula ropa, no ___________________. No querrás que el hombre se enoje.
3. Cuando el dentista te diga que abras la boca, ___________________. Abrirás la boca con mucho placer.
4. No ___________________. Es mejor no ver su cara de preocupado.
5. Si el dentista prepara la inyección de anestesia, ___________________. La anestesia es el mejor invento de la historia.
6. A partir de ese momento, ___________________. No ver y no escuchar pueden salvarte del horror.
7. Cuando el dentista termine, ___________________. No querrás que el hombre piense que tenías miedo.

B. Ahora transformen las órdenes familiares *(familiar commands)* en órdenes formales *(polite commands)*.

NATIONAL communication STANDARDS

5 **Suggestion:** In groups, have students select 10 items from the list and write them in order of importance. Tally the class to find out which is the most important and which the least.

6 **Expansion:** In pairs, have students use one of the **instrucciones ridículas** to write their own **refrán**. They can use polite or familiar commands.

A conversar

Una dieta equilibrada

Trabajen en pequeños grupos. Ustedes trabajan para la revista culinaria *¡Buen provecho!* y tienen que escribir un artículo sobre la buena alimentación de los adolescentes. Para ello, deciden escribir diez consejos para alimentarse bien. Compartan sus ideas con toda la clase.

A Lean los siguientes textos. A continuación tienen información importante para escribir los consejos.

¿Cuántas calorías necesitamos?

La cantidad de calorías que necesita una persona depende de su actividad diaria. La siguiente lista es para personas que realizan poca actividad física y que tienen una talla mediana.

Edad	Varones	Mujeres
7 a 10 años	2000 calorías por día	2000 calorías por día
11 a 14 años	2500 calorías por día	2200 calorías por día
15 a 18 años	3000 calorías por día	2200 calorías por día
19 a 24 años	2900 calorías por día	2200 calorías por día
25 a 50 años	2900 calorías por día	2200 calorías por día
más de 51 años	2300 calorías por día	1900 calorías por día

Tabla de calorías

Las calorías son por cada 100 gramos del alimento sin cocinar. Si el alimento está frito, tiene el doble de calorías.

Aceite 930	Almendras *(almonds)* 620	Arroz 350
Atún 240	Azúcar 400	Banana 90
Brócoli 30	Carne de cerdo 270	Carne de res 100
Cebollas 30	Chocolate 710	Espinacas 20
Fideos 360	Galletitas *(cookies)* 440	Jamón cocido 220
Leche 70	Lechuga 15	Mantequilla 770
Manzana 60	Mayonesa 770	Naranja 40
Nueces *(nuts)* 690	Pan 210	Patatas 70
Pollo 110	Pomelo *(grapefruit)* 40	Queso 400
Salchichas 480	Tomates 20	Un huevo 60

B Los consejos son para niños entre los 11 y 14 años. Deben escribir:

- qué alimentos deben comer y qué cantidad
- qué alimentos deben comer poco y por qué
- un consejo sobre los dulces
- cuántas comidas deben hacer por día

C Revisen su texto: ¿Usaron la segunda persona del singular o del plural? ¿Usaron el imperativo? ¿Escribieron un título? Corrijan la gramática y la ortografía.

A escribir

Un decálogo

Imagina que eres un(a) médico. Sigue el **Plan de redacción** para escribir un decálogo en el que das diez consejos generales a tus pacientes para que lleven una vida sana.

Encourage students to think of at least one logical reason to support each piece of advice they include.

Plan de redacción

Preparación Prepara un esquema *(outline)* con los diez consejos que consideras que son más importantes.

Título Elige un título para el decálogo.

Contenido Escribe los diez consejos. Utiliza el subjuntivo y el imperativo en todos los consejos. Por ejemplo: **Es necesario que aprenda a relajarse.** Puedes incluir la siguiente información.

- qué alimentos se deben comer y cuáles se deben evitar
- cuántas comidas se deben tomar al día
- horas que se deben dormir
- hábitos que se deben evitar

Cuídese:

1. Haga ejercicio tres veces a la semana como mínimo.
2. No coma muchos dulces. Son malos para el colesterol.
3. Es importante que no consuma muchas grasas.
4. Intente llevar una vida tranquila y relajada.
5. Es esencial que...

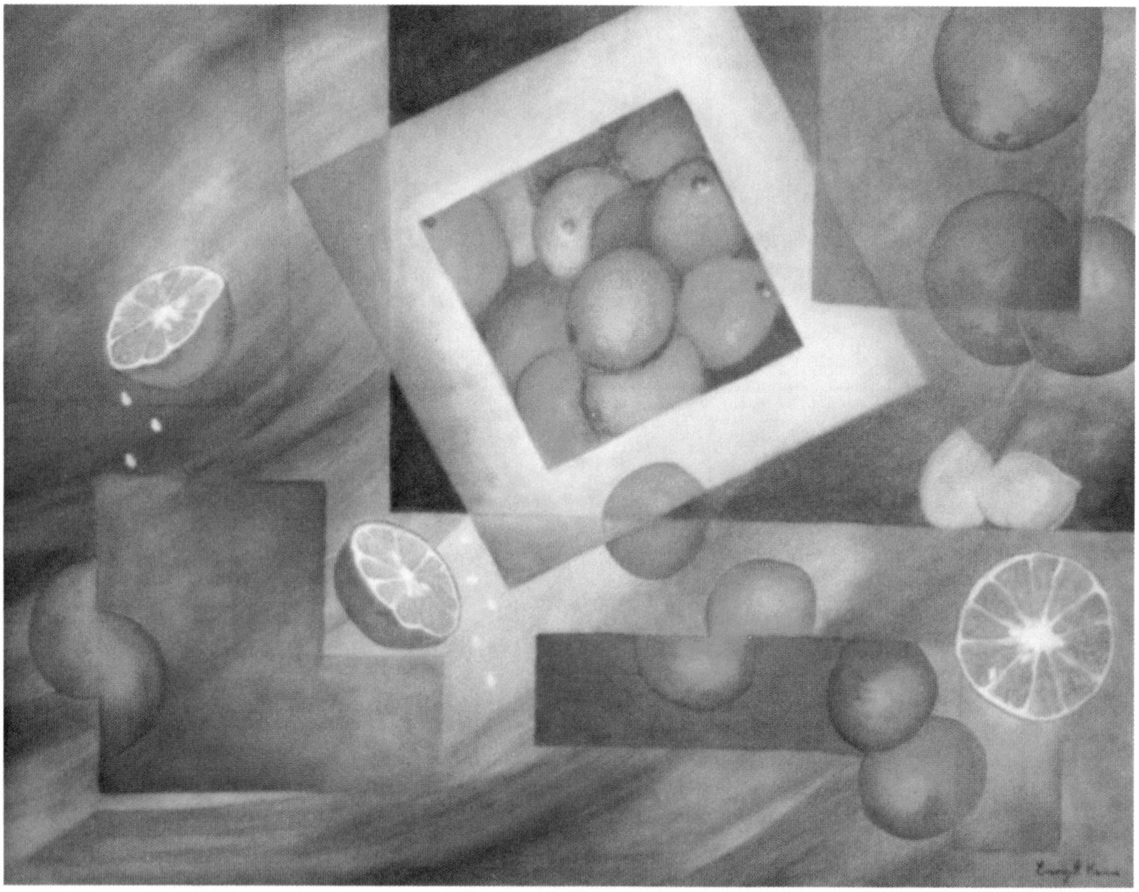

Naranjas, 2000.
Emmy Araf. México.

Cuando sientes que la mano de la muerte se posa sobre el hombro, la vida se ve iluminada de otra manera ...

— Isabel Allende

Antes de leer

1 x 1 = 1, pero 1 + 1 = 2

Lucía Quintero

Conexión personal

Uno de los personajes de *1 x 1 = 1, pero 1 + 1 = 2* le aconseja a otro, menos experto, lo siguiente: "Dude de todo, menos de sí misma porque la pondrán a prueba. Todo es una hipocresía". Piensa en tu vida. ¿Estás de acuerdo con el consejo? Compara tu respuesta con la de un(a) compañero/a.

Contexto cultural

The play *1 x 1 = 1, pero 1 + 1 = 2* is in the tradition of the Theater of the Absurd, a type of drama prevalent in the twentieth century after World War II. In these plays, modern man is out of harmony in an inhuman, indifferent universe. The world is portrayed as irrational and lacking in purpose; the characters often find themselves in incomprehensible situations where they feel powerless and isolated. In many instances, the task of the characters in these plays is to find a way to act purposefully and to forge personal meaning. In light of this, what might the title *1 x 1 = 1, pero 1 + 1 = 2* imply?

Análisis literario: el humor

Humor **(el humor)** is a tool writers sometimes use to express the absurdity, paradox, and cruelty of the world. Characters and situations might be exaggerated to the point of absurdity, while elements of tragedy and farce may be mixed to produce results that are simultaneously serious and comedic.

Estrategia de lectura: clarificar

Active reading includes pausing occasionally to reflect and to check for understanding. This strategy is called clarifying **(clarificar)**. While you read *1 x 1 = 1, pero 1 + 1 = 2,* pause from time to time and review what you have read. Reflect on what is happening, what the characters are saying, and the author's purpose.

Vocabulario

aislamiento *isolation*
bromear *to joke*
burlarse (de) *to make fun of*
callarse *to be quiet; to be silent*
ensayar *to try; to practice*
estar acostumbrado/a *to be used to*
estar en reposo *to be at rest*
la locura *madness, insanity*
permanecer *to remain, to stay*
portarse bien/mal *to behave well/badly*
el rasgo *characteristic*
el sentido común *common sense*

Lecturas opener (previous page):

See the **ENFOQUES** Instructor's Resource Manual for teaching suggestions.

Contexto cultural: Ask students to consider the meanings they attach to different actions, things, and people with which they come into daily contact. Explain that if we strip our behavior, of meaning, life becomes a series of senseless actions with no higher end. Ask them to consider how the meaning attached to actions varies from one culture to another or even from one generation to another.

Estrategia de lectura: Suggest to students that they write short marginal notes as they read, noting the author's purpose or intended meaning. Then they can go back and compare their initial impressions with the final outcome and determine the accuracy of their predictions.

Lucía Quintero

Hoja de vida

- **1919** Nace en Puerto Rico
- **1963** *La brea y las plumas*
- **1963** *Viejo con corbata colorada*
- **1968** *Verde angustiario*

Sobre el autor

Lucía Quintero es una escritora puertorriqueña de padres venezolanos, conocida principalmente por su original "teatro oblicuo". Este tipo de obra, normalmente breve, se caracteriza por presentar, con un lenguaje muy particular, unos conceptos ambiguos que se repiten constantemente en sus diálogos. Con estas obras, Quintero comunica su visión trágica de la realidad humana. El humor es uno de los elementos importantes de sus obras.

Suggestion: Ask students to read one or two scenes at home so that you have sufficient time to cover the rest of the reading in class. Alternatively, you may want to assign different scenes to several groups and have them report their comments to the class prior to doing the final reading.

1 x 1 = 1, pero 1 + 1 = 2

ESCENA I

(Dividida por un tabique°, que separa celdas contiguas de un sanatorio. Hay puertas con cerrojos°; y ventanas altas con tela metálica°. El mobiliario de las celdas es idéntico: camita de hierro°, mesita y bacinilla°. En una celda, está un HOMBRE *joven tocando la obertura de* Guillermo Tell *con los dedos sobre la mesita. La tararea° con alegría. La* MUJER *entra cabizbaja° con la* ENFERMERA. *Al oír el cerrojo, el* HOMBRE *deja de tocar y se arrima° a la pared para oír lo que dicen.)*

partition / *bolts* / *wire netting* / *iron cot / chamber pot* / *he hums* / *head down* / *comes up to*

ENFERMERA: *(Abriendo la puerta.)* Espero que esté cómoda aquí en su cuarto. Está elaborado para su comodidad y para la seguridad personal y comunal de los pacientes. Permanecerá cerrada hasta que se decida su estado de gravedad. Si algo necesita, me grita.

MUJER: ¿Gritar? ¡Qué primitivo!

ENFERMERA: No importa lo que le parezca. Es la costumbre.

MUJER: ¿Llaman cuarto a esta celda? *(Busca agua.)* ¡Ni hay agua! ¿Grito cuando tenga sed? ¿Y lo mismo para ir al baño? ¿Qué hago si usted está ocupada y no llega a tiempo?

ENFERMERA: Tiene una bacinilla. *(Se la muestra.)* Es la costumbre.

MUJER: Una barbaridad. Nada de esto me dijo el Doctor. Quiero hablarle. *(Va hacia la puerta y la* ENFERMERA *se lo impide.)*

ENFERMERA: Le aconsejo que si quiere estar bien, no se queje. Si quiere ir al baño, la llevaré ahora. Pero hay horas fijas para todo. Ya se acostumbrará. Usted está en reposo dirigido y hasta la comida se le servirá aquí. ¿Quiere ir al baño o no?

MUJER: ¡No! Quiero salir de aquí.

ENFERMERA: Por ahora no puede. Pórtese bien y bien

Suggestion: Ask students to summarize in one or two lines the main issues presented in each scene. Write them on the board in the appropriate sequence and ask students to use that information to write a summary of what might happen in the following two scenes.

Expansion: If students seem to enjoy this play, ask them to divide into groups and prepare a scene to present in front of the class. They can modify the lines as necessary so that they feel comfortable with all the expressions and so that they have a chance to use their imagination to add some creative details to the existing dialogue.

pronto saldrá. Los demás van al comedor y pasean y hacen sus vidas. *(Sale.)* ¡Hasta que me necesite!

MUJER: *(Se sienta en la camita, agotada.)* ¡Encarcelada°! ¡Cómo me han engañado! *imprisoned*

HOMBRE: *(Se acerca a la pared y silba° la obertura.)* *he whistles* Espero que esté cómoda aquí porque aquí permanecerá hasta que se decida su estado de gravedad, si me necesita grite — y demás ¡blah! *(En tono jovial.)* ¡Bienvenida! Me alegra tener compañía otra vez. Hacía meses...

MUJER: *(Se levanta, asustada.)* ¡Enfermera! ¡Enfermera!

HOMBRE: No se asuste. Soy yo.

MUJER: ¿Quién es ese yo? Parece que estuviera en el cuarto, digo celda.

HOMBRE: Soy su vecino de la celda contigua. *(Silba.)*

MUJER: ¿Para qué silba?

HOMBRE: Para no aburrirme. También canto.

MUJER: ¡Enfermera!

HOMBRE: No llame a esa burra. Va a creer que está usted peor de lo que está.

MUJER: ¿Qué sabe usted cómo estoy yo?

HOMBRE: Se le nota que está asustada°; eso es todo. No vaya a dudar de sí misma. Yo le ayudaré. *frightened*

MUJER: ¿En qué puede usted ayudarme?

HOMBRE: En divertirla. La ayudaré a pasar el tiempo alegremente.

MUJER: ¿Cómo es posible estar alegre en esto? Estará usted loco... Creía que éste era un sanatorio de mujeres...

HOMBRE: Es mixto: pero separan sexos. Sólo estas dos celdas están contiguas.

MUJER: *(Toca la pared que los separa.)* Pero la división es frágil ¡de cartón piedra°... tenía que tocarme a mí! ¿Es verdad que usted no grita? *papier-mâché*

HOMBRE: Hace bien en dudar. Dude de todo menos de sí misma porque la pondrán a prueba. Todo es una hipocresía.

MUJER: Me doy cuenta de que la celda no está de acuerdo con la entrada y el recibo lujoso...

HOMBRE: Para engañar a los familiares —a quienes se les

prohíbe la entrada a los llamados cuartos.

Continúa la conversación y el HOMBRE *le explica a la* MUJER, *que está acostumbrado a conversar solo y que, para entretenerse, dibuja con un carboncillo que encontró en la cocina. Él afirma que detesta la ineptitud y la hipocresía del sanatorio. Ella le pide que se calle.*

ESCENA II

La MUJER *cambia de idea y le dice al* HOMBRE *que hay que hacer ruido para sentirse vivo. Él le contesta que ya se acostumbrará.*

MUJER: No quiero llegar a silbar y a cantar... ¿Cuánto tiempo hace que está usted aquí?

HOMBRE: Un año cumplido.

MUJER: ¡Qué horror! Un año en una celda como ésta. ¿Es igual?

HOMBRE: Igual. Y la prefiero al pelotón°. Dejan la luz encendida toda la noche... Entre luz, quejas y gritos no se puede dormir. Me trajeron por insomnio...

firing squad

MUJER: ¿Lo trajeron?

HOMBRE: Mi familia quería deshacerse de mi presencia noctambular°.

sleep-walking

MUJER: Lo dice sin rencor.

HOMBRE: Superé la etapa. La dibujaré si me describe sus rasgos. *(Dibuja largos trazos en la pared.)* Imaginar es alucinante. Quiero saber cómo es...

MUJER: ¿Cómo es que no se dan cuenta de sus dibujos? Eso de dibujar en paredes es anormal...

HOMBRE: Yo mismo borro lo que dibujo. Además es terapia...

MUJER: ¡Qué asco! Si mi ventana no estuviera tan alta, diría que está cubierta de vómitos...

HOMBRE: La celda la han ocupado algunas desenfrenadas°. Cuando no les gustaba la comida, la tiraban. Fíjese en los golpes en la pared, y en la puerta... *unrestrained*

MUJER: ¿Usted me ve por alguna rendija°? ¿O está acostumbrado a seguirle los pasos a uno? ¡Qué inconveniente! *crack*

HOMBRE: No se preocupe. Uno oye lo que quiere y nada más. Ni las voces se oyen si uno no habla en voz alta. ¿No se ha dado cuenta de que hemos estado hablando en voz alta?

MUJER: *(En voz más baja.)* ¿Me oye ahora? He perdido todo el derecho a la vida privada... me siento acorralada°... usted medirá mis pasos... *cornered*

HOMBRE: Quítese los zapatos. ¿Le desagrada mi voz?

MUJER: Francamente, no. Es agradable. Es... bueno, ¿qué importa?

HOMBRE: ¿Y sus rasgos? Por su voz, diría es encantadora. Me alegro de que haya venido.

MUJER: ¡Pues yo no! ¿Cómo es usted?

HOMBRE: Soy joven, alto, delgado, rubio, de facciones finas.

MUJER: Ajá, así soy yo.

HOMBRE: *(Deja de dibujar.)* ¡Mentira! Su voz es de morena.

MUJER: Me aburre su deseo de intimidad. ¿No puede respetar nuestra división?

HOMBRE: Yo la respeté. Estábamos callados. Uno por uno; usted allá y yo acá... y usted me habló.

MUJER: Si le hablo no me doy tanta cuenta del ambiente. Me agrada más sumar el uno y uno porque la suma es dos... dos seres distintos y separados.

HOMBRE: Al aburrirse, no existe la distinción entre suma

y multiplicación...*(Canta una canción disparatada)*

MUJER: ¿Por qué canta? Me dijo que hacía ruido cuando estaba aburrido. *(Canta al mismo son.)*

HOMBRE: ¡Qué voz más bella! *(Pausa en silencio.)*

MUJER: ¿Por qué el silencio repentino°? *sudden*

HOMBRE: ¿No lo dijo usted antes, que le cansaba el hablar?

MUJER: Si deja de hablar, creo está haciendo algo...

HOMBRE: ¿Malo? Estoy dibujándola...

MUJER: Si no me ha visto...

HOMBRE: Tengo que imaginármela...

MUJER: Soy alta, esbelta°, de piernas y brazos largos —de adolescente— como para inspirar una caricatura. ¿De veras que dibuja? *slender*

HOMBRE: ¿Por qué lo duda? ¿Y las facciones son regulares?

MUJER: Boca larga y nariz no tan larga; ojos largos y cejas...

HOMBRE: Largas también, sin duda. *(Murmura.)* ¿No

quedó el dibujo que la pincelada° oscura de tu ceja escribió velozmente en la pared con su punto decisivo? *brush stroke*

MUJER: ¿Qué murmura? ¿No me cree?

HOMBRE: Murmuro unas palabras del poeta alemán Rilke°. ¿No lo conoce? *early 20th-century German poet*

MUJER: Sí, y me gusta mucho. ¿Puede recitar algo de él?

HOMBRE: Ahora no. Prefiero delinear su retrato.

MUJER: ¡Me imagino la pared llena de borrones° y una gran línea! *erasures*

HOMBRE: ¡La ceja larga! *(Ríen los dos.)*

ESCENA III

La ENFERMERA *de guardia entra porque le parece oír a la* MUJER *hablando y cantando. La* MUJER *afirma que habla con el vecino de habitación, pero la* ENFERMERA *no le cree y piensa que son imaginaciones de la* MUJER. *El* HOMBRE *de la habitación contigua habla y la* ENFERMERA *cree que es la paciente cambiando la voz. Va a avisar al* DOCTOR.

ESCENA IV

La ENFERMERA *y el* DOCTOR *entran. La* ENFERMERA *insiste en que la* MUJER *está excitada y agresiva, el* DOCTOR *no le cree.*

ENFERMERA: ¿Se ha decidido, Doctor? Supongo que ya no le quedan dudas.

DOCTOR: *(A la* ENFERMERA) No me apresure... que usted está más excitada que la paciente.

ENFERMERA: ¿Yo excitada? *(Ríe exageradamente.)*

DOCTOR: *(Reflexionando.)* Estoy sospechando... Es mucha ventriloquia cantar, silbar, hablar en doble voz y producir sonidos en la pared... *(A la* ENFERMERA) ¡Vaya a ver si el paciente del 545 está en su cuarto ahora mismo!

ENFERMERA: Eso le toca a un enfermero... yo no entro sola al cuarto de ese loco...

DOCTOR: ¡Ya le he dicho que esa apelación no se usa! Los pacientes son enfermos, no locos... ¡Vaya en seguida y traiga aquí al señor Márquez! *(Se acerca a la pared.)* Señor Márquez, ¿me oye?

ENFERMERA: ¡Ahora sí que he visto y oído todo! Ya no se sabe quién está enfermo o enferma... ¡Me voy a buscar al director! *(Sale)*

DOCTOR: *(A la* MUJER.) Tengo que seguirla. Creo que está peor que usted... De paso, le abriré al señor Márquez — sospecho que la ventriloquia es un entredós°— *(Sale y*

° *is between two persons*

deja la puerta abierta. Se oye el cerrojo de otra celda.)

HOMBRE: Va a darse cuenta de todo...

MUJER: Dejó la puerta abierta.

HOMBRE: No se entusiasme, que el pasillo conduce al consultorio del director. Ciérrelo aquí conmigo, y no le hable en absoluto... Todavía podemos vencerlo.

MUJER: *(Sale al pasillo y cierra la puerta del* HOMBRE.*)* ¡Que se diviertan!

DOCTOR: Señorita, ¿me oye? Abra la puerta, o le irá muy mal.

(La MUJER *no contesta.)*

HOMBRE: ¿A qué debo su visita, Doctor?

DOCTOR: Quería comprobar si ha estado usted hablando con la paciente del 546... si nos han estado engañando°. ¿Y ese dibujo en la pared? Bonita mujer... se parece a su vecina. ¿La ha visto usted ya?

deceiving

HOMBRE: Jamás.

DOCTOR: ¿Y no la conoce?

HOMBRE: No.

DOCTOR: Es impresionante el parecido°. Llámela usted, a ver si contesta... *resemblance*

HOMBRE: *(A la pared.)* Señorita... ¡Señorita!

(La MUJER *no contesta y sale por el pasillo.)*

DOCTOR: Entonces, ¿no se puede oír a través de la pared?

HOMBRE: Yo no sé, Doctor.

DOCTOR: ¿Quién habrá cerrado este cuarto? Me parece que al salir del 546, pasé el cerrojo. ¿Sería la burra de la Enfermera? Ahora hay que esperar.

Telón°. *curtain*

Después de leer

1 x 1 = 1, pero 1 + 1 = 2

Lucía Quintero

① Ask students to work in pairs to write two broad questions that they could ask a reader of the text to verify that he/she truly understood the meaning of the play. Have different pairs exchange questions and answer them.

⑤ Remind students that the notions of what is "crazy" behavior change from one place to another and from one period to another. As they brainstorm, encourage them to think of behaviors that they consider normal and that could be viewed as "crazy" in different contexts.

1 Comprensión Contesta las siguientes preguntas.

1. ¿Dónde están los personajes de la obra? *Están en un sanatorio, en celdas contiguas.*
2. ¿Cómo se entretiene el Hombre en la celda? *Canta, silba y dibuja.*
3. ¿Cómo dice el Hombre que puede ayudar a la Mujer? *La puede ayudar a pasar el tiempo alegremente.*
4. Al final de la obra, ¿dónde está el Doctor? *Está encerrado en la celda con el Hombre.*
5. ¿Cómo se describe el Hombre a sí mismo? *Es joven, alto, delgado, rubio, de facciones finas.*
6. ¿Cómo se describe la Mujer a sí misma? *Es alta, esbelta, de piernas y brazos largos —de adolescente —como para inspirar una caricatura.*

2 Identificar Escribe al lado de cada oración el nombre del personaje que la dijo.

Enfermera 1. No importa lo que le parezca. Es la costumbre.
Mujer 2. Estará usted loco....
Hombre 3. Uno por uno; usted allá y yo acá...
Hombre 4. Uno oye lo que quiere y nada más.
Doctor 5. ¿Sería la burra de la Enfermera? Ahora hay que esperar.
Mujer 6. Me agrada más sumar el uno y uno porque la suma es dos... dos seres distintos y separados.

3 Interpretar Trabajen en parejas para contestar las siguientes preguntas.

1. ¿Por qué creen que los personajes se llaman simplemente "Hombre" y "Mujer"?
2. Según su opinión, ¿qué creen que representa cada personaje?
3. ¿Cómo evoluciona la relación entre el Hombre y la Mujer? ¿Qué significa esa evolución dentro del contexto de la obra?
4. ¿Qué elementos absurdos contiene esta obra?
5. ¿Cuál creen que es el tema?
6. ¿Por qué creen que la obra se titula *1 x 1 = 1, pero 1 + 1 = 2*? Den ejemplos del texto.

4 Representar En grupos de cuatro, preparen la ESCENA IV para interpretarla delante de sus compañeros. Pueden utilizar cualquier accesorio (ropa, objetos) que facilite la representación.

5 Crear En grupos, inventen un diálogo entre personas que están en un sanatorio, usando el imperativo y el subjuntivo. Después, represéntenlo delante de la clase.

Antes de leer

PERFIL

Alejandro Leal

Conexión personal
¿Conoces o has leído sobre alguien que haya sido beneficiado gracias a alguna investigación médico-científica? Comparte esta información con la clase.

Contexto cultural
Modern day networking and technological advances have aided Latin American scientists to pool their information and their talents through programs such as the United Nations University and the Howard Hughes Medical Institute. Latin American researchers have recently contributed valuable research in the fields of biotechnology and biomedicine.

Contexto cultural: Ask students to think about the distribution of economic resources and its impact on quality of life worldwide. What should be the role of scientific research vis-à-vis global issues like poverty and hunger?

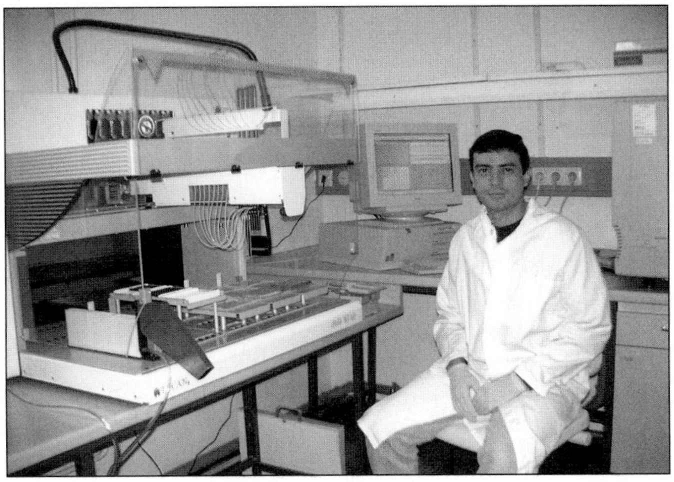

Vocabulario

ambos/as *both*
el gen *gene*
la habilidad *skill*

PERFIL

Alejandro Leal

Debbie Ponchner

Cuando el reloj marcó la medianoche que separaba el 31 de diciembre del 2000 del primer día del 2001, un grupo de científicos ticos° y sus colaboradores alemanes celebraron por partida doble: además de festejar el Año Nuevo, ese día la revista científica *American Journal of Human Genetics* hacía público su hallazgo° sobre la ubicación de un gen responsable de una forma del mal neurodegenerativo Charcot Marie Tooth.

ticos°: Costa Rican (nickname)
hallazgo°: discovery

El CMT es un síndrome que causa atrofia muscular. Afecta el sistema nervioso de la persona y la lleva a perder habilidades motoras y sensitivas en sus extremidades.

Para ellos la noticia era vieja. Desde hacía algunos meses Alejandro Leal, genetista costarricense que forma parte del equipo, había logrado descifrar° la ubicación del gen que se encuentra en el cromosoma 19. "Encontré la ubicación sólo un mes y medio después de haber llegado a Berlín", recuerda Leal. Mas la publicación del hallazgo fue una gran satisfacción para el equipo que había invertido° horas incontables buscando respuestas para un mal que afectaba a tres familias del Valle Central°.

descifrar°: decode, decipher
invertido°: invested
Valle Central°: Central Valley of Costa Rica

Aunque Leal localizó el gen en poco tiempo, la investigación de los ticos llevaba años. Todo empezó cuando Bernal Morera, también genetista costarricense, decidió empezar en serio una investigación que tenía en su mente. Él había observado la presencia de este mal neurodegenerativo en una familia. En el camino, se encontró con el genealogista Ramón Villegas, quien, por su cuenta, había iniciado una genealogía de otra familia que presentaba características similares. Al comparar los árboles genealógicos, se percataron de° que ambas familias eran una sola: todos descendientes del mismo colonizador. Más tarde, Milagro Méndez, también genealogista, aportó° una nueva familia al estudio y ésta también resultó estar emparentada°.

they noticed
contributed
related

El equipo de especialistas salía de gira para realizar el diagnóstico médico de los pacientes y en esas oportunidades también se les extraían muestras de sangre a ellos y a sus familiares. Después surgió la necesidad de actuar más aprisa°. "Buscamos la colaboración de Alemania para tener acceso a equipos más rápidos", explica Barrantes, director del proyecto. Fue así como Alejandro Leal se trasladó hasta allá para trabajar junto a un equipo de científicos especialistas en el CMT.

rapidly

El resto del trabajo ha estado en manos de Leal. En un laboratorio en Alemania él continúa buscando la mutación del gen. "Tenemos la ubicación del gen, pero aún no tenemos la mutación", precisó en una entrevista telefónica. Identificarla es esencial para poder dar el paso siguiente, que es explicar la forma en que se desarrolla este mal e intentar buscarle un tratamiento o cura. "Lo hacemos por la gente. Las generaciones futuras de estas familias se verán beneficiadas", afirma Leal. Sin embargo, el trabajo de este equipo multidisciplinario no terminará con el CMT. Y, a juzgar por sus frutos, seguirán dando de qué hablar en el ámbito científico costarricense.

Después de leer

PERFIL

Alejandro Leal

1 Comprensión Decide si lo que se afirma es **cierto** o **falso.** Corrige las frases falsas.

	Cierto	Falso
1. CMT es un síndrome que afecta el movimiento y la sensibilidad de las piernas y los brazos.	☑	☐
2. Alejandro Leal descubrió que el gen se encuentra en el cromosoma 21. *Alejandro Leal descubrió que el gen se encuentra en el cromosoma 19.*	☐	☑
3. El síndrome afectaba a tres familias costarricenses no emparentadas. *El síndrome afectaba a tres familias costarricenses, todas ellas descendientes del mismo colonizador.*	☐	☑
4. Alemania buscó la colaboración del equipo costarricense. *El equipo costarricense buscó la colaboración de Alemania para tener acceso a equipos más rápidos.*	☐	☑
5. Alejandro Leal continúa buscando la mutación del gen.	☑	☐
6. Cuando se haya identificado la mutación del gen que causa CMT, se podrá buscar una cura.	☑	☐

2 Interpretar Contesta las siguientes preguntas con frases completas.

1. ¿A qué se dedican los genealogistas?
2. ¿Por qué trabajaron juntos los científicos de Alemania y de Costa Rica?
3. ¿Por qué fue Costa Rica el país más interesado en comenzar con este estudio?
4. ¿Cuándo y en qué forma se hizo pública la noticia del hallazgo de la ubicación del gen que causa una forma de CMT?

③ In groups, ask students to consider whether a day will ever come when disease is a thing of the past. What factors influence their opinions?

3 Ampliar En parejas, contesten las siguientes preguntas.

1. ¿Qué enfermedades hay todavía en el mundo sin cura o tratamiento?
2. ¿Qué papel puede jugar la ingeniería genética en el tratamiento o cura de ciertas enfermedades?

④ Ask students to consider what it means that we humans would want to clone ourselves when we can create new life. Is this desire an example of our self-centered view of our role in the world?

4 Escribir ¿Crees que va a ser posible la clonación humana? ¿Crees que es un avance necesario? Escribe un párrafo en el que das tu opinión sobre el tema. Luego, comparte tus ideas con la clase.

A conversar

Sentirse bien consigo mismo

Trabajen en grupos pequeños para preparar una presentación. Imaginen que son miembros de una asociación juvenil y que tienen que hacer una página de Internt en la que van a dar consejos para que todas las personas se sientan bien con su cuerpo.

Elegir el tema

Reúnanse y elijan un tema sobre manera de sentirse bien consigo mismo. Algunos ejemplos son: aceptación personal, práctica de deportes, alimentación sana y actitud positiva. Repartan las tareas entre todos los miembros del grupo.

Preparar

Investiguen en Internet o en la biblioteca. Una vez que tengan la información, es necesario que elijan los puntos más importantes y se ayuden con material audiovisual para ofrecer una visión más amplia de lo que quieren comentar en clase.

Organizar

Preparen un esquema *(outline)* que los ayude a clarificar y planear con mayor exactitud sus consejos. Tengan en cuenta que cada presentación durará unos 10 minutos.

Estrategia de comunicación

Cómo dar consejos

Las siguientes frases pueden ayudarlos a expresarse de forma más adecuada.

1. Nunca digas cosas negativas sobre…
2. Practica deportes que…
3. Piensa en tu cuerpo cuando...
4. No te rías de...
5. En caso que...

Presentar

Utilicen fotografías o folletos publicitarios para ilustrar mejor su presentación. Usen material audiovisual para ofrecer una idea más completa de la página de Internet que van a hacer.

Ayuda para Internet

Aquí tienen unas palabras clave para buscar información en Internet:
consejos de viaje / salud / bienestar / medicina / alcohol / dieta / ejercicio / viajar seguro / recomendaciones de viaje / alergias / vacunas / seguro médico

NATIONAL STANDARDS communication cultures connections

Instructional Resource IRM (general teaching suggestion)

Cortometraje: *La hora de comer* (Chile; 6:10 minutos)
Synopsis: The gathering of a "traditional" family at the dinner table probes the members' roles and relationships, exploring issues like lack of communication and *machismo*.

La hora de comer

país Chile
duración 6:10 minutos
directora Fernanda Aljaro
protagonistas padre, madre, hija mayor, hija menor, hijo ausente

Vocabulario

el cuesco *pit*	**pasarse** *to go too far*
la guinda *morello cherry*	**el pasto** *grass*
la palta (paltita) *avocado*	**reemplazable** *something that can be substituted*

Antes de ver el corto

1 **Comentar** En parejas, contesten las siguientes preguntas.

1. ¿Les gusta comer solos o acompañados? ¿Es importante para ustedes comer en familia?
2. ¿Consideran que sus hábitos a la hora de comer son sanos? ¿Son vegetarianos? ¿Conocen a alguien que lo sea?
3. ¿Creen que es importante consumir carne para estar saludables?

Mientras ves el corto

2 **Anticipar** ¿Cómo es el carácter del padre? ¿Y el de la madre?

3 **Conectar** Conecta cada frase con el personaje que la pronuncia.

padre	la hija mayor
madre	la hija menor

1. ¿Cómo que no parece carne? *madre*
2. Soy vegetariana. *la hija mayor*
3. Eso es totalmente reemplazable. *la hija mayor*
4. Ni una palabra más. *padre*
5. Las plantas igual respiran como los animales. *la hija menor*
6. Los cuescos son muy difícil sacarlos. *la hija menor*
7. Y que quede claro: cuando digo algo se me obedece. *padre*
8. Me encanta la libertad de expresión de esta casa. *la hija mayor*

Después de ver el corto

4 **Comprensión** Contesta las siguientes preguntas.

1. ¿Cómo son las relaciones entre los miembros de la familia?
2. ¿Por qué crees que es tan importante la hora de comer para el padre?
3. ¿Qué razones da la hija para explicar que unos necesitan comer más carne que otros?
4. ¿De qué se queja el padre del hermano?
5. ¿Qué le ocurre al final a cada uno de los personajes?

5 **Interpretar** En parejas, contesten las siguientes preguntas.

1. ¿Cómo son los personajes? Describan la personalidad de cada uno.
2. ¿Por qué termina el corto con la oración: "La hora de comer dejó de existir"? Expliquen sus respuestas.

6 **Analizar** Miren estos fotogramas y expliquen qué importancia tienen en el argumento del cortometraje.

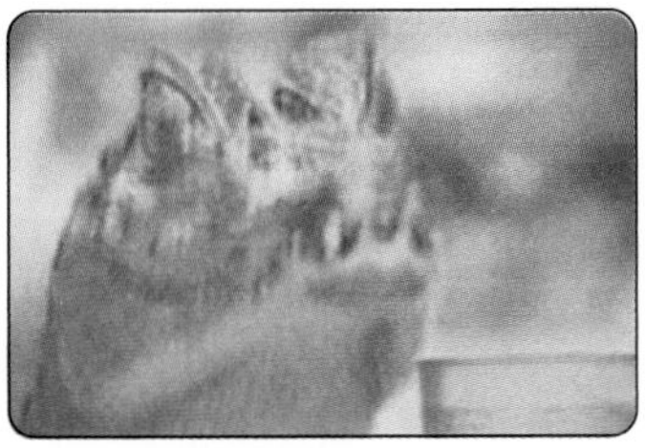

7 **Desarrollar** En parejas, comenten qué tipo de personas hacen o pueden hacer los siguientes comentarios. ¿Creen que reflejan alguna generación en específico? ¿Por qué?

"Jamás se me habría ocurrido levantarle la voz a mi padre."

"Todo depende del tipo de sangre que uno tenga. Lo sé bien. Los RH positivo tienen menos necesidad biológica para la gordura, no así los negativos, que necesitan más la carne. No sé si es exactamente así, pero es algo parecido."

8 **Actuar** En grupos de cuatro, escriban su propia versión del cortometraje y después represéntenla delante de la clase.

9 **Escribir** Elige a uno de los personajes y escríbele una carta en la que le aconsejas la mejor forma para mejorar su vida. Usa el subjuntivo.

5 VOCABULARIO

Las enfermedades

la enfermedad	*disease, illness*
la gripe	*flu*
el malestar	*discomfort*
la obesidad	*obesity*
el resfriado	*cold*
el virus	*virus*
contagiarse	*to become infected*
empeorar	*to deteriorate, get worse*
ponerse malo/a	*to become ill*
sufrir de anorexia	*suffer from anorexia*
tener fiebre	*to have a fever*
toser	*to cough*

Los síntomas

la depresión	*depression*
la herida	*injury*
la mala forma física	*in bad (physical) shape*
los factores de riesgo	*risk factors*
la tos	*cough*
desmayarse	*to faint*
hacerse daño	*to hurt oneself*
lastimarse	*to hurt oneself*
tener mal aspecto	*to look sick*
inflamado/a	*inflamed*
mareado/a	*dizzy*

La buena salud

mejorar	*to improve*
ponerse bien	*to get well*
portarse bien	*to behave well*
relajarse	*to relax*
tener buen aspecto	*to look good*
sano/a	*healthy*

La salud personal

la alimentación	*diet (nutrition)*
la autoestima	*self-esteem*
el estado de ánimo	*mood*
el régimen	*diet*
la respiración	*breathing*
la salud	*health*
el sentido común	*common sense*
la tensión (alta, baja)	*blood pressure (high, low)*
adelgazar	*to lose weight*
cambiar su estilo de vida	*to change one's lifestyle*
congeniar	*to get along*
dejar de fumar	*to quit smoking*
descansar	*to rest*
engordar	*to gain weight*
estar acostumbrado/a a	*to be used to*
trasnochar	*to stay up all night*

Los médicos y el hospital

la cirugía	*surgery*
el/la cirujano/a	*a surgeon*
la consulta	*appointment*
el consultorio	*doctor's office*
la operación	*operation*
los primeros auxilios	*first aid*
la sala de emergencias	*emergency room*
consultar un(a) especialista	*to consult a specialist*

Instructional Resource
- Tests

Los remedios y tratamientos

las aspirinas	*aspirin*
los calmantes	*painkillers, tranquilizers*
el jarabe	*syrup*
la pastilla	*pill*
la receta	*prescription*
el tratamiento	*treatment*
la vacuna	*vaccine*
la venda	*bandage*
el yeso	*cast*
curarse	*to cure*
poner una inyección (a alguien)	*to give (someone) a shot*
prevenir	*to prevent*
recuperarse	*recover*
tratar	*to treat*

Otros términos

permanecer	*to remain, to last*
a fondo	*thoroughly*

Expresiones útiles	*Véase la página 171.*
Vocabulario de "1 x 1 = 1, pero 1 + 1= 2"	*Véase la página 195.*
Vocabulario del perfil	*Véase la página 209.*
Vocabulario de *La hora de comer*	*Véase la página 214.*

Estructura 5.1	*Véase las páginas 176 y 177.*
Estructura 5.3	*Véase las páginas 184 y 185.*
Estructura 5.4	*Véase las páginas 188 y 189.*

La naturaleza

6

Communicative Goals

You will expand your ability to...

- describe and narrate in the future
- express what you or others would do
- express events that depend on other events

Contextos

páginas 218-221

- Los animales y las plantas
- Los paisajes
- La naturaleza y el clima
- El uso de la naturaleza
- Nombres de animales

Fotonovela

páginas 222-225

- *Cuidando a Bambi:* Aguayo se va de vacaciones, dejando a su pez al cuidado de Diana y los otros empleados de la revista *Facetas.*

Enfoques

páginas 226-227

- Las islas Galápagos
- Acampada en Bolivia

Estructura

páginas 228-245

- The future tense
- The conditional
- The past subjunctive
- **Si** clauses with simple tenses

Lecturas

páginas 246-255

- **Cuento**: *El eclipse* de Augusto Monterroso
- **Perfil**: Mary Axtmann, ecologista

La naturaleza

Pequeño pero valiente

José le dijo a Carlos, su hermano pequeño: "Después de la **tormenta** vendrá un **huracán** y una gran **inundación**. Habrá un **diluvio** y subirá el **nivel del mar**. Todos correremos **riesgo** de **desaparecer**. Será la **catástrofe natural** más grande y sólo se salvarán los que lleguen a **refugiarse** en las **cumbres** de las **cordilleras** más altas". Pero Carlos le contestó que él no es **miedoso** y sólo le asustan un poco los **relámpagos** y los **truenos**. No le importará **mojarse** un poco.

Instructional Resources
- WB
- LM
- CD-ROM
- WB/LM/VM Answer Key

Suggestion: Remind students that the boldfaced words and expressions in the paragraphs are new active vocabulary, as well as the vocabulary in the lists.

Suggestion: Talk about advantages and disadvantages of country and city life. Encourage students to talk about nature and weather in order to generate vocabulary.

Comprehension Check: ¿A quién se refieren estas descripciones?
1) Le preocupa la preservación de nuestro mundo. (A Estela)
2) Le gusta nadar en el mar. (A Jorge)
3) La vida de la ciudad no le agrada. (A Alfredo)
4) Prefiere contemplar el campo verde que el mar azul. (A Gloria, la esposa de Jorge)
5) Piensa que su paraguas lo protegerá. (A Carlos)

Suggestion: Assign a geographical region to each corner of the room (i.e., **bosque, costa, montañas,** etc.). Tell students to assemble in the corner corresponding to their favorite climate. Ask groups to discuss their reasons and present them to the class.

Pasado natural

Alfredo viene del campo y lo extraña mucho. Está acostumbrado a los colores del **bosque**, al olor de la **tierra** mojada y a trabajar **al aire libre**. Ahora que vive en la ciudad, sólo ve las frutas y las **semillas** que **cultivaba** en las estanterías del supermercado. Aunque él se siente muy nostálgico, el resto de su familia está feliz. Su mujer siempre le recuerda que "hay que **renovarse** o morir".

La tercera opción

Jorge y Gloria están **planeando** sus vacaciones. A él le gustan los **paisajes** de la **costa**, las cuevas, los **acantilados**, las olas y la playa. Ella prefiere el interior, los **ríos**, las **montañas** y caminar descalza sobre la **hierba**. Han encontrado una solución. Irán a un lugar **salvaje** que no conozcan ninguno de los dos: a una selva donde haya **loros**, reptiles y **mariposas** gigantes. Así se acabarán las discusiones.

Una ecologista muy activa

Estela está muy preocupada por el **medio ambiente**. Usa solamente el transporte público para ayudar a que no haya tanta **contaminación**. Quiere **contribuir** a la protección de la **capa de ozono** y siempre usa productos **reciclables**. Tampoco quiere gastar demasiada electricidad para ahorrar energía. Ella está decidida a no **malgastar** los **recursos naturales** y trata de fomentar el uso de otras **fuentes de energía**, como la solar. Tiene pensadas tantas cosas que no sabe por dónde empezar.

Los animales y las plantas

el ala	*wing*
la cola	*tail*
la hembra	*female*
el macho	*male*
el nido	*nest*
la pata	*foot/leg of an animal*
morder	*to bite*
venenoso/a	*poisonous*

Los paisajes

la bahía	*bay*
el cabo	*cape*
la orilla	*shore*
el pico	*peak, summit*
a orillas de	*on the shore of*

La naturaleza y el clima

la erosión	*erosion*
helar	*to freeze*
inundar	*to flood*
soplar	*to blow*
seco/a	*dry*
profundo/a	*deep*
puro/a	*pure, clean*

El uso de la naturaleza

el consumo de energía	*energy consumption*
la planta comestible	*edible plant*
atrapar	*to catch, to trap*
dar de comer	*to feed*
explotar	*to exploit*
extinguir	*to extinguish*
generar	*to produce, to generate*
promover	*to promote*

Nombres de animales

el águila	*eagle*
el búfalo	*buffalo*
la cabra	*goat*
el cerdo	*pig*
el chancho	*pig*
el conejo	*rabbit*
el gallo	*rooster*
el león	*lion*
el mono	*monkey*
la rata	*rat*
el tigre	*tiger*

Práctica

① In pairs, have the students play **El ahorcado** (Hangman) using the words in the left-hand column.

② Have students research endangered species native to Latin America on the Internet.

③ Ask students to write the postcard Gustavo would have written to his mother.

1 Hablemos del medio ambiente Conecta cada palabra con su definición.

a. desertización	h 1. El consumo de algo así puede causar la muerte *(death)*
b. explotar	g 2. Desafío
c. extinguir	d 3. Elemento del que se obtiene fuerza o electricidad
d. fuente de energía	f 4. Fenómeno de emitir rayos
e. la pata	c 5. Hacer desaparecer una cosa
f. radiación	b 6. Obtener beneficio de una cosa trabajando en ella
g. reto	a 7. Proceso por el cual un terreno se convierte en desierto
h. venenoso	e 8. Parte del cuerpo del animal con la que camina

2 El documental Los siguientes son títulos de una serie de documentales a los que les faltan unas palabras. Completa los títulos utilizando frases y palabras de la lista.

alas	desafíos	nido
Cordillera	en peligro de extinción	erosión
costas	medio ambiente	petróleo

1. Dos semanas después, el cóndor vuelve a su ___nido___
2. La tarea del Instituto de Conservación de las Ballenas y su ___medio ambiente___
3. Los ___desafíos___ de la vida marina en las ___costas___ de la Patagonia
4. Pingüinos manchados de ___petróleo___. ¿Será ése el futuro?
5. La protección de las especies patagónicas desde la ___Cordillera___ de los Andes hasta el océano Atlántico
6. ¡Urgente! Los esfuerzos para conservar especies ___en peligro de extinción___
7. Veterinarios al rescate: la cura de las ___alas___ de un cóndor herido

3 Una postal Gustavo está de viaje en el río Tambopata. Allí escribió una postal para un amigo. Completa las siguientes oraciones con algunas de las palabras de la lista.

atrapar	piquen	peligro de extinción
mariposas	miedoso	naturaleza

Querido Luis:
El paisaje es muy bonito, pero estoy harto de que me ___piquen___ los mosquitos. Además soy un poco ___miedoso___ y hay reptiles por todos lados... Hoy nos llevaron en unas camionetas a un lugar lleno de ___mariposas___ de todos los colores. Yo me caí cuando traté de ___atrapar___ una. El guía me dijo que era una especie en ___peligro de extinción___. Casi me muero de la vergüenza.

Gustavo

Comunicación

4 Paisajes

A. Haces escenografías *(sets)* para una telenovela. Tienes que decidir en qué lugares transcurren los acontecimientos de un episodio. Indica qué paisaje natural prefieres para cada escena.

Escena 1:
Carlos y Hugo descubren que los dos aman a Raquel. A ambos les gusta ganar y la conversación se vuelve violenta. Carlos saca un cuchillo y ataca a Hugo. Luchan ferozmente.

Escena 2:
Finalmente el tímido José, un muchacho de una familia rica, se anima a decirle a Raquel que la ama. Se besan apasionadamente.

Escena 3:
Don Miguel ha descubierto que Raquel es su hija, que José no es su hijo y que Carlos y Hugo (sus otros hijos) están planeando asesinarlo para quedarse con la herencia. Sale a caminar porque no sabe qué hacer.

Paisaje 1:
A orillas de un lago. Es una mañana de sol brillante. Dos cisnes blancos nadan tranquilamente, mientras que unos pájaros cantan junto a sus nidos.

Paisaje 2
En un bosque. La luz atraviesa las copas de algunos árboles secos. Hay un águila comiendo los restos de un animal muerto.

Paisaje 3
Un frío atardecer al borde de un acantilado. Está nublado. Comienza a llover y hay mucho viento. Se escuchan unos truenos muy fuertes.

B. Consulta con un(a) compañero/a. ¿Eligieron los mismos paisajes? ¿Por qué eligieron esos paisajes? En grupos de cuatro, imaginen qué les sucederá a Carlos, Hugo, José, Raquel y a Miguel. Preparen dos o tres oraciones que luego leerán a la clase.

5 ¿Más petróleo? Contesten esta pregunta en grupos de cuatro: ¿Qué opinión tienen sobre la explotación de nuevos pozos petrolíferos? Piensen en argumentos a favor y en contra. Luego comenten sus respuestas con el resto de la clase.

6 Asociaciones En parejas, háganse las siguientes preguntas: ¿Con cuáles de los siguientes animales/elementos de la naturaleza sientes que estás asociado? ¿Con cuáles asociarías a tu compañero/a? ¿Por qué? Comparen sus respuestas. Utilicen el vocabulario de la lección 6.

el trueno	el relámpago	la cumbre de una montaña	una semilla
el búfalo	la niebla	el león	una ciudad en una bahía
un gran árbol	la selva	un acantilado	la radiación
el tigre	la inundación	la orilla de un lago	la ola

4 Have students role-play the conversation between the writer and the production manager. The writer should explain exactly what the location should look like. The production manager should ask questions to clarify and make suggestions.

5 Provide additional information on oil wells. Ex: **Con el petróleo se hace plástico; los pozos petrolíferos generan riqueza para la gente del lugar,** etc.

5 For homework, ask students to write a summary of the discussion's most salient features, including their personal feelings on the topic.

6 As warm-up, ask students to brainstorm about famous people. Begin by writing a fill-in-the-blank model on the board. Ex: **Shakira es como un relámpago porque**...

6 FOTONOVELA

Aguayo se va de vacaciones, dejándole su pez al cuidado de Diana y los otros empleados de la revista *Facetas*.

MARIELA ¡Es una araña gigante!

FABIOLA No seas miedosa.

MARIELA ¿Qué haces allá arriba?

FABIOLA Estoy dejando espacio para que la atrapen.

DIANA Si la rocías con esto *(muestra la botella de matamoscas)*, la matas bien muerta.

AGUAYO Pero esto es para matar moscas.

FABIOLA ¿Las arañas jamás se van a extinguir?

MARIELA Las que no se van a extinguir son las cucarachas. Sobreviven a la nieve, a los terremotos y hasta a los huracanes, y ni la radiación les hace daño.

FABIOLA ¡Vaya! Y... ¿tú crees que sobrevivirían al café de Aguayo?

AGUAYO Mariela, ¿podrías tomar mis mensajes? Voy a casa por mi pez. Diana se ofreció a cuidarlo durante mis vacaciones.

MARIELA ¡Cómo no, jefe!

AGUAYO Mañana por la tarde estaremos en el campamento.

FABIOLA ¿Cómo pueden llamarle vacaciones a eso de dormir en el suelo y comer comida enlatada?

AGUAYO Ésta es su comida. Sólo una vez al día. No le des más aunque ponga cara de perrito... Bueno, debo irme.

MARIELA ¿Cómo sabremos si pone cara de perrito?

AGUAYO En vez de hacer así *(hace gestos con la cara)*..., hace así.

JOHNNY Última llamada.

FABIOLA Nos quedaremos cuidando a Bambi.

ÉRIC Me encanta el pececito, pero me voy a almorzar. Buen provecho.

Los chicos se marchan.

DIANA No sé ustedes, pero yo lo veo muy triste.

FABIOLA Claro. Su padre lo abandonó para irse a dormir con las hormigas.

MARIELA ¿Por qué no le damos de comer?

FABIOLA Ya le he dado tres veces.

MARIELA Ya sé. Podríamos darle el postre.

NATIONAL communication cultures STANDARDS

Instructional Resources
• VM • Video • CD-ROM • IRM • WB/LM/VM Answer Key

Video Synopsis: • Aguayo is trying to kill a spider, and Mariela and Fabiola are terrified.
• Mariela, Fabiola, and Aguayo talk about his upcoming camping vacation.
• Diana has agreed to look after Aguayo's pet fish, and everyone wonders why its name is "Bambi."
• Mariela, Fabiola, and Diana think Aguayo's fish looks sad and want to feed it again, possibly even an animal cracker, even though it should be fed once a day.
• They choose one of Éric's beach photos to place behind the fish bowl to make the fish feel mor at home.
• See IRM for more details.

Preview: Play the soundtrack from the video a check for comprehension.

Suggestion: Have students predict the situatic from the photo stills.

Personajes

AGUAYO | ÉRIC | JOHNNY | FABIOLA | MARIELA | DIANA

AGUAYO La idea es tener contacto con la naturaleza, Fabiola.

MARIELA Debe ser emocionante.

AGUAYO Lo es. Sólo tengo una duda. ¿Qué debo hacer si veo un animal en peligro de extinción?

FABIOLA Tómale una foto.

AGUAYO Chicos, les presento a Bambi.

MARIELA ¿Qué? ¿No es Bambi un venadito?

AGUAYO ¿Lo es?

JOHNNY ¿No podrías ponerle un nombre más original?

FABIOLA Sí, como *Flipper*.

FABIOLA Miren lo que encontré en el escritorio de Johnny.

MARIELA ¡Galletitas de animales! Hay que encontrar la ballenita. Es un pez y está solo. Supongo que querrá compañía.

DIANA Pero no podemos darle galletas.

FABIOLA Todavía se ve tan triste.

MARIELA Tenemos que hacerlo sentir como si estuviera en su casa. *(pegan una foto de la playa en la pecera)* ¿Qué tal ésta con el mar?

DIANA ¡Perfecta! Se ve tan feliz.

FABIOLA Míralo.
Llegan los chicos.

ÉRIC ¡Bambi! Maldito pez. En una playa tropical con tres mujeres.

Expresiones útiles

Asking a favor

¿Podrías hacer el favor de tomar mis mensajes? *Could you do me the favor of taking my messages? (fam.)*

¿Podría usted hacer el favor de cuidar mi pez? *Could you do me the favor of looking after my fish? (form.)*

¿Tendrías la bondad de + [*inf.*]...? *Could you please . . . ? (fam.)*

¿Tendría usted la bondad de + [*inf.*]...? *Could you please . . . ? (form.)*

Expressing perceptions

Yo lo/la veo muy triste.
He/She looks very sad to me.

Se ve tan feliz.
He/She looks so happy.

Parece que está triste/contento/a.
It looks like he/she is sad/happy.

Al parecer, no le gustó.
It looks like he/she didn't like it.

¡Qué guapo/a te ves!
How attractive you look! (fam.)

¡Qué satisfecho/a se ve usted!
How satisfied you look! (form.)

Additional vocabulary

la araña *spider*

Buen provecho. *Enjoy your meal.*

la cucaracha *cockroach*

la mosca *fly*

rociar *to spray*

Apuntes culturales Las mascotas son muy populares en España y América Latina. Sin embargo, no todas reciben un tratamiento especial, como sucede habitualmente en Estados Unidos. Muchas comen sobras y cumplen una función: los perros dan seguridad y los gatos se encargan de los ratones. Los latinoamericanos no suelen comprar animales de compañía, salvo los de raza y los exóticos. A veces adoptan perros y gatos callejeros, que son bastante comunes en las grandes ciudades. *¿Qué opinas sobre el tratamiento que reciben las mascotas en Estados Unidos?*

Comprensión

① Ask volunteers to recount the episode from the point of view of one of the characters.

② Repeat the exercise having students supply different phrases for clarification.

③ Model the activity by doing the first one as a class. Ask why the subjunctive is required in this sentence. Ask a volunteer to supply another verb that would also require the subjunctive.

1 Identificar Identifica cuál de los personajes dice las siguientes frases.

ÉRIC
DIANA
MARIELA
FABIOLA
AGUAYO

1. No podemos darle galletas. *Diana*
2. Mañana por la tarde, estaremos en el campamento. *Aguayo*
3. Tómale una foto. *Fabiola*
4. Me encanta el pececito, pero me voy a almorzar. *Éric*
5. Podríamos darle el postre. *Mariela*

2 ¿Qué falta? Muchas veces, para no repetir, no decimos algunas cosas. Pero sabemos de qué se trata. ¿Qué cosas no dicen los personajes de la **Fotonovela**? Escríbelas en los espacios en blanco.

las cucarachas	denle de comer
tener contacto con la naturaleza	de comer
el pez	un nombre original

1. **FABIOLA** ¿Tu crees que *las cucarachas* sobrevivirán al café de Aguayo?
2. **MARIELA** Debe ser emocionante *tener contacto con la naturaleza*.
3. **FABIOLA** Sí, *un nombre original* como "Flipper".
4. **AGUAYO** *Denle de comer* sólo una vez al día.
5. **MARIELA** ¿Cómo sabremos si *el pez* pone cara de perrito?
6. **FABIOLA** Ya le he dado tres veces *de comer*.

3 ¿Qué dijo? Comenta lo que dijeron los personajes. Para hacerlo, utiliza el verbo entre paréntesis.

MODELO

JOHNNY ¿No podías ponerle un nombre más original? (sugerir a Aguayo)
Johnny le sugiere a Aguayo que le ponga un nombre más original.

1. **AGUAYO** Mariela, ¿podrías hacer el favor de tomar mis mensajes? (pedir a Mariela)
   Aguayo le pide a Mariela que tome sus mensajes.
2. **FABIOLA** Toma una foto. (aconsejar a Aguayo)
   Fabiola le aconseja a Aguayo que tome una foto.
3. **AGUAYO** No le des más aunque ponga cara de perrito… (ordenar a Mariela)
   Aguayo le ordena a Mariela que no le dé más aunque ponga cara de perrito.
4. **MARIELA** ¿Por qué no le damos de comer? (sugerir a Diana)
   Mariela le sugiere a Diana que le den de comer.

4 Preguntas y respuestas En parejas, háganse preguntas sobre la **Fotonovela**.

MODELO

—¿Quién se va de campamento?
—Aguayo se va de campamento.

Ampliación

5 Un favor Imagina que Diana y Aguayo tienen esta conversación. Ordena el diálogo con números.

_2_ —¡Cómo no, Aguayo! Pero recuerda que no tengo las llaves de tu casa.
_3_ —¿Podrías pasar por mi casa esta tarde? Así te las doy.
_1_ —Diana, ¿serías tan amable de cuidar de mis plantas mientras estoy de viaje?
_5_ —Sí es verdad, estoy un poco nervioso, pero ya me relajaré durante las vacaciones.
_4_ —Perfecto, esta tarde voy a las siete. Y tú, ¿cómo estás? Pareces muy nervioso.

6 Carta a Aguayo Aguayo dejó a Bambi, su pececito, al cuidado de Diana y los otros empleados de *Facetas*. Pero ellos tuvieron dos problemas. Uno: Bambi murió. El otro: deben contarle a Aguayo lo que pasó. En parejas, escriban la carta que los empleados le enviaron a Aguayo.

6 Ask students to predict Aguayo's response to the letter.

7 Diálogo En parejas, escriban un diálogo. Imaginen que uno/a de ustedes se va de vacaciones y que le pide a un(a) amigo/a que le cuide la mascota *(pet)*. Utilicen como mínimo tres de las frases y palabras de la lista.

7 Ask the same pairs to write a second dialogue to show what happens after the vacation.

se ve tan triste	al parecer	miedoso/a
podría(s) hacerme el favor de	buen provecho	morder

Instructional Resource IRM (general teaching suggestion)

NATIONAL cultures STANDARDS

Las islas Galápagos

Mariela, Fabiola y Diana van a cuidar de Bambi, el pez de Aguayo, mientras éste está de vacaciones. A continuación, vas a leer un artículo sobre las islas Galápagos, un verdadero paraíso para los amantes de los animales.

La fauna de Hispanoamérica es de una riqueza extraordinaria. Lamentablemente, algunas especies animales están en peligro de extinción por la caza y pesca indiscriminadas, por la creciente deforestación y, por supuesto, por la contaminación. Todavía, sin embargo, se pueden encontrar paraísos en los que la naturaleza se ha salvado de la fuerza contaminadora del hombre.

En el océano Pacífico, a unos 1000 kilómetros de Ecuador, se encuentra uno de los ecosistemas más extraordinarios del planeta. Se trata de las islas Galápagos, un archipiélago compuesto por 125 islas e islotes. Su origen volcánico le imprime al paisaje un carácter extraño, como de lugar encantado. Pero no es este panorama lo que atrae a los visitantes e investigadores, sino las maravillosas especies animales que viven en estas islas.

El nombre del archipiélago proviene de la gran cantidad de tortugas gigantes que ahí viven, llamadas galápagos, y que son únicas en todo el planeta. Las islas Galápagos son un paraíso, no sólo para estas tortugas sino para muchas otras especies animales protegidas, como lagartos, aves y ballenas. En 1835, Charles Darwin concibió su teoría de la evolución en estas islas, inspirado por la singularidad de las especies que encontró.

Debido al escaso contacto que han tenido con el hombre, muchos de los animales del archipiélago no les tienen miedo a los visitantes y se acercan a ellos movidos por la curiosidad. Por ello, y para proteger el medio ambiente, hace unos años se limitó el número de turistas que puede visitar las islas anualmente. A pesar de ésta y otras medidas que se han tomado, algunas de las especies que viven en este ecosistema se encuentran actualmente en peligro de extinción.

Foca

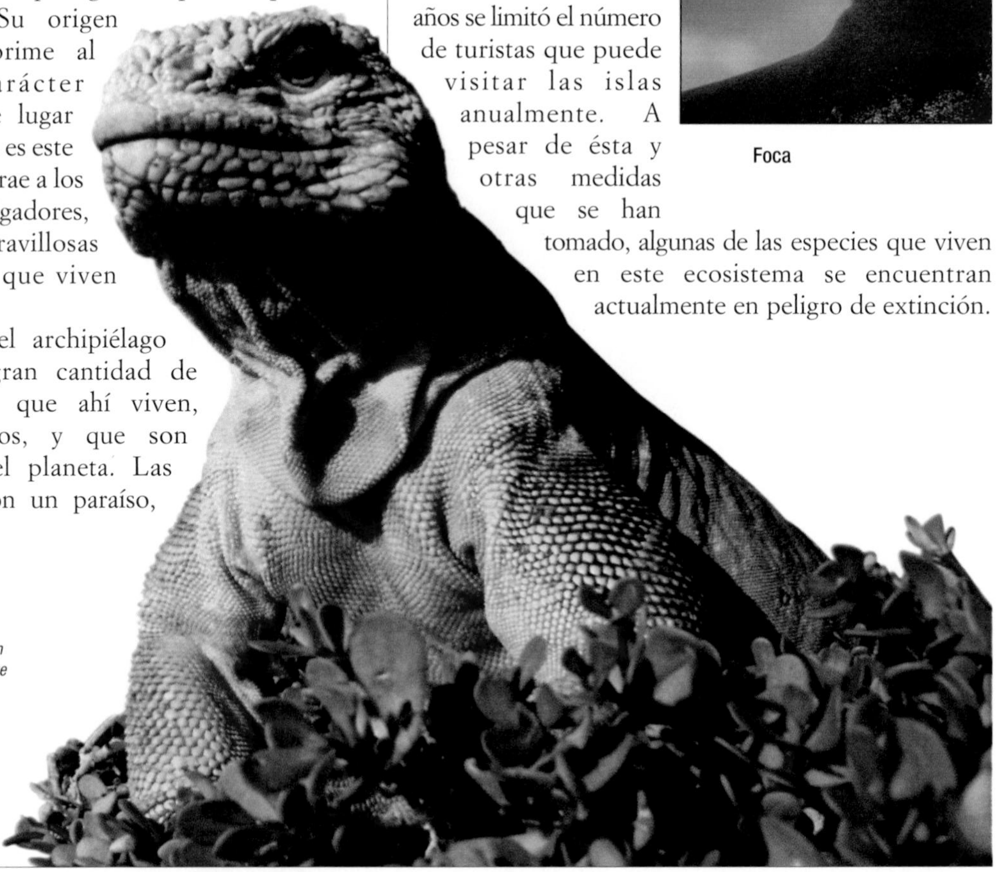

Iguana terrestre

el lagarto	*lizard*
la ballena	*whale*
escaso	*limited*
a la intemperie	*out in the open*
la cordillera	*mountain range*
cualificado	*qualified*
la caminata	*hike*

Acampada en Bolivia

Los Andes bolivianos

A Aguayo le gusta pasar sus vacaciones en contacto con la naturaleza, por ello, en este capítulo de la **Fotonovela**, se va de acampada. Aquí vas a conocer un destino de acampada excepcional, Bolivia.

¿Te gusta acampar? ¿Dormir a la intemperie y cocinar al aire libre? En los países de habla hispana hay muchas ofertas para este tipo de vacaciones alternativas. En Costa Rica, por ejemplo, puedes disfrutar de la extraordinaria riqueza de su flora y su fauna; en México, puedes visitar sus fascinantes ruinas; y, si quieres cruzar el océano, en España puedes disfrutar de sus playas de arena blanca y de su animada vida nocturna. Aquí te proponemos sólo una de las muchas opciones para ir de acampada: Bolivia. La gran variedad topográfica del país y la riqueza de las culturas nativas, te aseguran que encontrarás el tipo de acampada que andas buscando.

El país está situado entre Brasil, Argentina, Paraguay, Perú y Chile y está compuesto por regiones muy distintas: zonas desérticas, grandes cordilleras montañosas (debido a que los Andes recorren el país de norte a sur) como la Cordillera Real, valles húmedos, llamados yungas, y la Amazonia boliviana. En el norte del país, hay otro gran atractivo para los amantes de la acampada: el lago Titicaca, el lago navegable más alto del mundo.

Puedes elegir entre acampar por tu cuenta, o bien preparar tu acampada a través de una agencia de viajes. Hay acampadas muy bien organizadas, que incluyen guía bilingüe, cocinero y transporte privado. El personal está cualificado para responder a tus preguntas acerca del variado ecosistema de la región. Aparte de las caminatas y de la estancia en campamentos, se realizan excursiones a poblaciones cercanas que conservan la cultura y las costumbres de sus ancestros.

Coméntalo

Reúnete con varios/as compañeros/as de clase y conversa sobre los siguientes temas.

1. ¿Han visto o estado alguna vez en un espacio natural que fuera extraordinario? ¿Dónde?
2. ¿Creen que se debe prohibir el acceso de los turistas a las islas Galápagos? ¿Por qué?
3. ¿Les gusta ir de acampada? ¿Por qué?
4. Si tuvieran que ir de acampada, ¿cuál sería su destino favorito?

6 ESTRUCTURA

Instructional Resources
- WB
- LM
- CD-ROM
- WB/LM/VM Answer Key

Suggestion: Remind students that the auxiliary verb *will* does not have a Spanish equivalent.

6.1 The future tense

¿Te acuerdas? In Spanish, as in English, the future tense is used to express actions or conditions that will happen in the future.

Nos quedaremos cuidando a Bambi.

Me encanta el pececito, pero voy a almorzar. Tal vez pediré pescado.

Forms of the future tense

▶ The future tense of almost all verbs is formed by adding the endings **–é, –ás, –á, –emos, –éis,** and **–án** to the infinitive. These endings are the same for **–ar, –er**, and **–ir** verbs.

¡ATENCIÓN!

Note that all of the future tense endings carry a written accent mark except the **nosotros** form.

Suggestion: Remind students that the impersonal form of **haber** is the same for singular and plural. Cite some examples using **habrá** with singular and plural nouns.

Future tense

	hablar	deber	abrir
yo	**hablaré**	**deberé**	**abriré**
tú	**hablarás**	**deberás**	**abrirás**
él/ella/Ud.	**hablará**	**deberá**	**abrirá**
nosotros/as	**hablaremos**	**deberemos**	**abriremos**
vosotros/as	**hablaréis**	**deberéis**	**abriréis**
ellos/ellas/Uds.	**hablarán**	**deberán**	**abrirán**

▶ There are Spanish verbs with irregular future stems. Some drop the **-e** of the infinitive ending, and others replace the **-e** or **-i** of the infinitive ending with **-d**.

Infinitive	Stem	Future
caber	**cabr–**	**cabré, cabrás, cabrá...**
decir	**dir–**	**diré, dirás, dirá...**
haber	**habr–**	**habré, habrás, habrá ...**
hacer	**har–**	**haré, harás, hará...**
poder	**podr–**	**podré, podrás, podrá...**
querer	**querr–**	**querré, querrás, querrá...**
saber	**sabr–**	**sabré, sabrás, sabrá...**
poner	**pondr–**	**pondré, pondrás, pondrá...**
salir	**saldr–**	**saldré, saldrás, saldrá...**
tener	**tendr–**	**tendré, tendrás, tendrá...**
valer	**valdr–**	**valdré, valdrás, valdrá...**
venir	**vendr–**	**vendré, vendrás, vendrá...**

Uses of the future tense

▶ In Spanish, the future is one of several ways to express future events or ideas.

Present indicative

Llegan a la costa mañana.
They arrive at the coast tomorrow.
(conveys a sense of certainty that the action will occur)

Present subjunctive

Prefiero que **lleguen** a la costa mañana.
I prefer that they arrive at the coast tomorrow.
(refers to an action that has yet to occur)

Ir a + [Infinitive]

Van a llegar a la costa mañana.
They are going to arrive at the cost tomorrow.
(expresses the near future; is commonly used in everyday speech)

Future tense

Llegarán a la costa mañana.
They will arrive at the coast tomorrow.
(expresses an action that will occur; often implies more certainty than **ir a** + [*infinitive*])

▶ Although the English word *will* can refer to future time, it can also refer to someone's willingness to do something. To express willingness, Spanish uses the verb **querer** + [*infinitive*], not the future tense.

¿**Quieres contribuir** a la protección del medio ambiente?
Do you want to contribute to the protection of the environment?

Quiero ayudar, pero no sé por dónde empezar.
I want to help, but I don't know where to begin.

▶ In Spanish, the future tense may be used to express conjecture or probability. English expresses this in various ways, such as *wonder*, *bet*, *must be*, *may*, *might*, and *probably*.

— ¿Cuándo volverán de la excursión?
— *When will they come back from the trip?*

— Regresarán por la noche, **probablemente**.
— *They will probably return at night.*

▶ The future may also be used in the main clause of sentences in which the present subjunctive follows a conjunction of time like **cuando, después (de) que, en cuanto, hasta que,** and **tan pronto como.**

Cuando pase la tormenta iremos a tu casa.
When the storm stops, we will go to your house.

Estaremos aquí **hasta que** nos aburramos.
We will be here until we get bored.

Aquí tienen a Bambi.

No se preocupe, cuidaremos de él hasta que regrese.

Suggestion: Briefly review the use of the subjunctive with future events.

¡ATENCIÓN!

The present subjunctive after conjunctions of time are discussed in **Lección 5**. See page 176.

Práctica

① Tell students to read over the exercise in its entirety before attempting to complete it.

1 Horóscopo chino En el horóscopo chino cada signo es un animal. Lee las siguientes predicciones del horóscopo chino para la serpiente. Conjuga los verbos entre paréntesis en la segunda persona del singular del futuro.

Serpiente

TRABAJO Esta semana *tendrás* (tener) que trabajar duro. *Saldrás* (salir) poco y no *podrás* (poder) divertirte. Pero *valdrá* (valer) la pena. Muy pronto *conseguirás* (conseguir) el puesto que estás esperando.

DINERO *Vendrán* (venir) tormentas económicas. No malgastes tus ahorros.

SALUD *Resolverás* (resolver) tus problemas. *Deberás* (deber) cuidar tu garganta.

AMOR *Recibirás* (recibir) una noticia muy buena. Una persona especial te *dirá* (decir) que te ama. *Vendrán* (venir) días felices.

② Have pairs exchange papers, then ask them to use the future tense to explain how each prediction might come true. Ex: **Podrá ganar un premio de un millón de dólares.**

2 Más horóscopo chino En parejas, escriban el horóscopo chino de su compañero/a. Utilicen verbos en futuro y ayúdense usando algunas de las frases de la lista. Luego compartan el horóscopo que escribieron con el resto de sus compañeros.

el caballo

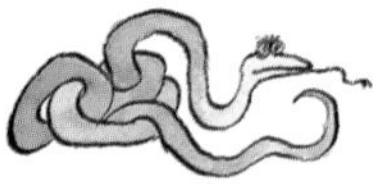
la serpiente

la rata

el búfalo

el tigre

el gato

el dragón

el gallo

el mono

el perro

el cerdo

la cabra

venir amigos	empezar una relación	hacer daño
tener suerte	recibir una visita	haber sorpresa
decir secreto	poder solucionar problemas	festejar
hacer viaje		viajar al extranjero

3 Tus planes En parejas, deben preguntarse cuáles son, en realidad, sus planes para el futuro. Pueden hacerse preguntas que no están en la lista. Después compartan la información con la clase.

1. ¿Trabajarás en algún sitio?
2. ¿Tomarás clases en la universidad?
3. ¿Irás de vacaciones a algún sitio?
4. ¿Saldrás por las noches?
5. ¿Harás algo extraordinario?
6. ¿Intentarás llevar una vida sana?

Comunicación

(4) **Catástrofe** Hay muchas historias que cuentan el fin del mundo. Aquí tienes una de ellas.

A. Primero, lean la historia y subrayen las expresiones de futuro. Después reescriban el párrafo cambiando esas expresiones por los verbos en futuro.

Los videntes aseguran que van a llegar catástrofes. El clima va a cambiar. Va a haber huracanes y terremotos. Vamos a vivir tormentas permanentes. Una gran niebla va a caer sobre el mundo. El suelo del bosque va a temblar. El mundo que conocemos también va a acabarse. En ese instante, la tierra va a volver a sus orígenes.

1. *llegarán*
2. *cambiará*
3. *habrá*
4. *viviremos*
5. *caerá*
6. *temblará*
7. *se acabará*
8. *volverá*

B. Ahora, en parejas, escriban su propia historia del futuro del planeta. Pueden inspirarse en el párrafo anterior o pueden escribir una versión más optimista.

(5) **¿Qué será de...?** Todo cambia con el paso del tiempo. Aquí tienes una lista de cosas que puede que cambien en el futuro. En parejas, expliquen qué será de esas cosas dentro de muchos años.

- ballenas *(whales)*
- Venecia
- libros tradicionales
- televisión
- discos compactos
- hamburguesas

(6) **¿Dónde estará en veinte años?** La fama es, en muchas ocasiones, pasajera *(fleeting)*. En grupos de tres, hagan una lista de cinco personas famosas, y digan qué será de ellas cuando pasen veinte años.

(7) **Situaciones** En parejas, elijan uno de los temas que se ofrecen e inventen un diálogo usando el tiempo futuro.

- Dos ladrones acaban de robar un banco. Tienen el dinero en una maleta y están planeando lo que harán para huir de la policía.
- Dos locos se acaban de escapar del manicomio. Están soñando despiertos, hablando de lo que harán en los próximos años.
- Una pareja de jóvenes enamorados se ha escapado pues sus familias no aprueban su relación. Están planeando el resto de sus vidas.

NATIONAL communication STANDARDS

(4) Introduce the activity by asking students to brainstorm about different predictions that have been made about the end of the world.

(5) Pair students up to add five more predictions.

(6) Model the activity by doing it first as a class.

(7) Go over each of the scenarios as a class before assigning the activity.

national standards: comparisons

Instructional Resources
- WB
- LM
- CD-ROM
- WB/LM/VM Answer Key

Suggestion: Point out that the auxiliary *would*, like *will*, has no meaning by itself.

¡ATENCIÓN!

Note that all of the conditional tense endings carry a written accent mark.

Suggestion: Point out that all words that rhyme with **María** have a written accent.

6.2 The conditional

¿Te acuerdas? In Spanish, as in English, the conditional is used to express what you *would* do or what actions or conditions *would* happen under certain circumstances.

¿Podrías hacer el favor de tomar mis mensajes?

▶ The conditional of most verbs is formed by adding the endings **–ía**, **–ías**, **–ía**, **–íamos**, **–íais**, **–ían** to the infinitive. These endings are the same for **–ar**, **–er**, and **–ir** verbs.

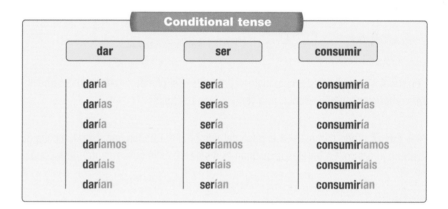

Conditional tense

dar	ser	consumir
daría	sería	consumiría
darías	serías	consumirías
daría	sería	consumiría
daríamos	seríamos	consumiríamos
daríais	seríais	consumiríais
darían	serían	consumirían

▶ Verbs with irregular future stems have the same irregular stem in the conditional.

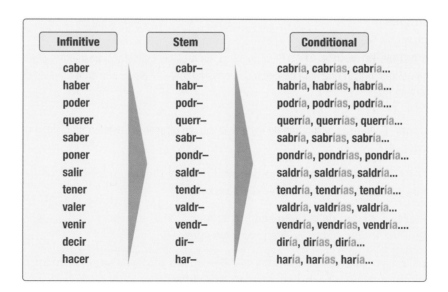

Infinitive	Stem	Conditional
caber	cabr–	cabría, cabrías, cabría...
haber	habr–	habría, habrías, habría...
poder	podr–	podría, podrías, podría...
querer	querr–	querría, querrías, querría...
saber	sabr–	sabría, sabrías, sabría...
poner	pondr–	pondría, pondrías, pondría...
salir	saldr–	saldría, saldrías, saldría...
tener	tendr–	tendría, tendrías, tendría...
valer	valdr–	valdría, valdrías, valdría...
venir	vendr–	vendría, vendrías, vendría....
decir	dir–	diría, dirías, diría...
hacer	har–	haría, harías, haría...

Uses of the conditional

▶ The conditional is generally used to express what one *would* do or what *would* happen in a certain situation or under certain circumstances.

—En Europa, ¿qué país **visitarías** primero?
—In Europe, which country would you visit first?

—**Iría** primero a Grecia y después a Italia.
—First I would go to Greece and then Italy.

▶ The conditional is used to make polite requests.

¿**Podrías** pasarme ese mapa, por favor?
Could you pass me that map, please?

¿**Sería** usted tan amable de cuidar mis plantas?
Would you be so kind as to take care of my plants?

▶ In compound sentences, the future tense is used in a subordinate clause to indicate what *will* happen *after* the action or condition of the verb in the main clause *takes place*. The conditional tense is used in the subordinate clause to express what *would* happen *after* the action or condition of the verb in the main clause *took place*.

Future in subordinate clause	Conditional in subordinate clause
Creo que mañana **hará** mucho viento. *I think it will be very windy tomorrow.*	**Creía** que hoy **haría** mucho viento. *I thought it would be very windy today.*

▶ In Spanish, the conditional can be used to express conjecture or probability about a past condition, event, or action. English expresses this in various ways, including *wondered if*, *must have been*, and *was probably*.

Eduardo **estaría** cansado de caminar por la montaña.
Eduardo was probably tired after hiking the mountain.

¿Qué hora **sería** cuando regresó de allí? **Serían** las ocho.
I wonder what time it was when he returned from there. It was probably eight.

¿No sería ahora el momento justo para ir de vacaciones a la República Dominicana?

¡ATENCIÓN!

The English *would* is often used to express the conditional, but it can also mean *used to*, in the sense of habitual past action. To express habitual past actions, Spanish uses the imperfect, not the conditional. See page 100.

Cuando era pequeña, iba de campamento durante los veranos. *When I was young, I would go camping in the summer.*

¡ATENCIÓN!

Another use of the conditional is in contrary-to-fact sentences.

See page 229.

Suggestion: Quickly review the use of the conditional in hypothetical sentences by providing a few examples and having volunteers explain why they are considered contrary-to-fact.

Práctica

① Have students change the dialogue into a narrative.

1 Planes Conjuga en condicional el verbo entre paréntesis.

ALBERTO Si yo pudiera formar parte de esta ONG *(Non-government organization)*, yo *estaría* (estar) dispuesto *(ready)* a ayudar en todo lo posible.

ELENA Sí, lo sé, pero tú no *podrías* (poder) hacer mucho. No tienes la preparación necesaria. Tú *necesitarías* (necesitar) estudios de biología.

ALBERTO Bueno, yo *ayudaría* (ayudar) con las cosas menos difíciles. Por ejemplo, *haría* (hacer) el café para las reuniones.

ELENA Estoy segura de que todos *agradecerían* (agradecer) tu colaboración. Les preguntaré para ver si necesitan ayuda.

② Point out that rather than being an imperative, the use of the conditional is comparable to politely asking someone to do something in English.

2 Completar Hay distintas maneras de dar órdenes: de manera directa y de manera indirecta, como un pedido. El condicional suaviza las órdenes. Completa el cuadro.

Orden directa	Orden indirecta
Dale de comer al perro.	¿Le darías de comer al perro, por favor?
Educa a tu mascota.	*¿Educarías a tu mascota, por favor?*
Haz el favor de callarte.	*¿Harías el favor de callarte?*
Planta las semillas.	*¿Plantarías las semillas, por favor?*
Deja de molestar al gato.	*¿Dejarías de molestar al gato, por favor?*
Llévame a la estación.	*¿Me llevarías a la estación, por favor?*
Ven a primera hora.	*¿Vendrías a primera hora, por favor?*

③ Ask students what they thought learning Spanish would be like before they began their language studies.

3 Futuro en el pasado El condicional permite expresar el futuro de un hecho pasado. Escribe oraciones usando los dos verbos.

MODELO decirme / llegar
Juan me dijo que llegaría tarde.

1. pensar / comer
2. suponer / curarse
3. calcular / valer
4. decir / poner
5. imaginar / tener
6. planear / hacer ejercicio
7. escribir / venir
8. contar / querer

Comunicación

4 **¿Qué harías?** Escribe qué harías en las siguientes situaciones. En las respuestas, usa el condicional. Luego comparte tus textos con tus compañeros/as.

5 **Informe** El siguiente informe sobre la contaminación tiene que presentarse a un(a) representante del gobierno, pero antes hay que corregirlo. Las propuestas deben ser sutiles *(subtle)*.

A. Cambia las frases subrayadas por verbos en condicional.

> *La contaminación del aire*
>
> *Reducir la contaminación del aire es posible. Podemos cuidar que los motores de los vehículos no funcionen mal. En las grandes ciudades deben controlarse a menudo los automóviles y autobuses.*
>
> *Todos los autobuses deben funcionar con gas. Los automóviles deben tener equipos para evitar la contaminación.*
>
> *Para combatir la contaminación, las industrias deben reciclar sus residuos. El gobierno tiene que dar dinero a las empresas que protegen el medio ambiente. Si todos tenemos en cuenta la naturaleza, desaparecerá el problema de la contaminación.*

B. Después, en parejas, usen el condicional en un diálogo en el que uno/a de ustedes es el/la experto/a que ha escrito el informe y el/la otro/a es un(a) representante del gobierno.

6 **¿Qué pasaría?** En parejas, respondan a las siguientes preguntas. Contesten usando los verbos en condicional.

1. ¿Qué pasaría si los seres humanos tuviéramos raíces *(had roots)*?
2. ¿Qué pasaría si la tierra fuera plana?
3. ¿Qué pasaría si las mariposas midieran 100 metros?
4. ¿Qué pasaría si desaparecieran los árboles?
5. ¿Qué pasaría si los seres humanos viviéramos en cuevas?

④ Initiate a discussion about the pictures before assigning the activity.

⑤ Ask students to write a letter to the editor about an environmental problem that concerns them along with any possible solutions they may have.

⑥ Ask pairs to choose one of their answers and expand upon it three more times consecutively. Ex: **Si viviéramos en cuevas, no necesitaríamos cerraduras. Si no tuviéramos cerraduras, ...**

comparisons NATIONAL STANDARDS

6.3 The past subjunctive

El jefe nos pidió que cuidáramos del pececito.

Temía que el pececito se sintiera solo.

¡ATENCIÓN!

The past subjunctive is also referred to as the imperfect subjunctive.

¡ATENCIÓN!

See pages 96–97 for the preterite forms of regular, irregular, and stem-changing verbs.

¡ATENCIÓN!

The **nosotros/as** form of the past subjunctive always has a written accent.

Instructional Resources
- WB
- LM
- CD-ROM
- WB/LM/VM Answer Key

Forms of the past subjunctive

▶ The past subjunctive of all verbs is formed by dropping the **–ron** ending from the **ustedes/ellos/ellas** form of the preterite and adding the past subjunctive endings: **–ra, –ras, –ra, –ramos, –rais, –ran.**

▶ Because the past subjunctive is formed exactly the same way for all verbs, verbs that have irregularities in the preterite have those same irregularities in the past subjunctive.

The past subjunctive

Infinitive	Preterite Form	Past Subjunctive
caminar	caminaron	caminara, caminaras, caminara, camináramos, caminarais, caminaran
perder	perdieron	perdiera, perdieras, perdiera, perdiéramos, perdierais, perdieran
vivir	vivieron	viviera, vivieras, viviera, viviéramos, vivierais, vivieran
dar	dieron	diera, dieras, diera, diéramos, dierais, dieran
saber	supieron	supiera, supieras, supiera, supiéramos, supierais, supieran
venir	vinieron	viniera, vinieras, viniera, viniéramos, vinierais, vinieran

Le pedí a María que **viniera** a ayudarnos.
I asked María to come help us.

Estela dudaba de que ellos **se preocuparan** por la naturaleza.
Estela doubted that they were worried about nature.

▶ In Spain and some other parts of the Spanish-speaking world, the past subjunctive is used with another set of endings **(–se, –ses, –se, –semos, –seis, –sen)**. You will also see these forms in literary selections.

Mariano no imaginaba que yo **quisiese** ir a la selva algún día.
Mariano didn't imagine that I would want to go to the jungle someday.

Era importante que nos **ayudasen** a recoger la basura.
It was important that they helped us pick up the garbage.

Uses of the past subjunctive

▶ The past subjunctive is required in the same situations as the present subjunctive, except that the point of reference is always in the past. When the verb in the main clause is in the past, the verb in the subordinate clause is in the past subjunctive.

El jefe dijo que le diéramos de comer una vez al día.

Tenemos que hacerlo sentir como si estuviera en su casa.

Present time	Past time
Mariela sugiere que **hagamos** una excursión. *Mariela suggests we go on an excursion.*	Mariela sugirió que **hiciéramos** una excursión. *Mariela suggested that we go on an excursion.*
Dudan que Eduardo **venga**. *They doubt that Eduardo will come.*	Dudaban que Eduardo **viniera**. *They doubted that Eduardo would come.*
Temo que **llueva**. *I'm afraid it's going to rain.*	Temía que **lloviera**. *I was afraid that it would rain.*

▶ The past subjunctive is commonly used with **querer** to make polite requests or to soften statements.

Quisiera papel reciclado, por favor.
I would like recycled paper, please.

¿**Quisieras** algo más?
Would you like anything else?

▶ The expression **como si** *(as if)* is always followed by the past subjunctive.

Me saludó **como si** no me **conociera**.
She greeted me as if she didn't know me.

Ella tira la basura en la calle **como si** no **importara**.
She throws the garbage in the street as if it didn't matter.

Emilio siempre se viste **como si fuera** verano: camiseta y pantalones cortos.
Emilio always dresses as if it were summer: tee-shirt and shorts.

Habla de la contaminación **como si** le **importara**.
He talks about pollution as if he cared.

El señor y la señora Sánchez me tratan **como si fuera** su hija.
Mr. and Mrs. Sánchez treat me as if I were their daughter.

Cristina y Samuel conocen las montañas **como si vivieran** allí.
Cristina and Samuel know the mountains as if they lived there.

Práctica

① Model the activity by narrating a personal experience based on someone else's advice.

1 En la montaña Javier ha decidido ir de campamento con unos amigos. Su hermano le dio unos consejos para saber qué hacer en caso de emergencia. Ahora Javier se lo está contando a sus amigos. Completa las siguientes oraciones usando el imperfecto del subjuntivo.

Miren, mi hermano me dijo que era importante que nosotros *fuéramos* (ir) con ropa cómoda y abrigada y que *lleváramos* (llevar) un impermeable. También me dijo que no nos *separáramos* (separarse) mucho el uno del otro y que *estuviéramos* (estar) siempre en parejas.

② Write the names of some famous couples on the board. Have small groups write what one spouse recommended or requested the other do.

2 ¿Qué le pidieron? Este fin de semana la familia de Juan no ha hecho más que pedirle cosas. En parejas, completen el cuadro y usen la información para crear y dramatizar un diálogo donde Juan les cuenta a ustedes todo lo que le pidieron que hiciera.

Persona(s)	Verbo	Actividad
Mi novia	me pidió que	casarse
Mi hermana	me pidieron que	arreglarle el coche
Mi madre		prestarle dinero
Mi padre		ir a visitarlos
Mi hermano		cortar el césped
Mis abuelos		acompañarlo/a a un funeral

MODELO

—¿Qué te pidió tu novia?
—Mi novia me pidió que me casara con ella.

Possible Answers:
Mis abuelos me pidieron que los fuera a visitar.
Mi hermana me pidió que le prestara dinero.
Mi madre me pidió que la acompañara a un funeral.
Mi padre me pidió que cortara el césped.
Mi hermano me pidió que le arreglara el coche.

③ Ask students to think of a TV commercial they have seen recently. On the board list the recommendations to the viewers.

3 Recomendaciones Ésta es una lista de los hábitos de Elena y Miguel. Imagina que les recomendaste que cambiaran de costumbres. Utiliza el imperfecto del subjuntivo.

MODELO Utilizan detergentes nocivos *(harmful)* para el medio ambiente.
Les recomendé que no utilizaran detergentes nocivos para el medio ambiente.

1. Dejan la basura en los bosques.
2. Llevan abrigos de piel *(fur coats)*.
3. Tienen un coche que consume mucha gasolina.
4. No reciclan.
5. Utilizan aerosoles *(sprays)*.

Comunicación

4 **Yo creía...** En parejas, háganse estas preguntas sobre lo que pensaban cuando eran niños/as.

NATIONAL communication STANDARDS

④ Assign students to small groups and ask them to talk about one of the strangest notions they had as a child. Have them present one of them to the class. They have two minutes to ask questions and decide whose story it is. The group that guesses correctly scores a point. If a group can fool the class, they get two points.

La imaginación

1. ¿Creías que existía Santa Claus cuando tenías 10 años?
2. ¿Creías que existían los fantasmas?
3. ¿Pensabas que los superhéroes te podían ayudar?

Las relaciones

4. ¿Creías que tu primer amor iba a durar para siempre?
5. ¿Pensabas que los adultos siempre hacían lo que querían?
6. ¿Querías que tus padres te compraran todo lo que tú pedías?

El colegio

7. ¿Pensabas que era importante ir al colegio?
8. ¿Creías que tus profesores de colegio siempre tenían razón?
9. ¿Pensabas que las vacaciones eran demasiado cortas?

5 **¿Qué sucedió?** En grupos, preparen un diálogo inspirado en la siguiente situación, utilizando el imperfecto del subjuntivo. Después memorícenlo y represéntenlo en clase.

⑤ Ask questions about each dialogue to check for comprehension and for more practice with the past subjunctive.

1. Paola está enfadada con su novio porque este fin de semana él se quedó en casa y no quiso acompañarla a la montaña. A ella le gusta mucho esquiar y lo hace siempre que puede, pero él se aburre porque no le gustan los deportes. A él no le gusta la naturaleza y tiene muchas alergias *(allergies)*. Cuando Paola vuelve, los dos discuten sobre sus preferencias y sobre cómo podrían disfrutar de un buen fin de semana juntos.

Instructional Resources
- WB
- LM
- CD-ROM
- WB/LM/VM Answer Key

Suggestion: Ask students to suggest some hypothetical statements in English using *if*.

6.4 *Si* clauses with simple tenses

¿Te acuerdas? **Si** clauses express a condition or event upon which another condition or event depends. Sentences with **si** clauses are often hypothetical statements. They contain a subordinate clause (**si** clause) and a main clause (result clause).

Si veo una planta en peligro de extinción, voy a sacarle una foto.

Si la rocías con esto, la matas bien muerta.

Hypothetical statements about the future

▶ In hypothetical statements about possible or probable *future* events or conditions, the verb in the **si** clause is in the present indicative. The verb in the result clause may be in the present indicative or the future indicative, or may use **ir a** + [*infinitive*], or a command.

SI clause — present indicative		Result clause
Si ustedes están cansados... *If you are tired...*	PRESENT TENSE	**pueden** descansar un poco aquí. *you can rest a little here.*
Si Andrés sigue el sendero... *If Andrés follows the path...*	FUTURE TENSE	**llegará** al campamento en una hora. *he will arrive at the camp in an hour.*
Si no lleva usted un suéter... *If you don't carry a sweater...*	IR A + *INFINITIVE*	**va a tener** frío. *you are going to be cold.*
Si el cartón de leche está vacío... *If the milk carton is empty...*	COMMAND	**ponlo** en la cesta de reciclaje. *put it in the recycling basket.*

Si quiere disfrutar de la naturaleza,
venga al corazón de la ciudad.
Hotel Casablanca

Hypothetical statements about the present

▶ In hypothetical statements about improbable or contrary-to-fact *present* situations or conditions, the verb in the **si** clause is in the past subjunctive, and the result clause is in the conditional.

¡ATENCIÓN!

A contrary-to-fact situation is one that is possible, but will probably not happen and/or has not occurred.

***Si* clause — past subjunctive**	**Result clause — conditional tense**
Si tuviera un abrelatas,... *If I had a can opener,...*	**abriría** esta lata de frijoles ahora. *I'd open this can of beans now.*
Si no **hubiera** leyes para proteger los ríos,... *If there weren't laws to protect the rivers,...*	**estarían** muy contaminados. *they would be very contaminated.*
Si Humberto **sacara** una foto de un oso,... *If Humberto took a photo of a bear,...*	**se iría** contento de esta excursión. *he would come away from this hike happy.*

Habitual conditions and actions in the past

▶ When the **si** clause expresses a habitual *past* action or condition that is *not* contrary-to-fact, the imperfect tense is used in both the **si** clause and the result clause.

***Si* clause — imperfect**	**Result clause — imperfect**
Si Pepa tenía la oportunidad,... *If Pepa had the opportunity...*	siempre **pasaba** las vacaciones cerca del mar. *she always spent her vacations near the sea.*
De niño, **si** íbamos en coche al campo,... *When I was a child, if we drove to the country...*	siempre **teníamos** comida para el camino. *we always had food for the road.*

▶ The **si** clause may be the first or second clause in a sentence.

Si tienes tiempo, visita el monumento.
If you have time, visit the monument.

¿Me acompañarías al lago **si** te lo pidiera?
Would you accompany me to the lake if I asked you to?

Si yo fuera él, preferiría estar nadando en una playa del Caribe.

Si estuviera en la playa, disfrutaría acostado bajo una palmera.

Práctica

① Make sure students understand that the clauses can be inverted. Do a few similar sentences as a class before assigning the activity.

1 Quizás

A. Completa las siguientes oraciones con el tiempo verbal que corresponde.

1. Si mi tía viene a visitarme...
2. Si tuviera el coche este sábado...
3. Si llama Ana, dile que...
4. Si consiguiera ese trabajo...
5. Si fuera más atrevida/o *(brave)*...
6. Si voy a Madrid...

B. Ahora haz lo mismo pero de forma inversa. No repitas los verbos.

1. Si ellos ______________________, yo los llevaré a Nueva York.
2. Si mi padre ______________________, mi madre se pondría muy contenta.
3. Si yo ______________________, me compraría una casa en Hawai.
4. Si mi jefe ______________________, iré a recogerte al aeropuerto.
5. Si tu ______________________, me casaría contigo.
6. Si mi mujer ______________________, me divorciaría inmediatamente.

② Have students choose which idea seems most appropriate and have them form four groups according to their choices. Have them generate a list of reasons for the choice and present them to the class.

2 Si nos tocara la lotería Amaya y Esther son estudiantes y han comprado un billete de lotería. Están pensando qué harían si se ganaran la lotería. Llena los espacios en blanco con el tiempo verbal adecuado.

—Pues, si nosotras nos *ganáramos* (ganar) la lotería el domingo, yo me *iría* (ir) de vacaciones al Caribe. Luego, yo *visitaría* (visitar) a mi familia y amigos en Uruguay.

—Pues, si de verdad nos *tocara* (tocar) la lotería, yo *llamaría* (llamar) rápidamente a mis padres. Les diría que no *se preocuparan* (preocuparse) más por ganar dinero. Los *invitaría* (invitar) a París a un hotel de cinco estrellas.

— ¿Tú dejarías de estudiar medicina si de repente *fueras* (ser) rica?

— No, me gusta mucho mi profesión. Pero la verdad es que me lo *tomaría* (tomar) con más tranquilidad y me *relajaría* (relajarse) muchísimo.

③ Ask students what they would do if they won the lottery.

3 ¿Qué harías? En parejas, imaginen que tienen la oportunidad de vivir en una época y en un país diferente. ¿Dónde vivirían? ¿Quiénes serían? Sigan el modelo.

MODELO El siglo I d.c.
Si pudiera vivir en el siglo I, viviría en Roma y sería un gladiador.

Sugerencias
La Prehistoria
La Colonia
La Guerra de la Independencia
Los años veinte
Los años sesenta

Comunicación

(4) **¡Cuidado, peligro!** Miren los dibujos y, después, en parejas, pregunten a su compañero/a lo que haría si le ocurriera algo imprevisto y peligroso en ese lugar. Sigan el modelo.

(4) Ask students to describe what is happening in the pictures before assigning the activity.

MODELO Dibujo 1: Las tres de la mañana y llaman a tu puerta.
—¿Qué pasaría si alguien llamara a tu puerta a las tres de la mañana?
—Pues seguramente, si alguien llamara a mi puerta a esa hora yo tendría mucho miedo.

1

Las tres de la mañana y llaman a tu puerta.

2

Una playa donde hay tiburones.

3

Tu carro se para en el medio del desierto.

4

Las cuatro de la mañana y estás encerrado en un ascensor.

(5) **¿Qué pasaría si...?** En parejas, pregúntense qué harían en las siguientes situaciones.

(5) Have students write advice for one another using the subjunctive. Ex: **Es aconsejable que llames a la policía.**

1. Si ves a alguien intentando robar el carro de un(a) amigo/a tuyo/a.
2. Si tuvieras ocho hijos.
3. Si suspendieran las clases durante todo el día.
4. Si sorprendieras a tu novio/a con otro/a.
5. Si tu novio/a te sorprendiera con otro/a.
6. Si te quedaras atrapado en una tormenta de nieve.
7. Si te despertaras tarde la mañana del examen final.
8. Si encontraras una maleta con mucho dinero.

(6) **Si fueras...** En parejas, háganse preguntas para conocer un poco más a su compañero/a.

MODELO

—Si fueras un dulce, ¿qué tipo de dulce serías?
—Si fuera un dulce, sería un pastel de chocolate.

Un carro	Un libro
Un estilo musical	Una ciudad
Una flor	Un electrodoméstico
Una película (de misterio, de risa, de terror,...)	Un paisaje

A conversar

Los Verdes y los Naranjas

Suggestion: Before assigning the activity, have the groups generate a list of things they do on a daily or weekly basis to help preserve the environment.

El *Verde* es un grupo político ecologista. El *Naranja* es un grupo político no ecologista. Se acercan las elecciones y los dos grupos discuten sus ideas por televisión.

A Lean la siguiente información.

Si una familia de cuatro personas usa ocho servilletas de papel por comida, ¿cuántas servilletas usaría en un año? El papel de las servilletas se fabrica con madera de árboles. Para eso, se cortan árboles. ¿Cuánto tiempo llevaría lavar y planchar servilletas de tela?

El uso de aerosoles destruye la capa de ozono. Esta capa es muy importante porque no deja pasar los rayos ultravioleta del sol. Estos rayos son peligrosos para los seres vivos. Además, si la capa de ozono desapareciera, aumentaría la temperatura del planeta.

La mayoría de los plásticos no se pueden reciclar. Pero podemos lavar los envases de plástico y usarlos nuevamente. Esto lleva tiempo. Los envases de vidrio se pueden reciclar. Pero el vidrio es peligroso para los niños.

Los paquetes de comida suelen ser de plástico o de papel. Éstos generan mucha basura. Pero la comida en este tipo de paquetes es más segura para la salud.

B Ustedes son el grupo *Verde*. En grupos pequeños, discutan: ¿Qué harán para proteger el medio ambiente? Escriban una lista de promesas de lo que harán (por lo menos seis). Recuerden que deben usar el futuro.

C Intercambien la lista con otro grupo. Ahora son el grupo *Naranja*. Discutan: ¿Qué problemas podrían aparecer si se realizaran las promesas del grupo *Verde*?

D Toda la clase se divide en dos grupos: uno será el grupo *Verde* y el otro el grupo *Naranja*. Llegó el momento del debate en televisión. El/la profesor(a) será el/la moderador(a). Una persona del grupo *Verde* defenderá un cambio que propone su grupo. Una persona del grupo *Naranja* presentará el problema que ese cambio va a provocar: "Si se realizara esa promesa, ¿qué problema habría?".

A escribir

El futuro ideal

Sigue el **Plan de redacción** para escribir un párrafo de unas diez líneas en el que describes cuál sería el mundo ideal para ti.

El futuro ideal	
en economía	
en asuntos sociales	
en el transporte	
en educación	
en medicina	
otros	

Plan de redacción

Organizar Haz una lista con las cosas que te gustaría que pasaran en el mundo en un futuro ideal. Ordena la lista por orden temático.

Escribir Redacta el párrafo siguiendo la lista que has preparado. Usa el condicional o el futuro y una oración con si. Puedes usar expresiones como:

- Me gustaría que el mundo fuera...
- El futuro será...
- Si yo pudiera decidir...
- En un mundo ideal, la medicina sería…

Concluir Termina el párrafo con una oración que resuma la idea más importante.

NATIONAL communication STANDARDS

Suggestion: Ask students whether the world as it exists today is already moving towards an ideal future. In groups, have them discuss which factors would indicate that the world today is moving closer to an ideal future and which factors would indicate that it is moving farther away from an ideal future.

Autorretrato con mono, 1938.
Frida Kahlo. México.

Quien rompe una tela de araña,
a ella y a sí mismo se daña.
— Anónimo

Antes de leer

El eclipse

Augusto Monterroso

Conexión personal

¿Hasta qué punto te guías por los astros *(heavenly bodies)*? ¿Crees que la posición de los astros afecta nuestra vida personal? Comenta el tema con un(a) compañero/a.

Contexto cultural

The Mayans, like other pre-Columbian indigenous peoples, were excellent astronomers. Their studies of the sky and astral phenomena led them to develop a calendar that was both sophisticated and extraordinarily accurate. In turn, their calendar allowed them to predict solar eclipses and the revolutions of Venus with astounding accuracy. The margin of error of their predictions was one day in six thousand years.

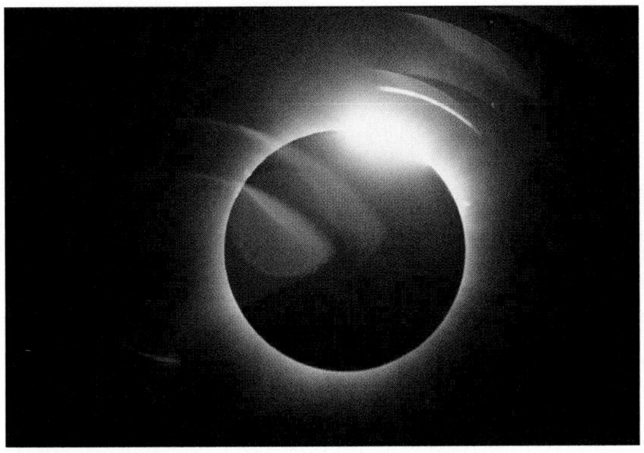

Análisis literario: el ambiente

The setting **(el ambiente)** of a literary work is the place and time where the action occurs. Aspects of setting are geographic location, historical period, the season of the year, the time of day, and the beliefs, customs, and standards of a society. Setting often plays an important role in the decisions and actions of characters. As you read "El eclipse," try to identify each of the aspects of the setting mentioned above.

Estrategia de lectura: los conocimientos previos

Active readers draw from their own knowledge and experience **(los conocimientos previos)** to help them understand a story and make connections. When you are reading a story with a historical setting, for example, you might use what you already know about that period history to make inferences and draw conclusions. What information that you already have will help you understand the decisions and actions of the characters in "El eclipse"?

Vocabulario

aislado/a *isolated* **digno/a** *worthy; dignified*

Lecturas opener (previous page): NATIONAL cultures STANDARDS

See the **ENFOQUES** Instructor's Resource Manual for teaching suggestions.

Conexión personal: Ask each pair to prepare two statements, one positive and the other negative, about the influence of heavenly bodies on our lives. Have pairs share their statements with another pair for discussion.

Análisis literario: Ask students to discuss the settings of previous readings they have studied in **ENFOQUES.** Have them comment on how setting affects the decisions and actions of the characters and vice versa.

Estrategia de lectura: Ask students if they have ever read a book without having any knowledge of the historical period. In groups, have them comment on this experience.

Augusto Monterroso

Hoja de vida

1921 Nace en Tegucigalpa, Honduras
1959 *Obras completas (y otros cuentos)* (cuentos)
1969 *La oveja negra y demás fábulas* (cuentos)
1972 *Movimiento perpetuo* (cuentos)
1983 *La palabra mágica* (ensayo)
1988 Condecoración Águila Azteca, México
1993 Premio IILA, Instituto Ítalo-Latinoamericano, Italia
1996 Premio Juan Rulfo, México
2000 Premio Príncipe de Asturias de las Letras, España

Sobre el autor

Augusto Monterroso se destaca por el lenguaje humorístico, irónico y hasta sarcástico de sus obras. Monterroso ha publicado varios libros de cuentos, fábulas y prosas. Le gusta escribir sobre la vida de hombres y mujeres dedicados a la literatura, siempre en tono de parodia y con su particular humor negro. A pesar de haber nacido en Honduras, Monterroso se considera de Guatemala, el país donde nació su padre. Por razones políticas, Monterroso dejó su país en 1944 y se trasladó a México, donde vive actualmente.

El eclipse

Cuando fray° Bartolomé Arrazola se sintió perdido, aceptó que ya nada podría salvarlo. La selva poderosa de Guatemala lo había apresado°, implacable y definitiva. Ante su ignorancia topográfica se sentó con tranquilidad a esperar la muerte. Quiso morir allí, sin ninguna esperanza, aislado, con el pensamiento fijo en la España distante, particularmente en el convento de Los Abrojos, donde Carlos Quinto° condescendiera una vez a bajar de su eminencia para decirle que confiaba en el celo° religioso de su labor redentora°.

fray: *Brother (title given to a monk)*
apresado: *captured*
Carlos Quinto: *Charles of Hapsburg (1500–1558), King of Spain and Holy Roman Emperor / zeal*
redentora: *redemptive*

Al despertar se encontró rodeado por un grupo de indígenas de rostro° impasible que se disponían° a sacrificarlo ante un altar, un altar que a Bartolomé le pareció como el lecho° en que descansaría, al fin, de sus temores, de su destino, de sí mismo.

face / were preparing

bed

Tres años en el país le habían conferido un mediano dominio de las lenguas nativas. Intentó algo. Dijo algunas palabras que fueron comprendidas.

Entonces floreció° en él una idea que tuvo por digna de su talento y de su cultura universal y de su arduo conocimiento de Aristóteles. Recordó que para ese día se esperaba un eclipse total de sol. Y dispuso, en lo más íntimo, valerse de aquel conocimiento para engañar a sus opresores y salvar la vida.

blossomed

—Si me matáis —les dijo— puedo hacer que el sol se oscurezca en su altura.

Los indígenas lo miraron fijamente y Bartolomé sorprendió la incredulidad en sus ojos. Vio que se produjo un pequeño consejo°, y esperó confiado, no sin cierto desdén.

counsel

Dos horas después el corazón de fray Bartolomé Arrazola chorreaba° su sangre vehemente sobre la piedra de los sacrificios (brillante bajo la opaca luz de un sol eclipsado), mientras uno de los indígenas recitaba sin ninguna inflexión de voz, sin prisa, una por una, las infinitas fechas en que se producirían eclipses solares y lunares, que los astrónomos de la comunidad maya habían previsto y anotado en sus códices sin la valiosa ayuda de Aristóteles.

was gushing

Suggestion: Ask students to think about the setting of the story as they read. Ask them to consider the following categories: geographic location, historical period, time of day, and time of year. For each category, have groups discuss what they came in knowing before reading the story, and what they learned from it. Summarize their answers on the board in a table.

Después de leer

El eclipse

Augusto Monterroso

① Ask students to write a one-paragraph summary of the story, based on their answers.

1 Comprensión Responde a las siguientes preguntas.

1. ¿Dónde se encontraba Fray Bartolomé?
   Él se encontraba en la selva de Guatemala.
2. ¿En qué pensaba Fray Bartolomé cuando ya no tenía ninguna esperanza?
   Él pensaba en su patria y en el convento de Los Abrojos.
3. ¿Conocía el protagonista la lengua de los indígenas?
   Sí, conocía varias lenguas nativas.
4. ¿Qué querían hacer los indígenas con Fray Bartolomé?
   Ellos querían sacrificarlo.
5. ¿Qué les advirtió el cura a los indígenas?
   Él les advirtió que si lo mataban iba a hacer que el sol se oscureciera.
6. ¿Qué quería Fray Bartolomé que los indígenas creyeran?
   Él quería que los indígenas creyeran que tenía poderes sobrenaturales.
7. ¿Qué sucedió al final del cuento?
   Al final del cuento, los indígenas decidieron sacrificar a Fray Bartolomé.
8. ¿Qué recitaba un indígena mientras el corazón del fraile sangraba? *Un indígena recitaba las fechas en que se producirían eclipses solares y lunares.*

2 Interpretar Contesta las siguientes preguntas.

1. ¿Por qué crees que Fray Bartolomé pensaba en el convento de Los Abrojos antes de morir?
2. ¿Cuál había sido la misión de Fray Bartolomé en Guatemala?
3. ¿Quién le había encomendado esa misión?
4. A pesar de los conocimientos de Aristóteles, ¿por qué el protagonista no consiguió salvarse?

③ In groups, have students discuss Monterroso's humor and compare it with that used by other humorous authors they have read.

3 Ampliar En este cuento, Augusto Monterroso cuestiona la figura del fraile conquistador que subestima *(to undervalue)* la sabiduría de la cultura maya. En parejas, expliquen qué ideología representa Fray Bartolomé y comenten si conocen algún acontecimiento histórico en el que se haya subestimado la cultura indígena.

4 Escribir Desde el comienzo del mundo, todas las culturas y países han estado, alguna vez, sometidos al poder de otros pueblos o civilizaciones. ¿Crees que esto ha cambiado hoy en día? Escribe un párrafo de cinco o seis líneas explicando cómo conquistan los países desarrollados a otros países en el mundo contemporáneo.

Antes de leer

PERFIL

Mary Axtmann

Conexión personal

¿Hay suficientes áreas verdes en tu ciudad? ¿Qué opinas de ellas? ¿Cómo cuidan el gobierno y los ciudadanos esas áreas? ¿Cómo contribuyen las áreas verdes a la vida de la ciudad? ¿Cómo reaccionaría la gente si se necesitara destruir un área verde para construir un centro comercial? Hazle estas preguntas a un(a) compañero/a, y después compara sus ideas con las tuyas. Compartan la información con la clase.

Contexto cultural

Puerto Rico, with a population of almost four million and a land area of 3,515 square miles, is among the most densely populated islands on earth. In recent years, the island has seen an impressive amount of urban growth, a process that takes a toll on the surrounding natural environment. Puerto Rico does, nevertheless, contain forested areas such as El Yunque, a rain forest on the island's eastern end. In response to the threat of urban sprawl, some local citizens have organized to protect the island's forests and wooded areas by doing volunteer work in parks and forests to safeguard their future.

Contexto cultural: Ask students what they know about Puerto Rico. If they have visited the island, ask them what they noticed about its natural environment, climate, and urbanization.

Vocabulario

aumentar *to rise*
las carreteras *road*
construir *to build*
la culebra *snake*
el murciélago *bat*
pertenecer a *to belong to*
el pulmón *lung*
refrescar *cooler*
el sapito *little toad*

PERFIL

Mary Axtmann

¿Crees que un bosque puede ser un recurso ecológico educativo? Mary Axtmann, coordinadora de Ciudadanos Pro Bosque San Patricio de Puerto Rico, nos explica esta idea.

Entrevistador: ¿Qué fue lo que hizo que se interesara en los bosques?

Axtmann: Cerca de nuestra casa existe un bosque que empezó a crecer hace 30 años cuando la marina de Estados Unidos cerró una base que tenían ahí. Se había convertido en un lugar precioso, un oasis con árboles inmensos. En 1998 me enteré que tenían planes de vender el terreno para construir una urbanización° de lujo. Enseguida llamé a muchas personas y se corrió la voz°. Todos en la comunidad queríamos defender este terreno, pues habíamos visto mucha destrucción de bosques para construir casas, centros comerciales y carreteras. Y todos juntos logramos salvar este bosque.

urbanización° development
se corrió la voz° to spread the word

E: ¿Por qué dice que el bosque San Patricio es una esmeralda° en un mar de concreto?

esmeralda° emerald

A: Cuando uno observa las fotos aéreas de San Juan, entiende que el bosque San Patricio es un bosque urbano. San Juan se ve, como un mar de construcciones, casas, comercios, y carreteras. Y en medio de todo, está el bosque San Patricio con una concentración muy densa de vegetación. Tan verde como una esmeralda.

Suggestion: In pairs, have students draw an aerial vie[w] of their city, indicating the wooded areas as well as th[e] built up areas. Ask them to estimate the ratio of one type of area to the other. Have them explain to the class how this aerial view compares to San Juan's.

E: ¿Cuáles son las ventajas de contar con este bosque ?

A: El bosque San Patricio es un "pulmón" que produce oxígeno, absorbe contaminación, impide inundaciones, disminuye el ruido y sirve de refugio para la vida silvestre°. Además, en un país que tiene elevadas temperaturas durante todo el año como Puerto Rico, tantas construcciones de cemento aumentan mucho la temperatura y la presencia de un bosque refresca el ambiente.

silvestre° wild

Suggestion: Ask students to think of what environment-friendly choices are available to a community that needs to build more residential and commercial real estate. Does this construction necessarily have to result in the detriment of the area's natural environment? Have students work in small groups to propose alternatives to satisfy both the real estate companies as well as the ecologists.

E: ¿Por qué cree que el bosque es un recurso ecológico educativo para la comunidad?

A: El Bosque San Patricio, por su mera existencia, es un recurso ecológico. Pero es también un lugar donde se aprende acerca de los árboles, los distintos componentes del ecosistema, los animales, etc. Además el bosque pertenece a la comunidad. Tenemos un grupo de jóvenes guías que orientan al público como mi hija Anais. También tenemos a personas de la tercera edad° como doña Paquita Santiago y don Luis Ramírez, quien es jardinero voluntario, a pesar de° tener casi noventa años de edad.

E: ¿Cuáles son las actividades que organizan?

A: Hemos ofrecido conferencias sobre temas ambientales y de avistamiento° de aves. También ofrecemos conciertos de música y cada año se hace un censo de aves. Es importante contarlas porque las aves son indicadores de la salud general de un ecosistema.

E: ¿Cuáles otros animales hay en el bosque San Patricio?

A: Mientras contesto esta pregunta, me acompaña un coro de coquíes, los diminutos sapitos típicos de Puerto Rico que cantan de noche como pajaritos. También hay lagartijos°, iguanas, culebras y hasta la boa de Puerto Rico. La boa es una serpiente que puede medir más de 6 pies de largo, pero es inofensiva. Además, hay murciélagos, los únicos mamíferos nativos de aquí.

E: ¿Cree que hay una solución al problema de la deforestación de los bosques?

A: Curiosamente, se ha dicho que la mejor manera de salvar el campo, es salvando las ciudades. Y la mejor manera de salvar las ciudades, tal vez es mediante la conservación de las áreas verdes de las ciudades. Haber salvado este bosque ha sido un gran alivio°. Nosotros logramos salvar a este bosque no mediante la protesta, sino mediante la propuesta°. Trabajamos juntos para el bien de esta y las futuras generaciones.

old age
despite
sighting
lizard
relief
proposal

Después de leer

Mary Axtmann

① Ask students to write a one-paragraph summary of the story, based on their answers.

③ After groups have shared their strategies with the class, have students work in pairs to prepare an interview modeled after the one in the reading and perform it as a skit in front of the class.

1 **Comprensión** Responde a las siguientes preguntas.

1. ¿Por qué empezó Mary Axtmann a llamar a mucha gente en 1998?
   No quería la destrucción del bosque cerca de su casa y la construcción de una urbanización.
2. ¿Qué se observa en las fotos aéreas de San Juan?
   La ciudad se ve como un mar de construcciones, casas, comercios y carreteras, con el bosque San Patricio en medio.
3. ¿Qué efectos tienen los árboles en general, y particularmente en un clima como el de Puerto Rico?
   Los árboles producen oxígeno, absorben contaminación, impiden inundaciones, disminuyen el ruido, sirven de refugio y refrescan el ambiente.
4. ¿Por qué es importante contar las aves?
   Es importante contar las aves porque indican la salud general del ecosistema.
5. ¿Qué especies de animales se encuentran en Puerto Rico?
   Se encuentran coquíes, lagartijos, iguanas, culebras y murciélagos.
6. ¿Cómo se logró salvar al bosque San Patricio?
   El bosque San Patricio se logró salvar mediante la propuesta.

2 **Comunicación** En parejas, respondan a las siguientes preguntas. Después compartan sus respuestas con la clase.

1. ¿Dónde están las áreas verdes en su comunidad? ¿Necesitan protección contra la urbanización? ¿Por qué?
2. ¿En qué maneras aprovechan ustedes las oportunidades que ofrecen las áreas verdes? ¿Con qué frecuencia lo hacen?
3. ¿Hacen ustedes lo suficiente para proteger las áreas verdes de su comunidad? ¿Qué hacen ahora? ¿Qué más podrían hacer? ¿Estarían dispuestos/as (*willing*) a trabajar como voluntarios/as para asegurar el futuro de las áreas verdes?
4. ¿Qué especies de animales nativos hay en las áreas verdes de su comunidad? ¿Cuál es el estado de salud de esos ecosistemas?

3 **Ampliar** En grupos pequeños, elijan un lugar en su comunidad (o en su estado o en el país) donde haya demasiada urbanización y donde haga falta proteger la naturaleza urgentemente. Luego preparen un plan de estrategias incluyendo cinco pasos obligatorios que hace falta tomar para lograr esta protección. Compartan estas estrategias con la clase.

Atando cabos

El medio ambiente y las necesidades del ser humano

El turismo y otros fenómenos económicos contribuyen, a veces, a que las reservas naturales de la tierra se deterioren. Esto ha provocado que algunos gobiernos comiencen a controlar y restringir el acceso a ciertas zonas de gran importancia para la conservación de la flora y la fauna del planeta.

Trabajen e investiguen en grupos pequeños para preparar una presentación sobre alguna especie animal o vegetal que esté en peligro de extinción, o alguna reserva natural que se esté deteriorando rápidamente.

Elegir el tema Discutan entre todos de qué prefieren hablar y dividan el trabajo de investigación.

Preparar Investiguen a través de Internet o en la biblioteca.

Organizar Una vez que hayan recopilado la información necesaria, organicen bien la exposición. Preparen un esquema respondiendo a las siguientes preguntas:

1. ¿De qué trata el tema que han elegido?
2. ¿Cómo afecta este fenómeno a la región y al ecosistema?
3. ¿Qué han hecho las autoridades gubernamentales para solucionarlo?
4. ¿Qué podemos hacer nosotros al respecto?

Estrategia de comunicación

Cómo dar soluciones

Las siguientes frases pueden ayudarles a expresarse de forma más adecuada.

1. El deterioro del planeta es algo preocupante, por eso...
2. Este problema se solucionaría si...
3. Creemos que los gobiernos o autoridades responsables deberían...
4. Lamentablemente, es verdad que...
5. Todos somos un poco responsables de... y por eso...

Presentar Antes de su presentación, cada grupo entregará una copia de su esquema al profesor. Usen medios audiovisuales (música, fotografías, fotocopias, etc.) para mostrar el tema que eligieron.

Suggestion: Ask students whether they think the extinction of plant and animal species will stop or continue and why. Have them consider the issue from a historical perspective by asking them about plant and animal species that became extinct in previous centuries.

Ayuda para Internet

Pueden intentar acceder a la información utilizando las siguientes palabras clave: **especies en extinción / desertización / Las Islas Galápagos / ecotasas / ecoturismo / turismo rural**

6 VOCABULARIO

Los animales

el águila	*eagle*
el búfalo	*buffalo*
la cabra	*goat*
el cerdo	*pig*
el chancho	*pig*
el conejo	*rabbit*
el gallo	*rooster*
el león	*lion*
el loro	*parrot*
la mariposa	*butterfly*
el mono	*monkey*
la rata	*rat*
el tigre	*tiger*

Términos relativos a los animales y plantas

el ala	*wing*
la cola	*tail*
la hembra	*female*
el macho	*male*
el nido	*nest*
la pata	*foot/leg of an animal*
la semilla	*seed*
morder	*to bite*
refugiarse	*to take refuge*
venenoso/a	*poisonous*

Instructional Resource
- Tests

Accidentes geográficos

el acantilado	*cliff*
la bahía	*bay*
el bosque	*forest*
el cabo	*cape*
la colina	*hill*
la cordillera	*mountain range*
la costa	*the coast*
la cumbre	*summit, peak*
la hierba	*grass*
la montaña	*mountain*
el nivel del mar	*sea level*
la orilla	*shore*
el paisaje	*landscape, scenery*
el pico	*peak, summit*
el río	*river*
la tierra	*land*
a orillas de	*on the shore of*

El clima

la catástrofe natural	*natural disaster*
el diluvio	*heavy rain*
la erosión	*erosion*
el huracán	*hurricane*
la inundación	*flood*
el relámpago	*lightning*
la tormenta	*storm*
el trueno	*thunder*
helar	*to freeze*
inundar	*to flood*
mojarse	*to get wet*
soplar	*to blow*

Descripciones

al aire libre	*outdoors*
miedoso/a	*frightened, scared*
profundo/a	*deep*
puro/a	*pure, clean*
salvaje	*wild, savage*
seco/a	*dry*

El uso y el abuso de la naturaleza

la capa de ozono	*ozone layer*
el consumo de energía	*energy consumption*
la contaminación	*contamination*
la fuente de energía	*energy source*
el medio ambiente	*environment*
la planta comestible	*edible plant*
los recursos naturales	*natural resources*
el riesgo	*risk*
atrapar	*to catch, to trap*
contribuir	*to contribute*
cultivar	*to grow*
dar de comer	*to feed*
desaparecer	*to disappear*
explotar	*to exploit*
extinguir	*to extinguish*
generar	*to produce, generate*
malgastar	*to waste*
promover	*to promote*
planear	*to plan*
renovarse	*to be renewed, revitalized*
reciclable	*recyclable*

Expresiones útiles	*Véase la página 219.*
Vocabulario de "El eclipse"	*Véase la página 247.*
Vocabulario del perfil	*Véase la página 251.*

Estructura 6.1	*Véase la página 228.*
Estructura 6.4	*Véase las páginas 240 y 241.*

La economía y el trabajo

7

Communicative Goals

You will expand your ability to...

- reference general ideas
- express ownership or possession
- create longer, more informative sentences
- relate ideas more smoothly to other ideas

Contextos

páginas 258-261

- El dinero
- El comercio
- El trabajo
- Las profesiones

Fotonovela

páginas 262-265

- *Necesito un aumento:* El equipo de *Facetas* celebra el segundo aniversario de la revista. Es un momento lleno de recuerdos.

Enfoques

páginas 266-267

- ¿Quieres conseguir un trabajo en Latinoamérica?
- Latinoamérica: las mujeres en el mundo del trabajo

Estructura

páginas 268-281

- The neuter article **lo**
- Possessive adjectives and pronouns
- Relative pronouns
- Transitional words

Lecturas

páginas 282-299

- **Cuento:** *La prodigiosa tarde de Baltazar* de Gabriel García Márquez
- **Perfil:** Carolina Herrera, modista

Videoteca

páginas 300-301

- **Cortometraje:** *Correo celestial*

La economía y el trabajo

Exitosa

Soledad es una alta **ejecutiva** y sabe que, si no suben **las acciones** de su **exitosa** empresa, tendrá problemas. **Actualmente** la **industria** atraviesa otra **crisis económica,** pero a ella siempre se le ocurren ideas para **administrar** bien la **inversión extranjera.** El **dueño** y los **inversores** están satisfechos, pero los **sindicatos** están planeando una **huelga.**

Instructional Resources
- WB
- LM
- CD-ROM
- WB/LM/VM Answer Key

Suggestion: Have students look at the photos and read the header for each one. Ask them to describe the people they see and guess what they are thinking about.

Comprehension Check:
1. ¿Por qué se ve preocupada la mujer en la primera foto? (La empresa atraviesa una crisis económica.)
2. ¿Cómo se siente el muchacho y por qué? (Está deprimido porque no está feliz en su trabajo.)
3. ¿Qué piensa hacer la chica en el futuro? (No lo sabe.)
4. ¿Se presenta ella bien en las entrevistas? (No, se pone nerviosa.)
5. ¿Dónde trabaja la mujer de la última foto y qué hace? (Trabaja en una compañía de publicidad. Es administradora.)

Pensamientos

Enrique está pensando en renunciar a su **puesto** en la empresa. Hace ya dos años que no lo **ascienden.** Está cansado de **cobrar** el **sueldo mínimo** y de que no le alcance para **estar al día** con los **impuestos** y otros gastos. Además su plan de **jubilación** es malo y el **gerente** acaba de **despedir** a su único amigo. El problema es que a Enrique le asusta estar **desempleado.**

Teaching Option: Ask volunteers to talk about themselves using as many new vocabulary words as possible. Lead with sample questions. Ex: **¿Tienes muchos ahorros? ¿Te interesa la bolsa? ¿Trabajas ahora? ¿Qué profesión piensas seguir en el futuro?**

Bajo presión

Éste es el último semestre de Ana en la universidad. Está nerviosa porque tiene muchas **deudas.** Lo peor es que todavía no sabe lo que quiere hacer para **ganarse la vida.** Cree que le gustaría trabajar para una **multinacional.** Lo primero que tiene que hacer es preparar el **currículum.** Va a asistir a una **reunión** para que la ayuden a estar bien preparada. Se pone muy nerviosa durante las **entrevistas de trabajo.**

El presupuesto

Elena González trabaja en un nuevo **proyecto** para mejorar la **publicidad** de la **compañía** en la que trabaja. Lo importante, como siempre, es **administrar** bien el **presupuesto**: ella es especialista en **ahorrarle dinero** a las empresas. Quiere presentar su propuesta en una **conferencia.** Ella sueña con **dirigir** un proyecto de **calidad,** sin preocuparse por nada más.

Suggestion: Remind students that the boldfaced words are active vocabulary. Have them identify cognates.
Teaching option: Point out related terms within the vocabulary words. Ex: **ahorro → ahorrarle, jubilar → jubilación**. Encourage students to look for these variations.
Variación léxica: Point out that in the US it is common to hear **retirarse** instead of **jubilarse** among Spanish speakers.

El dinero

el ahorro	*savings*
la bolsa (de valores)	*stock market*
la cuenta corriente	*checking account*
la cuenta de ahorros	*savings account*
el desarrollo	*development*
financiar	*to finance*
financiero/a	*financial*
fijo/a	*permanent; fixed*

El trabajo

el contrato	*contract*
el/la empleado/a	*employee*
el empleo	*employment, job*
la fábrica	*factory*
el formulario	*application form*
la hoja de vida	*résumé*
la mano de obra	*labor*
la solicitud	*application*
la sucursal	*branch*
firmar	*to sign*
jubilarse	*to retire*
solicitar	*to apply for*

El comercio

el comercio	*commerce, trade*
las exportaciones	*exports*
las importaciones	*imports*
el impuesto (de ventas)	*(sales) tax*
la marca	*brand*
cobrar	*to charge*

Las profesiones

el/la abogado/a	*lawyer*
el/la arqueólogo/a	*archaeologist*
el/la cocinero/a	*chef*
el/la comerciante	*storekeeper, trader*
el/la contador(a)	*accountant*
el/la funcionario/a	*government employee*
el/la gerente	*manager*
el/la ingeniero/a	*engineer*
el/la periodista	*journalist*

Práctica

① Have students work in pairs to take turns changing the items to question/answer form. Ex: **¿Qué busca el presidente de un país? Que el país se desarrolle y la gente vuelva a votar por él.**

1 Lo que cada uno quiere Indica qué es lo que busca cada una de las siguientes personas.

_b_ 1. el presidente de un país
_f_ 2. un ministro de Trabajo
_c_ 3. un empleado que lleva mucho tiempo en la empresa
_a_ 4. un desempleado
_e_ 5. el dueño de una empresa
_d_ 6. alguien que se acaba de jubilar

a. conseguir un trabajo, aunque le paguen el mínimo
b. que el país se desarrolle y la gente vuelva a votar por él
c. un ascenso
d. seguir cobrando un buen sueldo
e. que sus ejecutivos administren bien su dinero
f. que baje el desempleo y vengan inversiones del extranjero

② Ask students to provide a related word for each term. Write the following example on the board: **financiero → finanzas**.

2 Cosas que dice la gente

A. Completa las siguientes oraciones con los términos de la lista. Hay dos palabras que no necesitas para completar el ejercicio.

administrar	empleo	jubilar
ahorros	financiero	inversiones
sindicatos	funcionarios	reunión

a. "Ya me quiero _jubilar_. Estoy cansado y quiero disfrutar de mis nietos."
b. "Si no mejoramos nuestra forma de _administrar_, esta empresa fracasará."
c. "El sistema _financiero_ de nuestro país es sólido."
d. "He gastado todos mis _ahorros_. Necesito un _empleo_."
e. "Se deben recibir más _inversiones_ para salvar la compañía."
f. "Los _sindicatos_ sólo dan problemas."

Suggestion: Point out that past participles used as adjectives change gender and number to agree with the subject. Ex: **Óscar está desempleado** but **Marta y Teresa están desempleadas.**

B. ¿Quiénes crees que dijeron las oraciones? ¿Por qué?

_b_ Carlos Gómez del Río, presidente de Medias Azabache, 50 años
_c_ Dominga Domínguez, ministra de Economía, 40 años
_a_ Don José, empleado, 60 años
_e_ Juan Manuel Aguirre, presidente de una compañía de publicidad, 38 años
_d_ María Cecilia López, desempleada, 23 años
_f_ Susana Martínez, inversionista de una compañía privada, 45 años

Comunicación

3 Búscale un trabajo

A. Le estás haciendo una entrevista a tu compañero/a para ver qué profesión o trabajo es mejor para él/ella. Utiliza el siguiente cuestionario para entrevistarlo/a. Luego intercambien los papeles.

- **a.** ¿Es prevenido/a?
- **b.** ¿Puede trabajar bajo presión?
- **c.** ¿Le gusta dirigir?
- **d.** ¿Es organizado/a o descuidado/a?
- **e.** ¿Se pondría nervioso/a hablando en público, en una conferencia?
- **f.** ¿Prefiere los proyectos que duran mucho o poco?
- **g.** ¿Le molesta seguir órdenes?
- **h.** ¿Le gusta la gente o es huraño/a?
- **i.** ¿Le interesa la información sobre la bolsa de valores?
- **j.** ¿Se le ocurren muchas ideas para hacer más fácil su trabajo?
- **k.** ¿Sufriría mucho si tuviera que despedir a un buen empleado?
- **l.** ¿Sabe ahorrar o siempre gasta todo lo que tiene?

B. De los trabajos que aparecen en la lista de abajo, ¿cuál sería mejor para tu compañero/a? ¿Por qué? Explícale por qué los elegiste y continúen la entrevista siguiendo el modelo.

empleado de un banco	capitán	funcionario de gobierno
abogado/a	comerciante	cocinero/a
empleado de una agencia de publicidad	empleado de una fábrica	gerente de una empresa
	inversor	ingeniero/a

MODELO

—Creo que serías un buen gerente de empresa.
—¿Por qué?
—Porque no te molestaría despedir a un empleado y eres responsable.
—A mí me parece (*I think*) que...

4 Pensamientos sobre el trabajo

A. En parejas, escojan tres de las siguientes frases y explíquenselas a la clase.

La gente le da m s impor tancia al trabajo de la que realmente tiene.

Trabajar es de tontos.

Cuanto más difícil es un trabajo, más gratificante es.

El trabajo le da sentido a la vida.

Si te gusta tu trabajo, sentirás que no estás trabajando.

El trabajo nos dignifica y nos hace libres.

B. Un grupo explica una de las frases escogidas. ¿Alguna de las frases que ustedes escogieron coincide con la de ellos o la contradice? Si es así, díganlo y expliquen su punto de vista.

③ Based on the interview, have pairs report on each other for the class.

④ Ask students:
1. **¿Qué importancia tiene el trabajo?**
2. **¿Cómo te sientes en el trabajo?**
3. **¿Cómo sería la vida sin trabajar?**

7 FOTONOVELA

El equipo de *Facetas* celebra el segundo aniversario de la revista. Es un momento lleno de recuerdos.

En la sala de conferencias...

TODOS ¡ ...cumpleaños feliz!

AGUAYO Antes de apagar las velas de nuestro segundo aniversario, quiero que cada uno cierre los ojos y luego pida un deseo.

AGUAYO ¿Recuerdas cuando viniste a tu entrevista de trabajo y Éric pensó que tu padre era millonario?

FABIOLA Sí. Recuerdo que puso esa cara.

Fabiola recuerda...

AGUAYO Éric, te presento a Fabiola Ledesma, nuestra nueva escritora.

ÉRIC ¿No eres tú la hija del banquero y empresario millonario Ledesma?

FABIOLA No. Mi padre es ingeniero y no es millonario.

ÉRIC Perdona. Por un momento pensé que me había enamorado de ti.

De vuelta en el presente...

DIANA Chicos, he estado pensando en hacerle un regalo de aniversario a Aguayo.

FABIOLA Siento no poder ayudarte, pero estoy en crisis económica.

ÉRIC Es contagiosa.

DIANA Por lo menos ayúdenme a escoger el regalo.

FABIOLA Debe ser algo pequeño, fino y divertido.

ÉRIC ¿Qué tal un pececito de colores?

TODOS ¡Pobre Bambi!

FABIOLA Me refiero a algo de corte ejecutivo, Éric. Algo exclusivo.

DIANA Lo último que le regalé a un hombre fueron unos calzoncillos de dinosaurios... Era mi hijo.

En la oficina de Aguayo.

FABIOLA Jefe, ¿tiene un minuto?

AGUAYO ¿Sí?

FABIOLA Usted sabe que tengo un gran currículum y que soy muy productiva en lo mío.

AGUAYO ¿Sí?

FABIOLA Y que mis artículos son bien acogidos, y ello le ha traído a la revista...

NATIONAL STANDARDS communication cultures

Instructional Resources
• VM • Video • CD-ROM • IRM • WB/LM/VM Answer Key

Video Synopsis • *Facetas* celebrates its second anniversary.
- Everyone recalls Fabiola's interview and Johnny's first day of work.
- The employees talk about a gift for Aguayo.
- Fabiola asks Aguayo for a raise.
- See IRM for more details.

Preview: Have students scan the captions to identify words related to jobs. Ask them to predict what will happen in this episode of **Fotonovela**.

Suggestion: Play the first half of the video and have students modify their predictions accordingly.

Ampliación

5 El regalo de Aguayo Diana quiere hacerle un regalo a Aguayo. Sus compañeros sugieren que le regale algo fino y divertido. ¿Qué quiere decir que algo sea fino y divertido? En parejas, discutan cuáles de los siguientes regalos les parecen más adecuados para estas personas. Luego, compartan sus respuestas con sus compañeros/as. Recuerden indicar las razones para elegir ese regalo.

un abrigo	una artesanía	una botella de vino fino
una bandera	una lámpara	una maleta
una mochila	una estampilla exclusiva	un par de guantes
un bolígrafo	una calculadora	una corbata

tu abuelo/a	un(a) compañero/a de casa	tu novio/a
un(a) vecino/a	un(a) primo/a	una pareja de recién casados
un(a) compañero/a de clase	un(a) profesor(a)	tu padre/madre
tu mejor amigo/a	alguien que no te gusta	

⑤ Write on the board several definitions corresponding to words in the first list and have students guess the words. Ex: **Nos lo ponemos cuando hace frío. (abrigo)** Have students provide other definitions.

6 Razones En parejas, invéntense las excusas que los personajes dan para explicar lo que hacen. Luego, elijan una de estas situaciones y dramatícenla.

1. Fabiola le dice a Diana por qué no pondrá dinero para el regalo de Aguayo.
2. Johnny le explica a Diana por qué llegó tarde toda la semana.
3. Diana le da una excusa a Aguayo para no cerrar los ojos y pedir un deseo.
4. Aguayo le da razones a Fabiola para no aumentarle el sueldo.

⑥ Ask students to add two more situations and have the pairs act them out. The class should decide which of the performances are the most and least realistic.

7 Recuerdos En la **Fotonovela**, los personajes recuerdan cosas del pasado. En parejas, elijan uno de estos recuerdos y dramaticen el posible diálogo.

1. Aguayo entrevista a Diana. Diana, nerviosa, se come las uñas.
2. Es el primer día de Fabiola en la oficina. No puede recordar los nombres de sus compañeros y se equivoca al nombrarlos. Alguien se enoja.
3. Mientras festejan el segundo aniversario de *Facetas*, Aguayo salpica con crema a Diana.

Instructional Resource IRM (general teaching suggestion)

NATIONAL cultures STANDARDS

¿Quieres conseguir un trabajo en Latinoamérica?

El proceso para conseguir un trabajo en Latinoamérica tiene muchos aspectos similares al de los Estados Unidos, pero también existen muchas diferencias.

Primero que todo, el factor más importante en muchos países latinoamericanos es el tipo de conexiones que tiene la persona que está buscando trabajo. Entre más importante es el puesto, más importancia tienen los contactos. El uso de los clasificados en el periódico para buscar empleo varía de país a país, pero en general se puede decir que no es muy común.

Las personas que solicitan empleo deben presentar un currículum, que probablemente no será tan conciso y que incluirá datos personales, tales como lugar y fecha de nacimiento, y hasta su foto. Muchas veces las empresas requieren este tipo de información. Debido al alto nivel de desempleo, las empresas pueden ser exigentes y poner muchas condiciones. En general, se prefiere contratar a personas jóvenes. Es muy difícil para alguien mayor de 40 años conseguir un buen empleo por los canales normales.

Las empresas también usan con frecuencia todo tipo de tests para seleccionar a sus empleados: tests de personalidad, de conocimientos, de inteligencia, etc. Y no es raro que al candidato se le hagan preguntas acerca de su estado civil, de su salud y hasta de su religión.

En las entrevistas se da mucha importancia a la apariencia personal, y aunque se le recomienda siempre al candidato que se muestre seguro de sí mismo y de sus conocimientos, por razones culturales, es mejor hacer esto de una forma discreta.

Armado ya con toda esta información, ¿estás listo para iniciar tu búsqueda?

exigente	*demanding*
desempeñar	*to practice*
escalar	*to climb*
hacerse cargo de	*to take over*
el cargo	*office*
la granada	*grenade*
el suceso	*event*

DATOS PERSONALES

Nombre y apellidos: **Carmelo Roca**
Fecha de nacimiento: 14 de diciembre de 1978
Lugar de nacimiento: Salamanca
D.N.I.: 7885270-R
Dirección: Calle Ferrara 17. Apt. 5, 37500 Salamanca
Teléfono: 923 270118
Email: rocac@teleline.com

FORMACIÓN ACADÉMICA

- 2001-2002 Máster en Administración y Dirección de Empresas, Universidad Autónoma de Madrid
- 1996-2001 Licenciado en Administración y Dirección de Empresas por la Universidad de Salamanca

CURSOS Y SEMINARIOS

- 2001 "Gestión y Creación de Empresas", Universidad de Córdoba.

EXPERIENCIA PROFESIONAL

- 1999-2000 Contrato de un año en la empresa RAMA, S.L., realizando tareas administrativas
- 1998- 1999 Contrato de trabajo haciendo prácticas en Banco Sol

IDIOMAS

- INGLÉS Nivel alto. Título de la Escuela oficial de idiomas
- ITALIANO Nivel Medio

INFORMÁTICA/COMPUTACIÓN

- Conocimientos de usuario de Mac / Windows
- MS Office

Currículum vitae

Latinoamérica: las mujeres en el mundo del trabajo

Hace ya tiempo que en Latinoamérica las mujeres han venido desempeñando con éxito todo tipo de profesiones. A continuación te presentamos a dos mujeres que han logrado escalar a los niveles más altos de sus respectivas carreras profesionales.

El Clarín, es un diario argentino de mucha circulación y prestigio. Ernestina Herrera de Noble se hizo cargo de la dirección del periódico en 1969, después de la muerte de su esposo, Roberto Noble, quien había fundado el periódico en 1945. Este periódico ha crecido hasta llegar a convertirse en el Grupo Clarín, el cual está compuesto de diarios, revistas, emisoras de radio, canales de televisión y otros medios de comunicación. Este grupo se ha asociado con la Universidad de San Andrés y la Escuela de Periodismo de la Universidad de Columbia para la creación de un excelente programa de Maestría en Periodismo.

La Dra. Ramírez de Rincón, una reconocida abogada colombiana, es la primera mujer en ocupar el cargo de Ministra de Defensa y Seguridad en su país. Realizó estudios de postgrado en Legislación Financiera en el Centro de Asuntos Internacionales de la Universidad de Harvard y ha sido profesora en importantes universidades de su país. Fue también Ministra de Comercio Exterior durante el gobierno de Andrés Pastrana y, antes de su actual nombramiento, trabajaba como embajadora de Colombia en Francia.

El mismo día en que tomó posesión de su cargo explotaron varias granadas en Bogotá, lo cual les causó la muerte a por lo menos 19 personas. Sucesos como éstos hacen que su trabajo, en un país con un índice de violencia tan alto, sea uno de los más difíciles y peligrosos del mundo.

Dra. Marta Lucía Ramírez de Rincón, *Ministra de Defensa y Seguridad Nacional de Colombia*

Coméntalo

Reúnete con varios/as compañeros/as y habla sobre los siguientes temas.

1. Comparen la importancia que tienen en Latinoamérica las conexiones en el mundo profesional, con la importancia que tienen en Estados Unidos: ¿Creen que éstas son más importantes en Latinoamérica que en Estados Unidos? ¿Por qué?
2. ¿Creen que en Estados Unidos existe discriminación por razones de edad? Expliquen sus razones.
3. Si tuvieran que escoger entre ser director/a de un periódico o ser ministro/a de defensa en un país latinoamericano, ¿qué posición escogerían? ¿por qué?
4. ¿Qué te dice la historia de estas dos mujeres sobre el papel (*role*) actual de la mujer en Latinoamérica?

7.1 The neuter article *lo*

Instructional Resources
- WB
- LM
- CD-ROM
- WB/LM/VM Answer Key

¿Te acuerdas? The definite articles **el, la, los,** and **las** modify masculine or feminine nouns. Spanish has another article, **lo,** that is used to refer to concepts that have no gender.

No te imaginas lo decepcionado que quedó Éric al saber que Fabiola no era hija de un millonario.

Ser puntual y trabajar duro es lo único que te pido, Johnny.

▶ In Spanish, the construction **lo** + [*a masculine singular adjective*] is used to express general characteristics and abstract ideas. The English equivalent of this construction is *the* [*adjective*] + *thing*.

Para una entrevista, **lo importante** es ser puntual.
For an interview, the important thing is to be punctual.

Lo malo de Manuel es que siempre llega tarde.
The bad thing about Manuel is that he always arrives late.

Suggestion: Point out that **mejor** and **peor** are comparative forms of **bueno** and **malo** that do not require **más**.

Suggestion: Point out the accent mark on **qué** that does not appear in **lo que**.

▶ To express the idea of *the most* or *the least*, **más** and **menos** can be used after **lo** and before the adjective or adverb.

Lo más difícil es encontrar un trabajo que te guste.
The most difficult thing is to find a job that you like.

Lo menos atractivo de la oferta es el sueldo.
The least appealing thing about the job offer is the salary.

▶ The construction **lo** + [*adjective* or *adverb*] + **que** is used to express the English *how* + [*adjective*]. In these cases, the adjective agrees in number and gender with the noun it modifies.

lo + [*adjective*] + que

Me dijeron **lo trabajadora que** es esta empleada.
They told me how hard-working this employee is.

Se nota la crisis por **lo difícil que** es conseguir un buen trabajo.
You notice the crisis by how hard it is to find a good job.

lo + [*adverb*] + que

Recuerda **lo bien que** te fue en aquella empresa.
Remember how well you did in that company.

Los periódicos indican **lo rápido que** está creciendo el desempleo.
The papers indicate how quickly the unemployment rate is rising.

¡ATENCIÓN!

The phrases **lo** + [*adjective*] + **que** and **lo** + [*adverb*] + **que,** may be replaced by **qué** + [*adjective* or *adverb*].

Se nota *qué difícil* es negociar con él. *It's obvious how difficult it is to do business with him.*

Fíjense en *qué rápido* cambia la bolsa. *Just see how quickly the stock market changes.*

▶ **Lo que** is equivalent to the English *what, that, which*. It is used to refer to an abstract idea, or to a previously mentioned situation or concept.

Lo que me impresionó fue lo caro que era vivir allí.
The thing that struck me was how expensive it was to live there.

Es importante saber **lo que** quieren los clientes.
It's important to know what the clients want.

Práctica y Comunicación

① **El trabajo** Completa las oraciones con **lo** o **lo que.**

1. La empresa no quiere aceptar ___*lo que*___ le pide el sindicato.
2. ___*Lo*___ más peligroso es la crisis económica, no la social.
3. ¿Me cuentas ___*lo que*___ se discutió en la reunión de trabajo?
4. ___*Lo*___ malo de este puesto es que tienes que trabajar muchas horas.
5. ___*Lo que*___ piden los empleados es que mejoren sus salarios.
6. ___*Lo*___ interesante del proyecto es que tiene mucho presupuesto.
7. ___*Lo que*___ me gusta del banco es su servicio al cliente.

② **Otra manera** Combina las frases en una oración que tenga **lo** + [*adjetivo/adverbio*] + **que.**

MODELO Es sorprendente/¡Qué **rápido** terminas los proyectos!
Es sorprendente **lo rápido que** terminas los proyectos.

Parece mentira	¡Qué poco le pagan a Eduardo!
Me asombra	¡Qué lejos está tu trabajo!
Me sorprende	¡Qué simpática es tu jefa!
No puedo creer	¡Qué caras están las casas!
Es increíble	¡Qué bien vives con poco dinero!
Es una sorpresa	¡Qué temprano llegas a la oficina!

③ **Profesiones** Trabajen en parejas. Uno/a de ustedes explica lo bueno de las profesiones de la lista, y el/la otro/a habla de lo malo de cada trabajo.

abogado/a	cocinero/a	médico/a	político/a	psicólogo/a
arqueólogo/a	contador(a)	periodista	profesor(a)	
artista	gerente	policía	programador(a)	

MODELO **Lo bueno de** ser un policía es proteger a la gente.
Lo malo de ser un policía es lo peligroso que es.

④ **Entrevista** Trabajen en parejas para hacerse entrevistas, usando las frases de la lista. Uno/a de ustedes es un(a) periodista famoso/a y el/la otro/a tiene un trabajo muy importante.

lo que más le gusta	lo más difícil
lo que menos	lo mucho que
lo que más le molesta	

NATIONAL communication STANDARDS

① Point out that in this context **lo** will usually be followed by an adjective and **lo que** by a verb.

② Ask students to explain why **qué** changes to **que**.

③ Have students talk about **lo mejor** and **lo peor** of their current jobs.

④ In groups, have students list a few campus issues. Ask them to exchange papers and act as the Dean of Students to present solutions to the class.

7.2 Possessive adjectives and pronouns

Instructional Resources
- WB
- LM
- CD-ROM
- WB/LM/VM Answer Key

¿Te acuerdas? Possessive adjectives and pronouns are used to express ownership or possession. Unlike English, Spanish has two types of possessive adjectives: the short, or unstressed, forms and the long, or stressed, forms. Also, in Spanish, possessive adjectives agree in gender and number with the object owned/possessed, and not with the owner/possessor.

¿Recuerdas cuando viniste a tu entrevista de trabajo?

Éric pensaba que mi padre era millonario.

¡ATENCIÓN!

Remember that definite articles, not possessive adjectives, are used with parts of the body.

Dame la mano.
Give me your hand.

Possessive adjectives (short forms)

With Singular Nouns	With Plural Nouns	
mi	**mis**	*my*
tu	**tus**	*your* (fam. sing.)
su	**sus**	*his; hers; its; your* (form. sing.)
nuestro/a	**nuestros/as**	*our*
vuestro/a	**vuestros/as**	*your* (fam. pl.)
su	**sus**	*their; your* (form. pl.)

▶ Short possessive adjectives precede the nouns they modify and agree with them in number and gender.

¿Cuánto dinero tienes en **tu** cuenta corriente?
How much money do you have in your checking account?

¡No encuentro **mis** cheques de viajero por ninguna parte!
I can't find my traveller's checks anywhere!

▶ Because **su** and **sus** have multiple meanings *(your, his, her, their, its)*, use the construction [*article*]+ [*noun*] + **de** + [*subject pronoun*] to avoid ambiguity.

su cuenta de ahorros ▶	la cuenta de ahorros de él	*his savings account*
	la cuenta de ahorros de ella	*her savings account*
	la cuenta de ahorros de usted	*your savings account*
	la cuenta de ahorros de ustedes	*your savings account*
	la cuenta de ahorros de ellos	*their savings account*
	la cuenta de ahorros de ellas	*their savings account*

Stressed possessive adjectives

Stressed possessive adjectives

Singular forms		Plural forms		
MASCULINE	FEMININE	MASCULINE	FEMININE	
mío	**mía**	**míos**	**mías**	*my; (of) mine*
tuyo	**tuya**	**tuyos**	**tuyas**	*your; (of) yours (fam.)*
suyo	**suya**	**suyos**	**suyas**	*your; (of) yours (form.); his; (of) his; her; (of) hers; its*
nuestro	**nuestra**	**nuestros**	**nuestras**	*our; (of) ours*
vuestro	**vuestra**	**vuestros**	**vuestras**	*your; (of) yours (fam.)*
suyo	**suya**	**suyos**	**suyas**	*your; (of) yours (form.); their; (of) theirs*

Suggestion: Remind students that **vuestro, vuestra, vuestros, vuestras** are used in most of Spain and correspond to **vosotros/as**. The **ustedes** equivalents used in Latin America are **suyo, suya, suyos, suyas**.

- Stressed possessive adjectives are used for emphasis or to express the English phrases *of mine*, *of yours*, *of his*, and so on. They follow the nouns they modify and must agree with them in number and gender. The nouns are usually preceded by a definite or indefinite article or a demonstrative adjective.

mi amigo
my friend
▶
el amigo **mío**
friend of mine

tus amigas
your friends
▶
las amigas **tuyas**
friends of yours

¡ATENCIÓN!

After the verb **ser**, stressed possessives are used without articles.

—¿Es tuya la calculadora?
— Is the calculator yours?

—No, no es mía.
— No, it is not mine.

- Because **suyo, suya, suyos** and **suyas** have multiple meanings *(your, his, her, their, its)*, the construction [*article*] + [*noun*] + **de** + [*subject pronoun*] can be used to clarify meaning.

el sueldo **suyo** ▶
el sueldo de él/ella — *his/her salary*
el sueldo de usted/ustedes — *your salary*
el sueldo de ellos/ellas — *their salary*

Possessive pronouns

- Possessive pronouns are used to replace [*noun*] + [*possessive adjective*]. They have the same forms as the stressed possessive adjectives, and are preceded by a definite article.

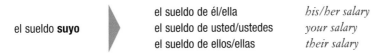

el cheque **tuyo** ▶ **el tuyo**
los ingresos **nuestros** ▶ **los nuestros**
la tarjeta de crédito **suya** ▶ **la suya**

¡ATENCIÓN!

Neuter stressed possessive pronouns (**lo** + *singular stressed possessive*) are used to refer to abstract ideas or concepts. They express meanings like *what is mine, what is yours, etc.*

Quiero lo mío.
I want what is mine.

- A possessive pronoun agrees in number and gender with the noun it replaces.

¿**Tu cuenta** está en rojo?
Is your account overdrawn?

Tranquilo, tengo suficiente dinero en **la mía**.
Don't worry, I have enough money in mine.

Práctica

① Remind students that possessives agree in gender and number with what is possessed and not with the possessor.

① Have students continue in pairs, providing new nouns or names.

1 ¿De quién es? Escribe preguntas y contéstalas usando el pronombre posesivo que corresponde a la(s) persona(s) indicada(s).

MODELO ¿De quién es este currículum?
Este currículum es suyo.

1. los cheques / Josefa *¿De quién son los cheques?/ Los cheques son suyos.*
2. cartera / yo *¿De quién es la cartera?/ La cartera es mía.*
3. el carro / Carmen y José *¿De quién es el carro?/ El carro es suyo.*
4. las deudas / tú *¿De quién son las deudas?/ Las deudas son tuyas.*
5. los contratos / los empleados *¿De quién son los contratos?/ Los contratos son suyos.*
6. la empresa / nosotros *¿De quién es la empresa?/ La empresa es nuestra.*

② Have students redo the dialogue as follows: **Mi papá es gerente, ¿y el tuyo? El mío es gerente general.**

2 El mío es mejor Felipe y Marta son dos niños que siempre están compitiendo. Completa sus diálogos con los posesivos que faltan. Luego, en parejas sigan discutiendo, usando los adjetivos y los pronombres posesivos necesarios.

1. Mi papá es gerente.
   El mío es gerente general.
2. Con mis ahorros podría comprar un carro.
   Con *los míos* podría comprar dos carros.
3. Y tus padres, ¿tienen una casa en la playa?
   No, pero *los tuyos* seguro que no tienen caballos, como los míos.
4. Sabes, mi bicicleta es de importación.
   Sí, pero *la mía* es mucho más cara.
5. *Mi* tocadiscos es muy bueno.
   El mío es de una marca mejor.

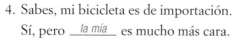

3 Empresas Completa la siguiente conversación entre dos amigos empresarios que están hablando de sus empresas. Usa los pronombres y adjetivos posesivos correspondientes.

SALVADOR ¿Cómo está la situación en *tu* (1) empresa? Se dice que *tus* (2) empleados se niegan a trabajar.

MARISA *Mi* (3) empresa está en pleno crecimiento. Las finanzas van bien pero *mi* (4) problema es que algunos de *mis* (5) empleados quieren reducir *sus* (6) horas de trabajo.

SALVADOR El *tuyo* (7) no es el único caso. Ocurre lo mismo con la empresa Ariel. *Sus* (8) empleados quieren tener más vacaciones.

Comunicación

4 ¿Cómo es?

A. ¿Cómo se imaginan que es la persona que dice las siguientes frases? En parejas, usen los adjetivos de la lista para explicar cómo son. Luego comparen sus respuestas con las de sus compañeros/as. Den razones para defender lo que pensaron.

1. Lo tuyo es mío y lo mío es mío.
2. Mis ideas son siempre mejores que las tuyas.
3. Hazlo tú. Mi tiempo vale oro.
4. Éste es nuestro dinero y éste es el mío.
5. Todo lo mío es tuyo.

orgulloso	desagradable	romántico
generoso	soberbio	talentoso
inteligente	tonto	viejo
amable	posesivo	decidido

B. ¿Conoces a alguien así? ¿Conoces a alguna persona que haya dicho una de las frases del ejercicio anterior? En parejas, cuenten en qué situación esa persona dijo la frase.

5 Nuestros gustos En grupos de tres, hablen de los siguientes temas y pregúntense cuáles son sus gustos. Si no coinciden, expliquen las diferencias. Usen pronombres y adjetivos posesivos.

1. escritores	________	________	________
2. grupos musicales	________	________	________
3. revistas	________	________	________
4. tipo de carro	________	________	________
5. deportes	________	________	________
6. tipo de película	________	________	________
7. programas de televisión	________	________	________
8. formas de viajar	________	________	________

6 Adiós Dos compañeros/as de casa están preparando la mudanza *(move)* pues cada uno va a vivir en una parte diferente del país. Se preguntan de quién es cada cosa, pues ya no lo recuerdan. Algunas cosas son de ellos, pero otras son de amigos, familiares, vecinos, etc. En parejas, dramaticen la situación. Usen pronombres y adjetivos posesivos.

bicicleta	platos
peluca *(wig)*	sillón
discos	carta de amor
lámpara	plantas
libro de terror	pantalones

NATIONAL communication STANDARDS

④ Have students think of a famous figure who could have said these statements and in what circumstances.

⑤ Review **gustar** and similar verbs like **encantar** and **interesar**.

Instructional Resources
- WB
- LM
- CD-ROM
- WB/LM/VM Answer Key

¡ATENCIÓN!

The interrogative words **qué** and **quién(es)** always carry written accent marks, but the relative pronouns **que** and **quien(es)** never have accent marks.

7.3 Relative pronouns

¿Te acuerdas? Relative pronouns are used to connect short sentences or clauses to create longer, smoother sentences.

Que and *quien(es)*

▶ **Que** *(that, which, who, whom)* is the most frequently used relative pronoun. It can refer to people or things. Although the relative pronoun *that* is often omitted in English, in Spanish **que** is never omitted.

El hombre **que** limpia se llama Germán.
The man who cleans up is named Germán.

Eva recibió el aumento **que** pidió
Eva got the raise (that) she asked for.

Es algo que debes recordar siempre. Aquí se entra a las nueve.

Le prometo que nunca lo olvidaré, señora González.

▶ **Que** is also used after short prepositions like **a, con, de,** and **en** to refer to things.

El edificio **en que** trabajo es viejo.
The building I work in is old.

La empresa **de que** te hablé ha cerrado.
The business I told you about has closed.

El presupuesto **con que** comenzó la empresa ha aumentado.
The budget with which the company started has increased.

La reunión **en que** discutimos los salarios fue un éxito.
The meeting at which we discussed salaries was a success.

¡ATENCIÓN!

Remember that when the relative pronoun refers to a concept or an idea, rather than to a specific noun, **lo que** is used. (See page 268.)

¿Qué es *lo que* quieres, Fabiola? *What is it that you want, Fabiola?*

▶ The relative pronoun **quien** *(who, whom, that)* refers only to people and is often used after a preposition or the personal **a**. Note that **quien** has two forms: **quien** *(singular)* and **quienes** *(plural)*.

Mi colega, **quien** es muy competente**,** obtuvo un ascenso.
My colleague, who is very competent, got a promotion.

El gerente **de quien** te hablaba tiene su oficina aquí cerca.
The manager, that I was telling you about, has his office near here.

Las compañeras **con quienes** hicimos el proyecto están en una reunión.
The co-workers, who did the project with us, are in a meeting.

El director **a quien** le dimos el diseño está de vacaciones.
The director, to whom we gave the design, is on vacation.

El que and *el cual,* and their forms

▶ The relative pronouns **el que, la que, los que** and **las que** mean *the one(s) that, the one(s) who, who, whom, that,* or *which,* while the relative pronouns **el cual, la cual, los cuales** and **las cuales** mean *who, whom, that,* or *which*. Both sets of relative pronouns agree in number and gender with the person or thing they represent.

▶ Forms of **el que** and **el cual** are used after prepositions of more than one syllable. They can also be used after short, one-syllable prepositions like **a, con, de, en,** and **por.**

La jefa **con la cual** almorcé ayer está de vacaciones.
The boss, who I had lunch with yesterday, is on vacation.

Tu cartera está en el escritorio **en el que** se sienta Enrique.
Your wallet is on the desk where Enrique is sitting.

Las empresas **para las que** trabajo me pagan muy bien.
The businesses that I work for pay me very well.

Las razones **por las cuales** abandono la empresa son evidentes.
The reasons for which I am leaving the company are obvious.

▶ When a sentence contains more than one possible antecedent (that is, the preceding person or thing the relative pronoun refers to), **el/la que** and **el/la cual** and their forms can be used to clarify meaning.

El director de la compañía, **el que** estaba en Madrid, renunció a su puesto.
The director of the company, who (the director) was in Madrid, quit his job.

El director de la compañía, **la cual** estaba en Madrid, renunció a su puesto.
The director of the company, which (the company) was in Madrid, quit his job.

▶ Clauses with non–essential information can be introduced by **quien** (for people), **que** (for things), and **el que** and **el cual** and their forms for people or things.

Juan y María, { **quienes** / **los que** / **los cuales** } trabajaban conmigo, se han casado.

The relative adjective *cuyo*

▶ The relative adjective **cuyo (cuya, cuyos, cuyas)** means *whose* and agrees in number and gender with the noun it precedes.

Él es el accionista **cuya** identidad ha sido revelada.
He is the investor whose identity has been revealed.

El gerente, **cuyo** proyecto aprobaron, viajó a otro país.
The manager, whose project they approved, travelled to another country.

La empleada **cuyas** ideas nos ahorraron mucho dinero ha recibido un aumento.
The employee, whose ideas saved us a lot of money, has received a raise.

Los empleados **cuyos** salarios son bajos están en una reunión.
The employees, whose salaries are low, are in a meeting.

¡ATENCIÓN!

Remember that **de quién(es)**, not **cuyo**, is used in questions to express *whose.*

¿De quién es este dinero? *Whose money is this?*

Práctica

① Remind students that **el/la/los/las que** must agree in gender and number with their antecedent.

1 Seleccionar Selecciona la palabra o expresión adecuada y completa las oraciones.

1. La carta está en la carpeta ___*c*___ pusiste el presupuesto.
   a. en el que   b. en las que   c. en la que
2. Los funcionarios ___*b*___ conociste ayer aprobaron el proyecto.
   a. a quien   b. a quienes   c. en quienes
3. El empleado, ___*c*___ renuncia llegó esta mañana, trabajará hasta fin de mes.
   a. cuyas   b. cuyo   c. cuya
4. No puedo pagar las facturas ___*b*___ te hablé.
   a. del que   b. de las que   c. de quienes

2 Completar Completa la siguiente carta comercial con los pronombres relativos de la lista.

a la cual
cuya
cuyo
de la que
de quien
el cual
la cual
de los cuales
los cuales
las que
que

Estimado Sr. Rodr guez:

Me alegra comunicarle que la empresa de exportaciones DEVESA, ___*a la cual*___ represento, desea contratarlo. Le ofrecemos el puesto de gerente, ___*cuyo*___ salario es de 50.000 pesos anuales. Hemos recibido su curr culum, ___*el cual*___ nos parece muy interesante. Su experiencia cumple con los requisitos ___*de los cuales*___ hablamos en la entrevista. Nos gustar a que se pusiera en contacto con nosotros lo antes posible y que nos mandara sus datos personales, ___*los cuales*___ utilizar amos para preparar su contrato.
Agradezco su atenci n y esper o que acepte nuestra oferta.

Muchas gracias,

Malena Ríos

③ Write a list of relative pronouns on the board and point out the correct one as students read their sentences aloud.

3 Decirlo con otras palabras Une las dos oraciones en una, usando el pronombre relativo necesario.

MODELO El gobierno le dio un préstamo a una fábrica. La fábrica aún tiene problemas financieros.
La fábrica a la que el gobierno le dio un préstamo aún tiene problemas financieros.

1. Nosotros habíamos preparado un proyecto con un gerente. Le dieron un ascenso a ese gerente. *Le dieron un ascenso al gerente con quien habíamos preparado un proyecto./Nosotros habíamos preparado un proyecto con un gerente al que le dieron un ascenso.*
2. El problema del desempleo no pudo solucionarse. El problema del desempleo fue discutido en el Congreso. *El problema del desempleo, que/el cual fue discutido en el Congreso, no pudo solucionarse.*
3. Esa revista anunció que la bolsa iba a subir. Esa revista se especializa en economía. *Esa revista, la cual/que se especializa en economía, anunció que la bolsa iba a subir.*
4. La empresa va a despedir a quinientos empleados. La empresa está en crisis. *La empresa, la cual/que está en crisis, va a despedir a quinientos empleados.*
5. Emilia no quiere trabajar para esa compañía. Emilia está desempleada. *Emilia, quien/la cual/que está desempleada, no quiere trabajar para esa compañía.*
6. Mi compañero de trabajo ha sido despedido. Te presenté a mi compañero de trabajo hace un mes. *Mi compañero de trabajo, a quien/al que te presenté hace un mes, ha sido despedido.*

Comunicación

④ **Tus prioridades**

A. Piensa en tu personalidad y completa el siguiente recuadro sobre tus aptitudes, hábitos, puntos fuertes y débiles.

	Sí	No	Depende
Ahora le doy más importancia a mi trabajo que a mi entorno familiar.	☐	☐	☐
Me gusta más un trabajo por horas para hacer otras actividades.	☐	☐	☐
Me interesa más el dinero que el tipo de trabajo.	☐	☐	☐
Necesito un equilibrio entre mi tiempo de trabajo y mi tiempo libre.	☐	☐	☐
Considero la movilidad y los cambios como algo positivo.	☐	☐	☐
Me gusta resolver problemas.	☐	☐	☐
Soporto *(I deal)* bien las situaciones de estrés.	☐	☐	☐
Soy capaz de tomar decisiones aun cuando estoy bajo presión.	☐	☐	☐
Me gusta aceptar responsabilidades.	☐	☐	☐
Prefiero cobrar menos y disponer de más tiempo libre.	☐	☐	☐
Prefiero trabajar en equipo.	☐	☐	☐
Valoro la seguridad en el trabajo por encima de cualquier cosa.	☐	☐	☐

B. En parejas, compartan esta información. Cuéntenle a la clase lo que han aprendido de su compañero/a usando los pronombres relativos. Sigan el modelo.

MODELO

Sofía prefiere un trabajo **el cual/ que** le deje tiempo libre. Es una persona **a quien** le gusta trabajar en equipo.

⑤ **¿Quién es quién?** La clase se divide en dos equipos para participar en el juego. Un integrante del equipo A piensa en un(a) compañero/a y da tres pistas sobre éste/a sin mencionar su nombre. El equipo B debe descubrir de quién se trata. Si adivina con la primera pista, tiene 3 puntos. Si adivina con la segunda pista, tiene 2 puntos. Y tiene 1 punto si adivina con la tercera pista. Gana el equipo que sume más puntos.

Las pistas tienen que contener cláusulas relativas. Además, las pistas tienen que permitir adivinar de quién se trata.

MODELO

Estoy pensando en alguien con quien almorzamos.
Estoy pensando en alguien cuyos ojos son marrones.
Estoy pensando en alguien que lleva pantalones azules.

National Communication Standards

④ Have students explain the items in which they responded with **Depende**.

⑤ Point out that frequently, and particularly with people, **el/la/los/las que** and **quien** are used to indicate a person/people in general. Ex: **El que quiera venir, que venga. Quien venga, recibirá un regalo**.

Instructional Resources
- WB
- LM
- CD-ROM
- WB/LM/VM Answer Key

Suggestion: Point out the difference in verb tenses according to the implication of the transitional phrase.

Suggestion: Point out the use of punctuation to separate the ideas.

7.4 Transitional expressions

¿Te acuerdas? Transitional words and phrases express the connections between ideas and details. Clear transitions help show how your ideas relate to each other.

▶ An important group of transition words and phrases are those used to narrate time and sequence.

primero *first*	**siempre** *always*
segundo *second*	**por fin** *finally*
al principio *in the beginning*	**finalmente** *finally*
antes (de) *before*	**al final** *at the end*
después (de) *after, afterward*	**ayer** *yesterday*
al mismo tiempo *at the same time*	**anteayer** *the day before yesterday*
mientras *while*	**hoy** *today*
entonces *then, at that time*	**mañana** *tomorrow*
luego *then, next*	**pasado mañana** *the day after tomorrow*

▶ Another group of transistion words and phrases compare or contrast ideas and details.

del mismo modo *similarly*	**mientras que** *meanwhile, whereas*
de la misma manera *similarly*	**por otro lado** *on the other hand*
igualmente *likewise*	**por otra parte** *on the other hand*
también *also*	**por un lado… por el otro…**
además *furthermore*	*on one hand . . . on the other . . .*
o… o… *either …or …*	**por una parte… por la otra…**
ni… ni… *neither … nor …*	*on the one hand …on the other*
sin embargo *however, yet*	**al mismo tiempo** *at the same time*
al contrario *on the contrary*	

▶ Transitional expressions and phrases are also used to express cause and effect relationships.

como *since*	**por eso** *therefore*
dado que *since*	**por esta razón** *for this reason*
porque *because*	**debido a** *due to*
por lo tanto *therefore*	**como resultado (de)** *as a result (of)*
por consiguiente *therefore*	

Práctica y Comunicación

1 ¿Cuál es el conector más adecuado? ¿Qué conector *(transitional word or phrase)* relaciona de manera más adecuada las frases con la primera oración? Tacha el conector que no es adecuado.

1. Este año, las exportaciones de Brasil a la Argentina cayeron en un 60%.
   <Sin embargo – Igualmente> las exportaciones de la Argentina al Brasil también cayeron. *Igualmente*
   <Sin embargo – Igualmente> Argentina acumula un saldo a favor de casi 1.300 millones de dólares. *Sin embargo*
2. Actualmente, la situación económica está tranquila.
   <Por un lado – Por otro lado> el desempleo descendió. *Por un lado*
   <Por un lado – Por otro lado> la inversión extranjera aumentó. *Por otro lado*
3. Nuestro proyecto de publicidad fue aceptado.
   <Además – Por el contrario> el otro proyecto fue muy criticado. *Por el contrario*
   <Además – Por el contrario> nos ofrecieron un aumento de sueldo. *Además*

① Have students write a sentence with each connector that was not used.

2 Ordenar los hechos ¿Cómo sucedieron los hechos en realidad? Reconstruye el orden de los hechos colocando un número a cada uno. Luego compara y discute los resultados con los de tus compañeras/os. ¿Es posible ordenarlos de otra manera? ¿Por qué?

__*1*__ a. Primero envié mi currículum por correo.
__*10*__ b. Después de la entrevista, el segundo gerente se despidió muy contento.
__*3*__ c. Antes de la entrevista, tuve que escribir una carta de presentación.
__*7*__ d. El gerente me pidió la carta, la leyó y revisó mi test.
__*11*__ e. Mañana empiezo a trabajar.
__*4*__ f. Al mismo tiempo que escribía la carta, un empleado me dio un test para completar.
__*9*__ g. Después tuve una segunda entrevista con otro gerente de la empresa.
__*6*__ h. Luego me recibió.
__*5*__ i. Mientras esperaba que el gerente me atendiera, llené el test.
__*8*__ j. Le gustaron los resultados de mi test.
__*2*__ k. Dos semanas después, me citaron para una entrevista con el gerente de la empresa.

3 El martes de Armando El martes pasado Armando iba, como todos los días, a clase, pero algo pasó que hizo que su día acabara en una isla desierta. En parejas, imaginen qué pasó el martes en la vida de Armando. Escriban la historia utilizando los conectores que han estudiado. Cuando terminen, compartan su historia con la clase.

③ Have students tell about a particular day when something unusual happened to them.

A conversar

Expansion: Have students design a poster advertising their product. Ask them to present the poster to the class and explain the campaign.

Proyecto empresarial

A Formen grupos de cuatro. Imaginen que deben presentar al directorio de una empresa un proyecto para hacer una publicidad. Elijan uno de los siguientes proyectos.

- Jeans que nunca se arrugan
- Un nuevo grupo de rock cuyo cantante es un niño
- Un teléfono celular que tome fotos
- Un producto de belleza que lleve el nombre "Cassius Clay"
- Un viaje de turismo para personas mayores de 60 años
- Una página de Internet para conseguir novio/a

B Escriban los pasos del proyecto. Para ello, respondan a las siguientes preguntas.

1. ¿Qué quieren vender con su publicidad?
2. ¿Cómo son las personas que comprarán esas cosas? ¿Qué edad tienen? ¿De qué sexo son? ¿Qué cosas les gustan?
3. ¿Qué tipos de publicidad van a hacer? (afiches *(posters)*, en radio, en televisión, en cine, en Internet)
4. ¿Qué necesitan para hacer la publicidad?
5. ¿Qué problemas pueden tener?

C Preparen la presentación de su proyecto al resto de la clase. Ellos serán los gerentes de la empresa. Decidan quién presentará cada punto. Practiquen la presentación varias veces. Para ordenar su presentación, pueden utilizar las siguientes expresiones:

- Este proyecto es para...
- Sabemos que el público al que nos dirigimos...
- Por eso hemos decidido...
- En primer lugar / primero / por una parte...
- Luego / en segundo lugar...
- Después...
- Además / también / igualmente...
- Finalmente / al final...
- Esperamos que de esta manera...

D Presenten el proyecto. Den las razones de lo que han decidido hacer. Sus compañeros toman nota de su presentación.

E Los gerentes de la empresa (el resto de la clase) preparan preguntas sobre los problemas del proyecto. Tienen que tratar de encontrar problemas.

F Los gerentes de la empresa presentan sus dudas una por una. El grupo debe responder de la mejor manera posible para defender el proyecto.

A escribir

Dinero y trabajo

Sigue el **Plan de redacción** para resumir la trama de una película que hayas visto en la que se trate el tema del dinero o del trabajo.

Película: ____________	
personajes	
lugar	
tiempo	
trama	
conclusión	
otros	

Plan de redacción

Presentación Inicia tu composición contando quiénes son los personajes, dónde transcurrió la historia y cuándo ocurrió.

Trama Cuenta la trama de la película que has elegido. Recuerda que debes utilizar pronombres relativos y expresiones de transición, por ejemplo: **del mismo modo, al mismo tiempo, como, por lo tanto, por consiguiente, por eso, por esta razón, debido a, además,** etc.

Conclusión Al terminar de escribir la trama, escribe una oración sobre **lo mejor** y otra sobre **lo peor** de la película.

MODELO Yo creo que lo mejor de la película son sus actores.

NATIONAL communication STANDARDS

Suggestion: Have students interview a partner about his/her own work and money stories. Later ask them to share their partner's story with the class.

Mercado de flores, 1949.
Diego Rivera. México.

Cuando llegue la inspiración, que me encuentre trabajando.

— Pablo Picasso

Antes de leer

La prodigiosa tarde de Baltazar

Gabriel García Márquez

Conexión personal

¿Has dicho una mentira alguna vez por cumplir con las expectativas de los demás? ¿Cuáles fueron las circunstancias? ¿Tiene sentido mentir en ciertas situaciones? Comparte tus opiniones con la clase.

Contexto cultural

Social class is a universal and seemingly predictable phenomenon when seen from the outside, but when experienced from within, it becomes much more dynamic, volatile, and malleable. Economic wealth, dress, and family honor are all factors in this system, but all are subject to breakdown, depending on public opinion. As you read the selection, pay attention to how vicissitudes of social class are reinforced in the sequence of events.

Análisis literario: el símbolo

Short stories often use a symbol **(el símbolo)** as a vehicle to illustrate the particularities of certain characters or themes. As you read the story, think about what Baltazar's creation represents to each of the characters that come into contact with it. What does the cage symbolize to the town? What does it symbolize to you?

Estrategia de lectura: evaluar

You may evaluate **(evaluar)** a work of literature in terms of its entertainment value, its credibility, its originality, its emotional power, and many other regards. As you are reading "La prodigiosa tarde de Baltazar," try to articulate your evaluation of these and other aspects of García Márquez' story.

Become accustomed to reading a text actively, assessing its merits, and trusting your own interpretations and reactions to it. In fact, a writer like García Márquez invites his readers to do just that by not always providing explanations for some of the characters' motivations. He leads readers to draw their own conclusions rather than stating them explicitly.

Vocabulario

arrastrar *to drag*
asomarse *to show one's face (at a window or door)*
asustado/a *startled*
colgar *to hang (up)*
demorar *to delay*
derramar *to spill*
descolgar *to take down; to unhang*
descuidado/a *unkempt; messy*
golpear *to strike; to knock on*
la jaula *cage*
prevenido/a *cautious, wary*

Lecturas opener (previous page):

NATIONAL cultures STANDARDS

See the **ENFOQUES** Instructor's Resource Manual for teaching suggestions.

Estrategia de lectura: As students read, ask them to circle every reference that provides information about Baltazar's personality. Ask them to work in small groups to compare notes.

Gabriel García Márquez

Hoja de vida

1928 Nace en Aracataca, Colombia
1967 *Cien años de soledad* (novela)
1975 *El otoño del patriarca* (novela)
1981 *Crónica de una muerte anunciada* (novela)
1982 Premio Nobel de Literatura
1985 *El amor en los tiempos del cólera* (novela)
1989 *El general en su laberinto* (novela)

Sobre el autor

Gabriel García Márquez es uno de los autores contemporáneos más importantes del panorama literario mundial. Su obra, que destaca por su variedad de estilos literarios, se hizo internacionalmente famosa tras la publicación de *Cien años de soledad.* Ésta popularizó el género llamado el "realismo mágico", en el que la realidad se funde con elementos fantásticos y míticos.

Suggestion: Ask students familiar with García Márquez to share anything they know about him. Otherwise, divide the class into groups and have each one research a different aspect of his life.

La prodigiosa tarde de Baltazar

La jaula estaba terminada. Baltazar la colgó en el alero°, por la fuerza de la costumbre, y cuando acabó de almorzar ya se decía por todos lados que era la jaula más bella del mundo. Tanta gente vino a verla, que se formó un tumulto frente a la casa, y Baltazar tuvo que descolgarla y cerrar la carpintería.

—Tienes que afeitarte —le dijo Úrsula, su mujer—. Pareces un capuchino°.

—Es malo afeitarse después del almuerzo —dijo Baltazar.

Tenía una barba de dos semanas, un cabello corto, duro y parado como las crines° de un mulo, y una expresión general de

eave

(bearded) Capuchin monk

mane

muchacho asustado. Pero era una expresión falsa. En febrero había cumplido 30 años, vivía con Úrsula desde hacía cuatro, sin casarse y sin tener hijos, y la vida le había dado muchos motivos para estar alerta, pero ninguno para estar asustado. Ni siquiera sabía° que para algunas personas, la jaula que acababa de hacer era la más bella del mundo. Para él, acostumbrado a hacer jaulas desde niño, aquél había sido apenas un trabajo más arduo que los otros.

He didn't even know

—Entonces repósate un rato —dijo la mujer—. Con esa barba no puedes presentarte en ninguna parte.

Mientras reposaba tuvo que abandonar la hamaca varias veces para mostrar la jaula a los vecinos. Úrsula no le había prestado atención hasta entonces. Estaba disgustada porque su marido había descuidado el trabajo de la carpintería para dedicarse por entero a la jaula, y durante dos semanas había dormido mal, dando tumbos y hablando disparates°, y no había vuelto a pensar en afeitarse. Pero el disgusto se disipó ante la jaula terminada. Cuando Baltazar despertó de la siesta, ella le había planchado los pantalones y una camisa, los había puesto en un asiento junto a la hamaca, y había llevado la jaula a la mesa del comedor. La contemplaba en silencio.

nonsense, stupid things

Expansion: Bring in some examples of **realismo mágico** from García Márquez and other writers. Ask students to analyze different samples of their work and guess what the characteristics of this **realismo mágico** are.

—¿Cuánto vas a cobrar? —preguntó.

—No sé —contestó Baltazar—. Voy a pedir treinta pesos para ver si me dan veinte.

—Pide cincuenta —dijo Úrsula—. Te has trasnochado mucho en estos quince días. Además, es bien grande. Creo que es la jaula más grande que he visto en mi vida.

Baltazar empezó a afeitarse.

—¿Crees que me darán los cincuenta pesos?

—Eso no es nada para don Chepe Montiel, y la jaula los vale —dijo Úrsula—. Debías pedir sesenta.

La casa yacía° en una penumbra° sofocante. Era la primera semana de abril y el calor parecía menos soportable por el pito de las chicharras°. Cuando acabó de vestirse, Baltazar abrió la puerta del patio para refrescar la casa, y un grupo de niños entró en el comedor.

lay / semidarkness

the buzzing of the cicadas

La noticia se había extendido. El doctor Octavio Giraldo, un médico viejo, contento de la vida pero cansado de la profesión, pensaba en la jaula de Baltazar mientras almorzaba con su esposa inválida. En la terraza interior donde ponían la mesa en los días de calor, había muchas macetas° con flores y dos jaulas con canarios.

flower pots

A su esposa le gustaban los pájaros, y le gustaban tanto que odiaba a los gatos porque eran capaces de comérselos. Pensando en ella, el doctor Giraldo fue esa tarde a visitar a un enfermo, y al regreso pasó por la casa de Baltazar a conocer la jaula.

Había mucha gente en el comedor. Puesta en exhibición sobre la mesa, la enorme cúpula de alambre° con tres pisos interiores, con pasadizos° y compartimientos especiales para comer y dormir, y trapecios° en el espacio reservado al recreo de los pájaros, parecía el modelo reducido de una gigantesca fábrica de hielo. El médico la examinó cuidadosamente, sin tocarla, pensando que en efecto aquella jaula era superior a su propio prestigio, y mucho más bella de lo que había soñado jamás para su mujer.

wire

passageways

swings

—Esto es una aventura de la imaginación —dijo. Buscó a Baltazar en el grupo, y agregó, fijos en él sus ojos maternales—: Hubieras sido un extraordinario arquitecto.

Baltazar se ruborizó°.

blushed

—Gracias —dijo.

—Es verdad —dijo el médico. Tenía una gordura lisa y tierna como la de una mujer que fue hermosa en su juventud, y unas manos delicadas. Su voz parecía la de un cura° hablando en latín.

priest, curate

—Ni siquiera será necesario ponerle pájaros —dijo, haciendo girar la jaula frente a los ojos del público, como si la estuviera vendiendo—. Bastará con colgarla entre los árboles para que cante sola.

Volvió a ponerla en la mesa, pensó un momento, mirando la jaula, y dijo:

—Bueno, pues me la llevo.

—Está vendida —dijo Úrsula.

—Es del hijo de don Chepe Montiel —dijo Baltazar—. La mandó a hacer expresamente.

El médico asumió una actitud respetable.

—¿Te dio el modelo?

—No —dijo Baltazar—. Dijo que quería una jaula grande, como ésa, para una pareja de turpiales°.

turpiales°: brightly colored birds of the Caribbean region

El médico miró la jaula.

—Pero ésta no es para turpiales.

—Claro que sí, doctor —dijo Baltazar, acercándose a la mesa. Los niños lo rodearon°—. Las medidas están bien calculadas —dijo, señalando con el índice los diferentes compartimientos. Luego golpeó la cúpula con los nudillos°, y la jaula se llenó de acordes profundos°.

rodearon°: surrounded
nudillos°: knuckles
acordes profundos°: deep resonances

—Es el alambre más resistente que se puede encontrar, y cada juntura está soldada° por dentro y por fuera —dijo.

juntura está soldada°: every joint was soldered

—Sirve hasta para un loro° —intervino uno de los niños.

loro°: parrot

—Así es —dijo Baltazar.

El médico movió la cabeza.

—Bueno, pero no te dio el modelo —dijo—. No te hizo ningún encargo preciso, aparte de que fuera una jaula grande para turpiales. ¿No es así?

—Así es —dijo Baltazar.

—Entonces no hay problema —dijo el médico—. Una cosa es una jaula grande para turpiales y otra cosa es esta jaula. No hay pruebas de que sea ésta la que te mandaron hacer.

—Es ésta misma —dijo Baltazar, ofuscado°—. Por eso la hice.

agitated

El médico hizo un gesto de impaciencia.

—Podrías hacer otra —dijo Úrsula, mirando a su marido. Y después, hacia el médico—: Usted no tiene apuro°.

you are not in a hurry

—Se la prometí a mi mujer para esta tarde —dijo el médico.

—Lo siento mucho, doctor —dijo Baltazar—, pero no se puede vender una cosa que ya está vendida.

El médico se encogió de hombros°. Secándose el sudor del cuello con un pañuelo, contempló la jaula en silencio, sin mover la mirada de un mismo punto indefinido, como se mira un barco que se va.

shrugged

—¿Cuánto te dieron por ella?

Baltazar buscó a Úrsula sin responder.

—Sesenta pesos —dijo ella.

El médico siguió mirando la jaula.

—Es muy bonita —suspiró—. Sumamente bonita.

Luego, moviéndose hacia la puerta, empezó a abanicarse° con energía, sonriente, y el recuerdo de aquel episodio desapareció para siempre de su memoria.

to fan himself

—Montiel es muy rico —dijo.

En verdad, José Montiel no era un rico como parecía, pero había sido capaz de todo por llegar a serlo. A pocas cuadras de allí, en una casa atiborrada de arneses° donde nunca se había sentido un olor que no se pudiera vender, permanecía indiferente a la novedad de la jaula. Su esposa, torturada por la obsesión de la muerte, cerró puertas y ventanas después del almuerzo y yació dos horas con los ojos abiertos en la penumbra del cuarto, mientras José Montiel hacía la siesta.

jammed with suits of armor

Así la sorprendió un alboroto de muchas voces. Entonces abrió la puerta de la sala y vio un tumulto frente a la casa, y a Baltazar con la jaula en medio del tumulto, vestido de blanco y acabado de afeitar, con esa expresión de decoroso candor con que los pobres llegan a la casa de los ricos.

—Qué cosa tan maravillosa —exclamó la esposa de José Montiel, con una expresión radiante, conduciendo a Baltazar hacia el interior—. No había visto nada igual en mi vida —dijo, y agregó, indignada con la multitud que se agolpara en la puerta—: Pero llévesela para adentro que nos van a convertir la sala en una gallera°.

hen house

Baltazar no era un extraño en la casa de José Montiel. En distintas ocasiones, por su eficacia y buen cumplimiento, había sido llamado para hacer trabajos de carpintería menor. Pero nunca se sintió bien entre los ricos. Solía pensar en ellos, en sus mujeres feas y conflictivas, en sus tremendas operaciones quirúrgicas, y experimentaba siempre un sentimiento de piedad. Cuando entraba en sus casas no podía moverse sin arrastrar los pies.

—¿Está Pepe? —preguntó.

Había puesto la jaula en la mesa del comedor.

—Está en la escuela —dijo la mujer de José Montiel—. Pero ya no debe demorar.

Y agregó—: Montiel se está bañando.

En realidad José Montiel no había tenido tiempo de bañarse. Se estaba dando una urgente fricción de alcohol alcanforado° para salir a ver lo que pasaba. Era un hombre tan prevenido, que dormía sin ventilador eléctrico para vigilar durante el sueño los rumores de la casa.

camphorated

—Ven a ver qué cosa tan maravillosa —gritó su mujer.

José Montiel —corpulento y peludo°, la toalla colgada en la nuca— se asomó por la ventana del dormitorio.

hairy

—¿Qué es eso?

—La jaula de Pepe —dijo Baltazar.

La mujer lo miró perpleja.

—¿De quién?

—De Pepe —confirmó Baltazar. Y después dirigiéndose a José Montiel—: Pepe me la mandó a hacer.

Nada ocurrió en aquel instante, pero Baltazar se sintió como si le hubieran abierto la puerta del baño. José Montiel salió en calzoncillos del dormitorio.

—Pepe —gritó.

—No ha llegado —murmuró su esposa, inmóvil.

Pepe apareció en el vano de la puerta. Tenía unos doce años y las mismas pestañas rizadas° y el quieto patetismo de su madre.

curly eyelashes

—Ven acá —le dijo José Montiel—. ¿Tú mandaste a hacer esto?

El niño bajó la cabeza. Agarrándolo por el cabello, José Montiel lo obligó a mirarlo a los ojos.

—Contesta.

El niño se mordió° los labios sin responder.

bit

—Montiel —susurró la esposa.

José Montiel soltó al niño y se volvió hacia Baltazar con una expresión exaltada.

—Lo siento mucho, Baltazar —dijo—, pero has debido consultarlo conmigo antes de proceder. Sólo a ti se te ocurre contratar con un menor.

A medida que hablaba, su rostro fue recobrando la serenidad. Levantó la jaula sin mirarla y se la dio a Baltazar—. Llévatela en seguida y trata de vendérsela a quien puedas —dijo—. Sobre todo, te ruego que no me discutas.

Le dio una palmadita en la espalda, y explicó:

—El médico me ha prohibido coger rabia°.

get angry

El niño había permanecido inmóvil, sin parpadear, hasta que Baltazar lo miró perplejo con la jaula en la mano. Entonces emitió un sonido gutural, como el ronquido de un perro, y se lanzó al suelo dando gritos.

José Montiel lo miraba impasible, mientras la madre trataba de apaciguarlo°.

calm him down

—No lo levantes —dijo—. Déjalo que se rompa la cabeza contra el suelo y después le echas sal y limón para que rabie con gusto.

El niño chillaba° sin lágrimas, mientras su madre lo sostenía por las muñecas.

howled

—Déjalo —insistió José Montiel.

Baltazar observó al niño como hubiera observado la agonía de un animal contagioso. Eran casi las cuatro.

A esa hora, en su casa, Úrsula cantaba una canción muy antigua, mientras cortaba rebanadas° de cebolla.

slices

—Pepe —dijo Baltazar.

Se acercó al niño, sonriendo, y le tendió la jaula. El niño se incorporó de un salto, abrazó la jaula, que era casi tan grande como él, y se quedó mirando a Baltazar a través del tejido° metálico, sin saber qué decir. No había derramado una lágrima.

mesh

—Baltazar —dijo Montiel, suavemente—. Ya te dije que te la lleves.

—Devuélvela —ordenó la mujer al niño.

—Quédate con ella —dijo Baltazar. Y luego, a José Montiel—: Al fin y al cabo, para eso la hice.

José Montiel lo persiguió hasta la sala.

—No seas tonto, Baltazar —decía, cerrándole el paso—. Llévate tu trasto° para la casa y no hagas más tonterías. No pienso pagarte ni un centavo.

piece of junk

—No importa —dijo Baltazar—. La hice expresamente para regalársela a Pepe. No pensaba cobrar nada.

Cuando Baltazar se abrió paso a través de los curiosos que bloqueaban la puerta, José Montiel daba gritos en el centro de la sala. Estaba muy pálido y sus ojos empezaban a enrojecer.

—Estúpido —gritaba—. Llévate tu cacharro. Lo último que faltaba es que un cualquiera° venga a dar órdenes en mi casa. ¡Carajo!

cualquiera: just anybody (i.e. a nobody)

En el salón de billar recibieron a Baltazar con una ovación. Hasta ese momento, pensaba que había hecho una jaula mejor que las otras, que había tenido que regalársela al hijo de José Montiel para que no siguiera llorando, y que ninguna de esas cosas tenía nada de particular.

Pero luego se dio cuenta de que todo eso tenía una cierta importancia para muchas personas, y se sintió un poco excitado.

—De manera que te dieron cincuenta pesos por la jaula.

—Sesenta —dijo Baltazar.

—Hay que hacer una raya en el cielo —dijo alguien—. Eres el único que ha logrado sacarle ese montón de plata a don Chepe Montiel. Esto hay que celebrarlo.

Le ofrecieron una cerveza, y Baltazar correspondió con una tanda° para todos. Como era la primera vez que bebía, al anochecer° estaba completamente borracho, y hablaba de un fabuloso proyecto de mil jaulas de a sesenta pesos, y después de un millón de jaulas hasta completar sesenta millones de pesos.

tanda: round
anochecer: nightfall

—Hay que hacer muchas cosas para vendérselas a los ricos antes que se mueran —decía, ciego de la borrachera—. Todos están enfermos y se van a morir. Cómo estarán de jodidos que ya ni siquiera pueden coger rabia.

Durante dos horas el tocadiscos automático estuvo por su cuenta tocando sin parar. Todos brindaron° por la salud de Baltazar, por su suerte y su fortuna, y por la muerte de los ricos, pero a la hora de la comida lo dejaron solo en el salón.

toasted

Úrsula lo había esperado hasta las ocho, con un plato de carne frita cubierto de rebanadas de cebolla. Alguien le dijo que su marido estaba en el salón de billar°, loco de felicidad, brindando cerveza a todo el mundo, pero no lo creyó porque Baltazar no se había emborrachado jamás. Cuando se acostó, casi a la medianoche, Baltazar estaba en un salón iluminado, donde había mesitas de cuatro puestos con sillas alrededor, y una pista de baile al aire libre, por donde se paseaban los alcaravanes°. Tenía la cara embadurnada de colorete° y como no podía dar un paso más, pensaba que quería acostarse con dos mujeres en la misma cama. Había gastado tanto, que tuvo que dejar el reloj como garantía, con el compromiso de pagar al día siguiente. Un momento después, despatarrado° por la calle, se dio cuenta de que le estaban quitando los zapatos, pero no quiso abandonar el sueño más feliz de su vida. Las mujeres que pasaron para la misa de cinco no se atrevieron a mirarlo, creyendo que estaba muerto.

billiard hall

birds related to the gull

smeared with lipstick

sprawled out

Después de leer

La prodigiosa tarde de Baltazar

Gabriel García Márquez

① Ask students to write an alternate list of the events that took place in the story and rank them according to their relevance to the story. Have them discuss their lists in pairs.

1 Comprensión Enumera *(number)* de uno a diez los acontecimientos en el orden en que aparecen en el cuento.

___6___ a. Baltazar le regaló la jaula a Pepe Montiel.
___5___ b. El médico Octavio Giraldo trató de comprar la jaula.
___7___ c. José Montiel le gritó a Baltazar y lo llamó "estúpido".
___3___ d. Úrsula le dijo a Baltazar que pidiera cincuenta pesos por la jaula.
___1___ e. Baltazar colgó la jaula en el alero.
___9___ f. Baltazar estaba despatarrado por la calle.
___4___ g. Baltazar se afeitó.
___10___ h. A Baltazar le quitaron los zapatos.
___2___ i. Mucha gente vino a ver la jaula de Baltazar.
___8___ j. Baltazar se emborrachó.

② Ask students to think about the circumstances in Baltazar's life that led him to become the person he is. Ask them to think about his attitude towards material possessions, his relationships, and his life in general.

2 Interpretar Identifica al personaje que dijo cada cita. Luego, escribe dos o tres adjetivos que describan la personalidad o el carácter del personaje.

1. Llévate tu trasto para la casa y no hagas más tonterías. *José Montiel*
2. Hubieras sido un extraordinario arquitecto. *Octavio Giraldo*
3. Con esa barba no puedes presentarte en ninguna parte. *Úrsula*
4. Ven a ver qué cosa tan maravillosa. *la esposa de Montiel*
5. No pensaba cobrar nada. *Baltazar*

3 Analizar Contesta las siguientes preguntas con frases completas.

1. ¿Crees que fue generoso Baltazar o, por el contrario, crees que fue irreflexivo *(unthinking)*? Explica tu respuesta.
2. ¿Qué tipo de hombre crees que llegará a ser el hijo de Montiel? ¿Por qué?
3. ¿Por qué mintió Baltazar al final sobre el precio que le pagó Montiel?
4. ¿En qué se diferencian Baltazar y Montiel?
5. ¿Cuál crees que es el tema del cuento? ¿Qué nos revelan las experiencias de Baltazar?

④ Have different pairs of students act out a dialogue between characters other than Baltazar and Úrsula. Alternatively, ask them to prepare a scene that took place simultaneously with another scene in the story and that had an impact on the outcome.

4 Ampliar En parejas, imaginen que son Úrsula y Baltazar al día siguiente. ¿Qué es lo que le dice Úrsula a Baltazar? ¿Y viceversa? Escriban un diálogo para interpretar en frente de la clase.

MODELO
— Baltazar, ¿dónde está tu reloj?
— Lo dejé en el salón de billar.

Antes de leer

PERFIL

Carolina Herrera

Conexión personal: Ask students to think about the importance placed on physical appearance. Have them recall an occasion when they misjudged someone based on appearance. Encourage them to share their anecdotes.

Conexión personal

¿Te gusta vestirte a la moda o no te importa mucho la ropa? Llena la siguiente encuesta personal y después compara tus respuestas con las de un(a) compañero/a.

	Siempre	A veces	Nunca
1. Voy a las tiendas de ropa.			
2. Todos los años cambio mi vestuario.			
3. Mis accesorios hacen juego con mi ropa.			
4. Salgo arreglado/a *(fixed up)* de casa.			
5. Me compro ropa que veo en las revistas.			
6. Me gusta comprar ropa cara.			
7. Estoy pendiente de la última moda.			
8. Compro ropa formal.			
9. Compro ropa informal.			

Contexto cultural

When people think of fashion, they usually think about Milan, Paris, or New York, but thanks to Venezuelan-born Carolina Herrera, Latin American and Caribbean designers are now making their own fashion statements on the world's runways.

At Herrera's request, the Council of Latin American Fashion Designers, Inc. was formed in 1999. This non-profit organization works to promote Latin American and Caribbean designers, and coordinates the annual Fashion Week of the Americas, popular with celebrities, buyers, and media from around the world.

Vocabulario

diseñar *to design*
enérgico/a *energetic*
la huella *trace, mark*
el lujo *luxury*
el privilegio *privilege*
tomar en serio *to take seriously*

PERFIL

Carolina Herrera

Isabel Piquer

Suggestion: Ask students to describe the many fashion trends of the last century. Assign different groups to various periods and ask them to come up with a list of adjectives for the fashion of their assigned period.

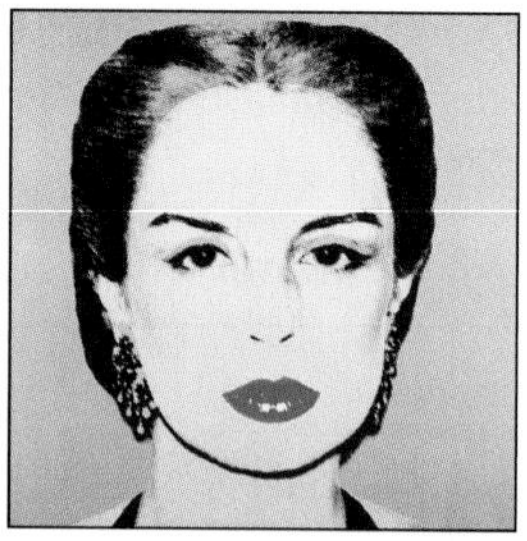

Cuando cumplió los 40, Carolina Herrera decidió hacer algo inaudito°: empezar a trabajar. No tenía por qué. Vivía en Caracas en un mundo de lujo y privilegio. Pertenecía a una de las familias más antiguas y adineradas° de Venezuela. Estaba felizmente casada, tenía cuatro hijos. Llevaba casi diez años en la lista de las mujeres más elegantes del mundo. Era la perfecta anfitriona°, la reina de las fiestas de sociedad. Nadie se lo tomó muy en serio.

De eso hace 22 años. "Nunca hubiera podido anticipar este éxito. Cuando empiezas, creo que nunca sabes muy bien adónde vas ni si vas a gustar, porque tampoco lo estás pensando. Y de repente llega. Luego, si tienes un poquito de éxito, es imposible parar porque es como una droga". Sentada en uno de los sillones de su oficina de la Séptima Avenida, en el Garment District de Nueva York, Herrera habla con la voz melosa° de su acento natal. Está perfecta. Ni una arruga°. Es la imagen de la distinción que ha sabido crear y vender desde su primer desfile, en un apartamento prestado de Park Avenue.

Carolina Herrera tiene la pose y la elegancia de una mujer de mundo. En Caracas vivió las legendarias fiestas de su suegra, Mimi Herrera, amiga de Greta Garbo y de la duquesa de Windsor. En Nueva York fue la diseñadora de Jackie Kennedy en los últimos 12 años de su vida. Warhol le hizo tres retratos, todos iguales salvo por el color de la sombra de ojos. Y cuando *Vanity Fair* sacó el pasado abril una portada plegable° sobre estrellas y leyendas de

unheard of

wealthy

hostess

soft

wrinkle

fold out

Hollywood, no encontró mejor decorado que una réplica del salón victoriano de su casa del Upper East Side.

Tenía 13 años cuando su abuela la llevó a París, a un desfile de Cristóbal Balenciaga. Fue su primera introducción a la alta costura°. Le gustó, pero no lo bastante como para pensar en dedicarse a la moda. "Yo no era de las que jugaban a vestir a sus muñecas°". Sin embargo, aquella experiencia dejó huella. Aún ahora asegura inspirarse en las líneas claras y sencillas del español que triunfó en Francia.

haute couture

dolls

Esta imagen elitista también ha jugado en su contra. A menudo se ha relegado a Carolina Herrera a la categoría de diseñadora para las *ladies who lunch* (las damas que almuerzan). "Si yo sólo hubiera hecho colecciones para mis amigas habría cerrado hace veinte años, porque una compañía no se puede basar en eso. Es imposible. En aquel momento decidieron ponerme esa etiqueta°, pero mi moda no sólo ha sido para ellas".

label

El tiempo le ha dado la razón. El Park Avenue chic, las faldas por debajo de la rodilla, lo clásico, lo caro llenan las páginas de las revistas. Todo el mundo quiere parecerse a la adinerada minoría neoyorquina. "La moda es algo que cambia, pero ciertos elementos son constantes: la sofisticación, la elegancia y, por supuesto, el lujo", dice la diseñadora. "La moda es una fantasía, una locura, un misterio. ¿Qué es la moda? Es algo que necesitas todos los días porque te vistes todos los días. Cuando la gente está combinando lo que se va a poner por las mañanas, ya está haciendo moda. Moda es historia, es civilización, es arte, es un negocio".

"Cuando empecé, tenía 40 años. Acababa de nacer mi primer nieto. A menudo me han preguntado por qué se me ocurrió meterme en esta aventura. Creo que hay un momento en la vida de todo el mundo en el que debes hacer lo que realmente quieres". ❁

Expansion: After students finish their lists, have them work in the same groups to establish a relationship between the clothing of different periods and the social changes that were taking place.

Después de leer

PERFIL

Carolina Herrera

1 **Comprensión** Decide si las frases son **ciertas** o **falsas.** Corrige las oraciones falsas.

	Cierto	Falso
1. Carolina Herrera comenzó a diseñar ropa a los cuarenta años.	☑	☐
2. Carolina Herrera vive ahora en París. *Ella vive en Nueva York.*	☐	☑
3. De pequeña, Carolina Herrera vestía a sus muñecas. *Ella no jugaba a vestir a sus muñecas.*	☐	☑
4. Carolina Herrera viene de una familia muy rica.	☑	☐
5. Según Carolina, la moda es arte y negocio.	☑	☐
6. Carolina siempre recibe muy buenas críticas. *Su moda recibió criticas negativas.*	☐	☑
7. Jackie Kennedy sólo le encargó algunos vestidos. *Carolina Herrera diseñó para ella por 12 años.*	☐	☑
8. Andy Warhol le hizo tres retratos a Carolina Herrera.	☑	☐

② Ask students to think about the role that Carolina Herrera's social status played in her success as a designer.

③ Remind students they need to consider the message conveyed through their fashion line. What audience would they target? What would make it unique?

2 **Interpretar** Contesta las siguientes preguntas con frases completas.

1. ¿Era común que las mujeres de la clase social de Carolina trabajaran?
2. ¿Pensaba Carolina que iba a tener un gran éxito cuando empezó a diseñar ropa? Razona tu respuesta.
3. ¿Crees que Carolina es una buena mujer de negocios? Explica tu respuesta; cita ejemplos del texto.
4. ¿Cómo describe la moda Carolina? ¿Con qué cosas la compara?

3 **Imaginar** En grupos, imaginen que van a montar un negocio como diseñadores de ropa. ¿Qué necesitarían para comenzarlo? Preparen una lista de cinco cosas que tendrían que tener para comenzar. Empiecen sus frases con **Lo que…**.

MODELO Lo que necesitamos para montar nuestro negocio es una oficina.
Ademas, lo que necesitaríamos son dos diseñadores/as de moda.

4 **Comunicación** En parejas, preparen una entrevista con Carolina Herrera. Ya saben algo de ella, pero todavía quieren tener más información. Pueden preguntarle sobre sus estudios, sus amistades, su vida familiar, sus viajes o su país, Venezuela. Uno/a de ustedes es la diseñadora y otro/a es el/la periodista.

Atando cabos

Las empresas en el mundo hispano

Trabajen en grupos para preparar una presentación sobre una empresa hispana.

Elegir el tema

Reúnanse y decidan la empresa de la que van a hablar o, si no conocen ninguna, investiguen entre todos los miembros del grupo para escoger la empresa a presentar.

Suggestion: Bring in Spanish language business-oriented publications to aid in brainstorming.

Preparar

Vayan a la biblioteca o investiguen en Internet. Busquen información sobre la empresa elegida y tomen nota de lo que consideren interesante: qué productos venden, cómo es su publicidad, a quién va dirigido el producto, etc. No se olviden de recoger *(collect)* información audiovisual para mostrar a la clase.

Suggestion: Remind students to clarify their purpose and determine what they are trying to accomplish before organizing other details.

Organizar

Organicen la información recogida en un esquema *(outline)*. Tengan en cuenta que cada presentación durará unos 10 minutos. No se olviden de citar las fuentes *(the sources)* que han utilizado para preparar su presentación.

Ayuda para Internet

Aquí tienen unas palabras claves para buscar información en Internet: **empresarios hispanos / economía / fábrica / publicidad / empresas / éxito**

Estrategia de comunicación

Cómo hablar de una empresa

Las siguientes frases pueden ayudarlos/las a expresarse de forma más adecuada.

1. La empresa de la que vamos a hablar es...
2. Lo que me/nos interesa de esta empresa es, por un lado ..., por otro...
3. Esta empresa, cuyos beneficios son muy numerosos,...
4. Como resultado de su publicidad...
5. En conclusión, quiero/queremos decir que...

Presentar

Antes de su presentación, cada grupo entregará una copia de su esquema al profesor. Usen medios audiovisuales (fotografías, fotocopias, recortes de revistas, etc.) para dar a conocer la empresa que eligieron.

communication cultures connections NATIONAL STANDARDS

Instructional Resource IRM (general teaching suggestion)

Cortometraje: *Correo celestial* (España; 10:09 minutos)
Synopsis: In this humorous film, a young man receives a chain letter. If he sends it to twenty-one people within nine days, he will have good luck. On the other hand, if he fails to send it within the allotted time period, he will be struck with bad luck. What is his fate?

Correo celestial

país España
duración 10:09 minutos
director Gerardo Ballesteros
protagonistas joven, ángel, diablo

Vocabulario

atropellar *to run over*
la burla *mockery*
dar la vuelta al mundo *to go around the world*
el disfraz *costume*
fallecer *to die*
tal como *just as*

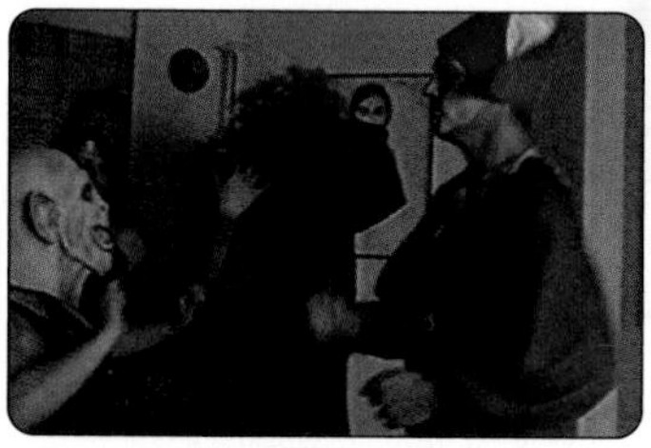

Antes de ver el corto

1 **Comentar** En parejas, contesten las siguientes preguntas.

1. ¿Han recibido alguna vez una carta en cadena? ¿Han hecho lo que les pedían?
2. ¿Por qué creen que existe este tipo de correo?

Mientras ves el corto

2 **Anticipar** ¿Qué piensas que le va a pasar al protagonista?

3 **Comprensión** En la lista, hay algunos sucesos que ocurren y otros que no. Indica los que sí ocurren.

__✓__ 1. El joven abre el buzón y recoge una carta.
_____ 2. El joven tira la carta a la basura.
_____ 3. El joven va a la fiesta de disfraces.
__✓__ 4. El joven se imagina que echa la carta a un buzón.
_____ 5. Constantino García recibió ocho millones de pesetas.
__✓__ 6. Llamaron a María Baldó para un trabajo mejor.
__✓__ 7. Tiene que hacer veintiuna copias.
__✓__ 8. Muere atropellado.

Personajes

AGUAYO FABIOLA DIANA JOHNNY ÉRIC

De vuelta en el presente...

AGUAYO Brindo por nuestra revista, por nuestro éxito y, en conclusión, brindo por quienes trabajan duro... ¡Salud!

DIANA Esto me recuerda el primer día que Johnny trabajó en la oficina.

Diana recuerda...

DIANA Los empleados en esta empresa entran a las nueve de la mañana y trabajan duro todo el día. Sabes lo que es el trabajo duro, ¿verdad?

JOHNNY No hay problema, señora González. En mi trabajo anterior entraba a las cuatro de la mañana y jamás llegué tarde.

DIANA A esa hora nunca se sabe si es demasiado tarde o demasiado temprano.

AGUAYO ¿Qué es lo que quieres, Fabiola?

FABIOLA Un aumento de sueldo.

AGUAYO ¿Qué pasa contigo? Te aumenté el sueldo hace seis meses.

FABIOLA Lo sé, pero en este momento hay tres compañías que andan detrás de mí. Por lo tanto, merezco otro aumento.

Más tarde, conversando en la oficina central...

DIANA Ya sé qué regalarle a Aguayo... un llavero. *(Éric y Fabiola ponen cara de repugnancia.)*

DIANA ¿Qué?

FABIOLA No lo culpo si lo cambia por un pez.

Expresiones útiles

Proposing a toast

Brindo por nuestra revista.
I toast our magazine.

Brindemos por nuestro éxito.
Let's toast our success.

¡Salud!
Cheers!

¡A tu salud!
To your health!

Additional vocabulary

el aumento de sueldo *raise*

los calzoncillos *(men's) underwear*

el empresario *entrepreneur*

el pececillo de colores *goldfish*

la vela *candle*

merecer *to deserve*

pedir un deseo *to make a wish*

bien acogido/a *well received*

de corte ejecutivo *of an executive kind; of an executive nature*

demasiado/a *too; too much*

Apuntes culturales En América Latina y España es tradicional leer el diario del domingo. Ese día periódicos importantes como *El Mercurio* de Chile o *El Universo* de Ecuador ofrecen suplementos muy variados. Pero los hispanoamericanos se caracterizan por leer muchas revistas. Algunas venden muchísimos ejemplares: las hay deportivas, como *Don Balón* de España, políticas, como *Cambio*, de Colombia; algunas dedicadas a las adolescentes, como *Tú*, de Puerto Rico, y otras a las mujeres, como *Flora Tristán*, de Perú. *¿Se puede llegar a alguna conclusión sobre la cultura de un país a partir de la calidad y cantidad de sus revistas?*

Suggestion: Point out the number of candles on the cake to help students conclude that it is not anyone's birthday.

Comprensión

① Have students determine whether the following are true or false. If false, have them provide the right answer:
1. El padre de Fabiola es un financiero millonario. (falso)
2. Johnny nunca llegó tarde al trabajo. (falso)
3. Diana le regaló a su hermano unos calzoncillos. (falso)
4. A Fabiola le aumentaron el sueldo hace seis meses. (cierto)

② Have students explain their selection for each item.

③ Have students change the sentences to the past and rewrite them in the form of a paragraph.

1 ¿Pasado o presente? En la **Fotonovela** los personajes recuerdan cosas del pasado. Decide si lo que afirman las siguientes oraciones ocurrió **en el pasado** u ocurre **en el presente**. Luego completa las oraciones con la forma adecuada del verbo.

	Pasado	Presente
1. Éric *creyó* (creer) que Fabiola era hija de un millonario.	☑	☐
2. Los empleados de la revista *brindan* (brindar) por el aniversario.	☐	☑
3. Éric *pensó* (pensar) que se había enamorado de Fabiola.	☑	☐
4. Diana *propone* (proponer) hacerle un regalo a Aguayo.	☐	☑
5. Diana le *regaló* (regalar) unos calzoncillos de dinosaurios a su hijo.	☑	☐
6. Fabiola le *pide* (pedir) a Aguayo un aumento de sueldo.	☐	☑

2 Seleccionar Selecciona la oración más adecuada para reemplazar lo dicho por los personajes de la **Fotonovela**.

1. **AGUAYO** Quiero que cada uno cierre los ojos y luego pida un deseo.
   x a. Quiero que pidan un deseo. ____ b. Deseo que me pidas lo que quieras.
2. **DIANA** Sabes lo que es el trabajo duro, ¿verdad?
   ____ a. Es verdad que sabes lo que es el trabajo duro. *x* b. ¿Sabes lo que es el trabajo duro?
3. **DIANA** Por lo menos, ayúdenme a escoger el regalo.
   ____ a. Ayúdenme a escoger el regalo menos caro. *x* b. Les pido solamente que me ayuden a escoger el regalo.

3 Ordenar Indica con números el orden en que ocurrieron los hechos *(events)* de este episodio.

2 a. Brindan por la revista.
1 b. Cantan cumpleaños feliz.
5 c. Fabiola pide un aumento de sueldo.
6 d. Diana piensa regalarle a Aguayo un llavero.
4 e. Éric sugiere regalarle a Aguayo un pececito de colores.
3 f. Fabiola dice que está en crisis económica.

4 Preguntas Contesta las siguientes preguntas.

1. ¿Qué celebran los empleados de *Facetas*?
2. ¿Por qué creía Éric que se había enamorado de Fabiola? Explica tu respuesta.
3. ¿Por qué Fabiola no puede ayudar con el regalo?
4. ¿Le gusta a Fabiola la idea de regalarle un llavero a Aguayo?

Después de ver el corto

4 Comprensión Contesta las siguientes preguntas.

1. ¿Qué promete la carta?
   La carta promete que va a tener cuatro días de suerte.
2. ¿A qué persona tiene que enviar la carta?
   Tiene que enviar la carta a las personas que necesiten ayuda y suerte.
3. ¿Qué consiguió Constantino García por enviar la carta?
   Constantino García recibió cinco millones de pesetas.
4. ¿Por qué no puede dormir el joven?
   No puede dormir porque hay una fiesta cerca de su apartamento.
5. ¿Envía las cartas?
   Sí, envía las cartas.
6. ¿Qué le ocurre al final al joven?
   El joven muere atropellado por un carro.

5 Desarrollar Contesta las siguientes preguntas con un(a) compañero/a.

1. ¿Qué relación tiene el final del cortometraje con su título? Razonen sus respuestas.
2. ¿Si recibieran una carta así, harían lo que se les pide? ¿Por qué?
3. ¿Creen que una carta en cadena puede cambiar la vida de alguien?

6 Escribir Escribe una carta similar a la que recibe el protagonista. Utiliza pronombres relativos y palabras de transición. Después, léela delante de la clase.

7 Conversar En parejas, uno/a de ustedes tiene que intentar convencer al/a la otro/a de que escriba y mande veinte cartas en cadena para poder conseguir el trabajo de sus sueños. El/la otro/a tiene que dar argumentos en contra.

8 Interpretar En parejas, inventen otro final para el corto, en el que incluyen un diálogo del joven con otro personaje de su elección. Después, represéntenlo delante de la clase.

7 VOCABULARIO

La gente del trabajo

el/la dueño/a	*owner*
el/la ejecutivo/a	*executive*
el/la empleado/a	*employee*
el/la inversor(a)	*investor*

El mundo laboral

la entrevista de trabajo	*job interview*
el éxito	*success*
la jubilación	*retirement*
administrar	*to manage, run*
ahorrar	*to save*
ascender	*to rise, to be promoted*
despedir	*to fire*
dirigir	*to manage; to direct*
estar al día	*to be up-to-date*
estar bajo presión	*to be under stress/pressure*
ganarse la vida	*make a living*
jubilarse	*to retire*
desempleado/a	*unemployed*
exitoso/a	*successful*
actualmente	*currently*

Instructional Resource
- Tests

El trabajo

el aumento de sueldo	*raise in salary*
la compañía	*company*
la conferencia	*conference*
el contrato	*contract*
el currículum vitae	*résumé*
el empleo	*employment, job*
la empresa	*company*
la hoja de vida	*résumé*
la mano de obra	*labor, force*
la marca	*brand*
el presupuesto	*budget*
el proyecto	*project*
el puesto	*position, job*
la reunión	*the meeting*
el sueldo mínimo	*minimum wage*
la sucursal	*branch*
calidad	*quality*

Algunas profesiones

el/ la abogado/a	*lawyer*
el/la arqueólogo/a	*archaeologist*
el/la cocinero/a	*chef*
el/la comerciante	*storekeeper, trader*
el/la contador(a)	*accountant*
el/la funcionario/a	*government employee*
el/la gerente	*manager*
el/la ingeniero/a	*engineer*
el/la periodista	*journalist*

Estructura 7.1	*Véase la página 268.*
Estructura 7.2	*Véase las páginas 270 y 271.*
Estructura 7.3	*Véase las páginas 274 y 275.*
Estructura 7.4	*Véase la página 278.*

Las inversiones y el ahorro

el ahorro	*savings*
la acción	*stock*
la bolsa de valores	*stock market*
la crisis ecónomica	*economic crisis*
la cuenta corriente	*checking account*
la cuenta de ahorros	*savings account*
el desarrollo	*development*
la deuda	*debt*
el dinero	*money*
la inversión extranjera	*foreign investment*
el impuesto	*tax*
cobrar	*to charge, to receive*
financiar	*to finance*
firmar	*to sign*
financiero/a	*financial*
fijo/a	*permanent; fixed*

El comercio

el comercio	*commerce, trade*
el impuesto de ventas	*sales tax*
las exportaciones	*exports*
la fábrica	*factory*
la huelga	*strike*
las importaciones	*imports*
la industria	*industry*
la multinacional	*multinational company*
la publicidad	*advertising*
el sindicato	*labor union*

Expresiones útiles	*Véase la página 263.*
Vocabulario de "La prodigiosa tarde de Baltazar"	*Véase la página 283.*
Vocabulario del perfil	*Véase la página 295.*
Vocabulario de *Correo celestial*	*Véase la página 300.*

La religión y la política

8

Communicative Goals

You will expand your ability to...

- describe actions in the passive voice
- express surprise or unexpected occurrences
- express contradictions to previously stated information

Contextos

páginas 304-307

- Los cargos públicos y la política
- Las leyes y los derechos
- La religión y la moral

Fotonovela

páginas 308-311

- *La rueda de prensa:* La diputada Tere Zamora visita la redacción de *Facetas* para dar una entrevista y una rueda de prensa.

Enfoques

páginas 312-313

- Costa Rica: un modelo de democracia
- La democracia y la monarquía en España

Estructura

páginas 314-325

- The passive voice
- Constructions with **se**
- Past participles as adjectives
- **Pero, sino, sino que, no sólo...sino, tampoco**

Lecturas

páginas 326-345

- **Cuento:** *Dos palabras* de Isabel Allende
- **Perfil:** Rubén Blades, músico

La religión y la política

Un diputado enojado

El diputado liberal está cansado de que no se trate **su proyecto de ley** para proteger los **derechos civiles** de las **minorías**. Al sentir tanto rechazo, llegó a pensar que era mejor renunciar a su **cargo**. Pero cambió de idea. Al fin y al cabo fue elegido por el **pueblo** para desempeñar su papel. Además, **el líder político** ahora cree mucho más en su **discurso**, porque ya sabe cómo sufren los que se sienten **discriminados**.

Instructional Resources
- WB
- LM
- CD-ROM
- WB/LM/VM Answer Key

Suggestion: Ask students to predict the content of the captions based on the pictures.

Suggestion: Remind students that the boldfaced words and expressions are new active vocabulary as well as the ones in the lists.

Democracia

El viejo general del **ejército** quiere dar **batalla** una vez más. Dice que las **fuerzas armadas** tienen que imponer la **seguridad** en el país. Su esposa escucha esas palabras y se preocupa. Dice que no quiere **ser gobernada** por una **dictadura** sin **libertad** ni **igualdad** para todos los **ciudadanos**. Ella le explica que va a organizar una **campaña electoral** para **presentarse como candidata**, y que es bueno que se hable de política para que la gente **se informe**.

Comprehension Check: ¿Cierto o falso?
1) Los asuntos sociales preocupan al diputado. (cierto)
2) El joven va a unirse a los que apoyan al general. (falso)
3) Juan José se preocupa por cuestiones políticas. (falso)
4) La embajadora se arrepiente de haber tomado una mala decisión. (cierto)
Suggestion: Pair students up to write dialogues based on the scenes shown in **Contextos**.

Crisis espiritual

Desde el principio de los tiempos, la humanidad se ha preguntado por el origen de **la vida**. Muchos han buscado sus respuestas en la **religión**, pues la **fe religiosa** los ayuda a comprender el mundo. Otros son **creyentes**, pero no se consideran practicantes; y otros declaran que no **creen** en nada. Juan José está leyendo muchos textos religiosos, pues quiere saber si **Dios** existe o si hay vida después de la **muerte**.

No a la corrupción

La **embajadora** firmó un **tratado** que considera **injusto**. Aunque se ha quejado ante su **partido político** y ha dicho que el tratado es **inmoral** y perjudica al país, no ha podido negarse a firmar. Ningún **juez** de ningún **tribunal** puede sentenciarla, pero ahora ella se siente culpable. Ha decidido ser sincera. Acompañada por sus hijos, está dispuesta a **confesarle** al pueblo su error y el de su partido. Después de confesarse, espera sentirse más **libre** de culpa.

Los cargos públicos y la política

el alcalde/ la alcaldesa	*mayor*
el/la diputado/a	*representative*
el/la líder (laboral)	*(labor) leader*
el/la ministro/a	*minister*
el régimen	*form of government*
el/la senador(a)	*senator*
inscribirse	*to register; to enroll*
pronunciar un discurso	*to give a speech*
votar	*to vote*
crítico/a	*critical*
estatal	*public; pertaining to the state*

Las leyes y los derechos

los derechos (humanos)	*(human) rights*
la discriminación	*discrimination*
el juicio	*trial; judgment*
la lucha	*struggle; fight*
la queja	*complaint*
aprobar (una ley)	*to approve (a law)*
avisar	*to inform; to warn*
rechazar	*to reject*

La religión y la moral

el ateísmo	*atheism*
la creencia	*belief*
perdonar	*to forgive*
rezar	*to pray*
(in)justo/a	*(un)just; (un)fair*
sagrado/a	*sacred*

Práctica

① Have groups categorize the professions in the activity into two or three different groups. Tell them to add two more professions to each category. Ex: **Oficiales elegidos: alcaldes, senadores**.

② Introduce the activity by comparing and contrasting the jobs of politicians and journalists. Make a chart on the board recording the responses.

③ Ask students not to use **tener** or **ser** in their sentences.

1 Zapatero a tus zapatos Distintas personas desempeñan distintos papeles en una sociedad. Indica qué función cumplen las siguientes personas.

_c_ 1. alcaldes
_e_ 2. embajadores
_b_ 3. generales de las fuerzas armadas
_a_ 4. senadores
_d_ 5. jueces

a. Representan estados o provincias y aprueban proyectos de ley.
b. Protegen al país de ataques extranjeros.
c. Son responsables de los asuntos del pueblo o ciudad.
d. Trabajan en un tribunal y dictan sentencias.
e. Representan un país ante otros países.

2 El periodista insistente Completa el siguiente diálogo con las palabras de la lista.

—Diputado García, ¿qué opina usted del _proyecto de ley_ (1)?

—Es pésimo. Amenaza los _derechos civiles_ (2) de los ciudadanos. Para empezar, impide que los ministros vayan a _juicio_ (3).

—¿Y eso es malo?

—¡Claro que sí! El que _gobierna_ (4) debe responder ante los _tribunales_ (5) si es necesario.

—¿Por qué?

—Porque hay que controlar a las personas que tienen _un cargo_ (6) público.

—¿Por qué?

—Porque pueden ser _injustas_ (7).

—¿Por qué?

—Porque las personas son _libres_ (8) de hacer el bien o el mal.

—¿Por qué?

—Porque las primeras dos que hubo comieron de la manzana _prohibida_ (9) y fueron al infierno.

un cargo	injustas	prohibida
derechos civiles	juicio	proyecto de ley
gobierna	libres	tribunales

3 Oraciones Une las palabras de la lista para formar seis oraciones.

votar	presidente	religión	general
ley	campaña	elección	país
fuerzas armadas	fe	juez	candidato

Comunicación

④ La hora de las elecciones

A. En parejas, lean la siguiente lista de estereotipos sobre la política y los políticos y complétenla con tres oraciones propias. (Pueden tomar ideas de la lista.)

Los políticos hablan mucho y no dicen nada.

Los políticos prometen mucho y hacen poco.

Los conservadores no se preocupan por el medio ambiente.

Los liberales no se preocupan por la seguridad.

Los políticos sólo quieren poder *(power)*.

burocracia	el poder cambia a la gente	respeto a las minorías
libertad	(no) arriesgarse	tardar en aprobar leyes
amigos de los políticos	corrupción	gastar mucho

B. Imagina que tú y tu compañero/a trabajan para un(a) líder de tu comunidad que se va a presentar como candidato/a a diputado/a. Quieren preparar una campaña que diga que el/la candidato/a es "especial" y no como todos/as los/as otros/as. A partir de las oraciones del paso **A**, preparen un discurso de seis o siete oraciones en primera persona para el candidato.

C. Compartan su discurso con otra pareja y, entre todos, preparen el mejor discurso que puedan. Luego elijan al/a la líder del grupo para dar el discurso ante la clase. La clase votará por el/la mejor candidato/a.

⑤ Las religiones

A. Muchas religiones tienen aspectos en común. En parejas usando la lista de palabras, elaboren cuatro oraciones sobre aspectos en común de las religiones que conocen.

ayudar	igualdad	tolerancia
conciencia	libertad	valores morales
fe	perdonar	
generosidad	proteger	

B. Hagan un debate en clase sobre la siguiente pregunta: ¿te parece que las religiones dicen una cosa y la gente interpreta o hace otras?

NATIONAL communication STANDARDS

④ Model this activity by formulating a statement yourself. Remind students that the activity calls for generalities, and to avoid personal opinions.

⑤ For homework, ask students to write a summary of the debate's most salient features, including their personal feelings on the topic.

La diputada Tere Zamora visita la redacción de *Facetas* para dar una rueda de prensa.

AGUAYO ¿Y la diputada?

MARIELA La esperé frente a la salida pero nunca llegó.

DIANA ¿Dejaste a la señora Zamora en el aeropuerto?

MARIELA ¿Cómo dijiste que se llama?

AGUAYO Zamora. Tere Zamora.

MARIELA Pensé que me habían dicho *Teresa Mora.*

AGUAYO Si no regresas con la diputada, estás despedida.

MARIELA No se preocupe, jefe. La encontraré.

DIANA Recuerda, es una mujer cuarentona con ojeras y de aspecto militar. (*Mariela se va.*) No puedo creer que se haya equivocado de nombre.

AGUAYO No sólo eso, sino que dejó a la diputada en el aeropuerto.

JOHNNY Todo se arreglará. Tómenlo con calma.

AGUAYO Invito a la política más prominente y controversial del norte del país para una entrevista en exclusiva, y una de mis empleadas la deja en el aeropuerto, y ¿debo tomarlo con calma?

ÉRIC Ya la encontrará. Son políticos. Aparecen sin que nadie los llame.

DIANA No se moleste. Yo se la leeré. (*Lee.*) "Por su aportación a la democracia, los derechos humanos, la justicia y la libertad. De la revista *Facetas* para la honorable diputada *Teresa Mora.*" *(Se le cae de las manos.)* ¡Uy!... Tengo las manos tan resbaladizas. Debe ser por el hambre... ¿Almorzamos?

Diana y la diputada se van.

En la cocina...

FABIOLA ¿Viste a todos esos periodistas allá fuera?

Están viendo televisión.

ÉRIC Cualquier político que luche contra la corrupción se convierte en un fenómeno publicitario.

FABIOLA ¿Quién es ése que corre? *(Señala la tele.)*

AMBOS ¡Johnny! *(Johnny entra corriendo.)*

En la oficina, dando una rueda de prensa...

PERIODISTA Hacer cumplir la ley le ha dado una posición de liderazgo en el gobierno. ¿Cuándo sabremos si será candidata a senadora, señora diputada?

DIPUTADA Se enterarán de los detalles de mi futuro político en la próxima edición de la revista *Facetas.*

NATIONAL STANDARDS communication cultures

Instructional Resources
- VM • Video • CD-ROM
- IRM • WB/LM/VM Answer Key

Video Synopsis:
- Mariela returns from the airport without Deputy Tere Zamora.
- Aguayo is anxious about the stranded deputy.
- Éric and Fabiola watch a crowd of journalists outside the office on TV.
- The journalists interview Deputy Zamora about her role in politics.
- Mariela returns from the airport without Deputy Zamora again and puts her foot in her mouth.
- See IRM for more details.

Personajes

AGUAYO | MARIELA | DIANA | JOHNNY | ÉRIC | LA DIPUTADA TERE ZAMORA | FABIOLA | PERIODISTA

Suena el timbre del ascensor.
Aguayo está furioso, seguro de que es Mariela.

AGUAYO ¡Qué... *(entra la diputada)* gusto saludarla, señora diputada! Disculpe los inconvenientes señora Zamora. Envié a una persona a recogerla, pero, como ve, nunca se encontraron.

DIPUTADA Son cosas que pasan, pero no se preocupen; lo importante es hacer la entrevista.

En la oficina...

JOHNNY Como muestra de nuestro agradecimiento, le hacemos este humilde obsequio.

DIPUTADA ¡El calendario azteca!

FABIOLA Y tiene una dedicatoria en la parte de atrás escrita en caligrafía por nuestra artista gráfica.

DIANA ¿Por Mariela?

Diana toma el calendario.

PERIODISTA Eso es favoritismo.

DIPUTADA Favoritismo ¡no!, sino que los periodistas de *Facetas* son los únicos que tratan la política con respeto.

Más tarde, en la sala de conferencias...

MARIELA Lo siento, pero no encontré a ninguna cuarentona con ojeras y con aspecto militar. (*Se entera de que la diputada está presente.*) Aunque ahora mismo regreso a ver si encuentro a la guapa diputada que estaba buscando.

Mariela se va avergonzada.

Expresiones útiles

Making an apology

Disculpe los inconvenientes, señora Zamora. *Pardon the inconveniences, Mrs. Zamora. (form.)*

Disculpa los inconvenientes, Jorge. *Pardon the inconveniences, Jorge. (fam.)*

Being assertive

Si no regresas con la diputada, estás despedida. *If you don't come back with the representative, you are fired.*

Si no llegas a la hora, me iré sin ti. *If you don't arrive on time, I will leave without you.*

Additional vocabulary

el agradecimiento *gratitude*
la aportación *contribution*
el aspecto *appearance, look*
la dedicatoria *dedication*
el inconveniente *problem, hitch (something that doesn't come off according to plan)*
el liderazgo *leadership*
la muestra *sample, example*
el obsequio *gift*
las ojeras *bags under the eyes*
la salida *exit*
confundir (con) *to confuse (with)*
luchar *to fight, struggle*
cuarentón/cuarentona *forty-year-old; in her/his forties*
despedido/a *fired*
resbaladizo/a *slippery*

Apuntes culturales El voto es obligatorio para los ciudadanos de todos los países latinoamericanos excepto en dos: Colombia y Nicaragua. Quien no vota debe justificar su ausencia o pagar multas importantes. El día de elecciones siempre es el domingo, para que los votantes puedan trasladarse al lugar de votación más fácilmente y para no interrumpir la actividad del país. En España las elecciones también son los días domingo, aunque allí el voto no es obligatorio. *¿Te parece que el voto obligatorio es una buena idea?*

Preview: Show the video with no sound and ask students to predict the situation. **Suggestion:** Have students cover the **Expresiones útiles** and find the expressions of apology in the captions.

Comprensión

① Ask volunteers to summarize the story before assigning the activity.

① **Remplazar** Escoge la opción que reemplaza lo dicho por los personajes de la **Fotonovela**.

1. **MARIELA** La esperé frente a la salida pero nunca llegó.
   a. Esperé a la diputada en la salida del aeropuerto. Ella no llegó. *x*
   b. Esperé a la diputada. Pero no llegué a la salida. La diputada tampoco.
2. **AGUAYO** No sólo eso, sino que dejó a la diputada en el aeropuerto.
   a. Eso no es lo peor: además no la dejó en el aeropuerto.
   b. Eso no es lo peor: además la dejó en el aeropuerto. *x*
3. **AGUAYO** Envié a una persona a recogerla, pero, como ve, nunca se encontraron.
   a. Envié a una persona al aeropuerto, pero usted no la recogió.
   b. Un empleado fue a buscarla. Usted y esa persona no se vieron. *x*
4. **DIPUTADA** Favoritismo ¡no!, sino que los periodistas de *Facetas* son los únicos que tratan la política con respeto.
   a. No estoy haciendo favoritismo. Lo que ocurre es que solamente los periodistas de *Facetas* tratan respetuosamente la política. *x*
   b. No estoy haciendo favoritismo. Los políticos tratan con respeto solamente a los periodistas de *Facetas*.
5. **MARIELA** Lo siento, pero no encontré a ninguna cuarentona con ojeras y aspecto militar.
   a. Siento no haber encontrado a una cuarentona con ojeras y aspecto militar. *x*
   b. Siento no encontrar las ojeras con aspecto militar.

② Have pairs of students write dialogues between Mariela and a friend or Aguayo and his wife about the day's events.

② **Seleccionar** Las palabras subrayadas reemplazan otras palabras o expresiones en el texto. Selecciona la(s) palabra(s) reemplazada(s).

1. **MARIELA** <u>La</u> esperé frente a la salida pero nunca llegó.
   a. a Mariela — b. a la salida — c. a la diputada *x*
2. **AGUAYO** No sólo <u>eso</u>, sino que dejó a la diputada en el aeropuerto.
   a. Mariela se equivocó con el nombre de la diputada. *x* — b. La diputada es una mujer cuarentona con ojeras y aspecto militar. — c. Mariela dejó a la diputada en el aeropuerto.
3. **ÉRIC** Aparecen sin que nadie <u>los</u> llame.
   a. los periodistas — b. los políticos *x* — c. los compañeros de Éric
4. **DIANA** No se moleste. Yo se <u>la</u> leeré.
   a. la carta — b. el calendario azteca — c. la dedicatoria *x*
5. **PERIODISTA** <u>Eso</u> es favoritismo.
   a. que usted sólo le dé esa información a la revista *Facetas* *x* — b. que usted no nos conceda una entrevista — c. que usted no nos dé esa información

Ampliación

3 **¿Qué te pasa a ti?** A Diana se le ponen las manos resbaladizas porque tiene hambre. ¿A ti te ocurre lo mismo? Haz una lista de lo que te pasa cuando tienes hambre. Esta lista puede servirte de ayuda.

tener problemas en la visión	hacer ruido el estómago	enojarse
doler la cabeza	estar mareado/a	no poder pensar
sentir cansancio	sentir olor a comida	no tener paciencia

4 **Una nueva dedicatoria** Como a Diana se le rompió el calendario azteca, Aguayo compra uno nuevo para la diputada. Otra vez, Mariela escribe la dedicatoria, pero ahora incluye una frase hablando del desencuentro *(mix-up)* en el aeropuerto. En parejas, escriban la nueva dedicatoria.

5 **El final** Reúnanse en grupos de cuatro y relean la **Fotonovela**. Uno/a será Aguayo, otro/a la diputada, otro/a será Diana y uno/a será Mariela. La **Fotonovela** termina cuando Mariela intenta disimular *(hide)* que estaba hablando de la diputada. Continúen el diálogo y dramaticen la situación frente a la clase.

6 **Y ahora... el día después** Reúnanse en parejas. Imaginen que uno/a de ustedes es Aguayo y el/la otro/a es Mariela. La diputada ya se ha ido. Aguayo quiere decirle a Mariela algunas cosas acerca de su error. Dramaticen la situación.

7 **Un buen político** En grupos de cuatro discutan: ¿Cuáles son las cualidades de un(a) buen(a) político/a? ¿Qué cosas muestran que un(a) político/a es bueno/a? Lean los adjetivos y las acciones de la lista. Seleccionen los cuatro más importantes (pueden ser dos cualidades y dos acciones, o una cualidad y tres acciones, etc.). Luego, expliquen por qué eligieron esas acciones y cualidades.

auténtico/a	decir lo que piensa
reflexivo/a	cuidar su aspecto
conservador(a)	criticar la burocracia
crítico/a	luchar contra la corrupción
culto/a	tener creencias religiosas
flexible	defender los derechos civiles
generoso/a	pelear contra la discriminación
divertido/a	creer en la igualdad de todas las personas
inteligente	no aumentar los impuestos
liberal	ocuparse del medio ambiente
simpático/a	saber hablarle al pueblo
sincero/a	

NATIONAL communication STANDARDS

3 Use TPR to review the expressions in the word bank.

4 For homework, ask students to describe a gift they would make to a politician they admire and the note they would include with it.

6 Ask students to rewrite the **Fotonovela** using a well-known US politician.

7 Have students design a campaign poster for Tere Zamora based on their lists.

Instructional Resource IRM (general teaching suggestion)

NATIONAL cultures STANDARDS

Costa Rica: un modelo de democracia

Abel Pacheco, *presidente de Costa Rica*

Parque Central en San José, Costa Rica

Los empleados de la revista *Facetas* le hacen un regalo a la diputada mexicana Tere Zamora para agradecerle su aportación a la democracia. La República de Costa Rica, de la que se habla a continuación, es un modelo de democracia en Centroamérica.

Costa Rica, conocida por la belleza de sus selvas y playas, tiene una historia política singular dentro de Centroamérica, pues es uno de los pocos países de la región que, desde el siglo XIX, goza de paz y de estabilidad económica.

A esta pequeña república se le ha denominado "La Suiza de Latinoamérica" por tener la democracia más antigua de Centroamérica. Su constitución data de 1871, y sólo se han hecho reformas en contadas ocasiones. En el siglo XX, sus gobiernos, casi siempre de carácter moderado y ayudados por las épocas de bonanza económica, llevaron al país a disfrutar de una gran prosperidad.

Las condiciones de vida en Costa Rica son muy buenas, gracias a que el gobierno dedica gran parte de su presupuesto a gastos sociales. Cada año el 20% del presupuesto nacional es destinado a la educación y a la salud. ¿No te parece una decisión muy sabia? Este sistema de salud, que funciona desde 1942, cubre a todos los habitantes.

En la actualidad, las exportaciones costarricenses ocupan el primer lugar en Latinoamérica: desde café, bananos y cacao, hasta sofisticados programas de software. La infraestructura viaria es buena y las escuelas y las universidades son de gran calidad.

El país es, también, la sede de varias organizaciones internacionales, como el Consejo de la Tierra, la Universidad para la Paz y el Tribunal Iberoamericano de los Derechos Humanos. En 1987, se le entregó el Premio Nobel de la Paz al entonces presidente, Arias Sánchez.

¿Qué más se puede decir de este pequeño país centroamericano? Hay otro dato que te va a sorprender: Costa Rica es el único país del mundo que no tiene ejército. Lo disolvió en 1948.

La democracia y la monarquía en España

En este capítulo de la **Fotonovela**, se insiste en la importancia de los valores democráticos. En 1975, España, después de muchos años de dictadura, consiguió la democracia. Aquí tienes una breve historia de esa transición.

La pacífica transición española a la democracia suscitó gran admiración internacional. De hecho, España ha servido de modelo para muchos países que posteriormente se han visto en las mismas circunstancias. El mérito se debe al gran consenso social y político al que llegaron, tanto la sociedad civil como los poderes políticos y militares. El rey Juan Carlos I de Borbón fue uno de los personajes clave en esta transición a la democracia.

Durante los casi cuarenta años de la dictadura de Francisco Franco, no hubo monarquía. El dictador, a la hora de buscar un sucesor, pensó en el príncipe Juan Carlos, que tenía diez años de edad y que vivía en el exilio con su familia. Franco lo organizó todo para que el príncipe completara su formación académica y militar en España, bajo su supervisión.

Francisco Franco

Franco, a su muerte, en 1975, estaba seguro de haber dejado la situación bajo control. Pero se había equivocado. Lo que el dictador nunca se imaginó es que ese heredero tenía firmes convicciones democráticas. Fue así como el rey se convirtió en el primer promotor de la transición pacífica hacia una nación moderna y democrática. España, hoy día, es una democracia parlamentaria y la monarquía tiene tan sólo una función representativa.

El rey Juan Carlos de España

La familia real de España es muy querida por sus súbditos. Tanto Sus Majestades, Juan Carlos y Sofía, como sus tres hijos, el príncipe Felipe y las infantas Elena y Cristina, han destacado siempre por su sencillez y amabilidad. Llevan una vida discreta, pagan impuestos y son muy amantes de los deportes.

gozar	*to enjoy*	**el ejército**	*army*
la bonanza	*prosperity*	**suscitar**	*to raise*
sabio	*wise*	**el heredero**	*heir*
viario	*road*	**firme**	*strong*
sede	*headquarters*	**el súbdito**	*subject*

Coméntalo

Reúnete con varios/as compañeros/as de clase y conversa sobre los siguientes temas.

1. ¿Es necesario tener un sistema de salud que cubra a todos los habitantes? ¿Por qué?
2. ¿Es importante para un país tener ejército? Expliquen sus argumentos.
3. ¿Conocen algún país que haya estado sometido (*submitted*) a alguna dictadura? ¿Cuál?
4. ¿Qué saben de la España actual?

8.1 The passive voice

comparisons
NATIONAL STANDARDS

Instructional Resources
- WB
- LM
- CD-ROM
- WB/LM/VM Answer Key

¿Te acuerdas? In the active voice, the doer of the action (the agent) is the subject of the sentence, whereas in the passive voice the object of the action (the recipient) is the subject of the sentence. There are no major differences between the passive voice in English and Spanish.

Y tiene una dedicatoria en la parte de atrás escrita por nuestra artista gráfica.

La política es tratada con respeto por los periodistas de Facetas.

▶ The following sentences are in the active voice. They follow the pattern [*subject*] + [*verb*] + [*object*]. The doer of the action (the agent) is emphasized.

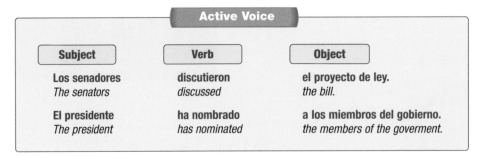

Active Voice

Subject	Verb	Object
Los senadores *The senators*	**discutieron** *discussed*	**el proyecto de ley.** *the bill.*
El presidente *The president*	**ha nombrado** *has nominated*	**a los miembros del gobierno.** *the members of the goverment.*

▶ In the passive voice, the agent and the recipient of the action change position. The pattern it follows is [*recipient*] + **ser** + [*past participle*] + **por** + [*agent*].

¡ATENCIÓN!

To review the formation of regular and irregular past participles, see **Lección 4**, page 136.

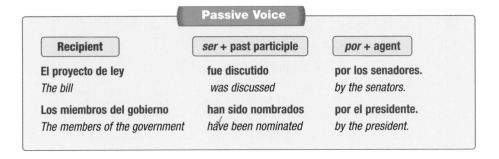

Passive Voice

Recipient	*ser* + past participle	*por* + agent
El proyecto de ley *The bill*	**fue discutido** *was discussed*	**por los senadores.** *by the senators.*
Los miembros del gobierno *The members of the government*	**han sido nombrados** *have been nominated*	**por el presidente.** *by the president.*

▶ Notice that the past participle must agree in gender and number with the recipient in the passive voice.

El **discurso** fue **escrito** por el presidente mismo.
The speech was written by the president himself.

Varias **enmiendas** fueron **propuestas** por el senador.
Several amendments were proposed by the senator.

Práctica y Comunicación

1 **Completar** Completa las oraciones en voz pasiva con la forma adecuada del participio pasado.

1. La libertad es _buscada_ (buscar) por todos los pueblos.
2. El discurso fue _pronunciado_ (pronunciar) por la ministra.
3. La seguridad de las ciudades va a ser _discutida_ (discutir) por los senadores.
4. Las leyes van a ser _revisadas_ (revisar) por el nuevo gobierno.
5. Aquellos dos senadores fueron _elegidos_ (elegir) el mes pasado.
6. La ley fue _defendida_ (defender) por todos.
7. El nuevo proyecto de ley fue _aceptado_ (aceptar) por todos los líderes laborales.
8. Los derechos humanos y civiles no son _respetados_ (respetar) por las dictaduras.

2 **Decirlo de otra manera** Escribe la oración en voz pasiva que corresponde a la oración en voz activa. Recuerda que en la oración en voz pasiva, el verbo ser se conjuga en el mismo modo y tiempo que el verbo principal de la oración en voz activa.

MODELO

Los ciudadanos **eligieron** al candidato.
El candidato **fue elegido** por los ciudadanos.

1. El general ya ha recibido las órdenes. *Las órdenes ya han sido recibidas por el general.*
2. El juez suspendió la condena. *La condena fue suspendida por el juez.*
3. El líder laboral va a proponer una huelga. *Una huelga va a ser propuesta por el líder laboral.*
4. La diputada recibe al embajador. *El embajador es recibido por la diputada.*
5. El secretario organizó la campaña electoral. *La campaña electoral fue organizada por el secretario.*

3 **Cambios** Formen grupos de dos o cuatro para jugar.

- **¿Qué necesitan?**
  Cada equipo escribe en un papel cinco oraciones en voz activa y cinco oraciones en voz pasiva. Usen distintos tiempos verbales (presente, pasado y futuro). Luego recorten las oraciones y doblen los papelitos. Reúnan sus oraciones con las del otro equipo y mézclenlas.
- **¿Cómo se juega?**
  Juega un equipo contra el otro. Un equipo saca un papelito y lee la oración, pero con este cambio: si la oración está en voz activa, la lee en voz pasiva. Y si está en voz pasiva, la lee en voz activa. Suman 2 puntos por cada oración que lean correctamente. El equipo que acumule más puntos gana.

NATIONAL communication STANDARDS

1 Have students change the sentences from passive to active voice.

2 Have students write a second sentence for each item using the passive voice. Ex: **El general no fue elegido por mayoría absoluta.**

3 Ask students to use the passive voice to restate the rules of the game and then have them narrate how they played it.

NATIONAL comparisons STANDARDS

Instructional Resources
- WB
- LM
- CD-ROM
- WB/LM/VM Answer Key

Suggestion: Demonstrate the prolific use of this construction in everyday life such as **Se habla español.**

8.2 Constructions with *se*

¿Te acuerdas? The reflexive pronoun **se** is frequently used in passive and impersonal constructions, and in constructions that express surprise occurrences.

Todo se arreglará. Tómenlo con calma.

¿Se permite tomar una foto?

Passive *se*

- In passive constructions with **se**, the third person singular verb form is used with singular nouns, and the third person plural form is used with plural nouns.

Se ve el monumento desde aquí.
The monument is visible from here.

Se necesitan más políticos como él.
More politicians like him are needed.

- When the grammatical subject is a person, that person becomes the object of the passive verb. The verb is always singular and the person preceded by the personal **a**.

En las elecciones pasadas, se eligió **al** alcade casi por unanimidad.
In the last elections, the mayor was elected almost unanimously.

Se informó **a** los diputados del nuevo proyecto de ley.
The representatives were informed of the new law.

Impersonal *se*

- **Se** is also used in impersonal constructions where there is no stated grammatical subject. In English, indefinite subjects (*you, they, one*) are used.

Se habla mucho de política en sus reuniones.
They talk about politics a lot at his meetings.

Se vive bien aquí.
One lives well here.

- Constructions with impersonal **se** are often used on signs and warnings.

Se prohíbe fumar.
Smoking prohibited.

No se puede entrar.
Entrance forbidden.

Se to express unexpected events

▶ **Se** is also used to form statements that describe accidental or unplanned incidents. In this construction, the person who performs the action is de-emphasized, so as to imply that the accident or unplanned event is not his or her direct responsibility. Study the following pattern.

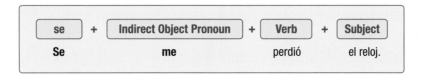

se	+	Indirect Object Pronoun	+	Verb	+	Subject
Se		**me**		perdió		el reloj.

▶ In this construction the person to *whom the event happened* is expressed as an indirect object. The thing that would normally be the direct object of the sentence becomes the subject.

	Indirect Object Pronoun	Verb	Subject
Se	me	acabó	el dinero.
	te	cayeron	las gafas.
	le	lastimó	la pierna.
	nos	dañó	el radio.
	os	olvidaron	las llaves.
	les	perdió	el documento.

▶ To clarify or emphasize the person to whom the unexpected occurrence happened, the construction commonly begins with **A** + [*noun*] or **A** + [*prepositional pronoun*].

A Mario siempre se le olvida pagar los impuestos.
Mario always forgets to pay his taxes.

A mí se me cayeron todos los documentos en medio de la calle.
I dropped all the documents in the middle of the street.

A ustedes se les quedaron veinte euros sobre la mesa.
You (plural) left twenty euros behind on the table.

Al senador se le perdieron las notas del discurso que iba a pronunciar.
The senator lost the notes for the speech he was going to give.

Envié a una persona a recogerla, pero, como ve, nunca se encontraron.

¡Ay, no! Se me cayó de las manos. Las tengo tan resbaladizas.

¡ATENCIÓN!

Note that the verbs most frequently used with the **'se'** construction to describe unplanned events are:

caer	**perder**
dañar	**quedar**
olvidar	**romper**

Also note that while Spanish has a verb for *fall* **(caer)**, there is no exact translation for *drop:* **dejar caer** *(let fall)* is used instead.

Práctica

1 Have students rewrite their answers using the **ser + past participle** passive construction.

1 Completar Todas las oraciones tienen una construcción pasiva con *se*. Completa las oraciones con el pasado del verbo. Recuerda que el verbo concuerda en número con el sujeto gramatical.

1. Se *criticó* (criticar) duramente el discurso del presidente.
2. Se *prohibieron* (prohibir) las reuniones públicas.
3. Se *aprobó* (aprobar) la nueva ley.
4. Se *informó* (informar) al pueblo sobre la difícil situación.
5. Se *llamó* (llamar) a los líderes para hablar de la dura situación.
6. Se *prohibió* (prohibir) a los candidatos provocar disturbios públicos.

2 Model the activity using classroom situations. Ex: **A mí se me olvidó dar tarea ayer.**

2 Unir Une las expresiones de la columna A con las frases correspondientes de la columna B.

A	B
1. A mí	a. se le exigió controlar las empresas.
2. A nosotros	b. se te prohibió la entrada en este lugar.
3. A ti	c. se les pidió una explicación.
4. A usted	d. se me olvidó la dirección de la embajadora.
5. A Carmen	e. se nos pidió que leyéramos el proyecto de ley.
6. A los diputados	f. se le dañaron las dos computadoras.

3 Ask groups to choose a public figure and write a description entitled **Un día terrible** using only constructions with **se** like those in the exercise. Groups read their descriptions and the others guess who is being described.

3 Seleccionar Selecciona las respuestas que completan las oraciones correctamente.

1. A Carmen se le cayó ...
   a. la cartera. *x* b. los libros. c. los lentes.
2. Se me quemaron ...
   a. la comida. b. las papas. *x* c. el documento.
3. Siempre se te rompe...
   a. los platos. b. la grabadora. *x* c. las sillas.
4. Nunca se nos olvida…
   a. ir a votar. *x* b. los informes. c. las leyes.
5. A ustedes nunca se les dañan…
   a. las computadoras. *x* b. el carro. c. la videocasetera.

4 Model the activity by asking volunteers to form some sentences as examples.

4 Oraciones En parejas, formen seis oraciones con las palabras de la lista.

no se puede	los documentos	hablar de	ese tema
diputado	se presentaron	a las minorías	se critica
a este gobierno	por los derechos humanos	bien	la capital
se entrevistó	se lucha	para el programa de televisión	se vive
los nuevos candidatos	se olvidaron de		no se discrimina

Comunicación

1 **Carteles** En parejas, lean los carteles e imaginen una historia para cada uno. Utilicen el pronombre **se** en sus historias.

Se necesitan estudiantes de español.

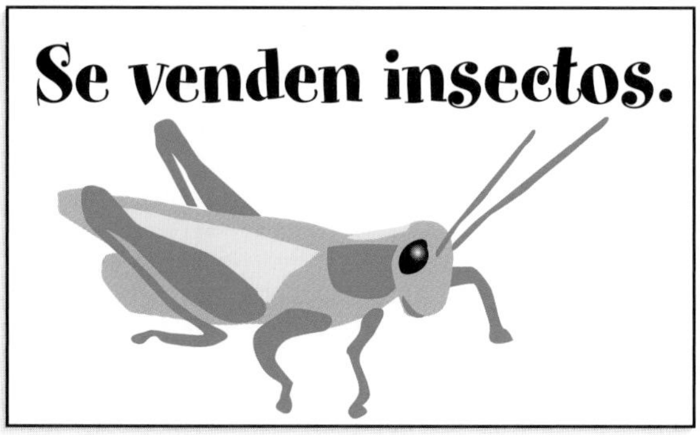

① Ask students to identify people, places, and circumstances connected with each poster before writing their stories.

2 **Diarios** Un país tiene dos diarios. *Página Abierta* se opone al gobierno actual, mientras que *El Nacional* lo apoya. En parejas, lean los titulares de las noticias y decidan cuáles pertenecen a *Página Abierta* y cuáles pertenecen a *El Nacional*. Luego compartan sus respuestas con sus compañeros/as.

Página Abierta	El Nacional

1. Jóvenes manifestantes fueron agredidos.
   La policía agredió a estudiantes que reclamaban el boleto estudiantil.
2. Los partidarios del gobierno provocaron incidentes en la protesta de ayer.
   Se produjeron incidentes en la manifestación de ayer.
3. Muchos representantes del pueblo criticaron duramente la falta de seguridad.
   Se trató el tema de la falta de seguridad.
4. El presidente del país fue acusado de discriminación.
   Los partidos de la oposición atacaron nuevamente al gobierno.

② Have students read editorials from different electronic versions of Spanish-language newspapers. Where do they place these newspapers on the political spectrum?

Instructional Resources
- WB
- LM
- CD-ROM
- WB/LM/VM Answer Key

Suggestion: Point out that past participles are also used as adjectives in English, citing some examples.

¡ATENCIÓN!

To review the formation of regular and irregular past participles, see **Lección** 4, pp. 136-137.

8.3 Past participles as adjectives

¿Te acuerdas? Past participles are used with **haber** to form compound tenses, such as the present perfect and past perfect tenses, and with **ser** to express the passive voice. They are also frequently used as adjectives with verbs like **estar**.

No puedo creer que se haya equivocado de nombre.

Si no regresas con la diputada, estás despedida.

▶ When a past participle is used as an adjective, it agrees in number and gender with the noun it modifies.

una cuestión controvertida
a controversial issue

un proceso electoral muy organizado
a very organized electoral process

unos niños educados
some well-behaved children

las estrategias políticas bien definidas
the well-defined political strategies

▶ Past participles are often used with the verb **estar** to express a state or condition that results from the action of a verb.

—¿Organizaste la campaña?
—Did you organize the campaign?

—Sí, la campaña ya está organizada.
—Yes, the campaign is already organized.

—¿Contaron los votos?
—Did you count the votes?

—Sí, ya están contados.
—Yes, the votes are already counted.

¿Está cansada, señora diputada?

Práctica y Comunicación

1 **¿Cómo están ellos?** Mira los siguientes dibujos y conéctalos con los verbos de la lista. Después escribe una frase para cada uno usando **estar + participio**.

cansar
enamorar
enojar
esconder
lastimar
sorprender
preparar
aburrir

2 **¿Cómo eres?** En parejas, háganse las siguientes preguntas. Luego, compartan la información con la clase.

1. ¿Estás preocupado/a por algo estos días?
2. ¿Qué estás acostumbrado/a a hacer todos los días?
3. ¿Qué sueles hacer cuando estás aburrido/a?
4. ¿Estás soltero/a, divorciado/a o casado/a?
5. ¿Qué haces cuando estás enfadado/a?
6. ¿En qué piensas cuando estás callado/a?
7. ¿Qué te gusta hacer cuando estás cansado/a?
8. ¿Estás enamorado/a?

① Before assigning the exercise, have students describe what is happening in the pictures.

② Use some of the items from the exercise to relate a personal narrative. Ex: **Estoy muy preocupada porque estoy acostumbrada a hacer ejercicio todos los días…**

comparisons

Instructional Resources
- WB
- LM
- CD-ROM
- WB/LM/VM Answer Key

Suggestion: Encourage students to use these conjunctions to convert simple sentences into complex constructions.

8.4 Pero, sino, sino que, no sólo... sino, tampoco

¿Te acuerdas? **Pero, sino, sino que, no sólo**, and **tampoco** are all used to introduce contradictions or qualifications of previously stated information.

No sólo se equivocó de nombre sino que dejó a la diputada en el aeropuerto.

Ya la encontrará. Son políticos, aparecen sin que nadie los llame.

▶ **Pero** means *but* (in the sense of *however*). It may be used after either affirmative or negative clauses.

Votaré por este partido, **pero** no me gusta su candidato.
I will vote for this party, but I don't like its candidate.

Él no decía que era religioso, **pero** siempre iba a misa.
He didn't say he was religious, but he always went to mass.

▶ **Sino** also means *but* (in the sense of *but rather* or *on the contrary*). It always expresses a contradicting idea that clarifies or qualifies the preceding negation.

No me gustan esos candidatos, **sino** los del otro partido.
I don't like those candidates, but rather those of the other party.

La casa no está en el centro de la ciudad, **sino** en las afueras.
The house is not in the center of the city, but rather in the outskirts.

▶ When **sino** introduces a subordinate clause, it must be followed by **que.**

No apoyaba la reforma electoral, **sino que** se oponía a ella.
He did not support the electoral reform, but rather opposed it.

No iba a casa, **sino que** se quedaba en la capital.
He did not go home, but rather stayed in the capital.

▶ *Not only... but also* is translated by **no sólo... sino**. Often **también** or **además** follow **sino**.

No sólo voy a presentarme a las elecciones, **sino que** también voy a ganarlas.
I'm not only going to run in the election, but also I'm going to win.

Tu voto **no sólo** cuenta, **sino que además** decide.
Your vote not only counts, but also decides.

▶ **Tampoco** means *neither* or *not either*. It is the opposite of **también**. **También no** is never used in Spanish.

No contaba con su apoyo, pero **tampoco** con su oposición.
He didn't count on his support, but neither did he count on his opposition.

¿No quieres ayudar a contar los votos? Pues, yo **tampoco**.
You don't want to help to count the votes? Well, I don't either.

Práctica y Comunicación

1 El mundo de hoy Dos amigos están hablando sobre su visión del mundo contemporáneo. Uno es muy optimista y el otro es pesimista. Completa el diálogo con las siguientes palabras:

sino
no sólo
pero
tampoco
sino que

ÁLVARO El mundo de hoy es muy complejo *pero* hay que reconocer que hemos avanzado mucho.

MÓNICA Yo no estoy de acuerdo. Me da la sensación de que *no sólo* hemos avanzado poco, *sino que* últimamente vamos para atrás.

ÁLVARO ¡Cómo puedes decir eso, Mónica!

MÓNICA El mundo no es *sino* consumismo en los países ricos y miseria en los países pobres.

ÁLVARO Ése es un problema grave pero creo que esa miseria existía antes. Aunque tienes razón, *tampoco* vas a negar que hay inventos que han mejorado nuestra calidad de vida.

MÓNICA La verdad yo no podría vivir sin el teléfono, el automóvil o la electricidad.

ÁLVARO Pues a eso es a lo que me refería.

2 Nuestros ideales María tiene una entrevista con el banco para pedir un préstamo hipotecario. Mientras espera a que la atiendan, ella está leyendo algunos datos y corrigiéndolos. Completa las siguientes frases y decide cuándo se utiliza **sino** y cuándo **sino que**.

1. Yo no soy americana *sino* española.
2. No nací en Madrid *sino* en Barcelona.
3. No es que no tenga dinero *sino que* necesito un préstamo para una casa.
4. No sólo quiero comprar la casa, *sino que* también quiero comprar muebles.
5. En mi trabajo, no sólo trabajo como gerente *sino que* además soy la vicepresidenta.
6. No soy casada *sino* soltera.

3 Elecciones En parejas, miren los carteles electorales y decidan por cuál de los dos candidatos votarían en las elecciones. ¿Por qué? Compartan sus opiniones con la clase.

1 Ask students for their opinions about the two points of view in the dialogue.

2 Ask students to rewrite the sentences replacing **sino** with **sino que** and vice versa.

3 Ask students to comment on the connections between physical appearance and political success.

A conversar

Suggestion: Ask students if they have ever written a letter to the editor or if they usually read this section in the paper.

¿Qué opinas de las religiones?

A La revista *Opinión Abierta* ha dedicado un número al tema de la religión. En una página se han publicado las cartas de los lectores. Lee estas cartas.

Estimado director de *Opinión Abierta:*

Les daré mi opinión sobre el tema.
No sólo creo que Dios existe, sino que también creo que hay muchas religiones para elegir. Además pienso que todas las religiones son buenas. En todas se habla del bien y se dice que debemos amar y perdonar a los demás.

Muchas gracias por permitirme opinar.
Gustavo

Queridos amigos de *Opinión Abierta:*

Algunos dicen que hay muchas religiones verdaderas, pero esto es falso. Hay una sola religión verdadera, porque enseña los verdaderos valores morales. Los ateos no son felices. Tampoco son felices quienes tienen fe en religiones falsas. Sólo son felices quienes tienen fe en mis creencias.

Muchas gracias por publicar mi carta.
José Luis

Editores de *Opinión Abierta:*

Estoy sorprendido de que se discuta este tema en el siglo XXI. No hay duda de que las religiones no sirven. No sólo nos hablan del pecado, sino que también nos hacen tener miedo. La gente elige hacer el bien porque tiene miedo. Las personas somos tratadas como niños miedosos por las religiones.

Andrea

Sr. Director de *Opinión Abierta:*

Yo creo en Dios. Pero no creo en las religiones. Todas tienen gente que manda y gente que obedece. Eso no es bueno. Todos somos iguales para Dios: tenemos conciencia y valores morales. Todos sabemos lo que es bueno y lo que es malo.

Felicitaciones por su revista.
Ana María

B Selecciona una carta que exprese una opinión diferente a la tuya. Luego reúnete con los/as compañeros/as que seleccionaron la misma carta. En el grupo, relean la carta. Luego discutan: ¿Qué le dirían a la persona que escribió esa carta? Pueden buscar ideas en las otras cartas.

C Compartan sus ideas con sus compañeros/as. Luego preséntenlas a la clase. Por ejemplo:

- Gustavo dice que todas las religiones son buenas. Pero nosotros creemos que…
- Gustavo dice que todas las religiones son buenas. Pero no sólo no son buenas, sino que además…
- Gustavo dice que todas las religiones son buenas. Pero no son buenas. Tampoco…

A escribir

Un suceso extraño

En las dos lecturas de esta lección ocurren hechos excepcionales. Imagina que trabajas para un periódico y tienes que escribir un pequeño artículo sobre un suceso extraño.

Suggestion: Ask a few volunteers to read their articles to the class. Have each one stop after reading the title and have the class anticipate the article's content. The class should decide whether the strange elements in the article are similar to or different from Allende's story.

Plan de redacción

Organiza Piensa o inventa un suceso extraño relacionado con un personaje conocido del mundo de la política. Decide el orden cronológico de la historia. Prepara un esquema respondiendo a las siguientes preguntas.

1. ¿Quién es este personaje?
2. ¿Cuándo y dónde ocurrieron los hechos?
3. ¿Quiénes participaron en el suceso?
4. ¿Qué es lo que resultó extraño?
5. ¿Qué sucedió al final?

Después de decidir lo que vas a escribir, ponle al artículo un título atractivo y breve que atraiga al lector.

Escribir Para narrar este suceso, no olvides utilizar la voz pasiva, el pronombre **se** y, al menos una vez, un participio con el verbo **estar.**

Un suceso extraño	
personaje	
¿cuando?	
¿dónde?	
¿quiénes?	
¿qué?	
final	

San Antonio de Oriente, 1957.
José Antonio Velásquez. Honduras.

Yo no sé si Dios existe, pero si existe, sé que no le va a molestar mi duda.

— Mario Benedetti

Antes de leer

Dos palabras

Isabel Allende

Lecturas opener (previous page):

See the **ENFOQUES** Instructor's Resource Manual for teaching suggestions.

Conexión personal

¿Crees que expresarse con elocuencia es una forma de poder? ¿Has estado en alguna situación en la que sólo te salvó tu capacidad de persuasión? ¿Conoces a alguien que haya estado en una situación así? Describe la situación a la clase.

Contexto cultural

Long before universal education programs, the majority of Latin Americans were either illiterate or had only rudimentary literacy skills. Because of this, the **escribano público** *(public scribe)* played an important role in society. The role of the **escribano** was to fill out legal documents or write letters for people who could not do so themselves. **Escribanos** worked in open-air markets or at tables outside of public buildings. Their role was reduced in the twentieth century, thanks to many literacy campaigns in Latin America. The literacy movements in Cuba and Nicaragua have received worldwide acclaim for their success in reducing the illiteracy rate in their respective countries.

Contexto cultural: Ask students to guess the time and place in which Isabel Allende's story takes place. Ask them to think of the **escribanos** of today.

Análisis literario: el realismo mágico

Magical realism **(el realismo mágico)** is a literary technique made famous by Latin American writers of the mid-twentieth century, especially Gabriel García Márquez. Unlike fantasy, where strange and unworldly events amaze characters and readers alike, magical realism incorporates fantastic and magical details into everyday life.

Análisis literario: Ask students if they have ever read anything containing elements of magical realism, and to describe it.

Estrategia de lectura: los detalles

Paying close attention to details **(los detalles)** in a literary work will deepen your understanding and enrich your appreciation of the work. As you read "Dos palabras," jot down examples of details that you recognize as fantastic, magical, and impossible, but which are presented by the narrator as unremarkable parts of ordinary life in the fictional context of the story. What is the cumulative effect of these details?

Vocabulario

adivinar *to guess*	**enterrar** *to bury*
atar *to tie (up)*	**espantar** *to scare*
el bautismo *baptism*	**el/la guerrero/a** *warrior*
la cosecha *harvest*	**mojar** *to moisten*
el cura *priest*	**la multitud** *crowd*
desatar *to untie*	**el sillón** *armchair*
destrozar *to destroy*	**suelto/a** *loose*
el/la dueño/a *owner*	

Isabel Allende

Hoja de vida

1942 Nace en Lima, Perú
1982 *La casa de los espíritus* (novela)
1984 *De amor y de sombra* (novela)
1985 Premio a la Mejor Novela, México
1988 *Cuentos de Eva Luna* (cuentos)
1999 *Hija de la fortuna* (novela)
2000 *Retrato en sepia* (novela)

Sobre el autor

La escritora y periodista chilena **Isabel Allende** huyó de Chile tras el asesinato de su tío Salvador Allende, presidente del país, durante el golpe de estado del general Pinochet. Su primera novela, *La casa de los espíritus,* fue publicada en el exilio y tuvo una gran aceptación por parte de la crítica y de los lectores. En su obra, en muchas ocasiones, se refleja la técnica usada en el realismo mágico. La familia, el amor y el poder son algunos de los temas recurrentes que aparecen en sus escritos.

Suggestion: Ensure that students understand Isabel Allende's circumstances in Chile. Provide information about the political context there in the 1970s.

Dos palabras

Tenía el nombre de Belisa Crepusculario, pero no por fe de bautismo° o acierto° de su madre, sino porque ella misma lo buscó hasta encontrarlo y se vistió con él. Su oficio era vender palabras. Recorría el país, desde las regiones más altas y frías hasta las costas calientes, instalándose en las ferias y en los mercados, donde montaba cuatro palos con un toldo de lienzo°, bajo el cual se protegía del sol y de la lluvia para atender a su clientela. No necesitaba pregonar° su mercadería y cuando aparecía por la aldea° con su atado° bajo el brazo hacían cola frente a su tenderete°. Vendía a precios justos. Por cinco centavos entregaba versos de memoria, por siete mejoraba la calidad de los sueños, por nueve escribía cartas de enamorados, por doce inventaba insultos para enemigos irreconciliables.

baptismal certificate / good decision

poles with a canvas awning

hawk, call out

village / pack

stall

También vendía cuentos, pero no eran cuentos de fantasía, sino largas historias verdaderas que recitaba de corrido, sin saltarse nada°. Así llevaba las nuevas de un pueblo a otro. La gente le pagaba por agregar una o dos líneas: nació un niño, murió fulano°, se casaron nuestros hijos, se quemaron las cosechas. En cada lugar se juntaba una pequeña multitud a su alrededor para oírla cuando comenzaba a hablar y así se enteraban de las vidas de otros, de los parientes lejanos, de los pormenores° de la Guerra Civil. A quien le comprara cincuenta centavos, ella le regalaba una palabra secreta para espantar la melancolía. No era la misma para todos, por supuesto, porque eso habría sido un engaño colectivo. Cada uno recibía la suya con la certeza de que nadie más la empleaba para ese fin en el universo y más allá.

Belisa Crepusculario había nacido en una familia tan mísera, que ni siquiera poseía nombres para llamar a sus hijos. Vino al mundo y creció en la región más inhóspita, donde algunos años las lluvias se convierten en avalanchas de agua que se llevan todo, y en otros no cae ni una gota del ciclo, el sol se agranda hasta ocupar el horizonte entero y el mundo se convierte en un desierto. Hasta que cumplió doce años no tuvo otra ocupación ni virtud que sobrevivir al hambre y la fatiga de siglos. Durante una interminable sequía° le tocó enterrar a cuatro hermanos menores y cuando comprendió que llegaba su turno, decidió echar a andar por las llanuras en dirección al mar, a ver si en el viaje lograba burlar a la muerte. La tierra estaba erosionada, partida en profundas grietas°, sembrada° de piedras, fósiles de árboles y de arbustos espinudos, esqueletos de animales blanqueados por el calor. De vez en cuando tropezaba con familias que, como ella, iban hacia el sur siguiendo el espejismo del agua. Algunos habían iniciado la marcha llevando sus pertenencias al hombro o en carretillas°, pero apenas podían mover sus propios huesos y a poco andar debían abandonar sus cosas. Se arrastraban penosamente, con la piel convertida en cuero de lagarto° y los ojos quemados por la reverberación de la

without skipping anything

so-and-so

details

Suggestion: Break the story into sections and have students work in pairs to write the main ideas of one section at a time, including references to magical and real elements.

drought

cracks / sown

wheelbarrows

alligator

luz. Belisa los saludaba con un gesto al pasar, pero no se detenía, porque no podía gastar sus fuerzas en ejercicios de compasión. Muchos cayeron por el camino, pero ella era tan tozuda° que consiguió atravesar el infierno y arribó por fin a los primeros manantiales°, finos hilos de agua, casi invisibles, que alimentaban una vegetación raquítica, y que más adelante se convertían en riachuelos y esteros. Belisa Crepusculario salvó la vida y además descubrió por casualidad la escritura. Al llegar a una aldea en las proximidades de la costa, el viento colocó a sus pies una hoja de periódico. Ella tomó aquel papel amarillo y quebradizo y estuvo largo rato observándolo sin adivinar su uso, hasta que la curiosidad pudo más que su timidez. Se acercó a un hombre que lavaba un caballo en el mismo charco turbio° donde ella saciara° su sed.

—¿Qué es esto? —preguntó.

—La página deportiva del periódico —replicó el hombre sin dar muestras de asombro ante su ignorancia.

La respuesta dejó atónita a la muchacha, pero no quiso parecer descarada° y se limitó a inquirir el significado de las patitas de mosca° dibujadas sobre el papel.

—Son palabras, niña. Allí dice que Fulgencio Barba noqueó° al Negro Tiznao en el tercer *round.*

Ese día Belisa Crepusculario se enteró de que las palabras andan sueltas sin dueño y cualquiera con un poco de maña° puede apoderárselas° para comerciar con ellas. Consideró su situación y concluyó que aparte de prostituirse o emplearse como sirvienta en las cocinas de los ricos, eran pocas las ocupaciones que podía desempeñar°. Vender palabras le pareció una alternativa decente. A partir de ese momento ejerció esa profesión y nunca le interesó otra. Al principio ofrecía su mercancía sin sospechar que las palabras podían también escribirse fuera de los periódicos. Cuando lo supo calculó las infinitas proyecciones de su negocio, con sus ahorros le pagó veinte pesos a un cura para que le enseñara a leer y

stubborn
springs
murky puddle
had satisfied
shameless
fly specks
knocked out
skill
take possession of them
carry out; practice

escribir y con los tres que le sobraron se compró un diccionario. Lo revisó desde la A hasta la Z y luego lo lanzó al mar, porque no era su intención estafar° a los clientes con palabras envasadas°.

Varios años después, en una mañana de agosto, se encontraba Belisa Crepusculario en el centro de una plaza, sentada bajo su toldo vendiendo argumentos de justicia a un viejo que solicitaba su pensión desde hacía diecisiete años. Era día de mercado y había mucho bullicio° a su alrededor. Se escucharon de pronto galopes y gritos; ella levantó los ojos de la escritura y vio primero una nube de polvo y enseguida un grupo de jinetes° que irrumpió° en el lugar. Se trataba de los hombres del Coronel, que venían al mando del Mulato, un gigante conocido en toda la zona por la rapidez de su cuchillo y la lealtad hacia su jefe. Ambos, el Coronel y el Mulato, habían pasado sus vidas ocupados en la Guerra Civil y sus nombres estaban irremisiblemente unidos al estropicio° y la calamidad. Los guerreros entraron al pueblo como un rebaño en estampida°, envueltos en ruido, bañados de sudor y dejando a su paso un espanto de huracán. Salieron volando las gallinas, dispararon a perderse los perros, corrieron las mujeres con sus hijos y no quedó en el sitio del mercado otra alma viviente que Belisa Crepusculario, quien no había visto jamás al Mulato y por lo mismo le extrañó que se dirigiera a ella.

—A ti te busco —le gritó señalándola con su látigo enrollado y antes que terminara de decirlo, dos hombres cayeron encima de la mujer atropellando° el toldo y rompiendo el tintero°, la ataron de pies y manos y la colocaron atravesada como un bulto de marinero° sobre la grupa° de la bestia del Mulato. Emprendieron galope en dirección a las colinas.

Horas más tarde, cuando Belisa Crepusculario estaba a punto de morir con el corazón convertido en arena por las sacudidas del caballo, sintió que se detenían y cuatro manos poderosas la depositaban en tierra. Intentó ponerse de pie y levantar la

cheat
packaged
racket
riders; horsemen
burst
mess; havoc
stampede
knocking over / inkwell
seaman's bag; duffle bag / hindquarters

cabeza con dignidad, pero le fallaron las fuerzas y se desplomó° con un suspiro, hundiéndose en un sueño ofuscado. Despertó varias horas después con el murmullo de la noche en el campo, pero no tuvo tiempo de descifrar esos sonidos, porque al abrir los ojos se encontró ante la mirada impaciente del Mulato, arrodillado a su lado.

collapsed

—Por fin despiertas, mujer —dijo alcanzándole su cantimplora° para que bebiera un sorbo de aguardiente con pólvora y acabara de recuperar la vida.

canteen

Ella quiso saber la causa de tanto maltrato y él le explicó que el Coronel necesitaba sus servicios. Le permitió mojarse la cara y enseguida la llevó a un extremo del campamento, donde el hombre más temido del país reposaba en una hamaca colgada entre dos árboles. Ella no pudo verle el rostro°, porque tenía encima la sombra incierta del follaje y la sombra imborrable de muchos años viviendo como un bandido, pero imaginó que debía ser de expresión perdularia° si su gigantesco ayudante se dirigía a él con tanta humildad. Le sorprendió su voz, suave y bien modulada como la de un profesor.

face

ne'er-do-well

—¿Eres la que vende palabras? —preguntó.

—Para servirte —balbuceó° ella oteando° en la penumbra para verlo mejor.

stammered / scanning

El Coronel se puso de pie y la luz de la antorcha° que llevaba el Mulato le dio de frente. La mujer vio su piel oscura y sus fieros° ojos de puma y supo al punto que estaba frente al hombre más solo de este mundo.

torch

fierce

—Quiero ser Presidente —dijo él.

Estaba cansado de recorrer esa sierra maldita en guerras inútiles y derrotas que ningún subterfugio podía transformar en victorias. Llevaba muchos años durmiendo a la intemperie°, picado de mosquitos, alimentándose de iguanas y sopa de culebra, pero esos inconvenientes menores no constituían razón suficiente para cambiar su destino. Lo que en verdad le fastidiaba era el terror en los ojos ajenos. Deseaba entrar a los

the elements

pueblos bajo arcos de triunfo, entre banderas de colores y flores, que lo aplaudieran y le dieran de regalo huevos frescos y pan recién horneado. Estaba harto de comprobar cómo a su paso huían los hombres, abortaban de susto las mujeres y temblaban las criaturas°; por eso había decidido ser Presidente. El Mulato le sugirió que fueran a la capital y entraran galopando al Palacio para apoderarse del gobierno, tal como tomaron tantas otras cosas sin pedir permiso, pero al Coronel no le interesaba convertirse en otro tirano; de ésos ya habían tenido bastantes por allí y, además, de ese modo no obtendría el afecto de las gentes. Su idea consistía en ser elegido por votación popular en los comicios de diciembre.

babies

—Para eso necesito hablar como un candidato. ¿Puedes venderme las palabras para un discurso? —preguntó el Coronel a Belisa Crepusculario.

Ella había aceptado muchos encargos, pero ninguno como ése; sin embargo no pudo negarse, temiendo que el Mulato le metiera un tiro° entre los ojos o, peor aún, que el Coronel se echara a llorar. Por otra parte, sintió el impulso de ayudarlo, porque percibió un palpitante calor en su piel, un deseo poderoso de tocar a ese hombre, de recorrerlo con sus manos, de estrecharlo entre sus brazos.

would shoot her

Toda la noche y buena parte del día siguiente estuvo Belisa Crepusculario buscando en su repertorio las palabras apropiadas para un discurso presidencial, vigilada° de cerca por el Mulato, quien no apartaba los ojos de sus firmes piernas de caminante y sus senos° virginales. Descartó las palabras ásperas° y secas, las demasiado floridas°, las que estaban desteñidas° por el abuso, las que ofrecían promesas improbables, las carentes° de verdad y las confusas, para quedarse sólo con aquéllas capaces de tocar con certeza el pensamiento de los hombres y la intuición de las mujeres. Haciendo uso de los conocimientos comprados al cura por veinte pesos, escribió el discurso en una hoja de papel y luego hizo señas al Mulato para que desatara la

watched
breasts / harsh
flowery / faded
lacking

cuerda con la cual la había amarrado por los tobillos a un árbol. La condujeron nuevamente donde el Coronel, y al verlo ella volvió a sentir la misma palpitante ansiedad del primer encuentro. Le pasó el papel y aguardó, mientras él lo miraba sujetándolo con la punta de los dedos.

—¿Qué carajo dice aquí°? —preguntó por último.

What the hell does this say?

—¿No sabes leer?

—Lo que yo sé hacer es la guerra —replicó él.

Ella leyó en alta voz el discurso. Lo leyó tres veces, para que su cliente pudiera grabárselo en la memoria. Cuando terminó vio la emoción en los rostros de los hombres de la tropa que se juntaron para escucharla y notó que los ojos amarillos del Coronel brillaban de entusiasmo, seguro de que con esas palabras el sillón presidencial sería suyo.

—Si después de oírlo tres veces los muchachos siguen con la boca abierta, es que esta vaina° sirve, Coronel —aprobó el Mulato.

thing, stuff, business

—¿Cuánto te debo por tu trabajo, mujer? —preguntó el Jefe.

—Un peso, Coronel.

—No es caro —dijo él abriendo la bolsa que llevaba colgada del cinturón con los restos del último botín.

—Además tienes derecho a una ñapa°. Te corresponden dos palabras secretas —dijo Belisa Crepusculario.

small amount of goods given free

—¿Cómo es eso?

Ella procedió a explicarle que por cada cincuenta centavos que pagaba un cliente, le obsequiaba° una palabra de uso exclusivo. El jefe se encogió de hombros, pues no tenía ni el menor interés en la oferta, pero no quiso ser descortés con quien lo había servido tan bien. Ella se aproximó sin prisa al taburete° de suela donde él estaba sentado y se inclinó para entregarle su regalo. Entonces el hombre sintió el olor de animal montuno° que se desprendía de esa mujer, el calor de incendio que irradiaban sus caderas°, el roce terrible de sus cabellos, el aliento de yerbabuena susurrando en su oreja las dos

would give as a gift

stool

wild, untamed

hips

palabras secretas a las cuales tenía derecho.

—Son tuyas, Coronel —dijo ella al retirarse—. Puedes emplearlas cuanto quieras.

El Mulato acompañó a Belisa hasta el borde del camino sin dejar de mirarla con ojos suplicantes de perro perdido pero cuando estiró la mano para tocarla, ella lo detuvo con un chorro° de palabras inventadas que tuvieron la virtud de espantarle el deseo, porque creyó que se trataba de alguna maldición irrevocable.

spurt

En los meses de septiembre, octubre y noviembre el Coronel pronunció su discurso tantas veces, que de no haber sido hecho con palabras refulgentes y durables el uso lo habría vuelto ceniza. Recorrió el país en todas direcciones, entrando a las ciudades con aire triunfal y deteniéndose también en los pueblos más olvidados, allá donde sólo el rastro de basura indicaba la presencia humana, para convencer a los electores de que votaran por él. Mientras hablaba sobre una tarima° al centro de la plaza, el Mulato y sus hombres repartían caramelos y pintaban su nombre con escarcha dorada° en las paredes, pero nadie prestaba atención a esos recursos de mercader, porque estaban deslumbrados por la claridad de sus proposiciones y la lucidez poética de sus argumentos, contagiados de su deseo tremendo de corregir los errores de la historia y alegres por primera vez en sus vidas. Al terminar la arenga° del Candidato, la tropa lanzaba pistoletazos° al aire y encendía petardos° y cuando por fin se retiraban, quedaba atrás una estela de esperanza que perduraba muchos días en el aire, como el recuerdo magnífico de un cometa. Pronto el Coronel se convirtió en el político más popular. Era un fenómeno nunca visto, aquel hombre surgido de la Guerra Civil, lleno de cicatrices° y hablando como un catedrático, cuyo prestigio se regaba por el territorio nacional conmoviendo el corazón de la patria. La prensa se ocupó de él. Viajaron de lejos los periodistas para entrevistarlo y repetir sus frases, y así creció

platform
golden frost
rousing speech / pistol shots
firecrackers
scars

el número de sus seguidores y de sus enemigos.

—Vamos bien, Coronel —dijo el Mulato al cumplirse doce semanas de éxitos.

Pero el candidato no lo escuchó. Estaba repitiendo sus dos palabras secretas, como hacía cada vez con mayor frecuencia. Las decía cuando lo ablandaba la nostalgia, las murmuraba dormido, las llevaba consigo sobre su caballo, las pensaba antes de pronunciar su célebre discurso y se sorprendía saboreándolas en sus descuidos. Y en toda ocasión en que esas dos palabras venían a su mente, evocaba la presencia de Belisa Crepusculario y se le alborotaban° los sentidos con el recuerdo del olor montuno, el calor de incendio, el roce terrible y el aliento de yerbabuena, hasta que empezó a andar como un sonámbulo y sus propios hombres comprendieron que se le terminaría la vida antes de alcanzar el sillón de los presidentes.

stirred up

—¿Qué es lo que te pasa, Coronel? —le preguntó muchas veces el Mulato, hasta que por fin un día el jefe no pudo más y le confesó que la culpa de su ánimo eran esas dos palabras que llevaba clavadas en el vientre.

—Dímelas, a ver si pierden su poder —le pidió su fiel ayudante.

—No te las diré, son sólo mías —replicó el Coronel.

Cansado de ver a su jefe deteriorarse como un condenado a muerte, el Mulato se echó el fusil al hombro y partió en busca de Belisa Crepusculario. Siguió sus huellas por toda esa vasta geografía hasta encontrarla en un pueblo del sur instalada bajo el toldo de su oficio, contando su rosario de noticias. Se le plantó delante con las piernas abiertas y el arma empuñada.

—Tú te vienes conmigo —ordenó.

Ella lo estaba esperando. Recogió su tintero, plegó° el lienzo de su tenderete, se echó el chal sobre los hombros y en silencio trepó al anca° del caballo. No cruzaron ni un gesto en todo el camino, porque al Mulato el deseo por ella se le había convertido en rabia y sólo el miedo que le inspiraba su lengua

folded up

climbed onto the haunches

le impedía destrozarla a latigazos°. Tampoco estaba dispuesto a comentarle que el Coronel andaba alelado°, y que lo que no habían logrado tantos años de batallas lo había conseguido un encantamiento° susurrado al oído. Tres días después llegaron al campamento y de inmediato condujo a su prisionera hasta el candidato, delante de toda la tropa.

—Te traje a esta bruja para que le devuelvas sus palabras, Coronel, y para que ella te devuelva la hombría° —dijo apuntando el cañón de su fusil a la nuca de la mujer.

El Coronel y Belisa Crepusculario se miraron largamente, midiéndose desde la distancia. Los hombres comprendieron entonces que ya su Jefe no podía deshacerse del hechizo° de esas dos palabras endemoniadas, porque todos pudieron ver los ojos carnívoros del puma tornarse mansos cuando ella avanzó y le tomó la mano.

lashes of a whip

spellbound

enchantment

manhood, manliness

spell; witchcraft

Después de leer

Dos palabras

Isabel Allende

① Ask students to read each sentence aloud chronologically. Have them add more information from that particular part of the story.

1 Comprensión Indica con números el orden cronológico en que ocurrieron los hechos *(events)* en el cuento.

__9__ a. El Coronel recorrió el país para convencer a todos que votaran por él.
__4__ b. El Mulato la llevó a las colinas para que viera al Coronel.
__7__ c. Belisa leyó el discurso tres veces.
__1__ d. Belisa enterró a sus cuatro hermanos, y pensó que iba a morir.
__12__ e. Belisa y el Coronel se miraron y los ojos de él se volvieron mansos.
__10__ f. El Coronel repetía las dos palabras y se acordaba de Belisa.
__2__ g. Al llegar a una aldea, el viento colocó una hoja de periódico a sus pies.
__11__ h. El Mulato se cansó de ver así a su jefe y volvió a buscar a Belisa.
__5__ i. A Belisa le sorprendió la voz del Coronel, suave y modulada.
__8__ j. Belisa le regaló al Coronel dos palabras.
__6__ k. El Coronel le dijo que quería ser Presidente y necesitaba su ayuda.
__3__ l. Belisa le pagó veinte pesos al cura para aprender a leer.

2 Explicar En parejas, lean las siguientes frases del cuento y explíquenlas con sus propias palabras.

1. "Belisa Crepusculario había nacido en una familia tan mísera, que ni siquiera poseía nombres para llamar a sus hijos."
2. "Al Coronel no le interesaba convertirse en otro tirano."
3. "Las palabras andan sueltas sin dueño y cualquiera con un poco de maña puede apoderárselas para comerciar con ellas."
4. "Ella había aceptado muchos encargos, pero ninguno como ése; sin embargo no pudo negarse, temiendo que el Mulato le metiera un tiro entre los ojos o, peor aún, que el Coronel se echara a llorar."

③ Have students look at the last paragraph of the story and point out which words support their guess.

3 Imaginar En parejas, expliquen lo que ocurrió cuando Belisa y el Coronel se vieron por segunda vez. Después, imaginen cuáles eran las dos palabras que Belisa le regaló al Coronel.

④ If students cannot think of two words, ask them to think of a phrase or a slogan.

4 Escribir No sabemos si el Coronel llegó a ganar las elecciones, pero sabemos que consiguió muchos seguidores gracias al discurso. En parejas, imagínense que quieren ser presidentes de su país y escriban un discurso político que sea diferente al que normalmente ofrecen los políticos. Den alternativas nuevas y diferentes. ¿Qué dos palabras mágicas utilizarían en su discurso?

Antes de leer

PERFIL

Rubén Blades

Conexión personal

Si pudieras ser un personaje conocido, ¿en qué área te gustaría trabajar? ¿La música, la política, el deporte…? ¿Por qué? Compara tu respuesta con la de un(a) compañero/a.

Contexto cultural

Panama is not just a country with a canal. Just for fun, take this quiz to test your knowledge of "the crossroads of the world."

1. Panama is
   a. an island.
   b. an isthmus.
   c. a peninsula.
   d. a cay.

2. A **mola** is a type of
   a. song.
   b. drink.
   c. dialect.
   d. textile.

3. Panama gained its independence from _____ in 1903.
   a. Colombia
   b. Nicaragua
   c. The United States
   d. Spain

4. The most common second language in Panama is
   a. Choco.
   b. Guaymi.
   c. English.
   d. Bokota.

Vocabulario

lanzar *to launch* **el rechazo** *rejection, refusal*

NATIONAL cultures STANDARDS

Conexión personal: Have students work in pairs to ask each other who they would like to be and why.

Contexto cultural: Before doing the exercise, ask general questions about Panama. Ex: **¿Dónde está? ¿Qué han oído en los medios de comunicación? ¿Qué tipo de economía tiene?**

PERFIL

Rubén Blades

José Arteaga

Suggestion: Ask students to summarize the main accomplishments of Rubén Blades.

Rubén Blades no aparenta° ser un músico, ni mucho menos tiene pinta de gran estrella. Tampoco tiene apariencia de actor, ni es la viva imagen de un candidato presidencial. Tal vez a lo que más se aproxima es a su propia profesión, a la de abogado, aunque, a simple vista, pocas personas se arriesgarían a dejar un caso importante en sus manos.

En 1975, cuando su nombre apareció por primera vez anunciado en la contracarátula° del disco de Willie Colón, *El bueno, el malo y el feo,* nada hacía suponer que este hombre pudiera ser cualquiera de las cuatro cosas que ahora es. Ni siquiera se pensó eso cuando fue invitado a engrosar las filas° de la *Fania All Stars* un año después, ni cuando anunció su independencia de Colón para dedicarse a cantar como solista en 1983.

El músico Blades tiene en su haber más de veinticuatro discos como solista y quince como invitado estelar de diferentes orquestas. El cineasta Blades recoge los frutos de veinte apariciones en y detrás de la pantalla como actor y como compositor de bandas sonoras°. El abogado Blades guarda en su haber el diploma que le otorgó° la Universidad de Harvard por su especialización en Derecho Internacional. El político Blades recuerda su movimiento Papá Egoró *(Madre Tierra)*, que lo llevó a ser candidato a la presidencia de Panamá en 1994.

Pero un nuevo Blades, diferente al músico, al actor, al abogado y al político, sale a flote°. Su deseo interno es hacer una especie de fundación que pueda canalizar proyectos culturales de América

doesn't look

back of a record jacket

joined the ranks

soundtracks

awarded

is back on his feet

Latina. Aquellos trabajos que nunca salen a flote, aquellos talentos que no se dan a conocer. Un trabajo descomunal° en una tierra donde hay todo por hacer.

huge

Para Blades, que reanudó su amistad con Willie Colón para grabar el disco *Contra viento y marea,* la música moderna necesita continuos contactos con varios géneros y ritmos de diferentes regiones. "Hay una idea de globalizar la música y eso es lo que se debe rescatar°, aunque persiste, sobre todo en la salsa actual, una fórmula que se repite y que sacrifica la individualidad. Lo que buscamos con Colón es reafirmar la falta que eso hace".

rescue

La realización de su trabajo con Sony Music, *La rosa de los vientos,* hizo que su nombre sirviera como pretexto para promocionar nuevos músicos panameños. El disco viaja entre el bolero° y el vallenato°, rindiendo homenajes sonoros° a leyendas de la salsa como Richie Ray y Bobby Cruz, y también dejando verdaderas joyas como la canción "Amándote".

romantic song / dance music typical of Colombia / paying musical tribute

Rubén Blades pasa sus días en medio de gran agitación. Proyectos culturales como éste no lo dejan descansar, y sus otras actividades han terminado con su tiempo libre. "Mi representante nunca sabe dónde estoy", explica. Sin embargo, de vez en cuando, vuelve a anclarse° por un tiempo en su casa de Times Square. "Allí trazo mis planes y me siento parte de la tela de Nueva York".

to be anchored

Blades, con su calvicie° prematura y rostro semiovalado y fresco, ha sufrido en carne propia el rechazo social de los latinos. Su primera incursión en Nueva York en 1971 fue tan desafortunada que regresó con el rabo entre las piernas jurando no volver a salir de Panamá. Su segunda visita acabó con aquellos sueños idealistas que tenía, al no poder conseguir más que un puesto de cartero en las oficinas de Fania Records de la Séptima Avenida.

baldness

Luego, lo experimentó con el cine, un lugar que, según él, es la fuente más grande de estereotipos del mundo. “Las oportunidades en el cine de hoy son difíciles”, dice. “Primero porque hay mucho artista de calidad y segundo porque en el cine te llaman de acuerdo con la nacionalidad. Nunca falta para nosotros un papel de traficante de droga, por ejemplo. No hay para el latino papeles con sustancia y eso se da también en la televisión. Eso sólo se puede cambiar estando allí, poco a poco. Aunque, por ahora, a mí me matan en todas las películas”.

No obstante, Blades se confiesa ilusionado° con los proyectos de cine, al igual que con los de música. Reconoce sin inconvenientes, que la razón para hacer tantas cosas es esa capacidad para ilusionarse. Al fin y al cabo, él no las ve como incompatibles, aunque reconoce que confunden y enervan a ciertas personas puristas.

hopeful

“Yo vengo de una familia trabajadora”, recuerda. “Mi abuela era vegetariana en los 30, hacía yoga en los 40, se casó dos veces y se divorció dos veces, fue educadora, feminista, rebelde y la metieron presa. A través de ella vi que las cosas son posibles de realizar, por encima de ese concepto general que imposibilita hacer más de dos cosas, aunque reconozco que, a veces, ha sido un impedimento”.

Cuando Blades lanzó la campaña de su movimiento Papá Egoró, mucha gente no lo tomó en serio. Los medios de comunicación lo veían como un divertimiento para las elecciones, el público como un “agringado comodón°”, los comunistas como un agente de la CIA, los norteamericanos como un comunista y sus rivales como un irrespetuoso ante la política.

well-off, Americanized person

A tanto llegó, que tuvo que hacer un examen antidopaje y sólo tras los debates televisados, la situación cambió. Blades pudo entonces tomar la revancha° de las acusaciones y menosprecios°. Había llegado el turno para que hablara. Con la palabra, como con sus canciones, Rubén Blades es capaz de todo, incluso de convencer en poco tiempo al 17% de la población votante de Panamá y alcanzar así el tercer lugar en esas reñidas° elecciones.

revenge / scorn

hard-fought

Cuando Pérez Balladares fue electo en 1994, Blades anunció con cierto humor que, como los panameños no habían querido darle empleo como presidente, volvería a cantar y componer. "Yo cometí un error", confiesa. "Mi candidatura era inevitable, pues yo era la persona más conocida del grupo. Pero un compromiso de esa magnitud requiere estar al frente 365 días al año, trabajando veinticuatro horas al día. Si vuelvo alguna vez, lo haré de esa forma y no de otra".

"Yo veo la política como un ejercicio cívico, donde puedan participar todas las personas, sobre todo aquellas que no tienen representación, como los niños". Blades, que hará un disco para niños con el compositor puertorriqueño Tite Curet Alonso, piensa que a los chicos hay que cantarles porque "la música puede acercar lo que la política separa".

"De manera que no me vean la música que hago como música política o salsa protesta", insiste. "¡No! Eso es lo que la ha tratado de llamar alguna gente que no sabe cómo llamarla. Mi música es una canción urbana. Punto. Y todo lo que hago ahora con estos proyectos nuevos es urbanizar cosas que poco se conocen".

Después de leer

PERFIL

Rubén Blades

① In pairs, ask students to follow the exercise model to add a few more items. Have them choose statements that point to the text's main ideas, and have the rest of the class find the answers.

1 Comprensión De las siguientes respuestas, indica la incorrecta.

1. Rubén Blades tiene varias profesiones, algunas de ellas son:
   a. músico
   b. político
   (c.) escritor
2. Algunos de los proyectos que Rubén Blades ha completado a lo largo de su carrera son:
   a. 24 discos como solista
   (b.) un diploma de abogado en la universidad de Columbia
   c. 20 apariciones en la pantalla como actor
3. Algunos de los objetivos que quiere lograr son:
   (a.) hacer una gira por Norteamérica promocionando la cultura latina
   b. hacer una especie de fundación que canalice proyectos culturales de América Latina
   c. promocionar la música de Panamá
4. Blades ha sufrido el rechazo social hacia los latinos en varias ocasiones.
   a. Cuando llegó a Nueva York en 1971, sólo conseguía trabajo como cartero.
   (b.) Una vez, lo confundieron con otra persona y no lo dejaron entrar en su concierto.
   c. En las películas sólo le ofrecían ser traficante de droga.
5. La abuela de Rubén influyó positivamente en él.
   a. A los 30 era vegetariana.
   b. A los 40 hacía yoga.
   (c.) Se casó tres veces.
6. Rubén Blades insiste en que
   (a.) su música es política y de protesta.
   b. su música es urbana.
   c. con su música él intenta renovar la música pop.

② 1. Have students think of examples of music bringing people together and politics separating people. 2. Ask students how they would solve Latin actors' career problems in Hollywood. 3. Ask students to compare Blades' life with that of a person they know.

2 Analizar En parejas, respondan a las siguientes preguntas.

1. ¿Qué es lo que el músico quiso decir con la frase: "La música acerca lo que la política separa"? Compara esta idea con la frase "Encadenados por el comunismo, liberados por el ritmo."
2. En este artículo, se habla de la dificultad de los actores latinos para poder acceder a la televisión o al cine norteamericano. ¿Creen que esto es cierto? ¿Por qué? ¿Conocen a algún actor o actriz que represente siempre al mismo tipo de personaje en las películas? ¿Cómo son estos personajes?
3. ¿Cuáles son las ventajas y los inconvenientes de trabajar en diferentes áreas? ¿Conocen a alguien que tenga varias profesiones al mismo tiempo? ¿Qué profesiones son?

Atando cabos

Política y religión

Trabajen en grupos pequeños para preparar una presentación sobre un político o un líder religioso que les interese.

Elegir el tema

Pueden preparar una presentación sobre Rubén Blades, o pueden elegir un personaje famoso que les interese más. Decidan en grupo de quién quieren hablar en su presentación.

Elegir el tema: Have the groups tell how they came to choose their celebrity.

Preparar

Investiguen a través de su computadora o en la biblioteca.
Una vez que tengan la información necesaria, elijan los puntos más importantes y ayúdense con material auditivo o audiovisual, para ofrecer una visión más amplia de lo que quieren comentar en clase.

Organizar

Una vez que hayan recopilado la información necesaria, preparen un esquema que les ayude a clarificar y planear con mayor exactitud su presentación. Pueden guiarse respondiendo a las siguientes preguntas.

1. ¿De dónde es este personaje?
2. ¿Cuál es su profesión?
3. ¿Qué consiguió hacer este personaje famoso?
4. ¿Qué efectos han tenido sus acciones en su país o en el mundo?

Ayuda para Internet

Pueden intentar acceder a la información utilizando las siguientes palabras clave: **Ernesto Cardenal / César Chávez / Vicente Fox / Felipe González / Rigoberta Menchú / Juan Perón / Evita Perón / Óscar Romero**

Estrategia de comunicación

Cómo hablar de una persona célebre
Las siguientes frases pueden ayudarles a expresarse de forma más adecuada.

1. Se eligió a este personaje porque…
2. Se dice que él/ella...
3. Tampoco se puede...
4. Él/ella fue elegido/a para....
5. Este personaje no sólo... sino

Presentar

Antes de su presentación, cada grupo entregará una copia de su esquema al profesor. Usen medios audiovisuales (música, fotografías, fotocopias, etc.) para mostrar las obras de la persona que eligieron.

Suggestion: Have students react to the presentation by asking questions.

La política

la batalla	*battle*
la campaña	*campaign*
el/la candidato/a	*candidate*
el cargo	*position*
la democracia	*democracy*
la dictadura	*dictatorship*
el discurso	*speech*
el ejército	*army*
las fuerzas armadas	*armed forces*
el partido político	*political party*
la política	*politics*
el pueblo	*people*
el régimen	*form of government*
la seguridad	*security*
el tratado	*treaty*
crítico/a	*critical*
electoral	*electoral*
estatal	*public; pertaining to the state*

Verbos relacionados con la política

aprobar una ley	*to pass a law*
avisar	*to inform; to warn*
gobernar	*to govern*
informarse	*to get information*
inscribirse	*to register; to enroll*
presentarse como	*to apply for*
pronunciar un discurso	*to give a speech*
votar	*to vote*

Instructional Resource
- Tests

Cargos públicos

el alcalde/la alcaldesa	*mayor*
el/la diputado/a	*representative*
el/la líder (laboral)	*(labor) leader*
el/la ministro/a	*minister*
el/la senador(a)	*senator*
el/la embajador(a)	*ambassador*

Las leyes y los derechos

el/la ciudadano/a	*citizen*
los derechos humanos	*human rights*
los derechos civiles	*civil rights*
la discriminación	*discrimination*
la igualdad	*equality*
el/la juez(a)	*judge*
el juicio	*trial; judgment*
la lucha	*struggle; fight*
la minoría	*minority*
el proyecto de ley	*bill*
la queja	*complaint*
el tribunal	*court*
rechazar	*to reject*
discriminado/a	*discriminated*
libre	*free*

La religión y la moral

el ateísmo	*atheism*
la creencia	*belief*
el/la creyente	*believer*
Dios	*God*
la fe	*faith*
la muerte	*death*
la religión	*religion*
la vida	*life*
espiritual	*spiritual*
(in)justo/a	*(un)just; (un)fair*
(in)moral	*(im)moral*
religioso/a	*religious*
sagrado/a	*sacred*

Verbos relativos a la religión y la moral

confesar	*to confess*
creer en	*to believe in*
perdonar	*to forgive*
rezar	*to pray*

Expresiones útiles	*Véase la página 309.*
Vocabulario de "Dos palabras"	*Véase la página 327.*
Vocabulario del perfil	*Véase la página 339.*

Estructura 8.1	*Véase la página 314.*
Estructura 8.2	*Véase la página 317.*
Estructura 8.4	*Véase la página 322.*

La cultura popular y los medios de comunicación

9

Communicative Goals

You will expand your ability to...

- narrate events that depend on past events
- describe the position of people or objects
- express choice and negation

Contextos

páginas 348-351

- La radio
- El cine
- Los periódicos
- Los medios de comunicación

Fotonovela

páginas 352-355

- *¡O estás con ella o estás conmigo!:* Fabiola regresa de una entrevista con la estrella de tele Patricia Montero y tiene una noticia interesantísima.

Enfoques

páginas 356-357

- Pedro el escamoso: una telenovela moderna
- Nuevos directores hispanos

Estructura

páginas 358-373

- Infinitives
- Present perfect subjunctive
- Prepositions I
- **O...o, ni...ni, ni siquiera**

Lecturas

páginas 374-385

- **Cuento:** *Tiempo libre* de Guillermo Samperio
- **Perfil:** Carmen Maura, actriz.

Videoteca

páginas 386-387

- **Cortometraje:** *El milagro*

La cultura popular y los medios de comunicación

Sueños sí, realidades no

Esteban estaba pegado a la **pantalla de televisión** para ver el **episodio final** de la **telenovela**. Era el **televidente** más fiel: nunca cambiaba de **canal** y veía todos los **anuncios**, porque no quería perderse ni siquiera un segundo de acción. Leía religiosamente todos los **chismes** sobre el **director** y las **crónicas de sociedad** sobre los **actores** famosos. De pronto, a poco de empezar el episodio, se interrumpió la **transmisión** con una **noticia** de último momento.

Instructional Resources
- WB
- LM
- CD-ROM
- WB/LM/VM Answer Key

Comprehension Check: ¿Cierto o falso? 1. Un anuncio interrumpió el episodio de la telenovela que miraba el hombre de la primera foto. (falso) 2. La mujer de la segunda foto sale del cine. (cierto) 3. No tuvo tiempo de leer los subtítulos. (cierto) 4. Al hombre de la tercera foto le interesa más la actualidad que la prensa sensacionalista. (falso) 5. La mujer de la cuarta foto prefiere los viejos medios de comunicación. (cierto)

Expansion: Write the following on the board: (column 1) **emisora, diario, locutor, censura, estreno, revista, oyente, publicar**; (column 2) **radio, cine, periódico, televisión**. Have students match each word in column 1 with the corresponding media word in column 2. Add other words to column 1 to expand the activity.

El cine

A Noemí no le gustaba nada el cine extranjero, pero cuando supo que un **crítico de cine** le daba cinco estrellas a un **largometraje** de otro país, fue a verlo a la última **sesión**. El **argumento** y la **banda sonora** eran excelentes, pero la **película** no estaba **doblada** y a ella no le daba tiempo de leer los **subtítulos**.

Pan y circo

Trabajando duro, el **destacado** ex **reportero** de la **crónica deportiva** se convirtió en **conductor** del programa con mayor **índice de audiencia** del país. Él afirma que al **público** lo que le interesa es la **prensa sensacionalista:** no le interesa que sea ni **imparcial** ni inteligente y tampoco **estar al tanto** de la **actualidad**. Ahora es muy **influyente** en los **medios de comunicación**, aunque no cabe duda de que su único talento es saber qué cosas le divierten al **público**.

Viejas costumbres

Aunque pueda leer artículos de la **prensa** en Internet, Fernanda prefiere comprar el **periódico impreso**. Le gusta mancharse los dedos de tinta, ver los **titulares** en la **portada**, sentirse una verdadera **lectora**. También le gusta oír **reportajes** en la radio. Es una auténtica **oyente** de **radio** pero, a veces, espera a que su **presentador de noticias** favorito le cuente qué está pasando en la **emisión** del **noticiero** de las siete en televisión. Hasta la fecha, Fernanda ha usado las páginas de Internet solamente para leer información **actualizada** sobre el tiempo.

La radio

la emisora	*radio station*
el estudio de grabación	*recording studio*
el/la locutor(a)	*announcer*
transmitir	*to broadcast*

El cine

el cortometraje (el corto)	*short film*
la escena	*scene*
la estrella	*star (male or female)*
el guión	*script*
grabar	*to record*

Los periódicos

el diario	*daily (newspaper)*
la edición especial	*special edition*
el/la redactor(a)	*editor*
la revista semanal	*weekly supplement*
imprimir	*to print*
publicar	*to publish*

Los medios de comunicación

la censura	*censorship*
la parcialidad	*bias*
ser parcial	*to be biased*

Práctica

① Have students do this exercise orally in groups. Set a time limit (i.e. ten seconds) for answering.

1 ¿Qué hace cada uno? Indica lo que hacen las siguientes personas.

_e_ 1. Dice si una película es buena o no	a. televidente
_g_ 2. Escucha la radio	b. presentador(a) de noticias
_c_ 3. Habla en la radio	c. locutor(a)
_f_ 4. Investiga y escribe notas con información	d. director(a)
_d_ 5. Les dice a los actores qué hacer	e. crítico/a de cine
_a_ 6. Mira la televisión	f. reportero/a
_b_ 7. Se para frente a la cámara y le dice a la gente qué pasa	g. oyente

② Have students rewrite the paragraph using personal information.

2 Una persona informada Completa los siguientes párrafos con las palabras de la lista.

Todas las mañanas cuando me levanto enciendo la _televisión_ y mientras desayuno veo el _noticiero_ de las siete. Antes de entrar a la oficina compro el _periódico_ y leo las _crónicas deportivas_ mientras subo en el ascensor. Durante el día de trabajo visito algunos sitios de Internet.
Regreso a mi casa a las 6, justo para ver _las noticias_. A veces, los periodistas de mi noticiero favorito _censuran_ alguna información, pero no hablan de _chismes_ como los demás. Después, si no veo un _documental_ en el _canal_ de cable, veo un programa conducido por un gran _reportero_ al que admiro. A las diez y media, más o menos, me conecto a Internet y hablo con mis amigos. Bueno, no hablo, les escribo correos electrónicos. A veces paso días enteros sin hablar.

televisión	las noticias
noticiero	censuran
periódico	chismes
crónicas deportivas	canal
documental	reportero

Teaching option: Bring in excerpts from various articles and have students guess in what type of publication they appear.

Variación léxica: Point out that although **diario** means "daily" and **periódico** means "periodical," they are sometimes used interchangeably for "newspaper."

3 Medios de comunicación En parejas, escriban una frase que puede aparecer en cada uno de estos medios.

1. portada de un periódico
2. publicidad de un largometraje
3. aviso televisivo
4. anuncio de una telenovela
5. emisión de radio

Comunicación

4 ¿Demasiada información?

A. Marca con una cruz las frases que te parezcan acertadas. Luego, en grupos de tres, comparen sus respuestas y decidan si hoy día las personas están más y mejor informadas que antes. Compartan sus conclusiones con el resto de la clase.

- ☐ Los reporteros ahora nos dicen lo que debemos opinar, porque no tenemos tiempo de analizar la información.
- ☐ Antes la gente no estaba bien informada, por eso tenía más prejuicios que ahora.
- ☐ Ahora estamos mucho más informados que antes sobre cosas importantes.
- ☐ Como antes la gente se informaba con menos imágenes, usaba más su imaginación.
- ☐ Si no fuera por los medios de comunicación, el mundo sería mucho peor.
- ☐ Ahora hay demasiada información. Es imposible entender todo lo que pasa y por qué.
- ☐ Gracias a Internet, ahora se puede encontrar más información imparcial.
- ☐ En el pasado la gente tenía menos cosas de qué informarse y era más feliz.
- ☐ Ahora hay más prensa sensacionalista que antes, porque los periódicos necesitan llamar más la atención.

④ Tally class responses. Write **positivo** and **negativo** on the board and have students list the sentences in either category. Volunteers can select one of the sentences and explain their opinions.

5 Los medios favoritos

A. Primero, sin consultar con tu compañero/a, marca las/los tres secciones/programas de cada uno de los medios que crees que le interesan más a él/ella.

Periódicos	Radio	Televisión
☐ las noticias del mundo	☐ los noticieros	☐ los noticieros
☐ las crónicas de sociedad y los chismes	☐ los programas de actualidad	☐ los documentales
☐ las crónicas deportivas	☐ las transmisiones de deportes	☐ los programas deportivos
☐ las tiras cómicas	☐ los reportajes	☐ los dibujos animados
☐ los reportajes	☐ el informe del tiempo	☐ las telenovelas
☐ el horóscopo	☐ los programas culturales	☐ los largometrajes
☐ las críticas de cine	☐ los programas musicales	☐ los ***talk shows***
☐ el informe del tiempo	☐ las críticas de cine	☐ los programas de chismes
☐ las noticias locales	☐ los ***talk shows*** nocturnos	☐ el informe del tiempo

B. Ahora habla con tu compañero/a para confirmar tus predicciones.

MODELO — Creo que lees el horóscopo del periódico/escuchas los reportajes en la radio.
— Es verdad, leo/escucho... /Te equivocas, no me interesa. ¿Y a ti?

C. ¿Hay secciones o programas que les interesan a los dos? ¿Cuáles? ¿Por qué?

⑤ Ask students to write and read to the class an original piece of news (weather report, movie review, sports story). The class can rate the news report as most original, most realistic, funniest, most gossipy, etc.

9 FOTONOVELA

Fabiola regresa de una entrevista con la estrella de la televisión Patricia Montero.

1

JOHNNY ¿Qué tal te fue?

FABIOLA Bien.

AGUAYO ¿Es todo lo que tienes que decir de una entrevista con Patricia Montero, la gran actriz de telenovelas?

FABIOLA Pues, mañana tengo que hacer mi gran escena en la telenovela y quiero concentrarme.

AGUAYO Y JOHNNY ¿Qué?

2

FABIOLA Al terminar la entrevista, un señor me preguntó si yo era la doble de Patricia Montero.

MARIELA Y ¿qué le dijiste?

FABIOLA Dije, bueno… sí. Fue una de esas situaciones en las que uno, aunque realmente no quiera, tiene que mentir.

ÉRIC Y, ¿qué pasó después?

FABIOLA Me dio estos papeles.

3

JOHNNY ¡Es el guión de la telenovela!

FABIOLA Mañana tengo que estar muy temprano en el canal, lista para grabar.

JOHNNY ¡Aquí hay escenas bien interesantes!

6

Más tarde, ensayando la escena…

FABIOLA Éric será el director.

JOHNNY ¿Por qué no puedo ser yo el director?

ÉRIC No tienes los juguetitos.

FABIOLA Tú serás Fernando, y Mariela será Carla.

JOHNNY ¿Decías?

7

ÉRIC Comencemos. Página tres. La escena en donde Valeria sorprende a Fernando con Carla. Tú estarás aquí y tú aquí. *(Los separa.)*

JOHNNY ¿Qué? ¿No sabes leer? *(Lee.)* “Sorprende a Fernando en los *brazos* de Carla”. *(Se abrazan.)*

ÉRIC Está bien. Fabiola, llegarás por aquí y los sorpenderás. ¿Listos? ¡Acción!

8

FABIOLA ¡Fernando Javier! Tendrás que decidir. O estás con ella o estás conmigo.

JOHNNY ¡Valeria… ! *(Pausa.)*

JOHNNY *(Continúa.)* Ni la amo a ella, ni te amo a ti… *(Diana entra.)* Las amo a las dos.

Diana se queda horrorizada.

NATIONAL STANDARDS communication cultures

Instructional Resources
• VM • Video • CD-ROM • IRM • WB/LM/VM Answer Key

Video Synopsis
- Fabiola announces that she will make an appearance on a soap opera.
- It starts to become apparent that Aguayo is a soap opera fan.
- Everyone helps Fabiola rehearse her scene in the office.
- After learning what an actor's double does, Fabiola prepares to rehearse a fall.
- See IRM for more details.

Preview: Have students scan the **Fotonovela** dialogues and make a list of cognates. Ask them to predict what will happen in this episode based on visuals and cognates.

Personajes

JOHNNY

FABIOLA

AGUAYO

MARIELA

ÉRIC

DIANA

AGUAYO *(Lee.)* "Valeria entra a la habitación y sorprende a Fernando en brazos de..." ¿Carla? *(Pausa.)*

AGUAYO *(Continúa.)* "Sorprende a Fernando en brazos de Carla." ¡Lo sabía! Sabía que el muy idiota la engañaría con esa estúpida. Ni siquiera es lo suficientemente hombre para...

Aguayo se va. Los demás se quedan sorprendidos.

AGUAYO *(en su oficina)* Me alegro que hayas conseguido ese papel. El otro día pasé frente al televisor y vi un pedacito. Mi esposa no se la pierde.

FABIOLA Hablando de eso, quería pedirle permiso para tomarme el resto del día libre. Necesito ensayar las escenas de mañana.

AGUAYO Las puedes practicar en la oficina. A los chicos les encanta ese asunto de las telenovelas.

FABIOLA *(Explica la situación.)* Y por eso estamos ensayando mis escenas.

DIANA Gracias a Dios... pero yo creo que están confundidos. Los dobles no tienen líneas. Sólo hacen las escenas en donde la estrella está en peligro.

MARIELA Cierto. *(Lee.)* Página seis: "Valeria salta por la ventana".

Más tarde, Fabiola está sobre el escritorio.

ÉRIC ¡Acción!

FABIOLA Sé que decidieron casarse. Espero que se hayan divertido a mis espaldas. Adiós mundo cruel. *(Grita pero no salta.)* ¡Aaahhhggg!

ÉRIC Muy bien. Ahora ¡salta!

FABIOLA Ni loca. Primero, mi maquillaje.

Expresiones útiles

Indicating you are about to contradict or correct someone

Creo que están confundidos/as.
I believe you (pl.) are confused.

Creo que estás confundido/a.
I believe you (sing. fam.) are confused.

Creo que usted está confundido/a.
I believe you (sing. form.) are confused.

Creo que se equivocan.
I believe you (pl.) are mistaken.

Creo que te equivocas.
I believe you (sing. fam.) are mistaken.

Creo que usted se equivoca.
I believe you (sing. form.) are mistaken.

Introducing a condition

Hablando de esto,...
Speaking of that, . . .

Estando yo en tu lugar,...
If I were you, . . .

Por mi parte,... *As for me, . . .*

Para mí,... *In my opinion, . . .*

A mi parecer,... *In my opinion, . . .*

Additional vocabulary

a mis espaldas *behind my back*

la aprobación *approval*

el camerino *star's dressing room*

el doble *double*

engañar *to deceive; to trick*

Apuntes culturales Las telenovelas latinoamericanas, en especial las colombianas y venezolanas, se exportan a todo el mundo. Tradicionalmente, las telenovelas son melodramas llenos de desencuentros amorosos y personajes demasiado buenos o demasiado malos. Sin embargo, el género evoluciona, se critica a sí mismo y cambia. Últimamente han aparecido algunas telenovelas que se burlan de viejas convenciones, incluyen humor y hasta situaciones ridículas, como las colombianas *Betty la fea* y *Pedro el escamoso. ¿Cuáles son las características que no le pueden faltar a ninguna telenovela?*

Suggestion: Play the video without sound, and ask students what vocabulary words they might hear in this segment. Replay the video with sound to confirm their guesses.

Comprensión

① Have pairs read their answers to the class to determine which ones are the most adequate.

1 Contestar En parejas, contesten las siguientes preguntas sobre la **Fotonovela**.

1. ¿Para qué debe concentrarse Fabiola?
   Debe concentrarse para ensayar su escena en la telenovela.
2. ¿Cómo consiguió Fabiola el trabajo de doble?
   Ella dijo que era la doble de Patricia Montero.
3. ¿Qué ve Valeria, el personaje de la telenovela, cuando entra a la habitación?
   Ve a su pareja en brazos de Carla.
4. ¿Cuál es el personaje de la telenovela que no le gusta a Aguayo?
   A Aguayo no le gusta Fernando.
5. ¿A quién ama el personaje representado por Johnny?
   El personaje representado por Johnny ama a las dos mujeres.
6. ¿Por qué Diana opina que sus compañeros están confundidos?
   Porque los dobles no tienen líneas en las telenovelas.

② Have groups write an additional sentence for each item. Have students read their sentences to the class, who will decide whether each one can replace the original.

② Once students determine the meaning of **no se la pierde**, point out the pronouns and have them explain what they stand for.

2 Seleccionar Selecciona la oración más adecuada para reemplazar lo dicho por los personajes.

1. **FABIOLA** Mañana me toca hacer unas escenas en la telenovela...
   a. Mañana tengo que actuar en algunas escenas de la telenovela... *x*
   b. Mañana tengo que escribir algunas escenas de la telenovela...
2. **FABIOLA** Al terminar la entrevista, un señor me preguntó si yo era la doble de Patricia Montero.
   a. Antes de la entrevista, un señor me me preguntó si yo era la doble de Patricia Montero.
   b. Después de la entrevista, un señor me preguntó si yo era la doble de Patricia Montero. *x*
3. **AGUAYO** Mi esposa no se la pierde.
   a. Mi esposa se la gana.
   b. Mi esposa mira siempre la telenovela. *x*
4. **AGUAYO** A los chicos les encanta ese asunto de las telenovelas.
   a. El tema de las telenovelas es conocido por todos los chicos.
   b. Las telenovelas les gustan a los chicos. *x*
5. **AGUAYO** O estás con ella o estás conmigo.
   a. Estás enamorado de ella y de mí.
   b. Debes decidir con quién quieres estar. *x*

Suggestion: Have students find out the names of current **telenovelas** and report which one they might be most interested in watching.

3 Identificar Identifica quién puede hacer las siguientes reflexiones. Puedes repetir los nombres.

1. A mí no me impresiona hablar con Patricia Montero. *Fabiola*
2. ¡Uy! ¿Se habrán dado cuenta de que yo veo telenovelas? *Aguayo*
3. Me gustaría ser el director. *Johnny*
4. Mis compañeros no saben nada sobre los dobles. *Diana*
5. No salto ni loca. *Fabiola*

JOHNNY

AGUAYO

DIANA

FABIOLA

Ampliación

4 **¿Y tú?** Indica si estás de acuerdo con las oraciones. Luego, compara tus respuestas con las de tus compañeros/as.

Algunas veces miento.		
Puedo enamorarme de dos personas al mismo tiempo.		
Me encantan las telenovelas.		
Me gusta el peligro.		
Me gustaría ser actor/actriz.		

④ Review verbs like **gustar** and how they function. Point out the different tenses **(me gusta, me gustaría)** in the activity.

5 **Trabajo de riesgo** Un amigo de ustedes les cuenta que consiguió un trabajo como doble en una película de acción. Ustedes temen que su amigo se lastime. En parejas, uno/a de ustedes es el/la futuro/a doble y escribe cinco o seis razones para aceptar el trabajo. El/La otro/a es el/la amigo/a preocupado/a y escribe cinco o seis razones para que su amigo/a rechace el trabajo. Luego dramaticen la situación. Utilicen las expresiones de la lista.

Para mí,…	Me parece que…
A mi parecer,…	Creo que estás equivocado…
Por mi parte,…	Creo que no comprendes que…

⑤ Encourage students to vary the word bank expressions by transforming them into questions for their partner. Ex: **¿A tu parecer... ? ¿Te parece que... ?**

6 **Diseñen su propia telenovela** Trabajen en grupos pequeños. Las fotografías son de actores y actrices de telenovelas. Elijan quiénes serán los protagonistas. Luego decidan qué papeles tendrán los otros actores. Escriban un resumen de la historia. Inventen nombres para los personajes y un título para la telenovela. Compartan con sus compañeros/as la telenovela que diseñaron.

⑥ Ask each group to write a dialogue based on the **telenovela**.

Instructional Resource IRM (general teaching suggestion)

Pedro, el escamoso: una telenovela moderna

Fabiola va a ser la doble de una famosa actriz de telenovelas y sus compañeros de trabajo la ayudan a ensayar las escenas. A continuación vas a leer sobre una fotonovela que no sigue las mismas pautas que las demás.

En los últimos años, un nuevo tipo de telenovela ha surgido en Colombia. Programas como *Betty, la fea* y *Pedro, el escamoso*, están cambiando el estilo y argumento tradicional de las telenovelas. En lugar de basarse en un mundo idealizado y artificial, las nuevas telenovelas están llenas de realismo y de humor.

Betty, la fea y *Pedro, el escamoso* pertenecen a este nuevo formato que utiliza un nuevo tipo de protagonista, perteneciente a la clase media o trabajadora y que no responde a los ideales de belleza habituales. Estos elementos hacen que el público se conecte más fácilmente con los personajes.

Pedro, el escamoso cuenta la historia de Pedro Coral, un atípico héroe de barrio. Pedro ayuda a amigos y vecinos y siempre tiene una palabra amable para todo el mundo. En el lenguaje coloquial colombiano, un "escamoso" es una persona que sabe salir de todas las situaciones difíciles con gracia. Como es de esperar, este personaje hace justicia a su nombre. Es también un *don Juan* pero con un corazón de oro, leal y cariñoso, que sabe ganarse las simpatías de todos.

Pedro, el escamoso

Los protagonistas de Pedro, el escamoso

Una de las características más originales de este personaje reside en su forma de vestir, un tanto peculiar, y que muchos llamarían de mal gusto. Este hecho, sin embargo, le imprime más personalidad. Los televidentes son conscientes de que un simple cambio lo puede convertir en un hombre atractivo y seductor. Conocen todo el potencial que tiene el protagonista y siguen sus pasos sabiendo que su bondad lo llevará a conseguir lo que quiera.

La telenovela *Pedro, el escamoso* se ha convertido en todo un éxito. También ha triunfado en Estados Unidos, donde el *Washington Post* le ha dedicado dos artículos al fenómeno social de este divertido personaje.

hacer justicia *to do justice*
de mal gusto *in bad taste*
surgir *to emerge*
bajo *under*

Nuevos directores hispanos

Alejandro González Iñárritu

Alejandro Amenábar

Éric hace el papel de director de la telenovela que están ensayando en las oficinas de *Facetas*. ¿Qué directores hispanos conoces? A continuación vas a leer un poco sobre los nuevos directores.

Hoy en día, la mayoría de las películas que se presentan en Estados Unidos y Latinoamérica son producciones de Hollywood. Sin embargo, en los últimos años están surgiendo nuevos directores hispanos, realmente comprometidos con su obra. Estos jóvenes directores han conseguido que sus películas sean todo un éxito de taquilla en las grandes salas de cine de todo el mundo.

Alejandro González Iñárritu es uno de los nuevos valores del cine en México. Muy poco tiempo después del estreno de su película *Amores perros*, su debut cinematográfico, comenzó a recibir premios y reconocimientos de prestigio, entre ellos la muy celebrada nominación al Óscar de Hollywood a la mejor película extranjera.

Alejandro Amenábar, de España, consiguió aplausos, tanto del público como de la crítica, con su primera película, *Tesis*. Su segunda obra, *Abre los ojos*, también fue aclamada en el mundo hispano. Tom Cruise y Nicole Kidman compraron los derechos para realizar una versión "hollywoodiana" de esta película que se estrenó en el año 2001 bajo el título *Vanilla Sky*.

Y aunque no es muy frecuente encontrar el trabajo de mujeres directoras en las pantallas de cine, la colombiana Patricia Cardoso presentó con mucho éxito su película *Las mujeres reales tienen curvas*. Esta película obtuvo la admiración del público y de la crítica y ganó el premio del jurado en el Festival Sundance. Además, logró convertirse en la segunda mujer ganadora de la edición 50 del Festival Internacional de Cine de San Sebastián, en España.

Coméntalo

Reúnete con varios/as compañeros/as de clase y conversa sobre los siguientes temas.

1. ¿Les gustan las telenovelas? ¿Por qué?
2. ¿Por qué creen que los protagonistas de las telenovelas son normalmente ricos y bellos?
3. ¿Conocen alguna película hispana? ¿Cuál? ¿Les gustó?
4. ¿Qué prefieren: las películas independientes o las películas de Hollywood? ¿Por qué?

comparisons
NATIONAL STANDARDS

Instructional Resources
- WB
- LM
- CD-ROM
- WB/LM/VM Answer Key

Suggestion: Remind students that impersonal expressions may be expressed in any tense. Ex: **Sería mejor ensayar ahora. Fue necesario despedir al actor.**

¡ATENCIÓN!

The only verb form that can follow a preposition is the infinitive.

9.1 Infinitives

¿Te acuerdas? An infinitive is the unconjugated form of a verb and ends in **-ar**, **-er**, or **-ir**.

▶ Many verbs follow the pattern of [*conjugated verb*] + [*infinitive*]. Some of these verbs are **querer**, **poder**, **necesitar**, **deber**, **desear**, **ver**, **sentir**, **saber**, **pensar**, and **decidir**.

¿**Puedes asistir** a la grabación mañana?
Can you attend the recording session tomorrow?

Mis primos **saben cantar**.
My cousins know how to sing.

Necesito ensayar las escenas de mañana.

Las puedes practicar en la oficina.

▶ The pattern **mandar** or **hacer** + [*infinitive*], means *to have something done* or *to have someone do something*.

La profesora nos **mandó leer** la prensa de mañana.
The teacher assigned us to read tomorrow's press.

El actor **hizo callar** al público.
The actor made the audience be quiet.

▶ Many verbs follow the pattern of [*conjugated verb*] + [*preposition*] + [*infinitive*]. The prepositions for this pattern are **de**, **a**, or **en**.

tratar de *to try (to)*	**tardar en** *to take time (to)*
enseñar a *to teach (to)*	**quedar en** *to agree (to)*
llegar a *to arrive (at)*	**pensar en** *to think (about)*

Me **enseñó a** hablar en público.
She taught me to speak in public.

Sus CDs **tardan en** venderse.
Their CDs take time to sell.

Pensamos en publicar una revista.
We are thinking about publishing a magazine.

Quedamos en hacerlo.
We agreed to do it.

Tengo ganas de saber cómo termina la telenovela.

▶ After prepositions, the infinitive is used.

Al terminar la entrevista me preguntó si yo era la doble.

¿Y qué le dijiste?

Al firmar el contrato para la película, se hizo millonario.
Upon signing the contract, he became a millionaire.

Para conocer a la estrella, se hizo amigo de su vecina.
In order to meet the star, he became friends with her neighbor.

Antes de publicar el ensayo, lo editó con cuidado.
Before publishing the essay, she edited it carefully.

Dio la entrevista, **sin considerar** las consecuencias.
He granted the interview, without considering the consequences.

▶ The infinitive is used after verbs of perception like **sentir**, **escuchar**, **oír**, and **ver**.

Oigo hablar al crítico.
I hear the critic talking.

Vemos transmitir el programa.
We see the program being broadcasted.

▶ Impersonal expressions such as **es importante** and **hay que** are followed by the infinitive. **Tener que** also requires the infinitive.

Es importante practicar la escena.
It is important to practice the scene.

Hay que llamar al productor.
It is necessary to call the producer.

▶ The subject of a sentence can be an infinitive. A command can also be written as an infinitive.

Ver es creer.
***Seeing** is believing.*

No **fumar**.
*No **smoking**.*

LEER
ES PODER

¡ATENCIÓN!

Deber + **de** + [*infinitive*] suggests probability.

La actriz debe ser italiana means *The actress must be Italian. (We need to have an Italian actress for this part.)*

Debe de ser italiana means *She is probably Italian.*

Práctica

1 Seleccionar Combina las expresiones de la segunda columna con las de la primera para formar oraciones completas.

1. Doblar películas es más difícil que *e*
2. Para estar al día con las noticias hay que *b*
3. Los periodistas de elite suelen *f*
4. Publicar un libro parece *g*
5. El cortometraje sobre los problemas sociales no consigue *c*
6. El crítico de cine trata *d*
7. El presentador de noticias se negó *a*
8. El director del diario mandó *h*

a. a entrevistar al famoso dictador.
b. leer el diario y mirar los noticieros todos los días.
c. gustar al público.
d. de encontrar lo mejor de la película.
e. poner subtítulos.
f. quejarse de la prensa sensacionalista.
g. ser más fácil en la actualidad que hace cincuenta años.
h. escribir el artículo.

2 Unir las oraciones Une las dos oraciones usando *al + infinitivo.*

MODELO El estudio de grabación abrió. Los actores entraron.
Al abrir el estudio de grabación, los actores entraron.

1. El largometraje comenzó. El público se calló.
2. Los actores vieron el doblaje de su película. Se quejaron.
3. El director leyó el chisme en el diario. Se desmayó.
4. El reportero entrevistó a la famosa actriz. Se enamoró de ella.
5. El redactor escribió la crónica deportiva. Tuvo muchas dudas.

③ Have students add to their list two original sentences using **nos exige, nos impone,** and **no nos permite**.

3 Un director difícil Felipe Matías es un director de teatro muy exigente *(demanding)*. Les dice a sus actores todo lo que tienen que hacer. Uno de los actores le cuenta a un amigo lo que Felipe Matías les manda hacer. Escribe las órdenes del director desde el punto de vista del actor, usando los verbos de la lista.

MODELO Lleguen temprano.
Nos manda llegar temprano.

1. Báñense antes de venir al estudio de grabación.
2. Coman después de la filmación.
3. Salgan del estudio para que yo pueda pensar.
4. No lean diarios ni miren las noticias el día anterior a la filmación.
5. No trabajen en televisión.

hacer	obligar a	mandar	prohibir

Comunicación

4 **Vidas de famosos** En parejas, cuenten la historia que ven en las ilustraciones usando las palabras de la lista. Invéntense un final y luego compartan su historia con la clase.

antes de	era necesario	para	creer	mandó	después de

5 **Una entrevista** Trabajen en parejas. Imaginen que son integrantes del grupo de actores de la película *Treinta días en Perú.* Contesten las preguntas del reportero. Usen infinitivos.

ENTREVISTA

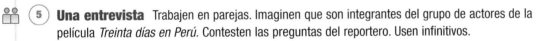

Fabián Mateos y Verónica Britos después de un año en Perú

PREGUNTA Me dijeron que la filmación acaba de terminar. ¿Es así?
RESPUESTA ______________________________

PREGUNTA ¿Se acostumbraron a vivir en Perú?
RESPUESTA ______________________________

PREGUNTA ¿Por qué no pudieron terminar en la fecha prevista?
RESPUESTA ______________________________

PREGUNTA ¿Qué mensaje trata de transmitir la película?
RESPUESTA ______________________________

PREGUNTA ¿Hubo problemas? ¿Tuvieron que dejar de filmar en algún momento?
RESPUESTA ______________________________

PREGUNTA ¿Qué van a hacer ahora?
RESPUESTA ______________________________

NATIONAL communication STANDARDS

(4) Have pairs complete the following sentences based on the illustrations:
1. Al presentarse al casting, el actor parece...
2. Al firmar autógrafos, el actor parece...
3. Al enfrentarse con admiradoras, el actor...
4. Al recibir el Óscar, el actor...

(5) For the responses, have students work in pairs to write sentences like those in the previous exercise for another pair to complete. Ask them to provide the preposition and leave a blank for the verb.

Instructional Resources
- WB
- LM
- CD-ROM
- WB/LM/VM Answer Key

Suggestion: Remind students that one of the main characteristics of the subjunctive is the idea of uncertainty. Review verbs that convey this idea (i.e., **esperar, desear, no creer, dudar**, etc.).

9.2 Present Perfect Subjunctive

¿Te acuerdas? Like the present subjunctive, the present perfect subjunctive **(el presente perfecto del subjuntivo)** is used mainly in multiple-clause sentences which express states and conditions such as will, influence, emotion, commands, indefiniteness and non-existence.

▶ The present perfect subjunctive is formed with **haber** in the present subjunctive + [*the past participle*] of the verb.

Present Perfect Subjunctive

	cerrar	perder	asistir
yo	**haya cerrado**	**haya perdido**	**haya asistido**
tú	**hayas cerrado**	**hayas perdido**	**hayas asistido**
él/ella/Ud.	**haya cerrado**	**haya perdido**	**haya asistido**
nosotros/as	**hayamos cerrado**	**hayamos perdido**	**hayamos asistido**
vosotros/as	**hayáis cerrado**	**hayáis perdido**	**hayáis asistido**
ellos/ellas/Uds.	**hayan cerrado**	**hayan perdido**	**hayan asistido**

▶ The difference between the present subjunctive and the present perfect subjunctive is *when* the action in the dependent clause takes place. When the verb in the main clause is in the present tense, but the action in the dependent clause is in the past, use the present perfect subjunctive.

Espero que **reciba** el guión el próximo viernes.
I hope he receives the script next Friday.

Espero que **haya recibido** el guión esta mañana.
I hope he received the script this morning.

Me alegro de que ustedes **vean** a sus padres con frecuencia.
I am happy that you see your parents frequently.

Me alegro de que ustedes **hayan visto** a sus padres esta semana.
I am happy that you have seen your parents this week.

Espero que **se hayan divertido** a mis espaldas.

▶ **Ojalá** can be used with the present perfect subjunctive.

Ojalá Mauricio haya ido al estreno de la película.
I hope Mauricio has gone to the movie premiere.

Ojalá que la revista se haya vendido bien.
Hopefully the magazine has sold well.

▶ **Ya** *(already)* is often used with the present perfect subjunctive. Remember that **ya** must come either before or after **haber** and the participle, which are never separated.

Ojalá **ya** haya terminado el noticiero.
I hope that the news broadcast has finished already.

Espero que Eugenia lo haya visto **ya**.
I hope that Eugenia has seen it already.

Ojalá que la entrevista haya salido bien.

Es imposible que hayan visto algo igual...

¡ATENCIÓN!

Keep in mind that "perfect" (**perfecto**) in a tense's name signals that it will be formed with the verb "have" (**haber**).

Suggestion: Review the irregular past participles **(i.e., vuelto, dicho, hecho, puesto, visto, escrito,** etc.**).**

Práctica

1 Seleccionar Selecciona entre el presente perfecto del indicativo o del subjuntivo para completar las oraciones.

1. Necesito contratar un músico que (ha – haya) estado en Venezuela. *haya*
2. Quiero conocer al actor que (ha – haya) trabajado en *Amores Perros*. *ha*
3. Hasta que no (has – hayas) conocido a las personas que leen la prensa sensacionalista no sabrás por qué la leen. *hayas*
4. Tan pronto como (ha – haya) llegado, ha comenzado a molestar a todos los actores. *ha*
5. Cuando (has – hayas) leído esta noticia estarás de acuerdo conmigo. *hayas*
6. Busco al reportero que (ha – haya) trabajado en crónicas de sociedad. *ha*

2 Opuestas Escribe la oración que expresa lo opuesto en cada ocasión. En algunos casos debes usar el presente perfecto del subjuntivo y en otros el presente perfecto del indicativo.

MODELO Dudo que ese actor haya aprendido a actuar bien.
No dudo que ese actor ha aprendido a actuar bien.

1. El canal cree que sus periodistas han hablado con el dictador.
El canal no cree que sus periodistas hayan hablado con el dictador.
2. No creo que el director les haya dado pocas órdenes a sus actores.
Creo que el director les ha dado pocas órdenes a sus actores.
3. Estoy seguro de que la mayoría del público ha leído la noticia.
No estoy seguro de que la mayoría del público haya leído la noticia.
4. No es seguro que la prensa sensacionalista haya publicado esa noticia.
Es seguro que la prensa sensacionalista ha publicado esa noticia.
5. Es evidente que la banda sonora ha sido elegida por el director.
No es evidente que la banda sonora haya sido elegida por el director.
6. Pienso que ese actor ha sido el protagonista de *El año de la bestia*.
No pienso que ese actor haya sido el protagonista de El año de la bestia.

3 Completar El cantante de un grupo musical escribe una carta de queja al encargado de sus relaciones públicas. Escribe la forma apropiada del presente perfecto del subjuntivo para completarla.

Estimado Javier,

Espero que tú ___*hayas leído*___ (leer) la crítica del concierto que apareció en la revista Rock. Es ridículo que ese crítico ___*haya estado*___ (estar) a cargo de escribir el artículo. A mí me dijeron que no lo iba a hacer él y me molesta mucho que él lo ___*haya hecho*___ (hacer), porque no es imparcial. A ese crítico le parece mal que nosotros ___*hayamos firmado*___ (firmar) un contrato con una compañía independiente. Me parece injusto que los encargados de relaciones públicas no ___*hayan sido*___ (ser) más cuidadosos. No me sorprende que su empresa de relaciones públicas ___*haya perdido*___ (perder) a todos sus clientes.

Hasta nunca,
Juan Chaos

② Have pairs peer-edit each other's work. Have students provide two new items for their partner to provide the opposite sentence.

③ Write the following on the board: **1. Espero que leas la crítica del concierto. 2. Es ridículo que ese crítico esté a cargo de nada. 3. Me molesta que él lo haga.** Have students compare these with the corresponding sentences in the exercise and make similar changes to the rest of the sentences.

Teaching Option: Remind students that affirmative statements can be uncertain. The uncertainty is expressed in the main clause. Ex: **Esperan que haya vuelto**. Point out that in the present perfect subjunctive, **haber** takes on the subjunctive form.

Comunicación

4 **¡Despedido!** En parejas, usen las frases para escribir el diálogo en el que un(a) presentador(a) de televisión es despedido/a *(fired)* por el director del programa. Usen el presente perfecto del indicativo y el del subjuntivo. Después, representen el diálogo delante de la clase.

Es increíble que	los anuncios
Es necesario	el canal
Es verdad	los chismes
Espero que	los televidentes
Me han dicho que tú	mi deber
Pienso que	el comportamiento *(behavior)*

(4) As students perform their dialogues, have the class rate them as most original, funniest, etc.

5 **Dos viejas amigas** Marcela y Julieta se conocieron hace 40 años en una escuela para actores. Hace 35 años que no se ven. La semana pasada, Marcela Serrano consiguió la dirección de su vieja amiga y le envió una carta. En parejas, lean la carta de Marcela. Luego escriban la respuesta de Julieta. Ella no ha logrado trabajar como actriz. Está celosa y duda que Marcela haya tenido tanto éxito. En la respuesta usen el presente perfecto del subjuntivo.

¡Julieta!

¡Qué alegría saber de ti! Hace tiempo que quería llamarte, pero no tenía tu número de teléfono. Cuando terminé en la escuela de teatro hice obras en Nueva York, Boston y Miami. Después fui a París. Allí viví durante siete años y luego volví a Nueva York. Un famoso director de cine me llamó para hacer películas y desde entonces trabajo en Hollywood. Tengo mucho éxito y recibo muchas cartas de admiradores. ¿Sabías que me casé y tuve cinco hijos? Los mayores ya están en la universidad. Espero que tú también hayas continuado tu carrera. Espero que hayas tenido éxito en lo que más te gusta: el teatro. También deseo que hayas logrado formar una familia.

Llámame pronto. Muchos besos.

Marcela

6 **Competencia entre actores** Trabajen en parejas. Imaginen que son dos actores que han estado en un reparto de papeles *(casting)* y sólo uno ha sido elegido. Cuando salen del estudio, se encuentran y discuten. Dramaticen la situación. Usen el presente perfecto del subjuntivo.

MODELO — Me sorprende que hayas conseguido el trabajo.
— Me alegro de que no te lo hayan dado a ti.

(6) Have volunteers play the role of reporters interviewing the actors. Ask them to write a short note based on the interview for the **chismes** section of the newspaper.

9.3 Prepositions I

The preposition *a*

▶ The preposition **a** can mean *to*, *at*, *for*, *upon*, *within*, *of*, *from*, or *by*, depending on the context. Sometimes it has no direct translation in English.

Terminó **a** las doce.
*It ended **at** midnight.*

Le compré la entrada **a** un amigo.
*I bought the ticket **from/for** a friend.*

Fui **a** la última sesión.
*I went **to** the last performance.*

Al llegar a casa, me sentí feliz.
***Upon** returning home, I felt happy.*

Lucy estaba **a** mi derecha.
*Lucy was **on** my right.*

El cine estaba **a** 12 millas de aquí.
The movie theatre was 12 miles from here.

▶ The preposition **a** introduces indirect objects.

Le prometió **a** su hijo que irían al cine.
He promised his son that they would go to the movies.

Le entregó el guión **a** su secretaria esta mañana.
She gave the script to her secretary this morning.

▶ The preposition **a** can be used in commands.

¡**A** comer!
Let's eat!

¡**A** dormir!
Time for bed!

▶ When a direct object noun is a person (or a pet), it is preceded by a. This is called the *personal* **a**. There is no equivalent in English. The personal **a** is also used with the words **alguien**, **nadie**, and **alguno**.

¿Conoces **a** alguien que quiera ir a ese estreno?
Do you know anyone who would want to go to this premiere?

No, lo siento. No conozco **a** nadie.
No. I'm sorry. I don't know anyone.

▶ The personal **a** is not used when the person in question is not specific.

El periódico busca un redactor bilingüe.
The newspaper is looking for a bilingual editor.

Sí, necesitan periodistas para la sección Internacional.
Yes, they need reporters for the International section.

The preposition *hacia*

▶ With movement, either literal or figurative, **hacia** means *toward* or *to*.

La actitud del actor **hacia** mí fue negativa.
The actor's attitude toward me was negative.

El periodista se dirige **hacia** Chile para la entrevista.
The reporter is going to Chile for the interview.

▶ With time, **hacia** means approximately, *around*, *about* or *toward*.

El programa que queremos ver empieza **hacia** las 8.
The show that we want to watch will begin around 8:00.

La televisión se hizo popular **hacia** la segunda mitad del siglo XX.
Television became popular toward the second half of the twentieth century.

Instructional Resources
- WB
- LM
- CD-ROM
- WB/LM/VM Answer Key

Suggestion: Remind students not to confuse the direct object that follows the personal **a** with the indirect object that responds to **¿a quién?** Ex: **Llamamos a la directora. / Le dimos el guión a la directora.**

¡ATENCIÓN!

Some verbs require the preposition **a** before an infinitive, such as **ir a**, **comenzar a**, **ayudar a**, **volver a**, **enseñar a**.

¡ATENCIÓN!

There's no accent mark on the **i** in the preposition **hacia**. The stress falls on the first **a**. The word **hacía** is a form of the verb **hacer**.

The Preposition *con*

- The preposition **con** means *with.*

El actor sale **con** una periodista.
*The actor is going out **with** a journalist.*

Es una película **con** grandes actores.
It is a movie with great actors.

- Many English adverbs can be expressed in Spanish with **con** + [*noun*].

La presentadora habló del tema **con** cuidado.
The presenter spoke about the issue carefully.

Hablaba **con** cariño.
He spoke affectionately.

- If **con** is followed by **mí**, it forms a contraction: **con** + **mí** = **conmigo**. This happens with all the singular forms:

con	+	mí	conmigo
con	+	ti	contigo
con	+	él	consigo
con	+	ella	consigo
con	+	Ud.	consigo

¿Quieres venir **conmigo** al concierto?
***Do** you want to come with me to the concert?*

Claro que quiero ir **contigo**.
***Of** course I want to go with you.*

O estás con
ella o estás
conmigo.

Ni estoy con
ella ni estoy **contigo**.
Estoy con las dos.

- The preposition **con** is also used rhetorically to emphasize the value or the quality of something or someone, contrary to a given fact or situation. In this case, **con** conveys surprise at an apparent conflict between two known facts. In English, the words *but*, *even though*, and *in spite of* are used.

No quisieron comer nada.
They did not want to eat anything.

¡**Con** lo buena que estaba la paella!
But the paella was so good.

No ha podido encontrar un buen trabajo.
He has not been able to find a good job.

¡**Con** lo inteligente que es!
But he is so intelligent!

Práctica

① Have students work in pairs to write two more expressions like those in the first column. Have them exchange their papers with another pair who will complete the sentences.

② Ask students to do this activity in pairs and have partners correct each other's work.

1 Unir Une las expresiones de la primera columna con las expresiones de la segunda columna para formar oraciones.

1. La telenovela comenzará *f*
2. El crítico de cine se negó *e*
3. Trata de estar al día *b*
4. Cuando terminó la obra, caminó *a*
5. Manchó el guión *c*
6. Las palabras del director hicieron reír *d*

a. hacia la salida.
b. con las noticias.
c. con el café.
d. a la actriz.
e. a ser parcial con la película.
f. hacia las siete y media.

2 Completar ¿En qué casos debes colocar la preposición **a**?

1. Vio ______ la película con interés.
2. Vio __*a*__ la actriz que andaba por la calle.
3. Le presentó __*a*__ la redactora la noticia sobre el accidente.
4. El periódico publicó ______ un buen artículo sobre la conferencia.
5. El productor recibió ______ el guión por correo.
6. El embajador recibió __*a*__ los periodistas con amabilidad.
7. __*A*__ la directora no le gustan los chismes.

3 ¿Cuáles fueron las respuestas? El reportero olvidó su grabadora. Por eso escribió en su libreta las respuestas del autor del guión de la famosa novela. Pero sólo escribió algunas palabras importantes. Tú debes armar las respuestas a partir de las notas del reportero. Usa las preposiciones **a**, **con** y **hacia**.

1. ¿Con quién se queda finalmente Fernando?
   __________ (Valeria). *Con Valeria.*

2. ¿Cuándo van a grabar el último capítulo?
   __________ (segunda semana agosto). *Hacia la segunda semana de agosto.*

3. ¿Con quién va a escribir el próximo guión?
   __________(escritor venezolano Federico García). *Con el escritor venezolano Federico García.*

4. ¿Viajará a los Estados Unidos?
   __________ (No. Yo Venezuela). *No. Yo viajaré a Venezuela.*

5. ¿A quiénes les dará los papeles principales?
   __________ (actriz Patricia Montero y actor Rodrigo de la Sota). *A la actriz Patricia Montero y al actor Rodrigo de la Sota.*

Comunicación

④ **Escenas** En parejas, tienen que inventarse una escena de una película. Elijan los personajes y narren la escena usando las preposiciones **a**, **con** y **hacia**. Las escenas pueden ser: una escena romántica, una escena de celos, una fiesta, un robo.

MODELO Una pelea: Armando camina **hacia** Gustavo, **con** las manos en los bolsillos. Gustavo mira **a** Armando y le dice que no haga tonterías…

④ Have students act out some of the scenes as pairs do the narration. Suggest to the narrators that they read twice so that the performers have time to prepare.

⑤ **Inventar una noticia** En parejas, escriban una noticia usando al menos cuatro frases de la lista. Luego, compartan su noticia con la clase.

hacia la playa	a comprar
a su esposo/a	hacia el carro verde
con un libro	con un guante

⑤ Have pairs exchange papers and expand upon the piece of news, adding expressions not used in the original.

⑥ **El chisme** En grupos de cuatro, transformen las noticias en chismes. Formen un círculo. El primero le dice al segundo la noticia, añadiendo *(adding)* algo. El segundo le repite el chisme al tercero añadiendo otra cosa. El tercero y el cuarto continúan. Lo que añadan al chisme debe comenzar con una de estas preposiciones: **a**, **con** o **hacia**.

MODELO El director tiene una relación sentimental.
Jugador 1: El director tiene una relación sentimental con la actriz principal.
Jugador 2: El director tiene una relación sentimental con la actriz principal. A diario se encuentra con ella.
Jugador 3: El director tiene una relación sentimental con la actriz principal. A diario se encuentra con ella al salir del estudio de grabación.
Jugador 4: El director tiene una relación sentimental con la actriz principal. A diario se encuentra con ella al salir del estudio de grabación hacia las tres de la tarde.

1. La actriz tiene problemas.
2. El redactor está enojado.
3. El crítico de cine fue parcial.
4. El actor principal tropezó.

⑥ Provide additional news for students to continue the exercise. Ex: **1. Filman una escena romántica. 2. La estrella siempre protesta. 3. Los críticos no informan.**

Instructional Resources
- WB
- LM
- CD-ROM
- WB/LM/VM Answer Key

Suggestion: Remind students that a negative sentence with **no** before the verb may contain a second negative word after the verb. However, when a negative word comes before the verb, **no** is not used. Ex: **No veo a nadie. / A nadie veo.**

Suggestion: Point out the use of **ni yo tampoco** after a negative statement. Ex: **Gustavo no pudo ir al cine anoche, ni yo tampoco.**

9.4 Expressing choice and negation

¿Te acuerdas? In Spanish, double negatives are perfectly acceptable: **¡No quiero ni ir al cine ni ver televisión!**

o...o

▶ The word **o** means *or*. The conjunction **o...o** means *either...or*. It is used when there is a choice to be made between two options.

Tendrás que decidir.
O estás con ella **o** estás conmigo

O el presentador es muy malo **o** el director es malísimo.
***Either** the presenter is very bad **or** the director is terrible.*

O trabajas para mi periódico **o** no vuelves a trabajar nunca más.
***Either** you work for my newspaper **or** you will never work again.*

ni...ni

▶ The conjunction **ni...ni** means *neither...nor*.

Ni la amo a ella,
ni te amo a ti.

Ni quieren leer **ni** ver las noticias.
They don't want to read or watch the news.

Ese actor no puede **ni** bailar **ni** cantar.
This actor can neither dance nor sing.

ni siquiera

▶The conjunction **ni siquiera** means *not even*. **Ni siquiera** emphasizes the meaning.

No quería **ni siquiera** leer las crónicas de sociedad.
She did not even want to read the lifestyle page.

Ni siquiera el mejor director podría salvar la carrera de ese actor.
Not even the best director could save that actor's career.

Práctica y Comunicación

1 **El productor** Un productor de cine está hablando solo. Une las dos oraciones en una sola, usando las expresiones entre paréntesis para saber lo que dice.

MODELO Marcela no vio la película. Matías no vio la película. (ni... ni...)
Ni Marcela ni Matías vieron la película.

1. El público no se cansa de ver películas. No se cansa de ver anuncios. (ni... ni...) *El público no se cansa ni de ver películas ni de ver anuncios.*
2. El director no revisó el guión. Tampoco revisó la banda sonora. (ni... ni...) *El director ni revisó el guión ni la banda sonora.*
3. No se encargará del largometraje. Tampoco se encargará del cortometraje. (ni... ni...) *No se encargará ni del largometraje ni del cortometraje.*
4. ¿Hablarás con el director? ¿Hablarás con los actores? (o... o...) *¿Hablarás o con el director o con los actores?*
5. Debes comenzar a buscar otro director. También debes empezar a buscar otra actriz. (o... o...) *O debes comenzar a buscar otro director o debes empezar a buscar otra actriz.*
6. ¿Veo televisión? ¿Voy al cine? (o... o...) *¿O veo televisión o voy al cine?*

2 **¡Qué desastre!** Gustavo es el encargado de entrevistar a las siguentes personas. Los resultados de las entrevistas son un desastre. En parejas, completen los comentarios finales de Gustavo sobre las personas que ha entrevistado. Usa ni...ni para unir las dos primeras frases.

MODELO El actor Pablo Ragonetti no sabe cantar. Tampoco sabe ______.
Ni siquiera sabe ______.
El actor Pablo Ragonetti ni sabe cantar ni sabe actuar. Ni siquiera sabe hablar.

1. El director Marcelo Arias no sabe dar órdenes. Tampoco sabe ______ . Ni siquiera sabe ______.
2. La redactora Mirta Castedi no sabe corregir. Tampoco sabe ______. Ni siquiera sabe ______.
3. La actriz Dorotea Liber no puede recordar un guión. Tampoco puede ______. Ni siquiera puede ______.
4. La cantante Mercedes Albano no puede cantar siguiendo la música. Tampoco puede ______. Ni siquiera puede ______.
5. La especialista en publicidad Adriana Manfredo no conoce los gustos del público. Tampoco conoce ______. Ni siquiera conoce ______.

3 **¿Cómo son, qué hacen?** En parejas, escriban cómo son, qué hacen y qué no les gusta a las personas. Sigan el modelo.

MODELO El director es un aburrido. **O** está enfermo **o** deprimido. **No** le gusta **ni** bailar **ni** hacer deporte. **Ni siquiera** le gusta ver las películas que él dirige.

1. La actriz es una antipática.
2. El periodista es muy generoso.
3. El cantante es extraño.
4. La crítica de cine es influyente.

NATIONAL communication STANDARDS

1 Answers may vary. Item 1, for instance, may read as follows: **El público no se cansa ni de ver películas ni de ver anuncios. / El público ni se cansa de ver películas ni de ver anuncios. / El público no se cansa de ver ni películas ni anuncios.**

2 Redo the exercise orally with the following sentences:
1. El director resuelve problemas maravillosamente.
2. La redactora escribe a la perfección.
3. La actriz tiene una memoria impresionante.
4. La cantante tiene bellísima voz.
5. Adriana Manfredo conoce bien el negocio.

3 Have students read the descriptions aloud for the class to guess who is being described. Add characters to the list to expand the exercise.

A conversar

Suggestion: Review the present subjunctive.

Suggestion: Remind students that an expression like **es evidente** conveys certainty and one like **es probable** implies possibility.

¿Qué opinas de las telenovelas?

A En la **Fotonovela**, se ve que Aguayo tiene vergüenza de decir que él mira telenovelas. En parejas, discutan por qué ha tenido ese sentimiento. Luego compartan su opinión con sus compañeros/as. ¿Están de acuerdo? Para expresar sus acuerdos y desacuerdos usen las expresiones: **(no) creo que / (no) estoy seguro/a de que / (no) es probable que / (no) dudo de que / (no) es evidente que + ha / haya**.

B La maestra Sagerati opinaba sobre las telenovelas en el siguiente informe para la escuela. Lean el informe y contesten las preguntas, en grupos pequeños.

> 12 de julio de 1999
>
> La semana pasada estaba terminando de explicar a mis alumnos un tema de historia. En ese momento, una niña dijo que esa historia se parecía a la de la telenovela *Marcela, una mujer*. La mayoría de mis niños dijo que veía esa telenovela. ¿No es increíble que los padres dejen a sus hijos ver telenovelas? Cuando intento recordar de qué se tratan estos programas, no recuerdo ninguno en que no haya habido mentiras, niños abandonados, una relación sentimental difícil, una suegra autoritaria. En las telenovelas todo es negro, triste y falso. Las historias son lentas y los personajes son demasiado simples: o son buenos o son malos. En estas historias, ni siquiera hay lugares interesantes: todo ocurre dentro de unas pocas habitaciones. Me parece que los padres o bien deberían prohibir a sus hijos ver telenovelas o bien deberían verlas con ellos y criticarlas. No estoy hablando de censura, sino que creo que entre todos (padres y maestros) debemos educar a los niños. Esperemos no tener que llorar después porque la televisión los haya educado.

1. ¿Cómo supo la maestra que sus alumnos veían telenovelas?
2. ¿Qué criticó de las telenovelas?
3. ¿Están de acuerdo con esas críticas? ¿Cuáles otras pueden añadir?
4. ¿Qué tienen de bueno las telenovelas?
5. ¿Qué soluciones propuso la maestra?
6. ¿Por qué dijo que los adultos deberían educar a los niños?

C Ya han pasado unos años desde que la maestra Sagerati escribió esta carta. ¿Creen que ocurrió lo que ella escribió? Discutan en pequeños grupos. Luego presenten sus opiniones a sus compañeros/as. Para expresar sus acuerdos y desacuerdos con la maestra Sagerati usen, entre otras, las expresiones del **Paso A**.

A escribir

Crítica de un libro

Eres un(a) periodista que trabaja en la sección cultural de un periódico muy conocido. Sigue el **Plan de Redacción** para escribir la reseña de un libro.

Plan de redacción

Introducción Contesta las siguientes preguntas: ¿De qué libro es la reseña? Tienes que incluir la fecha de su publicación y el autor. También debes incluir el argumento de la obra, los personajes, el tiempo, el lugar y si lo recomiendas o no.

Crítica Escribe tu evaluación de la obra.
- ¿Qué piensas del libro y por qué?
- ¿Qué es lo que hace bien el/la autor(a)?
- ¿Qué hace mal?
- ¿Recomiendas la obra?

No olvides usar **o... o, ni... ni** y, al menos una vez, el presente perfecto de subjuntivo.

Conclusión Resume brevemente tu evaluación de la obra. También debes decir por qué vale la pena *(it's worthwhile)* leer el libro o por qué no vale la pena hacerlo.

UNA MUJER ESPECIAL ★★★★
Lorenzo Ríos

Lorenzo Ríos, escribe sobre la vida de una viuda que debe cuidar a siete hijos. La historia ocurre en México, hacia el año 1900 y comienza cuando la viuda Henríquez debe pagar las deudas de su marido. El autor logra mostrar los sentimientos más profundos de sus personajes. Un libro excelente. Se lo recomiendo.

LA REVUELTA DE LOS ESTUDIANTES ★
Nicolás Piaggio

Ojalá usted no lo haya leído. Si ya lo leyó, sabrá que tengo razón. Es un libro que no vale la pena leer por la pobreza de su contenido. El argumento comienza en una universidad y tiene todo lo que suelen tener las historias de este tipo: jóvenes delgados y guapos, y, por supuesto, un protagonista con problemas. Es increíble que Nicolás Piaggio haya escrito este ridículo libro. Es poco probable que lo haya pensado dos veces antes de comenzar a escribir. Si usted no lo ha leído, por favor no lo haga.

TERROR EN LA CASA EMBRUJADA ★★★★★
María Plachetko

Una historia del año 1965. Es posible que *Terror en la casa embrujada* haya sido uno de los primeros libros de terror escritos por una mujer. Me alegro de que la editorial Arcadia haya decidido volver a publicar este clásico de la lietratura. Vale la pena leerlo.

Suggestion: Ask students to think about the influence that media critics' opinions have. What is the validity of their comments? Are they truly better equipped to judge the quality of books?

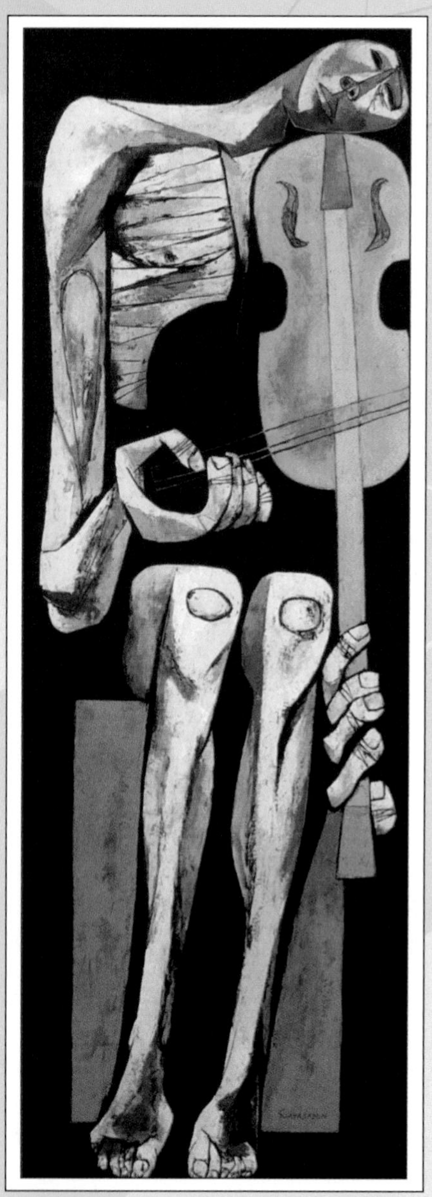

El violinista, 1967.
Oswaldo Guayasamín. Ecuador.

Modestamente, la televisión no es culpable de nada. Es un espejo en el que nos miramos todos, y al mirarnos nos reflejamos.

— Manuel Campo Vidal

Antes de leer

Tiempo libre

Guillermo Samperio

Conexión personal

¿Lees el periódico? ¿Lo lees todos los días o sólo ocasionalmente? ¿Ves el noticiero de la televisión? ¿Escuchas los programas de noticias en la radio? ¿Consideras que estás bien informado/a? Comenta estas cuestiones con un(a) compañero/a.

Contexto cultural

Spanish-language newspapers published in the United States are becoming more and more influential. In 1970, there were 232 such newspapers circulating one million copies; by 2000, the number of Spanish-language newspapers had reached 543 publications circulating approximately 14.1 million copies.

Some of the most important publications are Miami's *El Nuevo Herald*, which prints about one hundred thousand copies daily, and Los Angeles' *La Opinión*, which circulates an average of one hundred twenty thousand copies daily.

Análisis literario: el símbolo

A symbol **(el símbolo)** is anything that stands for or represents something else. We encounter and interpret symbols every day. A dove with an olive branch in its beak, for instance, is a widely recognized symbol of peace. As you read "Tiempo libre," identify the symbolism of the event described.

Estrategia de lectura: sacar conclusiones

Active readers draw conclusions **(sacar conclusiones)** about what they are reading by combining pieces of information to make an inference. This information can come from the details the writer presents in the work, on previous inferences the reader has made about the text, or the reader's prior knowledge of the subject, genre, or writer's literary style. As you read "Tiempo libre," try to draw conclusions using the details the author presents, as well as what you know about newspapers, mass media, and newspaper reading.

Vocabulario

colgar *to hang up*
enterarse de *to find out about; to learn about*
estar al día *to be up-to-date*
la hormiga *ant*
la mancha *spot; mark; stain*
manchar *to stain*
el suelo *floor*

Lecturas opener (previous page):

NATIONAL cultures STANDARDS

See the **ENFOQUES** Instructor's Resource Manual for teaching suggestions.

Conexión personal: Encourage students to share their criteria for selecting one news publication over another.

Análisis literario: Suggest to students that they spend an entire day paying attention to the symbols around them. Have them group these symbols according to themes and hypothesize about the role they play in our lives.

Guillermo Samperio

Hoja de vida

1948 Nace en México, D.F.
1977 Premio Casa de las Américas, Cuba
1982 *De este lado y del otro* (poesía)
1985 *Gente de la Ciudad* (cuentos)
1988 Premio Nacional de Periodismo Literario, México
1994 *Anteojos para la abstracción* (novela)
1995 *¿Por qué Colosio?* (ensayo)
2000 Premio Instituto Cervantes de París

Sobre el autor

El escritor mexicano **Guillermo Samperio** ha sido acreedor de muchas distinciones en el ámbito literario. Sus relatos se caracterizan por una sobresaliente narración detallada de los sucesos. Con su particular sentido del humor, Samperio ha realizado importantes aportaciones literarias. El autor también se ha destacado por su participación como promotor cultural, columnista de varios periódicos y especialista en las artes plásticas.

Tiempo libre

Todas las mañanas compro el periódico y todas las mañanas, al leerlo, me mancho los dedos de tinta. Nunca me ha importado ensuciármelos con tal de estar al día en las noticias. Pero esta mañana sentí un gran malestar apenas toqué el periódico. Creí que solamente se trataba de uno de mis acostumbrados mareos°. Pagué el importe del diario y regresé a mi casa. Mi esposa había salido de compras. Me acomodé en mi sillón favorito, encendí un cigarro y me puse a leer la primera página. Luego de enterarme de que un jet se había desplomado°, volví a sentirme mal; vi mis dedos y los

Suggestion: When students reread the story, they should focus on the details containing information about the time period when the narration took place.

mareos: dizziness

desplomado: plunged, plummeted

encontré más tiznados° que de costumbre. Con un dolor de cabeza terrible, fui al baño, me lavé las manos con toda calma y, ya tranquilo, regresé al sillón. Cuando iba a tomar mi cigarro, descubrí que una mancha negra cubría mis dedos. De inmediato retorné al baño, me tallé con zacate°, piedra pómez°, y, finalmente, me lavé con blanqueador°; pero el intento fue inútil, porque la mancha creció y me invadió hasta los codos. Ahora, más preocupado que molesto, llamé al doctor y me recomendó que lo mejor era que tomara unas vacaciones, o que durmiera. En el momento en que hablaba por teléfono, me di cuenta de que, en realidad, no se trataba de una mancha, sino de un número infinito de letras pequeñísimas, apeñuzcadas°, como una inquieta multitud de hormigas negras. Después, llamé a las oficinas del periódico para elevar mi más rotunda protesta°; me contestó una voz de mujer, que solamente me insultó y me trató de loco. Cuando colgué, las letritas habían avanzado ya hasta mi cintura. Asustado, corrí hacia la puerta de entrada; pero, antes de poder abrirla, me flaquearon° las piernas y caí estrepitosamente°. Tirado bocarriba° descubrí que, además de la gran cantidad de letras hormiga que ahora ocupaban todo mi cuerpo, había una que otra fotografía. Así estuve durante varias horas hasta que escuché que abrían la puerta. Me costó trabajo hilar° la idea, pero al fin pensé que había llegado mi salvación. Entró mi esposa, me levantó del suelo, me cargó bajo el brazo, se acomodó en mi sillón favorito, me hojeó° despreocupadamente y se puso a leer.

blackened

scourer, scrubber

pumice stone / bleach

crammed

to raise an emphatic protest

began to weaken

with a crash / stretched out face-up

string together

leafed through

Después de leer

Tiempo libre

Guillermo Samperio

(1) **Comprensión** Contesta las siguientes preguntas con frases completas.

1. ¿Qué hace el protagonista todas las mañanas?
   El protagonista compra el periódico todas las mañanas y lo lee.
2. ¿Qué le pasa siempre que lee el periódico?
   Siempre que lee el periódico se mancha los dedos de tinta.
3. Al leer la primera página, ¿de qué se enteró el narrador?
   Al leer la primera página, el protagonista se enteró de que un jet se había desplomado.
4. ¿Cómo se sintió después?
   Después de enterarse del accidente, el protagonista se sintió mal.
5. ¿Qué hizo luego?
   Fue al baño y se lavó las manos porque sus dedos estaban tiznados.
6. Cuando iba a tomar su cigarro, ¿qué descubrió?
   Descubrió que una mancha negra cubría sus dedos.
7. Después, ¿adónde regresó y para qué?
   Regresó al baño para tratar de quitarse la mancha.
8. ¿De qué se dio cuenta cuando hablaba con el médico? *Cuando hablaba con el médico, se dio cuenta de que no se trataba de una mancha sino de un número infinito de letras.*
9. ¿Cómo eran las letras y qué parecían?
   Las letras eran pequeñas, apeñuzcadas, como una multitud de hormigas negras.
10. ¿Adónde llamó para protestar?
    Llamó al periódico para protestar.
11. Al colgar el teléfono, ¿qué le pasó al protagonista?
    Al colgar el teléfono ya las letritas habían avanzado hasta su cintura.
12. ¿En qué se convirtió el protagonista al final del cuento?
    Al final de cuento el protagonista se convirtió en un periódico.

(2) In groups, have students think of another ending that would affect the entire reading, as does the original ending, and convey a different message to the reader.

(2) **Interpretar** Contesta las siguientes preguntas.

1. ¿Por qué crees que el protagonista siente un gran malestar cuando lee la prensa? Razona tu respuesta.
2. Según tu opinión, ¿por qué al final el protagonista se convierte en un periódico?
3. ¿Qué crees que simbolizan las manchas en las manos?
4. ¿Está relacionado el título del cuento "Tiempo libre" con el desenlace de la historia? Explica tu respuesta.

(3) **Ampliar** En parejas, analicen las diferentes actitudes que el doctor y el protagonista tienen ante el problema. ¿Con cuál de los dos se identifican más? ¿Por qué?

Doctor	Protagonista

(4) Ask students to consider the tone of the news item that made them sad or happy. Does the presentation style of the news affect the reader more than the actual facts?

(4) **Escribir** Piensa en una noticia que leíste en el periódico o que viste en la televisión, que te causó mucha tristeza o alegría. Escribe un párrafo corto en el que describes lo que hacías y dónde estabas cuando te enteraste de la noticia. Describe también cómo influyó en tu vida esa noticia.

Antes de leer

PERFIL

Carmen Maura

Conexión personal

¿Quiénes son tu actor y actriz favoritos? ¿Por qué? Compara tus preferencias con las de tres compañeros/as.

Contexto cultural

Spanish cinema has flourished in the past quarter of a century, attracting critical attention from around the world. Movies by Spanish filmmakers have won the Academy Award for Best Foreign Film on three occasions. Pedro Almodóvar was awarded the Oscar in 2000 for *Todo sobre mi madre,* while José Luis Garci's *Volver a empezar* won the Award in 1983; Fernando Truebas's *Belle Epoque* won in 1993. Meanwhile, Hollywood is now home to two very well-known film stars who began their acting careers in their native Spain. Can you name them? *Antonio Banderas and Penélope Cruz*

Pedro Almodóvar

Vocabulario

empeño *determination; undertaking; effort*

hacerle gracia (a alguien) *to be funny (to someone)*

hasta la fecha *up until now*

NATIONAL cultures STANDARDS

Contexto cultural: In groups, have students discuss whether reading subtitles in foreign language films is sufficient to grasp the message. What becomes of the cultural values associated with that foreign language?

Suggestion: In pairs, have students explain to their partner what their reaction would be if asked "Why aren't you doing what you enjoy most for a living?" Ask students to share their partner's answer with the class.

PERFIL

Carmen Maura

Sergio Burstein

En 1969, nada hacía presagiar° que Carmen Maura, de 24 años, se convertiría con el transcurso de los años en una de las actrices más notables y arriesgadas del cine español. Descendiente del político conservador Antonio Maura, estaba casada desde hacía cinco años, y dirigía una galería de arte en su Madrid natal. Pero súbitamente le entró el bichito de la actuación°, y decidió cambiar su aburrida comodidad por lo que entonces se le planteaba como una verdadera aventura.

nothing would have predicted

she was bitten by the acting bug

"Fue como un regalo del cielo, 20 minutos de lucidez", ha declarado ella misma. "Yo era una inconsciente°. Y todo tras una conversación con el crítico de teatro Alfredo Marquerie, que me llevó a la realidad y me dijo: '¿Por qué no haces lo que más te gusta en la vida?'. Llegué a casa, lo dije y se armó la de San Quintín°. Y a partir de ahí, claro, soy tan cabezota° que bastó que se enfrentaran conmigo mi familia y mi marido para que yo me cabreara° más al darme cuenta de que no era libre, no podía hacer lo que me daba la gana°".

irresponsible person

there was a tremendous fight

pig-headed

would get infuriated

I couldn't do just as I pleased

La decisión no sólo le costó la ruptura de su matrimonio, sino también la separación de sus hijos, a los que no pudo ver ni visitar en años. Pero la senda° artística ya estaba marcada.

path

Empezó con actuaciones en clubes nocturnos hasta debutar en la pantalla grande con *Los gatos tienen frío* (1969), aunque llamó realmente la atención con *Tigre de papel* (1977), una película dirigida por Fernando Colomo. Pero el verdadero detonante° de su carrera fue su encuentro con el director manchego° Pedro Almodóvar, quien le dio el papel principal de su ópera prima°, *Pepi, Lucy, Bom y otras chicas del montón* (1980). Carmen aceptó el proyecto, aunque resultaba evidente que no se trataba de nada precisamente convencional.

the thing that really set off

from La Mancha

first work

Sólo la buena preparación y empeño de Maura logró sacar adelante lo que parecía ser una comedia disparatada° y absolutamente plagada de excesos post-franquistas°.

outrageous, absurd

riddled with post-Franco excesses

"Cuando conocí a Pedro, no teníamos nada que ver: él era supermoderno, y yo era una niña bien° que hacía teatro, pero inmediatamente conectamos", ha dicho la española. "En un rodaje, con 40 personas, Pedro decía algo y de repente yo era la única a la que le hacía gracia, mientras los otros 40 se quedaban callados".

rich girl

La colaboración ya estaba establecida: en los años siguientes, Maura se convertiría en la actriz favorita del nuevo prodigio del cine español, participando en cintas° como *Entre tinieblas* (1983), *¿Qué he hecho yo para merecer esto?* (1985), *La ley del deseo* (1987). A esas alturas, Carmen ya era comparada por la prensa internacional con Anna

films

Magnani y Bette Midler, y se incorporaba al reparto de exitosas comedias dirigidas por otro celebrado director, Fernando Trueba, como *Sal gorda* (1984) y *Sé infiel y no mires con quién* (1985).

La cumbre de su trabajo con Almodóvar llegó en 1988 con *Mujeres al borde de un ataque de nervios,* divertido filme que alcanzó una inusitada° difusión internacional y que le permitió compartir la pantalla con Fernando Guillén, María Barranco, la actriz de indescriptible rostro Rossy de Palma y el aún° jovencito Antonio Banderas.

unusual
still

Curiosamente, la película marcó el fin de la relación entre Maura y el director de *Tacones lejanos,* que no han vuelto a trabajar juntos hasta la fecha. Sin embargo, la actriz no ha negado nunca la posibilidad de volver a colaborar con el cineasta que la lanzó a la fama: "Eso podría suceder algún día, pero él tiene que tener un personaje que le apetezca° que haga yo. Yo, desde luego, no iré detrás de él, ni me haré la encontradiza°. Si un día a él le apetece y a mí me gusta lo que quiere que haga para él, lo haré, pero no es fácil. Tampoco sé lo que pasa por su mente porque hace mucho tiempo que no hablo con él. No es que yo me niegue, pero no ha surgido la ocasión".

he might want
nor will I pretend to just bump into him

Carmen Maura tiene una filosofía de vida que la define como una verdadera luchadora°, y no se preocupa en exagerar sus pesares° frente a la prensa. "Cada uno tiene sus propios problemas", ha asegurado. "Uno tiene vecinos insoportables, a otro le persigue Hacienda°, el de más allá tiene problemas con su novia que es una borde°". Sus perspectivas familiares

fighter
sorrows, regrets
tax collector
jerk

también están mejorando: hace poco se volvió a encontrar con su hijo Pablo, de 28 años, con quien no convivía° desde que éste era un bebé.

with whom she had not lived

Además, los últimos años han visto el resurgimiento de su carrera profesional, algo que ya se veía venir desde su participación en *Sombras de una batalla* (1993), filme de Mario Camus por el que recibió un premio Goya, equivalente español del Oscar. Pero su verdadero lanzamiento internacional se produjo en los últimos años con *La Comunidad* (2000), excelente largometraje de comedia-suspense dirigido por Álex de la Iglesia, una de las mayores revelaciones del cine fantástico europeo.

La cosa no ha quedado allí, porque actualmente Maura, que vive entre su país y Francia, se encuentra en pleno rodaje° de *800 balas,* el nuevo largometraje de Álex de la Iglesia, que se filma en Almería, España. Todo parece indicar que, a rey muerto, rey puesto°; en otras palabras, a falta de Pedro, bueno es Álex.

in the middle of filming

"The (old) king is dead; long live the (new) king!

Después de leer

PERFIL

Carmen Maura

(1) **Comprensión** Pongan los acontecimientos de la vida del Carmen Maura en orden del uno al diez.

_6_ a. Conoció a Pedro Almodóvar.
_10_ b. Se volvió a encontrar con su hijo.
_3_ c. Tuvo una conversación que le cambió la vida.
_7_ d. Actuó en *La ley del deseo.*
_1_ e. Se crió en un ambiente acomodado y conservador.
_5_ f. Trabajó en clubes nocturnos.
_8_ g. Actuó en *Mujeres al borde de un ataque de nervios.*
_2_ h. Se casó.
_9_ i. Recibió un premio Goya.
_4_ j. Se separó de su esposo.

(2) Ask for volunteers to share a pivotal moment in their lives and any decisions they made at that point.

(2) **Interpretar** Contesta las siguientes preguntas.

1. ¿Cómo se consideraba Carmen Maura a los veinticuatro años de edad?
2. ¿Cómo cambió su vida personal después de hacerse actriz?
3. Carmen Maura se caracterizó a sí misma como "una niña bien". ¿Qué crees que significa esto?
4. ¿Cómo era y cómo es en la actualidad la relación entre Carmen Maura y Almodóvar?
5. ¿Cuándo y con qué película se hizo internacionalmente famosa?
6. ¿Cómo describirías la personalidad de la actriz? Pon ejemplos del texto.
7. Explica, en tus propias palabras, qué significa la expresión "a rey muerto, rey puesto".

(3) **Ampliar** Carmen Maura decidió hacer realidad sus sueños y para ello se enfrentó a su familia. ¿Harías tú lo mismo? En parejas, comenten qué harían si estuvieran en la misma situación que la actriz española. Luego, compartan sus ideas con la clase.

MODELO Si yo estuviera en la misma situación, intentaría explicarle a mi familia que lo más importante para mí es trabajar en lo que me gusta.

(4) Ask students to search on the Internet for more information on the dictatorship and the transition to democracy.

(4) **Conversar** En grupos pequeños, digan lo que sepan de la historia reciente de España. ¿Quién fue Franco y cómo llegó al poder? Después de su muerte, ¿cómo cambió la sociedad española? ¿Cómo fue la época post-franquista?

Atando cabos

Una noticia de interés

Trabajen en grupos pequeños para presentar una noticia de interés a la clase.

Elegir el tema

Pueden preparar su presentación sobre alguna noticia relacionada con el mundo hispano que hayan escuchado recientemente. Si no conocen ninguna, repartan la tarea de búsqueda entre todos los miembros del grupo.

Elegir el tema: Bring in some newspapers or Internet pages with stories related to the Spanish-speaking world to help students generate ideas for this project.

Preparar

Compren periódicos en español, vayan a la biblioteca o investiguen en Internet. Busquen una noticia que despierte su interés y tomen nota de lo que consideren interesante. No se olviden de recoger *(collect)* información audiovisual para mostrar a la clase.

Organizar

Su presentación debe incluir una pequeña introducción sobre la noticia: el país donde ocurrió, cuándo, antecendentes políticos o sociales que pueden explicar las causas, etc. Organicen la información recogida en un esquema *(outline)*. Tengan en cuenta que cada presentación durará unos 10 minutos. No se olviden de citar las fuentes *(the sources)* que han utilizado para preparar su presentación.

Organizar: Ensure that each group divides the preparation tasks equally among its members and that all students understand the role that their participation will play in the project's success.

Estrategia de comunicación

Cómo presentar una noticia.

1. La noticia que hemos elegido trata de…
2. Ni los testigos *(witnesses)* ni las víctimas saben cómo pudo ocurrir…
3. El presidente del país espera que el peligro haya pasado…
4. La policía piensa que el cupable o es el/la esposo/a…
5. Para terminar, todavía no se sabe cuáles van a ser las consecuencias…

Ayuda para Internet

Aquí tienen unas palabras clave para buscar información en Internet:
noticias / El País
España / Semana
Colombia / política internacional /
sucesos / Clarín
Argentina / La Tercera
Chile / El Nacional
Venezuela / Reforma
México

Presentar

Antes de su presentación, cada grupo entregará una copia de su esquema al profesor. Usen medios audiovisuales (carteles, fotografías, mapas, etc.) para que el resto de la clase pueda comprender mejor la noticia.

NATIONAL STANDARDS communication cultures connections

Instructional Resource IRM (general teaching suggestion)

Cortometraje: *El milagro* (México; 15 minutos)
Synopsis: The inhabitants of a small village have been invited to participate in a miracle, an extraordinary event that will not happen again for another 1000 years. Margarita, like everyone else, wants to attend, but her husband, Alfonso, thinks that it is all a farce.

El milagro

país México
duración 15 minutos
director Ernesto Contreras Flores
protagonistas Margarita, Alfonso, Faustina, Juanita (la hija de Faustina)

Vocabulario

el argüende *gossip*	**necio/a** *stupid*
chulo/a *pretty*	**tarugo/a** *blockhead*
méndigo/a *stingy*	**zoquete** *dimwit*

Antes de ver el corto

1 **Comentar** En Latinoamérica, los milagros son una parte muy importante de la cultura popular. Los milagros se relacionan principalmente con la religión, los astros y la santería. Las personas hacen ofrendas, promesas y oraciones para que el milagro que tanto desean se haga realidad. ¿Qué sabes sobre este tema? Comparte tus conocimientos con un(a) compañero/a.

Mientras ves el corto

2 **Ordenar** Numera del uno al ocho los sucesos según van ocurriendo en la historia.

__7__ a. Alfonso toma la invitación y corre buscando a Margarita.
__5__ b. Margarita está llorando.
__8__ c. Alfonso y Margarita están juntos en el Cerro Azul.
__4__ d. Faustina y Juanita están subiendo al Cerro Azul.
__3__ e. Margarita le da su canasta con comida a Faustina.
__6__ f. Un turista pasa corriendo.
__2__ g. Faustina y Juanita llegan a casa de Margarita.
__1__ h. Margarita lee la invitación.

Después de ver el corto

3 **Comprensión** Decide si lo que afirma la frase es **cierto** o **falso**.

	Cierto	Falso
1. Todo el pueblo recibió una invitación.	☑	☐
2. Margarita no quiere ir a ver el milagro.	☐	☑
3. Faustina va con su hija al evento.	☑	☐
4. Juanita, la hija de Faustina, lleva puesto un vestido azul.	☐	☑
5. Todo el pueblo va al Cerro Azul.	☐	☑
6. Faustina quiere que Margarita también vaya.	☑	☐
7. Alfonso tiene muchas ganas de ir a ver el milagro.	☐	☑
8. Margarita le da su canasta con comida a Faustina.	☑	☐
9. Todos saben quién envió las invitaciones.	☐	☑
10. Alfonso y Margarita nunca suben al Cerro Azul.	☐	☑

4 **Escribir** ¿Cuál crees que es el tema del cortometraje *El milagro?* En parejas, hagan una lista de ideas sobre el tema de *El milagro* y al terminar, seleccionen uno. Luego, compartan su trabajo con el resto del grupo y decidan entre todos cuál es el tema principal de esta historia.

5 **Comentar** Contesta las siguientes preguntas con frases completas.

1. ¿Por qué Alfonso no quiere ir a ver el milagro?
2. ¿Por qué no deja que Margarita vaya?
3. ¿Por qué está llorando Margarita?
4. ¿Por qué Alfonso finalmente decide ir al Cerro Azul?
5. ¿Qué se puede concluir de la última conversación entre Margarita y Faustino?
6. ¿Quién crees que ha mandado las invitaciones?

6 **Analizar** Discutan, en parejas y luego en grupos, las diferentes interpretaciones que tiene el final del corto. Expliquen también el significado de la pregunta de Margarita: "¿Nos salvamos?".

7 **Imaginar** En el cortometraje, todo el pueblo está contento porque el día 14 habrá un milagro. Imagina que en este momento se te pueden cumplir tres deseos. ¿Cuáles escogerías?

8 **Interpretar** En parejas, imaginen y escriban un final diferente que le dé otro significado a la historia. Al terminar, representen el nuevo final para el resto de la clase.

9 **Inventar** En parejas, piensen en algún evento al que a sus comunidades les interesaría asistir. Luego, escriban una invitación formal como la que recibió Margarita en *El milagro.* Al final, muestren su trabajo a la clase explicando por qué decidieron seleccionar ese tipo de evento.

9 VOCABULARIO

La televisión

el anuncio	*commercial, advertisement*
el canal	*channel*
el chisme	*gossip*
el/la conductor(a)	*announcer*
el episodio final	*final episode*
el índice de audiencia	*ratings*
la noticia	*news*
la pantalla de televisión	*television screen*
el público	*public*
el reportaje	*story*
el reportero/a	*reporter*
la telenovela	*soap opera*
el televidente	*television viewer*
la transmisión	*transmission*

La radio

la emisión	*broadcast*
la emisora	*radio station*
el estudio de grabación	*recording studio*
el/la locutor(a)	*announcer*
el noticiero	*news program*
el/la oyente	*listener*
el/la presentador(a) de noticias	*news reporter*
el/la radio	*radio*
transmitir	*to broadcast*

El cine

el actor	*actor*
la actriz	*actress*
el argumento	*plot*
la banda sonora	*soundtrack*
el cortometraje (el corto)	*short film*
el/la crítico/a de cine	*film critic*
el/la director(a)	*director*
doblado/a	*dubbed*
la escena	*scene*
la estrella	*star (male or female)*
el guión	*script*
grabar	*to record*
el largometraje	*full-length film*
la película	*movie*
la sesión/función	*showing*
subtítulos	*subtitles*

Los periódicos

la crónica de sociedad	*lifestyle section*
la crónica deportiva	*sports page, sports section*
el diario	*daily (newspaper)*
la edición especial	*special edition*
el/la lector(a)	*reader*
el periódico impreso	*newspaper*
la portada	*front page*
la prensa (sensacionalista)	*(sensationalist) press*
el/la redactor(a)	*editor*
la revista semanal	*weekly supplement*
el titular	*headline*
imprimir	*to print*
publicar	*to publish*

Los medios de comunicación

la actualidad	*current affairs*
la censura	*censorship*
los medios de comunicación	*media*
la parcialidad	*bias*
el público	*audience*
estar al tanto	*to be informed*
ser parcial	*to be biased*
actualizado/a	*up-to-date*
destacado	*prominent, distinguished*
imparcial	*impartial, unbiased*
influyente	*influential*

Expresiones útiles	*Véase la página 353.*
Vocabulario de "Tiempo libre"	*Véase la página 375.*
Vocabulario del perfil	*Véase la página 379.*
Vocabulario de *El milagro*	*Véase la página 386.*

Estructura 9.1	*Véase la página 358.*
Estructura 9.3	*Véase las páginas 366 y 367.*
Estructura 9.4	*Véase la página 370.*

Instructional Resource
- Tests

La literatura y el arte

10

Communicative Goals

You will expand your ability to...

- express what will have happened
- express what would have happened
- make contrary-to-fact statements about the past
- describe changes in a mental, emotional, or physical state

La literatura y el arte

El admirador

La nieta se sentó en el rincón más iluminado para pintar su **obra maestra**: un **retrato** de su abuelo Emilio. El anciano es un modelo paciente y espera que ella termine su **llamativa obra**. El improvisado **estudio** es también una **exposición** de otras **obras de arte** de la artista: **autorretratos**, paisajes ... y manchas. El abuelo admira la creatividad de su nieta. Cada **trazo** le resulta conmovedor, cada color le parece maravilloso.

Instructional Resources
- WB
- LM
- CD-ROM
- WB/LM/VM Answer Key

Suggestion: Ask students to comment about the people shown and their activities. Ex: **¿Quiénes son? ¿A qué se dedican? ¿Qué les ocurre en este momento?**

Suggestion: Remind students that the boldfaced words and expressions in the paragraphs are new active vocabulary as well as the vocabulary in the lists.

Comprehension Check: ¿A quién se refiere? 1. Sus obras se presentan en el teatro. (el dramaturgo) 2. Es el orgulloso pariente de una futura pintora famosa. (Emilio) 3. Escribe una obra literaria. (Eugenia) 4. Espera ganar bastante dinero con su trabajo. (el escultor)

Suggestion: Pair students up to write follow-up stories to the scenes pictured in **Contextos**.

Personaje de gran calibre

Eugenia quiere que el argumento de su **cuento se desarrolle** de una manera única. La **trama** comenzará con un crimen, relatado desde **el punto de vista** de la bala. Como parte de la acción ocurre en un revólver, la mano del asesino será un **personaje secundario** y el pecho de la víctima un **personaje principal**. A ella le resulta **intrigante** la **corriente** del realismo mágico, pero no quiere imitar a nadie. Por consiguiente, en su cuento no habrá **paradojas**: el **desenlace** será la muerte de la víctima, de la que sólo una mariposa será **testigo**.

Obras valiosas

Romina y Esteban vieron todas las **acuarelas**, esculturas y pinturas **al óleo** de la galería de arte. Inspirados por las intrigantes **imágenes** y formas que vieron, quisieron ir a visitar el **taller** de un escultor y comprarle una de sus obras. Él les dijo que sus obras estarían a la **venta** en una **subasta** en una tienda famosa de Londres. Les molestó pensar que las obras que ellos podían acariciar y tenían al alcance de la mano estaban tan lejos de sus bolsillos.

El peligro del éxito

El célebre **dramaturgo** recuerda la **cita** que dice que las segundas partes nunca son buenas. Está escribiendo la continuación de su **obra de teatro** más famosa. En esta etapa de su carrera sabe que el peso del **reconocimiento** que ya recibió puede **hundirlo**. No repetirá el ingenioso **tono satírico** de la primera parte, ni las extrañas **caracterizaciones** de los personajes.

La literatura

el capítulo	*chapter*
el/la ensayista	*essayist*
el ensayo	*essay; rehearsal*
el esbozo	*outline; sketch*
la estrofa	*stanza*
el manuscrito	*manuscript*
el movimiento	*movement*
el/la narrador(a)	*narrator*
la nota a pie de página	*footnote*
la rima	*rhyme*
la sátira	*satire*
hojear	*to skim*
narrar	*to narrate*
en sentido figurado	*figuratively*

El arte

el/la conservador(a)	*curator*
el cuadro	*painting*
la mezcla	*mixture*
la naturaleza muerta	*still life*
el rasgo	*trait, characteristic*
diseñar	*to design*
esbozar	*to sketch*
trazar	*to trace*
contemporáneo/a	*contemporary*
inquietante	*disturbing*
luminoso/a	*bright*
nítido/a	*sharp*
ornamentado/a	*ornate*
al estilo de	*in the style of*
de colores (muy) vivos	*colorful*
de buen/mal gusto	*in good/bad taste*

Práctica

① Have students replace some of the write-in words with antonyms and change the sentences accordingly.

1 Un crítico sin inspiración Un crítico de arte y literatura dejó oraciones a medio completar porque no se le ocurría qué palabras utilizar. Completa sus oraciones con algunos de los términos de la lista.

1. Sus obras son demasiado _llamativas_; en todas usa muchos colores brillantes.
2. La _inquietante_ escena en la que aparece el fantasma del padre está inspirada en su novela anterior.
3. El _reconocimiento_ a la obra de este pintor no es merecido, ya que nunca se ha visto en ninguna galería.
4. Por favor, lean el cuento. Tal vez alguien pueda explicarme el _desenlace_, por que no entendí el final.
5. Tan admirada es, que todos en la nueva generación desean también pintar _al estilo de_ su maestra.

al estilo de	llamativas
desenlace	reconocimiento
inquietante	obra de teatro

② Ask pairs of students to write similar analogies using other vocabulary from **Contextos**.

2 Analogías En parejas, unan cada par de palabras o frases de la columna de la izquierda con el par de la columna de la derecha que corresponda. Decidan cuál es la conexión y luego explíquenle sus ideas a otra pareja.

a. galería: cuadros	_b_	escritor: autobiografía
b. pintor: autorretrato	_d_	exhibir: exhibición
c. modelo: retrato	_a_	librería: libros
d. vender: subasta	_c_	personaje principal: cuento

3 Discusión En parejas, inventen una discusión entre un(a) artista y un(a) coleccionista de arte. Utilicen las palabras de la lista.

subasta	apreciar
exposición	taller
retrato	óleo
estudio	cuadro
venta	reconocimiento

4 El arte En parejas, contesten las siguientes preguntas.

1. Según ustedes, ¿es importante el arte en la sociedad?
2. ¿Creen que es correcto que se paguen millones por una obra de arte? ¿Por qué?

Comunicación

5 Críticas

A. En parejas, hagan el papel de críticos literarios o de cine. Escojan una obra de teatro, novela o película que hayan leído o visto recientemente. Para hacer la crítica de la obra que hayan escogido, analicen estos puntos:

Caracterización: ¿Es la caracterización de los personajes adecuada? ¿Se sintieron identificados con alguno de ellos?

Trama y argumento: ¿Hay sorpresas? ¿Hay acción sin sentido? ¿Se hace lento el desarrollo? ¿Es predecible lo que sucede? ¿Tiene la obra algún mensaje en particular?

Desenlace: ¿Cumple el desenlace con las expectativas creadas en la trama? ¿Termina todo demasiado bien?

Estética: ¿Les resultó la obra conmovedora (*moving*)? ¿Inquietante? ¿Utiliza un humor inteligente? ¿Es original? ¿Es creativa?

B. Ahora preparen una breve crítica sobre la obra que hayan escogido. Escriban al menos una oración sobre cada uno de los puntos analizados. Luego presenten el párrafo que prepararon a la clase.

6 **¿Qué es el arte?** El arte siempre ha sido difícil de definir. Como todos los términos sin una definición clara, es más fácil hablar de lo que no son que de lo que son. Comparte tus opiniones con un(a) compañero/a y escriban su propia definición del arte y de lo que es una obra de arte.

7 El museo de arte

A. En parejas, comparen sus experiencias de una visita a un museo de arte. Escriban dos breves descripciones sobre lo que vieron. ¿Qué sintieron cuando estaban ahí y por qué?

B. Formen un grupo de cuatro con otros/as dos compañeros/as. A partir de sus respuestas a la pregunta del paso A, respondan a la siguiente pregunta: ¿Creen que apreciamos más ciertas obras porque estamos influenciados por la información que tenemos de ellas? Den ejemplos. Compartan sus conclusiones con la clase.

Andy Warhol
Campbell's Soup I (Tomato).
1968.

NATIONAL communication STANDARDS

⑤ Model the activity by providing a personal narrative about a book you have recently read.

⑥ Bring in pictures of classical and abstract art. Ask students to comment on what they consider to be the artistic value of each.

⑦ Take a survey about art museums the students have visited. Discuss what type of art is housed in each of these museums.

10 FOTONOVELA

Johnny enseña a sus compañeros de trabajo cómo se debe criticar una obra de arte.

1

JOHNNY Chicos, ésas son las pinturas de las que les hablé. Las conseguí muy baratas. Voy a escribir un artículo sobre ellas. ¿Les dicen algo?

MARIELA Sí, me dicen *iahhgg.*

2

JOHNNY ¿Cómo que son feas? Es arte. No pueden criticarlo así.

MARIELA Es lo que la gente hace con el arte. Sea modernismo, surrealismo o cubismo, si es feo es feo.

JOHNNY Les mostraré cómo se critica una obra de arte correctamente. Hagamos como si estuviésemos observando las pinturas en una galería. ¿Quieren?

3

Fingiendo que están en una galería de arte...

JOHNNY Me imagino que habrán visto toda la exposición. ¿Qué les parece?

ÉRIC Habría preferido ir al cine. Estas pinturas son una porquería.

JOHNNY No puedes decir eso en una exposición. Si las obras no te gustan, tu debes decir algo más artístico como que son primitivas o son radicales.

6

Luego, en la cocina...

JOHNNY El artista jamás cambiará los colores. ¿Por qué me hiciste decirle que sí?

MARIELA No hubieras vendido ni una sola pieza.

JOHNNY No quiero venderlas, tengo que escribir sobre ellas.

MARIELA No está de más. Podrías llegar a ser un gran vendedor de arte.

7

JOHNNY *(imaginando que dirige una subasta de arte)* Nadie hubiera imaginado un final mejor para esta subasta. Les presento una obra maestra: La *Mona Lisa.*

AGUAYO Quinientos millones de pesos.

JOHNNY ¿Quién da más por esta pintura?

FABIOLA Mil millones de pesos.

JOHNNY Se lo lleva la señorita.

8

Más tarde, en la oficina...

JOHNNY Me alegra que hayas decidido no cambiar la obra.

FABIOLA Hubiera sido una falta de respeto.

JOHNNY Claro. Bueno, que la disfrutes.

NATIONAL communication cultures STANDARDS

Instructional Resources
• VM • Video • CD-ROM • IRM • WB/LM/VM Answer Key

Video Synopsis
• Johnny brings in a few paintings that Mariela and Éric find ugly.
• Johnny teaches Éric and Mariela the "right" way to appreciate art.
• Fabiola wishes to buy one of the paintings, but wants some yellow added.
• Johnny imagines himself as an art auctioneer who sells Fabiola the *Mona Lisa.*
• Aguayo thinks Fabiola's painting is awful.
• See IRM for more details.

Preview: Have students brainstorm a list of what might happen in an episode in which the characters visit an art museum.

Personajes

JOHNNY MARIELA ÉRIC FABIOLA AGUAYO

MARIELA Si hubiera pensado que son primitivas o que son radicales lo habría dicho. Pero son horribles.

JOHNNY Mariela, *horrible* ya no se usa.

Fabiola llega a la oficina.

FABIOLA ¡Qué hermoso! Habré visto arte antes pero esto es especial. ¿Está a la venta?

MARIELA ¡Claro! Johnny te puede conseguir un buen precio.

FABIOLA Hay un detalle. No tiene amarillo. ¿Podrías hablar con el artista para que le cambie algunos colores?

JOHNNY ¡Imposible!

En el escritorio de Mariela...

ÉRIC Perdiste la apuesta. Págame.

MARIELA Todavía no puedo creer que la haya comprado.

ÉRIC Oye, si lo prefieres, en vez de pagar la apuesta, puedes invitarme a cenar.

MARIELA *(sonriendo)* Ni que me hubiera vuelto loca.

Entra Aguayo.

AGUAYO ¿Son las obras para tu artículo?

JOHNNY Sí. ¿Qué le parecen, jefe?

AGUAYO Diría que éstas son... primitivas. Pero la del medio *(mirando el cuadro de Fabiola)* definitivamente es... horrible.

Expresiones útiles

Expressing your opinion

Me parece hermoso/a.
I think it's pretty.

Me parece que sí/no.
I think so/not.

Opino que es feo/a.
In my opinion, it's ugly.

Considero que es horrible.
I consider it to be horrible.

Diría que es bonito/a.
I'd say that it is pretty.

No diría que es tan horrible.
I wouldn't say that it is that horrible.

Reacting to someone's opinion

¿Cómo que son feos/as?
What do you mean they're ugly?

¿Cómo que son caros/as?
What do you mean they're expensive?

Additional vocabulary

la pieza *piece (art)*

la porquería *garbage, poor quality*

estar a la venta *to be for sale*

Apuntes culturales En América Latina, muchos personajes históricos expresaron sus ideas a través de obras literarias. Sor Juana Inés de la Cruz defendió en su poesía la igualdad entre hombres y mujeres. Y el artista Diego Rivera representó en sus murales las clases sociales de México. *¿Qué obras de arte te parecen más valiosas, las que sólo buscan objetivos estéticos o las "comprometidas" con la realidad?*

Suggestion: Photocopy the video script and opaque out 10-15 words to create a master for a cloze activity. Hand out the photocopies and have students fill in the missing words as they watch the video.

Comprensión

① Ask students to invent two events that happen before the sequence and another two that happen after.

① Ordenar Ordena los hechos de la **Fotonovela** por medio de números.

_2_ a. Después de mirar las pinturas, Éric y Mariela dicen que son horribles.
_6_ b. Aguayo opina sobre las pinturas de Johnny.
_1_ c. Johnny les dice a sus compañeros que se imaginen que están en una galería de arte.
_5_ d. Mariela y Éric hablan de su apuesta.
_3_ e. Fabiola quiere comprar una de las pinturas de Johnny.
_4_ f. Johnny sueña con ser un gran vendedor de arte.

② Review the story again by narrating the main events in a chain. Student A explains the setting, student B the first important event, etc.

② ¿Cierto o falso? Decide si lo que afirman las siguientes oraciones sobre los personajes de la **Fotonovela** es **cierto** o **falso**. Sólo debes marcar como cierto lo que verdaderamente ocurrió. Corrige las frases falsas.

Cierto	Falso	
☐	☑	Los empleados de *Facetas* fueron a una galería de arte. *En la oficina, los empleados de* Facetas *dramatizaron que iban a una galería de arte.*
☑	☐	Fabiola quiso comprar un cuadro que a Mariela le parecía horrible.
☐	☑	El pintor agregó amarillo a su cuadro para que Fabiola lo comprara. *Fabiola le pidió a Johnny que hablara con el pintor, pero luego cambió de idea.*
☑	☐	Lo que Johnny debe hacer es escribir sobre las pinturas.
☐	☑	Johnny vendió la Mona Lisa en una subasta. *Johnny lo soñó, no ocurrió en la realidad.*

③ Ask students to make up their own **¿Quién lo diría?** using famous artists and their works. Ex: **¡Claro que sí se parece a ella!** (Picasso)

③ ¿Quién? Decide quién dijo o posiblemente diría las siguientes frases.

AGUAYO

ÉRIC

JOHNNY

FABIOLA

MARIELA

1. No pueden criticar el arte diciendo que es *feo*. _Johnny_
2. A esta pintura le falta color amarillo. _Fabiola_
3. Todavía no puedo creer que Fabiola haya comprado la pintura. _Mariela_
4. ¿Por qué no me invitas a cenar, Mariela? _Éric_
5. Podrías llegar a ser un gran vendedor de arte. _Mariela_

Ampliación

4 **Dramatizar** En parejas, elijan una de las siguientes situaciones y dramatícenla:

- La conversación de Mariela y Éric en la que hacen la apuesta.
- La conversación entre Johnny y el pintor: Johnny le pide al pintor que le cambie los colores al cuadro.
- La discusión entre Fabiola y su novio cuando éste ve la pintura en la pared de la casa de Fabiola.

5 **Sueños** En la **Fotonovela**, Johnny tiene un sueño donde cree que es un famoso vendedor de pinturas. Escoge a otros dos personajes de la **Fotonovela** e inventa sus sueños y fantasías. Después, compara tus ideas con las de un(a) compañero/a de clase. Luego, habla con tu compañero/a sobre tus propios sueños.

6 **Críticos de arte** Reúnanse en parejas. Elijan uno de los siguientes cuadros y contesten por escrito las preguntas siguientes:

- ¿Qué ven?
- ¿Qué sentimientos les produce?
- ¿Hay colores variados o domina un solo grupo de colores? ¿Cuáles?
- Escriban cinco adjetivos para la obra.
- Preparen un breve texto sobre la pintura. Luego, compartan el texto con sus compañeros/as.

Oswaldo Guayasamín
(1919–1999), ecuatoriano.
Madre y niño en azul, 1986.
Óleo sobre tela.

Fernando Botero
(1932–), colombiano.
Mona Lisa, 1977.
Óleo sobre tela.

NATIONAL communication STANDARDS

4 Ask students to set the stage by describing the setting for each scene.

5 Ask students to gather information about surrealist art and its relationship to dreams.

6 Do the activity as a class using pictures you provide.

Instructional Resource IRM (general teaching suggestion)

Jorge Luis Borges

Éric, Johnny y Mariela están hablando de arte, y Johnny les quiere explicar cómo se debe criticar correctamente una obra de arte. Ahora van a leer un poco sobre Borges, un escritor argentino que tenía una visión crítica muy sofisticada.

Jorge Luis Borges es uno de los escritores latinoamericanos con mayor proyección internacional. Poeta, cuentista y ensayista es, sin duda, uno de los más brillantes y polémicos intelectuales latinoamericanos. Borges nació en 1899, en el seno de una familia adinerada de Buenos Aires. Estudió y residió en Europa durante los difíciles tiempos de la Primera Guerra Mundial. En 1921 regresó a Argentina. Allí siguió escribiendo, y participó en varias publicaciones literarias. A causa de un accidente, comenzó a perder la visión y hacia 1955 quedó completamente ciego. A pesar de esto, fue director de la Biblioteca Nacional, profesor de literatura inglesa en la Universidad de Buenos Aires y con sus escritos se convirtió en una de las figuras más prominentes de Latinoamérica.

Borges comenzó a escribir desde muy joven siguiendo diferentes movimientos literarios. Pasó por el ultraísta, el regionalista y, finalmente, el fantástico. En los años cuarenta, escribió dos de sus más aclamadas obras, sus cuentos *Ficciones* y *El Aleph*.

Jorge Luis Borges

Con éstas nos obliga a reflexionar sobre sus temas favoritos: el absurdo, el concepto del infinito, la eternidad y la relación entre el espacio y el tiempo. *Ficciones* es una colección de cuentos, verdaderos enigmas metafísicos, que describen magistralmente mundos mágicos, misteriosos y surrealistas. *El Aleph* es un cuento de índole fantástica en el que Borges nos hace sentir que la realidad no existe. Nos describe una ventana abierta al mundo. A través de ella se puede percibir el infinito, ese punto que contiene todos los puntos.

A través de su vida, recibió innumerables reconocimientos a nivel mundial, pero nunca recibió el Premio Nobel de Literatura, cuestión que hasta la fecha ha sido muy criticada. Borges, considerado como uno de los intelectuales más eruditos del siglo XX, murió en Ginebra, Suiza, en 1986.

el seno	*bosom*	**percibir**	*to perceive*
adinerado	*wealthy*	**vinculado**	*linked*
ciego	*blind*	**plasmado**	*expressed*
obligar	*to force*	**cargado**	*loaded*
magistralmente	*brillantly*	**flecha**	*arrow*
índole	*nature*	**destacar**	*to stand out*

La pintura de Obregón, Varo y Sosabravo

Sólo por un día, las oficinas de *Facetas* se van a convertir en un museo, pues Johnny tiene que escribir una crítica de arte. Ahora puedes leer un breve artículo sobre algunos importantes pintores hispanos.

Son muchos los pintores hispanos considerados maestros de la pintura universal, pero no todos han alcanzado la proyección internacional que pintores como Picasso o Dalí han conseguido. Tres de estos maestros de la pintura son: Alejandro Obregón de Colombia, Remedios Varo de España y Alfredo Sosabravo de Cuba.

Alejandro Obregón es, sin duda, uno de los pintores modernos más reconocidos de Colombia, por su peculiar forma de tratar el paisaje caribeño y la realidad de su país en el espacio pictórico. Su pintura expresionista, muy vinculada al contexto socio-político colombiano, expresa el lado secreto de la vida, lo maravilloso y lo horrible escondido debajo de las apariencias. La dura realidad, constituida por la continua lucha de los opuestos, como la vida y la muerte, o la belleza y la destrucción, está magníficamente plasmada en *La violencia*, obra que le valió el Premio Nacional en 1962.

Por su parte, Remedios Varo, pintora española, logró también alcanzar el reconocimiento de la crítica. Sus pinturas están cargadas de simbolismos, con un cierto aire mágico, y suelen tratar temas esotéricos. En 1940, Varo tuvo que salir de Europa y exiliarse en México. Ella fue quien introdujo el estilo surrealista a este país. Allí algunas de sus obras se encuentran en exposición permanente en el Museo de Arte Contemporáneo de la Ciudad de México.

Otro artista contemporáneo muy original, calificado como "genio de lo cotidiano", es el cubano Alfredo Sosabravo, pintor, escultor, dibujante y ceramista. Sosabravo ha sabido utilizar múltiples materiales para expresar su mensaje, a través de complicados símbolos de flechas, peces y aves. Sus cuadros destacan por su peculiar fuerza poética y por su colorido. En 1997, recibió el Premio Nacional a las Artes Plásticas de Cuba.

Armonía de Remedios Varo

Coméntalo

Reúnete con varios/as compañeros/as de clase y conversa sobre los siguientes temas.

1. ¿Qué tipo de lecturas prefieren: las complicadas o las sencillas? ¿Por qué?
2. ¿Qué autores hispanos conocen?
3. ¿Qué es el arte para ustedes?
4. ¿Les gusta el arte? ¿Por qué? En caso afirmativo, ¿qué tipo de arte?

NATIONAL comparisons STANDARDS

Instructional Resources
- WB
- LM
- CD-ROM
- WB/LM/VM Answer Key

Suggestion: Ask volunteers for examples of sentences in the present perfect and past perfect.

10.1 The future perfect and the conditional perfect

¿Te acuerdas? Like other compound tenses, the future perfect and the conditional perfect tenses are constructed from a form of **haber** and a past participle.

The future perfect tense

Me imagino que habrán visto toda la exposición. ¿Qué les parece?

Habría preferido ir al cine. Estas pinturas son una porquería.

Future perfect

pintar	vender	escribir
habré pintado	**habré vendido**	**habré escrito**
habrás pintado	**habrás vendido**	**habrás escrito**
habrá pintado	**habrá vendido**	**habrá escrito**
habremos pintado	**habremos vendido**	**habremos escrito**
habréis pintado	**habréis vendido**	**habréis escrito**
habrán pintado	**habrán vendido**	**habrán escrito**

▶ The future perfect tense is used to express what *will have happened* at a certain point. A phrase made up of **para** + [*time expression*] is often used with the future perfect tense.

Para el mes que viene, ya **habré leído** su novela.
By next month, I will already have read her novel.

La cantante de ópera **habrá grabado** el disco para el martes.
The opera singer will have recorded the album by Tuesday.

▶ The future perfect may also express supposition or probability regarding a past action.

¿Habrá tenido éxito la exposición de este fin de semana?
I wonder if this weekend's show was a success.

No lo sé, pero **habrá ido** mucha gente a verla.
I don't know, but lots of people might have gone to see it.

The conditional perfect tense

The conditional perfect

dibujar	leer	describir
habría dibujado	habría leído	habría descrito
habrías dibujado	habrías leído	habrías descrito
habría dibujado	habría leído	habría descrito
habríamos dibujado	habríamos leído	habríamos descrito
habríais dibujado	habríais leído	habríais descrito
habrían dibujado	habrían leído	habrían descrito

▶ The conditional perfect tense is used to express what *would have occurred* but didn't.

La actriz chilena **habría aceptado** ese papel, pero ya tenía otros planes.
The Chilean actress would have accepted that role, but she already had other plans.

Otros actores **habrían representado** mejor esta obra.
Other actors would have performed this play better.

Con ella, la obra **habría sido** un éxito.
With her, the play would have been a success.

Creo que Andrés **habría sido** un gran pintor.
I think Andrés would have been a great painter.

▶ The conditional perfect may also be used to express probability or conjecture about the past.

¿**Habrían apreciado** los críticos su gran creatividad?
I wonder if the critics had appreciated her great creativity.

Los **habría sorprendido** con su talento.
She had probably surprised them with her talent.

¿No fuiste a la exposición? ¡Te **habría gustado**!
You didn't go to the exhibit? You would have liked it!

¿**Habría vendido** ese cuadro si no fuera famoso?
Would he have sold that painting if he were not famous?

He visto arte antes pero esto es especial. ¿Está a la venta?

Habría dicho que es... horrible.

Práctica

① Draw a time line of upcoming vacations on the board. Have volunteers make up sentences about future events using the future perfect. Ex: **Para el 15 de junio, habremos vuelto a casa**.

③ Ask students to look over the dialogues and suggest who is talking in each. Ex: **En el primer diálogo habla una profesora con un estudiante**.

1 Completar Escribe la forma adecuada del verbo para el futuro perfecto.

1. Me imagino que ustedes *habrán leído* (leer) el ensayo para mañana.
2. ¿*Habrá conocido* (conocer) Juan a la famosa autora?
3. Para la próxima semana, Ana y yo *habremos terminado* (terminar) de leer el guión.
4. Le dije al pintor que yo *habré conseguido* (conseguir) una modelo para el jueves.
5. Me imagino que las obras ya se *habrán vendido* (vender).

2 Completar Escribe la forma adecuada del verbo para el condicional perfecto.

1. No me gustó para nada. Otro autor *habría imaginado* (imaginar) una trama más interesante.
2. Creyó que tú ya *habrías obtenido* (obtener) el reconocimiento del público.
3. Los autores *habrían escrito* (escribir) el esbozo final para la semana pasada.
4. Nosotros *habríamos hecho* (hacer) con gusto el trabajo.
5. ¿*Habrías puesto* (poner) tus cuadros en la exposición cuando te lo ofrecieron?

3 Diálogos En parejas, completen los pequeños diálogos con la pregunta o con la respuesta. Deben usar el futuro perfecto o el condicional perfecto. Luego compartan las respuestas con sus compañeros/as.

1. – Esta novela es un poco lenta.
   – (preferir / poema de Neruda) *¿Habrías preferido un poema de Neruda?*
   – ¡No! Prefiero una novela lenta y no un poema sin argumento.

2. – ¿Terminó de leer el manuscrito?
   – (terminar / próximo miércoles) *Habré terminado para el próximo miércoles.*
   – No creo que podamos esperar tanto tiempo.

3. – (me imagino / ir / subasta) *Me imagino que habrás ido a la subasta.*
   – No. Lo lamento. No pude ir a la subasta.

4. – ¿Qué les pareció el desenlace del capítulo?
   – (preferir / otro final) *Habría preferido otro final.*
   – Te comprendo. Fue un final triste.

Comunicación

4 Otro final Trabajen en parejas. Aquí tienen dos listas: una con historias y otra con sus finales. Conéctenlos y después inventen finales diferentes para esas historias usando el condicional perfecto. Sigan el modelo.

MODELO En nuestra historia, Romeo y Julieta se habrían casado y...

E.T.	El barco se hunde (*sink*).
La Bella Durmiente	El matrimonio se separa.
Lo que el viento se llevó (*Gone with the wind*)	Los novios se mueren.
Romeo y Julieta	Se casa con el príncipe.
Titanic	Vuelve al espacio.

5 ¿Qué habrían hecho ustedes? Trabajen en parejas. Miren los dibujos. Uno de ustedes es la persona señalada por una flecha. El compañero es la otra persona. El primero dice qué habría hecho frente a esa situación. El compañero dice que habría hecho frente a lo que hace el/la otro/a. Pueden seguir las pistas *(cues)* que se les dan u otras.

⑤ In pairs, ask students to tell their partner of a situation that did not go as planned and what they would have done differently. Students should relate their partner's story to the class.

MODELO
Hermano: Le habría quitado el chupete *(pacifier)*. Luego habría puesto cara de bueno.
Bebé: Habría llorado muy fuerte para que me escuchara mi mamá.

quitar chupete/llorar

mostrar pintura fea/ no decir

lastimarse el dedo/llamar al médico

ensuciar el traje/no enojarse

Instructional Resources
- WB
- LM
- CD-ROM
- WB/LM/VM Answer Key

¡ATENCIÓN!

See **Lección 6** for the alternative past subjunctive forms of **haber.**

Suggestion: Review the subjunctive by supplying some trigger words and expressions in open-ended statements, asking volunteers to finish each one. Ex: **Fue imposible que...**

10.2 The past perfect subjunctive

¿Te acuerdas? The past perfect subjunctive **(el pluscuamperfecto del subjuntivo)** is formed with the past subjunctive of **haber** + [*past participle*].

No fue posible
que ustedes hubieran
imaginado un
mejor final.

Me molestó que
hubieras pedido
este cambio.

Past perfect subjunctive

apreciar	entretener	dirigir
hubiera apreciado	hubiera entretenido	hubiera dirigido
hubieras apreciado	hubieras entretenido	hubieras dirigido
hubiera apreciado	hubiera entretenido	hubiera dirigido
hubiéramos apreciado	hubiéramos entretenido	hubiéramos dirigido
hubierais apreciado	hubierais entretenido	hubierais dirigido
hubieran apreciado	hubieran entretenido	hubieran dirigido

▶ The past perfect subjunctive is used in subordinate clauses under the same conditions for other subjunctive forms, and in the same way the past perfect is used in English (*I had talked, you had spoken,* etc.). It refers to actions or conditions that had taken place before another action or condition in the past.

Le molestó que los escritores no **hubieran asistido** a su conferencia.
It annoyed her that the writers hadn't attended her lecture.

No era cierto que el museo **hubiera cerrado** sus puertas definitivamente.
It was not true that the museum had closed its doors permanently.

▶ The alternative past subjunctive forms of **haber (hubiese, etc.)** may also be used with the past participle to form the past perfect subjunctive: **hubiera apreciado** → **hubiese apreciado.**

Me **hubiese gustado** leer el final de ese libro.
I would have liked to read the end of that book.

Ojalá **hubieses visto** la obra de teatro.
I wish you had seen the play.

Práctica y Comunicación

1 **Completar** Aguayo está muy enojado. Sus empleados trataron de manera poco amable a un famoso dramaturgo. Completa sus quejas con la forma adecuada del verbo **haber** para el pluscuamperfecto del subjuntivo.

1. Nunca me ___*hubiera*___ imaginado un tratamiento tan poco amable hacia un artista.
2. Fabiola, me sorprendió que tú no ___*hubieras*___ hecho una pregunta sobre el premio que ganó en Bélgica.
3. Mariela y Diana, no me gustó que ustedes no ___*hubieran*___ dicho ni una palabra.
4. Y me enojó mucho que Éric no ___*hubiera*___ tomado una fotografía con todo el grupo.
5. Por un momento dudé que ___*hubiéramos*___ salido bien de esa situación.

2 **Comentarios sobre el arte** Une los elementos de las columnas para crear diez frases. Tienes que conjugar los verbos en infinitivo en el tiempo verbal adecuado.

Dudábamos	María	venir a la exposición
Dudamos	la subasta	ser valioso/a
Era improbable	el escultor	terminar a tiempo
Es improbable	la pintura	ser bueno/a
No está segura	el guión	llegar
No estaba segura		
Se alegran		
Se alegraron		

3 **Excusas** En parejas, lean nuevamente el ejercicio 1. Discutan qué excusas pueden darle los empleados de *Facetas* a Aguayo. En todos los casos, utilicen el pluscuamperfecto del subjuntivo. Luego dramaticen la situación. La lista de palabras sugiere algunas expresiones que requieren el subjuntivo en la cláusula subordinada.

tener miedo de que...	dudar que...
no estar seguro de que...	temer que...
no creer que...	sorprender que...

NATIONAL communication STANDARDS

① Have students write suggestions Aguayo might have made to his employees in each situation. They should use **ojalá** or the conditional perfect. Ex: **Habría esperado mejor comportamiento de ustedes**.

② Bring in a picture of a famous piece of modern art. Have students write similar sentences from the artist's point of view instead.

③ As a warm-up, ask pairs to generate the Top Ten List of Student Excuses.

10.3 *Si* clauses with compound tenses

Instructional Resources
- WB
- LM
- CD-ROM
- WB/LM/VM Answer Key

Suggestion: Review the different structures by modeling an example of each.

¡ATENCIÓN!

For detailed information about **si** clauses with simple tenses, see **Lección 6,** pp.240–241.

¡ATENCIÓN!

The **si** clause may be the first or second clause in a sentence. Note that a comma is used only when the **si** clause comes first.

Si vienes, voy.
Voy si vienes.

¿Te acuerdas? As you know from **Lección 6, si** clauses describe a condition or event upon which another condition or event depends. You have already learned how to make hypothetical or contrary-to-fact situations in the future and the present.

Review of *si* clauses with simple tenses

Condition	Main clause	Si clause
Possible or likely Ella compra el cuadro si no es caro.	Present	**Si** + present
Possible or likely Voy a comprar el cuadro si no es caro.	Near future (**ir** + **a**)	**Si** + present
Possible or likely Comprará el cuadro si no es caro.	Future	**Si** + present
Possible or likely Compra el cuadro si no es caro.	Command	**Si** + present
Habitual in the past Compraba el cuadro si no era caro.	Imperfect	**Si** + imperfect
Hypothetical Compraría el cuadro si no fuera caro.	Conditional	**Si** + past subjunctive

Si hubiera pensado que son primitivas o radicales, lo habría dicho.

Si le hubieras pedido al pintor que cambiara la obra, habría sido una falta de respeto.

▶ A **si** clause in the past describes what *would have happened* if an event or condition *had occurred.* In these sentences, the verb in the **si** clause is in the past perfect subjunctive while the verb in the main clause is in the conditional perfect.

Si Clause (Past Perfect Subjunctive)	→	Main Clause (Conditional Perfect)
Si ella **no hubiera restaurado** la pintura, *If she had not restored the painting,*		no la **habríamos comprado.** *we wouldn't have bought it.*
Si ellos **hubieran conocido** al autor, *If they had known the author,*		el argumento **habría sido** más divertido. *the plot would have been more enjoyable.*

Práctica y Comunicación

1 **Si...** Usa el pluscuamperfecto del subjuntivo y el condicional perfecto para completar cada frase con la forma correcta del verbo entre paréntesis.

1. Si *hubiera llovido* (llover), yo no *habría ido* (ir) a la tertulia.
2. Si *hubieran publicado* (publicar) mi libro, mis primos *habrían comprado* (comprar) muchas copias.
3. *Habría sido* (ser) muy interesante si le *hubieran dado* (dar) el premio al escritor peruano.
4. Si tú *hubieras podido* (poder) venir al estreno, me *habrías llamado* (llamar).
5. Si Linda *hubiera escrito* (escribir) más, ella *habría tenido* (tener) más poemas.
6. Si nosotros *hubiéramos trabajado* (trabajar) más, *habríamos tenido* (tener) más éxito.

2 **La fiesta de anoche** Es domingo y son las once de la mañana. Unas amigas están reunidas en un café para hablar de los eventos de la fiesta que tuvo lugar el sábado en honor de un poeta famoso. Termina sus oraciones.

1. Si el poeta me hubiera invitado a leer en voz alta, ...
2. El poeta te habría invitado a leer si ...
3. Si el poeta hubiera hablado más fuerte, ...
4. Yo habría salido de la función antes si ...
5. Si ustedes no hubieran tomado tanto café, ...
6. Habría invitado a mi compañera de cuarto si ...

3 **¡A quejarse!** Paulino es escritor y Graciela es pintora. Son muy buenos amigos. Cuando se ven, siempre se quejan de las oportunidades que se les han presentado para hacerse famosos y luego han desaparecido. En parejas, escriban su conversación y luego compártanla con la clase.

① Have volunteers reread the correct answers inverting the two clauses. Ex: **Yo no habría ido a la tertulia si hubiera llovido**.

② Bring in a short poem. Have pairs write hypothetical statements about the poet on the basis of the tone and theme. Ex: **Si su novia no lo hubiera abandonado, no habría escrito un poema tan bonito.**

③ Before assigning the activity, have students brainstorm some of the dependent clauses that might appear in this conversation and write them on the board. Ex: **Si hubieran comprado mi último cuadro...**

Instructional Resources
- WB
- LM
- CD-ROM
- WB/LM/VM Answer Key

10.4 How to say *to become*

¿Te acuerdas? The construction **ponerse** + [*adjective*] is one way of expressing *to become*. **Ponerse** expresses a change in a mental, emotional, or physical state that, generally, is not long-lasting.

Podrías llegar a ser un gran vendedor de arte.

Hay que estudiar mucho para hacerse pintor.

▶ **Volverse** expresses a radical mental or psychological change. It may only be followed by an adjective. Generally it expresses a gradual, irreversible change. In English this is often expressed as *to have become* + *adjective*.

Durante los últimos años, el dramaturgo **se ha vuelto muy antipático**.
In recent years, the playwright has become very unpleasant.

Con el tiempo, el compositor **se volvió perfeccionista**.
Over time the composer became a perfectionist.

▶ **Hacerse** implies a change that is a result of the subject's effort. It often expresses changes in profession or social and political status.

Elena y Claudio **se hicieron** millonarios subastando obras de arte.
Elena and Claudio became millionaires by auctioning artwork.

Mi primo Gustavo **se ha hecho** cantante de ópera.
My cousin Gustavo has become an opera singer.

▶ **Llegar a ser** indicates a change over time. It does not imply the subject's voluntary effort.

La novela que escribí el año pasado **ha llegado a ser** un *best seller*.
The novel that I wrote last year has become a best seller.

Las esculturas de esa artista **han llegado a ser** muy caras.
That artist's sculptures have become very expensive.

▶ There are often reflexive verb equivalents for **ponerse** + [*adjective*].

alegrarse = ponerse alegre
contentarse = ponerse contento/a
entristecerse = ponerse triste

Práctica y Comunicación

1 Seleccionar Subraya *(underline)* la opción correcta del verbo.

1. Siempre (se pone – se vuelve) nervioso cuando está frente al público.
2. Al principio era un dramaturgo fácil. Con el tiempo (se puso – se volvió) satírico.
3. Nunca (se pone – se vuelve) triste cuando está pintando.
4. Después de quedarse viudo, (se puso – se volvió) un hombre solitario.

2 Completar Completa las oraciones con la opción correcta.

1. Con los años, Enrique *se ha vuelto* más inseguro.
   a. se ha vuelto
   b. ha hecho
2. Las pinturas de Picasso *han llegado a* ser muy caras.
   a. han llegado a
   b. se han hecho
3. Antes era pintora, pero ahora *se ha hecho* abogada.
   a. se ha hecho
   b. se ha puesto
4. *Se ha puesto* muy contento porque ayer vendió su guión.
   a. Se ha puesto
   b. Ha llegado a ser

3 El final de la historia En parejas, miren los dibujos y lean las pequeñas historias. Escriban un final para ellas. Usen las expresiones: **ponerse, volverse, hacerse, llegar a ser.**

Ella es tímida. Él le regala una flor.

El anciano soñó con un número. Compró diez billetes de lotería con ese número.

Su esposa lo dejó porque era aburrido. Sus hijos no le hablan porque siempre está malhumorado. Perdió el trabajo por discutir con el jefe.

NATIONAL communication STANDARDS

① Ask pairs to write similar sentences about famous people.

② Ask pairs to write three more mini-narratives using **volverse, hacerse**, and **llegar a ser**.

③ Preview the exercise by asking volunteers to describe the situations pictured.

A conversar

Suggestion: Before assigning the activity, ask students to discuss their favorite love stories.

Ana Karenina

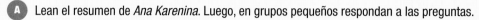

A Lean el resumen de *Ana Karenina*. Luego, en grupos pequeños respondan a las preguntas.

Ana Karenina estaba casada con Karenin, un funcionario importante de San Petersburgo. Tenían un hijo llamado Sergio.

En Moscú, Ana conoció al conde Wronsky. Él era un militar importante. Ambos se sintieron profundamente atraídos. Días después, Ana y el conde volvieron a encontrarse en una fiesta. Cuando Ana regresó a San Petersburgo, él la siguió. En el tren le dijo que la amaba. Aunque también estaba enamorada de él, Ana lo rechazó.

1. ¿Qué habrían hecho en el lugar de Ana?
2. Si hubieran sido el conde Wronsky, ¿habrían hecho lo mismo que él? ¿Por qué?

En San Petersburgo, Wronsky siguió buscando el amor de Ana. Tiempo después ella lo aceptó y se hicieron amantes. Cuando Karenin supo de la relación, le prohibió verlo y le dijo que si continuaba viendo al conde, le quitaría a su hijo.

Ana quedó embarazada de Wronsky y él le pidió que huyeran juntos, pero ella no aceptó.

1. ¿Qué opinan sobre lo que hizo Karenin?
2. ¿Qué habrían hecho ustedes? ¿Por qué?
3. ¿Por qué Ana no habrá aceptado huir con Wronsky?

Cuando su hija nació, Ana se enfermó y le pidió perdón a su esposo. Karenin la perdonó.

1. ¿Ustedes la habrían perdonado, como Karenin? ¿Por qué?

Más tarde, Ana se curó. Ella, Wronsky y la niña huyeron a Italia. Pero no pudieron ser felices. Ana extrañaba a su hijo Sergio y Wronsky deseaba volver al ejército. Por eso, regresaron a San Petersburgo. Allí, le pidieron a Karenin que le diera el divorcio a Ana. También le pidieron que le diera permiso a Ana para ver a su hijo. Pero Karenin no aceptó.

1. ¿Por qué Wronsky y Ana no habrán podido ser felices?
2. Si ustedes hubieran estado en el lugar de Karenin, ¿le habrían dado el divorcio a Ana?

Ana sintió una gran depresión. No podía ver a su hijo. No podía casarse con el conde Wronsky. Y creyó que Wronsky le era infiel. Comenzó a sentir terribles celos de él. Y aunque el conde le era fiel, ella no lo creía. Su estado mental se agravó. Finalmente, Ana se suicidó en una estación de trenes.

1. ¿Cómo habrían actuado ustedes en el lugar de Ana?
2. ¿Y en el lugar de Wronsky?

B Elijan uno de los tres personajes principales de la historia. Comenten con sus compañeros/as cómo habrían actuado en su lugar en los distintos momentos de la historia.

C En grupos, discutan sobre la siguiente pregunta: ¿Deberíamos buscar la felicidad a cualquier precio? Compartan sus opiniones con toda la clase.

A escribir

Un cuento

Imagina que eres un(a) escritor de prestigio y que tienes que escribir un cuento para una editorial importante. Escríbelo y no olvides incluir el condicional perfecto, una oración con **si** con tiempos perfectos y la perífrasis **llegar a ser**.

Plan de redacción

Organización de los hechos Piensa en una historia en la que intervienen uno o dos personajes. Haz un esquema respondiendo a las siguientes preguntas.

1. ¿Quién es el protagonista de la historia?
2. ¿A qué se dedica? ¿Dónde vive? ¿Con quién?
3. ¿Qué le sucedió?
4. ¿Cómo y dónde ocurrieron los hechos?
5. ¿Quiénes participaron?
6. ¿Qué sucedió al final?

Después de saber con exactitud sobre lo que vas a escribir, es muy importante que escojas un título breve que atraiga al lector.

Explicar y concluir Una vez que hayas contado los hechos, intenta explicar por qué sucedió el acontecimiento. En caso de que no se pueda dar una explicación lógica a la historia, explica cómo afectó este hecho a los demás personajes.

Nombre del cuento: ______	
protagonista	
¿qué hace?	
¿dónde vive?	
¿qué pasó?	
¿dónde? ¿cómo?	
final	

If students have a hard time finding a topic, ask them to write about a real story they know and add some fantastic elements to it. They could also add a puzzling ending that readers would never imagine.

Tell students that sometimes the title is the only clue readers have to understand a story. Encourage them to write the title after writing the story or after deciding the title's function.

Cantata, 1985.
Armando Barrios. Venezuela.

La literatura nace del paso entre lo que el hombre es y lo que quisiera ser.

— Mario Vargas Llosa

Antes de leer

Continuidad de los parques

Julio Cortázar

Conexión personal

¿Has leído alguna vez una novela tan interesante y fascinante que simplemente no la podías dejar de leer? ¿Qué novela era? ¿Tenías ganas de ser uno de los personajes?

Contexto cultural

The interweaving of fiction and reality has become a recurring device in Latin American literature. It is particularly prevalent in the work of writers such as Argentineans Jorge Luis Borges and Julio Cortázar. Latin American literature frequently expresses different dimensions of a character's experiences by reflecting them in mirrors facing one another. The true image of the character gazing into the figurative mirrors is left to the reader's interpretation.

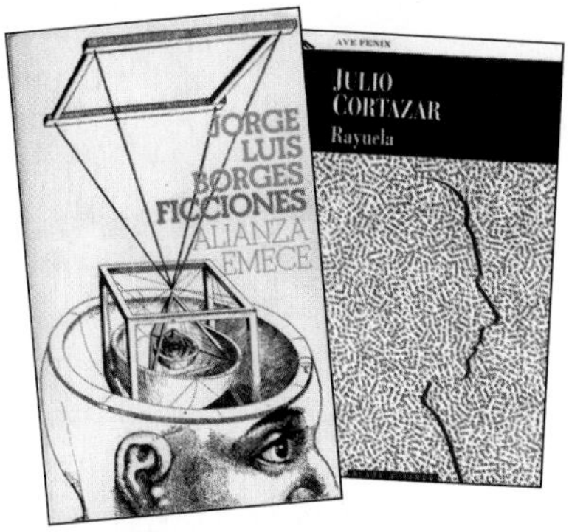

Análisis literario: las imágenes

Figurative language that appeals to the senses is called imagery **(las imágenes)**. Imagery is visual, inviting the reader to form a mental picture of what he or she is reading, but imagery can also appeal to other senses. As you read "Continuidad de los parques," note the images that Cortázar uses to bring his story to life.

Estrategia de lectura: visualizar

When you form a mental picture based on a written or oral description, you are visualizing **(visualizar)**. Active readers use the details provided by writers to picture characters, settings, and events in their minds. As you read "Continuidad de los parques," use the sensory details Cortázar provides to create a mental image of the characters and the setting.

Vocabulario

acariciar *to caress*	**la mejilla** *cheek*
al alcance *within reach*	**el pecho** *breast; chest*
el arroyo *stream*	**el testigo** *witness*
el azar *chance*	**la trama** *plot*

Lecturas opener (previous page):

See the **ENFOQUES** Instructor's Resource Manual for teaching suggestions.

Julio Cortázar

Hoja de vida

1914 Nace en Bruselas, Bélgica
1963 *Rayuela* (novela)
1966 *Todos los fuegos al fuego* (cuentos)
1973 Premio Médicis, París
1980 *Queremos tanto a Glenda* (cuentos)
1984 Muere en París, Francia

Sobre el autor

A pesar de haber vivido más de treinta años en Francia, **Julio Cortázar** siempre se mostró preocupado por la situación política y social de Latinoamérica, especialmente de Argentina. En sus textos representa al mundo como un gran laberinto del que el ser humano debería escapar. Se le considera uno de los creadores de la corriente literaria denominada "realismo fantástico", en la que la realidad se confunde con la fantasía.

Suggestion: Warn students that the story's plot is not self-evident. Remind them to read "Continuidad de los parques" several times to maximize their comprehension.

Continuidad de los parques

Había empezado a leer la novela unos días antes. La abandonó por negocios urgentes, volvió a abrirla cuando regresaba en tren a la finca°; se dejaba interesar lentamente por la trama, por el dibujo de los personajes. Esa tarde, después de escribir una carta a su apoderado° y discutir con el mayordomo° una cuestión de aparcerías°, volvió al libro en la tranquilidad del estudio que miraba hacia el parque de los robles°. Arrellanado° en su sillón favorito, de espaldas a la puerta que lo hubiera molestado como una irritante posibilidad de intrusiones, dejó que su mano izquierda acariciara una y otra vez el terciopelo° verde y se puso a leer los últimos capítulos. Su memoria retenía sin esfuerzo los nombres y las imágenes de los protagonistas; la ilusión novelesca lo ganó casi enseguida. Gozaba del placer casi perverso de irse desgajando° línea a línea de lo que lo rodeaba, y sentir a la vez que su cabeza descansaba cómodamente en el terciopelo del alto respaldo°, que los cigarrillos seguían al alcance de la mano, que más allá de los ventanales danzaba el aire del atardecer bajo los

farm
agent / foreman
sharecroppers
oak trees / Settled
velvet
tearing off
back (of chair or sofa)

robles. Palabra a palabra, absorbido por la sórdida disyuntiva° de los héroes, dejándose ir hacia las imágenes que se concertaban y adquirían color y movimiento, fue testigo del último encuentro en la cabaña del monte°.

Primero entraba la mujer, recelosa°; ahora llegaba el amante, lastimada la cara por el chicotazo de una rama°. Admirablemente restañaba° ella la sangre con sus besos, pero él rechazaba sus caricias, no había venido para repetir las ceremonias de una pasión secreta, protegida por un mundo de hojas secas y senderos furtivos. El puñal se entibiaba° contra su pecho y debajo latía° la libertad agazapada°. Un diálogo anhelante° corría por las páginas como un arroyo de serpientes, y se sentía que todo estaba decidido desde siempre. Hasta esas caricias que enredaban° el cuerpo del amante como queriendo retenerlo y disuadirlo, dibujaban abominablemente la figura de otro cuerpo que era necesario destruir. Nada había sido olvidado: coartadas°, azares, posibles errores. A partir de esa hora cada instante tenía su empleo minuciosamente atribuido. El doble repaso despiadado° se interrumpía apenas para que una mano acariciara una mejilla. Empezaba a anochecer.

Sin mirarse ya, atados rígidamente a la tarea que los esperaba, se separaron en la puerta de la cabaña. Ella debía seguir por la senda que iba al norte. Desde la senda opuesta él se volvió un instante para verla correr con el pelo suelto. Corrió a su vez, parapetándose° en los árboles y los setos°, hasta distinguir en la bruma malva del crepúsculo la alameda° que llevaba a la casa. Los perros no debían ladrar°, y no ladraron. El mayordomo no estaría a esa hora, y no estaba. Subió los tres peldaños° del porche y entró. Desde la sangre galopando° en sus oídos le llegaban las palabras de la mujer: primero una sala azul, después una galería, una escalera alfombrada°. En lo alto, dos puertas. Nadie en la primera habitación, nadie en la segunda. La puerta del salón, y entonces el puñal en la mano, la luz de los ventanales, el alto respaldo de un sillón de terciopelo verde, la cabeza del hombre en el sillón leyendo una novela.

dilemma

the cabin in the woods

suspicious(ly)

his face stung by the lash of a branch

staunched

The dagger was becoming warm / was beating

crouched (in wait) /

eager; yearning

were entangling

alibis

pitiless

Suggestion: Ask students to read the text again as a whole, noting any fantastic elements. Have them explain where and how they are used.

taking cover / hedges

violet mist of twilight the cottonwood-lined path

bark

steps

pounding

carpeted

Suggestion: Encourage students to read the text section by section, underlining sensory details for later discussion.

Después de leer

Continuidad de los parques

Julio Cortázar

① In groups, have students discuss why Cortázar might have chosen not to present the story in chronological order.

1 Comprensión Ordena de forma cronológica lo que sucede en el cuento.

___2___ a. Sentado en su sillón de terciopelo verde, volvió al libro en la tranquilidad del estudio.
___5___ b. Finalmente, ella se fue hacia el norte y él llegó hasta la casa del bosque.
___1___ c. Un hombre regresó a su finca después de haber terminado unos negocios urgentes.
___8___ d. Llegó hasta el salón y apuñaló al hombre que, sentado en el sillón de terciopelo verde, estaba leyendo una novela.
___6___ e. Ese día los perros no ladraron y el mayordomo no estaba.
___3___ f. En la novela, una mujer y su amante se encontraban en una cabaña.
___7___ g. Él subió los tres peldaños del porche y entró en la casa.
___4___ h. Se habían reunido allí para terminar de planear un asesinato.

② Ask students if the fantastic elements of the story are believable. Ask if they have ever read fiction that resembled an experience in their life or that of someone they know. Have them share their stories with the class.

2 Interpretar Contesta las preguntas.

1. Según se deduce de sus costumbres, ¿cómo crees que es la personalidad del hombre que estaba sentado en el sillón? Presenta ejemplos del cuento.
2. ¿Quiénes se reúnen en la cabaña del monte y para qué?
3. Describe con tus propias palabras cómo es la personalidad de la pareja de la cabaña.
4. ¿Por qué crees que el mayordomo no trabajaba ese día?
5. ¿Qué relación hay entre la pareja de la cabaña y el hombre que está leyendo la novela?
6. ¿Quién crees que es la víctima? Haz una lista de las claves que hay en el cuento que te ayudan a saberlo.
7. ¿Cómo logra el escritor mantener la atención de sus lectores?

3 Analizar En "Continuidad de los parques", Julio Cortázar mezcla la realidad con la ficción. En parejas, contesten las siguientes preguntas.

1. ¿Qué habría pasado si el hombre del sillón hubiera cerrado el libro antes?
2. Imaginen que la novela que está leyendo el hombre es de otro género *(genre)*: humor, romance, ciencia ficción, etc. ¿Cuál hubiera sido el final en ese caso? Escríbanlo y luego, compártanlo con la clase.
3. Expliquen por qué creen que este cuento se titula "Continuidad de los parques".

4 Escribir Escribe un breve resumen del cuento con los hechos más importantes. Después, escribe un párrafo en el que cuentes qué habrías hecho de forma diferente si tú hubieras sido la persona que estaba leyendo la novela en el sillón verde.

Antes de leer

PERFIL

Wifredo Lam

Conexión personal
¿Hay un(a) artista hispano/a cuya obra te guste especialmente? ¿Quién es? ¿Por qué te gusta tanto? ¿Cuáles son los temas característicos de este/a artista? Comparte tus respuestas con la clase.

Contexto cultural
Since the sixteenth century, the Caribbean has been the meeting place of many cultures. Here, Native American, African, Spanish, French, and English influences have come into contact (and often into conflict), and have created a rich, varied, and uniquely Caribbean culture. This mixing is certainly true of Cuba, whose culture fuses those of the native Taíno people, conquering Spaniards, enslaved Africans, French colonials and immigrants from Corsica, France, Italy, and China.

Wifredo Lam

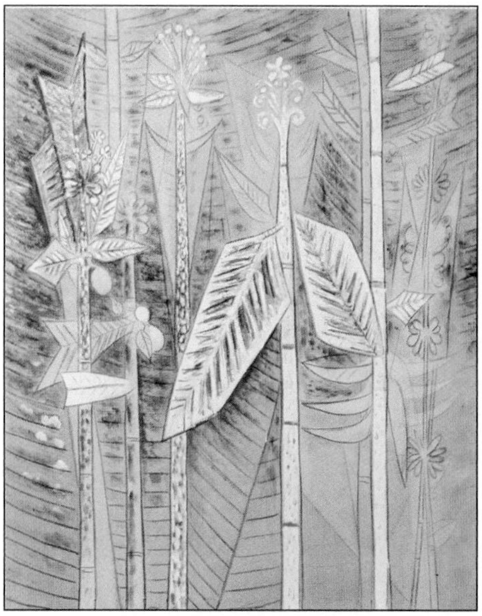

Vegetación Tropical, 1948
Wilfredo Lam. Cuba.

Vocabulario

a causa de *because of*
el/la anciano/a *elderly gentleman; elderly lady*
la etapa *stage; phase*
el reconocimiento *recognition*
el respeto *respect*
el taller *workshop*

NATIONAL cultures STANDARDS

Conexión personal: Ask students to bring in examples of their favorite artist's work.

Contexto cultural: Ask students if they have ever experienced Caribbean culture or whether there is any Caribbean influence where they live. Have them describe some of the Caribbean elements they have perceived and share their experiences with the class.

PERFIL

Wifredo Lam

Milko A. García Torres

Wifredo Lam nació en la aldea° cubana de Sagua la Grande. Era hijo de Lam Yam, un escribano° chino afincado° en la isla caribeña, y de Ana Serafina Castilla, mulata por cuyas venas corría también sangre india. Además del anciano padre —que cuando nace Lam cuenta ochenta y cuatro años—, un curioso personaje ejercerá una poderosa influencia en la infancia del pintor. Se trata de su madrina°, Mantonica Wilson, una curandera y sacerdotisa de la santería°. Contradiciendo° los deseos de su madrina, que auguraba° para él un brillante futuro como hechicero°, el joven es enviado a La Habana a estudiar Derecho° y, al mismo tiempo, desarrollará sus inclinaciones artísticas en la Academia de San Alejandro. Poco interesado en las leyes, Lam se concentra en la pintura y, aunque soporta con cierta resignación el rancio academicismo dominante°, prefiere dibujar la frondosa° vegetación del jardín botánico a los motivos clásicos que sus maestros le imponen°.

village

court clerk / settled

Suggestion: Ask students to jot down the highlights of the painter's life as they read. Have pairs compare notes in class.

godmother

a folk healer and a priestess of santería *(Afro-Cuban religion combining aspects of Catholicism and African animism) / contradicting / predicted / witch doctor / Law*

dominant old-fashioned academic painting

leafy

the classic motifs that his teachers required of him

El limitado horizonte cultural de la capital cubana pronto despierta en Lam el deseo de viajar a Europa y, en 1923, con veintiún años, se embarca hacia España gracias a una beca° del Ayuntamiento° de Sagua la Grande. En Madrid, donde el panorama de la pintura oficial apenas difiere° del que deja en Cuba, entra en el taller de Álvarez de Sotomayor, un pintor académico que dirigía, además, el Museo del Prado. Al mismo tiempo, asiste a la Academia Libre del Pasaje de la Alhambra, centro de reunión de pintores jóvenes e inquietos,

scholarship

town hall

differs

y, sobre todo, visita el Prado, donde sus preferencias se inclinan por la obra de pintores como Brueghel o Goya°. La afinidad lingüística y los lazos afectivos° hacen que lo que en un principio no debía ser más que una etapa de su viaje hacia París, se convierta en una estancia° de catorce años. De esta época es una serie de dibujos de gentes del campo, de factura° convencional, en los que el pintor muestra ya su interés por cuestiones sociales. Poco a poco, su pintura va asumiendo un lenguaje moderno que combina una estructura geometrizante° con cierta vena surrealista°. En 1929 se casa con su primera mujer, Eva Píriz, y al año siguiente nace su hijo Wifredo; ambos morirán en 1931 de tuberculosis.

Jan Brueghel (1568–1625), Francisco Goya (1746–1828), painters who dealt with violent and sometimes grotesque subject matter / bonds of affection / stay

construction

"geometrizing" / a certain surrealist vein

Su compromiso con el país que lo acoge lo lleva a defender la causa republicana tras el estallido° de la Guerra Civil, llegando a trabajar en una fábrica de armamento, donde se encarga de instalar las espoletas en las granadas antitanque°. Sin embargo, una enfermedad intestinal lo obliga a dejar esta actividad y ha de ser internado en el sanatorio de la localidad de Caldes de Montbui; allí conoce al escultor Manolo Hugué, quien, ante el deseo manifestado por el pintor cubano de viajar a París, le da una carta de presentación para Picasso. Lam, que había tenido ocasión de asistir a la exposición de Picasso que se celebró en Madrid en 1936, definió esta experiencia como "una conmoción". Su relación personal con el artista malagueño° será muy intensa: desde que, en 1938, ambos se conocen en París, recién instalado Lam en la ciudad, la sintonía afectiva se ve reforzada por el mutuo respeto ante sus trabajos. Entre los amigos que Picasso presentó a su "primo cubano" se

outbreak

install detonators in anti-tank grenades

Suggestion: Make sure that students understand the social and political circumstances during Lam's life. Have them research information about the Spanish Civil War and Batista's regime to present to the class.

of Málaga (the city where Picasso was born)

encontraba Pierre Loeb, un marchante que le brinda° la posibilidad de exponer su obra en julio de 1939. De nuevo la guerra irrumpe bruscamente en la vida de Lam. El color de su piel y su condición de luchador antifascista le hacen temer por su integridad° y, ante la inminente entrada de las tropas alemanas en París, se dirige hacia el sur, dejando sus obras al cuidado de Picasso. Tras un azaroso° viaje llega a Marsella°, ciudad en la que se encuentra una nutrida representación de la vanguardia artística francesa esperando para embarcar con destinos diversos. Allí se estrecha su relación con el círculo de los surrealistas, especialmente con André Breton°, quien, fascinado por la obra pictórica del cubano, le pide que ilustre su poema *Fata Morgana.*

Tras unos meses en Marsella y ante el hostigamiento° de las autoridades de Vichy, Lam se embarca, en compañía de otros trescientos intelectuales y artistas, con destino a La Martinica°. Después de un pintoresco° viaje —donde las penosas° condiciones de vida no impiden que los pasajeros mantengan elevadas discusiones sobre arte y estética°— y de permanecer internado durante cuarenta días en un campo de concentración de la isla caribeña, Lam llega a Cuba en 1941; el viaje había durado siete meses. Paradójicamente, el reencuentro con su país es muy amargo: al sentimiento de desarraigo° que le provocan los diecisiete años de ausencia, se une la indignación por las lamentables condiciones en que se desarrolla la vida de sus gentes, especialmente la de sus hermanos de raza. Este sentimiento le lleva a superar la postración inicial y a iniciar una actividad artística basada en las raíces de un pueblo que, en opinión de Lam, debía

a merchant who offers him

fear for his well-being

risky; turbulent / Marseille (French port on the Mediterranean Sea)

André Breton (1896–1966) French theorist of Surrealism

harassment

Martinique (French Caribbean island)
picturesque / terrible, awful
aesthetics

feeling of being separated from one's roots

recuperar su dignidad. De esta forma, los referentes autóctonos se funden con el lenguaje formal aprendido en Europa para producir obras tan importantes como *La jungla* (1942–1943), donde aparecen ya los personajes del panteón yoruba° que poblarán gran parte de su producción posterior.

Yoruban pantheon (refers to the gods of the Afro-Cuban religion)

En la segunda mitad de la década de los cuarenta, Lam alterna su residencia entre Cuba, Nueva York y París, ciudad en la que se instala en 1952. El alejamiento de su país no le impide implicarse en los acontecimientos políticos que allí se suceden: apoya los movimientos de oposición al régimen de Batista y recibe con entusiasmo la caída del dictador y el triunfo de la revolución en 1959. Lam, que en ningún momento deja de pintar, goza ya de un reconocimiento internacional. Desde 1964, pasa largas temporadas en Albisola Mare; en este pueblecito italiano, cercano a Génova°, el artista danés Asger Jorn, creador del grupo COBRA, lo inicia en la cerámica. Sin embargo, Lam no perdió el contacto con París, donde fallece en 1982, año en el que se muestra una importante retrospectiva de su obra. ❋

Genoa (Italian port city)

Suggestion: Bring in additional examples of Lam's work.

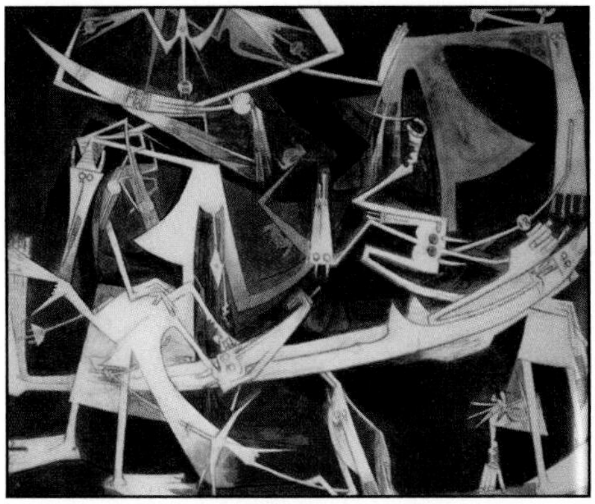

Tercer Mundo, 1966.
Wifredo Lam. Cuba.

Después de leer

PERFIL

Wifredo Lam

(1) Ask students what events in Lam's life are most impressive, surprising, or unique.

1 **Comprensión** Elige cuál de las respuestas es la correcta.

1. Un personaje que ejerció mucha influencia en su vida fue
   (a.) su madrina. b. su abuelo.
   c. su padre.
2. En 1923, decide dejar Cuba para avanzar con sus estudios de pintura y se va a
   a. París, Francia. b. Milán, Italia.
   (c.) Madrid, España.
3. En España se siente tan cómodo que se queda por
   a. dos años. b. nueve años.
   (c.) catorce años.
4. Durante la Guerra Civil apoya al bando republicano, pero una enfermedad intestinal lo obliga a internarse en un hospital. Allí conocerá a
   (a.) Manolo Hugué. b. Pablo Picasso.
   c. Joan Miró.
5. En París, conoce a muchos artistas, entre ellos a Picasso y a
   a. André Breton. (b.) Pierre Loeb.
   c. Salvador Dalí.
6. Debido a la Segunda Guerra Mundial decide volver a su país, y en este período produce una de sus obras más importantes:
   a. *La selva.* b. *La persistencia de la memoria.*
   (c.) *La jungla.*
7. En 1952 ya había adquirido prestigio internacional y vivía entre Cuba, Nueva York y Europa. Muere en 1982 en
   a. La Habana. b. Albisola Mare.
   (c.) París.

2 **Analizar** En parejas, hablen de dos hechos que consideren que marcaron profundamente la vida de Lam y la obra de este pintor cubano. Expliquen de forma lógica sus respuestas.

(3) Have a few groups perform their dialogues for the class.

3 **Ampliar** En parejas, imaginen que son parte del grupo de artistas que estaba en el viaje a La Martinica. Preparen un diálogo en el que hablan de sus vidas. Expliquen por qué están en el barco y qué les habría gustado hacer en sus vidas, si no hubieran sido artistas. Utilicen oraciones con **si**, con tiempos compuestos, y al menos una de las siguientes expresiones: **hacerse, llegar a ser, volverse** o **convertirse en.**

Atando cabos

Literatura y arte

Trabajen en grupos pequeños para preparar una presentación sobre un escritor, un escultor o un pintor que les interese.

Suggestion: Have the class ask questions after each presentation.

Elegir el tema

Pueden preparar una presentación sobre alguno de los escritores o pintores famosos de esta lección, o pueden elegir otro que les agrade más. En grupo, decidan de quién quieren hablar en su presentación.

Preparar

Investiguen en Internet o en la biblioteca. Una vez que tengan la información sobre el/la artista, elijan los puntos más importantes a tratar. Ayúdense de material auditivo o audiovisual para ofrecer una visión más amplia del tema.

Organizar

Una vez que hayan recopilado la información necesaria, escriban un esquema que les ayude a organizar su presentación. Pueden guiarse respondiendo a las siguientes preguntas.

1. ¿Dónde nació este personaje?
2. ¿A qué se dedicó o dedica?
3. ¿Cómo llegó a ser conocido?
4. ¿Qué logros alcanzó con su obra?

Ayuda para Internet

Pueden intentar acceder a la información utilizando las siguientes palabras clave:
Eduardo Chillida / Jorge Luis Borges / Elena Poniatowska / Pablo Neruda / Antoni Tàpies / Jacobo Borges / Alejandra Pizarnik

Estrategia de comunicación

Cómo hablar de arte

Las siguientes frases pueden ayudarles a expresarse de forma más adecuada.

1. No habríamos elegido a este artista si su obra no fuera...
2. Se hizo famoso/a gracias a…
3. A veces, los temas que trata llegan a ser un poco....
4. Uno de los rasgos que caracteriza a este/a artista es…
5. En esta obra podemos ver ciertos rasgos del movimiento cubista/surrealista/indigenista…

Presentar

Antes de su presentación, cada grupo entregará una copia de su esquema al profesor. No olviden usar medios audiovisuales.

10 VOCABULARIO

La literatura

el capítulo	*chapter*
la caracterización	*characterization*
la cita	*quotation*
desarrollarse	*to take place*
el desenlace	*ending*
el/la ensayista	*essayist*
el esbozo	*outline; sketch*
la estrofa	*stanza*
el manuscrito	*manuscript*
el/la narrador(a)	*narrator*
la nota a pie de página	*footnote*
el personaje principal	*main character*
el personaje secundario	*secondary character*
el/la testigo	*witness*
el trama	*plot*
hojear	*to skim*
narrar	*to narrate*

Estilos literarios

la corriente	*trend*
el cuento	*short story*
el ensayo	*essay; rehearsal*
el movimiento	*movement*
la obra de teatro	*play (theather)*
la paradoja	*paradox*
la rima	*rhyme*
la sátira	*satire*

En el museo

la acuarela	*watercolor*
el autorretrato	*self-portrait*
el/la conservador(a)	*curator*
el cuadro	*painting*
la exposición	*exhibition*
la naturaleza muerta	*still life*
el reconocimiento	*recognition*
el retrato	*portrait*
la subasta	*auction*
valioso/a	*valuable*
la venta	*sale*

El arte

el dramaturgo/a	*playwright*
el estudio	*study*
la imagen	*image*
la mezcla	*mixture*
el punto de vista	*point of view*
el rasgo	*trait, characteristic*
el taller	*workshop*
el trazo	*(brush) stroke*
diseñar	*to design*
esbozar	*to sketch*
trazar	*to trace*
hundir	*to sink*
la obra de arte	*work of art*
la obra maestra	*masterpiece*

Descripciones

contemporáneo/a	*contemporary*
inquietante	*disturbing*
intrigante	*intriguing*
llamativo/a	*striking, bright*
luminoso/a	*bright*
nítido/a	*sharp*
ornamentado/a	*ornate*
tono satírico	*satirical tone*
al estilo de	*in the style of*
(pinturas) al óleo	*oil (paintings)*
de colores (muy) vivos	*colorful*
de buen/mal gusto	*in good/bad taste*
en sentido figurado	*figuratively*

Instructional Resource
- Tests

Expresiones útiles	*Véase la página 395.*
Vocabulario de "Continuidad de los parques"	*Véase la página 413.*
Vocabulario del perfil	*Véase la página 417.*

Estructura 10.3	*Véase la página 406.*
Estructura 10.4	*Véase la página 408.*

La tecnología y la ciencia

11

Communicative Goals

You will expand your ability to...

- emphasize the size of objects and people
- express affection or scorn
- ask something or request someone to do something
- express knowing persons, places, and things
- describe relationships between things in time and space

La tecnología y la ciencia

La programadora

Se prepara para **descargar** el nuevo sistema, rápidamente **borra** los archivos viejos e instala los nuevos. Se siente cómoda con la **computación** y sus mecanismos. Le gusta experimentar y alterar programas para perfeccionarlos o ponerlos a prueba. A ella le fascinan los **avances** tecnológicos y le molesta que haya gente que sólo usa la computadora para **ingresar datos** y usar el **corrector ortográfico**.

Instructional Resources
WB, LM, CD-ROM, WB/LM/VM Answer Key

Suggestion: Have students look at the photos and read the header for each. Ask them to describe what they see and guess what interests these people have in common.

Comprehension Check:
1. ¿Qué tienen en común estas personas? (Están interesadas en la ciencia y la investigación.)
2. ¿Cómo sabemos que la mujer en la primera foto es una programadora experta? (Se siente cómoda con la informática y le gusta experimentar con los programas.)
3. ¿Por qué se ven preocupados Raquel y Simón? (No están convencidos de que la nueva investigación sea ética.)
4. ¿Qué hace César para aprender sobre la astronomía? (Busca información en Internet.) 5. ¿Qué profesión seguirá Gerardo? (Answers will vary.)

Teaching Option: Review verbs like **gustar**. Point out **fascinar** and **molestar** in the first paragraph, and review **preocupar** in the second.

El experimento cuestionable

Mañana Raquel y Simón comenzarán un **experimento** en el laboratorio que los tiene preocupados. Su jefe planea alterar los **genes** en todo el **ADN** de un mono y luego permitir que se reproduzca con un mono normal. El descendiente **heredará** la alteración **bioquímica** y será utilizado para transplantes **quirúrgicos** en humanos. Ellos dos no están convencidos de que todo eso sea **ético**, pero como los científicos más famosos dicen que lo es, no cuestionan la investigación.

Futuro astronauta

Todos los días César observa por Internet las imágenes que envía el **transbordador espacial**. Ayer vio un antiguo **satélite** que flota desde hace 40 años en el **espacio** y una imagen del **agujero** en la capa de ozono. Hace unos días pudo ver el interior del laboratorio espacial, donde unos astronautas trabajaban en un reactor para un **cohete** que intentará detectar vida **extraterrestre**. Cuando apaga su computadora, César **aterriza** de golpe y se siente atrapado por la **gravedad**.

Por el telescopio

Gerardo pasaba horas con su telescopio tratando de ver **ovnis** y **estrellas fugaces**. Incluso compró una antena para captar **ondas** del espacio y una enorme **pantalla líquida** para observar imágenes del universo. Ayer llamó a un amigo a las 2 de la mañana por su **teléfono celular**. Le dijo que había **comprobado** la **teoría** científica de que los **agujeros negros** producen **saltos en el tiempo**. Aseguró que minutos después de medir la velocidad con que se alejaba una estrella, vio la misma estrella en el lugar donde había estado antes.

Suggestion: Remind students that the boldfaced words and expressions in the paragraphs are new active vocabulary as well as the vocabulary in the lists.

Teaching Option: Survey the class about careers in the sciences. Ask students about their interests and future plans, encouraging them to use as many vocabulary words as possible. Ex: **¿Piensas seguir una profesión científica? ¿Cuál?**

El espacio y la ciencia ficción

la luna (llena)	*(full) moon*
la nave espacial	*spaceship*
la prueba espacial	*space probe*
la superficie	*surface*
la supervivencia	*survival*
avanzado/a	*advanced*

Los inventos y la ciencia

el arma	*weapon*
el desafío	*challenge*
el descubrimiento	*discovery*
la ética	*ethics*
la herramienta	*tool*
el invento	*invention*
la patente	*patent*
caducar	*to expire*
fabricar	*to manufacture; to make*
formular	*to formulate*
inventar	*to invent; to create*
especializado/a	*specialized*

La energía

el combustible	*fuel*
emitir	*to emit*

La biotecnología

la célula	*cell*
el frasco	*flask*
clonar	*to clone*
(poco) ético/a	*(un)ethical*

Práctica

① Have volunteers read aloud the definitions in the right-hand column. Supply more vocabulary and have students give a definition.

② In pairs, have students write new sentences with blanks for another pair to fill out, using active vocabulary.

③ In groups, have students discuss which of Ester's pessimistic ideas might be right.

1 Cuestiones celulares Indica la letra de la palabra que corresponde a cada definición.

a. ADN	*d*	1. Determina la herencia de una característica específica
b. bioquímica	*b*	2. El estudio de la química de los organismos biológicos
c. clonar	*a*	3. Ácido desoxirribonucleico
d. gen	*c*	4. Producir un clon, duplicar
e. heredar	*e*	5. Recibir de un antepasado

2 Investigaciones y descubrimientos Completa las siguientes oraciones con algunos de los términos de la lista.

a. Se puede decir que los *agujeros negros* son como los "caníbales" de los astros.

b. Las *estrellas fugaces* son producidas por partículas provenientes del espacio.

c. Nuestra gran dependencia en los automóviles es, entre otros factores, causa del alto consumo de *combustible*.

d. El Columbia fue el primer *transbordador espacial*.

e. Los *ovnis* son, supuestamente, unos discos brillantes que vuelan sin hacer ruido.

agujeros negros	ovnis
combustible	transbordador espacial
estrellas fugaces	capa de ozono

3 La tecnofóbica A Ester no le gustan los avances tecnológicos y habla de ellos con mucho pesimismo. Completa las siguientes oraciones con términos del nuevo vocabulario.

1. Gastan demasiado en los transbordadores. ¿Para qué? El Apolo 11 igual llegó a la *Luna*.
2. Los *teléfonos celulares* seguramente producen radiaciones malas para el cerebro.
3. Eso de identificar la composición genética de las personas con el *ADN* es un invento de algún científico loco.
4. ¿Para qué comprar las nuevas *pantallas líquidas* si los televisores normales funcionan bien?
5. Con la tecnología que tenemos nunca nos comunicaremos con *extraterrestres* de otros planetas.
6. Hay tantos *satélites* orbitando la Tierra que en algún momento alguno va a caer en medio de una ciudad.

Comunicación

4 Genes y gente

A. Los investigadores de la genética se dedican a buscar genes que explican las características de las personas. El paso siguiente será alterarlos. ¿Qué opinas al respecto? Marca con una cruz las frases con las que estás de acuerdo.

- ☐ Es importante analizar todos los genes humanos para luchar contra las enfermedades.
- ☐ Si los genes explican todo lo que hacemos y somos, en realidad no somos culpables de nada.
- ☐ La genética llegó demasiado lejos. Los seres humanos no pueden jugar con esas cosas.
- ☐ Es injusto dedicarse a la genética mientras haya gente que sufra enfermedades simples y hambre.
- ☐ Tarde o temprano descubriremos el gen de la felicidad. Será maravilloso.
- ☐ La genética es una manera artificial y rápida de hacer algo que la naturaleza tarda en lograr.
- ☐ Es peligroso alterar los genes humanos. Producirá, más que nada, sufrimiento.

B. Ahora comparte tus opiniones con un(a) compañero/a. ¿Cuáles son los aspectos positivos y negativos de la manipulación genética?

5 Predicciones futuristas

A. La tecnología avanza rápidamente, pero la imaginación puede ir más allá. Leonardo da Vinci imaginó un helicóptero en el siglo XV y Julio Verne escribió una novela sobre un viaje a la Luna en 1865. Escribe tu propia predicción o crea una a partir de las siguientes ideas.

- teletransportación
- colonias humanas en el espacio
- la máquina del tiempo
- cyborgs (mitad humanos, mitad robots)
- computadoras que lean la mente
- el encuentro con seres extraterrestres
- vehículos que funcionen con agua

B. Comparte con tu compañero/a tu predicción futurista, cuándo te parece que ocurrirá, cómo y por qué. Deja volar tu imaginación.

C. Elijan una de las dos predicciones, preparen un párrafo y preséntenlo a la clase. Recuerden que es importante dar detalles sobre la tecnología que imaginen.

NATIONAL communication STANDARDS

④ Have pairs present their opinions to the class and encourage discussion. Have students decide which sentence in step A is most controversial and which is most sensible.

En la oficina de la revista *Facetas* se recibe la entrega de una pantalla líquida.

HOMBRE 1 Aquí está la pantalla líquida que pidieron. Tiene imagen digital, sonido de alta definición, control remoto universal y capacidad para conexión de satélite e Internet desde el momento de la instalación.

JOHNNY ¿Y está en esa caja tan grandota?

HOMBRE 1 Si es tan amable, me da su firmita en la parte de abajo, por favor.

Johnny se desmaya.

HOMBRE 2 ¿Por qué no piden una ambulancia?

MARIELA No se preocupe. Fue sólo una pequeñísima sobredosis de euforia.

HOMBRE 1 Esto es tan emociante. Nunca se había desmayado nadie.

HOMBRE 2 Eso es lo que yo llamo "el poder de la tecnología".

ÉRIC Jefe, pruebe con esto a ver si despierta. *(Le entrega un poco de sal.)*

AGUAYO ¿Qué se supone que haga?

ÉRIC Ábralo y páseselo por la nariz.

AGUAYO Esto no funciona.

DIANA Yo conozco un remedio infalible.

ÉRIC ¡¿Qué haces?!

Diana le pone sal en la boca a Johnny. Johnny se despierta.

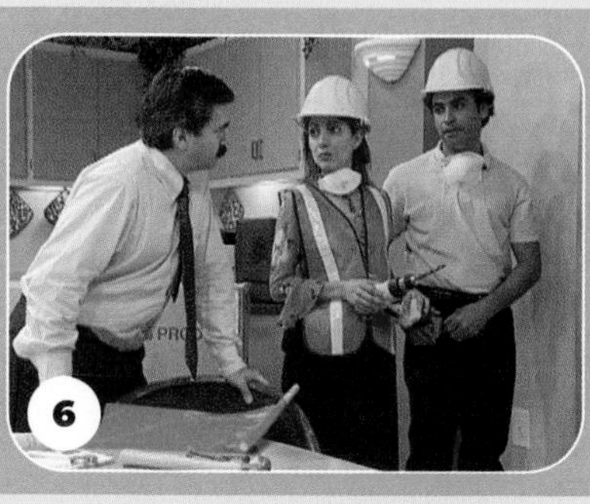

Más tarde... Ellos van a poner la pantalla en la pared.

AGUAYO Johnny, ¿estás seguro de que sabes lo que haces?

JOHNNY Tranquilo, jefe, no es tan difícil.

FABIOLA Es sólo un agujerito en la pared.

El teléfono suena.

MARIELA Revista *Facetas*. Buenas tardes. Jefe, tiene una llamada de su esposa en la línea tres.

AGUAYO Pregúntale dónde está y dile que la llamo luego. Estaré en mi oficina. No quiero ver este desorden.

Aguayo se va a su oficina.

Mientras trabajan, se va la luz.

FABIOLA ¡Johnny!

JOHNNY ¿Qué pasó?

AGUAYO No es tan difícil. Es sólo un agujerito en la pared... ¡No funciona ni el teléfono!

NATIONAL STANDARDS communication cultures

Instructional Resources
VM, Video, CD-ROM, IRM, WB/LM/VM Answer Key

Video Synopsis:
- An LCD screen is delivered to the office.
- Johnny faints and everyone attempts to revive him.
- Johnny and Fabiola attempt to install the screen, causing a short circuit.
- Everyone contemplates the shortcomings of technology in the candle-lit conference room.
- See IRM for more details.

Preview: Have students scan the text for technology-related words. Have them predict what the characters will discuss in this episode.

Suggestion: Play the video for students to check their predictions.

Personajes

JOHNNY | HOMBRE 1 | HOMBRE 2 | MARIELA | ÉRIC | AGUAYO | DIANA | FABIOLA

4

JOHNNY ¿Sabían que en el transbordador espacial de la NASA tienen este tipo de pantallas?

MARIELA Espero que a ningún astronauta le dé por desmayarse.

AGUAYO ¿Dónde vamos a instalarla?

DIANA En esta pared, pero hay que buscar quien lo haga porque nosotros no tenemos las herramientas.

5

JOHNNY ¿Qué? ¿No tienes una caja (de herramientas)?

ÉRIC A menos que quieras pegar la pantalla con cinta adhesiva y luego ponerle aceite lubricante, no.

FABIOLA Hay una construcción allá abajo.

Jonny y Fabiola se van a buscar las herramientas.

9

Más tarde, en la sala de conferencias…

AGUAYO Rodeados de la mejor tecnología para terminar alumbrados por unas velas.

DIANA Nada ha cambiado desde los inicios de la humanidad.

10

MARIELA Hablando de cosas profundas… ¿Alguna vez se han preguntado adónde se va la luz cuando se va?

Expresiones útiles

Asking someone to do something

Si es tan amable, me da su firma por favor. *Be (form. sing.) so kind as to sign here, please.*

Tenga la bondad de firmar aquí, por favor. *Be (form. sing.) so kind as to sign here please.*

¿Sería tan bueno/a de poner la caja aquí? *Would you be so nice as to put the box here?*

¿Podría usted abrirla? *Could you (form. sing.) open it?*

Reassuring someone

No se preocupe. *Don't worry. (form. sing.)*

No hay por qué preocuparse. *There's no reason to worry. (form. sing. and pl.)*

No tienes por qué preocuparte. *There's no reason (for you) to worry. (fam. sing.)*

Additional vocabulary

agujerito *small hole*

desorden *disorder, mess*

imagen *image*

rodeado/a *surrounded*

sobredosis *overdose*

Apuntes culturales Aunque cada vez más latinoamericanos tienen computadoras, aún no es tan común como en EE.UU. Sin embargo, la popularidad de Internet crece. Para utilizarla, muchos van a "cibercafés", para buscar información, enviar correos electrónicos y hasta conversar con alguien por videocámaras mientras toman café. Otros van a sitios con cubículos individuales donde se paga por hora. *¿De qué depende el éxito de los cibercafés?*

Comprensión

① In pairs, have students redo the activity by asking corresponding questions using **¿Por qué?** Ex: **¿Por qué propone alguien pedir una ambulancia?**

1 Relacionar Forma oraciones uniendo las frases de las columnas por medio de **porque**.

1. Alguien propone pedir una ambulancia *e*
2. Éric le explica a Aguayo cómo despertar a Johnny *c*
3. Diana propone buscar a alguien para instalar la pantalla *a*
4. Aguayo se encierra en su oficina *d*
5. Los empleados alumbran la oficina con velas *b*

a. no tienen herramientas.
b. no hay luz.
c. Aguayo no sabe cómo hacerlo.
d. no quiere ver el desorden.
e. Johnny se desmayó.

② Have students refer to **Expresiones útiles** to rephrase the sentences using other expressions of courtesy.

② In anticipation of this lesson's **Estructura**, ask students from what noun they suspect **firmita** is derived.

2 Órdenes y pedidos Indica con una "**P**" las expresiones de los personajes de la **Fotonovela** que son pedidos y con una "**O**" las que son órdenes.

_*P*_ 1. **HOMBRE 1** Si es tan amable, me da su firmita en la parte de abajo, por favor.
_*P*_ 2. **HOMBRE 2** ¿Por qué no piden una ambulancia?
_*O*_ 3. **ÉRIC** Jefe, pruebe con esto a ver si despierta.
_*O*_ 4. **ÉRIC** Ábralo y páseselo por la nariz.
_*O*_ 5. **AGUAYO** Pregúntale dónde está y dile que la llamo luego.

③ Have students select some of their sentences with **estar** and ask them to give the reason for their verb choice.

3 ¿Cómo son? ¿Cómo están? En parejas, describan a Johnny, Diana, Aguayo, los hombres que llevan la pantalla y Mariela. Utilicen los verbos **ser** y **estar** y los adjetivos de la lista en la forma adecuada. También pueden usar otros adjetivos. Luego compartan sus descripciones con sus compañeros/as.

eufórico/a	disgustado/a	gracioso/a
sorprendido/a	ansioso/a	nervioso/a
eficiente	tranquilo/a	desordenado/a

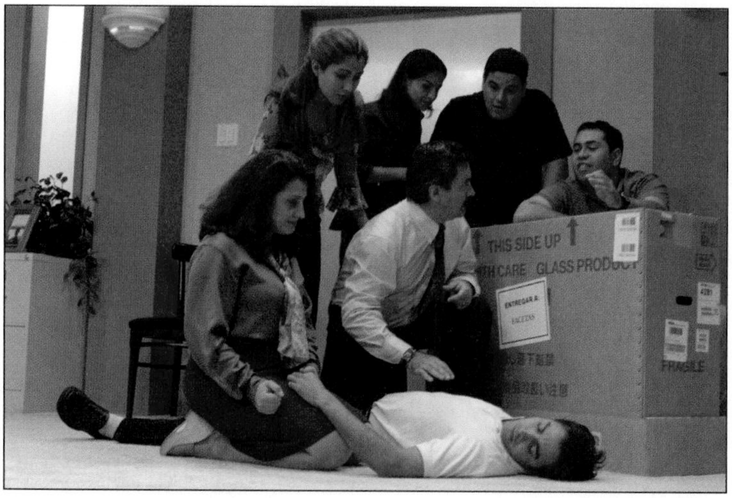

Ampliación

4 ¿Por qué lo dicen? En parejas, expliquen por qué los personajes de la **Fotonovela** dicen lo que dicen. Luego compartan sus explicaciones con sus compañeros/as.

1. **HOMBRE** Eso es lo que yo llamo "el poder de la tecnología".
2. **MARIELA** Fue sólo una pequeñísima sobredosis de euforia.
3. **AGUAYO** ¿Estás seguro de que sabes lo que haces?
4. **ÉRIC** A menos que quieras pegar la pantalla con cinta adhesiva y luego ponerle aceite lubricante...
5. **DIANA** Nada ha cambiado desde los inicios de la humanidad.
6. **MARIELA** Hablando de cosas profundas… ¿Alguna vez se han preguntado adónde se va la luz cuando se va?
7. **AGUAYO** ¡No funciona ni el teléfono!
8. **DIANA** Yo conozco un remedio infalible.

5 ¿Qué dijo Mariela? En la columna de Éric están algunas respuestas que él le podría haber dado a Mariela. En parejas, discutan y escriban en la primera columna qué pudo haber dicho Mariela para que Éric contestara así. Luego compartan lo que escribieron con sus compañeros/as. Sigan el modelo.

MARIELA

ÉRIC

1. ¿Podrías traerme un café?	a. Sí, te lo traeré en seguida.
2. ______________	b. Lo haré con mucho gusto.
3. ______________	c. No te preocupes. Ya va a llegar.
4. ______________	d. Tranquila. Entiendo algo de computadoras.
5. ______________	e. Por supuesto. Para mí sería un placer acompañarte.
6. ______________	f. Claro que sí. Te daré las fotos para él.

6 Inventos importantes En grupos pequeños, hagan dos listas: una con los inventos que creen que han sido muy importantes para el desarrollo de la sociedad y otra con los que creen que no lo han sido. Compartan sus listas con la clase.

4 Read the following true/false statements to the class: **1. Johnny se desmayó debido a la euforia del momento. (cierto) 2. La nueva tecnología no impresiona a nadie. (falso) 3. Aguayo está preocupado por lo que hace Johnny. (cierto) 4. A pesar de los avances de la tecnología, las velas son prácticas. (cierto) 5. Según Diana, sus remedios nunca funcionan. (falso)**

5 Encourage students to add some of the expressions from **Expresiones útiles**. Have them work in pairs and read some of their questions and answers aloud. The class should decide whether they match.

Instructional Resource IRM (general teaching suggestion)

NATIONAL cultures STANDARDS

Internet en el mundo hispanohablante

Joven usando los servicios de Internet de Telemex en México

En la **Fotonovela**, Aguayo ha comprado una pantalla líquida para la oficina. Esta pantalla, de última generación, tiene, entre otras muchas cosas, acceso a Internet. Ahora vas a leer un breve artículo sobre Internet en Hispanoamérica.

Internet ha cambiado nuestras vidas, de eso no hay duda. Las ventajas son muchas: ha mejorado la educación a distancia, da acceso rápido a información y ofrece posibilidades de trabajar y comprar desde el hogar. No hay que olvidar, sin embargo, que Internet no está establecido en todos los países de la misma forma. Los internautas latinos representan solamente el 5.5% del total en el mundo, después de Europa, Asia y Norteamérica.

El deseo de los dirigentes hispanoamericanos de formar parte de la revolución digital es evidente, pues son conscientes de que el desarrollo tecnológico va unido al desarrollo social. Se han logrado algunos avances: el número de dueños de computadoras en los países hispanos está creciendo a buen ritmo. Por ejemplo, en el año 2001, las ventas de computadoras personales habían bajado en todo el mundo a excepción de Hispanoamérica, donde ascendió un 10 por ciento. Las previsiones con respecto a Internet también son optimistas: si hoy hay 25 millones de latinos conectados a la Red, en el año 2007 serán 65 millones.

Por otra parte, aunque las ventas por Internet son cada vez más comunes en Estados Unidos, en Hispanoamérica no están teniendo el mismo crecimiento. El problema es la falta de credibilidad en la tecnología, por parte de los compradores y la falta de credibilidad en los sistemas de crédito, por parte de los vendedores. Se sabe que el aumento del uso de Internet para realizar compras será más lento en Hispanoamérica que en Estados Unidos, pero se espera que esta situación mejore poco a poco. Es muy posible que próximamente el Internet deje de ser una novedad en Hispanoamérica, y su uso sea tan común como lo es actualmente en Estados Unidos.

Anuncios callejeros promocionando el uso de Internet

el dirigente	*leader*	**encender**	*to switch on*
la previsión	*prediction*	**la comodidad**	*comfort*
el crecimiento	*growth*	**provenir**	*to come from*
próximamente	*soon*	**luchar**	*to fight*

El petróleo como fuente de energía

El primer ministro británico Tony Blair y el presidente mexicano Vicente Fox en una plataforma petrolífera en el Golfo de México

Turbinas de viento para generación de electricidad

En la **Fotonovela**, las oficinas de *Facetas* se quedan sin luz y los personajes se dan cuenta de lo mucho que dependen de la energía eléctrica. A continuación tienen un artículo sobre el petróleo, una de las fuentes de energía más importantes.

Cada día, hagamos lo que hagamos, gastamos energía. Estamos tan acostumbrados a encender la luz o a escuchar música, que no valoramos lo suficiente todas las comodidades que tenemos.

El petróleo es un recurso natural limitado, pero algunos países de Hispanoamérica ven en su extracción una de las fuentes de ingresos más valiosas. Según la Comisión Económica para América Latina y el Caribe, los principales exportadores de petróleo son México y Venezuela. De los 3.404.894 de barriles de crudo que Estados Unidos importó en el año 2001, 471.243 provenían de Venezuela y 508.715 de México.

El transporte de este producto, tan peligroso para el medio ambiente, ha provocado desastres ecológicos irreparables. Las pérdidas de crudo de petróleo en los mares son cada día más frecuentes, lo cual trae como consecuencia la contaminación de las aguas y de la fauna marina. Aunque muchos han estado luchando por terminar con este problema, la demanda de petróleo sigue creciendo, al igual que el índice de población mundial.

La buena noticia es que aunque el petróleo se consideraba la única fuente de energía, hoy en día existen fuentes de energía alternativa. Las fuentes solares, eólicas e hidráulicas están experimentando un fuerte impulso. Estas fuentes aprovechan, de forma limpia y continua, los recursos naturales como el sol, el viento y el agua. Pero, aunque se han encontrado fuentes alternativas, debemos ser más conscientes de las consecuencias que nuestras comodidades diarias tienen para al medio ambiente, pues el futuro del mundo depende de ello. ¿De qué manera crees que podrías contribuir para solucionar este problema?

Coméntalo

Reúnete con varios/as compañeros/as de clase y conversa sobre los siguientes temas.

1. ¿De qué manera creen que el aumento en el uso de Internet ayudará a los países de Hispanoamérica?
2. En el artículo se habla de las contribuciones de Internet. ¿Creen que tiene algún aspecto negativo?
3. En su vida diaria, ¿intentan ahorrar energía? ¿Por qué?
4. ¿Opinan que se debe invertir dinero en desarrollar fuentes alternativas de energías? ¿En cuáles?

11.1 Diminutives and augmentatives

NATIONAL STANDARDS comparisons

Instructional Resources
WB, LM, CD-ROM, WB/LM/VM Answer Key

Suggestion: Point out that diminutive and augmentative forms of adjectives agree in gender and number, as do other adjectives. Ex: **jovencito, jovencita, jovencitos, jovencitas**.

¡ATENCIÓN!

Final **c** changes to **qu** and final **g** changes to **gu** before **–ito/a** or **–illo/a**. Final **z** becomes **c** before **e**. Also note that words ending in **–n** or **–r** add an initial **c** to the suffix.

chico – chiquito

barco – barquito

amigo – amiguito

voz – vocecita

joven – jovencito

amor – amorcito

▶ Diminutives and augmentatives are frequently used in conversational Spanish, especially among family members and close friends. They express shades of meaning like affection, scorn, or ridicule and can also emphasize size. They are formed by adding a suffix to the end of nouns or adjectives.

¿Y está en esa caja tan grandota?

Me da su firmita en la parte de abajo, por favor.

Diminutives

Suffix	Root	Diminutive	English equivalent
-ito/a	abuela	abuelita	*dear grandma*
	libro	librito	*little book*
	Isabel	Isabelita	*little Isabel*
	bajo	bajito	*very short, quietly*
	cerca	cerquita	*very near*
-cito/a	joven	jovencito	*very young man*
	amor	amorcito	*dear love*
-cillo/a	pan	panecillo	*roll (bread)*
	ventana	ventanilla	*little window*

Augmentatives

Suffix	Root	Augmentative	English equivalent
-ón/-ona	hombre	hombrón	*big man*
	mujer	mujerona	*big woman*
	cabeza	cabezón	*big head, stubborn*
-ote/-ota	grande	grandote	*really big*
	libro	librote	*big book*
	palabra	palabrota	*swearword*

Práctica y Comunicación

1 **Completar** Completa las oraciones con la palabra indicada. Recuerda que el diminutivo debe concordar en género y número con la palabra.

Cuando yo era (pequeño, –ito) ___*pequeñito*___ jugaba siempre en la calle. Mi (abuela, –ita) ___*abuelita*___ me decía que no fuera con los (amigos, –ote) ___*amigotes*___ de mi hermano. Porque ellos eran mayores que yo, y ya eran unos (hombres –ón) ___*hombrones*___. Yo entonces, era muy (cabeza, –ón) ___*cabezón*___ y nunca hacía lo que ella decía. Una tarde, estaba jugando al fútbol, y uno de ellos me dio un (rodilla, –azo) ___*rodillazo*___ que me rompió la (nariz, –ota) ___*narizota*___. Nunca más jugué con ellos, y desde entonces, sólo salí con mis (amigos, –ito) ___*amiguitos*___ .

2 **El señor Ordóñez** El señor Ordóñez odia los diminutivos. Opina que son para los niños. Por eso propuso cambiar los títulos de los cuentos infantiles famosos. Pero su propuesta fue rechazada. Cambia las palabras subrayadas para que los títulos vuelvan a su forma original.

1. El soldado de plomo *(tin soldier)* *soldadito*
2. La sirena *(mermaid)* *sirenita*
3. Blanca Nieves y los siete enanos *enanitos*
4. Pulgar *(thumb)* *Pulgarcito*
5. Cenicienta *(Cinderella)* y el zapato de cristal *zapatito*
6. El pato *(duck)* feo *patito*
7. El sueño del pastor *(shepherd)* *pastorcito*
8. El pez rojo y el viejo pescador *pececillo*
9. Caperuza *(hood)* Roja *Caperucita*
10. El sastre *(tailor)* valiente *sastrecillo*

3 **¿Qué palabra es?** Trabajen en equipos. Un equipo lee una definición y el equipo contrario dice a qué palabra corresponde esa definición. Si el equipo da la respuesta correcta, gana un punto. Luego los equipos cambian los papeles. Gana el equipo que sume más puntos.

1. Una onda cortita *ondita*
2. Un agujero pequeño *agujerito*
3. Muy grande *grandote/grandota*
4. Un lago pequeñísimo *laguito*
5. Pantalla pequeña *pantallita*
6. Nave pequeña *navecita*
7. Taza grande como un tanque *tazota*
8. Silla para niños *sillita*
9. Un frasco pequeño *frasquito*
10. Estrella grande *estrellota*
11. Libro grande y grueso *librote*

NATIONAL communication STANDARDS

② In pairs, have students think of other children's stories or create new titles. Another pair should change them into diminutives or augmentatives.

③ Have students continue the activity by providing new definitions.

comparisons

Instructional Resources WB, LM, CD-ROM, WB/LM/VM Answer Key

Suggestion: Remind students that **pedir** is a stem-changing verb and **conocer** and **saber** have other irregularities. Remind them to consult the verb tables at the end of the book.

11.2 *Pedir/preguntar* and *saber/conocer*

▶ **Pedir** and **preguntar** both mean *to ask*, while **saber** and **conocer** mean *to know*. Since these verbs are frequently used in Spanish, it is important to know the circumstances in which to use them.

Aquí está la pantalla líquida que pidieron.

Conozco un remedio infalible.

Pedir vs. *preguntar*

▶ **Pedir** means *to ask for/request* (something) or *to ask* (someone to do something).

El ingeniero **pidió** los resultados.
The engineer asked for the results.

El director le **pide** que lo investigue.
The director asks her to investigate it.

▶ **Preguntar** means *to ask* (a question).

Los niños **preguntan** acerca de los ovnis.
The children ask about UFOs.

Preguntó sobre el avance tecnológico.
She/he asked about the technological advance.

▶ **Preguntar por** means *to ask about* (someone) or *inquire* (about something).

¿**Preguntaste por** el científico famoso?
Did you ask about the famous scientist?

Sí, **pregunté por** el profesor Juan Ojalvo.
Yes, I asked about Professor Juan Ojalvo.

Saber vs. *conocer*

▶ **Saber** means *to know* (a fact or piece of information).

¿**Sabías** que Júpiter es el planeta más grande del sistema solar?
Did you know that Jupiter is the largest planet of the solar system?

No **sé** quién fue el primer astronauta en ir a la Luna. ¿Lo **sabes** tú?
I don't know who the first astronaut to go to the moon was. Do you know?

▶ **Saber** + [*infinitive*] means *to know how* (to do something).

Yo **sé medir** la fuerza de la gravedad.
I know how to measure the force of gravity.

Ella **sabe escribir** programas de computación.
She knows how to write computer programs.

▶ **Conocer** means *to know* or *to be familiar/acquainted* with (a person, place, or thing).

Conocen los riesgos de utilizar energía nuclear.
They know the risks of using nuclear energy.

Conoce al científico que hizo el experimento.
She knows the scientist who did the experiment.

Práctica y Comunicación

1 **¿Cuál no es?** Cada grupo de frases se puede completar de dos maneras distintas. ¿Cuáles son? Marca las dos opciones correctas para cada grupo.

1. Carmen pidió
   - _x_ a. el teléfono celular.
   - ___ b. por el teléfono celular.
   - _x_ c. que le prestara el teléfono celular.
2. El ingeniero sabe
   - _x_ a. cómo arreglar el control remoto.
   - _x_ b. que el control remoto está roto.
   - ___ c. el control remoto.
3. El periodista preguntó
   - _x_ a. sobre el ADN.
   - ___ b. que Juan respondiera.
   - _x_ c. acerca de la capa de ozono.
4. Los especialistas en genética conocen
   - ___ a. que el ADN puede ser modificado.
   - _x_ b. al famoso científico.
   - _x_ c. el laboratorio del doctor García.

2 **¿Qué hizo el doctor García?** En parejas, imaginen que son los/las ayudantes del doctor García. Al final del día, le cuentan a un compañero qué les pidió y preguntó el doctor.

MODELO ¿Serían tan amables de abrir los archivos?
El doctor nos pidió que abriéramos los archivos.

1. ¿Cuál es el consumo de energía eléctrica de Los Ángeles? *El doctor nos preguntó cuál es el consumo de energía eléctrica de la ciudad de Los Ángeles.*
2. Ingresen estos datos en la computadora. *El doctor nos pidió que ingresáramos estos datos en la computadora.*
3. ¿Quién es el científico que dirige la prueba espacial? *El doctor nos preguntó por el científico que dirige la prueba espacial.*
4. Denme el dibujo del reactor nuclear. *El doctor nos pidió el dibujo del reactor nuclear.*

3 **La pregunta adecuada** En parejas, un(a) compañero/a le pregunta al/a la otro/a si conoce o sabe sobre los temas de la lista. El/La compañero/a responde y agrega más información. Luego cambien los roles.

MODELO que la energía eólica (*wind*) no contamina el medio ambiente
—¿Sabes que la energía eólica no contamina el medio ambiente?
—No. Sólo sé que la energía solar no contamina el medio ambiente.
Sí. Y además sé que la energía solar no contamina el medio ambiente.

1. algún programa de procesamiento de textos (*word processing*) *¿Conoces algún programa de procesamiento de textos?*
2. quién inventó la pantalla líquida *¿Sabes quién inventó la pantalla líquida?*
3. que el corrector ortográfico no es totalmente seguro *¿Sabes que el corrector ortográfico no es totalmente seguro?*
4. un especialista en bioquímica *¿Conoces un especialista en bioquímica?*
5. alguna estación espacial *¿Conoces alguna estación espacial?*
6. que los países del primer mundo envían la basura nuclear a los países del tercer mundo *¿Sabes que los países del primer mundo envían la basura nuclear a los países del tercer mundo?*
7. medir la fuerza de gravedad *¿Sabes medir la fuerza de gravedad?*

NATIONAL communication STANDARDS

② Have students work in groups to continue the activity by providing new questions and requests and answering them accordingly.

③ In pairs, have students write true/false statements about science using **Yo sé** or **Yo conozco**, and have them share these statements with the class.

comparisons

11.3 Prepositions II: *de, desde, en*

¡ATENCIÓN!

De is often used in prepositional phrases of location: **al lado de, a la derecha de, cerca de, debajo de, detrás de.**

Instructional Resources
WB, LM, CD-ROM, WB/LM/VM Answer Key

Suggestion: Remind students that **de + el** contracts to **del**.

The prepositions **de, desde,** and **en** are frequently used in Spanish, and they have various meanings. Because of this, it is important to know the circumstances in which to use them.

The preposition *de*

▶ **De** often corresponds to *of* or the possessive endings *'s/s'* in English.

Uses of *de*

Possession	Description	Material	Position	Origin	Contents
las máquinas de **la universidad** *the university's machines*	**el hombre** de **cuarenta años** *the forty-year-old man*	**el recipiente** de **vidrio** *the glass container*	**el frasco** de **atrás** *the flask that's behind*	**volviendo** del **laboratorio** *coming back from the laboratory*	**el vaso** de **agua destilada** *the glass of distilled water*
la superficie del **sol** *the sun's surface*	**la fórmula** de **larga duración** *the long-lasting formula*	**la capa** de **plástico** *the plastic coating*	**la pantalla** de **enfrente** *the facing screen*	**El científico es** de **Europa.** *The scientist is from Europe.*	**la bolsa** de **herramientas** *the bag of tools*

Some idioms and adverbial phrases

de cierta manera *in a certain way*	**de repente** *suddenly*
de nuevo *again*	**de todos modos** *in any case*
de paso *passing through, on the way*	**de vacaciones** *on vacation*
de pie *standing up*	**de vuelta** *back*

Eso es lo que yo llamo "el poder de la tecnología".

No se preocupe. Fue sólo una pequeñísima sobredosis de euforia.

The preposition *desde*

- **Desde** expresses *direction from* and *time since.*

Uses of *desde*

Direction from	Time since
El cohete viajó desde la Tierra a la Luna. *The rocket traveled from Earth to the Moon.*	**desde el principio del tiempo** *since the beginning of time*
El telescopio espacial Hubble manda información desde el espacio profundo. *The Hubble Space Telescope sends information from deep space.*	**desde la invención del auto** *since the invention of the car*

The preposition *en*

- **En** corresponds to several English prepositions, such as *in, on, into, onto, by*, and *at*.

El microscopio está **en** la mesa.
The microscope is on the table.

El investigador se quedó **en** el laboratorio.
The researcher stayed in the laboratory.

El profesor de astrofísica entró **en** la clase.
The astrophysics professor went into the class.

Los resultados se encuentran **en** el cuaderno.
The results are found in the notebook.

Se encontraron **en** el museo.
They met at the museum.

Fuimos a la conferencia **en** tren.
We went to the conference by train.

Some idioms and adverbial phrases

en broma *as a joke*	**en serio** *seriously*
en contra *against*	**en vano** *in vain*
en fila *in a row*	**en tren/bicicleta/avión** *by train/bicycle/plane*

Tiene capacidad para conexión de satélite e Internet desde el momento de la instalación.

Es sólo un agujerito en la pared.

Práctica

① In pairs, have students exchange and correct each other's work. Have them read one sentence at a time to the class, providing two options for the use of the preposition. The class should decide which one is correct.

1 **Completar** Completa el texto con las preposiciones **de, desde** o **en**.

Desde la Tierra puedes ver hasta 3.000 estrellas. _En_ una noche clara también puedes ver una nube _de_ estrellas llamada Vía Láctea. Podrás descubrir rayos _de_ luz que se llaman estrellas fugaces. La estrella que está más cerca _de_ la Tierra es el Sol. El Sol es una pelota _de_ gas muy grande. _Desde_ el Sol hasta la Tierra hay 149 millones _de_ kilómetros.

¿Sabías que _desde_ los inicios de la humanidad los hombres creen que el Sol es una pelota _de_ fuego? Los chinos, por ejemplo, pensaban que el Sol había salido _de_ la boca _de_ un dragón.

Desde el Sol llegan a la Tierra varios tipos _de_ rayos. La capa _de_ ozono no deja pasar todos los rayos ultravioletas, que son peligrosos para la salud _de_ animales y plantas. Por eso, los agujeros _de/en_ la capa _de_ ozono son estudiados todo el tiempo _en_ los laboratorios científicos.

2 **Descripción** Escribe por lo menos diez oraciones que describan el siguiente dibujo. En todas las oraciones usa las preposiciones **en**, **de** y **desde**. Luego comparte tus oraciones con tus compañeros/as.

3 **A contar historias** En parejas, elijan una de las frases e inventen una historia con ella. Tienen que usar las preposiciones **de**, **desde** y **en**. Despues, compartan su historia con la clase

1. Juan está esperando en su jardín…
2. El libro de cocina estaba abierto…
3. En ese momento, el frasco se cayó al suelo y se rompió…
4. Estaba observándolo desde la ventana…

Comunicación

4 **Con otras palabras** En parejas, imaginen que están en el laboratorio haciendo un experimento para la clase de química. De repente todo sale muy mal y nada funciona. Escriban ocho frases sobre este tema. ¡OJO! Tienen que escribir la misma frase de dos maneras. La segunda debe incluir **de**, **desde** o **en**. Sigan el modelo.

La especialista **que estudió** bioquímica rompió el frasco.	La especialista **en** bioquímica rompió el frasco.

④ Have pairs share their sentences with the class.

5 **¡Estás perdido!** Has llegado a Buenos Aires para asistir a una conferencia importante sobre la genética. En el camino, te das cuenta de que estás perdido/a. Paras a una persona para pedirle ayuda, y le explicas de dónde eres, de dónde vienes, adónde quieres ir y cuánto tiempo hace que estás perdido/a. Esta persona te da indicaciones (directions). Con un(a) compañero/a, preparen un diálogo en el que una persona es la que se encuentra perdida y la otra es la que da ayuda.

6 **¿Cuánto sabes de tus compañeros?**

A. Reúnete con un(a) compañero/a y hazle preguntas sobre dónde vive, desde cuándo vive ahí, dónde nació, de dónde son sus padres, en qué mes cumple años, desde cuándo estudia español, etc.

B. En un papel, anota sólo los datos de las respuestas. No es necesario escribir oraciones completas. No pongas el nombre de tu compañero/a. Luego cambien los roles.

C. Mezclen los papeles de toda la clase y repártanlos.

D. Cuando todos tengan sus nuevos papeles, cada estudiante debe leer en voz alta los datos, usando oraciones completas y las preposiciones **en**, **desde** y **de**.

E. El resto de la clase debe tratar de adivinar de qué estudiante se trata.

⑥ As an alternative, have students work in groups. One student from each group provides the personal information. Other groups decide which member of each group is being described. Encourage them to answer using **Se trata de ...** and **¿De quién se trata?**

A conversar

Descubrimientos e inventos

Expansion: Ask students how much they know about famous scientists and inventors. Have them discuss different inventions and comment what life would be like without them.

A Se dice que el ser humano es un animal tecnológico, porque inventa cosas para que el mundo sea como lo necesita. Lean el siguiente cuadro.

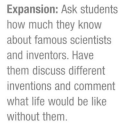

SIGLO		INVENTOS
I		brújula *(compass)*
II		papel
X		lentes
XII		cañón
XIII		relojes mecánicos
XIV		armas de fuego
XV		imprenta moderna y barco de vapor
XVI		reloj de mano
XVII		telescopio
XVIII		máquinas de vapor
XIX		batería, lámpara eléctrica, telégrafo, motor eléctrico, auto con motor eléctrico y de gasolina, fotografía, teléfono eléctrico, heladera, ascensor eléctrico, rayos X
XX	*1900 - 1930*	barco de petróleo, máquina para fabricar botellas, vitaminas, televisión, control remoto
	1931 - 1960	automóvil moderno, reactor nuclear, bomba nuclear, primera computadora, electricidad con energía nuclear, nave espacial
	después de 1960	pantalla líquida, teléfono celular, control remoto, clonación

B Para conocer mejor la información del cuadro, háganle preguntas a un(a) compañero/a. Por ejemplo: ¿Desde cuándo existe...? ¿En qué siglo se inventó...?

C Esta lista no está completa. ¿Conocen otros inventos importantes? ¿Cuándo se inventaron? Pónganlos en el cuadro.

D En grupos pequeños, discutan cuáles son, en su opinión, los cinco inventos más importantes de los últimos 50 años y por qué. Discutan cómo cambiaron la vida de la gente.

E Compartan sus conclusiones con la clase. ¿Hubo grupos que eligieron los mismos inventos? ¿Pensaron en los mismos cambios?

A escribir

Un encuentro sorpresa

Imagina que viste un(a) extraterrestre. Sigue el **Plan de Redacción** para escribir sobre tu encuentro con el/la extraterrestre. No olvides incluir diminutivos y aumentativos y los verbos **pedir, preguntar, conocer** y **saber**.

Plan de redacción

Contexto Decide el lugar, la hora, y el año en que ocurrió el encuentro. Piensa en lo que hacías tú en ese momento. ¿Cuántos años tenías entonces? ¿Cómo era el/la extraterrestre?

Encuentro ¿Cómo reaccionó el/la extraterrestre? ¿Cómo reaccionaste tú? ¿Cómo se comunicaron? ¿Se entendieron?

Desenlace ¿Qué pasó después del encuentro? ¿Cuál fue el resultado? ¿Cómo termina la historia?

El encuentro	
Contexto	
Encuentro	
Desenlace	

Ask students to consider how the possibility of extraterrestrial life conflicts with many religious beliefs.

Automóvil vestido, 1941.
Salvador Dalí. España.

Ninguna ciencia, en cuanto a ciencia, engaña;
el engaño está en quien no sabe.

— Miguel Cervantes

Antes de leer

Primer encuentro

Álvaro Menen Desleal

Conexión personal

La llegada a la Tierra de seres extraterrestres, sobre todo a partir de la carrera espacial de los años cincuenta, se ha convertido en el tema favorito de la ciencia ficción. Las novelas, las películas, los programas de televisión y las tiras cómicas han familiarizado al público con imágenes de extraterrestres. ¿Cómo crees tú que son estos seres? ¿Qué aspecto tienen? Escribe diez características que tiene un ser extraterrestre según la cultura popular. Después, comparte tus ideas con la clase.

Características de los seres extraterrestres	
1. ____________	6. ____________
2. ____________	7. ____________
3. ____________	8. ____________
4. ____________	9. ____________
5. ____________	10. ____________

Contexto cultural

Several Hispanic astronauts from countries outside the United States have participated in NASA space missions. These astronauts include Michael E. López Alegría and Pedro Duque from Spain, Costa Rican Dr. Franklin Chang-Díaz, and Carlos Noriega from Peru. Dr. Ellen Ochoa from Los Angeles was the first Hispanic from the United States to be chosen as a NASA astronaut.

Análisis literario: un final inesperado

A surprise ending **(un final inesperado)** is a sudden and unexpected plot twist at the end of a narrative. Such an ending is a surprise in the sense that the reader does not anticipate it, but not because the writer has not prepared for it. Throughout the text, the writer plants details that make the surprise ending the logical and consistent outcome of what has preceded.

Estrategia de lectura: predecir

Active readers gather information as they read and combine it with prior knowledge to predict **(predecir)** upcoming events in a story. As you read "Primer encuentro," pause occasionally to think about what you have read and what you already know about the conventions of science fiction. Can you predict the ending of the story?

Vocabulario

el gesto *gesture*
herir *to wound; to hurt*
la suavidad *smoothness*
la superficie *surface*

Lecturas opener (previous page):

NATIONAL cultures STANDARDS

See the **ENFOQUES** Instructor's Resource Manual for teaching suggestions.

Conexión personal: In groups, ask students to discuss what factors influence how we portray extraterrestrials. Why are they usually depicted as unsightly?

Álvaro Menen Desleal

Hoja de vida

1931 Nace en Santa Ana, El Salvador
1963 *Cuentos breves y maravillosos* (cuentos)
1964 *El extraño habitante* (poesía)
1965 *Luz Negra* (obra de teatro)
1965 Premio de Juegos Florales de Quetzaltenango (Guatemala)
1968 Premio Nacional de Cultura (El Salvador)
1970 Premio Miguel Ángel Asturias (Guatemala)
1972 *La ilustre familia androide* (cuentos)
2000 *La bicicleta al pie de la muralla* (obra de teatro)
2000 Muere en San Salvador, El Salvador

Sobre el autor

Aunque su nombre de cuna es Álvaro Menéndez Leal, este escritor salvadoreño decidió cambiarse su nombre y llamarse a sí mismo **Álvaro Menen Desleal**. Su más reconocida obra es *Luz Negra,* pieza teatral representada con mucho éxito en diferentes regiones del mundo. Menen estudió en España y trabajó en universidades en Argelia, Francia, Alemania y los Estados Unidos. Además de sus obras teatrales, Menen también publicó cuentos, poesías y algunos ensayos, experimentando siempre con temas relacionados con mitos y leyendas universales.

Suggestion: Have students pay attention to the differences in the two names used by this writer. Pronounce both versions with the class, asking students to focus on the word play. Why would the writer choose *disloyal* as part of his name?

Primer encuentro

No hubo explosión alguna. Se encendieron, simplemente, los retrocohetes, y la nave se acercó a la superficie del planeta. Se apagaron los retrocohetes y la nave, entre polvo y gases, con suavidad poderosa, se posó°.

landed

Fue todo.

Se sabía que vendrían. Nadie había dicho cuándo; pero la visita de habitantes de otros mundos era inminente. Así, pues, no fue para él una sorpresa total. Es más: había sido entrenado, como todos, para recibirlos. "Debemos estar preparados", le instruyeron en el Comité Cívico; "un día de éstos (mañana, hoy mismo...), pueden descender de sus naves. De lo que ocurra en los primeros minutos del encuentro dependerá la dirección de las futuras relaciones interespaciales... Y quizás nuestra supervivencia. Por eso, cada uno de nosotros debe ser un embajador dotado del más fino tacto°, de la más cortés de las diplomacias".

endowed with the finest tact

Por eso caminó sin titubear° el medio kilómetro necesario para llegar hasta la nave. El polvo que los retrocohetes habían levantado le molestó un tanto; pero se acercó sin temor alguno, y sin temor alguno se dispuso a esperar la salida de los lejanos visitantes, preocupado únicamente por hacer de aquel primer encuentro un trance grato° para dos planetas, un paso agradable y placentero°.

hesitate
agreeable time / pleasant

Al pie de la nave pasó un rato de espera, la vista fija en el metal dorado que el sol hacía destellar° con reflejos que le herían los ojos; pero ni por eso parpadeó°.

sparkle
blinked

Luego se abrió la escotilla° por la que se proyectó sin tardanza° una estilizada escala de acceso.

hatch
delay

No se movió de su sitio, pues temía que cualquier movimiento suyo, por inocente que fuera, lo interpretaran los visitantes como un gesto hostil. Hasta se alegró de no llevar sus armas consigo.

Lentamente, oteando°, comenzó a insinuarse°, al fondo de la escotilla, una figura.

scanning / appear

Cuando la figura se acercó a la escala para bajar, la luz del sol le pegó de lleno. Se hizo entonces evidente su horrorosa, su espantosa forma.

Por eso, él no pudo reprimir un grito de terror.

Con todo°, hizo un esfuerzo supremo y esperó, fijo en su sitio, el corazón al galope. La figura bajó hasta el pie de la nave, y se detuvo frente a él, a unos pasos de distancia.

Nevertheless

Pero él corrió entonces. Corrió, corrió y corrió. Corrió hasta avisar a todos, para que prepararan sus armas: no iban a dar la bienvenida a un ser con dos piernas, dos ojos, una cabeza, una boca...

Después de leer

Primer encuentro

Álvaro Menen Desleal

(2) In groups, ask students to discuss why we pass judgements based on appearances.

(4) Ask students to keep in mind each party's body language and its impact on the outcome of the conversation. Are there universal forms of body language that we could rely on if we found ourselves in a similar situation?

1 **Comprensión** Contesta las siguientes preguntas.

1. ¿Cómo esperaba el Comité Cívico que se portaran sus ciudadanos en esas circunstancias? *El Comité Cívico esperaba que cada uno de ellos fuera un embajador dotado del más fino tacto, de la más cortés de las diplomacias.*
2. ¿Qué hizo el protagonista cuando vio la nave? *Cuando vio la nave, el protagonista se acercó sin temor alguno a esperar la salida de los visitantes.*
3. ¿Cómo era la figura que comenzó a bajar de la escala? *La figura que comenzó a bajar de la escala tenía una forma espantosa.*
4. ¿Qué hizo el protagonista cuando la figura se detuvo frente a él? *Cuando la figura se detuvo frente a él, el protagonista corrió, corrió y corrió.*
5. Al final del cuento, ¿de qué quería avisar a toda la población? *Al final del cuento, quería avisarle a todos de que tendrían que preparar sus armas.*

2 **Interpretar** Contesta las siguientes preguntas con frases completas.

1. ¿Por qué creía el Comité Cívico que debían estar preparados para la visita?
2. ¿Por qué no se movió de su sitio?
3. ¿Por qué se asustó el protagonista?
4. Explica, con tus propias palabras, qué pasa al final del cuento.
5. ¿Qué piensas de la manera en que el autor habla de los seres humanos?

3 **Imaginar** Según el autor, la historia ocurre en el planeta Venus. El protagonista, por lo tanto, es venusiano. En grupos, imaginen cómo eran estos seres. ¿Cómo era la vida allí? ¿Cómo se comunicaban entre ellos? ¿Cómo eran sus armas? Cuando todos los grupos hayan terminado, un(a) estudiante de cada grupo compartirá sus ideas con el resto de la clase.

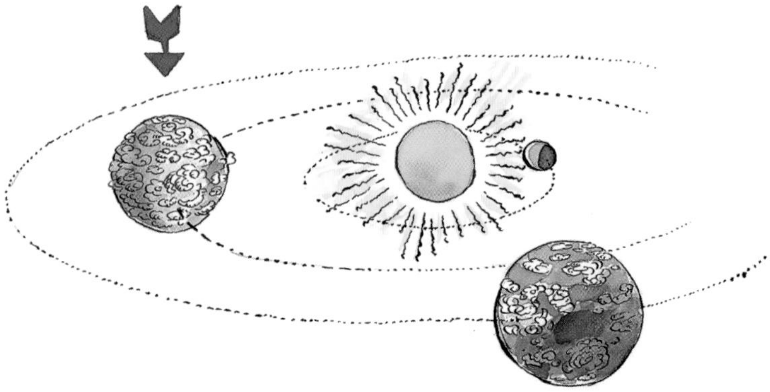

4 **Conversar** En parejas, imaginen la conversación que habrían tenido los dos seres del cuento si el venusiano no hubiera salido corriendo. Utilicen los verbos **pedir, preguntar, conocer, saber** y algunos diminutivos y aumentativos. Cuando hayan terminado, interprétenla en frente de la clase.

Antes de leer

PERFIL

Jeff Bezos

Conexión personal

¿Haces compras por Internet? ¿Qué compras? Con tres compañeros/as, comenten las ventajas y desventajas de las compras electrónicas.

Contexto cultural

The respect for reading as a cultural activity is reflected in the national, regional, and local **ferias del libro** held annually throughout the Spanish-speaking world. Showcasing new publications by both native authors and international writers, these events allow people access to books of all types in a casual and social street setting. In Barcelona, **el Día de San Jorge** (St. George's Day), is celebrated with the exchange of books and flowers between sweethearts. The annual book fair in Guadalajara, Mexico, is renouned throughout the world and is the largest publishing event in the Spanish-speaking world.

Vocabulario

los beneficios *benefits*
disponer de *to have available*
disponible *available*
la empresa *business*
la informática *computing*
el/la propietario/a *(property) owner*

Conexión personal: Ask students to consider how reading a book online differs from reading a printed book. Are fewer senses involved when reading an electronic text?

PERFIL

Jeff Bezos

Felipe Cuna y Olalla Cernuda

Empezó su emprendedora° carrera hace pocos años, vendiendo libros por correo desde el sótano° de su casa, que él mismo empaquetaba° y distribuía en su viejo carro. Una pequeña página Web, un almacén donde guardar los pedidos y... el comercio de libros por Internet no había hecho más que empezar. Hoy ha logrado que medio mundo piense instintivamente en su empresa cuando se habla de comercio electrónico.

enterprising

basement

packed

Suggestion: As they read the article, ask students to pay attention to the writer's perspective. What factors determine success? Are fame and fortune indicators of a successful life?

Jeff Bezos, creador y presidente de Amazon.com, fue elegido "Hombre del Año" en 1999 por la revista *Time,* galardón° que recibió por "reunir en sí mismo las dos palabras de moda: comercio electrónico y 'puntocommanía'".

award, prize

Este empresario° estadounidense, hijo de un emigrante cubano, tiene hoy en día una fortuna personal valorada en unos 10.000 millones de dólares y es el propietario de la empresa de más renombre° de la Red, con más de cinco millones de visitantes semanales.

businessman

fame

Después de graduarse *cum laude* en Princeton en Ciencias de la Computación, Bezos trabajó unos años en Nueva York para diversas compañías. Hasta el año 1995, fecha en que decidió sacarse de la manga° el mejor negocio de los albores° del siglo XXI: la venta de libros por Internet. ¿Y por qué libros? Él mismo aseguraba, en una entrevista publicada por *El Mundo,* los motivos de su elección: "Con más de tres millones

pull out of the top of his head / dawn

de títulos en venta y disponibles a través de todo el mundo, la categoría libros dispone de más artículos que cualquier otra. Las mayores librerías físicas tienen sólo 170.000 libros, y que conste que no hay muchas de este tamaño". Pero un catálogo en Internet no tiene límites, se pueden tener todos los títulos, y el costo es mínimo, tanto que se pueden abaratar° mucho los precios. No hace falta almacenamiento°, sólo un buen sistema de distribución, contactos con las editoriales y un almacén donde empaquetar y distribuir los pedidos.

lower
warehousing

Tres estaciones de trabajo de Sun°, 300.000 dólares y 300 clientes-conejillos de indias° bastaron para dar vida a Amazon en un suburbio de Seattle. Costos mínimos, inversión ridícula y un negocio que en sólo tres años desbancó° en Estados Unidos al líder del comercio mundial de libros: Barnes and Noble. Hoy tienen 13 millones de clientes fijos.

Sun work stations,
guinea pigs
displaced

En el año 1999, cuando sus competidores comprendieron que por haber llegado tarde a la Red les correspondería el eterno papel de segundones°, Bezos decidió la salida a la Bolsa de su compañía. Esta decisión fue fuertemente criticada, puesto que se trataba de una empresa que hasta la fecha nunca había obtenido beneficios, pero significó el comienzo de las astronómicas cotizaciones de las compañías relacionadas con Internet.

second–raters

Pese a su fama en la Red y fuera de ella, Bezos ha procurado siempre mantener su imagen de chico amable°, cercano y emprendedor. Tanto, que le valió que la revista *Upside* lo incluyera en la lista de los veinte hombres más influyentes del mundo de la informática, las telecomunicaciones y las nuevas tecnologías. Y su carrera, como él mismo aseguraba, no había hecho más que empezar. ❁

nice guy

Después de leer

PERFIL

Jeff Bezos

1 **Comprensión** Numera los acontecimientos de la vida de Jeff Bezos del uno al seis, para ponerlos en orden cronológico.

_2_ a. Se graduó en Princeton en Ciencias de la Computación.
_5_ b. Fue elegido "Hombre del Año" por la revista *Time.*
_4_ c. Decidió fundar Amazon.
_1_ d. Su padre emigró de Cuba a Estados Unidos.
_3_ e. Trabajó en Nueva York para diversas compañías.
_6_ f. La revista *Upside* lo nombró uno de los veinte hombres más influyentes del mundo de la informática.

2 **Interpretar** Contesta las siguientes preguntas con frases completas.

1. ¿Por qué pensó Jeff Bezos en vender libros?
2. ¿Con qué recursos *(resources)* empezó Bezos su negocio?
3. ¿Qué decisión importante tomó en 1999?
4. ¿Por qué criticaron su decisión?
5. ¿Por qué crees que se le ha considerado uno de los veinte hombres más influyentes del mundo de la informática?
6. Según afirma él mismo, ¿en qué punto de su carrera está?

③ In groups, have students discuss the positive and negative influences of technology. Does it actually simplify our lives?

3 **Ampliar** En parejas, contestan las siguientes preguntas.

1. ¿Qué productos tecnológicos usas?
2. ¿Qué importancia tienen estos productos en tu vida personal y profesional? Explica tu respuesta.
3. ¿Piensas que sabes lo suficiente del mundo de la computación? ¿Qué más te gustaría saber?
4. ¿Qué avances tecnológicos piensas que habrá en el futuro?

④ Ask students to determine what will be the main motivator for their business. Will their business be driven by their passions and interests, or by more economic concerns?

4 **Crear** En grupos pequeños, inventen su propio negocio por Internet. Tienen que ponerse de acuerdo sobre lo siguiente.

1. ¿Qué producto o servicio quieren vender?
2. ¿Por qué creen que tendrá éxito? ¿Será más barato, más asequible *(accessible)*, de mejor calidad?
3. ¿Cómo será la página Web? ¿Tendrá un eslogan o lema *(motto)*?
4. ¿Qué recursos van a necesitar para poder comenzar?

Atando cabos

Un científico o un inventor hispano

Trabajen en grupos pequeños para preparar una presentación sobre un(a) científico/a o un(a) inventor(a) hispano/a que les interese.

Elegir el tema

Reúnanse y elijan al personaje que quieren presentar a la clase y repartan las tareas entre todos los miembros del grupo.

Preparar

Vayan a la biblioteca o investiguen en Internet. Busquen información sobre el/la científico/a o inventor(a) elegido/a y tomen nota de lo que consideren interesante. No se olviden de recoger información audiovisual para mostrar a la clase.

Organizar

Organicen la información recogida en un esquema *(outline)*. Recuerden que cada presentación durará unos 10 minutos. No se olviden de citar las fuentes *(the sources)* que han utilizado para su presentación.

Estrategia de comunicación

Cómo hablar de un(a) inventor(a) o un(a) científico/a

Estas frases les pueden ayudar a hacer una buena presentación.

1. Voy/Vamos a hablar de alguien a quien seguramente conocen…
2. Ya, desde muy joven, él/ella…
3. Su descubrimiento/invento cambió la forma en que nosotros…

Presentar

Antes de su presentación, cada grupo entregará una copia de su esquema al profesor. No olviden usar medios audiovisuales.

NATIONAL communication STANDARDS

Suggestion: Encourage students to choose someone directly connected with a discovery or invention important in their lives, so that they can fully explain its impact to the class.

Ayuda para Internet

Aquí tienen unas palabras clave para buscar información en Internet:
inventores hispanos / científicos / descubrimientos / Guillermo González Camarena / Ladislao Biro / Severo Ochoa

Suggestion: Ask students to learn some interesting aspects about the personal life of the scientist they chose and make a connection between their personal circumstances and professional ambitions.

Instructional Resource IRM (general teaching suggestion)

Cortometraje: *Lluvia* (España; 23:27 minutos)
Synopsis: Three young couples at different stages of their relationships (one has just met; another has been together for a long time, but is having problems; and the other ended the relationship a year earlier but may consider rekindling the flame) find their emotions and viewpoints influenced by a nocturnal meteor shower.

Lluvia

país España
duración 23:27 minutos
director Roberto Pérez
protagonistas Marian, Alberto, Emma, Jorge, Verónica, Dani

Vocabulario

angustioso/a *distressing*	**echar a correr** *to take off running*
cundir *to grow*	**poner los cuernos** *to cuckold*
dar asco *to be disgusting*	**rebuscado/a** *complicated*

Antes de ver el corto

1 **Comentar** En parejas, contesten las siguientes preguntas.

1. ¿Han visto alguna vez una lluvia de estrellas o algún otro fenómeno similar?
2. ¿Creen que los fenómenos naturales influyen en nuestras vidas? ¿Pueden nombrar alguno?
3. ¿Piensan que este tipo de creencia está basado en la ciencia o en la superstición? Razonen sus respuestas.

2 **Anticipar** Mira los fotogramas. ¿De qué crees que va a tratar la historia?

Mientras ves el corto

3 **Conectar** Conecta cada pareja con la historia correspondiente.

c 1. Marian y Alberto	a. Se reconcilian.
a 2. Emma y Jorge	b. Se conocen.
b 3. Verónica y Dani	c. Rompen su relación.

Después de ver el corto

4 **Comprensión** Decide si lo que afirman estas oraciones es **cierto** o **falso**.

	Cierto	Falso
1. El fenómeno de Las Leónidas es una lluvia de estrellas.	☑	☐
2. En 1833, el pánico se apoderó de la población mundial.	☑	☐
3. Marian quiere ser la novia de Alberto.	☐	☑
4. Alberto piensa que Marian es muy complicada.	☑	☐
5. Verónica y Dani se conocen desde hace mucho tiempo.	☐	☑
6. Dani sintió que había estado casado con Verónica en otra vida.	☑	☐
7. Emma y Jorge siempre se han llevado muy bien.	☐	☑
8. Jorge sabía que Emma iba a estar en casa de Marian.	☐	☑

5 **Analizar** En parejas, lean las siguientes citas del corto y comenten su contenido y la importancia que tienen en el cortometraje.

MARIAN "Las Leónidas son en realidad una metáfora rebuscada *(over-elaborate)* de nuestras relaciones amorosas. Destinadas a brillar intensamente al principio para luego caer en picada, desintegrándose".

NARRADOR "Si tienes suerte y a tu lado está la persona a la que quieres, abrázala fuerte, muy fuerte y, cuando lo hayas hecho, pide un deseo, si es que acaso eres capaz de desear algo más".

6 **Desarrollar** En parejas, elijan una de las parejas y escriban un diálogo que ocurre al día siguiente de la lluvia de estrellas. Después, represéntenlo delante de la clase.

7 **Escribir** Jorge le pregunta a Emma cómo cree que será ella dentro de diez años. Escribe una pequeña composición hablando de cómo te imaginas que serás tú dentro de diez años.

Las computadoras

la computación	*computer science*
el corrector ortográfico	*spell check*
borrar	*to erase*
descargar	*to download*
ingresar datos	*to enter data*

El universo y la astronomía

el/la astronauta	*astronaut*
el agujero (negro)	*(black) hole*
el espacio	*space*
la estrella (fugaz)	*(shooting) star*
la gravedad	*gravity*
la luna (llena)	*(full) moon*
el ovni	*U.F.O*
el salto en el tiempo	*time warp*
la superficie	*surface*
la supervivencia	*survival*
aterrizar	*to land (an airplane)*
avanzado/a	*advanced*
extraterrestre	*alien*

La tecnología

el cohete	*rocket*
la nave espacial	*spaceship*
la pantalla líquida	*LCD screen*
la prueba espacial	*space probe*
el satélite	*satellite*
el teléfono celular	*cellular phone*
el telescopio	*telescope*
el transbordador espacial	*space shuttle*

Instructional Resource
- Tests

Los inventos y la ciencia

el arma	*weapon*
el avance	*advance, breakthrough*
el desafío	*challenge*
el descubrimiento	*discovery*
el experimento	*experiment*
la herramienta	*tool*
el invento	*invention*
la patente	*patent*
la teoría	*theory*
especializado/a	*specialized*

Verbos científicos

caducar	*to expire*
comprobar	*to prove*
fabricar	*to manufacture; to make*
formular	*to formulate*
inventar	*to invent; to create*

La energía

el combustible	*fuel*
la onda	*wave*
emitir	*to emit*

La biotecnología

el ADN (ácido desoxirribonucleico)	*DNA*
la célula	*cell*
el frasco	*flask*
el gen	*gene*
clonar	*to clone*
heredar	*to inherit*
bioquímico/a	*biochemical*
(poco) ético/a	*(un)ethical*
quirúrgico/a	*surgical*

Expresiones útiles	*Véase la página 431.*
Idioms and adverbial phrases	*Véase las páginas 440, 441.*
Vocabulario de "Primer encuentro"	*Véase la página 447.*
Vocabulario del perfil	*Véase la página 451.*
Vocabulario de *Lluvia*	*Véase la página 456.*

Estructura 11.1	*Véase la página 436.*
Estructura 11.3	*Véase las páginas 440 y 441.*

La historia y la civilización 12

Communicative Goals

You will expand your ability to...

- indicate spatial and time relationships
- describe and narrate in the present, past, and future

Contextos

páginas 460-463

- Los gobiernos
- Los períodos históricos
- Los descubrimientos y las conquistas

Fotonovela

páginas 464-467

- *Esta noche o nunca:* Esta noche el equipo de *Facetas* va a asistir a la ceremonia de premios para los mejores periodistas del año.

Enfoques

páginas 468-469

- La independencia de Hispanoamérica
- Culturas precolombinas

Estructura

páginas 470-483

- Prepositions III
- Review of the indicative mood
- Review of the subjunctive mood

Lecturas

páginas 484-503

- **Cuento:** "El prócer" de Cristina Peri Rossi
- **Perfil:** Malintzin, figura histórica

La historia y la civilización

La ciudad o el campo

Luisa es ciudadana mexicana y vive en los **alrededores** de la ciudad de México, donde estudia **arqueología**. Su **aldea** está lejos de la ciudad y no le gusta pasar tanto tiempo en su automóvil todos los días. Quiere **residir** en una zona más **urbana** y más cerca de la universidad. Piensa que los **suburbios** son demasiado **pacíficos** y tranquilos. Por eso, ayer les dijo a sus padres que pronto se mudará de su **hacienda** rural para vivir en la ciudad con unas amigas. Su nuevo apartamento estará en un viejo **barrio** de la ciudad, cerca de los museos de **civilización** antigua.

Instructional Resources
WB, LM, CD-ROM, WB/LM/VM Answer Key

Suggestion: Ask students to find an underlying theme that connects all the pictures. Ask what they know about the Spanish conquest.

Suggestion: Remind students that the boldfaced words and expressions in the paragraphs are new active vocabulary as well as the vocabulary in the lists.

Comprehension Check: ¿Cierto o falso? 1. El conducir le quita mucho tiempo a Luisa. (cierto) 2. Leonardo aún no ha sacado sus propias conclusiones sobre la conquista de los incas. (cierto) 3. Rubén se dedica a las finanzas. (falso) 4. Camila lee un libro sobre la historia de España. (falso)

Suggestion: Ask pairs to write five historical headlines using the new vocabulary. Ex: **Pizarro derriba el reino de los incas.**

Buenos o malos

Leonardo les explica a sus alumnos que los **emperadores** incas dirigían una **sociedad** organizada que admiraba el **conocimiento** y que acumuló gran **sabiduría.** Su **imperio** explotaba y **esclavizaba** a pueblos más débiles que **poblaban** zonas cercanas a los Andes. Cuando los españoles descubrieron oro en Tahuantinsuyu, el imperio inca, se interesaron en la región y se propusieron **conquistarla** para sus **reyes.** A Leonardo le es difícil hablar de la historia. No sabe muy bien si en realidad hubo buenos y malos.

Heroísmo descubierto

El jefe decidió **rendirse** para **salvar** a su gente. Su pueblo había quedado **aislado** y el fin de la lucha estaba decidido. Nadie los podría **rescatar**, y él pensó que era mejor convertirse en **esclavo** que llevar a todo su pueblo a la **derrota** y a la muerte. Los historiadores nunca supieron de su **sacrificio**, y siempre dijeron que él no fue **digno** de su cargo. Rubén, un investigador, acaba de descubrir un dato histórico que comprueba que el jefe actuó con **coraje.**

Pasados oscuros

A Camila le preocupa lo que aprendió sobre la historia del país: parece que siempre ha estado luchando. Primero, los **conquistadores** pelearon con los **indígenas** para establecer sus **colonias.** Después, los **criollos** y **mestizos** lucharon para conseguir su **soberanía**. Y después de salir **victoriosos**, siguieron años de **guerras civiles** en que se enfrentaban los más **poderosos**. En este momento hay paz en el país. Camila se pregunta si en algún momento volverán los **guerreros.**

Los gobiernos

el caudillo	*leader*
el/la monarca	*monarch*
la reina	*queen*
el reino	*reign; kingdom*
la tribu	*tribe*

Los períodos históricos

el cambio (político)	*(political) change*
la década	*decade*
la Edad Media	*Middle Ages*
la enseñanza	*teaching; doctrine*
la época	*era; period in time; epoch*
el país en vías de desarrollo	*developing country*
el siglo	*century*
encabezar	*to lead*
érase una vez	*once upon a time*
a largo plazo	*long-term*

Los descubrimientos y las conquistas

el/la descubridor(a)	*discoverer*
la esclavitud	*slavery*
la explotación	*exploitation*
el/la habitante	*inhabitant*
derribar	*to bring down*
derrotar	*to defeat*
expulsar	*to expel*
huir	*to flee*
invadir	*to invade*
limitar	*to border, to limit*
oprimir	*to oppress*
pelear	*to fight*
perseguir	*to pursue, to persecute*
suprimir	*to abolish, to suppress*
armado/a	*armed*

Práctica

① For homework, have students create a timeline based on the information in this activity as well as additional information found in outside sources.

1 América Latina Ignacio es estudiante de historia, y le hace algunas preguntas a la profesora Molina sobre la historia de América Latina. Completa las preguntas y respuestas del diálogo con las palabras de la lista.

IGNACIO ¿Después que Cristóbal Colón llegó a América, ordenaron los _reyes_ Fernando e Isabel la colonización de "Las Indias"?

PROFESORA MOLINA Sí, y así se inició la _conquista_ de los pueblos _indígenas_, los habitantes nativos de los territorios.

IGNACIO Siglos más tarde, grupos _mestizos_ y _criollos_ lucharon por su independencia contra España. ¿Correcto?

PROFESORA MOLINA Sí, y durante la formación de los estados nacionales, los criollos se enfrentaron en _guerras civiles_.

conquista	criollos	guerras civiles	indígenas	mestizos	reyes

2 Expresiones incompletas

A. ¿Conoces las siguientes expresiones? Complétalas con términos del nuevo vocabulario.

a. Abraham Lincoln y la abolición de la _esclavitud_

b. Ascenso y caída del _Imperio_ Romano

c. _Érase una vez_ una princesa que durmió por muchos años

d. La _década_ de los sesenta y la Guerra de Vietnam

e. _Mestizos_ de Centroamérica, ¡celebremos nuestra doble cultura!

B. Ahora, indica de dónde provienen las expresiones anteriores.

_b_ 1. El título de un larguísimo libro de historia

_d_ 2. Un artículo en la revista *Épocas recientes*

_a_ 3. Un capítulo sobre la Guerra Civil de los Estados Unidos

_e_ 4. Una canción de un festival de música indígena

_c_ 5. Un libro de cuentos para niños

③ Ask pairs to make three more analogies using the new vocabulary whenever possible.

3 Analogías Empareja las palabras de la columna de la izquierda con las palabras de la columna de la derecha. Sigue el modelo.

a. conquistador: conquistar	_d_ rey: reino
b. dictador: libertad	_a_ descubridor: descubrir
c. esclavo: esclavitud	_c_ civilizado: civilización
d. emperador: imperio	_b_ armado: pacífico
e. victorioso: victoria	_e_ poderoso: poder

Comunicación

4 La reacción de los indígenas En parejas, imaginen que son algunos de los indígenas que vieron a Cristóbal Colón cuando llegó a América. ¿Qué habrían pensado de estos extraños europeos? ¿Cómo habrían reaccionado? ¿Qué habrían hecho? Compartan sus opiniones con la clase.

5 Definición

A. En parejas, preparen una definición de la palabra **esclavitud.**

B. Lean el siguiente pasaje sobre la vida de Julio, teniendo en cuenta la definición que crearon.

Me levanto todos los días a las 6, tomo un café y salgo para la oficina. Voy en un autobús lleno de gente. Trabajo desde las 8 hasta las 5:30, pero muchas veces me quedo hasta más tarde porque me lo pide mi jefe. Cuando regreso a mi casa, a veces ya son más de las 8. Llego tan cansado que sólo quiero ver algo de televisión e irme a dormir, porque al día siguiente debo levantarme temprano. Me gustaría renunciar a este trabajo pero no puedo porque el desempleo es muy alto. También me gustaría viajar, pero no tengo tiempo ni dinero suficiente. Después de todo no puedo quejarme, sólo trabajar.

C. Espartaco, un esclavo y gladiador durante el Imperio Romano, supuestamente dijo: "No hay peor esclavo que el que ignora que lo es". En parejas, comenten estas preguntas: ¿Puede decirse que Julio es un esclavo? ¿Por qué? ¿Somos todos esclavos de alguna manera?

6 ¿Hemos progresado?

A. Hay quienes piensan que el pasado siempre fue mejor que el presente. Otros no están de acuerdo y creen que el ser humano ha progresado. En parejas, completen las siguientes listas.

Cuatro razones por las que las personas de hoy son mejores que las de antes

1. Hay más tolerancia y respeto entre las personas.
2. La esclavitud y las guerras de conquista son consideradas inmorales.
3. ______________________________
4. ______________________________

Cuatro razones por las que las personas de hoy son peores que las de antes

1. Las personas sólo piensan en sí mismas y son egoístas.
2. Los seres humanos destruyen el planeta y lo contaminan.
3. ______________________________
4. ______________________________

B. La clase se divide en dos grupos. Cada grupo toma una de las dos posiciones anteriores y la defiende. Den ejemplos concretos y razones por las que los seres humanos de hoy son peores o mejores que los de antes.

NATIONAL communication STANDARDS

4 Ask students to research the celebration of **el Día de la Raza** in Spanish-speaking countries.

6 Add a rebuttal section to the debate after both sides have presented their arguments.

El equipo de *Facetas* va a asistir a la ceremonia de premios para los mejores periodistas del año.

MARIELA ¿Qué haces vestido así tan temprano?

DIANA La ceremonia no comienza hasta las siete.

JOHNNY Tengo que practicar con el traje puesto.

AGUAYO ¿Practicar qué?

JOHNNY Ponerme de pie, subir las escaleras, sentarme, saludar y todo eso. "Quisiera darles las gracias..."

Aguayo sale corriendo de su oficina.

AGUAYO ¡Llegó la lista! ¡Llegó la lista! *(Lee.)* "En la categoría de mejor serie de fotos por las fotos de las pirámides de Teotihuacán, Éric Vargas."

JOHNNY Felicidades.

AGUAYO *(Lee.)* "En la categoría de mejor diseño de revista... por la revista *Facetas*, Mariela Burgos."

MARIELA Gracias.

AGUAYO *(Lee.)* "En la categoría de mejor artículo por 'Historia y civilización en América Latina', José Raúl Aguayo." No lo puedo creer. Tres nominaciones.

Todos están muy contentos, pero Johnny tiene cara de tristeza.

Al mismo tiempo, en la cocina...

JOHNNY ¿Con quién vas a ir esta noche?

ÉRIC Entre boletos, comida y todo lo demás, me arruinaría.

JOHNNY No creo que debas ir solo. ¿Y qué tal si invitas a alguien que *ya* tiene boleto?

ÉRIC ¿A quién?

JOHNNY A Mariela.

JOHNNY Éric, es esta noche o nunca. ¿En qué otra ocasión te va a ver vestido con traje? Además, tienes que aprovechar que ella está de buen humor. Creo que antes te estaba mirando de una manera diferente...

ÉRIC No sé...

Más tarde, en el escritorio de Mariela...

ÉRIC ¿Qué tal?

MARIELA Todo bien.

ÉRIC Muy bonitos zapatos.

MARIELA Gracias.

AMBOS *(al mismo tiempo)* Quería preguntarte si...

ÉRIC Disculpa, tú primero...

MARIELA No, tú primero.

NATIONAL STANDARDS communication cultures

Instructional Resources
VM, Video, CD-ROM, IRM, WB/LM/VM Answer Key

Video Synopsis:
- Johnny arrives at the office in a suit and imagines himself receiving an award.
- Éric, Mariela, and Aguayo were nominated for journalism awards.
- Johnny encourages Éric to take Mariela to the ceremony as his date.
- Aguayo reminisces about memorable times at the office.
- See IRM for more details.

Preview
Show the second half of the video and ask students to predict what happened in the first half.

Personajes

JOHNNY MARIELA ÉRIC AGUAYO DIANA FABIOLA

DIANA Johnny, ¿cómo te van a nominar para un premio?... ¡si no presentaste ningún trabajo!

JOHNNY Claro... pues, es verdad.

Más tarde, en el escritorio de Mariela...

MARIELA Mira qué zapatos tan bonitos voy a llevar esta noche.

FABIOLA Pero... ¿tú sabes andar con eso?

MARIELA ¡Llevo toda mi vida andando con tacón alto!

FABIOLA De todas formas, te aconsejo que no te los pongas sin probártelos antes.

Esa noche...

DIANA ¡Qué nervios!

FABIOLA ¿Qué fue eso?

JOHNNY *(con una herradura en la mano)* Es todo lo que necesitamos esta noche.

Éric y Mariela hablan a solas.

ÉRIC ¿Estás preparada para la gran noche?

MARIELA Lista.

Expresiones útiles

Degrees of formality in expressing wishes

Direct

Quiero invitarte a venir conmigo a la ceremonia. *I want to ask you to come to the ceremony with me.*

More formal

Quería invitarte a venir conmigo a la ceremonia. *I wanted to ask you to come to the ceremony with me.*

Most formal

Quisiera invitarte a venir conmigo a la ceremonia. *I would like to invite you to come to the ceremony with me.*

Additional vocabulary

de todas formas *in any case*

la nominación *nomination*

ponerse de pie *to stand up*

el premio *prize*

el tacón (alto) *(high) heel*

la herradura *horseshoe*

Apuntes culturales En la historia de las civilizaciones antiguas suelen mezclarse mitos con hechos históricos. Eso sucede también en América Latina. Aztlán es un lugar mítico de la cultura azteca. Supuestamente, los primeros aztecas salieron de allí en busca de la tierra prometida. Se ha especulado mucho sobre su ubicación, pero la teoría más aceptada es que Aztlán habría sido una isla situada en el noroeste del país. *¿Conoces algún lugar o personaje mítico en la historia de una cultura?*

Suggestion

Ask pairs to describe how the members of *Facetas* celebrated their awards following the ceremony.

Comprensión

1 El resumen

A. Señala con una cruz los hechos que ocurren en la **Fotonovela** y ordénalos cronológicamente.

x, 3 a. Diana le explica a Johnny por qué él no fue nominado.

____ b. Aguayo irá con su esposa y le aconseja a Éric que invite a Mariela.

x, 2 c. Cuando llega la lista, el equipo de *Facetas* descubre que los nominados son Aguayo, Mariela y Éric.

x, 4 d. Mariela sabe caminar con tacón alto.

____ e. Fabiola no va a ir a la ceremonia.

x, 5 f. Éric y Mariela hablan.

x, 1 g. Johnny viene al trabajo vestido elegantemente.

____ h. Johnny gana un premio.

B. En parejas, piensen en lo que va a pasar en la ceremonia. Escriban cuatro frases con sus predicciones. Luego, compartan sus ideas con la clase.

(2) Have pairs write two more questions and then exchange them with another pair.

2 Preguntas Responde a las siguientes preguntas.

1. ¿Adónde iba a ir el equipo de *Facetas* esa noche?
2. ¿Por qué Johnny se vistió con un traje elegante tan temprano?
3. ¿Por qué Johnny no fue nominado?
4. ¿Por qué Johnny cree que Éric debe invitar a Mariela a ir con él?
5. ¿Crees que Mariela y Éric van a llegar a ser novios? ¿Por qué?

(3) Model the activity by asking volunteers for two or three possible answers using **Es necesario**.

3 Consejos Johnny se preocupa cuando se da cuenta de que él no está nominado. Imagina que tú lo quieres tranquilizar. Usa las expresiones de la lista para escribir cinco consejos que le darás. Sigue el modelo.

es necesario	es verdad
es importante	no es cierto
creo que	ojalá
no dudo de	nadie que

MODELO

Es necesario que presentes tu trabajo a tiempo *(on time)* el próximo año.

Ampliación

4 **Gracias, muchas gracias** En la ceremonia, cuando Éric, Mariela y Aguayo reciben sus premios, dicen unas palabras. En grupos de tres, preparen los pequeños discursos. El discurso de Aguayo debe ser adecuado y formal. El discurso de Éric, aburrido y nervioso. El de Mariela, gracioso e informal. Luego representen la situación ante la clase.

MODELO

Acepto este premio de parte de la revista Facetas *y todos sus empleados. Primero, me gustaría agredecer a …*

5 **Muchas gracias, otra vez** Ahora, imagina que eres tú la persona que va a recibir un premio. Escribe tu discurso de agradecimiento y léelo delante de la clase.

6 **Éric y Mariela** La **Fotonovela** tiene un final abierto porque es casi al final cuando Éric y Mariela tratan de invitarse el uno al otro para ir a la ceremonia de gala. En parejas, preparen la continuación del diálogo entre Éric y Mariela y representen la situación.

7 **El futuro de *Facetas*** En parejas, imaginen cómo será la vida de cada uno de los personajes de la **Fotonovela** dentro de veinte años.

8 En parejas, imaginen cómo serán sus vidas dentro de veinte años. Contesten las siguientes preguntas:

1. ¿Cuál será su profesión?
2. ¿Estarán solteros/as o casados/as?
3. ¿Cuántos hijos tendrán?
4. ¿En qué estado/ciudad vivirán?
5. ¿Qué harán en su tiempo libre?

NATIONAL communication STANDARDS

④ Review the awards won by each character before beginning the exercise to make sure everyone has the correct information.

⑤ Ask pairs to make up five awards for the class and their list of winners. The categories should reflect positive traits only. "Winners" can give an acceptance speech.

⑥ Have different pairs write another dialogue between two of the other characters speculating on the relationship between Mariela and Éric.

⑦ Review the personal characteristics and professional achievements of the different characters, from the beginning of the story, before assigning the activity.

Instructional Resource IRM (general teaching suggestion)

La independencia de Hispanoamérica

Simón Bolívar

Aguayo ha sido nominado para un premio por su artículo sobre historia y civilización latinoamericana. ¿Qué saben de la historia de Hispanoamérica? Aquí pueden leer un pequeño resumen de las luchas de independencia de estos países.

Los países hispanoamericanos dejaron de ser colonias españolas en el siglo XIX. En pocos años, todos ellos se declararon estados libres y se independizaron. En 1898, Cuba y Puerto Rico lograron su independencia de España.

El descontento de las llamadas colonias frente a la corrupta administración y la política económica española era enorme. Los rebeldes, inspirados en los ideales de la Revolución Francesa, pedían el cese de los impuestos y del monopolio comercial y productivo que la metrópoli les imponía.

el cese	*cessation*	**encabezada**	*headed up*	**la caza**	*hunt*
la metrópoli	*mother country*	**lucha**	*struggle*	**la rueda**	*wheel*
estallar	*to break out*	**sangriento**	*bloody*	**labrado**	*carved*
tras	*after*	**cruzar**	*to cross*		
ola	*wave*	**esculpir**	*to sculpt*		

Durante esos años, la Guerra de Independencia estalló en España. Ésta era una guerra contra Napoleón, que había invadido al país y, tras la victoria, había nombrado rey de España a su hermano, José Bonaparte. En Hispanoamérica, se crearon las "juntas de gobierno" como reacción contra la invasión napoleónica a España. Pero estas juntas no estaban tanto en contra del rey que había puesto Napoleón, como en contra de la idea de tener un rey con autoridad sobre los territorios americanos.

La ola revolucionaria empezó en 1810 en Colombia, Argentina, Chile y Venezuela, encabezada por Simón Bolívar, convencido de la necesidad de que todas las colonias se unieran en la lucha por la libertad.

En México, los jefes de la rebelión armada fueron los curas Miguel Hidalgo y José María Morelos. Después de sangrientas batallas, la independencia mexicana fue declarada en 1821. En el sur, la lucha argentina duró hasta 1816. Esta lucha fue liderada por José de San Martín, quien cruzó los Andes con cinco mil hombres para ayudar a los rebeldes chilenos de Bernardo O'Higgins, que luchaban por lograr la libertad definitiva de Chile.

José de San Martín

En 1822, en Ecuador, Simón Bolívar y José de San Martín se reunieron secretamente para organizar la liberación de Perú, último territorio dominado por la resistencia española. En 1825, se acordó la creación de Bolivia, que hasta el momento había sido territorio peruano.

Culturas precolombinas

Cabeza colosal olmeca

La pirámide de los Nichos

Éric recibe una nominación por unas fotografías que había tomado de las pirámides de Teotihuacán. Éstas son unas famosas pirámides aztecas. A continuación, vas a leer un breve artículo sobre algunas culturas indígenas americanas.

Al hablar de las culturas indígenas precolombinas, pensamos inmediatamente en las civilizaciones azteca, inca y maya. Pero estas culturas no eran las únicas que existían antes de la llegada de Cristóbal Colón. Existieron muchísimas otras, las cuales contaban con sus propios dialectos, creencias y estructuras sociales.

La civilización olmeca se asentó en el sur de México. Ellos fueron los primeros en utilizar la piedra para construir pirámides y esculpir colosales cabezas humanas. Trabajaban también piedras semipreciosas, como el jade y la amatista. Se dedicaban a la caza, a la pesca, al comercio y al cultivo del maíz y del frijol. Crearon un calendario astronómico, utilizado después por los mayas, pero no conocían la rueda ni utilizaban animales de carga. Sus dioses tenían facciones animales, sobre todo de jaguares y cocodrilos. Una de las ciudades más importantes de los olmecas se encuentra en el estado de Veracruz y se llama El Tajín.

Otra civilización importante precolombina fue la tolteca, que en náhuatl significa "gran artista". Esta civilización se desarrolló en el centro de México donde fundaron su capital, Tula. Uno de los elementos más particulares de Tula son los Atlantes, impresionantes estatuas labradas en piedra que miden 4.8 metros de altura. Se cree que estas estatuas fueron construidas para proteger al templo de Quetzalcóatl, su dios principal. Los toltecas fueron importantes ceramistas, hábiles comerciantes y grandes escultores.

Por su parte, la civilización araucana, conformada por diferentes grupos de motuches y aucas, se estableció en Chile y en Argentina. En tiempos precolombinos, estos grupos vivían principalmente de la caza, la pesca y el cultivo. Domesticaban llamas, alpacas y otros animales para el cultivo y transporte de sus productos. Todavía hoy en día, hay más de 250.000 indios araucanos que viven en las zonas rurales de Chile y Argentina.

Coméntalo

Reúnete con varios/as compañeros/as de clase y conversa sobre los siguientes temas.

1. ¿Qué creen que tienen en común la independencia de Hispanoamérica con la de Estados Unidos?
2. ¿Conocen algún héroe hispano? ¿Cuál?
3. ¿Creen que es necesario conocer la historia de las culturas? ¿Por qué?
4. Según su opinión, ¿es importante mantener las tradiciones? Razonen sus respuestas.

12.1 Prepositions III: *entre, hasta, sin*

comparisons NATIONAL STANDARDS

Instructional Resources
WB, LM, CD-ROM, WB/LM/VM Answer Key

▶ Sometimes prepositions correspond to one equivalent word in English, as is the case with **sin**. Sometimes they correspond with more than one, which is why it is important to understand how they function.

Nunca habría salido sin esto.

Entre boletos, comida y todo lo demás, me arruinaría.

The preposition *entre*

▶ **Entre** generally corresponds to the English prepositions *between* and *among*.

entre Honduras y Costa Rica
between Honduras and Costa Rica

entre 1976 y 1982
between 1976 and 1982

entre ellos
among themselves

entre cuatro países de Suramérica
among four nations of South America

¡ATENCIÓN!

Entre is not followed by **ti** and **mí**, the usual pronouns that serve as objects of prepositions. Instead, the subject pronouns **tú** and **yo** are used.

Entre tú y yo...
Between you and me . . .

The preposition *hasta*

▶ **Hasta** corresponds to English *as far as* in spatial relationships, *until* in time relationships, and *up to* for quantities. It can also be used as an adverb to mean *even, including*.

Ese año, el ejército avanzó **hasta** las murallas del palacio.
That year, the army advanced as far as the walls of the palace.

A veces, él tiene que leer **hasta** doce libros para la clase.
Sometimes he has to read up to twelve books for the class.

Hasta 1898, Cuba fue colonia de España.
Until 1898, Cuba was a colony of Spain.

Hasta el presidente quedó sorprendido.
Even the president was surprised.

Suggestion: Ask volunteers for examples of using **entre** + subject pronouns.

The preposition *sin*

▶ **Sin** corresponds to *without* in English. It is often followed by a noun, but it can also be followed by the infinitive form of a verb.

sin estudios
uneducated

un país **sin** ejército
a country without an army

Habla de historia **sin** saber.
He talks about history without knowing about it.

El presidente vino **sin** su asesor.
The president came without his advisor.

Práctica y Comunicación

1 **Mesoamérica** En parejas, lean el esquema sobre la historia de los primeros mexicanos. Luego, háganse preguntas y contéstenlas usando **entre** o **hasta.**

MODELO ¿Cuándo aparece el maíz?
El maíz aparece entre el siete mil doscientos antes de Cristo y el cinco mil setecientos antes de Cristo.

21000 a.C. Aparecen los primeros indicios de emigrantes en México.

7200 al 5700 a.C. Primeros pasos hacia la agricultura. Aparece el maíz.

4300 al 3000 a.C. Primeras poblaciones. Aparece la cerámica. Se cultiva el maíz, el algodón y dos tipos de frijol.

2000 al 200 a.C. Surge el comercio. Se practica el juego de pelota. Existen grupos de especialistas en religión.

200 a.C. al 800 d.C. Los pueblos se dedican más a mantener una cultura de paz.

100 a.C. al 100 d. C. Alto desarrollo de las artes, la religión y el comercio.

2 **¿Quién es quién?** Éstos son el rey Arturo y algunos de los Caballeros de la Mesa Redonda. A partir de los datos, indica el nombre de los caballeros. Comparte tus resultados con tus compañeros/as.

Datos:

- Parsifal caminó hasta la puerta. Le prohíbe pasar a la reina Ginebra.
- Galahad tiene entre 18 y 20 años. Es el caballero más joven del grupo.
- Bedivere se hizo caballero entre los años 450 y 452. Es el caballero más viejo de la mesa.
- Kay es un típico guerrero. Lleva su espada hasta a las reuniones con el rey.
- Erec está sentado entre Kay y Lancelot.
- El rey Arturo está entre Gawain y la silla vacía de Parsifal.

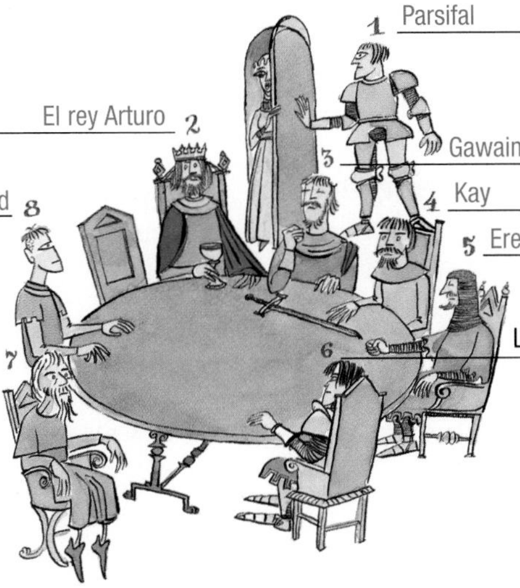

NATIONAL communication STANDARDS

1 Ask a volunteer to read the model. Then ask another volunteer to offer a second example before assigning the activity to pairs.

Instructional Resources
WB, LM, CD-ROM,
WB/LM/VM Answer Key

Suggestion: Review the concept of mood and ask volunteers to distinguish between the indicative and subjunctive moods.

¡ATENCIÓN!

The indicative
You will find the various forms of the indicative mood discussed in the following sections:

Present
1.2, pp. 18–19
1.3, pp. 22–23

Preterite
3.1, pp. 96–97

Imperfect
3.2, p. 100

Future
6.1, pp. 228–229

Conditional
6.2, pp. 232–233

Present Perfect
Past Perfect
4.1, pp. 136–137

Future Perfect
Conditional Perfect
10.1, pp. 400–401

12.2 Summary of the indicative

Forms of the indicative

▶ Since Lesson 1, you have been using indicative verb forms and learning new ones. This section will help you synthesize what you have learned about these verb tenses.

Summary of indicative forms

–ar verbs		–er verbs		–ir verbs	
		PRESENT			
canto	cantamos	bebo	bebemos	recibo	recibimos
cantas	cantáis	bebes	bebéis	recibes	recibís
canta	cantan	bebe	beben	recibe	reciben
		PRETERITE			
canté	cantamos	bebí	bebimos	recibí	recibimos
cantaste	cantasteis	bebiste	bebisteis	recibiste	recibisteis
cantó	cantaron	bebió	bebieron	recibió	recibieron
		IMPERFECT			
cantaba	cantábamos	bebía	bebíamos	recibía	recibíamos
cantabas	cantabais	bebías	bebíais	recibías	recibíais
cantaba	cantaban	bebía	bebían	recibía	recibían
		FUTURE			
cantaré	cantaremos	beberé	beberemos	recibiré	recibiremos
cantarás	cantaréis	beberás	beberéis	recibirás	recibiréis
cantará	cantarán	beberá	beberán	recibirá	recibirán
		CONDITIONAL			
cantaría	cantaríamos	bebería	beberíamos	recibiría	recibiríamos
cantarías	cantaríais	beberías	beberíais	recibirías	recibiríais
cantaría	cantarían	bebería	beberían	recibiría	recibirían

PRESENT PERFECT		PAST PERFECT		FUTURE PERFECT		CONDITIONAL PERFECT	
he		había		habré		habría	
has	cantado	habías	cantado	habrás	cantado	habrías	cantado
ha	⊕ bebido	había	⊕ bebido	habrá	⊕ bebido	habría	⊕ bebido
hemos	recibido	habíamos	recibido	habremos	recibido	habríamos	recibido
habéis		habíais		habréis		habríais	
han		habían		habrán		habrían	

Verbs in the Indicative Mood

▶ The following chart explains when each of the indicative verb tenses is appropriate.

PRESENT	*timeless events:*	**La gente quiere vivir en paz.**
	habitual events that still occur:	**Mi madre sale del trabajo a las cinco.**
	events happening right now:	**El dictador habla con sus consejeros.**
	future events expected to happen:	**Te llamo este fin de semana.**
PRETERITE	*actions or states beginning/ending at a definite point in the past:*	**Ayer firmaron el acuerdo de paz.**
IMPERFECT	*past events without focus on beginning, end, or completeness:*	**Los emperadores explotaban a la población.**
	habitual past actions:	**Le gustaba cenar a las siete.**
	telling time:	**Eran las diez de la mañana.**
	events or actions that were in progress:	**Yo leía mientras mi hermano estudiaba.**
FUTURE	*future events:*	**El rey dará un discurso la próxima semana.**
	probability regarding present event:	**La profesora estará dando una clase ahora.**
CONDITIONAL	*what would happen:*	**Él pelearía por sus tierras.**
	future events in past-tense narrations:	**Me dijo que lo haría él mismo.**
	conjecture about past action:	**Tendría cincuenta años cuando aceptó el cargo.**
	polite requests:	**¿Podría dármelo?**
PRESENT PERFECT	*what has occurred:*	**Han firmado el acuerdo hoy.**
PAST PERFECT	*what had occurred:*	**Lo habían hablado hace ya mucho tiempo.**
FUTURE PERFECT	*what will have occurred:*	**Habrán encontrado tesoros arqueológicos.**
CONDITIONAL PERFECT	*what would have occurred:*	**Si hubieran sabido las intenciones de los españoles, habrían luchado por sus imperios.**

Práctica

① Before assigning the exercise, ask pairs to write down everything they know about the **Declaración Universal de los Derechos Humanos**.

1 Seleccionar En 1948, la ONU (Organización de las Naciones Unidas) aprobó la *Declaración Universal de los Derechos Humanos.* A continuación se presentan algunas ideas relacionadas con la libertad del hombre. Subraya (*underline)* la forma adecuada del verbo que completa cada frase.

Todos las personas (nacen-nacerán) libres e iguales. No se (discrimina-discriminará) por ninguna razón: ni nacionalidad, ni raza, ni ideas políticas, ni sexo, ni edad, ni otras.

Todas las personas (tendrían-tendrán) derecho a la vida y a la libertad.
No (hay-habrá) esclavos. En los países en que aún (hay-habrá) esclavos, se (prohíbe-prohibirá) su compra y venta.

Nadie (sufre-sufrirá) torturas ni tratos crueles.

Todos (son-eran) iguales ante la ley y (tienen-tuvieron) los mismos derechos legales.
La discriminación (era-será) castigada.

Nadie (va-irá) a la cárcel sin motivo. Se (juzga-juzgará) de una manera justa a todos los presos.

② Ask students to make a similar timeline for themselves. Have pairs exchange timelines and write a short narrative for each other and then read them aloud.

2 Pasado, presente y futuro David y Sandra son novios. Antes de conocerse tenían vidas muy distintas. En parejas, escriban sobre el pasado, el presente y el futuro de esta pareja usando frases positivas y negativas. Pueden utilizar las ideas de la lista o cualquier idea propia.

PASADO	PRESENTE	FUTURO
vivir en la ciudad/campo	estudiar en la universidad	trabajar
viajar con la familia	salir con amigos	casarse
hacer deportes	ir al cine	tener hijos
divertirse	viajar	vivir en los suburbios

③ Model the activity by doing an example as a class.

3 ¿Quién es? En parejas, escojan una persona famosa. Escriban una lista de los acontecimientos de su vida (pasados, presentes y los que pueden ocurrir en el futuro). Cuando hayan terminado, lean en voz alta la lista de los acontecimientos y el resto de la clase tiene que adivinar de quién se trata.

4 Antes y ahora En parejas, comparen cómo han cambiado sus vidas desde que eran niños.

MODELO —Cuando era niño/a, vivía con mis padres. Ahora vivo con un(a) amigo/a.
—Cuando era niño/a, iba al parque los fines de semana. Ahora voy al cine.

Comunicación

⑤ Acontecimientos

A. Lee la lista de acontecimientos históricos y ordénalos según su importancia.

Acontecimientos de la historia

_________ La independencia de los Estados Unidos
_________ La abolición de la esclavitud
_________ La invención del automóvil
_________ La Segunda Guerra Mundial
_________ La llegada del hombre a la Luna
_________ La caída del muro de Berlín
_________ La invención de Internet

B. En parejas, expliquen por qué ordenaron los acontecimientos de esa manera.

C. Compartan con la clase sus conclusiones. Después, toda la clase se pone de acuerdo para crear una lista común.

⑥ **¿Qué me sucederá?** En parejas, imaginen que pueden consultar un oráculo. ¿Qué preguntas le harían? ¿Qué les gustaría escuchar? Dramaticen la situación. Uno/a es el oráculo y el otro/la otra hace las preguntas. Luego, intercambien los papeles.

⑦ **Historias extrañas** En las siguientes historias hay un hecho extraño. En grupos pequeños, lean las historias y contesten las preguntas. Luego, compartan sus respuestas con sus compañeros/as.

1. Un rey regresó victorioso a su reino. Había conquistado enormes territorios y había traído muchas riquezas. Dos días después desapareció.
   - ¿Qué le pasó?
2. Un emperador guerrero y poderoso derrotó a los integrantes de una tribu indígena. Durante años los explotó cruelmente como esclavos. Un buen día, les dio a todos la libertad.
   - ¿Por qué el emperador habrá liberado a los esclavos?

NATIONAL communication STANDARDS

⑤ Ask students to rearrange the events chronologically.

⑥ Expand the activity into a prepared role-play by assigning the dramatization as homework and having the person visiting the fortune-teller assume the role of a famous person.

⑦ As a homework assignment, have students write a newspaper article about one of the events.

Instructional Resources
WB, LM, CD-ROM,
WB/LM/VM Answer Key

12.3 Summary of the subjunctive

Forms of the subjunctive

▶ The following chart summarizes the forms of the subjunctive mood. This section will help you synthesize what you have learned about these verb tenses.

No creo que debas ir solo.

No creo que Mariela esté interesada en ir conmigo.

¡ATENCIÓN!

The subjunctive
You will find the various forms of the subjunctive mood discussed in the following sections:

Present subjunctive
4.4, pp. 148–149

Imperfect subjunctive
6.3, pp. 236–237

Present perfect subjunctive
9.2, pp. 362–363

Past perfect subjunctive
10.2, pp. 404–405

Summary of subjunctive forms

–ar verbs		–er verbs		–ir verbs	
		PRESENT SUBJUNCTIVE			
hable	hablemos	beba	bebamos	viva	vivamos
hables	habléis	bebas	bebáis	vivas	viváis
hable	hablen	beba	beban	viva	vivan
		PAST SUBJUNCTIVE			
hablara	habláramos	bebiera	bebiéramos	viviera	viviéramos
hablaras	hablarais	bebieras	bebierais	vivieras	vivierais
hablara	hablaran	bebiera	bebieran	viviera	vivieran
		PRESENT PERFECT SUBJUNCTIVE			
haya hablado		haya bebido		haya vivido	
hayas hablado		hayas bebido		hayas vivido	
haya hablado		haya bebido		haya vivido	
hayamos hablado		hayamos bebido		hayamos vivido	
hayáis hablado		hayáis bebido		hayáis vivido	
hayan hablado		hayan bebido		hayan vivido	
		PAST PERFECT SUBJUNCTIVE			
hubiera hablado		hubiera bebido		hubiera vivido	
hubieras hablado		hubieras bebido		hubieras vivido	
hubiera hablado		hubiera bebido		hubiera vivido	
hubiéramos hablado		hubiéramos bebido		hubiéramos vivido	
hubierais hablado		hubierais bebido		hubierais vivido	
hubieran hablado		hubieran bebido		hubieran vivido	

Verbs in the subjunctive mood

▶ The following chart explains when each of the subjunctive verb tenses is appropriate.

Present	*main clause is in the present:*	**Queremos que las ciudades estén limpias.**
	main clause is in the future:	**Los campesinos se reunirán para que el gobierno les dé mejores préstamos.**
	*commands (except for affirmative **tú**):*	**Respete los derechos humanos.**
Past	*main clause is in the past tense:*	**El gobierno dudaba que el Congreso aprobara el proyecto de ley.**
	hypothetical or future events:	**Si viviéramos en un mundo ideal, no habría dictadores.**
Present Perfect	*main clause is in the present tense while subordinate clause is in the past:*	**Esperamos que los conflictos se hayan resuelto en las últimas semanas.**
Past Perfect	*hypothetical statements about the past:*	**Si no hubieran encontrado tesoros arqueológicos, no habríamos conocido bien su cultura.**

Es importante que **estudiemos** historia para entender mejor otras culturas.
It is important that we study history to better understand other cultures.

Los indígenas no querían que el conquistador **invadiera** los territorios donde habían vivido por generaciones.
The natives did not want the conqueror to invade the lands where they had lived for generations.

Cristóbal Colón no **hubiera llegado** a América sin el apoyo de la corona de España.
Christopher Columbus wouldn't have arrived at the Americas without the support of the Spanish crown.

El éxito del arqueólogo depende de las ruinas que **haya descubierto** durante su última expedición.
The archeologist's success depends on the ruins that he might have discovered during his last expedition.

Me hubiera gustado ser nominado.

Te aconsejo que no te los pongas sin probártelos.

Subjunctive vs. Indicative

▶ The following chart contrasts the uses of the subjunctive with those of the indicative (or infinitive).

Use the subjunctive with...

impersonal expressions that do not signal certainty.	**Es necesario que se respeten los derechos humanos.** *It is necessary to respect human rights.*
expressions of will and influence when there are two different subjects.	**Los senadores insistieron en que el ministro renunciara.** *The senators insisted that the minister resign.*
expressions of emotion when there are two different subjects.	**Lamento que el gobierno no mantenga mejor la Biblioteca Nacional.** *I regret that the government does not take better care of the national library.*
expressions of doubt, disbelief, and denial.	**Dudo que los documentos originales se encuentren en esta biblioteca.** *I doubt that the original documents are in this library.*
the conjunctions **a menos que, antes (de) que, con tal (de) que, en caso (de) que, para que,** and **sin que.**	**Es importante promover la enseñanza para que las sociedades se desarrollen.** *It is important to promote education so that societies develop.*
cuando, después (de) que, en cuanto, hasta que, and **tan pronto como** when they refer to future actions.	**Entenderemos mejor la cultura maya cuando se descubran otras pirámides.** *We will understand the Mayan culture better when other pyramids are discovered.*
si when it expresses a hypothesis contrary to fact.	**Si el presidente hubiera dicho eso, todo el mundo lo habría apoyado.** *If the president had said that, everybody would have supported him.*
ojalá.	**Ojalá (que) realmente se dé un cambio político.** *I hope that a real policy change happens.*
unknown objects in the main clause.	**Buscamos una región que tenga muchas pirámides.** *We are looking for a region that has a lot of pyramids.*

Use the infinitive with...

expressions of will and influence when there is only one subject.	**Mario insiste en tomar la clase de historia.** *Mario insists on taking the history class.*
expressions of emotion when there is only one subject.	**A veces lamento no poder viajar a través del tiempo.** *Sometimes I regret that I can't travel through time.*

Use the indicative with...

impersonal expressions that signal certainty.	**Es cierto que la vida rural ha cambiado.** *It is true that rural life has changed.*
expressions of certainty and belief.	**Estoy segura de que los documentos originales se encuentran bajo llave.** *I am sure that the original documents are locked up.*
the conjunctions **a menos de, antes de, con tal de, en caso de, para,** and **sin** when there is no change in subject.	**La tribu hará una ceremonia antes de observar la luna nueva.** *The tribe will have a ceremony before observing the new moon.*
cuando, después (de) que, en cuanto, hasta que, and **tan pronto como** when they do not refer to future actions.	**Se tienen más oportunidades cuando se vive en la ciudad.** *One has more opportunities when one lives in the city.*
si when it expresses a factual statement.	**Si no es período de elecciones, la gente está menos interesada en la política.** *If it is not an election year, the people are less interested in politics.*
known objects in the independent clause.	**Necesito el libro que contiene el ensayo sobre Simón Bolívar.** *I need the book that has the essay about Simón Bolívar.*

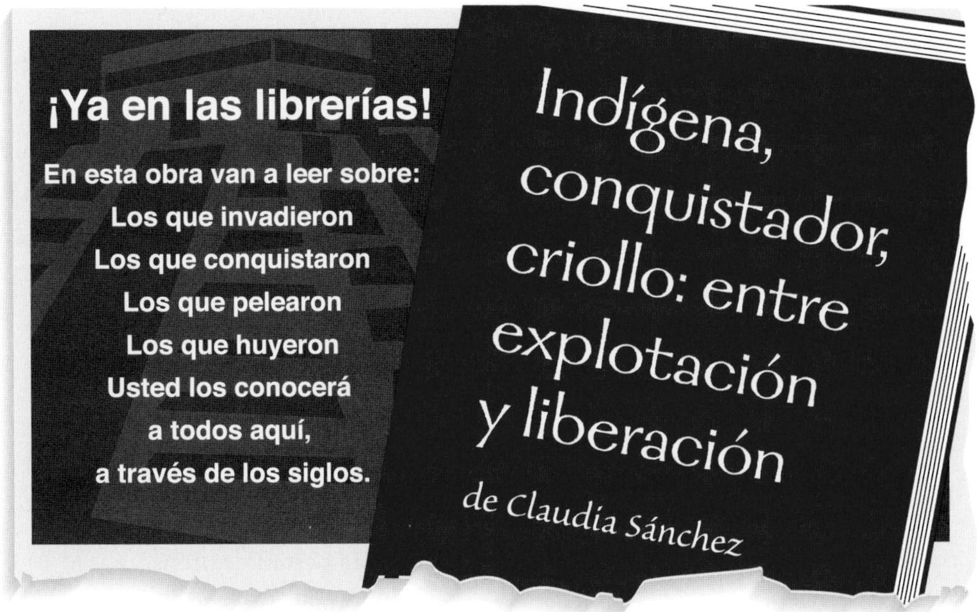
¡Ya en las librerías!
En esta obra van a leer sobre:
Los que invadieron
Los que conquistaron
Los que pelearon
Los que huyeron
Usted los conocerá
a todos aquí,
a través de los siglos.
Indígena, conquistador, criollo: entre explotación y liberación
de Claudia Sánchez

Práctica

① Ask students to give their answers and an explanation of why they chose the indicative or subjunctive.

② Ask pairs to use the same structures to write five sentences about ancient indigenous civilizations.

③ Model the activity by asking volunteers to talk about historical events using **antes de que, cuando**, and **siempre que**.

1 Seleccionar Selecciona en las oraciones la forma adecuada del verbo y subráyala.

1. La ley venezolana les prohibía a los militares que (votaron-votaran-votar) en las elecciones presidenciales.
2. Te recomiendo que (estudias-estudies-estudiar) los cambios políticos en el Perú.
3. Me gustaría (lucho-luche-luchar) por los derechos de los indígenas.
4. Los primeros hombres que (poblaron-poblaran-poblar) América llegaron desde Asia.
5. Es una lástima que los conquistadores (destruyeron-destruyeran-destruir) algunas culturas americanas.
6. No es cierto que todos los indígenas americanos se (han rendido-hayan rendido-rendir) pacíficamente.
7. Sé que la dictadura (es-sea-ser) la peor forma de gobierno.
8. ¡Ojalá los pueblos americanos (habían luchado-hubieran luchado-luchar) más por sus derechos!

2 Unir Une las frases de las columnas. Usa las formas y los tiempos verbales apropiados.

A

1. El historiador busca el libro que *c*
2. El historiador busca un libro que *b*
3. El historiador buscó un libro que *a*

a. explicara los últimos cambios políticos.
b. explique los últimos cambios políticos.
c. explica los últimos cambios políticos.

B

1. En su viaje, el historiador no conoció ningún indígena que *c*
2. En su viaje, el historiador había conocido a un solo indígena que *b*
3. En su viaje, el historiador conoció a un solo indígena que *a*

a. se comunicaba bien con los hombres blancos.
b. se había comunicado bien con los hombres blancos.
c. se comunicara bien con los hombres blancos.

C

1. Eva no conocía a nadie que *c*
2. Eva conocía a un solo profesor que *a*
3. Eva conoce a un solo profesor que *b*

a. había estudiado la cultura china.
b. ha estudiado la cultura china.
c. hubiera estudiado la cultura china.

3 ¿En qué tiempo? Conjuga el verbo entre paréntesis en la persona y el tiempo verbal apropiados del subjuntivo.

1. Antes de que los primeros españoles (pisar) *pisaran* el suelo americano, los vikingos ya habían viajado a América.
2. El profesor Gómez viajará al Amazonas. Cuando (llegar) *llegue* allí, investigará algunas tribus aisladas.
3. Siempre que (haber) *haya* democracia, habrá libertad de prensa.
4. Cuando (terminar) *termine* la guerra civil, el país mejorará.
5. El caudillo les habló a sus guerreros para que (luchar) *lucharan* con entusiasmo.

Comunicación

4 **Discusión entre investigadores** Martín González y Lucía Álvarez son dos investigadores que estudian la historia del colonialismo. Ellos dos siempre están discutiendo porque no opinan lo mismo. En parejas, cada uno de ustedes será uno de ellos. Preparen un diálogo basándose en la siguiente información y usando las expresiones de la lista. Después, representen el diálogo delante de la clase.

Los países que colonizaron a otros decían que:

- tenían derecho a conquistar otros territorios.
- debían enseñar su religión y destruir las religiones de los territorios que colonizaban.
- los pueblos indígenas no tenían soberanía.
- conquistar territorios era bueno porque solamente los conquistadores eran civilizados.
- los pueblos indígenas eran salvajes.
- podían explotar las riquezas naturales de los nuevos territorios.
- aumentarían la riqueza de los territorios conquistados.

(no) dudo de que	es (im)probable que
(no) creo que	(no) es una suerte que
(no) estoy seguro/a de que	(no) niego que
(no) es (poco) seguro que	(no) considero que
(no) es cierto que	(no) es una lástima que
(no) es evidente que	(no) es bueno que

5 **La historia**

A. En parejas, elijan un período histórico. Después, tienen que inventar un diálogo entre dos personas de esa época. El diálogo debe estar en el contexto socio-político adecuado. Usen el subjuntivo. Después, representen el diálogo delante de la clase.

Períodos históricos

La Prehistoria

La Edad Media

La época de la Colonia

La Guerra de Independencia

Primera mitad del siglo XX

B. Si tuvieras una máquina para viajar en el tiempo, ¿en qué época te gustaría haber vivido? ¿Por qué? ¿En qué época no te hubiera gustado vivir? ¿Por qué?

NATIONAL communication STANDARDS

(4) Read the activity aloud as a class to ensure comprehension. Ask volunteers to model sentences with **Es importante,** for both Martín González and Lucía Álvarez.

(5) Before assigning the activity to pairs, brainstorm as a class the socio-political circumstances that define each historical period.

A conversar

Suggestion: Before assigning the activity, ask students to make a list of all the things they write during the course of a day.

La escritura y la civilización

A ¿Qué pasaría si no hubiera escritura, si sólo habláramos y nunca pusiéramos nada por escrito? En grupos, discutan los puntos a continuación.

Se dice que la escritura cambió nuestra forma de vida.

- ¿Están de acuerdo con esta afirmación?
- ¿Están seguros de que la escritura nos permite hacer muchas cosas que no podríamos hacer sin ella?
- ¿Qué cosas no podríamos hacer si no existiera la escritura?

B Imaginen que las siguientes situaciones ocurren en la Edad Media. Coméntenlas con sus compañeros/as y contesten las preguntas.

Un hombre tiene una vaca y un vecino se la pide por un mes. Cuando el primer hombre le pide que se la devuelva, el vecino no quiere, e insiste en que él se la había regalado.

- ¿Cómo solucionarían ustedes el problema?
- ¿Cómo habría sido la situación si el acuerdo *(agreement)* se hubiera hecho por escrito?

Una mujer y un hombre se casan. Después de tres meses, el marido se muere y ella decide regresar a la casa de sus padres, adonde quiere llevarse sus cosas. La familia del marido dice que todo era de él, y no quiere que ella se lleve nada.

- ¿Cómo solucionarían el problema si ustedes fueran los padres de la mujer?
- ¿Cómo habría sido la situación si, antes de casarse, ellos hubieran escrito un contrato de matrimonio?

C En grupos pequeños, imaginen otras dos situaciones concretas en las que no se puede solucionar un problema por la falta de escritura. Presenten esas situaciones a la clase. Los otros grupos deben pensar en soluciones para esos problemas y compartirlas con ustedes.

A escribir

Un hecho histórico

NATIONAL communication STANDARDS

Imagina que eres un escritor de prestigio y que un periódico importante te ha pedido que escribas un artículo sobre un acontecimiento histórico. Escribe el artículo utilizando verbos en modo indicativo y subjuntivo y las preposiciones **entre, hasta** y **sin.**

Plan de redacción

Organización de los hechos Piensa en un acontecimiento histórico que te interese especialmente. Usa las siguientes preguntas para organizar tu artículo.

1. ¿Quiénes fueron los protagonistas de la historia?
2. ¿Cómo y dónde ocurrieron los hechos?
3. ¿Qué sucedió?
4. ¿Cómo terminó?
5. ¿Cuál es la conclusión de la historia?

Título Después de saber con exactitud sobre qué vas a escribir, es muy importante darle al artículo un título conciso que atraiga al lector. Ponle un título a tu artículo y comienza a escribir.

Explicar y concluir Una vez que hayas expuesto los hechos, intenta explicar por qué sucedió el acontecimiento, y si crees que va a volver a ocurrir algo parecido en el futuro.

Suggestion: Ask one or two students to read their articles to the class. Have them answer questions from the class.

Título: ______	
¿quiénes?	
¿cómo?	
¿dónde?	
final	
otros	

El indio alcalde de Chinceros: Varayoc, 1925.
José Sabogal. Perú.

Los que no creen en la inmortalidad creen en la historia.
— José Martí

Antes de leer

El prócer

Cristina Peri Rossi

Lecturas opener (previous page):

See the **ENFOQUES** Instructor's Resource Manual for teaching suggestions.

Conexión personal

Escribe una lista de cinco personas a las que consideras héroes/heroínas históricos/as. En grupos de tres, comenten sus elecciones.

Contexto cultural

Throughout the Spanish-speaking world, one finds monuments built to national heroes. National heroes, however, are seldom free of controversy. Some honored individuals are listed below in the first column. Can you match them with the information in the second column?

___a___ 1. Simón Bolívar
___d___ 2. Ernesto Guevara
___c___ 3. El Cid Campeador
___b___ 4. Emiliano Zapata

a. Key figure in the independence of Bolivia, Panama, Colombia, Ecuador, Peru, and Venezuela
b. Leader of the Mexican Revolution
c. Legendary hero of Spain
d. Argentine by birth, but national hero of Cuba

Contexto cultural: Ask students to match these national figures from Latin America with American counterparts. You might find it useful first to provide more information about the figures listed.

Análisis literario: la ironía

Irony **(la ironía)** refers to literary techniques that involve contradictions. In verbal irony, words are used to suggest the opposite of their usual meanings. In dramatic irony, there is a contradiction between what a character thinks and what the reader knows to be true. In situation irony, an event occurs that contradicts the expectations of the characters or the reader. As you read "El prócer," identify the types of irony present.

Análisis literario: To help students understand the concept of irony, ask them how they use irony when they speak or write. Encourage them to provide examples.

Estrategia de lectura: interpretar

Interpreting **(interpretar)** literature refers to the restatement of the writer's story and message by the reader. As you read "El prócer," stop at key points in the story to ask yourself what the author has written and what the author is trying to tell you.

Vocabulario

avergonzado/a *ashamed; embarassed*
harto/a *fed up*
el/la guerrero/a *warrior*
inconveniente *trouble, difficulty*
el marinero *sailor*
el/la mendigo/a *beggar*
pelear *to fight*
el prócer *hero*
el retrato *portrait*
sabio/a *wise*

Cristina Peri Rossi

Hoja de vida

1941 Nace en Montevideo, Uruguay
1963 *Viviendo* (novela)
1971 *Evohé* (poesía)
1984 *La nave de los locos* (novela)
1987 *Europa después de la lluvia* (poesía)
1994 *Otra vez Eros* (poesía)
1997 *Desastres íntimos* (cuentos)

Sobre el autor

Por razones políticas, **Cristina Peri Rossi** dejó su país de origen y se exilió en España, hecho que marcó un antes y un después en su producción literaria. En sus primeros años, Peri Rossi escribió sobre las injusticias y las opresiones sociales, mientras que en sus obras literarias posteriores, llenas de simbolismos, empezó a tratar temas más intimistas.

Suggestion: Ask students to point out similarities in Peri Rossi's and Monterroso's lives. Have them investigate similarities between Uruguay and Guatemala.

El prócer

Era un enorme caballo con un héroe encima. Los visitantes y los numerosos turistas solían detenerse a contemplarlos. La majestuosidad del caballo, su tamaño descomunal°, la perfección de sus músculos, el gesto, la cerviz°, todo era motivo de admiración en aquella bestia magnífica.

Había sido construido por un escultor profesional subvencionado° varias veces por el gobierno y que se había especializado en efemérides°. El caballo era enorme y casi parecía respirar. Sus magníficas ancas° suscitaban siempre el elogio. Los guías hacían reparar al público en la tensión de sus músculos, sus corvas°, el cuello, las mandíbulas formidables. El héroe, entre tanto, empequeñecía.

out of the ordinary
neck
subsidized
commemorations
haunches
back of the knee

—Estoy harto de estar aquí —le gritó, por fin, una mañana. Miró hacia abajo, hacia el lomo° del caballo que lo sostenía y se dio cuenta cuán° mínimo, diminuto, disminuido, insignificante había quedado él. Sobre el magnífico animal, verde, él parecía una uva. El caballo no dio señales de oírlo: continuó en su gesto aparatoso°, avanzando el codo y el remo°, en posición de marcha. El escultor lo había tomado de un libro ilustrado que relataba las hazañas de Julio César, y desde que el caballo se enteró de cuál había sido su modelo, trataba de estar en posición de marcha el mayor tiempo posible.

back

how

flamboyant, showy

stretching in front of him his knee and leg

—Schttttttttttt —llamó el prócer.

El caballo miró hacia arriba. Arqueó las cejas° y elevó los ojos, un puntito negro, muy alto, muy por encima de él parecía moverse. Se lo podía sacudir de encima apenas con uno de esos estremecimientos de piel con los cuales suelen espantarse las moscas y los demás insectos. Estaba ocupado en mantener el remo hacia adelante, sin embargo, porque a las nueve de la mañana vendría una delegación nipona° a depositar una ofrenda floral y tomar fotografías. Esto lo enorgullecía mucho. Ya había visto varias ampliaciones, con él en primer plano ancho, hermoso, la plataforma del monumento sobre el césped muy verde, la base rodeada de flores, flores naturales y flores artificiales regaladas por los oficiales, los marineros, los ministros, las actrices francesas, los boxeadores norteamericanos, los bailarines checoslovacos, el embajador pakistaní, los pianistas rusos, la misión Por La Paz y La

He arched his eyebrows

Suggestion: Ask students to guess the identity of the national figure in the sculpture and where it might be found. If students cannot guess after the first page, they should try to do so after each of the following pages.

Japanese

Suggestion: Have students point out the fantastic elements in the story that help the author relay her message.

Amistad de los Pueblos, la Cruz Roja, Las Juventudes Neofascistas, el Mariscal del Aire y del Mar y el Núcleo de los Pieles Rojas Sobrevivientes. Esta interrupción en el momento justo de adelantar el remo le cayó muy mal.

—Schtttt —insistió el héroe.

El caballo al fin se dio por aludido°.

aludido: quit pretending not to hear

—¿Qué desea usted? —interrogó al caudillo° con tono imperioso y algo insolente.

caudillo: leader

—Me gustaría bajar un rato y pasearme por ahí, si fuera posible —contestó con humildad el prócer.

—Haga lo que quiera. Pero le advierto —le reconvino° el caballo— que a las nueve de la mañana vendrá la delegación nipona.

reconvino: scolded

—Ya lo sé. Lo he visto en los diarios —dijo el caudillo—. Pero tantas ceremonias me tienen un poco harto.

El caballo se negó a considerar una respuesta tan poco protocolar°.

protocolar: formal

—Es por los huesos, ¿sabe? —se excusó el héroe—. Me siento un poco duro. Y las fotografías, ya no sé qué gesto poner —continuó.

—La gloria es la gloria —filosofó baratamente el caballo. Éstas frases tan sabias las había aprendido de los discursos oficiales. Año a año los diferentes gobernantes, presidentes, ministros, secretarios, se colocaban delante del monumento y pronunciaban sus discursos. Con el tiempo, el caballo se los aprendió de memoria, y además, casi todos eran iguales, de manera que eran fáciles de aprender hasta para un caballo.

Suggestion: In groups, have students discuss how Peri Rossi uses irony. What type of irony does she use?

Suggestion: Have students discuss how the time element in the story explains the character's feelings and values.

—¿Cree que si me bajo un rato se notará? —preguntó el héroe.

La pregunta satisfacía la vanidad del caballo.

—De ninguna manera. Yo puedo ocupar el lugar de los dos. Además, en este país, nadie mira hacia arriba. Todo el mundo anda cabizbajo°. Nadie notará la ausencia de un prócer; en todo caso, debe estar lleno de aspirantes° a subirse a su lugar.

Alentado, el héroe descendió con disimulo y dejó al caballo solo. Ya en el suelo, lo primero que hizo fue mirar hacia arriba —cosa que nadie hacía en el país—, y observar el lugar al que durante tantos años lo habían relegado. Vio que el caballo era enorme, como el de Troya, pero no estaba seguro si tenía guerreros adentro o no. En todo caso, de una cosa estaba seguro: el caballo estaba rodeado de soldados. Éstos, armados hasta los dientes, formaban dos o tres filas alrededor del monumento, y él se preguntó qué cosa protegerían. ¿Los pobres? ¿El derecho? ¿La sabiduría? Tantos años en el aire lo tenían un poco mareado°: hasta llegó a pensar que lo habían colocado tan lejos del suelo para que no se diera cuenta de nada de lo que sucedía allá abajo. Quiso acercarse para interrogar a uno de los soldados (¿Cuál es su función? ¿A quién sirve? —le preguntaría) pero no bien avanzó unos metros en esa dirección, los hombres de la primera fila apuntaron° todos hacia él y comprendió que lo acribillarían° si daba un paso más. Desistió de su idea. Seguramente, con el tiempo, y antes de la noche,

head down

contenders

dizzy

aimed their guns

would riddle him with bullets

averiguaría por qué estaban allí los soldados, en la plaza pública, qué intereses defendían, al servicio de quién estaban. Por unos instantes tuvo nostalgias de su regimiento, integrado voluntariamente por civiles que se plegaron a sus ideas° y avanzaban con él, peleando hasta con las uñas. En una esquina compró un diario pero su lectura le dio asco.

composed of civilians who enlisted voluntarily because they supported his ideas

Él pensaba que la policía estaba para ayudar a cruzar la calle a los ancianos, pero bien se veía en la foto que traía el diario a un policía apaleando° a un estudiante. El estudiante esgrimía° un cartel con una de las frases que él había pronunciado una vez, pero algo había pasado con su frase, que ahora no gustaba; durante años la había oído repetir como un sonsonete° en todas las ceremonias oficiales que tenían lugar frente a su monumento, pero ahora se veía que había caído en desuso, en sospecha o algo así. A lo mejor era que pensaban que en realidad él no la había pronunciado, que era falsa, que la había inventado otro y no él. "Fui yo, fui yo, la dije, la repito" tuvo ganas de gritar, pero quién lo iba a oír, mejor no la decía, era seguro que si se ponía a gritar eso en medio de la calle terminaba en la cárcel, como el pobre muchacho de la fotografía. ¿Y qué hacía su retrato, su propio retrato estampado° en la puerta de ese ministerio? Eso no estaba dispuesto a permitirlo. Un ministerio acusado de tantas cosas y su retrato, el único legítimo, el único que le hacía justicia colocado en la puerta...

beating

brandished

monotonous refrain

printed

Esta vez los políticos habían colmado la medida°.

had gone too far

Estaba dispuesto a que su retrato encabezara° las hojas de cuaderno, las tapas° de los libros, mejor aún le parecía que apareciera en las casas de los pobres, de los humildes, pero en ese ministerio, no. ¿Ante quién podría protestar? Ahí estaba la dificultad. Era seguro que tendría que presentar la reclamación en papel sellado, con timbres de biblioteca° en una de esas enormes y atiborradas° oficinas. Luego de algunos años es posible que algún jerarca° se ocupara del caso, si él le prometía algún ascenso°, pero bien se sabía que él no estaba en condiciones de ofrecer nada a nadie, ni nunca lo había estado en su vida. Dio unos pasos por la calle y se sentó en el cordón de la vereda°, desconsolado. Desde arriba, nunca había visto la cantidad de pobres y mendigos que ahora podía encontrar en la calle. ¿Qué había sucedido en todos estos años? ¿Cómo se había llegado a esto? Algo andaba muy mal, pero desde arriba no se veía bien. Por eso es que lo habían subido allí. Para que no se diera cuenta de nada, ni se enterara de cómo eran las cosas, y pudieran seguir pronunciando su nombre en los discursos en vano, ante la complacencia versallesca° de los hipócritas extranjeros de turno°.

Caminó unas cuantas cuadras y a lo largo de todas ellas se encontró con varios tanques y vehículos del ejército que patrullaban° la ciudad. Esto lo alarmó muchísimo. ¿Es que estaría su país —su propio país, el que había contribuido a forjar°— a punto de ser invadido? La idea lo excitó. Sin embargo, se dio cuenta de su error: había leído prolijamente el diario de la mañana y

would be at the top of

covers

on official paper bearing the national library's stamps / stuffed / party leader

promotion

on the curb

royal complacency / of the moment

were patrolling

forge

no se hablaba de eso en ninguna parte. Todos los países —por lo menos aquéllos de los que se sabía algo— mantenían buenas relaciones con el suyo; claro que uno explotaba a casi todos los demás, pero esto parecía ser natural y aceptado sin inconvenientes por los otros gobiernos, los gobiernos de los países explotados.

Desconcertado, se sentó en un banco de otra plaza. No le gustaban los tanques, no le gustaba pasearse por la ciudad —una vez que se había animado a descender del monumento— y hallarla así, constantemente vigilada, maniatada°, oprimida°. ¿Dónde estaba la gente, su gente? ¿Es que no habría tenido descendientes?

restrained / oppressed

Al poco tiempo, un muchacho se sentó a su lado. Decidió interrogarlo, le gustaba la gente joven, estaba seguro que ellos sí podrían responder todas esas preguntas que quería hacer desde que había bajado, descendido de aquel monstruoso caballo.

—¿Para qué están todos esos tanques entre nosotros, joven? —le preguntó al muchacho.

El joven era amable y se veía que había sido recientemente rapado°.

with hair cut to the skin

—Vigilan el orden° —contestó el muchacho.

They're guarding the order

—¿Qué orden? —interrogó el prócer.

—El orden oficial —contestó rápidamente el otro.

—No entiendo bien, discúlpeme —el caudillo se sentía un poco avergonzado de su ignorancia— ¿por qué hay que mantener ese orden con los tanques?

—De lo contrario, señor, sería difícilmente aceptado°

would be unlikely to be accepted

—respondió el muchacho con suma amabilidad.

—¿Y por qué no sería aceptado? —el héroe se sintió protagonista de una pieza° absurda de Ionesco°. En las vacaciones había tenido tiempo de leer a ese autor. Fue en el verano, cuando el gobierno trasladaba° sus oficinas y sus ministros hacia el este, y por suerte, a nadie se le ocurría venir a decir discursos delante del monumento. Él había aprovechado el tiempo para leer un poco. Los libros que todavía no habían sido decomisados°, que eran muy pocos. La mayoría ya habían sido o estaban a punto de ser censurados.

play / Eugène Ionesco (1912-1994) French playwright, father of the Theater of the Absurd

transferred

confiscated

—Porque es un orden injusto —respondió el joven.

El héroe se sintió confundido.

—Y si es injusto, ¿no sería mejor cambiarlo? Digo, revisarlo un poco, para que dejara de serlo.

—Ja —el joven se había burlado° por primera vez—. Usted debe estar loco o vivir en alguna isla feliz.

had made fun

—Hace un tiempo me fui de la patria y recién he regresado, discúlpeme —se turbó el héroe.

—La injusticia siempre favorece a algunos, eso es —explicó el joven.

El prócer había comprendido para qué estaban los tanques. Decidió cambiar de tema.

—¿A qué se dedica usted? —le preguntó al muchacho.

—A nada —fue la respuesta tajante° del joven.

categorical

—¿Cómo a nada? —el héroe volvió a sorprenderse.

—Antes estudiaba —accedió a explicarle—, pero ahora el gobierno ha decidido clausurar° indefinidamente

shut down

los cursos en los colegios, los liceos y las universidades. Sospecha que la educación se opone al orden, por lo cual, nos ha eximido° de ella. Por otra parte, para ingresar° a la administración sólo será necesario aprobar examen de integración al régimen°. Así se proveerán° los puestos públicos; en cuanto a los privados, no hay problemas: jamás emplearán a nadie que no sea de comprobada solidaridad con el sistema.

exempted / to enter; to join

to pass the test of being an adherent of the regime / will be provided

—¿Qué harán los otros? —preguntó alarmado el héroe.

—Huirán del país o serán reducidos por el hambre. Hasta ahora, este último recurso ha sido de gran utilidad, tan fuerte, quizás, y tan poderoso, como los verdaderos tanques.

El caudillo deseó ayudar al joven; pensó en escribir una recomendación para él, a los efectos de obtenerle algún empleo, pero no lo hizo porque, a esa altura, no estaba muy seguro de que una tarjeta con su nombre no enviara directamente al joven a la cárcel.

—Ya he estado allí —le dijo el joven, que leyó la palabra cárcel en el pensamiento de ese hombre maduro vuelto a su patria—. Por eso me han cortado el pelo —añadió.

—No le entiendo bien. ¿Qué tiene que ver el pelo con la cárcel?

—El cabello largo se opone al régimen, por lo menos eso es lo que piensa el gobierno.

—Toda mi vida usé el cabello largo —protestó el héroe.

—Serían otras épocas —concluyó serenamente el joven.

Hubo un largo silencio.

—¿Y ahora qué hará? —interrogó tristemente el viejo.

—Eso no se lo puedo decir a nadie —contestó el joven; se puso de pie, lo saludó con la mano y cruzó la plaza.

Aunque el diálogo lo había llenado de tristeza, la última frase del joven lo animó bastante. Ahora estaba seguro de que había dejado descendientes.

Después de leer

El prócer

Cristina Peri Rossi

(1) **Comprensión** Numera los siguientes acontecimientos del uno al ocho, para ponerlos en orden cronológico.

_5_ a. El joven le explica que el orden oficial es injusto.

_3_ b. El prócer se sienta en un banco de la plaza.

_1_ c. El caudillo quiere bajar del caballo.

_6_ d. El joven dice que ya no estudia porque se han cancelado las clases.

_8_ e. El caudillo se siente animado por la frase del joven.

_4_ f. El caudillo le pregunta al joven por qué hay tantos tanques.

_2_ g. El caudillo ve que el caballo está rodeado de soldados.

_7_ h. El joven se despide sin explicar lo que va a hacer.

(2) Have students analyze the author's message. Ask them to analyze the differences between the hero and the student. Which of these two characters represents the author's voice? Whom is she criticizing? What are the author's values?

(2) **Interpretar** Responde a las siguientes preguntas con frases completas.

1. ¿Qué régimen político crees que se ha establecido en el país? Razona tu respuesta con ejemplos del texto.
2. ¿Por qué crees que el gobierno clausuró las clases?
3. Al ver cómo estaba el país, al héroe le pareció insólito que en el ministerio usaran su imagen. ¿Por qué?
4. ¿Cuál es la esperanza del héroe al despedirse del estudiante?
5. ¿Qué similitudes encuentras entre el héroe y el estudiante?

(3) In groups, have students discuss how the author would like to change her country.

(3) **Ampliar** En parejas, discutan y expliquen qué quiere expresar Christina Peri Rossi con las siguientes frases.

1. "Miró hacia abajo, hacia el lomo del caballo que lo sostenía y se dio cuenta cuán mínimo, diminuto, disminuido, insignificante había quedado él. Sobre el magnífico animal, verde, él parecía una uva".
2. "Con el tiempo, el caballo se los aprendió de memoria [los discursos de los políticos], y además, casi todos eran iguales, de manera que eran fáciles de aprender hasta para un caballo".
3. "Era seguro que tendría que presentar la reclamación en papel sellado, con timbres de biblioteca en una de esas enormes y atiborradas oficinas. Luego de algunos años es posible que algún jerarca se ocupara del caso, si él le prometía algún ascenso, pero bien se sabía que él no estaba en condiciones de ofrecer nada a nadie, ni nunca lo había estado en su vida".

Antes de leer

PERFIL

Malintzin

Conexión personal
Piensa en una ocasión en la que tu vida cambió por la decisión de otra(s) persona(s). ¿Tuvo consecuencias positivas o negativas?

Contexto cultural
In popular Mexican culture, "La Malinche" is the contemptuous name given to the woman whose fate was to become the interpreter for Hernán Cortés, leader of the Spanish invaders, as he encountered different groups of indigenous peoples. Some historical versions establish that La Malinche's abilities allowed Cortés to garner the native people's support and overthrow the powerful Aztec Empire, a feat his small band of adventurers would never have been able to accomplish on its own.

Other versions affirm that La Malinche became Cortés' concubine and one of his more powerful lieutenants. For these reasons, La Malinche represents the native people who were violated by the Spaniards; she became a symbol, in the popular mind, of one who prostitutes herself to foreigners and betrays her own people.

In the past 50 years, however, through a rethinking of Mexican history and experience, La Malinche's role has been reconsidered. Instead of seeing her as a symbol of betrayal, La Malinche is now seen by some as a bridge between two cultures, the Spanish and the indigenous people, that fused to become modern Mexican culture.

Contexto cultural: Ask students to talk about their impressions of Mexico. If they have visited the country, ask them if they noticed two different cultures. If so, ask them to describe these cultures with examples. How can two prevailing cultures affect the identity of a country and its social and political systems?

Vocabulario

atrapar *to catch; to trap*
el/la esclavo/a *slave*
desalentado/a *discouraged*
más bien *rather*

PERFIL

Malintzin

Sonia García y Rayo Luengo

Su vida antes de la llegada de los españoles constituye un misterio. Un misterio que se inicia con su nacimiento en Painala, región de Coatzacoalcos°. Lo que sí parece estar claro es el punto de arranque° que la va a llevar a su destino, la piedra que moverá el molino de su existencia: su compra-venta. Pero en este apartado°, al igual que en otros de su vida, los historiadores no se ponen de acuerdo o no coinciden; existen diversas versiones acerca de quién y cómo la vendió.

Una primera versión nos aclara que el padre de Malinalli —voz náhuatl°— era un cacique feudatario de Tenochtitlán° y que, al morir éste, su madre contrajo segundas nupcias con un hombre que vendió a la regia india como esclava en una localidad maya, en Tabasco. El motivo era preservar la herencia° de poder para el medio hermano de Malinalli —hijo de su madre y de su padrastro°— ya que en el Nuevo Mundo las mujeres tenían la preponderancia que les era negada en el Viejo, pudiendo llegar incluso a ser cacicas°.

Pero existe otra versión que apunta a que fue su propia madre quien la vendió con tan sólo ocho años, al morir su padre —el cual, según esta versión, era el cacique de Oluta— a unos mercaderes° de Tabasco. Y aún queda una tercera y última narración de los hechos en la que se afirma que fue el mismo progenitor° de la niña quien la entregó a unos mercaderes.

Obviamente, la verdad se encuentra en una de estas tres historias o en una mezcolanza° de las mismas. Pero, en este

- *city on the Gulf of Mexico*
- *starting point*
- *section*
- *Nahuatl word / Feudal chief from Tenochtitlan (the Aztec capital)*
- *inheritance*
- *stepfather*
- *female chiefs*
- *traders*
- *father*
- *mixture*

caso, da igual. Ninguna de las tres narraciones acerca del origen de la leyenda de Malinalli nos alivia, sosiega° o gusta. Sólo vemos a una niña, de unos ocho años más o menos, asustada y confusa. Debió de sentirse muy poco querida o valorada al verse vendida a tan temprana edad con el consentimiento —o iniciativa— de su madre. Y éste, sin lugar a dudas, es el capítulo más importante, la pieza clave de la vida de esta mujer: el germen de la posterior traición que Malinalli infringió a su pueblo° lo encontramos aquí, en su infancia. El hecho de verse traicionada por los suyos, su propia familia, asentaría° en la pequeña Malinalli la nociva° idea de que la traición es, cuando menos, algo natural.

calms
infringed upon her people
would consolidate
noxious

Su existencia, a partir de este momento, será una odiosa° repetición, a modo de estribillo°, de aquel suceso en el que ella fue vendida como esclava. Y como rememorando aquella cita que reza° que "seremos lo que fuimos", Malinalli estará condenada a ser lo que desde un principio fue: un objeto de intercambio.

hateful
refrain
recalling that quotation that goes

El segundo gran trueque° del que ella será de nuevo víctima tiene lugar el 12 de marzo de 1519. Malintzin —la desinencia *tzin* revela rango y respeto°— es ofrecida, en esta ocasión, como "presente" junto con otras veinte esclavas. Los destinatarios de tan peculiar regalo son Cortés y sus hombres, y los emisores, los caciques de Tabasco que, con este "premio", pretendían calmar los ánimos de un Cortés bravucón y pretencioso°.

trade
the ending -tzin *reveals rank and respect*
swaggering and pretentious

Así nace Malinalli, por segunda vez, a la leyenda y, para este bautizo histórico contará con dos nombres: doña Marina, el nombre oficial tras su bautizo cristiano, siempre conservando el *doña,* indicador de nobleza y rango; y el segundo nombre,

Malinche, voz desvirtuada° de Malintzin, usada por los españoles.

distorted

El conquistador español, en un primer momento, no debió de darle mucha importancia a ese "presente" ya que se apresuró a regalar a la que sería su futura compañera desde 1519 hasta 1524, a un hidalgo de nombre Puertocarrero. Sin embargo, pasados cuatro meses, Puertocarrero regresa a España y doña Marina pasa a ser de nuevo un regalo sin dueño. Pero no por mucho tiempo.

Los españoles se percatan° de la habilidad de La Malinche para los idiomas y para ganarse el respeto y la confianza de su pueblo. No hay que olvidar que era una princesa india, poseedora de una vasta cultura, que dominaba a la perfección las lenguas maya y náhuatl, y que, en poco tiempo, llegó a dominar el idioma español. Ahora pasa a ser de Cortés, quien la utiliza en su Conquista de México, como su intérprete, su "lengua", probablemente excelente diplomática en las relaciones entre las dos culturas y, finalmente, como su amante, en un principio enamorada.

notice

A pesar del amor que los cronistas dicen que ella le profesaba al español, a estas alturas, doña Marina ya debe de estar bastante cansada de ser moneda de intercambio. Entre el ocaso° de una civilización que muere y el asentamiento°, a la fuerza, de otra, queda atrapada° esta mujer, de la que se ha llegado a decir que todo lo que hizo tenía su base en la pasión hacia Cortés. Pero los hechos no pueden tener una explicación tan simplista. Más bien, imagino a una Malinalli desalentada por el escaso amor que su hombre le devolvía, demasiado ensimismado° consigo mismo y con su epopeya°.

decline / settlement

caught

(self) absorbed / epic

Tal vez sería más acertado afirmar que se necesitaban. A Cortés le era muy útil el prestigio y respeto de que Marina gozaba entre los suyos, los indígenas. Por otra parte, ella, al convivir con el enemigo invasor, había iniciado un viaje sin retorno posible a una vida normal, con su gente y su pueblo. La india y el español tuvieron un hijo, Martín, el único fruto de una relación de intereses.

En 1524, el conquistador la casó con Juan Jaramillo, uno de sus capitanes. Cuentan las crónicas que Cortés estaba borracho°. O puede que demasiado lúcido, una vez consumada la Conquista de México, La Malinche estaba de más°. Curiosamente a partir de este momento, de este "deshacerse°" de Malinalli, Cortés, sin saberlo, se deshizo también de su buena suerte: sus fuerzas comienzan a mermar°. Al cabo del tiempo regresa a España y muere a los 62 años de edad en Castilleja de la Cuesta (Sevilla), pero su cuerpo descansa en México.

drunk
was superfluous
to get rid of
diminish

¿Y ella? Se cree que fue feliz junto a Juan Jaramillo, para el que fue una buena esposa, y con él tuvo una hija, María. En 1527, con tan sólo 23 años, muere La Malinche. No se sabe con seguridad de que murió, quizás de viruela°, un mal común de la época. Sea como fuere°, tengo la certeza de que afrontó la muerte con la misma elegancia y dignidad con que afrontó su difícil y azarosa° vida: con una actitud digna de una princesa. ❃

smallpox
Be that as it may
eventful

Después de leer

communication STANDARDS NATIONAL

PERFIL

Malintzin

① **Comprensión** Elige cuál de la siguientes respuestas es la correcta.

1. Malintzin nace en
   a. Tenochtitlán. ⓑ Painala.
   c. Tabasco.
2. Su padre era un
   ⓐ cacique de Tenochtitlán. b. jefe indio de Coatzacoalcos.
   c. mercader de Tabasco.
3. La primera versión que hay sobre la compra-venta de la Malinche es que
   a. su padre la vendió. b. su hermano la vendió.
   ⓒ el hombre que contrajo matrimonio con su madre la vendió.
4. El segundo gran trueque sucedió el 12 de marzo de 1519 donde Malintzin es ofrecida
   a. a unos caciques de Puertocarreño. ⓑ a Cortés y a sus hombres.
   c. a los caciques de Tabasco.
5. A partir de ahora, Malintzin va a tener dos nombres:
   a. Malina, nombre cristiano, y Malinalli. b. Marina, nombre cristiano, y Malincha.
   ⓒ Marina, nombre cristiano, y Malinche.
6. Malinche tuvo una gran facilidad para los idiomas y hablaba
   a. maya, quechua y español. b. náhuatl, guaraní y español.
   ⓒ maya, náhuatl y español.
7. Finalmente, Cortés se volvió a España y la casó
   a. en 1523 con Alberto Jaramillo. ⓑ en 1524 con Juan Jaramillo.
   c. en 1522 con Juan Jaramillo.
8. Aunque Malintzin fue feliz con su último marido, ella
   a. murió en 1527 a los 43 años. b. murió en 1527 a los 22 años.
   ⓒ murió en 1527 a los 23 años.

② **Analizar** Discutan, en parejas y luego en grupos, qué es lo que los autores de esta historia quisieron decir con la frase "El hecho de verse traicionada por los suyos, su propia familia, asentaría en la pequeña Malinalli la nociva idea de que la traición es, cuando menos, algo natural". ¿Están de acuerdo con ese análisis?

③ **Dialogar** En parejas, imaginen que le pueden hacer una entrevista a la Malinche. Inventen la entrevista y después represéntenla en la clase.

④ **Escribir** Imagina que tu país está en guerra y que estás enamorado/a de una persona del país enemigo. Escribe una breve composición explicando qué harías si tuvieras que elegir entre la lealtad *(loyalty)* a tu pueblo en guerra y el amor de tu vida.

② Ask students why the story of La Malinche is symbolic of the problems facing the people of Mexico today regarding their national identity. Have students write down their ideas and debate this topic in groups.

③ Ask the class if La Malinche was directly responsible for the fall of indigenous societies in Mexico and their domination by Europeans. If she was not, who was? How would the author answer this question?

Atando cabos

Historia y civilización

Trabajen en grupos pequeños para preparar la presentación.

Elegir el tema

Preparen una presentación sobre un personaje o un acontecimiento histórico que esté relacionado con el mundo hispano. Decidan en grupo de qué o de quién quieren hablar en su presentación.

Preparar

Investiguen sobre el tema elegido en la biblioteca o en Internet. Elijan los puntos más importantes y ayúdense de material audiovisual para ofrecer una visión más amplia de lo que quieren comentar en clase.

Organizar

Escriban un esquema que los ayude a clarificar y planear con mayor exactitud su presentación. Pueden guiarse respondiendo a las siguientes preguntas:

Sobre un personaje

1. ¿De dónde es este personaje?
2. ¿Cuál es/fue su profesión?
3. ¿Qué consiguió hacer este personaje famoso?

Sobre un acontecimiento

1. ¿Dónde ocurrió el acontecimiento?
2. ¿Quiénes intervinieron?
3. ¿Qué consecuencias ha tenido ese acontecimiento en la historia?

Estrategia de comunicación

Cómo hablar de la historia

Las siguientes frases pueden ayudarles a expresarse de forma más adecuada.

1. El personaje histórico que hemos elegido hoy es...
2. La labor que este personaje realizó en...
3. Creemos que uno de los acontecimientos históricos más importantes de la historia de... fue...
4. Para finalizar, nos gustaría comentar que...

Presentar

Antes de su presentación, cada grupo entregará un esquema al profesor. Usen medios audiovisuales (fotografías, fotocopias, películas, etc.) para dar a conocer el personaje o acontecimiento histórico que eligieron.

Suggestion: Ask students to take notes during the presentation and share them with the class. Students may use these notes to write a report or a script for a TV or radio program.

Ayuda para Internet

Pueden intentar acceder a la información utilizando las siguientes palabras claves:
Pancho Villa / Simón Bolívar / Evita Perón / Rey Juan Carlos I / Hernán Cortés / La Malinche / Lempira / Rigoberta Menchú

12 VOCABULARIO

La civilización

la aldea	*village*
los alrededores	*the outskirts*
la arqueología	*archaeology*
el barrio	*neighborhood*
la civilización	*civilization*
el conocimiento	*knowledge*
la hacienda	*ranch*
el país en vías de desarrollo	*developing country*
la sabiduría	*wisdom*
la sociedad	*society*
el suburbio	*suburb*

Los gobiernos

el caudillo	*political leader*
la guerra civil	*civil war*
el emperador	*emperor*
la emperatriz	*empress*
el imperio	*empire*
el/la monarca	*monarch*
la reina	*queen*
el reino	*reign; kingdom*
el rey	*king*
la soberanía	*sovereignty*
la tribu	*tribe*

Los períodos históricos

el cambio (político)	*(political) change*
la década	*decade*
la Edad Media	*Middle Ages*
la enseñanza	*teaching; doctrine*
la época	*era; period in time; epoch*
el siglo	*century*
érase una vez	*once upon a time*
a largo plazo	*long-term*

Los descubrimientos y las conquistas

la colonia	*colony*
el/la conquistador(a)	*conquistador, conqueror, explorer*
el coraje	*courage*
el/la criollo/a	*creole*
la derrota	*defeat*
el/la descubridor(a)	*discoverer*
la esclavitud	*slavery*
el/la esclavo/a	*slave*
la explotación	*exploitation*
el/la guerrero/a	*warrior*
el/la habitante	*inhabitant*
el/la indígena	*native*
el/la mestizo/a	*person of mixed race*
el sacrificio	*sacrifice*

Verbos relativos a la historia

conquistar	*to conquer*
derribar	*to bring down*
derrotar	*to defeat*
encabezar	*to lead*
esclavizar	*to enslave*
expulsar	*to expel*
huir	*to flee*
invadir	*to invade*
limitar	*to border, to limit*
oprimir	*to oppress*
pelear	*to fight*
perseguir	*to pursue, persecute*
poblar	*to settle, populate*
rendirse	*to surrender*
rescatar	*to rescue*
residir	*to reside*
salvar	*to save*
suprimir	*to abolish, suppress*

Adjetivos relativos a la historia

aislado/a	*isolated*
armado/a	*armed*
culto/a	*cultured; educated; refined*
digno/a	*worthy*
pacífico/a	*peaceful*
poderoso/a	*powerful*
urbano/a	*urban*
victorioso/a	*victorious*

Expresiones útiles	*Véase la página 465.*
Vocabulario de "El prócer"	*Véase la página 485.*
Vocabulario del perfil	*Véase la página 497.*

Estructura 12.1	*Véase la página 470.*
Estructura 12.2	*Véase las páginas 472 y 473.*
Estructura 12.3	*Véase las páginas 476 y 479.*

Instructional Resource
- Tests

Verb conjugation tables

Guide to the Verb Lists and Tables

Below you will find the infinitive of the verbs introduced as active vocabulary in **ENFOQUES**. Each verb is followed by a model verb conjugated on the same pattern. The number in parentheses indicates where in the verb tables, pages 506-515, you can find the conjugated forms of the model verb.

abrirse like vivir (3) *except* past participle is abierto
aburrir(se) like vivir (3)
acariciar like hablar (1)
acercarse (c:qu) like tocar (43)
acoger (g:j) like proteger (42)
acordar(se) (o:ue) like contar (24)
acostarse (o:ue) like contar (24)
acudir like vivir (3)
adelgazar (z:c) like cruzar (37)
adivinar like hablar (1)
administrar like hablar (1)
admirar like hablar (1)
adorar like hablar (1)
afligirse (g:j) like proteger (42)
agitar like hablar (1)
ahogarse (g:gu) like hablar (1)
ahorrar like hablar (1)
alcanzar (z:c) like empezar (26)
alejarse like hablar (1)
alojarse like hablar (1)
amanecer (c:zc) like conocer (35)
amar like hablar (1)
amarrar like hablar (1)
añadir like vivir (3)
andar like hablar (1)
animar like hablar (1)
aplaudir like vivir (3)
apostar (o:ue) like contar (24)
apreciar like hablar (1)
aprobar (o:ue) like contar (24)
aprovechar like hablar (1)
arrancar (c:qu) like tocar (43)
arrastrar like hablar (1)
arreglarse like hablar (1)
arriesgar(se) (g:gu) like llegar (41)
ascender like comer (2)
asegurar(se) like hablar (1)
asomarse like hablar (1)
asombrar(se) like hablar (1)
atar like hablar (1)
aterrizar (z:c) like cruzar (37)
atraer like traer (21)
atrapar like hablar (1)
atreverse like comer (2)
atropellar like hablar (1)
averiguar like hablar (1)
avisar like hablar (1)
bailar like hablar (1)
barrer like comer (2)
besar like hablar (1)
borrar like hablar (1)
bostezar (z:c) like cruzar (37)
brindar like hablar (1)
bromear like hablar (1)
burlarse like hablar (1)
caber (4)
caducar (c:qu) like tocar (43)
caer (5)
calentar (e:ie) like pensar (30)
callarse like hablar (1)
cancelar like hablar (1)
clonar like hablar (1)
cobrar like hablar (1)
cocinar like hablar (1)
coger (g:j) like proteger (42)
coleccionar like hablar (1)
colgar (o:ue) like jugar (28)
colocar (c:qu) like tocar (43)
comer(se) (2)
comprobar (o:ue) like contar (24)
conducir (c:zc) (6)
confesar (e:ie) like pensar (30)
confundir like vivir (3)
congeniar like hablar (1)
conocer (c:zc) (35)
conquistar like hablar (1)
considerar like hablar (1)
consultar like hablar (1)
contagiarse like hablar (1)
contar (o:ue) (24)
contentarse like hablar (1)
contratar like hablar (1)
contribuir (y) like destruir (38)
convertirse (e:ie) like vivir (3)
coquetear like hablar (1)
corresponder like comer (2)
creer (y) (36)
cruzar (z:c) (37)
cuidar(se) like hablar (1)
cultivar like hablar (1)
cumplir like vivir (3)
curarse like hablar (1)
dar(se) (7)
decir (e:i) (8)
dejar(se) like hablar (1)
demorar like hablar (1)
derramar like hablar (1)
derribar like hablar (1)
derrotar like hablar (1)
desafiar (desafío) like enviar (39)
desanimarse like hablar (1)
desaparecer (c:zc) like conocer (35)
desarrollar like hablar (1)
desatar like hablar (1)
descansar like hablar (1)
descargar (g:gu) like llegar (41)
descolgar (o:ue) (g:gu) like jugar (28)
descubrir like vivir (3) *except* past participle is descubierto
desembarcar (c:qu) like tocar (43)
desempeñar like hablar (1)
desmayarse like hablar (1)
despedir(se) (e:i) like pedir (29)
destacar (c:qu) like tocar (43)
destrozar (z:c) like cruzar (37)
destruir (y) (38)
dirigir (g:j) like proteger (42)
discutir like vivir (3)
diseñar like hablar (1)
disfrutar like hablar (1)
disimular like hablar (1)
disminuir (y) like destruir (38)
disponer like poner (15)
divertirse (e:ie) like sentir (33)
doblar like hablar (1)
doler (o:ue) like volver (34) *except* past participle is regular
dormir(se) (o:ue) (25)
echar like hablar (1)
educar (c:qu) like tocar (43)
elegir (g:j) like proteger (42)
embarcar (c:qu) like tocar (43)

emitir like vivir (3)
empeñarse like hablar (1)
empeorar like hablar (1)
empezar (e:ie) (z:c) (26)
emprender like comer (2)
empujar like hablar (1)
enamorarse like hablar (1)
encabezar like cruzar (37)
encantar like hablar (1)
encender (e:ie) like entender (27)
enfrentar like hablar (1)
engañar like hablar (1)
engordar like hablar (1)
enrojecer like conocer (35)
ensayar like hablar (1)
entender(se) (e:ie) (27)
enterarse like hablar (1)
enterrar (e:ie) like pensar (30)
entretenerse (e:ie) like tener (20)
enviar (envío) (39)
equivocarse (c:qu) like tocar (43)
esbozar like cruzar (37)
esclavizar like cruzar (37)
espantar like hablar (1)
estar (9)
exigir (g:j) like proteger (42)
experimentar like hablar (1)
explotar like hablar (1)
expulsar like hablar (1)
extinguir like destruir (38)
extraer like traer (21)
extrañar(se) like hablar (1)
fabricar (c:qu) like tocar (43)
fallecer like conocer (35)
faltar like hablar (1)
fastidiar like hablar (1)
festejar like hablar (1)
financiar like hablar (1)
firmar like hablar (1)
formular like hablar (1)
freír (e:i) (frío) like reír (31)
ganar(se) like hablar (1)
generar like hablar (1)
gobernar (e:ie) like pensar (30)
golpear like hablar (1)
gozar (z:c) like cruzar (37)
grabar like hablar (1)
graduar(se) (gradúo) (40)
gustar like hablar (1)
haber (10)
hablar (1)
hacer(se) (11)
heredar like hablar (1)
herir (e:ie) like sentir (33)
hervir (e:ie) like sentir (33)
hojear like hablar (1)
hospedarse like hablar (1)
huir (y) like destruir (38)
hundir like vivir (3)
impedir (e:i) like pedir (29)
importar like hablar (1)
impresionar like hablar (1)
imprimir like vivir (3)
inclinar(se) like hablar (1)
informarse like hablar (1)
ingresar like hablar (1)
inscribirse like vivir (3)
invadir like vivir (3)
inventar like hablar (1)
investigar (g:gu) like llegar (41)
ir (12)
jubilarse like hablar (1)
jugar (u:ue) (g:gu) (28)
lanzar (z:c) like cruzar (37)
lastimar(se) like hablar (1)
levantar(se) like hablar (1)
limitar like hablar (1)
limpiar like hablar (1)
llegar (g:gu) (41)
llevar(se) like hablar (1)
lograr like hablar (1)
luchar like hablar (1)
madrugar (g:gu) like llegar (41)
malgastar like hablar (1)
manchar like hablar (1)
mantenerse (e:ie) like tener (20)
marcharse like hablar (1)
masticar (c:qu) like tocar (43)
mejorar like hablar (1)
merecer (c:zc) like conocer (35)
meterse like comer (2)
mojar(se) like hablar (1)
morirse (o:ue) like dormir (25) *except* past participle is muerto
narrar like hablar (1)
navegar (g:gu) like llegar (41)
nombrar like hablar (1)
oír (y) (13)
olvidarse like hablar (1)
opinar like hablar (1)
oprimir like vivir (3)
parecer(se) (c:zc) like conocer (35)
pasar(se) like hablar (1)
pedir (e:i) (29)
pelear like hablar (1)
pensar (e:ie) (30)
perdonar like hablar (1)
permanecer (c:zc) like conocer (35)
perseguir like seguir (32)
planificar (c:qu) like tocar (43)
poblar (o:ue) like contar (24)
poder (o:ue) (14)
poner(se) (15)
portarse like hablar (1)
preguntarse like hablar (1)
premiar like hablar (1)
preocupar(se) like hablar (1)
presentarse like hablar (1)
prevenir like venir (22)
promover (o:ue) like volver (34) *except* past participle is regular
pronunciar like hablar (1)
proponer like poner (15)
proporcionar like hablar (1)
proteger (g:j) (42)
provenir (e:ie) like venir (22)
publicar (c:qu) like tocar (43)
quedar(se) like hablar (1)
quejarse like hablar (1)
querer (e:ie) (16)
quitar(se) like hablar (1)
rechazar (z:c) like cruzar (37)
recordar (o:ue) like contar (24)
recorrer like comer (2)
recuperarse like hablar (1)
reducir (c:zc) like conducir (6)
reír(se) (e:i) (río) (31)
regresar like hablar (1)
relajarse like hablar (1)
rendirse (e:i) like pedir (29)
renovarse (o:ue) like contar (24)
rescatar like hablar (1)
reservar like hablar (1)
residir like vivir (3)
retrasar like hablar (1)
reunirse like vivir (3)
revolver (o:ue) like volver (34)
rezar like cruzar (37)
rociar like hablar (1)
rodear like hablar (1)
romper like comer (2) *except* past participle is roto
rozar (z:c) like cruzar (37)
saber (17)
salir (18)
salvar like hablar (1)
seguir (e:i) (g:gu) (32)
señalar like hablar (1)
sentir(se) (e:ie) (33)
ser (19)
sintonizar (z:c) like cruzar (37)
sobrevivir like vivir (3)
soñar (o:ue) like contar (24)
soplar like hablar (1)
soportar like hablar (1)
suceder like comer (2)
sufrir like vivir (3)
superar like hablar (1)
suprimir like vivir (3)
tener (20)
tirar like hablar (1)
titularse like hablar (1)
tocar (c:qu) (43)
tomar like hablar (1)
traer (21)
transmitir like vivir (3)
trasnochar like hablar (1)
tratar like hablar (1)
trazar like cruzar (37)
tropezar (z:c) like hablar (1)
vencer (c:z) like comer (2)
venir (22)
ver(se) (23)
vigilar like hablar (1)
vivir (3)
volver (o:ue) (34)

Regular verbs: simple tenses

	Infinitive	INDICATIVE					SUBJUNCTIVE		IMPERATIVE
		Present	Imperfect	Preterite	Future	Conditional	Present	Past	
1	hablar	hablo	hablaba	hablé	hablaré	hablaría	hable	hablara	
		hablas	hablabas	hablaste	hablarás	hablarías	hables	hablaras	habla tú (no hables)
	Participles:	habla	hablaba	habló	hablará	hablaría	hable	hablara	hable Ud.
	hablando	hablamos	hablábamos	hablamos	hablaremos	hablaríamos	hablemos	habláramos	hablemos
	hablado	habláis	hablabais	hablasteis	hablaréis	hablaríais	habléis	hablarais	hablad (no habléis)
		hablan	hablaban	hablaron	hablarán	hablarían	hablen	hablaran	hablen Uds.
2	comer	como	comía	comí	comeré	comería	coma	comiera	
		comes	comías	comiste	comerás	comerías	comas	comieras	come tú (no comas)
	Participles:	come	comía	comió	comerá	comería	coma	comiera	coma Ud.
	comiendo	comemos	comíamos	comimos	comeremos	comeríamos	comamos	comiéramos	comamos
	comido	coméis	comíais	comisteis	comeréis	comeríais	comáis	comierais	comed (no comáis)
		comen	comían	comieron	comerán	comerían	coman	comieran	coman Uds.
3	vivir	vivo	vivía	viví	viviré	viviría	viva	viviera	
		vives	vivías	viviste	vivirás	vivirías	vivas	vivieras	vive tú (no vivas)
	Participles:	vive	vivía	vivió	vivirá	viviría	viva	viviera	viva Ud.
	viviendo	vivimos	vivíamos	vivimos	viviremos	viviríamos	vivamos	viviéramos	vivamos
	vivido	vivís	vivíais	vivisteis	viviréis	viviríais	viváis	vivierais	vivid (no viváis)
		viven	vivían	vivieron	vivirán	vivirían	vivan	vivieran	vivan Uds.

All verbs: compound tenses

PERFECT TENSES					
INDICATIVE				SUBJUNCTIVE	
Present Perfect	Past Perfect	Future Perfect	Conditional Perfect	Present Perfect	Past Perfect
he	había	habré	habría	haya	hubiera
has	habías	habrás	habrías	hayas	hubieras
ha	había	habrá	habría	haya	hubiera
hemos	habíamos	habremos	habríamos	hayamos	hubiéramos
habéis	habíais	habréis	habríais	hayáis	hubierais
han	habían	habrán	habrían	hayan	hubieran
hablado comido vivido	hablado comido vivido	hablado comido vivido	hablado comido vivido	hablado comido vivido	hablado comido vivido

PROGRESSIVE TENSES											
INDICATIVE								SUBJUNCTIVE			
Present Progressive		Past Progressive		Future Progressive		Conditional Progressive		Present Progressive		Past Progressive	
estoy	hablando	estaba	hablando	estaré	hablando	estaría	hablando	esté	hablando	estuviera	hablando
estás	comiendo	estabas	comiendo	estarás	comiendo	estarías	comiendo	estés	comiendo	estuvieras	comiendo
está	viviendo	estaba	viviendo	estará	viviendo	estaría	viviendo	esté	viviendo	estuviera	viviendo
estamos		estábamos		estaremos		estaríamos		estemos		estuviéramos	
estáis		estabais		estaréis		estaríais		estéis		estuvierais	
estan		estaban		estarán		estarían		estén		estuvieran	

Irregular verbs

	Infinitive	INDICATIVE Present	Imperfect	Preterite	Future	Conditional	SUBJUNCTIVE Present	Past	IMPERATIVE
4	caber	**quepo**	cabía	**cupe**	**cabré**	**cabría**	**quepa**	**cupiera**	
		cabes	cabías	**cupiste**	**cabrás**	**cabrías**	**quepas**	**cupieras**	cabe tú (no **quepas**)
	Participles:	cabe	cabía	**cupo**	**cabrá**	**cabría**	**quepa**	**cupiera**	quepa Ud.
	cabiendo	cabemos	cabíamos	**cupimos**	**cabremos**	**cabríamos**	**quepamos**	**cupiéramos**	**quepamos**
	cabido	cabéis	cabíais	**cupisteis**	**cabréis**	**cabríais**	**quepáis**	**cupierais**	cabed (no **quepáis**)
		caben	cabían	**cupieron**	**cabrán**	**cabrían**	**quepan**	**cupieran**	**quepan** Uds.
5	caer(se)	**caigo**	caía	**caí**	caeré	caería	**caiga**	**cayera**	
		caes	caías	**caíste**	caerás	caerías	**caigas**	**cayeras**	cae tú (no **caigas**)
	Participles:	cae	caía	**cayó**	caerá	caería	**caiga**	**cayera**	**caiga** Ud. (no **caiga**)
	cayendo	caemos	caíamos	**caímos**	caeremos	caeríamos	**caigamos**	**cayéramos**	**caigamos**
	caído	caéis	caíais	**caísteis**	caeréis	caeríais	**caigáis**	**cayerais**	caed (no **caigáis**)
		caen	caían	**cayeron**	caerán	caerían	**caigan**	**cayeran**	**caigan** Uds.
6	conducir	**conduzco**	conducía	**conduje**	conduciré	conduciría	**conduzca**	**condujera**	
	(c:zc)	conduces	conducías	**condujiste**	conducirás	conducirías	**conduzcas**	**condujeras**	conduce tú (no **conduzcas**)
	Participles:	conduce	conducía	**condujo**	conducirá	conduciría	**conduzca**	**condujera**	**conduzca** Ud. (no **conduzca**)
	conduciendo	conducimos	conducíamos	**condujimos**	conduciremos	conduciríamos	**conduzcamos**	**condujéramos**	**conduzcamos**
	conducido	conducís	conducíais	**condujisteis**	conduciréis	conduciríais	**conduzcáis**	**condujerais**	conducid (no **conduzcáis**)
		conducen	conducían	**condujeron**	conducirán	conducirían	**conduzcan**	**condujeran**	**conduzcan** Uds.

	Infinitive	INDICATIVE					SUBJUNCTIVE		IMPERATIVE
		Present	Imperfect	Preterite	Future	Conditional	Present	Past	
7	dar	**doy**	daba	**di**	daré	daría	**dé**	**diera**	
		das	dabas	**diste**	darás	darías	des	**dieras**	da tú (no des)
	Participles:	da	daba	**dio**	dará	daría	**dé**	**diera**	**dé** Ud.
	dando	damos	dábamos	**dimos**	daremos	daríamos	demos	**diéramos**	demos
	dado	dais	dabais	**disteis**	daréis	daríais	deis	**dierais**	dad (no **deis**)
		dan	daban	**dieron**	darán	darían	den	**dieran**	den Uds.
8	decir (e:i)	**digo**	decía	**dije**	**diré**	**diría**	**diga**	**dijera**	
		dices	decías	**dijiste**	**dirás**	**dirías**	**digas**	**dijeras**	**di** tú (no **digas**)
	Participles:	**dice**	decía	**dijo**	**dirá**	**diría**	**diga**	**dijera**	**diga** Ud.
	diciendo	decimos	decíamos	**dijimos**	**diremos**	**diríamos**	**digamos**	**dijéramos**	**digamos**
	dicho	decís	decíais	**dijisteis**	**diréis**	**diríais**	**digáis**	**dijerais**	decid (no **digáis**)
		dicen	decían	**dijeron**	**dirán**	**dirían**	**digan**	**dijeran**	**digan** Uds.
9	estar	**estoy**	estaba	**estuve**	estaré	estaría	esté	**estuviera**	
		estás	estabas	**estuviste**	estarás	estarías	estés	**estuvieras**	**está** tú (no **estés**)
	Participles:	está	estaba	**estuvo**	estará	estaría	esté	**estuviera**	**esté** Ud.
	estando	estamos	estábamos	**estuvimos**	estaremos	estaríamos	estemos	**estuviéramos**	**estemos**
	estado	estáis	estabais	**estuvisteis**	estaréis	estaríais	estéis	**estuvierais**	estad (no **estéis**)
		están	estaban	**estuvieron**	estarán	estarían	estén	**estuvieran**	**estén** Uds.
10	haber	**he**	había	**hube**	**habré**	**habría**	**haya**	**hubiera**	
		has	habías	**hubiste**	**habrás**	**habrías**	**hayas**	**hubieras**	
	Participles:	**ha**	había	**hubo**	**habrá**	**habría**	**haya**	**hubiera**	
	habiendo	**hemos**	habíamos	**hubimos**	**habremos**	**habríamos**	**hayamos**	**hubiéramos**	
	habido	**habéis**	habíais	**hubisteis**	**habréis**	**habríais**	**hayáis**	**hubierais**	
		han	habían	**hubieron**	**habrán**	**habrían**	**hayan**	**hubieran**	
11	hacer	**hago**	hacía	**hice**	**haré**	**haría**	**haga**	**hiciera**	
		haces	hacías	**hiciste**	**harás**	**harías**	**hagas**	**hicieras**	**haz** tú (no **hagas**)
	Participles:	hace	hacía	**hizo**	**hará**	**haría**	**haga**	**hiciera**	**haga** Ud.
	haciendo	hacemos	hacíamos	**hicimos**	**haremos**	**haríamos**	**hagamos**	**hiciéramos**	**hagamos**
	hecho	hacéis	hacíais	**hicisteis**	**haréis**	**haríais**	**hagáis**	**hicierais**	haced (no **hagáis**)
		hacen	hacían	**hicieron**	**harán**	**harían**	**hagan**	**hicieran**	**hagan** Uds.
12	ir	**voy**	**iba**	**fui**	iré	iría	**vaya**	**fuera**	
		vas	**ibas**	**fuiste**	irás	irías	**vayas**	**fueras**	**ve** tú (no **vayas**)
	Participles:	**va**	**iba**	**fue**	irá	iría	**vaya**	**fuera**	**vaya** Ud.
	yendo	**vamos**	**íbamos**	**fuimos**	iremos	iríamos	**vayamos**	**fuéramos**	**vamos**
	ido	**vais**	**ibais**	**fuisteis**	iréis	iríais	**vayáis**	**fuerais**	id (no **vayáis**)
		van	**iban**	**fueron**	irán	irían	**vayan**	**fueran**	**vayan** Uds.
13	oír (y)	**oigo**	oía	**oí**	oiré	oiría	**oiga**	**oyera**	
		oyes	oías	**oíste**	oirás	oirías	**oigas**	**oyeras**	**oye** tú (no **oigas**)
	Participles:	**oye**	oía	**oyó**	oirá	oiría	**oiga**	**oyera**	**oiga** Ud.
	oyendo	**oímos**	oíamos	**oímos**	oiremos	oiríamos	**oigamos**	**oyéramos**	**oigamos**
	oído	**oís**	oíais	**oísteis**	oiréis	oiríais	**oigáis**	**oyerais**	oíd (no **oigáis**)
		oyen	oían	**oyeron**	oirán	oirían	**oigan**	**oyeran**	**oigan** Uds.

	Infinitive	INDICATIVE					SUBJUNCTIVE		IMPERATIVE
		Present	Imperfect	Preterite	Future	Conditional	Present	Past	
14	poder (o:ue)	**puedo**	podía	**pude**	**podré**	**podría**	**pueda**	**pudiera**	
		puedes	podías	**pudiste**	**podrás**	**podrías**	**puedas**	**pudieras**	**puede** tú (no **puedas**)
	Participles:	**puede**	podía	**pudo**	**podrá**	**podría**	**pueda**	**pudiera**	**pueda** Ud.
	pudiendo	podemos	podíamos	**pudimos**	**podremos**	**podríamos**	podamos	**pudiéramos**	podamos
	podido	podéis	podíais	**pudisteis**	**podréis**	**podríais**	podáis	**pudierais**	poded (no **podáis**)
		pueden	podían	**pudieron**	**podrán**	**podrían**	**puedan**	**pudieran**	**puedan** Uds.
15	poner	**pongo**	ponía	**puse**	**pondré**	**pondría**	**ponga**	**pusiera**	
		pones	ponías	**pusiste**	**pondrás**	**pondrías**	**pongas**	**pusieras**	**pon** tú (no **pongas**)
	Participles:	pone	ponía	**puso**	**pondrá**	**pondría**	**ponga**	**pusiera**	**ponga** Ud.
	poniendo	ponemos	poníamos	**pusimos**	**pondremos**	**pondríamos**	**pongamos**	**pusiéramos**	**pongamos**
	puesto	ponéis	poníais	**pusisteis**	**pondréis**	**pondríais**	**pongáis**	**pusierais**	poned (no **pongáis**)
		ponen	ponían	**pusieron**	**pondrán**	**pondrían**	**pongan**	**pusieran**	**pongan** Uds.
16	querer (e:ie)	**quiero**	quería	**quise**	**querré**	**querría**	**quiera**	**quisiera**	
		quieres	querías	**quisiste**	**querrás**	**querrías**	**quieras**	**quisieras**	**quiere tú** (no **quieras**)
	Participles:	**quiere**	quería	**quiso**	**querrá**	**querría**	**quiera**	**quisiera**	**quiera** Ud.
	queriendo	queremos	queríamos	**quisimos**	**querremos**	**querríamos**	queramos	**quisiéramos**	**queramos**
	querido	queréis	queríais	**quisisteis**	**querréis**	**querríais**	queráis	**quisierais**	quered (no **queráis**)
		quieren	querían	**quisieron**	**querrán**	**querrían**	**quieran**	**quisieran**	**quieran** Uds.
17	saber	**sé**	sabía	**supe**	**sabré**	**sabría**	**sepa**	**supiera**	
		sabes	sabías	**supiste**	**sabrás**	**sabrías**	**sepas**	**supieras**	sabe tú (no **sepas**)
	Participles:	sabe	sabía	**supo**	**sabrá**	**sabría**	**sepa**	**supiera**	**sepa** Ud.
	sabiendo	sabemos	sabíamos	**supimos**	**sabremos**	**sabríamos**	**sepamos**	**supiéramos**	**sepamos**
	sabido	sabéis	sabíais	**supisteis**	**sabréis**	**sabríais**	**sepáis**	**supierais**	sabed (no **sepáis**)
		saben	sabían	**supieron**	**sabrán**	**sabrían**	**sepan**	**supieran**	**sepan** Uds.
18	salir	**salgo**	salía	salí	**saldré**	**saldría**	**salga**	saliera	
		sales	salías	saliste	**saldrás**	**saldrías**	**salgas**	salieras	**sal** tú (no **salgas**)
	Participles:	sale	salía	salió	**saldrá**	**saldría**	**salga**	saliera	**salga** Ud.
	saliendo	salimos	salíamos	salimos	**saldremos**	**saldríamos**	**salgamos**	saliéramos	**salgamos**
	salido	salís	salíais	salisteis	**saldréis**	**saldríais**	**salgáis**	salierais	salid (no **salgáis**)
		salen	salían	salieron	**saldrán**	**saldrían**	**salgan**	salieran	**salgan** Uds.
19	ser	**soy**	**era**	**fui**	seré	sería	**sea**	**fuera**	
		eres	**eras**	**fuiste**	serás	serías	**seas**	**fueras**	**sé** tú (no **seas**)
	Participles:	**es**	**era**	**fue**	será	sería	**sea**	**fuera**	**sea** Ud.
	siendo	**somos**	**éramos**	**fuimos**	seremos	seríamos	**seamos**	**fuéramos**	**seamos**
	sido	**sois**	**erais**	**fuisteis**	seréis	seríais	**seáis**	**fuerais**	sed (no **seáis**)
		son	**eran**	**fueron**	serán	serían	**sean**	**fueran**	**sean** Uds.
20	tener (e:ie)	**tengo**	**tenía**	**tuve**	**tendré**	**tendría**	**tenga**	**tuviera**	
		tienes	**tenías**	**tuviste**	**tendrás**	**tendrías**	**tengas**	**tuvieras**	**ten** tú (no **tengas**)
	Participles:	**tiene**	**tenía**	**tuvo**	**tendrá**	**tendría**	**tenga**	**tuviera**	**tenga** Ud.
	teniendo	tenemos	**teníamos**	**tuvimos**	**tendremos**	**tendríamos**	**tengamos**	**tuviéramos**	**tengamos**
	tenido	tenéis	**teníais**	**tuvisteis**	**tendréis**	**tendríais**	**tengáis**	**tuvierais**	tened (no **tengáis**)
		tienen	**tenían**	**tuvieron**	**tendrán**	**tendrían**	**tengan**	**tuvieran**	**tengan** Uds.

	Infinitive	INDICATIVE					SUBJUNCTIVE		IMPERATIVE
		Present	Imperfect	Preterite	Future	Conditional	Present	Past	
21	traer	**traigo**	traía	**traje**	traeré	traería	**traiga**	**trajera**	
		traes	traías	**trajiste**	traerás	traerías	**traigas**	**trajeras**	trae tú (no **traigas**)
	Participles:	trae	traía	**trajo**	traerá	traería	**traiga**	**trajera**	**traiga** Ud.
	trayendo	traemos	traíamos	**trajimos**	traeremos	traeríamos	**traigamos**	**trajéramos**	**traigamos**
	traído	traéis	traíais	**trajisteis**	traeréis	traeríais	**traigáis**	**trajerais**	traed (no **traigáis**)
		traen	traían	**trajeron**	traerán	traerían	**traigan**	**trajeran**	**traigan** Uds.
22	venir (e:ie)	**vengo**	venía	**vine**	**vendré**	**vendría**	**venga**	**viniera**	
		vienes	venías	**viniste**	**vendrás**	**vendrías**	**vengas**	**vinieras**	**ven** tú (no **vengas**)
	Participles:	**viene**	venía	**vino**	**vendrá**	**vendría**	**venga**	**viniera**	**venga** Ud.
	viniendo	venimos	veníamos	**vinimos**	**vendremos**	**vendríamos**	**vengamos**	**viniéramos**	**vengamos**
	venido	venís	veníais	**vinisteis**	**vendréis**	**vendríais**	**vengáis**	**vinierais**	venid (no **vengáis**)
		vienen	venían	**vinieron**	**vendrán**	**vendrían**	**vengan**	**vinieran**	**vengan** Uds.
23	ver	**veo**	**veía**	vi	veré	vería	**vea**	**viera**	
		ves	**veías**	viste	verás	verías	**veas**	**vieras**	**ve** tú (no **veas**)
	Participles:	ve	**veía**	vio	verá	vería	**vea**	**viera**	**vea** Ud.
	viendo	vemos	**veíamos**	vimos	veremos	veríamos	**veamos**	**viéramos**	**veamos**
	visto	veis	**veíais**	visteis	veréis	veríais	**veáis**	**vierais**	ved (no **veáis**)
		ven	**veían**	vieron	verán	verían	**vean**	**vieran**	**vean** Uds.

Stem changing verbs

	Infinitive	INDICATIVE					SUBJUNCTIVE		IMPERATIVE
		Present	Imperfect	Preterite	Future	Conditional	Present	Past	
24	contar (o:ue)	**cuento**	contaba	conté	contaré	contaría	**cuente**	contara	
		cuentas	contabas	contaste	contarás	contarías	**cuentes**	contaras	**cuenta** tú (no **cuentes**)
	Participles:	**cuenta**	contaba	contó	contará	contaría	**cuente**	contara	**cuente** Ud.
	contando	contamos	contábamos	contamos	contaremos	contaríamos	contemos	contáramos	contemos
	contado	contáis	contabais	contasteis	contaréis	contaríais	contéis	contarais	contad (no **contéis**)
		cuentan	contaban	contaron	contarán	contarían	**cuenten**	contaran	**cuenten** Uds.
25	dormir (o:ue)	**duermo**	dormía	dormí	dormiré	dormiría	**duerma**	**durmiera**	
		duermes	dormías	dormiste	dormirás	dormirías	**duermas**	**durmieras**	**duerme** tú (no **duermas**)
	Participles:	**duerme**	dormía	**durmió**	dormirá	dormiría	**duerma**	**durmiera**	**duerma** Ud.
	durmiendo	dormimos	dormíamos	dormimos	dormiremos	dormiríamos	**durmamos**	**durmiéramos**	**durmamos**
	dormido	dormís	dormíais	dormisteis	dormiréis	dormiríais	**durmáis**	**durmierais**	dormid (no **durmáis**)
		duermen	dormían	**durmieron**	dormirán	dormirían	**duerman**	**durmieran**	**duerman** Uds.
26	empezar	**empiezo**	empezaba	**empecé**	empezaré	empezaría	**empiece**	empezara	
	(e:ie) (c)	**empiezas**	empezabas	empezaste	empezarás	empezarías	**empieces**	empezaras	**empieza** tú (no **empieces**)
		empieza	empezaba	empezó	empezará	empezaría	**empiece**	empezara	**empiece** Ud.
	Participles:	empezamos	empezábamos	empezamos	empezaremos	empezaríamos	**empecemos**	empezáramos	**empecemos**
	empezando	empezáis	empezabais	empezasteis	empezaréis	empezaríais	**empecéis**	empezarais	empezad (no **empecéis**)
	empezado	**empiezan**	empezaban	empezaron	empezarán	empezarían	**empiecen**	empezaran	**empiecen** Uds.

	Infinitive	INDICATIVE					SUBJUNCTIVE		IMPERATIVE
		Present	Imperfect	Preterite	Future	Conditional	Present	Past	
27	entender (e:ie) **Participles:** entendiendo entendido	**entiendo** **entiendes** **entiende** entendemos entendéis **entienden**	entendía entendías entendía entendíamos entendíais entendían	entendí entendiste entendió entendimos entendisteis entendieron	entenderé entenderás entenderá entenderemos entenderéis entenderán	entendería entenderías entendería entenderíamos entenderíais entenderían	**entienda** **entiendas** **entienda** entendamos entendáis **entiendan**	entendiera entendieras entendiera entendiéramos entendierais entendieran	**entiende** tú (no **entiendas**) **entienda** Ud. **entendamos** entended (no **entendáis**) **entiendan** Uds.
28	jugar (u:ue) (gu) **Participles:** jugando jugado	**juego** **juegas** **juega** jugamos jugáis **juegan**	jugaba jugabas jugaba jugábamos jugabais jugaban	**jugué** jugaste jugó jugamos jugasteis jugaron	jugaré jugarás jugará jugaremos jugaréis jugarán	jugaría jugarías jugaría jugaríamos jugaríais jugarían	**juegue** **juegues** **juegue** **juguemos** **juguéis** **jueguen**	jugara jugaras jugara jugáramos jugarais jugaran	**juega** tú (no **juegues**) **juegue** Ud. **juguemos** jugad (no **juguéis**) **jueguen** Uds.
29	pedir (e:i) **Participles:** **pidiendo** pedido	**pido** **pides** **pide** pedimos pedís **piden**	pedía pedías pedía pedíamos pedíais pedían	pedí pediste **pidió** pedimos pedisteis **pidieron**	pediré pedirás pedirá pediremos pediréis pedirán	pediría pedirías pediría pediríamos pediríais pedirían	**pida** **pidas** **pida** **pidamos** **pidáis** **pidan**	**pidiera** **pidieras** **pidiera** **pidiéramos** **pidierais** **pidieran**	**pide** tú (no **pidas**) **pida** Ud. **pidamos** pedid (no **pidáis**) **pidan** Uds.
30	pensar (e:ie) **Participles:** pensando pensado	**pienso** **piensas** **piensa** pensamos pensáis **piensan**	pensaba pensabas pensaba pensábamos pensabais pensaban	pensé pensaste pensó pensamos pensasteis pensaron	pensaré pensarás pensará pensaremos pensaréis pensarán	pensaría pensarías pensaría pensaríamos pensaríais pensarían	**piense** **pienses** **piense** pensemos penséis **piensen**	pensara pensaras pensara pensáramos pensarais pensaran	**piensa** tú (no **pienses**) **piense** Ud. pensemos pensad (no **penséis**) **piensen** Uds.
31	reír(se) (e:i) **Participles:** **riendo** **reído**	**río** **ríes** **ríe** **reímos** **reís** **ríen**	reía reías reía reíamos reíais reían	**reí** **reíste** **rió** **reímos** **reísteis** **rieron**	reiré reirás reirá reiremos reiréis reirán	reiría reirías reiría reiríamos reiríais reirían	**ría** **rías** **ría** **riamos** **riáis** **rían**	**riera** **rieras** **riera** **riéramos** **rierais** **rieran**	**ríe** tú (no **rías**) **ría** Ud. **riamos** reíd (no **riáis**) **rían** Uds.
32	seguir (e:i) (gu) **Participles:** **siguiendo** seguido	**sigo** **sigues** **sigue** seguimos seguís **siguen**	seguía seguías seguía seguíamos seguíais seguían	seguí seguiste **siguió** seguimos seguisteis **siguieron**	seguiré seguirás seguirá seguiremos seguiréis seguirán	seguiría seguirías seguiría seguiríamos seguiríais seguirían	**siga** **sigas** **siga** **sigamos** **sigáis** **sigan**	**siguiera** **siguieras** **siguiera** **siguiéramos** **siguierais** **siguieran**	**sigue** tú (no **sigas**) **siga** Ud. **sigamos** seguid (no **sigáis**) **sigan** Uds.
33	sentir (e:ie) **Participles:** **sintiendo** sentido	**siento** **sientes** **siente** sentimos sentís **sienten**	sentía sentías sentía sentíamos sentíais sentían	sentí sentiste **sintió** sentimos sentisteis **sintieron**	sentiré sentirás sentirá sentiremos sentiréis sentirán	sentiría sentirías sentiría sentiríamos sentiríais sentirían	**sienta** **sientas** **sienta** **sintamos** **sintáis** **sientan**	**sintiera** **sintieras** **sintiera** **sintiéramos** **sintierais** **sintieran**	**siente** tú (no **sientas**) **sienta** Ud. **sintamos** sentid (no **sintáis**) **sientan** Uds.

	Infinitive	INDICATIVE					SUBJUNCTIVE		IMPERATIVE
		Present	Imperfect	Preterite	Future	Conditional	Present	Past	
34	volver (o:ue)	**vuelvo**	volvía	volví	volveré	volvería	**vuelva**	volviera	
		vuelves	volvías	volviste	volverás	volverías	**vuelvas**	volvieras	**vuelve** tú (no **vuelvas**)
	Participles:	**vuelve**	volvía	volvió	volverá	volvería	**vuelva**	volviera	**vuelva** Ud.
	volviendo	volvemos	volvíamos	volvimos	volveremos	volveríamos	volvamos	volviéramos	volvamos
	vuelto	volvéis	volvíais	volvisteis	volveréis	volveríais	volváis	volvierais	volved (no **volváis**)
		vuelven	volvían	volvieron	volverán	volverían	**vuelvan**	volvieran	**vuelvan** Uds.

Verbs with spelling changes only

	Infinitive	INDICATIVE					SUBJUNCTIVE		IMPERATIVE
		Present	Imperfect	Preterite	Future	Conditional	Present	Past	
35	conocer	**conozco**	conocía	conocí	conoceré	conocería	**conozca**	conociera	
	(c:zc)	conoces	conocías	conociste	conocerás	conocerías	**conozcas**	conocieras	conoce tú (no **conozcas**)
		conoce	conocía	conoció	conocerá	conocería	**conozca**	conociera	**conozca** Ud.
	Participles:	conocemos	conocíamos	conocimos	conoceremos	conoceríamos	**conozcamos**	conociéramos	**conozcamos**
	conociendo	conocéis	conocíais	conocisteis	conoceréis	conoceríais	**conozcáis**	conocierais	conoced (no **conozcáis**)
	conocido	conocen	conocían	conocieron	conocerán	conocerían	**conozcan**	conocieran	**conozcan** Uds.
36	creer (y)	creo	creía	**creí**	creeré	creería	crea	**creyera**	
		crees	creías	**creíste**	creerás	creerías	creas	**creyeras**	cree tú (no creas)
	Participles:	cree	creía	**creyó**	creerá	creería	crea	**creyera**	crea Ud.
	creyendo	creemos	creíamos	**creímos**	creeremos	creeríamos	creamos	**creyéramos**	creamos
	creído	creéis	creíais	**creísteis**	creeréis	creeríais	creáis	**creyerais**	creed (no creáis)
		creen	creían	**creyeron**	creerán	creerían	crean	**creyeran**	crean Uds.
37	cruzar (c)	cruzo	cruzaba	**crucé**	cruzaré	cruzaría	**cruce**	cruzara	
		cruzas	cruzabas	cruzaste	cruzarás	cruzarías	**cruces**	cruzaras	cruza tú (no **cruces**)
	Participles:	cruza	cruzaba	cruzó	cruzará	cruzaría	**cruce**	cruzara	**cruce** Ud.
	cruzando	cruzamos	cruzábamos	cruzamos	cruzaremos	cruzaríamos	**crucemos**	cruzáramos	**crucemos**
	cruzado	cruzáis	cruzabais	cruzasteis	cruzaréis	cruzaríais	**crucéis**	cruzarais	cruzad (no **crucéis**)
		cruzan	cruzaban	cruzaron	cruzarán	cruzarían	**crucen**	cruzaran	**crucen** Uds.
38	destruir (y)	**destruyo**	destruía	destruí	destruiré	destruiría	**destruya**	**destruyera**	
		destruyes	destruías	destruiste	destruirás	destruirías	**destruyas**	**destruyeras**	**destruye** tú (no **destruyas**)
	Participles:	**destruye**	destruía	**destruyó**	destruirá	destruiría	**destruya**	**destruyera**	**destruya** Ud.
	destruyendo	destruimos	destruíamos	destruimos	destruiremos	destruiríamos	**destruyamos**	**destruyéramos**	**destruyamos**
	destruido	destruís	destruíais	destruisteis	destruiréis	destruiríais	**destruyáis**	**destruyerais**	destruid (no **destruyáis**)
		destruyen	destruían	**destruyeron**	destruirán	destruirían	**destruyan**	**destruyeran**	**destruyan** Uds.
39	enviar	**envío**	enviaba	envié	enviaré	enviaría	**envíe**	enviara	
	(envío)	**envías**	enviabas	enviaste	enviarás	enviarías	**envíes**	enviaras	**envía** tú (no **envíes**)
		envía	enviaba	envió	enviará	enviaría	**envíe**	enviara	**envíe** Ud.
	Participles:	enviamos	enviábamos	enviamos	enviaremos	enviaríamos	**enviemos**	enviáramos	enviemos
	enviando	enviáis	enviabais	enviasteis	enviaréis	enviaríais	**enviéis**	enviarais	enviad (no **enviéis**)
	enviado	**envían**	enviaban	enviaron	enviarán	enviarían	**envíen**	enviaran	**envíen** Uds.

	Infinitive	INDICATIVE					SUBJUNCTIVE		IMPERATIVE
		Present	Imperfect	Preterite	Future	Conditional	Present	Past	
40	graduarse	**gradúo**	graduaba	gradué	graduaré	graduaría	**gradúe**	graduara	
	(gradúo)	**gradúas**	graduabas	graduaste	graduarás	graduarías	**gradúes**	graduaras	**gradúa** tú (no **gradúes**)
	Participles:	**gradúa**	graduaba	graduó	graduará	graduaría	**gradúe**	graduara	**gradúe** Ud.
	graduando	**graduamos**	graduábamos	graduamos	graduaremos	graduaríamos	**graduemos**	graduáramos	graduemos
	graduado	**graduáis**	graduabais	graduasteis	graduaréis	graduaríais	**graduéis**	graduarais	graduad (no **graduéis**)
		gradúan	graduaban	graduaron	graduarán	graduarían	**gradúen**	graduaran	**gradúen** Uds.
41	llegar (gu)	llego	llegaba	**llegué**	llegaré	llegaría	**llegue**	llegara	
		llegas	llegabas	llegaste	llegarás	llegarías	**llegues**	llegaras	llega tú (no **llegues**)
	Participles:	llega	llegaba	llegó	llegará	llegaría	**llegue**	llegara	**llegue** Ud.
	llegando	llegamos	llegábamos	llegamos	llegaremos	llegaríamos	**lleguemos**	llegáramos	**lleguemos**
	llegado	llegáis	llegabais	llegasteis	llegaréis	llegaríais	**lleguéis**	llegarais	llegad (no **lleguéis**)
		llegan	llegaban	llegaron	llegarán	llegarían	**lleguen**	llegaran	**lleguen** Uds.
42	proteger (j)	**protejo**	protegía	protegí	protegeré	protegería	**proteja**	protegiera	
		proteges	protegías	protegiste	protegerás	protegerías	**protejas**	protegieras	protege tú (no **protejas**)
	Participles:	protege	protegía	protegió	protegerá	protegería	**proteja**	protegiera	**proteja** Ud.
	protegiendo	protegemos	protegíamos	protegimos	protegeremos	protegeríamos	**protejamos**	protegiéramos	**protejamos**
	protegido	protegéis	protegíais	protegisteis	protegeréis	protegeríais	**protejáis**	protegierais	proteged (no **protejáis**)
		protegen	protegían	protegieron	protegerán	protegerían	**protejan**	protegieran	**protejan** Uds.
43	tocar (qu)	toco	tocaba	**toqué**	tocaré	tocaría	**toque**	tocara	
		tocas	tocabas	tocaste	tocará	tocarías	**toques**	tocaras	toca tú (no **toques**)
	Participles:	toca	tocaba	tocó	tocarás	tocaría	**toque**	tocara	**toque** Ud.
	tocando	tocamos	tocábamos	tocamos	tocaremos	tocaríamos	**toquemos**	tocáramos	**toquemos**
	tocado	tocáis	tocabais	tocasteis	tocaréis	tocaríais	**toquéis**	tocarais	tocad (no **toquéis**)
		tocan	tocaban	tocaron	tocarán	tocarían	**toquen**	tocaran	**toquen** Uds.

Guide to Vocabulary

Contents of the glossary

This glossary contains the words and expressions listed on the **Vocabulario** page found at the end of each lesson in **ENFOQUES.** A numeral following an entry indicates the lesson where the word or expression was introduced. Check the **Estructura** sections of each lesson for words and expressions related to those grammar topics.

Abbreviations used in this glossary

adj.	adjective	*fam.*	familiar	*prep.*	preposition
adv.	adverb	*form.*	formal	*pron.*	pronoun
conj.	conjunction	*m.*	masculine	*sing.*	singular
f.	feminine	*pl.*	plural	*v.*	verb

Note on alphabetization

In the Spanish alphabet **ñ** is a separate letter following **n.** Therefore in this glossary you will find that **añadir** follows **anuncio.**

Spanish-English

A

abadesa *f.* abbess
abogado/a *m., f.* lawyer 7
abrir(se) *v.* to open; **abrirse paso** to make one's way
abrocharse *v.* to fasten; **abrocharse el cinturón de seguridad** to fasten one's seatbelt
aburrir *v.* to bore
aburrirse *v.* to be bored; to get bored 2
acá *adv.* here
acantilado *m.* cliff 6
acariciar *v.* to caress
accidente *m.* accident
acción *f.* stock 7
acercarse (a) (c:qu) *v.* to approach
acoger (g:j) *v.* to welcome; to take in; to receive
acogido/a *adj.* received; **bien acogido/a** *adj.* received favorably 7
aconsejar *v.* to advise; to suggest; **Le aconsejo que vaya a casa.** I advise you to go home. (*form.*) 5; **Te aconsejo que vayas a casa.** I advise you to go home. (*fam.*) 5
acontecimiento *m.* event
acordar (o:ue) *v.* to agree
acordarse (de) *v.* to remember
acostarse (o:ue) *v.* to go to bed
acostumbrado/a *adj.* accustomed to 5; **estar acostumbrado/a a** to be used to 5
acto: **en el acto** immediately; on the spot 3
actor *m.* actor 9
actriz *f.* actress 9
actualidad *f.* current affairs 9
actualizado/a *adj.* up to date 9
actualmente *adv.* currently 7
acuarela *f.* watercolor 10
acudir (a) *v.* to come to the aid of
adelgazar (z:c) *v.* to lose weight 5
adivinar *v.* to guess
administrar *v.* to manage 7
admirar *v.* to admire 4
ADN (ácido desoxirribonucleico) *m.* DNA (deoxyribonucleic acid) 11
adorar *v.* to adore 1
aduana *f.* customs
afeitarse *v.* to shave
afición *f.* love, liking, hobby 2
aficionado/a *adj.* fan; **ser aficionado/a de** be a fan of 2
afligirse *v.* to get upset
afortunado/a *adj.* lucky
agarrar *v.* to grab, to hold fast
agente *m., f.* agent; officer; **agente de aduanas** customs agent 4
agitar *v.* to wave
agobiado/a *adj.* overwhelmed
agradecimiento *m.* gratitude 8
águila *m.* eagle 6
agujero *m.* hole 11; **agujero en la capa de ozono** hole in the ozone layer; **agujero negro** black hole 11; **agujerito** *m.* small hole 11
ahogarse (g:gu) *v.* to smother, to drown
ahorrar *v.* to save 7
ahorro *m.* savings 7
aire libre outdoors 6
aislado/a *adj.* isolated 12
aislamiento *m.* isolation
ajedrez *m.* chess 2
ajeno/a *adj.* somebody else's 3
ala *m.* wing 6
alcalde/alcaldesa *m., f.* mayor 8
alcance *m.* reach; range
al alcance de within reach
alcanzar (z:c) *v.* to reach; to achieve; to succeed in
aldea *f.* small village 12
alejado/a *adj.* distant
alejarse *v.* to move away
alimentación *f.* diet (nutrition) 5
allá *adv.* there
alma (el) *f.* soul
alojarse *v.* to stay at 4
alrededores *m., pl.* the outskirts 12
alterar *v.* to modify; to alter
altoparlante *m.* loudspeaker
alumbrado/a *adj.* lit
amable *adj.* nice, kind; **Si es tan amable, me da su firma por favor.** Be (*form. sing.*) so kind as to sign here, please. 11
amado *adj.* loved one, sweetheart
amanecer *m.* sunrise; morning
amar *v.* to love
amarrar *v.* to tie
ambos/as *pron., adj.* both
amenaza *f.* menace
amor *m.* love 1; **amor (no) correspondido** (un)requited love 1
amueblado/a *adj.* furnished
anciano/a *adj.* elderly
anciano/a *m., f.* elderly gentleman; elderly lady
andar *v.* to walk 3; **andar** + *pres. participle* to be (doing something) 3
angustioso/a *adj.* distressing
animar *v.* to cheer up; to encourage; **¡Anímate!** Cheer up! (*sing.*) 2; **¡Anímense!** Cheer up! (*pl.*) 2
ánimo *m.* spirit 1
anorexia *f.* anorexia; **sufrir de anorexia** suffer from anorexia 5
ansia *f.* anxiety 1
ansioso/a *adj.* anxious 1
antemano: **de antemano** beforehand
antena *f.* antenna; **antena parabólica** satellite dish
antes que nada first and foremost
antigüedad *f.* antiquity; ancient times

antiguo/a *adj.* antique
antipático/a *adj.* mean, unpleasant
anuncio *m.* commercial, advertisement **9**
añadir *v.* to add
apagar (g:gu) *v.* to turn off **3**
apenas *adv.* hardly; scarcely **3**
aplaudir *v.* to applaud **2**
aportación *f.* contribution **8**
apostar (o:ue) *v.* to bet **2**
apoyarse (en) *v.* to lean (on)
apreciado/a *adj.* to be appreciated **1**
apreciar *v.* to appreciate **1**
aprendizaje *m.* learning; training period
aprobación *f.* approval **9**
aprobar (o:ue) *v.* to approve; to pass (a class); **aprobar una ley** to approve a law; to pass a law **8**
aprovechar *v.* to make good use of, to take advantage of **2**
apuesta *f.* bet **2**
apuro *m.* fix, jam; rush; **tener apuro** to be in a hurry; to be in a rush
araña *f.* spider **6**
árbitro *m.* referee **2**
árbol *m.* tree
archivo *m.* file
argumento *m.* plot **9**
argüende *m.* gossip
arma *m.* weapon **11**
armado/a *adj.* armed **12**
arqueología *f.* archaeology **12**
arqueólogo/a *m., f.* archaeologist **7**
arrancar (c:qu) *v.* to start (a car)
arrastrar *v.* to drag
arreglarse *v.* to get ready **3**
arrepentirse (de) (e:ie) *v.* to repent
arriesgado/a *adj.* risky **4**
arriesgar (g:gu) *v.* to risk
arriesgarse (g:gu) *v.* to risk, to take a risk
arroyo *m.* stream
arruga *f.* wrinkle
ascender *v.* to rise; to be promoted **7**
asco *m.* nausea; revulsion
asegurar *v.* to assure; to guarantee
asegurarse *v.* to make sure
aseo *m.* cleanliness; hygiene; **aseo personal** *m.* personal care **3**
así *adv.* like this; so **3**
asiento *m.* seat **2**
asomarse *v.* to show one's face (at a window or door)
asombrar *v.* to amaze
asombrarse *v.* to be astonished
asombro *m.* amazement; astonishment **3**
asombroso/a *adj.* astonishing **3**
aspecto *m.* appearance, look **8**; **tener buen aspecto** to look okay **5**; **tener mal aspecto** to look ill **5**
aspirinas *f.* aspirin **5**
astronauta *m., f.* astronaut **11**
asunto *m.* matter, topic **3**
asustado/a *adj.* startled
atar *v.* to tie (up)
ateísmo *m.* atheism **8**
aterrizar (z:c) *v.* to land (an airplane) **11**
atleta *m., f.* athelete **2**
atletismo *m.* track-and-field events **2**
atracción *f.* attraction
atraer *v.* to attract
atrapar *v.* to catch, to trap **6**
atrasar *v.* to delay **2**
atreverse (a) *v.* to dare (to) **3**
atropellar *v.* to run over
audiencia *f.* audience (television)
aumento *m.* increase; **aumento de sueldo** raise in salary **7**
ausente *adj.* absent
auténtico/a *adj.* real; genuine **3**
autoestima *f.* self-esteem **5**
autoritario/a *adj.* authoritarian, stern **1**
autorretrato *m.* self-portrait **10**
auxiliares de vuelo *m., f.* flight attendants **4**
auxilio *m.* help; **primeros auxilios** first aid
avance *m.* advance, breakthrough **11**
avanzado/a *adj.* advanced **11**
avaro/a *m., f.* miser
aventura *f.* adventure **4**
aventurero/a *m., f.* adventurer **4**
avergonzado/a *adj.* ashamed; embarassed
averiguar *v.* to find out; to check **3**
avisar *v.* to inform; to warn **8**
aviso *m.* notice; warning **4**
azar *m.* (random) chance

B

bahía *f.* bay **6**
bailar *v.* to dance **2**
bailarín, bailarina *m., f.* dancer
bajar *v.* to lower; **bajar un archivo** download a file
balcón *m.* balcony **3**
bancario/a *adj.* banking
banda sonora *f.* sound track **9**
bandera *f.* flag
bañarse *v.* to take a bath
bar *m.* bar **2**
barato/a *adj.* cheap **3**
barrer *v.* to sweep **3**
barrio *m.* neighborhood **12**
bastante *adv.* sufficiently **3**
batalla *f.* battle **8**
bautismo *m.* baptism
beneficios *m. pl.* benefits
besar *v.* kiss
bien acogido/a *adj.* well received **7**
bienestar *m.* well-being **1**
bienvenida *f.* welcome **4**
billar *m.* pool **2**
bioquímico/a *adj.* biochemical **11**
boleto *m.* admission ticket; **comprar boletos** to buy tickets **4**
boliche *m.* bowling **2**
bolsa *f.* bag; sack; stock market; **bolsa de valores** stock market **7**
bondad *f.* goodness **¿Tendría usted la bondad de** + *inf.*... **?** Could you please . . . ? (*form.*) **6**; **¿Tendrías la bondad de** + *inf.*... ? Could you please . . . ? (*fam.*) **6**; **Tenga la bondad de firmar aquí, por favor.** Be (*form. sing.*) so kind as to sign here please. **11**
bordo: **a bordo** on board **4**
borrar *v.* to erase **11**
bosque *m.* forest **6**
bostezar (z:c) *v.* to yawn **3**
botar *v.* to throw away
bravo/a *adj.* wild, untamed
brindar *v.* to make a toast **2**; **Brindemos por nuestro éxito.** Let's toast our success. **7**; **Brindo por nuestra revista.** I toast our magazine. **7**
broma *f.* joke
bromear *v.* to joke
buceo *m.* scuba-diving **4**
bueno/a *adj.* good; **¿Sería tan bueno/a de poner la caja aquí?** Would you be so nice as to put the box here? **11**; **¿Sería usted tan bueno/a para** + *inf.*... ? Would you be so good as to . . . ? (*form.*); **¿Serías tan bueno/a para** + *inf.*... ? Would you be so good as to . . . ?. (*fam.*); **estar bueno** to (still) be good (i.e. fresh); **ser bueno** to be good (by nature); **¡Buen fin de semana!**. Have a nice weekend! **2**; **Buen provecho**. Enjoy your meal. **6**
búfalo *m.* buffalo **6**
burla *f.* mockery
burlarse (de) *v.* to make fun of
burocracia *f.* bureaucracy
bullicio *m.* hurly burly **2**
buscador *m.* (web) browser; search engine
búsqueda *f.* search
buzón *m.* mailbox **3**

C

caber (*irreg.*) *v.* to fit **1**; **no caber duda** to be no doubt
cabo *m.* cape **6**; end (rope, string); **al fin y al cabo** sooner or later, after all; **llevar a cabo** to carry out (an activity)
cabra *f.* goat **6**
cadena de televisión *f.* television network **2**

caducar *v.* to expire 11
caer (*irreg.*) *v.* to fall; **caer bien/mal** to (not) get along well with; to (not) suit
caja *f.* box; **caja de herramientas** toolbox 3
cajero/a *m., f.* cashier
calentamiento global *m.* global warming
calentar (e:ie) *v.* to warm up 3
calidad *f.* quality 7
callado/a *adj.* quiet, silent
callarse *v.* to be quiet, silent
calmantes *m., pl.* painkillers, tranquilizers 5
calmarse *v.* to calm down; to relax; **Cálmate.** Calm down. (*fam.*) 4; **Cálmese.** Calm down. (*form.*) 4
calzoncillos *m. pl.* underwear (men's) 7
camarero/a *m., f.* waiter, waitress 4
cambiar *v.* to change; **cambiar su estilo de vida** to change one's lifestyle 5
cambio *m.* change; **a cambio de** in exchange for; **cambio político** *m.* political change 12
camerino *m.* star's dressing room 9
campaña *f.* campaign 8
campeón, campeona *m., f.* champion 2
canal *m.* canal; channel 9; **canal de televisión** television channel 2
cancelar *v.* to cancel 4
cáncer *m.* cancer
candidato/a *m., f.* candidate 8
cansancio *m.* fatigue; tiredness
cansarse *v.* to become tired
cantante *m., f.* singer 2
capa *f.* layer 11; **capa de ozono** ozone layer 6
capitán *m.* captain
capítulo *m.* chapter 10
caracterización *f.* characterization 10
cargo *m.* position 8; **estar a cargo de** to be in charge of
cariño *m.* affection, fondness 1
cariñoso/a *adj.* affectionate 1
carne *f.* meat; flesh; **uña y carne** inseparable 1
casi *adv.* almost 3
castigo *m.* punishment
casualidad *f.* chance; **por casualidad** by chance 3
catástrofe *f.* catastrophe; disaster; **catástrofe natural** natural disaster 6
caudillo *m.* leader 12
causa *f.* cause; **a causa de** because of
celda *f.* cell
celebrar *v.* to celebrate
célebre *adj.* famous
celos *m. pl.* jealousy; **tener celos de** to be jealous of 1
célula *f.* cell 11
censura *f.* censorship 9
centavo *m.* cent 4
centro comercial *m.* mall 3
cepillarse *v.* to brush
cerdo *m.* pig 6
cerro *m.* hill
certeza *f.* certainty 6
chancho *m.* pig 6
chisme *m.* gossip 9
chiste *m.* joke 2
choque *m.* collision 4
chulo/a *adj.* pretty
cicatriz *f.* scar
ciencia ficción *f.* science fiction
científico/a *m., f.* scientist
cierto/a *adj.* certain, sure; **¡Cierto!** Sure! 3; **No es cierto.** That's not so.
cine *m.* movie theater, cinema 2
cinturón *m.* belt 4; **cinturón de seguridad** seatbelt 4
circo *m.* circus 2
cirugía *f.* surgery 5
cirujano/a *m., f.* surgeon 5
cita *f.* date 1; quotation 10; **cita a ciegas** *f.* blind date 1
ciudadano/a *m., f.* citizen 8
civilización *f.* civilization 12
civilizado/a *adj.* civilized
clima *m.* climate
clonar *v.* to clone 11
club *m.* club; **club nocturno/deportivo** night/sports club 2
cobrar *v.* to charge; to receive 7
cocinar *v.* to cook 3
cocinero/a *m., f.* chef 7
codo *m.* elbow
coger (g:j) *v.* to take; to grasp
cohete *m.* rocket 11
cola *f.* tail 6
coleccionar *v.* to collect 2
coleccionista *m., f.* collector 2
colgar (o:ue) (g:gu) *v.* to hang (up) 3
colina *f.* hill 6
colocar *v.* to place; to put in place
colonia *f.* colony 12
colonizar *v.* to colonize; to settle
colores *m., pl.* colors; **de colores (muy) vivos** colorful 10
combatiente *m., f.* combatant
combustible *m.* fuel 11
comerciante *m., f.* storekeeper; trader 7
comercio *m.* commerce, trade 7
comerse *v.* to eat up
comestible *adj.* edible; **planta comestible** *f.* the edible plant 6
cómo *adv.* how; **¡Cómo no!** Of course! 3; **¿Cómo que son caras/os?** What do you mean they're expensive? 10; **¿Cómo que son feas/os?** What do you mean they're ugly? 10
compañía *f.* company 7
completo/a *adj.* complete; filled up; **El hotel está completo.** The hotel is filled.
compositor(a) *m., f.* composer
compra *f.* purchase; **ir de compras** to go shopping 3
comprobar (o:ue) *v.* to check; to verify; to test; to prove 11
compromiso *m.* commitment, responsibility 1
computación *f.* computer science 11
conciencia *f.* conscience
concierto *m.* concert 2
conductor(a) *m., f.* announcer 9
conejo *m.* rabbit 6
conferencia *f.* conference 7
confesar (e:ie) *v.* to confess 8
confianza *f.* trust, confidence, 1
confundido/a *adj.* confused; **Creo que están confundidos**. I believe you (pl.) are confused. 9; **Creo que estás confundido/a.** I believe you (*sing. fam.*) are confused. 9; **Creo que usted está confundido/a.** I believe you (*sing. form.*) are confused. 9
confundir (con) *v.* to confuse (with) 8
congelado/a *adj.* frozen 3
congelar *v.* to freeze
congeniar *v.* to get along 5
congestionado/a *adj.* congested
congestionamiento *m.* traffic jam 4
conjunto *m.* collection; **conjunto (musical)** (musical) group, band 2
conmovedor(a) *adj.* moving
conocimiento *m.* knowledge 12
conquista *f.* conquest
conquistador(a) *m., f.* conquistador; conqueror; explorer 12
conquistar *v.* to conquer 12
conservador(a) *adj.* conservative; *m., f.* curator 10
considerar *v.* to consider; **Considero que es horrible.** In my opinion, it's horrible. 10
consiguiente *adj.* resulting; consequent; **por consiguiente** consequently; as a result
consulta *f.* appointment 5
consultar una expecialista *v.* consult a specialist 5
consultorio *m.* doctor's office 5
consumo *m.* consumption; **consumo de energía** energy consumption 6
contador(a) *m., f.* accountant 7
contagiarse *v.* to become infected 5
contaminación *f.* pollution 6
contar (o:ue) *v.* to count; to tell 2; **contar con** to count on
contemporáneo/a *adj.* contemporary 10
contentarse (con) *v.* to be content (with) 1
continuación *f.* sequel
contratar *v.* to hire, to contract

contrato *m.* contract **7**
contribuir *v.* to contribute **6**
control remoto *m.* remote control
convertirse (en) (e:ie) *v.* to become
copa *m.* (drinking) glass; goblet; **Copa del Mundo** World Cup **2**; **ir de copas** to go have a drink
coquetear *v.* to flirt **1**
coraje *m.* courage **12**
corazón *m.* heart
cordial *adj.* cordial
cordillera *f.* mountain range **6**
coro *m.* choir; chorus
corrector ortográfico *m.* spell check **11**
corresponder *v.* to return, to share (affection) **1**
correspondido/a *adj.* returned; **amor (no) correspondido** (un)requited love **1**
corriente *f.* current; trend **10**
corrupción *f.* corruption
corte *m.* cut; **de corte ejecutivo** of an executive kind; of an executive nature **7**
corto *m.* short film **9**
cortometraje *m.* short film **9**
cosecha *f.* harvest
conservador(a) *m., f.* curator
costa *f.* coast **6**
costoso/a *adj.* costly, expensive **3**
costumbre *f.* custom, habit **3**; **de costumbre** usually **3**
cotidiano/a *adj.* everyday **3**
creatividad *f.* creativity
crecimiento *m.* growth
creencia *f.* belief **8**
creer en (y) *v.* to believe in **8**; **No creas.** Don't you believe it. **3**
creyente *m., f.* believer **8**
criar *v.* to raise; **haber criado** to have raised **1**
criollo/a *adj.* Creole **12**; **cocina criolla** national cuisine (i.e. Peruvian, Argentinian, etc.)
crisis *f.* crisis; **crisis económica** economic crisis **7**
crítico/a *m., f.* critic; criticism; **crítico/a de cine** movie critic **9**; **crítico/a** *adj.* critical **8**
crónica *f.* column (newspaper); **crónica de sociedad** lifestyle section **9**; **crónica deportiva** *f.* sports article **9**
crucero *m.* cruise ship **4**
cuadro *m.* painting **10**
cuarentón/cuarentona *adj.* forty-year-old; in her/his forties **8**
cucaracha *f.* cockroach **6**
cuenta *f.* calculation, sum; bill; **tener en cuenta** to keep in mind; **cuenta corriente** checking account **7**; **cuenta de ahorros** savings account **7**
cuento *m.* short story
cuerpo *m.* body; **cuerpo y alma** heart and soul
cuesco *m.* pit
cueva *f.* cave **4**
cuidado *m.* care **1**; **bien cuidado/a** *adj.* well-kept **4**
cuidadoso/a *adj.* careful **1**
cuidar *v.* to take care of **1**
cuidarse *v.* to take care of oneself **3**
cultivar *v.* to grow **6**
culpa *f.* guilt
culto *m.* worship**; culto/a** *adj.* cultured **1**; educated; refined **12**
cultura *f.* culture; **cultura popular** pop culture
cumbre *f.* summit; peak **6**
cumplir *v.* to complete; **cumplir con** to do one's duty toward
cundir *v.* to grow
cura *m.* priest
curarse *v.* to cure **5**
currículum vitae *m.* resumé **7**

D

dar (*irreg.*) *v.* to give; **dar a** to look out upon **4**; **dar con alguien** to find (somebody) **9**; **dar de comer** to feed **6**; **dar el primer paso** to take the first step **1**; **dar la vuelta (al mundo)** to go around (the world); **dar paso a** to give way to; **dar un paseo** to take a stroll/walk **2**; **dar una vuelta** to take a walk/ stroll **8**; **dar asco** to be disgusting
darse (*irreg.*) *v.* to grow; to occur; **darse cuenta** to realize; **darse por vencido** to give up
dato *m.* piece of data; **dato histórico** *m.* historical data; fact
deber + *inf.* *v.* ought + *inf.;* **Deberá usted dejar algunas cosas**. You should leave some things behind. (*form.*) **4**; **Deberás dejar algunas cosas**. You should leave some things behind. (*fam.*) **4**
década *f.* decade **12**
decir (*irreg.*) *v.* to say; **Diría que es bonita/o.** I'd say that it is pretty. **10**; **No diría que es tan horrible.** I wouldn't say that it was that horrible. **10**
dedicatoria *f.* dedication **8**
dejar *v.* to leave (something behind) **3**; **dejar de fumar** quit smoking **5**; **¿Me dejas ver tu pasaporte?** May I see your passport? (*fam.*) **4**; **Déjame ver tu pasaporte, por favor**. Let me see your passport, please. (*fam.*) **4**
dejarse *v.* to neglect oneself
demás: **los/las demás** *pron.* others; other people
demasiado/a *adj.*, *adv.* too; too much **7**
democracia *f.* democracy **8**
demorar *v.* to delay
dependencia *f.* dependence; **dependencia física y psíquica** *f.* physical and psychological dependence
depresión *f.* depression **5**
deprimido/a *adj.* depressed **1**
derecho *m.* law; right; **derechos civiles** civil rights **8**; **derechos humanos** human rights **8**
derramar *v.* to spill
derribar *v.* to bring down **12**
derrotado/a *adj.* defeated
derrotar *v.* to defeat **12; derrota** *f.* defeat **12;**
desafiar *v.* to challenge
desafío *m.* challenge **11**
desalentado/a *adj.* discouraged
desanimarse *v.* to get discouraged
desánimo *m.* the state of being discouraged **1**
desaparecer (c:sz) *v.* to disappear **6**
desarrollarse *v.* to take place **10**
desarrollo *m.* development **7**; **país en vías de desarrollo** developing country
desatar *v.* to untie
descansar *v.* to rest **5**
descargar (g:gu) *v.* to download **11**
descolgar (o:ue) (g:gu) *v.* to unhang; to take down
desconocido/a *m., f.* stranger; *adj.* strange, unknown, unfamiliar
descubridor(a) *m., f.* discoverer **12**
descubrimiento *m.* discovery **11**
descubrir *v.* to discover; to uncover
descuidado/a *adj.* unkempt; messy; **estar descuidado/a** to be neglected; **ser descuidado/a** to be careless
desembarcar *v.* to disembark, land **4**
desempeñar *v.* to play; to perform; **desempeñar un papel** to play a role (in a play); to carry out
desempleado/a *adj.* unemployed **7**
desempleo *m.* unemployment
desenlace *m.* ending **10**
deseo *m.* desire; wish; **pedir un deseo** *v.* to make a wish **7**
desilusión *f.* disappointment
desmayarse *v.* to faint **5**
desorden *m.* disorder, mess **11**
despacho *m.* office
despedida *f.* farewell **4**
despedido/a *adj.* fired **8**
despedir (e:ie) *v.* to fire **7**
despedirse (e:ie) *v.* to say goodbye
despertarse (e:ie) *v.* to wake up
destacar (c:qu) *v.* to emphasize; to point out; **destacado** *adj.* prominent, distinguished **9**
destino *m.* destination **4**

destrozar (z:c) *v.* to destroy
detestar *v.* to detest 3
deuda *f.* debt 7
día *m.* day; **estar al día con las noticias** to keep up with the news
diario *m.* daily (newspaper) 9
dictadura *f.* dictatorship 8
digestión *f.* digestion
digno/a *adj.* worthy 12
diluvio *m.* heavy rain 6
dinero *m.* money 7
Dios *m.* God 8
diputado/a *m., f.* representative 8
directo/a *adj.* direct
director(a) *m., f.* director 9
dirigir (g:j) *v.* to manage; to direct 7
discoteca *f.* disco 2
discriminación *f.* discrimination 8
discriminado/a *adj.* discriminated 8
disculpar *v.* to excuse, apologize; **Disculpe los inconvenientes** Pardon the inconveniences… (*form.*) 8; **Disculpa los inconvenientes** Pardon the inconveniences… (*fam.*) 8
discurso *m.* speech 8
discutir *v.* to argue 1
diseñar *v.* to design 10
disfraz *m.* costume
disfrazado/a *adj.* disguised; in costume
disfrutar *v.* to enjoy 2
disfrutar (de) *v.* to make use (of)
disgustado/a *adj.* upset 1
disgustar *v.* to upset
disimular *v.* to hide 1
disminuir *v.* to decrease
disponer (de) (*irreg.*) *v.* to have available
disponible *adj.* available
distinguido/a *adj.* honored
distraído/a *adj.* distracted
divertido/a *adj.* fun 2
divertirse (e:ie) *v.*. to have fun; to enjoy oneself 2; **¡Que se diviertan!** Have fun! (*pl.*) 2; **¡Que te diviertas!** Have fun! (*sing.*) 2
divorcio *m.* divorce 1
doblada *adj.* dubbed 9
doblaje *m.* dubbing (film)
doblar *v.* to dub (film) 9; to fold; to turn (a corner)
doble *m.* double 9
documental *m.* documentary
doler (o:ue) *v.* to hurt; to ache
dominó *m.* dominoes 2
dondequiera *adv.* wherever 5
dormirse (o:ue) *v.* to go to sleep, to fall asleep
dramaturgo(a) *m., f.* playwright 10
ducharse *v.* to take a shower
dueño/a *m., f.* owner 7

E

echar *v.* to put, throw; **echar un vistazo** *v.* to take a look; **echar a correr** to take off running
Edad Media *f.* Middle Ages 12
edición especial *f.* special edition 9
educar (c:qu) *v.* to educate, inform 6; to raise, to bring up 1
efectivo *m.* cash; **dinero en efectivo** *m.* cash 3
eficiente *adj.* efficient
ejecutivo/a *m., f.* executive 7; **de corte ejecutivo** of an executive nature 7
ejército *m.* army 8
electoral *adj.* electoral 8
electrónico/a *adj.* electronic
elegido/a *adj.* chosen; elected; **ser elegido/a** to be elected
elegir (e:i) (g:gu) *v.* to vote for; to elect; to choose 3
embajador(a) *m., f.* ambassador 8
embarcar (c:qu) *v.* to board 4
emisión *f.* broadcast 9; **emisión en vivo/directo** *f.* live transmission
emisora *f.* (radio) station 9
emitir *v.* to emit 11
empatar *v.* to tie (games) 2
empeñarse en *v.* to strive to, to make an effort to
empeño *m.* determination; undertaking; effort
empeorar *v.* to deteriorate, get worse 5
emperador(a) *m., f.* emperor 12
empleado/a *m., f.* employee 7
empleo *m.* employment, job 7
emprender *v.* to undertake; to embark on 3
empresa *f.* company 7
empresario/a *m., f.* entrepreneur 7
empujar *v.* to push
enamorado/a (de) *adj.* in love (with) 1
enamorarse (de) *v.* to fall in love (with) 1
encabezar *v.* to lead 12
encantar *v.* to like very much; to love (inanimate objects)
encargar: encargado/a *m., f.* person in charge; **estar encargado/a de** to be in charge of 1; **se encarga de** is in charge of 1
encender (e:ie) *v.* to turn on 3
encogerse (g:j) *v.* shrink; **encogerse de hombros** *v.* to shrug
energía *f.* energy; **energía nuclear** nuclear energy
enérgico/a *adj.* energetic
enfermarse *v.* to get sick
enfermedad *f.* disease; illness 5
enfrentar *v.* to confront 4
engañar *v.* to deceive; to trick 9
engordar *v.* to gain weight 5
enojo *m.* anger 4
enrojecer (c:sz) *v.* to turn red; to blush 1
ensayar *v.* to try; to practice
ensayista *m., f.* essayist 10
ensayo *m.* essay; rehearsal 10
enseñanza *f.* teaching; doctrine 12
entenderse (e:ie) *v.* to understand each other
enterarse (e:ie) **(de)** *v.* to find out (about)
enterrar (e:ie) *v.* to bury
entonces *adv.* then; **en aquel entonces** at that time 3
entrada *f.* admission ticket 2
entrega *f.* delivery 9
entrenador(a) *m., f.* trainer 2
entretenerse (*irreg.*) *v.* to amuse oneself 2
entrevista de trabajo *f.* job interview 7
eólico/a *adj.* related to the wind; **energía eólica** wind energy; wind power
episodio *m.* episode 9; **episodio final** final episode 9
época *f.* era; period in time; epoch 12
equipaje *m.* luggage
equipo *m.* team 2
equivocarse *v.* to be mistaken; to make a mistake; **Creo que se equivocan.** I believe you (*pl.*) are mistaken. 9; **Creo que te equivocas.** I believe you (*sing. fam.*) are mistaken. 9; **Creo que usted se equivoca.** I believe you (*sing. form.*) are mistaken. 9
erosión *f.* erosion 6
esbozar *v.* to sketch 10
esbozo *m.* outline; sketch 10
escalada *f.* climb (mountain)
escalador(a) *m., f.* climber
escalera *f.* staircase 3
escena *f.* scene 9
escenario *m.* scenery; stage 2
esclavitud *f.* slavery 12
esclavizar *v.* to enslave 12
esclavo/a *m., f.* slave 12
escoba *f.* broom 3
escondidas: a escondidas secretly; clandestinely 3
escultor(a) *m., f.* sculptor
escultura *f.* sculpture
espacial *adj.* related to (outer) space; spacial
espacio *m.* space 11
espacioso/a *adj.* spacious 3
espalda *f.* back; **a mis espaldas** behind my back 9; **estar de espaldas a** to have one's back to
espantar *v.* to scare
especialista *m., f.* specialist
especializado/a *adj.* specialized 11
especie en peligro de extinción *f.* endangered species

espectáculo *m.* show **2**
espera *f.* wait
espiritual *adj.* spiritual **8**
estado de ánimo *m.* mood **5**
estar *v.* to be; **estar al día** to be up-to-date **7**; **estar bajo presión** *v.* to be under stress/pressure **7**; **estar bueno a** to be good (i.e., fresh) **5**; **estar a cargo de** *v.* to be in charge of; **estar lleno** to be full **4**; **estar al tanto** to be informed **9**; **estar a la venta** *v.* to be for sale **10**
estatal *adj.* public; pertaining to the state **8**
estereotipo *m.* stereotype
estilo *m.* style **10**; **al estilo de...** in the style of . . . **10**
estrecho/a *adj.* narrow
estrella *f.* star; **estrella fugaz** *f.* shooting star **11**; **estrella** *m., f.* (movie) star **9**
estreno *m.* premiere; debut **2**
estrofa *f.* stanza **10**
estudio *m.* studio **10**; **estudio de grabación** *m.* recording studio **9**
etapa *f.* stage; phase
eterno/a *adj.* eternal
ético/a *adj.* ethical **11**; **poco ético/a** unethical **11**
etiqueta *f.* label; tag
excitante *adj.* exciting
excursionismo *m.* sightseeing **4**
exigir *v.* to require, to demand
éxito *m.* success **7**; **exitoso/a** *adj.* successful **7**
exótico/a *adj.* exotic
experimentar *v.* to experience; to feel **3**; **experimentar con** to experiment on
experimento *m.* experiment **11**
exploración *f.* exploration
explorar *v.* to explore
explotación *f.* exploitation **12**
explotar *v.* exploit **6**
exportaciones *f., pl.* exports **7**
exposición *f.* exhibition **10**
expulsar *v.* to expel **12**
extinguir *v.* to extinguish **6**
extraer *v.* to calculate, to extract
extrañar *v.* to miss; **extrañar a (alguien)** *v.* to miss (someone) **4**
extrañarse de algo *v.* to be surprised about something **3**
extraterrestre *adj.* alien **11**

F

fábrica *f.* factory **7**
fabricar (c:qu) *v.* to manufacture; to make **11**
facción *f.* feature
factor *m.* factor; **factores de riesgo** risk factors **5**
falda *f.* skirt
fallecer *v.* to die
falso/a *adj.* insincere **1**
faltar *v.* to lack; to need **2**
farándula *f.* entertainment **1**
fascinar *v.* to fascinate; to love (inanimate objects)
fastidiar *v.* to annoy
favor *m.* favor; **¿Podría usted hacer el favor de cuidar mi pez?** Could you do me the favor of looking after my fish? (*form.*) **6**; **¿Podrías hacer el favor de tomar mis mensajes?** Could you do me the favor of taking my messages? (*fam.*) **6**
fe *f.* faith **8**
felicidad *f.* happiness; **¡Felicidades a todos!** Congratulations to all!
feria *f.* fair **2**
festejar *v.* to celebrate **2**
festival *m.* festival **2**
fiabilidad *f.* reliability
fijarse (en) *v.* to take notice (of)
fijo/a *adj.* permanent; fixed **7**
fin *m.* end; **al fin y al cabo** sooner or later, after all
financiar *v.* to finance **7**
financiero/a *adj.* financial **7**
finanza(s) *f.* finance(s)
firmar *v.* to sign **7**
físico/a *adj.* physical
flexible *adj.* flexible
foco *m.* lightbulb **3**
fondo *m.* bottom; **a fondo** *adv.* thoroughly **5**
forma *f.* form; shape; **mala forma física** *f.* bad physical shape **5**; **de todas formas** in any case **12**
formular *v.* to formulate **11**
fortaleza *f.* strength
frasco *m.* flask **11**
freír (e:i) (frío) *v.* to fry **3**
frontera *f.* frontier **4**
fuente *f.* fountain; source; **fuente de energía** energy source **6**
fuerza *f.* force; power; **fuerza de voluntad** will power **5**; **fuerza laboral** labor force; **fuerzas armadas** *f., pl.* armed forces **8**
función *f.* performance (movie; theater) **2**; showing **9**
funcionario/a *m., f.* government employee **7**
futurístico/a *adj.* futuristic

G

galería *f.* gallery
gallo *m.* rooster **6**
gana *f.* desire; **sentir ganas de** to want to, to have an urge to; to feel like; **tener ganas de** to want to, to have an urge to **1**
ganar *v.* to win **12**; **ganarse la vida** to earn a living **7**
ganga *f.* bargain **3**
gen *m.* gene **11**
generar *v.* to produce, generate **6**
generoso/a *adj.* generous
genética *f.* genetics
gerente *m., f.* manager
gesto *m.* gesture
gimnasio *m.* gymnasium **2**
gobernar *v.* to govern **8**
golpear *v.* to strike; to knock on
gozar de algo (z:c) *v.* to enjoy something **3**
grabar *v.* to record **9**
gracioso/a *adj.* funny, pleasant **1**
gravedad *f.* gravity **11**
gripe *m.* flu **5**
gritar *v.* to shout **2**
grupo *m.* group; **grupo musical** *m.* musical group, band **2**
guerra *f.* war; **guerra civil** civil war **12**
guerrero *m., f.* warrior **12**
guinda *f.* morello cherry
guión *m.* script **9**
gusano *m.* worm
gustar *v.* to like **2**; **¡No me gusta nada... !** I don't like . . . at all! **3**
gusto *m.* taste; **con mucho gusto** gladly; **de buen/mal gusto** in good/bad taste **10**

H

habilidad *f.* skill
hábilmente *adv.* skillfully **3**
habitante *m., f.* inhabitant **12**
hablar *v.* to speak; **Hablando de esto,...** Speaking of that, . . . **9**
hacer (*irreg.*) *v.* to do; to make; **hacer algo a propósito** to do something on purpose; **hacer cola** to wait in line **2**; **hacerle caso (a alguien)** to pay attention (to someone) **1**; **hacerle daño a alguien** to hurt someone; **hacer el favor** do me the fovor **6**; **hacerle gracia a alguien** to be funny (to someone); **hacerse daño** to hurt oneself **5**
hacienda *f.* ranch **12**
hambriento/a *adj.* hungry **3**
harto/a *adj.* tired; fed up (with); **estar harto/a de** to be fed up with **3**
hasta *adv.* until; **hasta la fecha** up until now
hazaña *f.* exploit; feat; accomplishment
hecho *m.* fact
helar (e:ie) *v.* to freeze **6**
hembra *f.* female **6**
heredar *v.* to inherit **11**
herencia *f.* heritage; **herencia cultural** cultural heritage
herida *f.* injury **5**
herido/a *adj.* injured
herir (e:ie) *v.* to wound; to hurt
herradura *f.* horseshoe **12**

herramienta *f.* tool 11
hervir (e:ie) *v.* to boil 3
hierba *f.* grass 6
higiénico/a *adj.* hygienic
histórico/a *adj.* historical; factual; memorable
hogar *m.* home; fireplace 3
hoguera *f.* campfire
hoja de vida *f.* résumé 7
hojear *v.* to skim 10
hombro *m.* shoulder; **encogerse de hombros** *v.* to shrug
hondo/a *adj.* deep
hora *f.* hour; **a primera hora** at the crack of dawn
horario *m.* schedule; timetable 4
horas de visita *f., pl.* visiting hours 4
hormiga *f.* ant
hospedarse *v.* to stay, to lodge 4
hoyo *m.* hole
huelga *f.* strike 7
huella *f.* trace, mark
huerto *m.* orchard
huir *v.* to flee 12
hundir *v.* to sink 10
huracán *m.* hurricane 6
huraño/a *adj.* unsociable, shy 1

I

iglesia *f.* church 8
igualdad *f.* equality 8
ilusión *f.* illusions, hopes
imagen *f.* image 10
imaginación *f.* imagination
imparcial *adj.* impartial; unbiased 9
impedir (e:i) *v.* to prevent; to hinder
imperio *m.* empire 12
importaciones *f., pl.* imports 7
importar *v.* to be important to; to matter
impresionar *v.* to impress 1
imprimir *v.* to print 9
improviso: de improviso *adv.* unexpectedly 3
impuesto *m.* tax 4; **impuesto de ventas** *m.* sales tax 7; **pagar el impuesto de...** to pay duty on...
inclinar *v.* to bend (something) downward; **inclinarse** *v.* to bend down
incluido/a *adj.* inclusive
inconveniente *m.* problem, hitch; **Disculpa los inconvenientes, Jorge.** Pardon the problems, Jorge. (*fam.*) 8; **Disculpe los inconvientes, señora Zamora.** Pardon the problems, Mrs. Zamora. (*form.*) 8
índice *m.* index; **índice de audiencia** ratings 9
indígena *m., f.* native 12
industria *f.* industry 7
infancia *f.* childhood
inflamado/a *adj.* inflamed 5
inflamarse *v.* to become inflamed
inflexible *adj.* inflexible
influyente *adj.* influential 9
informarse *v.* to get information 8
informática *f.* computing, computer science, technology
ingeniero/a *m., f.* engineer 7
ingresar *v.* to enter; to enroll in; to become a member of; **ingresar datos** to enter data 11
injusto/a *adj.* unjust; unfair 8
inmoral *adj.* immoral 8
inquietante *adj.* disturbing 10
inscribirse *v.* to register; to enroll 8
inseguro/a *adj.* insecure 1
insistir en *v.* to insist on; **Insisto en que usted vea a un doctor.** I insist that you go see a doctor. (*form.*) 5; **Insisto en que veas a un doctor.** I insist that you go see a doctor. (*fam.*) 5
inspirado/a *adj.* inspired
inteligente *adj.* intelligent 1
interesar *v.* to be interesting to; to interest
Internet *m.* Internet
intrigante *adj.* intriguing 10
inundación *f.* flood 6
inundar *v.* to flood 6
inútil *adj.* useless 2
invadir *v.* to invade 12
invención *f.* invention
inventar *v.* to invent; to create 11
invento *m.* invention 11
inversión *f.* investment; **inversión extranjera** foreign investment 7
inversor(a) *m., f.* investor 7
investigar (g:gu) *v.* to research
ir (*irreg.*) *v.* to go; **¡Qué va!** Of course not! 3
irresponsable *adj.* irresponsible
irse (de) (*irreg.*) *v.* to go away (from)
isla *f.* island 4
itinerario *m.* itinerary 4

J

jarabe *m.* syrup 5
jaula *f.* cage
jornada *f.* (work) day
jubilación *f.* retirement 7
jubilarse *v.* to retire 7
judío/a *m., f.* Jewish person
juez(a) *m., f.* judge 8
juicio *m.* trial; judgment 8
justo/a *adj.* just; fair 8

L

laboratorio *m.* laboratory; **laboratorio espacial** *m.* space lab
ladrillo *m.* brick
ladrón/ladrona *m., f.* thief 3
lágrimas *f. pl.* tears
lanzar (z:c) *v.* to throw 4; to launch
largo/a *adj.* long; **a lo largo de** along; beside; **a largo plazo** long-term 12
largometraje *m.* full length film 9
lastimar *v.* to injure
lastimarse *v.* to hurt oneself 5
lavar *v.* to wash 3
lavarse *v.* to wash
lector(a) *m., f.* reader 9
león *m.* lion 6
levantar *v.* to pick up 3
levantarse *v.* to get up
ley *f.* law
liberal *adj.* liberal
libertad *f.* freedom
libre *adj.* free 8
líder *m., f.* leader; **líder laboral** labor leader 8
liderazgo *m.* leadership 8
ligero/a *adj.* light, superficial
limitar *v.* to border, to limit 12
limpiar *v.* to clean 3
limpieza *m.* cleaning; **hacer la limpieza** to do the cleaning 3
llamativo/a *adj.* striking, bright 10
llegada *f.* arrival 4
llegar *v.* to arrive; **si no llegas a la hora, me iré sin ti.** If you don't arrive on time, I will leave without you. (*fam.*) 8
llevar *v.* to carry; **llevar a cabo** to carry out (an activity); **llevar... años de (casados)** to be (married) for . . . years 1
llevarse *v.* to carry away; **llevarse bien/mal** to get along well/poorly 1
locura *f.* madness, insanity
locutor(a) *m., f.* announcer 9
lograr *v.* to attain; to achieve 3
loro *m.* parrot 6
lotería *f.* lottery 2
lucha *f.* struggle; fight 8
luchar *v.* to fight, struggle 8; **luchar por** to fight (for)
lugar *m.* place; **Estando yo en tu lugar,...** If I were you, . . . 9
lujo *m.* luxury; **de lujo** luxurious
lujoso/a *adj.* luxurious 4
luminoso/a *adj.* bright 10
luna *f.* moon; **luna llena** full moon 11

M

macho *m.* male 6
madera *f.* wood
madre soltera *f.* single mother
madrugar *v.* to get up early 5
madrugador(a) *m., f.* early riser; **ser buen madrugador(a)** to be an early riser
maduro/a *adj.* mature 1
magia *f.* magic, allure
maldición *f.* curse
malestar *m.* discomfort 5

malgastar *v.* to waste 6
malhumorado/a *adj.* ill tempered; in a bad mood
manatial *m.* spring 4
mancha *f.* stain
manchar *v.* to stain
manejar *v.* to drive
mano de obra *f.* labor 7
manta *f.* blanket
mantenerse (*irreg.*) *v.* to maintain oneself; to keep oneself; **mantenerse en contacto** *v.* to keep in touch 1
manuscrito *m.* manuscript 10
maquillarse *v.* to put on makeup
maratón *m.* marathon 2
marca *f.* brand 7
marcar (c:qu) *v.* to mark; **marcar (un gol/punto)** *v.* to score (a goal/point) 2
marcharse *v.* to leave 4
marco *m.* frame
mareado/a *adj.* dizzy 5
marido *m.* husband 1
marinero *m.* sailor
mariposa *f.* butterfly 6
más *adj., adv.* more; **más allá de** beyond 1; **más bien** rather
masticar (c:qu) *v.* to chew 3
matiz *m.* subtlety
matrimonio *m.* marriage
mayor de edad to be of age
mecánico/a *adj.* mechanical
mecanismo *m.* mechanism
medicina alternativa *f.* alternative medicine
medida *v.* means; measure; **medidas de seguridad** *f. pl.* security measures 4
medio *m.* half; middle; means; **medio ambiente** environment 6; **medios de comunicación** media 9
medir (e:i) *v.* to measure
mejilla *m.* cheek
mejorar *v.* to improve 5
mendigo/a *m., f.* stingy; beggar
mentira *f.* lie 1
mentiroso/a *adj.* lying; mendacious 1
menudo: a menudo *adv.* frequently; often 3
mercadeo *m.* marketing 1
mercado al aire libre *m.* open-air market
mercancía *f.* merchandise
merecer (c:sz) *v.* to deserve 7
mesero/a *m., f.* waiter, waitress 4
mestizo/a *m., f.* person of mixed race 12
meta *f.* finish line 2
meterse *v.* to break in (to a conversation)
mezcla *f.* mixture 10
mezquita *f.* mosque
miedoso/a *adj.* frightened, scared 6
milagro *m.* miracle
ministro/a *m., f.* minister 8; **ministro/a protestante** *m., f.* Protestant minister
minoría *f.* minority 8
mirada *f.* look, glance, gaze 1
mismo/a *adj.* same 1; **Lo mismo digo yo.** The same here. 3; **él/ella mismo/a** himself, herself 1
mitad *f.* half 3
modelo *m., f.* model (fashion)
moderno/a *adj.* modern
modificar (c:qu) *v.* to modify; to reform
modo *m.* means; manner; **¡Ni modo!** No way! 3
mojar *v.* to moisten 8; **mojarse** *v.* to get wet 6
molestar *v.* to bother; to annoy
momento *m.* moment; **en el último momento** at the last moment; **noticia de último momento** last-minute news
monarca *m., f.* monarch 12
monja *f.* nun
mono *m.* monkey 6
montaña *f.* mountain 6
moral *adj.* moral 8
morder (o:ue) *v.* bite 6
morirse de (o:ue) de *v.* to die of
mosca *f.* fly 6
movimiento *m.* movement 10
mudar *v.* to change; **mudarse** *v.* to move (change residence)
muebles *m. pl.* furniture 3
muerte *f.* death 8
muestra *f.* sample; example 8
mujer *f.* woman; wife 1
multa *f.* fine
multinacional *f.* multinational company 7
multitud *f.* crowd
museo *m.* museum
musulmán/musulmana *m., f.* Muslim person

N

narrador(a) *m., f.* narrator 10
narrar *v.* to narrate 10
nativo/a *adj.* native 12
naturaleza muerta *f.* still life 10
nave *f.* ship; **nave espacial** *f.* spaceship 11
navegar (g:gu) *v.* to sail, to navegate 4; **navegar en Internet** to surf the web 9
necio/a *adj.* stupid
negocio *m.* business
nervioso/a *adj.* nervous
ni... ni... *conj.* neither . . . nor . .
nido *m.* nest 6
niebla *f.* fog
nítido/a *adj.* sharp 10
nivel *m.* level; **nivel del mar** *m.* sea level 6
nombrar *v.* to name
nominación *f.* nomination 12
nominado/a *adj.* nominee
nota a pie de página *f.* footnote 10
noticia *f.* news 9
noticiero *m.* news 9

O

o... o... *conj.* either . . . or . . .
obesidad *f.* obesity 5
obra *f.* work; **obra de arte** work of art 10; **obra de teatro** play (theater) 10; **obra maestra** masterpiece 10
obsequio *m.* gift 8
ocio *m.* leisure 2
ocurrírsele a alguien to occur to someone
odiar *v.* to hate 3
ofrecerse (a) *v.* to offer (to)
ojeras *f. pl.* bags under the eyes 8
olas *f.* waves 4
Olimpiadas *f. pl.* Olympics 2
olvidarse (de) *v.* to forget (about)
olvido *m.* forgetfulness, oblivion
onda *f.* wave 11
operación *f.* operation 5
operar *v.* to operate 11
opinar *v.* to think; to be of the opinion; **Opino que es fea/o.** In my opinion, it's ugly. 10
oprimir *v.* to oppress 12
orgulloso/a *adj.* proud; **estar orgulloso/a de** to be proud of 1
orilla *f.* shore 6; **a orillas de** on the shore of 6
ornamentado/a *adj.* ornate 10
oso *m.* bear
ovni (objeto volador no identificado) *m.* U.F.O. (unidentified flying object) 11
oyente *m., f.* listener 9

P

pacífico/a *adj.* peaceful 12
padre soltero *m.* single father
página *f.* page
país en vías de desarrollo *m.* developing country 12
paisaje *m.* landscape 6
palmera *f.* palm tree
palta (paltita) *f.* avocado
pantalla *f.* screen; **pantalla de computadora** computer screen ; **pantalla de televisión** television screen 9; **pantalla líquida** *f.* LCD screen 11
papel *m.* role

para *prep.* for; **Para mí,...** In my opinion, . . . 9; **para nada** not at all 1
paradoja *f.* paradox 10
parcial *adj.* partial; biased; **ser parcial** to be biased 9
parcialidad *f.* bias 9
parecer (c:sz) *v.* to seem 1; **A mi parecer,...** In my opinion, . . . 9; **Al parecer, no le gustó**. It looks like he/she didn't like it. 6; **Me parece hermosa/o.** I think it's pretty. 10; **Parece que está triste/contento/a.** It looks like he/she is sad/happy. 6; **Me parece que sí/no.** I think so./I think not. 10; **parecerse** *v.* to look like
pareja *f.* couple, partner 1
parque *m.* park; **parque de atracciones** amusement park 2
parte *f.* part; **de parte de** on behalf of; **Por mi parte,...** As for me, . . . 9
particular *adj.* private; personal; particular
partido *m.* party; **partido político** political party 8
pasajero/a *adj.* fleeting, passing
pasar *v.* to pass; to make pass (across, through, etc.); **pasar la aspiradora** to vacuum 3; **pasarlo bien/mal** to have a good/bad time 1; **pasarlo fatal** to be miserable, to have a bad time 1
pasarse *v.* to go too far
paseo *m.* stroll 2
paso *m.* passage; pass; step; **abrirse paso** to make way
pastilla *f.* pill 5
pasto *m.* grass
pata *f.* foot/leg of an animal 6
patente *f.* patent 11
paz *f.* peace
pecado *m.* sin
pececillo de colores *m.* goldfish 7
pecho *m.* chest, breast
pedir *v.* to ask; **pedir un deseo** *v.* make a wish 7
pegar (g:gu) *v.* to stick
peinarse *v.* to comb one's hair
peldaño *m.* step
pelear *v.* to fight 12
película *f.* film
peligroso/a *adj.* dangerous 4
pena *f.* pity; **¡Qué pena!** What a pity! 3
pensión *f.* bed and breakfast inn
pérdida *f.* loss 6
perdonar *v.* to forgive 8; **Ha sido culpa mía. Perdóname**. It was my fault. Forgive me. (*fam.*); **Ha sido culpa mía. Perdóneme.** It was my fault. Forgive me. (*form.*); **Perdone que lo moleste** Pardon me for bothering you (*form.*) 4
perfeccionar *v.* to improve; to perfect
periódico impreso *m.* newspaper 9
periodista *m., f.* journalist 7
perjudicar (c:qu) *v.* damage, harm
permanecer (c:zc) *v.* to remain; to last 5
permisivo/a *adj.* permissive, easy-going 1
permiso *m.* permission; **Con permiso.** Pardon me. (Excuse me.) 4
perseguir (e:i) *v.* to pursue; to persecute 12
personaje *m.* character; **personaje principal/secundario** main/secondary character 10
pesadilla *f.* nightmare 3
pesimista *m., f.* pessimist; **No sean pesimistas.** Don't be pessimistic. (*pl.*) 2; **No seas pesimista.** Don't be pessimistic. (*sing.*) 2
peso *m.* weight
picadura *f.* insect bite
picar (c:qu) *v.* sting, peck
picnic *m.* picnic 2
pico *m.* peak, summit 6
pieza *f.* piece (art) 10
piloto *m., f.* pilot
pincelada *f.* brush stroke
pintor(a) *m., f.* painter
pintura *f.* painting 10; **pinturas al óleo** *f.* oil paintings 10
plancha *f.* iron 6
planear *v.* to plan 6
plantear *v.* to set out (an idea/project); to create; to cause
poblador(a) *m., f.* settler; inhabitant of a town
poblar *v.* to settle, populate 12
poder *v.* to be able to; **¿Podría usted abrirla?** Could you open it? (*form.*) 11; **¿Podrías hacer el favor del tomar mis mensajes?** Could you do me the favor of taking my messages? (*fam.*) 6; **¿Podría usted hacer el favor de cuidar mi pez?** Could you do me the favor of looking after my fish? (*form.*) 6
poderoso/a *adj.* powerful 12
política *f.* politics 8
poner (*irreg.*) *v.* to put; **poner a prueba** to test; to challenge; **poner cara (de hambriento/a)** to make a (hungry) face; **poner un disco compacto** to put a CD on 2; **poner una cara** to make a face; **poner una inyección (a alguien)** to give (somebody) a shot 5
ponerse *v.* to put on (clothing); **ponerse (el cinturón)** to fasten (the seatbelt) 4; **ponerse bien/malo/a** to get well/ill 5; **ponerse de pie** to stand up 12; **ponerse pesado/a** to become annoying 1; **poner los cuernos** to cuckold
porquería *f.* garbage, poor quality 10
¡Por supuesto! Of course! 3
portada *f.* front page 9
portarse bienl *v.* to behave well 5
portátil *adj.* portable
posible *adj.* possible; **en todo lo posible** as much as possible 1
pozo *m.* well 6; **pozo petrolero** oil well
precolombino/a *adj.* pre-Colombian
preguntarse *v.* to wonder 1
premiar *v.* to give a prize 3
premio *m.* prize 12
prensa *f.* the press 9; **prensa sensacionalista** sensacionalist press 9
preocupado/a (por) *adj.* worried (about) 1
preocupar *v.* to worry
preocuparse (de) *v.* to worry (about) 2; **No te preocupes.** Don't worry. (*fam.*) 4; **No se preocupe usted**. Don't worry. (*form.*) 4; **No hay por qué preocuparse**. There's no reason to worry. (*form.*) 11; **No tienes por qué preocuparte**. There's no reason (for you) to worry. (*fam.*) 11
preparar maletas *v.* to pack suitcases 4
presentador(a) de noticias *m., f.* news reporter 9
presentarse como *v.* to apply for 8
presentir (e:ie) *v.* to foresee
presionar *v.* to pressure; to stress
presupuesto *m.* budget 7
prevenido/a *adj.* cautious
prevenir (*irreg.*) *v.* to prevent 5
primeros auxilios *m. pl.* first aid 5
privilegio *m.* privilege
prócer *m.* hero
profundo/a *adj.* deep 6
programador(a) *m., f.* programmer
prohibido/a *adj.* forbidden 4
promover (o:ue) *v.* to promote 6
pronunciar *v.* to pronounce; **pronunciar un discurso** *v.* to give a speech 8
propensión *f.* tendency
propietario/a *m., f.* (property) owner
proponer (*irreg.*) *v.* to propose; **proponer matrimonio** *v.* to propose (marriage) 1
proporcionar *v.* to provide; to supply 3
propósito: a propósito on purpose 3
protagonista *m., f.* main character
proteger (g:j) *v.* to protect
provecho *m.* benefit; **¡Buen provecho!** Enjoy your meal!
proveniente (de) *adj.* originating (in); coming from
provenir (de) (*irreg.*) *v.* to come from; to originate from
proyecto *m.* project 7; **proyecto de ley** bill 8

prueba espacial *f.* space probe **11**
publicar (c:qu) *v.* to publish **9**
publicidad *f.* advertising **7**
público *m.* the public; audience **9**
pueblo *m.* people **8**
puesto *m.* position, job **7**
punto de vista *m.* point of view **10**
puro/a *adj.* pure, clean **6**

Q

quedar *v.* to be left over; to fit (clothing); **quedar sordo/a** to go deaf **5**;
quedarse *v.* to stay **4**; **quedarse viudo** to be widowed **1**
quehaceres *m. pl.* chores **3**
queja *f.* complaint **8**
quejarse *v.* to complain **4**
querer (*irreg.*) *v.* to love; to want **1**; **Quería invitarte a acompañarme a la ceremonia**. I wanted to ask you to come to the ceremony with me. **12**; **Quiero invitarte a acompañarme a la ceremonia.** I want to ask you to come to the ceremony with me. **12**; **Quisiera invitarte a acompañarme a la ceremonia.** I would like to invite you to come to the ceremony with me. **12**
¡Qué va! Of course not! **3**
quirúrgico/a *adj.* surgical **11**
quitar *v.* to take away; to remove; **quitar el polvo** to dust **3**;
quitarse *v.* to take off (clothing)

R

rabino/a *m., f.* rabbi
radiación *f.* radiation
radio *f.* radio **9**
raíz *f.* root
rasgo *m.* trait, characteristic **10**
rata *f.* rat **6**
raya *f.* warpaint, stripe **4**
rayo *m.* ray, lightning; **¿Qué rayos...?** What on earth...? **4**
reactor *m.* reactor
rebeldía *f.* rebelliousness
rebuscado/a *adj.* complicated
recado *m.* message
receta *f.* prescription **5**
rechazar (z:c) *v.* to reject **8**
rechazo *m.* refusal, rejection
reciclable *adj.* recyclable **6**
recital *m.* recital **2**
recomendable *adj.* advisable **4**; **poco recomendable** not advisable; inadvisable
reconocimiento *m.* recognition **10**
recordar (o:ue) *v.* to remember **1**
recorrer *v.* to go across; to travel **4**
recuerdo *m.* memory
recuperarse *v.* to recover **5**
recursos naturales *m.* natural resources **6**
redactor(a) *m., f.* editor; **redactor(a) jefe** *m., f.* editor-in-chief **9**
redondo/a *adj.* round
reducir (c:sz) *v.* to reduce; **reducir (la velocidad)** *v.* to slow down (the speed) **4**
reembolso *m.* refund **3**
reemplazable *adj.* something that can be substituted
reforma *f.* reform; **reforma económica** *f.* economic reform
refugiarse *v.* to take refuge **6**
régimen *m.* diet **5**; form of government **8**
regla *f.* rule
regresar *v.* to return **4**; **Si no regresas con la diputada, estás despedida.** If you don't come back with the representative, you are fired. (*fam.*) **8**
regreso *m.* return (trip)
reina *f.* queen **12**
reino *m.* reign; kingdom **12**
relacionado/a *adj.* related; **estar relacionado** to have good connections **2**
relajarse *v.* to relax **5**
relámpago *m.* lightning **6**
relato *m.* story; narrative
religión *f.* religion **8**
religioso/a *m., f.* religious **8**
remitente *m.* sender
rendimiento *m.* performance
rendirse (e:i) *v.* to surrender **12**
renovarse *v.* to be renewed; revitalized **6**
renunciar *v.* to renounce; to resign; **renunciar a un cargo** to resign a post
repertorio *m.* repertoire **2**
reportaje *m.* story **9**
reportero/a *m., f.* reporter **9**
reposo *m.* rest; **estar en reposo** to be at rest
repostería *f.* pastry
represa *f.* dam
reproducirse (c:sz) *v.* to reproduce
resbaladizo/a *adj.* slippery **8**
resbalar *v.* to slip
rescatar *v.* to rescue **12**
reservación *f.* reservation
reservar *v.* to reserve **4**
resfriado *m.* cold **5**
residir *v.* to reside **12**
respeto *m.* respect
respiración *f.* breathing **5**
responsable *adj.* responsible
reto *m.* challenge
retrasar *v.* to delay **4**
retraso *m.* delay
retrato *m.* portrait **10**
retrovisor *m.* rearview mirror
reunión *f.* meeting **7**
reunirse *v.* to get together; to gather **2**
revista semanal *f.* weekly supplement **9**
revolver (o:ue) *v.* to stir; to mix up
rey *m.* king **12**
rezar *v.* to pray **8**
riesgo *m.* risk **6**
rima *f.* rhyme **10**
rincón *m.* corner **4**
río *m.* river **6**
rociar *v.* to spray **6**
rodeado/a *adj.* surrounded **11**
rodear *v.* to surround
romper (con) *v.* to break up (with) **1**
rozar (z:c) *v.* to brush against, to touch lightly
ruido *m.* noise **3**
rumbo a bound for
rústico/a *adj.* rustic; rural

S

saber (*irreg.*) *v.* to know; to taste like/of **5**; **¿Cómo sabe?** How does it taste? **5**; **¿Y sabe bien?** And does it taste good? **5**; **Sabe a ajo/menta/limón.** It tastes like garlic/mint/lemon. **5**
sabiduría *f.* wisdom **12**
sabio/a *adj.* wise
sabor *m.* taste; flavor **5**; **¡No! ¡Tiene sabor a mango!** No! It's mango flavored! **5**; **¿Qué sabor tiene? ¿Chocolate?** What flavor is it? ¿Chocolate? **5**; **Tiene un sabor dulce/agrio/amargo/agradable.** It has a sweet/sour/bitter/pleasant taste. **5**
sacerdote *m.* priest
saciar *v.* to satisfy; to quench
sacrificio *m.* sacrifice **12**
sagrado/a *adj.* sacred **8**
sala *f.* room; hall; **sala de conciertos** *f.* concert hall **2**; **sala de emergencias** *f.* emergency room **5**
salida *f.* departure; exit **8**
salir (*irreg.*) *v.* to go out; **salir (a comer)** to go out (to eat) **2**; **salir con** to go out with **1**
salto *m.* jump; **salto en el tiempo** time warp **11**
salud *f.* health **5**; **¡A tu salud!** To your health! **7**; **¡Salud!** Cheers! **7**
salvaje *adj.* wild, savage **6**
salvar *v.* to save **12**
sano/a *adj.* healthy **5**
satélite *m.* satellite **11**
sátira *f.* satire **10**
satírico/a: tono satírco/a *adj.* satirical tone **10**

secarse *v.* to dry off
seco/a *adj.* dry **6**
seguridad *f.* security **8**
seguro/a *adj.* sure, confident **1**; **seguro** *m.* insurance **4**
seleccionar *v.* to select; to pick out **3**
sello *m.* seal; stamp
selva *f.* jungle **4**
semana *f.* week; **¡Buen fin de semana!** Have a nice weekend! **2**
semanal *adj.* weekly; **revista semanal** *f.* weekly supplement (newspaper)
semilla *f.* seed **6**
senador(a) *m., f.* senator **8**
sensato/a *adj.* sensible
sensible *adj.* sensitive **1**
sentido *m.* sense; **en sentido figurado** figuratively **10**; **sentido común** *m.* common sense **5**
sentimiento *m.* feeling, emotion **1**
sentirse *v.* to feel **1**
señalar *v.* to point out, to signal
señales *m. pl.* identifying information, signals
serpiente *f.* snake
servicio de habitación *m.* room service **4**
servicios *m., pl.* facilities **4**
sesión *f.* showing **9**
sierra *f.* mountain range
siglo *m.* century **12**
silbar *v.* to whistle
sillón *m.* armchair
simpatía *f.* congeniality **1**
simpático/a *adj.* nice **1**
sin *prep.* without; **sin ti** without you (*fam.*) **8**
sinagoga *f.* synagogue
sincero/a *adj.* sincere
sindicato *m.* labor union **7**
síntoma *m.* symptom
sintonizar *v.* to tune into (radio or television)
siquiera *conj.* even; **ni siquiera** *conj.* not even
sitio *m.* place; website
situado/a *adj.* situated; located; **estar situado/a en** to be set in
soberanía *f.* sovereignty **12**
sobre *m.* envelope
sobredosis *f.* overdose **11**
sobrevivencia *f.* survival
sobrevivir *v.* to survive
sociable *adj.* sociable
sociedad *f.* society **12**
solar *adj.* solar
soledad *f.* solitude, loneliness **3**
soler (o:ue) *v.* to tend to **3**
solo/a *adj.* alone, lonely **1**
soltero/a *adj.* single **1**; **madre soltera** single mother; **padre soltero** single father
soñar (o:ue) *v.* to dream; **soñar con** to dream about, to dream of **1**
soplar *v.* to blow **6**
soportar *v.* to support; **soportar alguien** to put up with someone; **No soportar** not to be able to stand **3**
sordo/a *adj.* deaf
sorprenderse (de) *v.* to be surprised (about)
sospecha *f.* suspicion
sospechar *v.* to suspect
suavidad *f.* smoothness
subasta *f.* auction **10**
subdesarrollo *m.* underdevelopment
subida *f.* ascent
subtítulos *m., pl.* subtitles **9**
suburbio *m.* suburb **12**
suceder *v.* to happen
sucursal *f.* branch **7**
sueldo *m.* salary; **aumento de sueldo** raise; **sueldo mínimo** minimum wage **7**
suelo *m.* floor
suelto/a *adj.* loose
sufrimiento *m.* pain, suffering
sugerir (e:ie) *v.* to suggest; **Sugiero que se ponga usted a dieta.** I suggest you go on a diet. (*form.*) **5**; **Sugiero que te pongas a dieta.** I suggest you go on a diet. (*fam.*) **5**
superar *v.* to overcome
superficie *f.* surface **11**
supermercado *m.* supermarket **3**
supervivencia *f.* survival **11**
suprimir *v.* to abolish, to suppress **12**
supuesto/a *adj.* false; so-called; supposed; **¡Por supuesto!** Of course! **3**
susto *m.* shock, fright

T

tacaño/a *adj.* cheap, stingy **1**
tacón (alto) *m.* (high) heel **12**
tal como *conj.* just as
talento *m.* talent **1**
talentoso/a *adj.* talented **1**
taller *m.* workshop **10**
tapa *f.* lid, cover
taquilla *f.* box office **2**
tarjeta *f.* card; **tarjeta de crédito** *f.* credit card **3**
tarugo/a *adj.* blockhead
teatro *m.* theater **2**
teclado *m.* keyboard
teléfono celular *m.* cellular phone **11**
telenovela *f.* soap opera **9**
telescopio *m.* telescope **11**
televidente *m., f.* television viewer **9**
templo *m.* temple; church
temporada *f.* season; period; **temporada alta** *f.* high/busy season **4**
tendencia *f.* tendency; bias; **tendencia izquierdista/derechista** *f.* left-wing/right-wing bias
tener (*irreg.*) *v.* to have **Tendrá usted que dejar algunas cosas.** You'll have to leave some things behind. (*form.*) **4**; **Tendrás que dejar algunas cosas.** You'll have to leave some things behind. (*fam.*) **4**; **¿Tendrías la bondad de...?** Could you please?... (*fam.*) **6**; **¿Tendría usted la bondad de...?** Could you please?... (*form.*) **6**; **tener fiebre** to have a fever **5**
tensión (alta/baja) *f.* (high/low) blood pressure **5**
teoría *f.* theory **11**
térmico/a *adj.* thermal
terremoto *m.* earthquake
testigo *m., f.* witness **10**
tiempo *m.* time; **a tiempo** on time **3**
tierra *f.* land **6**
tigre *m.* tiger **6**
timbre *m.* doorbell; tone
timidez *f.* shyness **1**
tímido/a *adj.* shy **1**
típico/a *adj.* typical; traditional
tira cómica *f.* comic strip
tirar *v.* to throw
titular *m.* headline **9**
titularse *v.* to graduate
tocar (c:qu) + me/te/le, etc. *v.* to be my/your/his turn; to be up to me/you/him; **¿A quién le toca pagar la cuenta?** Whose turn is it to pay the tab? **2**; **¿Todavía no me toca?** Is it my turn yet? **2**; **A Johnny le toca hacer el café.** It's Johnny's turn to make coffee. **2**; **Siempre te toca lavar los platos.** It's always your turn to wash the dishes. **2**; **tocar el timbre** to ring the doorbell **3**
tomar *v.* to take; **tomar en serio** to take seriously; **tomar lugar en...** to take place in...; **tomarse el pelo** to joke
tormenta *f.* storm **6**
torneo *m.* tournament **2**
tos *f.* cough **5**
toser *v.* to cough **5**
tradicional *adj.* traditional **1**
tragar (g:gu) *v.* to swallow
trama *m.* plot **10**
tranquilo/a *adj.* calm **1**; **Tranquilo/a.** Calm, Relax. **11**
transbordador espacial *m.* space shuttle **11**
tránsito *m.* traffic **4**
transmisión *f.* transmission **9**
transmitir *v.* to broadcast **9**
transplantar *v.* to transplant
transporte público *m.* public transportation **4**
trasnochar *v.* to stay up all night **5**
trastorno *m.* disorder
tratado *m.* treaty **8**

tratamiento *m.* treatment **5**
tratar *v.* to treat **5**; **tratar de...** to deal with, to be about
trazar *v.* to trace **10**
trazo *m.* (brush) stroke **10**
tribu *f.* tribe **12**
tribunal *m.* court **8**
tropezar (con) (z:c) *v.* to stumble (across); to trip; to come up against
tropical *adj.* tropical
trueno *m.* thunder **6**
trueque *m.* barter; exchange
turístico/a *adj.* tourist **4**

U

ubicar (c:qu) *v.* to put in a place; to locate
ubicarse *v.* to be located
único/a *adj.* unique
uña *f.* fingernail; **uña y carne** *adj.* inseparable **1**
urbano *adj.* urban **12**

V

vacuna *f.* vaccine **5**
valioso/a *adj.* valuable **10**
valor *m.* bravery; value; **valores morales** moral values
veces: a veces sometimes **3**
vela *f.* candle **7**
venado *m.* deer
vencer (c:z) *v.* to defeat **2**
vencido/a *adj.* expired **4**
venda *f.* bandage **5**
veneno *m.* poison
venenoso/a *adj.* poisonous **6**
venta *f.* sale; **estar a la venta** to be for sale **10**
ventaja *f.* advantage
vergüenza *f.* shame, embarrassment **1**; **tener vergüenza de** to be ashamed of **1**
verse (*irreg.*) *v.* to look; to appear **6**; **Se ve tan feliz.** He/She looks so happy. **6**; **¡Qué guapo/a te ves!** How attractive you look! (*fam.*) **6**; **¡Qué satisfecho/a se ve usted!** How satisfied you look! (*form.*) **6**; **Yo lo/la veo muy triste.** He/She looks very sad to me. **6**
verso *m.* verse, line (poem)
vestido/a de negro *adj.* dressed in black
vestidor *m.* fitting room **3**
vestirse (e:i) *v.* to get dressed
vez *f.* time; **a veces** sometimes; **de vez en cuando** now and then **3**; **por primera/última vez** for the first/last time; **érase una vez** once upon a time **12**
victoria *f.* victory **2**
victorioso/a *adj.* victorious **12**
vida *f.* life **8**; **vida cotidiana** everyday life
vigente *adj.* valid **4**
vigilar *v.* to watch
virus *m.* virus **5**
vistazo *m.* glance; **echar un vistazo** *v.* to take a look
viudo/a *m., f.* widower/widow
votar *v.* to vote **8**
vuelo *m.* flight
vuelta *f.* return (trip) **4**

Y

yeso *m.* cast **5**

Z

zoológico *m.* zoo **2**
zoquete *adj.* dimwit

English-Spanish

A

abbess abadesa *f.*
abolish suprimir *v.* 12
absent ausente *adj.*
accident accidente *m.*
accomplishment hazaña *f.*
account: take into account tener en cuenta
accountant contador(a) *m., f.* 7
accustomed to acostrumbrado/a *adj.*
ache doler (o:ue) *v.*
achieve alcanzar (z:c) *v.*; lograr *v.* 3
actor *m.* actor 9; **actriz** actress *f.* 9
add añadir *v.*
admire admirar *v.* 4
admission ticket entrada *f.* boleto *m.* 2
adore: to adore adorar *v.* 1
advance avance *m.* 11; **technological advance** avance tecnológico *m.*
advanced avanzado/a *adj.* 11
advantage ventaja *f.* 5, **to take advantage of** aprovechar *v.* 2
adventure aventura *f.* 4
adventurer adventurero/a *m., f.* 4
advertisement anuncio *m.* 9
advertising publicidad *f.* 7
advisable recomendable *adj.* 4
advise aconsejar *v.*; **I advise you to go home.** Te aconsejo que vayas a casa. (*fam.*) 5; Le aconsejo que vaya a casa. (*form.*) 5
affair asunto *m.*
affection cariño *m.* 1; **affectionate** cariñoso/a *adj.* 1; **to return or share affection** corresponder *v.* 1
after all al fin y al cabo
age edad *f.*; **to be of age** mayor de edad
agent agente *m., f.*; **customs agent** agente de aduanas
agree acordar (o:ue) *v.*
alien extraterrestre *adj., m. f.* 11
almost casi *adv.* 3
alone solo/a *adj.* 1
along a lo largo de
alter alterar *v.*
alternative medicine medicina alternativa *f.*
allure magia *f.*
amaze asombrar *v.*
amazement asombro *m.* 3
ambassador embajador(a) *m., f.* 8
amuse oneself entretenerse (*irreg.*) *v.* 2
amusement park parque de atracciones *m.* 2
anchor (news) presentador(a) de noticias *m., f.*
anger enojo *m.* 4
announcement anuncio *m.*
announcer locutor(a); conductor(a) *m., f.*
annoy fastidiar *v.*; molestar *v.*
annoyance enojo *m.*
annoying: to become annoying ponerse pesado/a *v.* 1
anorexia anorexia *f.*; **suffer from anorexia** sufrir de anorexia *v.* 5
ant hormiga *f.*
antenna antena *f.*
antique antigüedad *f.*; antiguo/a *adj.*
antiquity antigüedad *f.*
anxiety ansia *f.* 1
anxious ansioso/a *adj.* 1
appear verse (*irreg.*) *v.*
appearance aspecto *m.* 8
applaud aplaudir *v.* 2
apply for presentarse como *v.* 8
appointment (with doctor) consulta *f.* 5
appreciate: to appreciate apreciar *v.* 1
appreciated apreciado/a *adj.* 1
approach acercarse (c:qu) (a) *v.*
approval aprobación *f.* 9
archaeology arqueología *f.* 12; **archaeologist** arqueólogo/a *m., f.* 7
argue: to argue discutir *v.* 1
armchair sillón *m.*
armed armado/a *adj.* 12; **armed forces** fuerzas armadas *f., pl.* 8
army ejército *m.* 8
arrival llegada *f.* 4
ascent subida *f.*
ashamed avergonzado/a *adj.*; **to be ashamed of** tener vergüenza de *v.* 1
aspirin aspirina *f.* 5
assure asegurar *v.*
astonished: be astonished asombrarse *v.*
astonishing asombroso/a *adj.* 3
astonishment asombro *m.* 3
astronaut astronauta *m., f.* 11
atheism ateísmo *m.* 8
athlete atleta *m., f.* 2
attain lograr *v.* 3
attention: to pay attention to someone hacerle caso a alguien *v.* 1
attract: to attract atraer *v.* 1
attraction atracción *f.*
auction subasta *f.* 10
audience público *m.* 9; **television audience** audiencia *f.*
authoritarian autoritario/a *adj.* 1
available disponible *adj.*; **have available** disponer (*irreg.*) (de) *v.*
avocado aguacate *m.*; palta *f.*

B

back: have one's back to estar de espaldas a
bags (under the eyes) ojeras *f. pl.* 8
balcony balcón *m.* 3
band conjunto/ grupo musical *m.* 2
bandage venda *f.* 5
bank banco *m.*; **(river)** orilla *f.*
banking bancario/a *adj.*
baptism bautismo *m.*
bar bar *m.* 2
bargain ganga *f.* 3
barter trueque *m.*
bathe bañarse *v.*
battle batalla *f.* 8
bay bahía *f.* 6
be quiet callarse *v.*
beach playa *f.*
bear oso *m.*
because of a causa de
become convertirse (e:ie) (en) *v.*; **to become annoying** ponerse pesado/a
bed and breakfast (inn) pensión *f.*
bed: go to bed acostarse (o:ue) *v.*
beforehand de antemano
beggar mendigo/a *m., f.*
behalf: on behalf of de parte de
behave well portarse bien *v.* 5
behind my back a mis espaldas 9
belief creencia *f.* 8
to believe (in) creer (y) en *v.* 8; **Don't you believe it.** No creas. 3; **believer** el/la creyente *m., f.* 8
belt cinturón *m.*
bend (something) downward inclinar *v.*; **bend (oneself) down/near** inclinarse *v.*
benefits beneficios *m. pl.*
beside a lo largo de
bet apostar (o:ue) *v.* 2; apuesta *f.* 2
better: get better curarse *v.*
beyond más allá de 1
bias parcialidad *f.* 9; tendencia *f.*; **left-wing bias** tendencia izquierdista *f.*
biased (to be) parcial (ser) *adj.* 9
bill cuenta *f.*; **legislative bill** proyecto de ley *m.* 8
biochemical bioquímico/a *adj.* 11
bite morder (o:ue) *v.* 6
black hole agujero negro *m.* 11
blanket manta *f.*
blind date cita a ciegas *f.* 1
blockhead tarugo(a) *m.,f.*
blood sangre *f.* **high/low blood pressure** la tensión alta/baja *f.* 5
blow soplar *v.* 6
blush: to blush enrojecer (c:sz) *v.* 1
board embarcar *v.* 4; **on board** a bordo 4

boil hervir (e:ie) *v.* 3
border límite *m.*; limitar *v.* 12
bore aburrir *v.*
bored aburrirse *v.* 2
both ambos/as *pron., adj.*
bother molestar *v.*
bound (for) rumbo a
bowling boliche *m.* 2
box caja *f.*; **box office** taquilla *f.* 2
branch sucursal *f.* 7
brand marca *f.* 7
bravery valor *m.*
break up: to break up (with) romper (con) *v.* 1; **break in (to a conversation)** meterse *v.*
breakthrough avance *m.* 11
breast pecho *m.*
breathing respiración *f.* 5
brick ladrillo *m.*
bright llamativo/a *adj.* 10; luminoso/a *adj.* 10
bring down derribar *v.* 12; **bring up (to raise)** educar *v.* 1
broadcast emisión *f.* 9; emitir *v.*; transmitir *v.* 9
broom escoba *f.* 3
browser (Internet) buscador *m.*
brush cepillarse *v.*; **brush against** rozar (z:c) *v.*; **brush stroke** pincelada *f.*
budget presupuesto *m.* 7
buffalo búfalo *m.* 6
bureaucracy burocracia *f.*
bury enterrar (e:ie) *v.*
business negocio *m.*; empresa *f.*
butterfly mariposa *f.* 6

C

cage jaula *f.*
calculate extraer *v.*
calm tranquilo/a *adj.* 1; **calm down** cálmate (fam.) cálmase (form.) 4
campaign campaña *f.* 8
campfire hoguera *f.*
cancel cancelar *v.* 4
cancer cáncer *m.*
candle vela *f.* 7
candidate el/la candidato/a *m., f.* 8
cape (geography) cabo *m.* 6
captain capitán *m.*
care cuidar *v.* cuidado *m.* 1; **to take care of** cuidar *v.* 1; **take care of oneself** cuidarse *v.* 3
careful cuidadoso/a *adj.* 1
careless descuidado/a (ser) *adj.*
caress acariciar *v.*
carry llevar *v.*; **carry away** llevarse *v.*; **carry out (an activity)** llevar a cabo
case: in any case de todas formas 12
cash (dinero en) efectivo *m.* 3
cashier cajero/a *m., f.* 3
cast (broken bone) yeso *m.* 5
catch atrapar *v.* 6; **catch (disease)** contagiarse *v.*
cautious prevenido/a *adj.*
cave cueva *f.* 4
celebrate festejar *v.* 2
cell celda *f.*; célula *f.* 11
cellular phone teléfono celular *m.* 11
censorship censura *f.* 9
cent centavo *m.* 4
century siglo *m.* 12
certainty certeza *f.*
challenge desafiar *v.*; **challenge** desafío *m.* 11; **challenge** reto *m.*
champion campeón, campeona *m., f.* 2
chance azar *m.*; casualidad *f.* **by chance** por casualidad 3
change mudar *v.*; **to change one's lifestyle** cambiar su estilo de vida 5
channel canal *m.* 9
chapter capítulo *m.* 10
character (literature) personaje *m.* 10; **main/secondary character** personaje principal/secundario 10; **main character** protagonista *m., f.*
characteristic rasgo *m.* 10
characterization caracterización *f.* 10
charge cobrar *v.* 7; **in charge of** encargado/a de; estar a cargo de; encargarse 1
cheap tacaño/a *adj.* 1; barato/a *adj.* 3
check averiguar *v.* 3; comprobar (o:ue) *v.*
checking account cuenta corriente *f.* 7
cheek mejilla *f.*
Cheer: Cheer up! ¡Anímense! (pl.) 2; **Cheer up!** ¡Anímate! (*sing.*) 2; **Cheers!** ¡Salud! 7
chef cocinero/a *m., f.* 7
chess ajedrez *m.* 2
chest pecho *m.*
chew masticar (c:qu) *v.* 3
childhood infancia *f.*
choir coro *m.*
choose elegir (e:i) (g:j) *v.* 3
chores quehaceres *m. pl.* 3
chorus coro *m.*
church iglesia *f.*; templo *m.*
cinema cine *m.*
circus circo *m.*
citizen el/la ciudadano/a *m., f.* 8
civil: civil rights derechos civiles *m., pl.*; **civil servant** funcionario/a *m., f.*; **civil war** guerra civil *f.* 12
civilization civilización *f.* 12
civilized civilizado/a *adj.*
clandestinely a escondidas 3
clean puro/a *adj.* 6; limpiar *v.* 3
cleaning limpieza *m.* 3; **to do the cleaning** hacer la limpieza *v.* 3
cleanliness aseo *m.*
cliff acantilado *m.* 6
climate clima *m.*
climb (mountain) escalada *f.*
climber escalador(a) *m., f.*
clone clonar *v.* 11
coast costa *f.* 6
cockroach cucaracha *f.* 6
cold resfriado *m.* 5
collect coleccionar *v.* 2
collector coleccionista *m., f.* 2
collision choque *m.* 4
colonize colonizar *v.*
colony colonia *f.* 12
colorful de colores (muy) vivos 10
comb (one's hair) peinarse *v.*
combatant combatiente *m., f.*
come: come from provenir (*irreg.*) (de) *v.*; **come to the aid of** acudir (a) *v.*; **come up against** tropezar (z:c) (con) *v.*
comic strip tira cómica *f.*
coming from proveniente de *adj.*
commerce comercio *m.* 7
commercial anuncio *m.* 9
commitment compromiso *m.* 1
common sense sentido común *m.* 5
company compañía, empresa *f.* 7
complain (about) quejarse (de) *v.* 4
complaint queja *f.* 8
complicated rebuscado(a) *m., f.*
composer compositor(a) *m., f.*
computer science la computación *f.* 11
concert concierto *m.* 2; **concert hall** sala de conciertos *f.* 2
conference conferencia *f.* 7
confess confesar (e:ie) *v.* 8
confidence confianza *f.* 1
confident seguro/a *adj.* 1
confront enfrentar *v.* 4
confuse (with) confundir (con) *v.* 8
confused confundido/a *adj.*; **I believe you are confused.** Creo que están confundidos. (pl.) 9; Creo que estás confundido/a. (*sing. fam.*) 9; Creo que usted está confundido/a. (*sing. form.*) 9
congeniality simpatía *f.* 1
congested congestionado/a *adj.*
Congratulations to all! ¡Felicidades a todos!
connections: to have good connections estar relacionado *v.* 2
conquer conquistar *v.* 12
conqueror conquistador(a) *m., f.* 12
conquest conquista *f.*
conquistador conquistador(a) *m. f.* 12
conscience conciencia *f.*
consequently por consiguiente
conservative conservador(a) *adj.*
consult consultar *v.*; **to consult a specialist** consultar un(a) especialista *v.* 5
consumption consumo *m.*
contamination contaminación *f.* 6

contemporary contemporáneo/a *adj.* 10
content contento/a *adj.*; **to be content with** contentarse con *v.* 1
contract contratar *v.* 4; contrato *m.* 7
contribute contribuir *v.* 6
contribution aportación *f.* 8
cook cocinar *v.* 3
cordial cordial *adj.*
corner (inside) rincón *m.* 4
corruption corrupción *f.*
costly costoso/a *adj.* 3
costume disfraz *m.*; **in costume** disfrazado/a *adj.*
cough toser *v.* 5; **cough** tos *f.* 5
count contar (o:ue) *v.*; **count on** contar con
couple pareja *f.* 1
courage coraje *m.* 12
course: Of course not! ¡Qué va! 3; **Of course!** ¡Cómo no! 3; ¡Por supuesto! 3
court tribunal *m.* 8
cover tapa *f.*
crash choque *m.*
create inventar *v.* 11
creativity creatividad *f.*
credit card tarjeta de crédito *f.* 3
Creole criollo/a *adj.* 12
crisis crisis *f.*; **economic crisis** crisis económica 7
critic crítico/a *m., f.*; **film critic** crítico/a de cine *m., f.* 9
critical crítico/a *adj.* 8
cross (back and forth) recorrer *v.*
crowd multitud *f.*
cruise ship crucero *m.* 4
cuckold poner los cuernos
culture cultura *f.*; **pop culture** cultura popular
cultured culto/a *adj.* 1
curator conservador(a) *m., f.* 10
cure curarse *v.* 5
current corriente *f.*; **current affairs** actualidad *f.* 9
currently actualmente *adv.* 7
curse maldición *f.*
custom costumbre *f.* 3
customs aduana *f.*; **customs agent** agente de aduanas *m.,f.* 4
cut corte *m.*

D

daily (newspaper) diario *m.* 9
dam represa *f.*
damage perjudicar (c:qu) *v.*
dance bailar *v.* 2
dancer bailarín(a) *m., f.*
dangerous peligroso/a *adj.* 4
dare (to) atreverse (a) *v.* 3
date cita *f.* 1
dawn: at the crack of dawn a primera hora
day (work) jornada *f.*
deaf sordo/a *adj.* 5; **to go deaf** quedar sordo/a 5
deal with tratar de *v.*
death muerte *f.* 8
debt deuda *f.* 7
debut estreno *m.* 2
decade década *f.* 12
deceive engañar *v.* 9
decrease disminuir *v.*
dedication dedicatoria *f.* 8
deed (heroic) hazaña *f.*
deep hondo/a *adj.*; profundo/a *adj.* 6
deer venado *m.*
defeat derrotar *v.* 12; vencer (c:z) *v.* 2; derrota *f.* 12
defeated derrotado/a *adj.*
delay atrasar *v.* 2; demorar *v.*; retrasar *v.* 4
delete borrar *v.*
delivery entrega *f.*
demand exigir *v.*
democracy democracia *f.* 8
departure salida *f.*
dependence dependencia *f.*; **physical and psychological dependence** dependencia física y psíquica *f.*
depressed deprimido/a *adj.* 1
depression depresión *f.* 5; desánimo *m.*
deserve merecer (c:sz) *v.* 8
design diseñar *v.* 10
desire deseo *m.* 1
despondency desánimo *m.*
destination destino *m.* 4
destroy destrozar (z:c) *v.*
determination empeño *m.*
deteriorate empeorar *v.* 5
detest detestar *v.* 3
develop desarrollar *v.*; **developing country** país en vías de desarrollo 12
development desarrollo *m.* 7
dictatorship dictadura *f.* 8
die fallecer *v.*; **die of** morirse (o:ue) de *v.*
diet alimentación *f.* 5; régimen *m.* 5
difficulty inconveniente *m.*
digestion digestión *f.*
dignified digno/a *adj.*
dimwit zoquete *m.*
direct directo/a *adj.*; dirigir (g:j) *v.* 7
director director(a) *m., f.* 9
disappear desaparecer *v.* 6
disappointment desilusión *f.*
discomfort malestar *m.* 5
disco discoteca *f.* 2
discouraged desalentado/a *adj.*; **get discouraged** desanimarse *v.* **the state of being discouraged** desánimo *m.* 1
discover descubrir *v.*
discoverer descubridor(a) *m., f.* 12
discovery descubrimiento *m.* 11
discrimination discriminación *f.* 8, **discriminated** discriminado/a *m., f.* 8
disease enfermedad *f.* 5
disembark desembarcar *v.* 4
disguised disfrazado/a *adj.*
disgusting (to be) (dar) asco
dismiss despedir (e:ie) *v.*
disorder trastorno *m.*
distance oneself alejarse *v.*
distant alejado/a *adj.*
distracted distraído/a *adj.*
distressing angustioso(a) *m.,f.*
disturbing inquietante *adj.* 10
divorce divorcio *m.* 1
dizzy mareado/a *adj.* 5
DNA (deoxyribonucleic acid) ADN (ácido desoxirribonucleico) *m.* 11
doctor's office consultorio *m.* 5
doctrine enseñanza *f.* 12
documentary documental *m.*
dominoes dominó *m.* 2
doorbell timbre *m.*
double (actor) doble *m.*
doubt: be no doubt no caber duda
download descargar (g:gu) *v.* 11; **download a file** bajar un archivo
downpour diluvio *m.*
drag arrastrar *v.*
dream: dream about soñar con *v.* 1
dressed: dressed (in black) vestido/a (de negro) *adj.*; **get dressed** vestirse (e:i) *v.*
dressing room camerino *m.* 9
drink: go have a drink ir de copas *v.* 2
drive (automobile) manejar *v.*
drown ahogarse (g:gu) *v.*
dry seco/a *adj.* 6; **dry off** secarse *v.*
dub (film) doblar *v.*
dubbed doblado/a *adj.* 9
dubbing (film) doblaje *m.*
dump dejar *v.*
dust quitar el polvo 3
duty impuesto *m.*; **pay duty on…** pagar el impuesto de…; **do one's duty toward** cumplir con *v.*

E

eagle águila (el) *f.* 6
early riser madrugador(a) *m.,f.*; **be an early riser** ser buen madrugador(a)

earn ganar *v.*; **earn a living** ganarse la vida
earth tierra *f.* **What on earth...?** ¿Qué rayos...? 4
earthquake terremoto *m.* 6
easy-going permisivo/a *adj.* 1
eat up comerse *v.*
edge orilla *f.*
edible comestible *adj.*; **edible plant** planta comestible *f.* 6
editor redactor(a) *m.,f.*; **editor-in-chief** redactor(a) jefe *m., f.*
educate educar (c:qu) *v.* 6; **educated** culto/a *adj.*
effort empeño *m.*; **make an effort** empeñarse en *v.*
efficient eficiente *adj.*
either . . . or . . . o... o... *conj.*
elbow codo *m.* 5
elderly anciano/a *adj.* ; **elderly gentleman; elderly lady** anciano/a *m., f.*
elect elegir (e:i) (g:gu) *v.*
elected elegido/a (ser) *adj.*
electoral electoral *adj.* 8
electronic electrónico/a *adj.*
embarassed avergonzado/a *adj.*
embark embarcar (c:qu) *v.*; **embark on** emprender *v.* 3
embarrassment vergüenza *f.*
emergency room sala de emergencias *f.* 5
emit emitir *v.* 11
emotion sentimineto *m.* 1
emperor, empress emperador *m.*, emperatriz *f.* 12
emphasize destacar (c:qu) *v.*
empire imperio *m.* 12
employee empleado/a *m., f.* 7
employment empleo *m.* 7
end (rope, string) cabo *m.*
end fin *m.*
ending (plot) desenlace *m.* 10
energetic enérgico/a *adj.*
energy energía *f.*; **energy source** fuente de energía *f.* 6; **energy consumption** consumo de energía *m.* 6; **nuclear energy** energía nuclear *f.*
engineer ingeniero/a *m., f.* 7
enjoy disfrutar *v.* 2 gozar (z:c) (de) *v.* 3; **Enjoy your meal!** ¡Buen provecho! 6; **enjoy oneself** divertirse (e:ie) *v.* 2
enough bastante *adj.*
enroll inscribirse *v.* 8; **enroll in** ingresar *v.*
ensemble (music) conjunto musical *m.*; grupo musical *m.*
enslave esclavizar *v.* 12
enter: enter data ingresar datos *v.* 11
entertainment farándula *f.* 1
entrepreneur empresario/a *m., f.* 7
envelope sobre *m.*
environment medio ambiente *m.* 6
episode episodio *m.*
epoch época *f.* 12
equality igualdad *f.* 8
era época *f.* 12
erase borrar *v.* 11
erosion erosión *f.* 6
essay ensayo *m.* 10; **essayist** *m., f.* ensayista 10
eternal eterno/a *adj.*
ethical ético/a *adj.* 11
ethics ética *f.*
even siquiera *conj.*
event acontecimiento *m.*
everyday cotidiano/a *adj.* 3; **everyday life** vida cotidiana
example muestra *f.* 8
exchange: in exchange for a cambio de
exciting excitante *adj.*
executive ejecutivo/a *m.,f.* 7; **of an executive kind** de corte ejecutivo 7; **of an executive nature** de corte ejecutivo 7
exhibit exposición *f.*
exhibition exposición *f.* 10
exit salida *f.* 8
exotic exótico/a *adj.*
expel expulsar *v.* 12
expensive costoso/a *adj.* 3
experience experimentar *v.*
experiment experimento *m.* 11
expire caducar *v.* 11; **expired** vencido/a *adj.* 4
exploit explotar *v.* 6; hazaña *f.*
exploitation explotación *f.* 12
exploration exploración *f.*
explore explorar *v.*
explorer conquistador(a) *m., f.* 12
exports exportaciones *f., pl.* 7
extinct: become extinct desaparecer (c:sz) *v.*
extinguish extinguir *v.* 6
extract extraer *v.*
extraterrestial extraterrestre *m. f., adj.*

F

face cara *f.*; **make a (hungry) face** poner cara (de hambriento/a); **make a face** poner una cara; dar a *v.* 4; **face up to** enfrentar *v.*
facilities los servicios *m. pl.* 4
fact hecho *m.*; dato histórico *m.*
factory fábrica *f.* 7
faint desmayarse *v.* 5
fair feria *f.* 2; justo/a *adj.* 8
faith fe *f.* 8
fall caer (*irreg.*) *v.*; **fall asleep** dormirse (o:ue) *v.*; **to fall in love (with)** enamorarse (de) *v.* 1
famous célebre *adj.*
fan: be a fan ser aficionado *adj.* 2
farewell despedida *f.* 4
fascinate fascinar *v.*
fasten abrocharse *v.*; **fasten (the seatbelt)** ponerse el cinturón de seguridad 4
fatigue cansancio *m.*
fault culpa *f.*; **It was my fault. Forgive me.** Ha sido culpa mía. Perdóname. (*fam. sing.*); Ha sido culpa mía. Perdóneme. (*form.*); Ha sido culpa mía. Perdónenme. (*form. pl.*)
favor favor *m.* **Could you do me the favor of...?** ¿Podrías hacer el favor de...? (*fam.*) ¿Podría usted hacer el favor de...? (*form.*) 6
feat hazaña *f.*
feature facción *f.*; rasgo *m.*; **feature film** largometraje *m.*
fed up with harto/a *adj.*; **I am fed up with...** Estoy harto/a de... 3
feed (animals) dar de comer 6
feel: to feel sentir(se) *v.* 1; **feel like** sentir ganas de
feeling sentimiento *m.* 1
female hembra *f.* 6
festival festival *m.* 2
fever fiebre *f.*; **to have a fever** tener fiebre *v.* 5
fight lucha *f.* 8; luchar *v* 8; pelear *v.* 12; **fight (for)** luchar por *v.*
figuratively en sentido figurado 10
figure out adivinar *v.*
file archivo *m.*
film película *f.*
final episode episodio final *m.* 9
finance financiar *v.* 7 **finance(s)** finanza(s) *f.*(pl.)
financial financiero/a *adj.* 7
find: to find (somebody) dar con (alguien) *v.*; **find out (about)** averiguar; enterarse (de) *v.*; averiguar *v.* 3
fine multa *f.*
finish: finish line meta *f.* 2
fire despedir (e:i) *v.* 7
fired despedido/a *adj.* 8
fireplace hogar *m.* 3
firm empresa *f.*
first primer, primero/a *adj.*; **for the first time** por primera vez; **first aid** primeros auxilios *m. pl.* 5; **first and foremost** antes que nada
fit (clothing) quedar *v.*; **fit** caber (quepamos) 1
fitting room vestidor *m.* 3
fix: fix oneself up arreglarse *v.*

fixed fijo/a *adj.* 7
flag bandera *f.*
flamboyant llamativo/a *adj.*
flask frasco *m.* 11
flavor sabor *m.* **What flavor is it? Chocolate?** ¿Qué sabor tiene? ¿Chocolate? 5
flee huir *v.* 12
fleeting pasajero/a *adj.*
flexible flexible *adj.*
flight vuelo *m.*; **flight attendant** auxiliar de vuelo *m., f.* 4
flirt: to flirt coquetear *v.* 1
flood inundación *f.* 6; inundar *v.* 6
floor suelo *m.*
flu gripe *m.* 5
fly mosca *f.* 6
fog niebla *f.*
fold doblar *v.*
foot (animal) pata *f.* 6
footnote nota a pie de página *f.* 10
footprint huella *f.*
forbidden prohibido/a *adj.* 4
foresee presentir (e:ie) *v.*
forest bosque *m.* 6
forget (about) olvidarse (de) *v.*
forgetfulness olvido *m.*
forgive perdonar *v.* 8
formulate formular *v.* 11
forty-year-old cuarentón/cuarentona *adj.*
frame marco *m.*
free libre *adj.* 8
freedom libertad *f.*
freeze congelar *v.*; helar (e:ie) *v.* 6
frequently a menudo *adv.* 3
fresh: be fresh estar bueno/a
fright susto *m.*
frightened miedoso/a *adj.* 6
front page portada *f.* 9
frontier frontera *f.* 4
frozen congelado/a *adj.* 3
fry freír (i:e) (frío) *v.* 3
fuel combustible *m.*; **fossil fuel** combustible fósil *m.*
full completo/a **to be full** estar lleno/a *v.* 4
full–length film largometraje *m.* 9
fun divertido *adj.* 2 **have fun** divertirse (e:ie) *v.*. 2; **Have fun!** ¡Que se diviertan! *(pl.)* 2; ¡Que te diviertas! *(sing.)* 2; **make fun of** burlarse (de) *v.*
funny gracioso/a *adj.* 1; **to be funny (to someone)** hacerle gracia a alguien
furnished amueblado/a *adj.*
furniture muebles *m. pl.* 3
futuristic futurístico/a *adj.*

G

gain weight engordar *v.*
gallery galería *f.*
garbage porquería *f.* 10
gather reunirse *v.* 2
gaze mirada *f.* 1
gene gen *m.* 11
generate generar *v.* 6
generous generoso/a *adj.*
genetics genética *f.*
genuine auténtico/a *adj.* 3
gesture gesto *m.*
get obtener *v.*; **to get along well/ badly/terribly** llevarse bien/mal/fatal *v.* 1; **get together** reunirse *v.* 2; **get ready** arreglarse *v.* 3; **get along** congeniar *v.* 5; **to get worse** empeorar *v.* 5
gift obsequio *m.* 8
give dar *(irreg.)* *v.*; **give a prize** premiar *v.* 3; **give a speech** pronunciar un discurso 8; **give someone a shot** ponerle una inyección a alguien 5; **give up** darse por vencido; **give way to** dar paso a *v.*
gladly con mucho gusto *adv.*
glance echar un vistazo *v.*; mirada *f.* 1; vistazo *m.*
global warming calentamiento global *m.*
go out salir *(irreg.)* *v.*; **to go out with** salir con *v.* 1; **go too far** pasarse *v.*; **go around the world** dar la vuelta al mundo 7; **go out to eat** salir a comer *v.* 2; **go across** recorrer *v.* 4
goat cabra *f.* 6
gobble up comerse *v.*
God Dios *m.* 8
goldfish pececillo de colores *m.* 7
good bueno/a *adj.*; **to be good (fresh)** estar bueno/a 5; **Would you be so good as to . . . ?** ¿Sería usted tan bueno/a para + *inf.*... ? *(form.)*; ¿Serías tan bueno/a para + *inf.*... ? *(fam.)* 6; **Would you be so nice as to put the box here?** ¿Sería tan bueno/a de poner la caja aquí?
goodbye: say goodbye despedirse (e:ie) *v.*
gossip chisme *m.* 9; argüende *m*; **gossip column** crónica de sociedad *f.*
govern gobernar *v.* 8
government employee funcionario/a *m., f.* 7; **form of government** régimen *m.* 8
grab agarrar *v.*
graduate titularse *v.*
grasp coger (g:j) *v.*
grass hierba *f.* 6; pasto *m.*
gratitude agradecimiento *m.* 8
gravity gravedad *f.* 11
group grupo *m.* 2; musical group grupo musical *m.* 2
grow cultivar *v.* 6; cundir *v.*
growth crecimiento *m.*
guarantee asegurar *v.*
guess adivinar *v.*
guilt culpa *f.*
gymnasium gimnasio *m.* 2

H

habit costumbre *f.* 3
half mitad *f.* 3
hall: concert hall sala de conciertos *f.*
hang (up) colgar (o:ue) (g:gu) *v.* 3
happen suceder *v.*
hardly apenas *adv.* 3
harm perjudicar (c:qu) *v.*
harvest cosecha *f.*
hate odiar *v.* 3
have tener *v.*; **to have a good/bad time** pasarlo bien/mal *v.* 1; **to have a fever** tener fiebre *v.* 5
headline titular *m.* 9
health salud *f.* 5; **To your health!** ¡A tu salud! 7
healthy sano/a *adj.* 5
heart corazón *m.*; **heart and soul** en cuerpo y alma
heel tacón *m.* 12
heritage herencia *f.*; **cultural heritage** herencia cultural
hero prócer *m.*
herself ella misma *f.* 1
hide: to hide disimular *v.* 1
hill cerro *m.*; colina *f.* 6
himself él mismo *m.* 1
hinder impedir (e:i) *v.*
hire contratar *v.*
historical histórico/a *adj.*; **historical data** dato histórico *m.*
hitch inconveniente *m.* 8
hobby afición *f.* 2
hold agarrar *v.*
hole agujero *m.*; hoyo *m.*; **small hole** agujerito *m.* 11; **hole in the ozone layer** agujero en la capa de ozono
holy sagrado/a *adj.*
home hogar *m.* 3
honored distinguido/a *adj.*
hope ilusión *f.* 1
horseshoe herradura *f.* 12
host conductor(a) *m., f.*
hungry hambriento/a *adj.* 3
hurricane huracán *m.* 6
hurry: be in a hurry tener apuro
hurt doler (o:ue) *v.*; **hurt oneself** hacerse daño, lastimarse 5; **hurt**

someone hacerle daño a alquien; **hurt** herir *v.*
husband marido *m.* **1**
hygiene aseo *m.*; **personal hygiene** aseo personal *m.*
hygienic higiénico/a *adj.*

I

ill enfermo/a *m.,f.* **to become ill** enfermarse *v.* **5** ponerse malo/a *v.* **5**
illness enfermedad *f.* **5**
image imagen *f.* **10, 11**
imagination imaginación *f.*
immediately en el acto *adv.* **3**
immoral inmoral *adj.* **8**
impartial imparcial *adj.* **9**
important: be important importar *v.* **2**
imports importaciones *f.* **7**
impress: to impress impresionar *v.* **1**
improve mejorar *v.* **5**
inadvisable poco recomendable
inclusive incluido/a *adj.*
increase aumento *m.*
indisposition malestar *m.*
industry industria *f.* **7**
infected (become) contagiarse *v.* **5**
inflamed inflamado/a *adj.* **5**
inflexible inflexible *adj.*
influential influyente *adj.*; **be influential** ser influyente
inform avisar *v.* **8**; educar (c:qu) *v.*
information: get information informarse *v.* **8**; **identifying information** señales *m. pl.*; **to be informed** estar al tanto *v.* **9**
inhabitant (of a town) poblador(a) *m., f.*; habitante *m., f.* **12**
inherit heredar *v.* **11**
injure lastimar *v.*; **injure oneself** hacerse daño
injury la herida *f.* **5**
insanity locura *f.*
insect bite picadura *f.*
insecure inseguro/a *adj.* **1**
inseparable uña y carne *adj.* **1**
insincere falso/a *adj.* **1**
insist on insistir en *v.*; **I insist that you go see a doctor.** Insisto en que veas a un doctor. (*fam.*) **5**; Insisto en que usted vea a un doctor. (*form.*)
inspired inspirado/a *adj.*
insurance seguro *m.* **4**
intelligent inteligente *adj.* **1**
interest interesar *v.*
Internet Internet *m.*
interview (job) entrevista de trabajo *f.* **7**
intriguing intrigante *adj.* **10**
invade invadir *v.* **12**
invent inventar *v.* **11**
invention invento *m.* **11**
investment: foreign investment inversión extranjera **7**
investor inversor(a) *m., f.* **7**
iron plancha *f.*
irresponsible irresponsable *adj.*
island isla *f.* **4**
isolated aislado/a *adj.* **12**
isolation aislamiento *m.* **5**
itinerary itinerario *m.* **4**

J

jealous: to be jealous of tener celos de *v.* **1**
jealousy celos *m.pl.*
Jewish judío/a *m., f.*
job puesto; empleo *m.*
joke bromear *v.*; tomarse el pelo *v.* **6**; broma *f.*; chiste *m.* **2**
journalist periodista *m., f.* **7**
judge juez(a) *m., f.* **8**
judgment juicio *m.* **8**
jungle selva *f.* **4**
just justo/a *adj.* **8**; **just as** tal como *adv.*

K

keep mantener *v.*; **to keep in touch** mantenerse en contacto *v.* **1**; **keep in mind** tener en cuenta *v.* **keep up with the news** estar al día con las noticias
keyboard teclado *m.*
king rey *m.* **12**
kingdom reino *m.* **12**
kiss besar *v.*
knock on golpear *v.*
knowledge conocimiento *m.* **12**

L

label etiqueta *f.*
labor force mano de obra *f.* **7**; **labor union** sindicato *m.* **7**
lack faltar *v.*
land tierra *f.* **6**; **land (airplane)** aterrizar (z:c) *v.* **11**; desembarcar *v.* **4**
landscape paisaje *m.* **6**
last permanecer (c:zc) *v.* **5**; **for the last time** por última vez; **last-minute news** noticia de último momento
launch lanzar (z:c) *v.*
law derecho *m.*; ley *f.*
lawyer abogado/a *m., f.* **7**
layer capa *f.* **11**
LCD screen pantalla líquida *f.* **11**
lead encabezar *v.* **12**
leader líder *m., f.* **8**; **labor leader** líder laboral *m.,f.* **8**; **political leader** caudillo *m.* **12**; líder político
leadership liderazgo *m.* **8**
lean (on) apoyarse (en) *v.*; **lean down/near** inclinarse *v.*
learning aprendizaje *m.*
leave (go away from) irse (de) *v.*; marcharse *v.* **4**; dejar *v.*; **to leave something behind** dejar *v.* **3**
left: be left over quedar *v.*
leg (animal) pata *f.* **6**
leisure ocio *m.* **2**
let: Let me see your passport, please. Déjame ver tu pasaporte, por favor. (*fam.*) **4**
level nivel *m.*
liberal liberal *adj.*
lid tapa *f.*
lie mentira *f.* **1**
life vida *f.* **8**
lifestyle section crónica de sociedad *f.* **9**
light ligero/a *adj.* **4**; **lightbulb** foco *m.* **3**
lightning relámpago *m.* **6**
like gustar *v.* **2**; **like this** así **3**; **I don't like...at all!** ¡No me gusta nada...! **3**; **like very much** encantar *v.*
liking afición *f.* **2**
limit límite *m.*; limitar *v.* **12**
lion león *m.* **6**
listener oyente *m., f.* **9**
lit alumbrado/a *adj.*
live transmission emisión en vivo/directo *f.*
locate ubicar (c:qu) *v.*
located situado/a *adj.*; **to be located** ubicarse *v.*
lodge alojarse *v.*; hospedarse *v.*
lonely solo/a *adj.* **1**; **loneliness** soledad *f.* **3**
long-term a largo plazo **12**
look echar un vistazo; mirada *f.* **1**; verse (*irreg.*) *v.* **6**; **He/She looks so happy.** Se ve tan feliz. **6**; **He/She looks very sad to me.** Yo lo/la veo muy triste. **6**; **How satisfied you look!** ¡Qué satisfecho/a se ve usted! (*form.*) **6**; **It looks like he/she didn't like it.** Al parecer, no le gustó. **6**; **It looks like he/she is sad/happy.** Parece que está triste/contento. **6 look like** parecerse *v.*; **look sick/good** tener mal/buen aspecto **5**
loose suelto/a *adj.*
loss pérdida *f.*
lottery lotería *f.* **2**

loudspeaker altoparlante *m.*
love amor *m.*; **(un)requited love** amor (no) correspondido *m.* **1**; querer (*irreg.*) *v.* **1**; afición *f.* **2**; **(inanimate objects)** encantar *v.*; **(inanimate objects)** fascinar *v.*; **in love (with)** enamorado/a (de) *adj.* **1**
lower bajar *v.*
luck suerte *f.*
lucky afortunado/a *adj.*
luggage equipaje *m.*
luxurious de lujo; lujoso/a *adj.* **4**
luxury lujo *m.*
lying mentiroso/a *adj.* **1**

M

madness locura *f.*
magic magia *f.*
mailbox buzón *m.* **3**
make hacer *v.*; fabricar *v.* 11; **to make one's way** abrirse paso *v.*; **make a wish** pedir un deseo *v.* **7**; **make a living** ganarse la vida *v.* **7**
male macho *m.* **6**
mall centro comercial *m.* **3**
manage administrar *v.* **7**; dirigir (g:j) *v.* **7**
manager gerente *m., f.* **7**
manufacture fabricar (c:qu) *v.* **11**
manuscript manuscrito *m.* **10**
marathon maratón *m.* **2**
mark huella *f.* **7**; mancha *f.*
market: open-air market mercado al aire libre *m.*
marketing mercadeo *m.* **1**
marriage matrimonio *m.*
married: to be (married) for . . . years llevar… años de (casados) *v.* **1**
masterpiece obra maestra *f.* **10**
matter asunto *m.* **3**
mature maduro/a *adj.* **1**
mayor alcalde/alcaldesa *m., f.* **8**
mean antipático *adj.* **1**
measure medir (e:i) *v.*
mechanical mecánico/a *adj.*
mechanism mecanismo *m.*
media medios de comunicación *m., pl.* **9**
meeting reunión *f.* **7**
member: become a member of ingresar *v.*
memory recuerdo *m.*
menace amenaza *f.*
mendacious mentiroso/a *adj.*
merchandise mercancía *f.*
mess desorden *m.* **11**
message recado *m.*
messy descuidado/a *adj.*
Middle Ages Edad Media *f.* **12**
minimum wage sueldo mínimo *m.* **7**
minister ministro/a *m., f.* **8**; **Protestant minister** ministro/a protestante *m., f.*
minority minoría *f.* **8**
miracle milagro *m.*
misbehave portarse mal *v.*
miser avaro/a *m., f.*
miserable: to be miserable pasarlo fatal *v.* **1**
miss extrañar *v.* **4**
mistake: to make a mistake equivocarse *v.*; Creo que se equivocan. (pl.) **9**; Creo que te equivocas. (*sing. fam.*) **9**; Creo que usted se equivoca. (*sing. form.*) **9**
mix: mix up revolver (o:ue) *v.*
mixture mezcla *f.* **10**
mockery burla *f.*
model (fashion) modelo *m., f.*
modern moderno/a *adj.*
modify alterar *v.*; modificar (c:qu) *v.*
moisten mojar *v.*
moment: at the last moment en el último momento
monarch monarca *m., f.* **12**
money dinero *m.* **7**
monkey mono *m.* **6**
mood estado de ánimo *m.* **5**; **be in a bad mood** estar malhumorado/a *adj.*
moon: full moon luna llena *f.* **11**
moral moral *adj.* **8**
morello cherry guinda *f.*
morning (early) amanecer *m.*
mosque mezquita *f.*
mountain montaña *f.* **6**
mountain range cordillera *f.* **6**; sierra *f.*
mountaintop cumbre *f.*
move (change residence) mudarse *v.*; **move away** alejarse *v.*; **movement** movimiento *m.* **10**
movie película *f.* **9**
movie theater cine *m.* **2**
moving conmovedor(a) *adj.*
multinational company multinacional *f.* **7**
museum museo *m.*
Muslim (person) musulmán/musulmana *m., f.*

N

name nombrar *v.*
narrative relato *m.*
narrate narrar *v.* **10**; **narrator** *m., f.* narrador(a) **10**
narrow estrecho/a *adj.*
native indígena *m., f.* **12**
natural disaster catástrofe natural *f.* **6**; **natural resources** recursos naturales *m., pl.* **6**
nausea asco *m.* **11**
navigate navegar (g:gu) *v.* **4**
need faltar *v.*
neglect oneself dejarse *v.*
neglected descuidado/a *adj.*
neighborhood barrio *m.* **12**
neither . . . nor . . ni… ni… *conj.*
nervous nervioso/a *adj.* **1**
nest nido *m.* **6**
news noticia *f.* **9**
news program (broadcast) noticiero *m.* **9**
newspaper periódico *m.* **9**
nice simpático *adj.* **1**
nice–looking bello/a **1**
nightclub club nocturno *m.* **2**
nightmare pesadilla *m.* **3**
no: No way! ¡Ni modo!
noise ruido *m.* **3**
nomination nominación *f.* **12**
nominee nominado/a *adj.*
not at all para nada **1**
not even ni siquiera *conj.*
notice aviso *m.* **4**; fijarse (en) *v.*
now and then de vez en cuando **3**
nun monja *f.*

O

obesity obesidad *f.* **5**
oblivion olvido *m.*
occur ocurrir *v.* **occur to someone** ocurrírsele a alguien
offer (to) ofrecerse (a) *v.*
office despacho *m.*
often a menudo *adv.* **3**
Olympics Olimpiadas *f. pl.* **2**
once upon a time érase una vez **12**
operate operar *v.*
operation operación *f.* **5**
opinion opinión *f.*; **be of the opinion** opinar *v.*; **In my opinion, . . .** A mi parecer,… **9**; Para mí,… **9**; **In my opinion, it's horrible.** Considero que es horrible. **10**; **In my opinion, it's ugly.** Opino que es fea/o. **10**
oppress oprimir *v.* **12**
orchard huerto *m.*
originating in proveniente de *adj.*
ornate ornamentado/a *adj.* **10**
others los/las demás
outcome desenlace *m.*
outdoors al aire libre **6**
outline esbozo *m.* **10**
outskirts alrededores *m. pl.* **12**
overcome superar *v.*
overdose sobredosis *f.* **11**
overwhelmed agobiado/a *adj.* **1**
owner dueño/a *m., f.* **7**; propietario/a *m., f.*
ozone layer capa de ozono *f.* **6**

P

pack (suitcases) prepara (maletas) *v.* 4
pain sufrimiento *m.*
painkiller calmante *m.* 5
painter pintor(a) *m., f.*
painting cuadro *m.* 10; **oil painting** pintura al óleo *f.* 10
palm tree palmera *f.*
paradox paradoja *f.* 10
Pardon me. (Excuse me.) Con permiso.; **Pardon me for bothering you** Perdone que lo moleste (*form.*) 4; **Pardon the problems, Jorge.** Disculpa los inconvenientes, Jorge. (*fam.*) 8; **Pardon the problems, Mrs. Zamora.** Disculpe los inconvientes, señora Zamora. (*form.*) 8
parrot loro *m.* 6
partial parcial *adj.*
particular particular *adj.* 9
partner pareja *f.* 1
party: political party partido político *m.* 8
pass (a law) aprobar (o:ue) una ley *v.* 8
passing pasajero/a *adj.*
pastry repostería *f.*
patent patente *f.* 11
peace paz *f.*
peaceful pacífico/a *adj.* 12
peak pico *m.* 6; cumbre *f.* 6
peck picar (c:qu) *v.*
people pueblo *m.* 8
perfect perfeccionar *v.*
performance (movie; theater) función *f.* 2; rendimiento *m.*
period temporada *f.*; **period in time** época *f.* 12
permanent fijo/a *adj.* 7
permissive permisivo/a *adj.* 1
persecute perseguir (e:i) *v.* 12
personal particular *adj.*; **personal care** aseo personal 3
pessimist pesimista *m., f.* **Don't be pessimistic.** No sean pesimistas. (*pl.*) 2; No seas pesimista. (*sing.*) 2
phase etapa *f.*
physical físico/a *adj.*
pick out seleccionar *v.* 3; **pick up** levantar *v.* 3
picnic picnic *m.*
picture imagen *f.*
piece pieza *f.* 10
pig cerdo; chancho *m.* 6
pill pastilla *f.* 5
pilot piloto *m., f.* 4
pit cuesco *m.*
pity pena *f.* ; **What a pity!** ¡Qué pena! 3
place colocar *v.*; sitio *m.*; **to take place in…** tener lugar en…; **take place** desarrollarse *v.* 10
plan (a project) planificar (c:qu); planear *v.* 6
play desempeñar v.; **play (theater)** obra de teatro 10; *f.* **play a role (in a play)** desempeñar un papel **to play a CD** poner un disco 2
playwright dramaturgo/a *m., f.* 10
pleasant gracioso/a *adj.* 1
please: Could you please . . . ? ¿Tendrías la bondad de + inf.... ? (*fam.*) 6; ¿Tendría usted la bondad de + inf.... ? (*form.*) 6
plot argumento *m.* 9; trama *m.* 10
point of view punto de vista *m.* 10; **point out** destacar (c:qu) *v.*; señalar *v.*
poison veneno *m.* 6
poisonous venenoso/a *adj.* 6
political change cambio político *m.* 12; **politics** política *f.* 8
pollution contaminación *f.*
pool piscina *f.* ; billar *m.* 2
populate poblar *v.* 12
portable portátil *adj.*
portrait retrato *m.* 10
position puesto *m.* 7, cargo *m.* 8
possible: as much as possible en todo lo posible *adv.* 1
powerful poderoso/a *adj.* 12
practice ensayar *v.* 5
pray rezar *v.* 8
precolombian precolombino/a *adj.*
premiere estreno *m.* 2
prescription receta *f.* 5
press prensa *f.*; presionar *v.*; **sensationalist press** prensa sensacionalista *f.* 9
pretty chulo(a) *m.,f.*
prevent impedir (e:i) *v.*; prevenir (*irreg.*) *v.* 5
priest cura *m.* 8; sacerdote *m.*
print imprimir *v.* 9
private particular *adj.*
privilege privilegio *m.*
prize premio *m.* 12
problem inconveniente *m.* 8
produce generar *v.* 6
programmer programador(a) *m., f.*
prohibited prohibido/a *adj.*
project proyecto *m.* 7
promote (be promoted) ascender *v.* 7; promover (o:ue) *v.* 6
propose (an idea/project) plantear *v.*; proponer (*irreg.*) *v.*; **propose marriage** proponer matrimonio *v.* 1
protect proteger (g:j) *v.*
Protestant protestante *adj.*
proud orgulloso/a *adj.* 1; **to be proud of** estar orgulloso/a de *v.* 1
prove comprobar *v.* 11
provide proporcionar *v.* 3
public público *m.* 9; estatal *adj.* 8; **public employee** funcionario/a *m., f.*; **public transportation** transporte público *m.* 4
publish publicar (c:qu) *v.* 9
punishment castigo *m.*
pure puro/a *adj.* 6
purpose propósito *m.* 3; **do something on purpose** hacer algo a propósito 3
pursue perseguir (e:i) *v.* 12
push empujar *v.*
put: put a CD on poner un disco compacto; **put in a place** ubicar (c:qu) *v.*; **put on (clothing)** ponerse *v.*; **put on makeup** maquillarse; **to put up with someone** soportar a alguien *v.* 1

Q

quality calidad *f.* 7
queen reina *f.* 12
quench saciar *v.*
question asunto *m.*
quiet: to be quiet callarse *v.*
quit smoking dejar de fumar 5
quotation cita *f.* 10

R

rabbi rabino/a *m., f.*
rabbit conejo *m.* 6
race raza *f.*; **mixed–race** mestizo/a *adj.* 12
radiation radiación *f.* 6
radio radio *m., f.* 9
rain (heavy) diluvio *m.* 6
raise: to raise educar *v.* 1; **(in salary)** aumento de sueldo *m.* 7; **have raised** han criado 1
ranch hacienda *f.* 12
rat rata *f.* 6
rather bastante *adj., adv.*; más bien
ratings índice de audiencia *m.* 9
reach alcance *m.*; alcanzar (z:c) *v.*; **within reach of** al alcance de
reactor reactor *m.*
reader lector(a) *m., f.* 9
real auténtico/a *adj.* 3
realize darse cuenta *v.*
rearview mirror retrovisor *m.*
rebelliousness rebeldía *f.*
receive acoger (g:j) *v.*; cobrar *v.* 7; **receive favorably** bien acogido/a *adj.*
recipe receta *f.*
recital recital *m.* 2
recognition reconocimiento *m.* 10
recommended recomendable *adj.*
record grabar *v.* 9

recover curarse *v.* 5; recuperarse *v.* 5
recyclable reciclable *adj.* 6
red: to turn red enrojecer (c:sz) *v.* 1
referee árbitro *m.* 2
refined culto/a *adj.*
reform reforma *f.*; modificar (c:qu) *v.*; **economic reform** reforma económica *f.*
refuge (to take) refugiarse *v.* 6
refund reembolso *m.* 3
refusal rechazo *m.*
register inscribirse *v.* 8
rehearsal ensayo *m.* 10
reign reino *m.* 12
reject rechazar (z:c) *v.* 8
rejection rechazo *m.*
relax relajarse *v.* 5; **Relax, please.** Cálmate, por favor. (*fam.*); Cálmese, por favor. (*form.*)
reliability fiabilidad *f.*
religion religión *f.* 8
religious religioso/a *m., f.* 8
remain permanecer (c:zc) *v.* 5
remember acordarse (de) *v.*; **to remember** recordar (o:ue) *v.* 1
remote control control remoto *m.*
renewed (to be) renovarse *v.* 6
repent arrepentirse (e:ie) (de) *v.*
repertoire repertorio *m.* 2
report (news) reportaje *m.*; **news reporter** presentador(a) de noticias *m., f.* 9
reporter reportero/a *m., f.* 9
representative diputado/a *m., f.* 8
reproduce reproducirse (c:sz) *v.*
reptile réptil *m.*
require exigir *v.*
rescue rescatar *v.* 12
research investigar (g:gu) *v.*
reservation reservación *f.*
reserve reservar *v.* 4
reside residir *v.* 12
resign a post renunciar un cargo *v* . 8
resource recurso *m.*
respect respeto *m.*
responsibility compromiso *m.* 1
responsible responsable *adj.*
rest descansar *v.* 5; **be at rest** estar en reposo
résumé currículum vitae *m.*; hoja de vida *f.* 7
retire jubilarse *v.* 7
retirement jubilación *f.* 7
return regresar *v.* 4; **return (trip)** vuelta *f.* 4
revitalized (to be) renovarse *v.* 6
revulsion asco *m.*
rhyme rima *f.* 10
rights: civil rights derechos civiles *m. pl.* 8; **human rights** derechos humanos *m. pl.* 8
right-wing bias tendencia derechista *f.*
ring: ring the doorbell tocar el timbre *v.* 3
rise (in business) ascender *v.* 7; **be an early riser** ser buen madrugador(a)
risk arriesgar (g:gu) *v.* 6; riesgo *m.* 6; **risk factors** factores de riesgo *m. pl.* 5
risky arriesgado/a *adj.*
river río *m.* 6
rocket cohete *m.* 11
role papel *m.*
room service servicio de habitación *m.* 4
rooster gallo *m.* 6
root raíz *f.*
round redondo/a *adj.*
run: run a business administrar 7 ; **run for office** presentarse como candidato/a; **run into someone** dar con alguien; **run over** atropellar *v.*
rush: to be in a rush tener apuro
rustic rústico/a *adj.*

S

sacred sagrado/a *adj.* 8
sacrifice sacrificar *v.*; sacrificio *m.* 12
sail navegar *v.* 4
sailor marinero *m.*
salary sueldo *m.*
sale venta *f.* 10; **on sale** a la venta 10; **to be for sale** *v.* estar a la venta 10; **sales tax** impuesto de ventas *m.* 7
same mismo/a *adj.* 1; **The same here.** Lo mismo digo yo. 3
sample muestra *f.* 8
satellite satélite *m.* 11; **satellite dish** antena parabólica *f.*
satire sátira *f.* 10
satirical satírico/a *adj.*; **satirical tone** tono satírico *m.* 10
satisfy saciar *v.*
savage salvaje *adj.* 6
save ahorrar *v.* 7; salvar *v.* 12
savings ahorro *m.* 7; **savings account** cuenta de ahorros *f.* 7
say decir (*irreg.*) *v.*; **I wouldn't say it was that horrible.** No diría que es tan horrible. 10; **I'd say it is pretty.** Diría que es bonita/o. 10
scar cicatriz *f.*
scarcely apenas ad*v.* 3
scare espantar *v.*
scared miedoso/a *adj.* 6
scene escena *f.* 9
scenery escenario *m.* 2; paisaje *m.* 6
schedule horario *m.* 2
science fiction ciencia ficción *f.*
scientist científico/a *m., f.*
score a goal/a point marcar un gol/un punto *v.* 2
screen pantalla *f.*; **computer screen** pantalla de computadora *f.*; **television screen** pantalla de televisión *f.* 9
script guión *m.* 9
scuba-diving buceo *m.* 4
sculptor escultor(a) *m., f.*
sculpture escultura *f.*
sea level nivel del mar *m.* 6
seal sello *m.*
search búsqueda *f.*; **search engine** buscador *m.*
season temporada *f.*; **busy/high season** temporada alta *f.* 4; **slow season** temporada baja *f.* 4
seat asiento *m.* 3
seatbelt cinturón de seguridad *m.* 4
secretly a escondidas 3
security seguridad *f.* 8; **security measures** medidas de seguridad *f. pl.* 4
sedative calmante *m.*
seed semilla *f.* 2
seem: to seem parecer (c:sz) *v.* 1
select seleccionar *v.* 3
self-esteem autoestima *f.* 5
self-portrait autorretrato *m.* 10
senator senador(a) *m., f.* 8
sender remitente *m.*
sense: common sense sentido común *m.*
sensible sensato/a *adj.* 1
sensitive sensible *adj.* 1
sequel continuación *f.*
serious: take seriously tomar en serio
session sesión *f.*
set: be set in estar situado/a en
settle poblar *v.* 12
settler poblador(a) *m., f.*
shame vergüenza *f.*
shape: bad physical shape mala forma física *f.* 5; **good physical shape** buena forma física *f.*
sharp nítido/a *adj.* 10
shave afeitarse *v.*
shock susto *m.*
shooting star estrella fugaz *f.* 11
shopping: go shopping ir de compras 3
shore orilla *f.* 6; **on the shore of** a orillas de 6
short film cortometraje *m.* 9; corto *m.* 9
short story cuento *m.* 10
show espectáculo *m.* 2; **show one's face (at a window or door)** asomarse *v.*
shower ducharse *v.*
showing sesión; función *f.* 9
shrug encogerse de hombros *v.*
shy tímido/a *adj.* 1; huraño/a *adj.* 1
shyness timidez *f.* 1
sightseeing excursionismo *m.* 4
sign firmar *v.* 7

signal señalar *v.* 2; **signals** señales *f., pl.*
silent: to be silent callarse *v.*
sin pecado *m.*
sincere sincero/a *adj.*
singer cantante *m., f.* 2
single soltero/a *adj.* 1; **single father** padre soltero *m.*; **single mother** madre soltera *f.*
sink hundir *v.* 10
situated situado/a *adj.*
sketch esbozo *m.* 10; **sketch** esbozar *v.* 10
skill habilidad *f.*
skillfully hábilmente *adv.* 3
skim hojear *v.* 10
skirt falda *f.*
slave esclavo/a *m., f.* 12
slavery esclavitud *f.* 12
slim down adelgazar (z:c) *v.*
slip resbalar *v.*
slippery resbaladizo/a *adj.* 8
slow down reducir la velocidad *v.* 4
smother ahogarse *v.*
smoothness suavidad *f.*
snake serpiente *f.*
so así *adv.* 3
soap opera telenovela *f.* 9
sociable sociable *adj.*
society sociedad *f.* 12
solar solar *adj.*
solitude soledad *f.* 3
somebody else's ajeno/a *adj.* 3
something that can be substituted reemplazable *adj.*
sometimes a veces 3
sooner or later al fin y al cabo
soul alma (el) *f.*
soundtrack banda sonora *f.* 9
sovereignty soberanía *f.* 12
space espacio *m.* 11; **space lab** laboratorio espacial *m.*; **space probe** prueba espacial *f.* 11; **space shuttle** transbordador espacial *m.* 11
spaceship nave espacial *f.* 11
spacial espacial *adj.*
spacious espacioso/a *adj.* 3
Speaking of that,... Hablando de esto,... 9
special edition (newspaper) edición especial *f.* 9
specialist especialista *m., f.*
specialized especializado/a *adj.* 11
species: endangered species especie en peligro de extinción *f.*
speech discurso *m.* 8; **give a speech** pronunciar un discurso *v.*
spell check corrector ortográfico *m.* 11
spider araña *f.* 6
spill derramar *v.* 7
spirit ánimo *m.* 1
spiritual espiritual *adj.* 8
sports deportes *m., pl.* deportivo/a *adj.*; **sports page section** crónica deportiva *f.* 9; **sports club** club deportivo *m.* 2;
spot mancha *f.*; **on the spot** en el acto 3
spray rociar *v.* 6
spring manantial *m.* 4
stage escenario *m.* 2; etapa *f.*;
stain manchar *v.*
staircase escalera *f.* 3
stamp sello *m.*
stand: I can't stand up No soporto...; **stand up** ponerse de pie 12
stanza estrofa *f.* 10
star (movie) estrella *f.* **(male or female)** 9
start (a car) arrancar (c:qu) *v.*
startled asustado/a *adj.*
state estatal *adj.*
station (radio) emisora *f.* 9
stay hospedarse *v.*, quedarse *v.* 4; **stay at (lodging)** alojarse *v.* 4; **stay up all night** trasnochar *v.* 5
step (stairs) peldaño *m.*; **to take the first step** dar el primer paso *v.*
stereotype estereotipo *m.*
stern autoritario/a *adj.* 1
stick pegar (g:gu) *v.*
still life naturaleza muerta *f.* 10
sting picar (c:qu) *v.*
stingy tacaño/a *adj.*1; méndigo/a *m.,f.* 9
stir revolver (o:ue) *v.*
stock acción *f.* 7; **stock market** bolsa de valores *f.* 7
storekeeper comerciante *m., f.* 7
storm tormenta *f.* 6
story (news) reportaje *m.* 9; relato *m.*; **short story** cuento *m.* 10
stranger desconocido/a *m., f.*
stream arroyo *m.*
strength fuerza *f.*, fortaleza *f.*
strike golpear *v.*; huelga *f.* 7
striking llamativo/a *adj.* 10
stripe raya *f.* 4
strive (to) empeñarse en *v.*
stroke trazo *m.* 10
stroll dar un paseo *v.* 2; dar una vuelta 8; paseo *m.* 2
struggle lucha *f.* 8
studio estudio *m.* 10; **recording studio** estudio de grabación *m.* 9
study estudio *m.* 10
stumble (across) tropezar (z:c) (con) *v.*
stupid necio(a) *m., f.*
style estilo *m.* 10; **in the style of** al estilo de 10
submerge hundir *v.*
subtitles subtítulos *m., pl.* 9
subtlety matiz *m.*
suburb suburbio *m.* 12
succeed in alcanzar (z:c) *v.*
success éxito *m.* 7
successful exitoso/a *adj.* 7
suffer (from) sufrir (de) *v.*
suffering sufrimiento *m.*
sufficiently bastante *adv.* 3
suffocate ahogarse (g:gu) *v.*
suggest: I suggest you go on a diet. Sugiero que te pongas a dieta. (*fam.*) 5; Sugiero que se ponga usted a dieta. (*form.*) 5
summit cumbre *f.* 6; pico *m.* 6
sunrise amanecer *m.*
superficial ligero/a *adj.*
supermarket supermercado *m.* 3
supply proporcionar *v.* 3
support apoyar *v.*
supposed supuesto/a *adj.*
suppress suprimir *v.* 12
sure seguro/a *adj.* 1; **Sure!** ¡Cierto! 3; **make sure** asegurarse *v.*
surf the web navegar en Internet
surface superficie *f.* 11
surgeon cirujano/a *m., f.* 5
surgery cirugía *f.* 5
surgical quirúrgico/a *adj.* 11
surprised: be surprised (about) sorprenderse (de) *v.* 2; extrañarse (de) *v.* 3
surrender rendirse (e:i) *v.* 12
surround rodear *v.* 8; surrounded rodeado/a *m.,f.* 11
survival supervivencia *f.* 11
survive sobrevivir *v.*
suspect sospechar *v.*
suspicion sospecha *f.*
swallow tragar (g:gu) *v.*
sweep barrer *v.* 3
sweetheart amado/a *adj.*
symptom síntoma *m.*
synagogue sinagoga *f.*
syrup jarabe *m.* 5

T

tabloid newspaper prensa sensacionalista
tail cola *f.* 6
take coger (g:j) *v.*; tomar *v.*; **take in** acoger (g:j) *v.*; **take off (clothing)** quitarse *v.*; **take down** descolgar; **take seriously** tomar en serio; **take a walk** dar una vuelta *adv.* **take off running** echar a correr *v.*; **to take the first step** dar el primer paso *v.* 1
talent talento *m.* 1; **talented** talentoso/a *adj.* 1
taste sabor *m.* 5; saber *v.*; **And does it taste good?** ¿Y sabe bien? 5; **How does it taste?** ¿Cómo sabe? 5; **It has a sweet/sour/bitter/pleasant taste.** Tiene un sabor dulce/agrio

/amargo/agradable. 5; **It tastes like garlic/mint/lemon.** Sabe a ajo/menta/limón. 5; **in good/bad taste** *adj.* de buen/mal gusto 10
tax impuesto *m.* 7; **pay duty on…** pagar el impuesto de…
teaching enseñanza *f.* 12
team equipo *m.* 2
tears lágrimas *f. pl.*
telescope telescopio *m.* 11
television channel canal de televisión *m.* 2; **television network** cadena de televisión *f.* 2; **television screen** pantalla de televisión *f.*
tell contar *v.* 2
temple templo *m.*
tend to soler (o:ue) *v.* 3
tendency propensión *f.*
test comprobar (o:ue) *v.*; poner (*irreg.*) a prueba
then entonces *adv.*
theory teoría *f.* 11
thermal térmico/a *adj.*
thief ladrón/ladrona *m., f.* 3
think opinar *v.* 8; **I don't think so.** Me parece que no. 10; **I think it's pretty.** Me parece hermosa/o. 10; **I think so/I don't think so.** Me parece que sí/no. 10 **What did you think of...?** ¿Qué te pareció...? 1 **I thought...** Me pareció 1
thoroughly a fondo *adv.* 5
throw tirar *v.* 3; lanzar *v.* 4; botar *v.*
thunder trueno *m.* 6
thus así *adv.*
tickets (to buy) comprar boletos *v.* 4
tie atar *v.* 8; amarrar *v.*; **tie (games)** empatar *v.* 2
tiger tigre *m.* 6
time: have a bad time pasarlo fatal; **for the first/last time** por primera/última vez; **on time** a tiempo 3; **at that time** en aquel entonces 3
time warp salto en el tiempo *m.* 11
timetable horario *m.* 4
tired (become) cansarse *v.*; **tired (fed up)** harto/a *adj.*
toast: to make a toast brindar *v.* 2; **A toast for our magazine** Brindo por nuestra revista. 7; **Let's toast our success.** Brindemos por nuestro éxito. 7
tone tono *m.*; timbre *m.*
too much demasiado/a *adj., adv.* 7
tool herramienta *f.* 11
toolbox caja de herramientas *f.* 3
topic asunto *m.* 3
touch lightly rozar (z:c) *v.*; **keep in touch** mantenerse en contacto *v.*
tourist turístico/a *adj.* 4
tournament torneo *m.* 2
trace huella *f.* 7; trazar *v.* 10
track-and-field events atletismo *m.* 2
trade comercio *m.* 7; **trader** comerciante *m., f.* 7
traditional tradicional *adj.* 1
traffic tránsito *m.* 4; **traffic jam** congestionamiento *m.* 4
trainer entrenador(a) *m., f.* 2
training period aprendizaje *m.*
trait rasgo *m.* 10
tranquilizer calmante *m.* 5
transmission tranmisión *f.* 9
transmit emitir *v.*
transplant transplantar *v.*
trap atrapar *v.* 6
travel (around/across) recorrer *v.* 4
treat tratar *v.* 5
treatment tratamiento *m.* 5
treaty tratado *m.* 8
tree árbol *m.* 6
trend corriente *f.* 10
trial juicio *m.* 8
tribe tribu *f.* 12
trick engañar *v.* 9
trip on tropezar (z:c) (con) *v.*
tropical tropical *adj.*
trouble incoveniente *m.*
trust confianza *f.* 1
tune in to (radio or television) sintonizar *v.*
turn (a corner) doblar *v.*; **turn (around, over)** dar la vuelta; **turn off** apagar (g:gu) *v.* 3; **turn on** encender (e:ie) *v.* 3; **be my/your/his turn** tocar (c:qu) + me/te/le, etc. *v.*; **Is it my turn yet?** ¿Todavía no me toca? 2; **It's always your turn to wash the dishes.** Siempre te toca lavar los platos. 2; **It's Johnny's turn to make coffee.** A Johnny le toca hacer el café. 2
typical típico/a *adj.*

U

U.F.O. (unidentified flying object) ovni (objeto volador no identificado) *m.* 11
unbiased imparcial (ser) *adj.* 9
uncover descubrir *v.* 11
under stress/pressure (to be) (estar) bajo presión 7
underdevelopment subdesarrollo *m.*
understand: to understand each other entenderse (e:ie) *v.* 1
undertake emprender *v.* 3
undertaking empeño *m.*
underwear (men's) calzoncillos *m., pl.* 7
unemployed desempleado/a *m., f.* 7
unemployment desempleo *m.*
unethical poco ético/a 11
unexpectedly de improviso *adv.* 3
unfair injusto/a *adj.* 8
unfamiliar desconocido/a *adj.*
unhang descolgar (o:ue) (g:gu) *v.*
union (labor) sindicato *m.*
unique único/a *adj.*
unjust injusto/a *adj.* 8
unkempt descuidado/a *adj.*
unknown desconocido/a *adj.*
unpleasant antipático/a *adj.* 1
unsociable huraño/a *adj.* 1
untamed bravo/a *adj.*
untie desatar *v.*
up until now hasta la fecha *adv.*
updated actualizado/a *adj.*
upset disgustado/a *adv.* 1; disgustar *v.*; **get upset** afligirse *v.*
up-to-date (to be) (estar) al día 7; actualizado/a *adj.* 9
urban urbano/a *adj.* 12
urge: have an urge to sentir ganas de; tener ganas de *v.* 1
use: make good use of aprovechar *v.* 2; **use: make use (of)** disfrutar (de) *v.*; **to be used to** estar acostumbrado/a a 5
useless inútil *adj.* 2
usually de costumbre 3

V

vaccine vacuna *f.* 5
vacuum pasar la aspiradora 3
valid vigente *adj.* 4
valuable valioso/a *adj.* 10
value: moral values valores morales *m. pl.* 8;
vanish desaparecer (c:sz) *v.*
verify comprobar (o:ue) *v.*
verse verso *m.*
victorious victorioso/a *adj.* 12
victory victoria *f.* 2
viewer (television) televidente *m., f.* 9
viewpoint punto de vista *m.* 10
village aldea *f.* 12
virus virus *m.* 5
visiting hours horas de visita *f. pl.* 4
vote votar *v.* 8

W

wage sueldo *m.*; **minimum wage** sueldo mínimo *m.*
wait espera *f.* 4; **wait in line** hacer cola *v.* 2
waiter, waitress camarero/a *m., f.* 4; mesero/a *m., f.* 4
wake up despertarse (e:ie) *v.* 2; **to**

wake up early madrugar *v.* 5
walk andar *v.* 3; **walk away** marcharse *v.* 4; **take a walk** dar un paseo *v.* 2
want querer *v.* 1; **want to** tener ganas de 1; **I want to ask you to come to the ceremony with me.** Quiero invitarte a acompañarme a la ceremonia. 12; **I wanted to ask you to come to the ceremony with me.** Quería invitarte a acompañarme a la premiación. 12; **I would like to invite you to come to the ceremony with me.** Quisiera invitarte a acompañarme a la premiación. 12
war guerra *f.*; **civil war** guerra civil *f.*
warlike bélico/a *adj.*
warm up calentar (e:ie) *v.* 3
warn avisar *v.* 8
warning aviso *m.* 4
warpaint raya *f.* 4
warrior guerrero/a *m., f.* 12
wash lavarse *v.* 2; lavar *v.* 3
waste malgastar *v.* 6
watch vigilar *v.*
watercolor acuarela *f.* 10
wave (radio) onda *f.* 11; **wave (water)** ola *f.* 4; **wave** agitar *v.*
way: No way! ¡Ni modo! 3; **make way for** dar paso a; **make way** abrirse paso
weapon arma (el) *f.* 11
web browser buscador *m.*
website sitio *m.*
week semana *f.*
weekend fin de semana *m.* **Have a nice weekend!** ¡Buen fin de semana! 2
weekly supplement (newspaper) revista semanal *f.* 9
weight peso *m.* 7 ; **to lose weight** adelgazar *v.* 5; **to gain weight** engordar *v.* 5
welcome acoger (g:j) *v.*; bienvenida *f.* 4
well bien *adv.* **get well** ponerse bien 5; **well-kept** bien cuidado/a *adj.* 4; **well-received** bien acogido/a *adj.* 7; **well-being** bienestar *m.* 1
well pozo *m.*; **oil well** pozo petrolero *m.*
wet (to get) mojarse *v.* 6
wherever dondequiera *adv.* 5
whistle silbar *v.*
widower, widow viudo/a *m., f.* 1; **to be widowed** quedarse viudo/a 1
wife mujer *f.* 1
wild bravo/a *adj.*; salvaje *adj.* 6
will-power fuerza de voluntad *f.* 5
win ganar *v.*
wind energy energía eólica *f.*
wing ala (el) *f.* 6
wisdom sabiduría *f.* 12
wise sabio/a *adj.*
wish: make a wish pedir un deseo *v.* 7
witness testigo *m., f.* 10
woman mujer *f.* 1
wonder: to wonder preguntarse *v.* 1
wood madera *f.*
work of art obra de arte *f.* 10
workday jornada *f.*
workshop taller *m.* 10
World Cup Copa del Mundo 2
worm gusano *m.*
worried (about) preocupado/a (por) *adj.* 1
worry preocupar *v.* 11; **worry (about)** preocuparse (de) *v.* 11; **Don't worry**. No te preocupes. (*fam.*) 4; No se preocupe usted. (*form.*) 4
worsen empeorar
worship culto *m.*
worthy digno/a *adj.* 12
wound herir (e:ie) *v.*
wrinkle arruga *f.*

Y

yawn bostezar (z:c) *v.* 3

Z

zoo zoológico *m.* 2

A

B

C

Text Credits

34-35 Pablo Neruda, *Poema 20*, from *Veinte Poemas de Amor y una Canción Desesperada*, 1924, reproduced by permission of Carmen Balcells Agencia Literaria.

38-39 © Consuelo Alba-Spyer, "Lomas Garza: La curandera visual," 2001 Nuevo Mundo. All rights reserved. Reproduced with permission.

76-77 © Mario Benedetti c/o Guillermo Schavelzon Agencia Literaria info@schavelzon, a fragment from the story *Idilio*, 2001, reprinted by permission of the author.

112-115 © Esther Díaz Llanillo, "Anónimo," 1966, reprinted by permission of the author.

118-119 © Jorge Ramos, "La noticia de todos los días," Univision, 2002, reprinted by permission of the author.

156-157 © Cristina Fernández Cubas, "El viaje," from *Por favor, sea breve*, 1998, reprinted by permission of the author.

196-207 © Olga Lucía Quintero (Victoria Lucía Quintero Yanes), *1x1=1, pero 1+1=2*, 1971, reprinted by permission of the author.

210-211 © Debbie Ponchner, "Figura científica: Siete pioneros en busca de un gen," Costa Rica, Nación.com, 2001, reprinted by permission of La Nación.

248-249 © Augusto Monterroso, "El Eclipse," from *Obras Completas y Otros Cuentos*, 1959, reprinted by permission of International Editors'Co. Barcelona.

284-293 © Gabriel García Márquez, "La prodigiosa tarde de Baltazar," 1962, 1968, reprinted by permission of Carmen Balcells.

296-297 © Isabel Piquer, "Carolina Herrera, una señora en su punto," Madrid, *El País*, 2001, reprinted by permission of *El País*.

328-337 © Isabel Allende, "Dos palabras," from *Cuentos de Eva Luna*, 1991, reprinted by permission of Carmen Balcells.

340-343 © José Arteaga, "La música acerca lo que la política separa (Ruben Blades)," Salsajazz.com, 1999, reprinted by permission of the author.

376-377 © Guillermo Samperio, "Tiempo libre," from *Textos extraños*, México, Folios Ediciones, 1981, reprinted by permission of the author.

380-383 © Sergio Burstein, "Carmen Maura," *VistaUSA Magazine*, 2002, reprinted by permission of *VistaUSA Magazine*.

414-415 © Julio Cortázar, "Continuidad en los parques," from *Final del juego*, 1956, reprinted by permission of Carmen Balcells.

418-421 © Milko A. García Torres, "Wifredo Lam," from *Grandes pintores del siglo XX, Editorial* Globus Comunicación S.A. y Ediciones Polígrafa S.A., published on www.imageandart.com, 2002, reprinted by permission of the author.

448-449 © Alvaro Menen Desleal, "Primer Encuentro," 1997, reprinted by permission of Cecilia Isabel Salaverria de Menéndez Leal.

452-453 © Olalla Cernuda y Felipe Cuna, "Jeff Bezos, presidente de Amazon.com, "Hombre del Año" de la revista Time," Madrid, España, elmundo.es, 1999, reprinted by permission of elmundo.es.

486-495 © Cristina Peri Rossi, "El Prócer," from *Indicios Pánicos*, 1970, reprinted by permission of the author.

498-501 © Sonia García y Rayo Luengo, "Malintzin, de sus propios labios," Latindex.com, 2001.

Fine Art Credits

32 Pablo Picasso. Les Amoreux. 1923. ©2002. Estate of Picasso/Artists Rights Society (ARS) New York.
37 Carmen Lomas Garza. Barbacoa de cumpleaños. 1993. © Carmen Lomas Garza.
74 Graciela Rodo Boulanger. Altamar. 2000. © Courtesy Edmund Newman Inc.
110 Antonio Berni. La siesta. 1943. Óleo sobre tela 155 x 220 cm. Colección Privada.
154 Jaqueline Brito Jorge. Etatis Sue XX (Hecho a los veinte años). 1996. Óleo sobre lienzo (letras en relieve) 122 x 73 cm (48 x 28.8"). Arizona State University Art Museum. Gift of Howard Hirsch and the Advisory Board of 100% Cuban Campaign.
246 Frida Kahlo. Autorretrato con mono. 1938. Oil on masonite, overall 16 x 12" (40.64 x 30.48 cms). Albright-Knox Art Gallery, Buffalo, New York. Bequest of A. Conger Goodyear, 1966.
282 Diego Rivera. Mercado de flores. 1949. Óleo/tela 180 X 150 cms. Colección Museo Español de Arte Contemporáneo. Madrid, España. FOTO: Fondo Documental Diego Rivera. CENIDIAP.INBA. CONACULTA. México.
296 Andy Warhol (1928-1987). Carolina Herrera. 1979. 40" x 40". Synthetic polymer paint and silkscreen ink on canvas. © The Andy Warhol Foundation, Inc. Art Resource NY.
326 José Antonio Velásquez. San Antonio de Oriente. 1957. Colección: Art Museum of the Americas, Organization of American States. Washington D.C.
374 Oswaldo Guayasamín. Violinista. 1967. Cortesía Fundación Guayasamín. Quito, Ecuador.
393 Andy Warhol (1928-1987). Campbell's Soup I (Tomato). 1968. One from portfolio of ten screenprints on paper. 35" x 23". ©The Andy Warhol Foundation for the Visual Arts/ARS & Art Resource NY.
397 Fernando Botero. Monalisa. 1977. Óleo sobre lienzo 183 x 166 cms. Colección Banco de la República. Bogotá, Colombia.
397 Oswaldo Guayasamín. Violinista. 1967. Cortesía Fundación Guayasamín. Quito, Ecuador.
399 Remedios Varo. Armonia. ©Christie's Images/Corbis.
412 Armando Barrios. Cantata. 1985. Óleo sobre tela. 150 x 150 cms. N° catálogo general: 868. Fundación Armando Barrios. Caracas, Venezuela.
417 Wifredo Lam. Tropical Vegetation. 1948. Óleo sobre tela 61 x 49 5/8" (154.9 x 126 cms). Moderna Museet. Estocolmo, Suecia.
421 Wifredo Lam. Tercer Mundo. 1966. Óleo sobre tela 251 x 300cms. ©2002 Artists Rights Society (ARS). New York / ADAGP Paris.
446 Salvador Dalí. Automovil vestido. 1941. ©2002 Salvador Dalí, Gala-Salvador Dalí Foundation. Artists Rights Society (ARS), New York.
468 *Simón Bolívar*. attributed to Antonio Salas.
482 Still Life with Setter to Mr. Lask by William Michael Harnett.
484 José Sabogal. EL alcade de Chinceros; Varayoc. 1925. Óleo sobre lienzo. Municipalidad Metropolitana de Lima. Pinacoteca "Ignacio Merino." Lima, Perú.

Photography Credits

Corbis Images: 34 Bettmann. **69 70** (t) Lester Lefkowitz, (mr) Stephen Welstead, (bl), (bm). **76** Reuters NewMedia Inc. Andres Stapff. **79** (1) Abilio Lope, (m) Torleif Svensson, (r) Lawrence Manning. **80** Reuters NewMedia Inc. Peter Morgan. **82** (1) Mitchell Gerber, (ml) Reuters NewMedia Inc. Fred Prouser-Files, (mr) Manuel Zambrana, (mr) Ariel Ramerez. **108** Arthur W.V. Mace. **126** (r) Steve Raymer. **143** (tl) Nik Wheeler. **195** Tony Frank. **233** David Stoecklein. **284** Francoise de Mulder. **328** <TK Isabel Allende> **339** Danny Lehman. **340** Emilio Guzman. **379** Manuel Zambrana. **380** Eric Robert. **414** Bettmann. **428** James Leynse. **441** Paul A. Souders. **442** Toni Albir. **486** Isabel Steva Hernandez. **495** Pablo Corral Vega. **497** Bettmann.

Latin Focus: 82 (m) Jimmy Dorantes, (r).

160 © Oronoz